本书由青岛大学历史学科建设经费资助出版，是省属高校人文社会科学重点研究基地（宋史研究中心）重大项目（14JJD770001）结项成果，泰山学者专项科研经费资助成果之一。

《埤雅》译注

PIYA YIZHU

李涛 译注

人民出版社

序　言

《埤雅》是宋代经学大家陆佃（1042—1102）花了40年而写成的一部具有重要影响和地位的中国传统博物学著作，原名《物性门类》，后改修为《埤雅》，意为辅益《尔雅》而作，今本《埤雅》共有20卷，分为《释鱼》二卷，《释兽》三卷，《释鸟》四卷，《释虫》二卷，《释马》一卷，《释木》二卷，《释草》四卷，《释天》二卷。所诠释的重点，不在训诂而在名物，寓训诂于名物之中，大大区别于《尔雅》的体例，富有自己的特色。正如生物史学家罗桂先生环评价的那样："陆佃的著作不但有对动植物形态、分类方面的描述，而且也有行为特征、生态习性方面的描述，为人们喜闻乐见，影响尤为广泛和深远。"此书对于名物的诠释，释义全面，引证系统。其所援引，有今所未见之书，古代散佚者，多赖是书以存。如王安石《字说》，今已不存，但《埤雅》引用了20余条，对于我们认识和了解《字说》的概貌十分有益。

2008年王敏红先生出版了《埤雅》点校本，在书中，王先生介绍了陆佃的生平经历及《埤雅》的成书过程及流传版本，并介绍了此书的大概内容和特色，指出了陆佃解释名物存在的一些不足，为我们认识和了解陆佃及《埤雅》提供了重要帮助。但是，对于一部花了四十年而成就的经典来讲，还是远远不够的。一晃十余年时光过去了，目前，关于《埤雅》这部重要的中国传统博物学经典，还没有出现译注本，为了改变这种局面，我们在王敏红先生点校本的基础上，尝试对该书进行译注，以帮助读者更好理解书中的内容，为以后更进一步的深入研究打下基础。译注过程中，使用《四库全书·经部·埤雅》为底本，简称《四库本》，以《丛书集成初编·五雅全书·埤雅》和《北京图馆书古籍整理本从刊·经部·埤雅》作参校本，分别简称《五雅本》和《珍本》。

笔者参考了大量前人和时贤的集解、注释或译注的著作，但由于考虑到体例问题，未能一一详细注明，在此致以诚挚的谢意!《埤雅》引证了250多种文献，数量庞大，在注译过程中，我们对尽可能考证到的著作都作了注释，但有的著作无法考证，只能暂时存旧。重复引证的文献可能有重复注释的问题。一般我们尽量在文献第一次出现时进行注释，后面再次出现时一般省略，有些为了便于读者阅读，也会有一些重复。笔者在译注中参阅、斟别各种学说，择善从之，有些难以理解的窒碍之处，不作强解。《埤雅》中有的引用诸如《诗》《书》等文献的内容，有的是为了借用其中的词句解释相关的意思，出于其文句理解的内在逻辑，有些引用的内容笔者没有译出。《埤雅》一书涉及到生物学、地理学、训估学、音韵学等众多学科，内容庞杂，要求的知识十分广泛，由于笔者学力有限，一些译注肯定会有不当和错讹之处，敬请读者和专家批评指正。在译注本书的过程中，我的学生王琳珂、陈渊、姜艺、温健、赵一杨、李欣、季学丽、欧鸽等帮助做了不少工作，在此表示谢忱!

目　录

埤雅·卷一

释鱼：龙、鲤、鲂、鲙、鳢、鰋、鳟、鲔、鳣、魦、鲦、鲋、鱮、鲛、防、蛟

龙

龙，八十一鳞，具九九之数；九，阳也。鲤，三十六鳞，具六六之数；六，阴也。龙亦卵生思抱，雄鸣上风，雌鸣下风而风化。有鳞曰“蛟龙”，有翼曰“应龙”，有角曰“虬龙”。盖虫莫智于龙，龙之德，不为妄者，能与细细，能与巨巨，能与高高，能与下下，故《易》[1]乾以龙御天，坤以马行地。龙，天类也；马，地类也。《易》曰：“震为龙。”“震为龙”，以动故也。《周易》以变者为占，故干六爻皆动，皆谓之龙，所谓初九、九二、九三、九四、九五、上九是也。蔡墨[2]曰：“龙，水物也。《周易》有之，在《乾》之《姤》曰‘潜龙勿用’；其《同人》曰‘见龙在田’；其《大有》曰‘飞龙在天’；其《夬》曰‘亢龙有悔’；其《坤》曰‘见群龙无首，吉’”盖《乾》初九变而之《姤》，九二变而之《同人》，九五变而之《大有》，上九变而之《夬》，六者俱动，变而之《坤》，是以蔡墨之言如此。知此则知“震”所以为龙之义矣。贾谊《新书》[3]曰：“亢龙往而不能反，故《易》曰‘有悔’。有悔者，凶也。潜龙入而不能出，故《易》曰‘勿用’。勿用者，不可也。”观谊之言，如曰“勿用”者，戒使勿为潜龙也。故曰：“潜之为言也，隐而未见，行而未成，是以君子弗用也。”盖止使人无为谓之勿，所谓勿用娶女、勿用有攸往、小人，勿用之类皆戒使勿为也。俗云龙精于目，盖龙耸，故精

于目也。《阴阳自然变化论》[4]曰："骊龙之眸，见百里纤芥[5]。"又曰："龙能变水，人能变火。"又曰："龙不见石，人不见风，鱼不见水，鬼不见地。"孙绰子曰："高祖御龙，光武御虎。"龙，韩、彭之类是也；虎，耿、邓之类是也。《法言》[6]曰："龙以不制为龙，圣人以不手为圣人。"手，取也，言虽容有飞祸而非其所取。《诗》[7]曰："宾载手仇。"手，取也。郦元《水经》[8]曰："鱼、龙以秋日为夜。"按：龙秋分而降，则蛰寝于渊。龙以秋日为夜，岂谓是乎？《庄子》[9]曰：朱泙漫学屠龙于支离益，殚千金之产，三年技成，而无所用其巧。"此言技术虽高，而应世稍疎，则无所用之。是以君子因时施宜，事在于适而已，岂必一二以追先王之迹哉！旧说鳖畏葱，蛟龙畏铁；又云龙肉以酰[10]渍之则文章生。今相家说龙，人臣得其一体，当至公相。曾公亮得龙之脊，王安石得龙之睛。《内典》[11]云："龙火得水而炽，人火得水而灭。"按：《葬书》[12]以龙言山，以虎言水，六龙九虎是也，直山、直水谓之死龙、死虎。故曰：小顿大起，宛转如盘龙，奋迅如舞鹤，谓之住冈。

【注释】

[1] 即《易经》，《易经》是由三个部分组成：一为伏羲八卦为始，那时并没有文字所以八卦。二为周文王父子承接伏羲八卦，八八重叠生六十四卦，周文王父子认为 64 卦已包含宇宙万物，每一卦都有卦辞。后有孔子做传又称《易传》《十翼》，《易经》的发展在夏朝时期产生了《连山易》，在商朝时期产生了《归藏易》，在周朝时期产生了《周易》。后《连山易》和《归藏易》失传只剩下《周易》。

[2] 蔡墨：即蔡史墨，晋国太史，《左传》一书有其记载。《左传·昭公二十九年》载"秋，龙见于绛郊。魏献子问于蔡墨……对曰'龙，水物也，水官弃矣，故龙不得生。'"

[3]《贾谊新书》是贾谊文著汇集，为西汉后期刘向整理编辑而成，最初称《贾子新书》，当时刘向整理过的其他一些书也称某某新书，以别于未经整理过的"旧书"。后来，别的书逐渐去掉了"新书"二字，《新书》就成了贾谊文集的专名。《汉书·艺文志》记："贾谊五十八篇。"现存最早《新书》版本是明代的，为仿宋本所刻。

[4] 查无此书名。东晋干宝有《五气变化论》，出自《搜神记》，疑为此文。《搜神记》原本已散，今本系后人缀辑增益而成，20 卷，共有大小故事 454 个。

[5] 纤芥：亦作“纤介”，意指细小。

[6] 即西汉杨雄所撰《扬子法言》。史称《法言》为扬雄模仿《论语》而作，至于取名《法言》，则本于《论语 · 子罕篇》：“法语之言，能无从乎”和《孝经 · 卿大夫章》：“非先王之法言不敢道。”全书共 13 类，每卷 30 条左右，最后有一篇自序。

[7] 即《诗经 · 小雅 · 甫田之什》中的“宾之初筵”篇，文中所引句大意为“宾客选人互较量”。

[8]《水经》是中国第一部记述水系的专著。著者和成书年代历来说法不一，争议颇多。后来被郦道元改编为《水经注》，共四十卷。

[9]《庄子》由庄周和他的门人以及后学者的篇章，整理而成，被奉为道家经典之一，也称为《南华真经》，或《南华经》。《汉书艺文志》著录《庄子》五十二篇，今本所见《庄子》则为三十三篇，七万余言，应是郭象作注时所编定。《庄子》分“内篇”“外篇”“杂篇”三个部分。

[10] 醯是会意字，读作 xī。本意指醋，引申为酸，也指酒。

[11] 人们往往将佛教典籍称为内典。指释迦世尊 49 年所说的一切法，也包括三藏十二部一切经典。因为佛法是心性内求的一门学问，所以称为内学。

[12]《葬书》是东晋著名学者郭璞的著作，全文不到两千字，却系统地阐述了风水理论。

【译文】

龙有八十一片鳞，恰好是九乘以九的得数，九代表阳。鲤鱼有三十六片鳞，是六乘以六的得数。龙不但生蛋，还要孵卵，雄性的龙在上风鸣叫，雌性的龙在下风鸣叫，不用直接交配就能怀子。六代表阴。龙是卵生动物，有鳞片的叫“蛟龙”，有翅膀的叫“应龙”，有犄角的叫“虬龙”。虫类没有比龙更聪明的。龙具有美好的德行，不妄自尊大，能根据环境来变化自己的高低上下，能屈能伸，灵活变通。所以《易经》的《乾》卦中写到用龙来拉动太阳运转天空，《坤》卦用马来推动土地。龙是天上的生物，马是地上的生物。《易经》说震动的东西是龙，是因为它出动的缘故。《周易》的本质是变易，并以此来占卜，所以《乾》卦的六个爻辞都动，都用龙来比喻，称作初九、九二、九三、九四、九五、上九。蔡史墨说，“龙是水生的生物，《周易》中也有记载。《乾》卦初九的爻辞说‘当巨龙还潜伏在水中时，就不应该让自己发挥作用’。九二的爻辞说‘见到巨龙出现在田野之间，(就有利于去拜见大人)’。九五爻辞说‘巨龙在天空中自由地腾飞’。上九爻辞说‘有龙飞到极高的地方，就会出现悔恨之事’。用九爻辞说：‘群龙相聚而无一以首领自居，这是吉兆’。”所以《乾》卦的初九爻辞变动而得到《姤》卦，九二爻辞变动而得到《同人》卦，九五爻辞变动而得到《大有》卦，上九爻辞变动而得到《夬》卦。六个爻辞一起变动，变化得到《坤》卦。蔡史墨的话就是这个意思。明白这些就知道“震”之所以是龙的意义了。贾谊《新书》说：“龙处于穷极过高之处，只知往而不知折返，所以说会出现悔恨之事。有悔是凶兆。巨龙潜入水中而不能出水腾飞，所以《易》说不应该使自己发挥作用。勿用就是不发挥作用”。根据贾谊所说，如果是说不发挥作用，说的就死潜龙。所以说，初九爻“潜”的意思是退隐潜伏而不显现，这是因为其德行尚未显著，所以君子暂时就不去施展才能。所以只有使人无为叫作勿，就像不要娶品行不端的女子、不要有所前往，不去发挥作用的事情都是无为。俗话说龙的眼睛非常锐利，是因为龙的耳朵聋，所以眼睛才非常锐利。《阴阳变化论》中说，“骊龙的眼睛能看到百里之外细小的东西。”又说“龙能变成水，人能变成火”。又说“龙看不见石头，人看不见风，鱼看不见水，鬼看不见地”。孙绰说：“汉高祖刘邦能驾驭龙，光武帝刘秀能降服老虎”。龙是指韩信、彭越一类的人，虎则是耿弇、邓禹之辈。《法言》说“龙由于形体不受控制能够随意变化，所以才是龙。圣人由于能随机应变可屈可伸，所以才是圣人。”这里的“手”是“取得”的意思，说的是虽然有飞来横祸却不是他们所取得。《诗经》说“宾客选人互相较量”，这里的“手”是“取”的意思。《庄子》里提到“朱泙漫跟随支离益学习杀龙的技术，不惜倾家荡产。三年之后学成，却因为世界上根本没有龙而无法施展技巧”。这个寓言故事是说，再高明的技术，如果无法适应当世的需求，也就没有什么用。因此君子要根据时世来学习本领，最可贵的是适合。难道非要墨守成规去追随先人的足迹吗！以前说鳖畏惧葱，蛟龙害怕铁，又说龙肉很酸，由此而作出许多文章。现在相面的人说龙，做臣子的能得到与之相似的一个部位，则官至王公将相。曾公亮有龙的脊背，王安石有龙的眼睛。佛教经典说“龙火得水会更加炽热，人火得水则会熄灭”。《葬书》用龙比喻山，用虎比喻水，龙代表阳，虎代表阴，直来直去的山、水称作死龙、死虎。所以说，地势宛转如盘亘之龙，竦峙如振翅之鹤，叫作可以住的地方。

鲤

此今之赪[1]鲤也。一名“鳣鲤”。脊中鳞一道，每鳞上有小黑点文，大小皆三十六，鳞鱼之贵者。故《尔雅 · 释鱼》以鲤冠篇，而《养鱼经》[2]曰：“所以养鲤者，鲤不相食，易长又贵”是也。《神农书》[3]曰：“鲤最为鱼之主。”今人以盘水养之，虽困，鳞不反白，盖健鱼也。《诗》[4]曰：“鱼丽于罶，鲿鲨。”“鱼丽于罶，鲂鳢。”“鱼丽于罶，鰋鲤。”盖鲿鱼黄，鲂鱼青，鳢鱼玄，鰋鱼白，鲤鱼赤，则五色之鱼具备，故《序》以为万物盛多也。俗说鱼跃龙门，过而为龙，唯鲤或然。亦其寿有至千岁者，故詹何之钓，千岁之鲤不能避也。鳞，邻也；鲤，里也。鲤进于鱼矣，殆亦龙类。是以仙人乘龙，亦或骑鲤，乃至飞越山湖。

【注释】

[1] 赪（chēng）：赤色。

[2]《养鱼经》相传系春秋末年范蠡（lǐ）所著，为中国最早的养鱼著作，共一卷。

[3]《神农书》即《神农本草经》，又名《神农本草》，简称《本草经》《本经》，我国现存最早的药学专著。撰写者不详。起源神农氏，代代口耳相传，于东汉时集结整理成书。

[4] 即《诗经 · 小雅 · 鹿鸣之什》中“鱼丽”篇。

【译文】

即今天的赪鲤。亦称作“鳣鲤”。此鱼的脊背中有一道鳞，每片鳞上小的黑点文，大小不等，共有三十六片，是一种珍贵的鱼，所以《尔雅·释鱼》以鲤为开篇，而《养鱼经》说："人们愿意养殖鲤鱼，因为鲤鱼不相互残食，生长得快，有富贵之气。"《神农书》说："鲤鱼是鱼之主。"今天人们以盘水（静止的水）养它，水的流动性虽不大，但鱼鳞不反白，是健鱼。《诗经》里有说："鱼儿钻进竹篓里结伴游啊，有肥美的黄颊也有小吹沙。""鱼儿钻进竹篓里结伴而游，肥美的鲂鱼黑鱼各有一头。""鱼儿呼朋引伴往竹笼里钻，鲇鱼游得快来鲤鱼跳得欢。"一般来说鲿鱼是黄色，鲂鱼是青色，鳢鱼是黑色，鰋鱼是白色，鲤鱼是红色，这样五种颜色的鱼都有了，所以《序》中以此来表示万物盛多。俗语说鱼跃龙门，能跃过的则为龙，唯有鲤鱼跃过的可能性大。鲤中有寿命达到上千岁的，所以詹何要钓这样的鱼，活了千年的鱼也不能幸免。鳞，即邻；鲤，即里。鲤与鱼相近，大概也能归于龙类。所以可以说仙人乘龙，也可以说骑鲤，乃至飞跃山湖。

鲂

鲂，一名魾[1]，此今之青鳊[2]也。《郊居赋》[3]曰："赤鲤青鲂、细鳞、缩项、阔腹、鱼之美者，盖弱鱼也。其广方、其厚鳊、故一曰鲂鱼，一曰鳊鱼。"鲂、方也，鳊、褊也。《诗》曰："川泽讦讦，鲂鱮甫甫。"[4]甫甫，美也。鲂之为美，旧矣，今更与鱮鱼连道，以著韩国水土之善者，盖鲂鱼虽等美，而缘水之异，则有优劣。故里语曰："洛鲤伊鲂，贵于牛羊。"[5]言洛以浑深宜鲤，伊以清浅宜鲂也。又曰："居就粮，梁水鲂，乐水鲂。"盖今辽东梁水之鲂特肥而厚，《诗》曰："岂其食鱼，必河之鲂。"言无民而不可治，"岂其取妻，必齐之姜？"言无臣而不可使。所以诱掖其君也。且河性宜鱼，故诗曰："岂其食鱼，必河之鲂，必河之鲤"也。《列女传》[6]曰："傅弓以燕牛之角，缠弓以荆麋之筋，糊弓以河鱼之胶。"说者以为燕角善，楚筋细，河胶黏。诗曰："鲂鱼赪尾。"以譬君子，劳于王事。《养生经》[7]曰："鱼劳则尾赤，人劳则发白。"

【注释】

[1] 魾：音 pī。

[2] 鳊鱼：又名鳊，亦称长身鳊、鳊花、油鳊；古名槎头鳊，缩项鳊。在中国，鳊鱼也为三角鲂、团头鲂（武昌鱼）的统称。体长 40 厘米左右，比较适于静水性生活。主要分布于中国长江中、下游附属中型湖泊。生长迅速、适应能力强、食性广。因其肉质嫩滑，味道鲜美，是中国主要淡水养殖鱼类之一。

[3]《效居赋》为梁·沈约撰。沈约，字修文。《梁书》《南史》有传。

[4]《诗》即《诗经》，据汉·毛亨撰、汉·郑玄笺、唐·孔颖达疏《毛诗注疏》："吁吁大也，甫甫然大也。"

[5] 语出《洛阳伽蓝记》卷三："别立市于乐水南，号曰四通，市民间谓永桥市。伊洛之鱼多於此卖，士庶湏脍皆诣取之，鱼味甚美，京师语曰："洛鲤伊鲂，贵於牛羊。"洛水，即洛河，古称雒水，黄河右岸重要支流。在河南偃师境内与伊河并流，亦称为伊洛河。伊水，即伊河，是中国黄河南岸支流洛河的支流之一，源于熊耳山南麓的栾川县陶湾镇，流经嵩县、伊川，蜿蜒于熊耳山南麓，伏牛山北麓，穿伊阙而入洛阳，东北至偃师注入洛河，与洛水汇合成伊洛河。

[6]《列女传》是一部介绍中国古代妇女事迹的传记性史书，也有观点认为该书是一部妇女史。共七卷。作者是西汉的经学家、目录学家、文学家刘向，不过也有人认为该书不是刘向所著。傅弓、缠弓、糊弓分别以燕牛角、荆麋筋、河鱼胶三种不同的材料制作而成。

[7]《养生经》书目不祥，或为嵇康《养生论》。

【译文】

鲂，也称作"魾"，即今天的青鳊鱼。《效居赋》说："赤色的鲤，青色的鲂。"鲂鱼的鳞细，缩着脖子，腹较宽，肉质鲜美，是一种弱鱼。因为这种鱼的身体宽方褊厚，所以一是称作"鲂鱼"，一是称作"鳊鱼"。鲂，即方；鳊，即褊。《诗经》里说："川泽遍布，水源充足，鲂鱼鲢鱼肥又大。"甫甫，即美。旧的说法认为鲂鱼肉质鲜美，今天应该与鲢鱼放在一起，以表示它们适应河北固安县一带的水土。虽说鲂鱼的肉质鲜美，但也因不同的水体而有优劣的分别，所以俚语句话说："洛水的鲤鱼，伊水的鲂鱼，比牛羊都要珍贵。”这就是说洛水因其水体浑深适宜于鲤鱼生长，伊水则因其水体清浅而适宜于鲂鱼生活。还有俗语说：“居就粮，梁水鲂”，大概就是说辽东一带梁水生长的鲂鱼很肥厚。《诗经》里说：“要吃鱼，何必一定要吃河里的鲂鱼（鲂鱼味美体型较大）呢？”所言之意即是说没有老百姓是不能治理的。“要娶妻，何必一定要娶齐国的姜姓女子（姜姓在齐国是大姓贵族）”，所言之意即是说一个国家没有臣不可使用。所以要扶植引导君王。因河水的特性适宜于鱼类生长，所以《诗经》说要吃鱼，何必一定要吃河里的鲂鱼（鲂鱼味美体型较大）呢？”“何必一定要吃河里的鲤鱼呢？”《列女传》里说：“傅弓用燕牛的角制作，缠弓用荆麋的筋制作，糊弓用河鱼身上所取的胶来制作。”说者认为燕角好，楚筋细，河鱼胶黏。《诗经》里说：“鲂鱼的尾巴是赤色的”，以譬如为君子为大王的事操劳。《养鱼经》里说“鱼过于劳累则尾巴会变成赤色，人过于劳累则头发会变白。”

鲿[1]

今黄鲿鱼是也。性浮而善飞跃，故一曰“扬”也。陆玑[2]曰：“今黄颊鱼燕头鱼，身颊骨正，黄鱼之有力解飞者，一名‘黄扬’。”旧说鱼胆春夏近下秋冬近上。

【注释】

[1] 鲿：即黄颡鱼。《本草纲目》又名之黄赖鱼、黄鲿鱼，而云贵川谓之黄辣丁，江淮谓之昂刺鱼，湖广谓之黄骨鱼。是龙南、定南一带称黄丫角，于都、赣县、信丰等地唤作黄鸭角鱼体粗壮，头略平扁，躯干、尾侧扁，背倾斜，是我国优质的名贵鱼类，俗称黄骨鱼、骨鱼。

[2] 陆玑：三国吴学者。字元恪，吴郡（治今苏州）人。仕太子中庶子、乌程令。有《毛诗草木鸟兽虫鱼疏》二卷，专释《毛诗》所及动物、植物名称，对古今异名者，详为考证，是中国古代较早研究生物学的著作之一。自唐·孔颖达《毛诗正义》至清·陈启源《毛诗稽古编》，多采此书之说。卷末附论四家诗源流，于《毛诗》尤详。

【译文】

鲿鱼就是今天的黄鲿鱼。性好浮动，善于飞跃，所以又称“扬”。陆机说：“今天的黄颊鱼是燕子头鱼儿身，颊骨的颜色是正黄色，是鱼类中有力气且善于飞跃的鱼，有一名称叫‘黄扬’。”旧说黄鲿鱼的鱼胆春夏季节靠近身体的下部，秋冬季节靠近身体的上部。

鳢[1]

今玄鳢是也。诸鱼中唯此鱼胆甘可食。有舌鳞细，有花文，一名“文鱼”。与蛇通气，其首戴星，夜则北向，盖北方之鱼也。《诗》曰：“鱼丽于罶，鲿鲨。”其次曰“鲂鳢”，又其次曰“鰋鲤”。盖鲿鲨，小鱼；鲂鳢，中鱼；鰋鲤，大鱼。亦其鲿鲨之美不若鲂鳢，鲂鳢之美不若鰋鲤，故其序如此。今鱼品，齐鲁之间鲂为下色，鰋为中色，鲤为上色。《衡门》之诗，先鲂后鲤，亦以此故也。旧云鳢是公砺蛇所化，至难死犹有蛇性，故或谓之“鲣”也。《尔雅》[2]曰：“鲣，大鲖；小者，鲵。”

【注释】

[1] 鳢：硬骨鱼纲鲈形目月鳢科鳢属鱼类的统称。俗称黑鱼、乌鱼。为淡水经济鱼类。

[2]《尔雅》：儒家经典，十三经之一。是中国最早的一部解释词义的书，是中国古代最早的词典。“尔”是“近”的意思（后来写作“迩”），“雅”是“正”的意思，在这里专指“雅言”，即在语音、词汇和语法等方面都合乎规范的标准语。《尔雅》的意思是接近、符合雅言，即以雅正之言解释古语词、方言词，使之近于规范。文所引为《尔雅·释鱼第十六》。

【译文】

即今天的玄鳢。在诸多鱼类中只有此鱼的胆可以食用，鱼嘴有舌头，鱼鳞细，有花纹，又称为“文鱼。”鳢与蛇气息互通，以星星的出没为活动指南，夜里朝向北方，是生活在北方的鱼。《诗经》里说：“鱼儿钻进竹篓里结伴游啊，有肥美的鲿鲨也有小吹沙。”其次说“鲂鳢”，然后再说“鰋鲤”。鲿鲨，是一种小鱼；鲂鱼是中等的鱼；鲂鳢则是一种大鱼。这种分等也是因为鲿鲨的肉不及鲂鱼的肉味美，鲂鱼的肉味又不及鲂鳢的肉味美，所以这种大小次序排列如此。从地域上来说，今天齐鲁一带的鲂鱼为下色，鰋鱼为中色，鲤鱼为上色。《衡门》中的诗先说鲂鱼后说鲤鱼，也是因它们的肉味等级如此。旧时有一种说法是鳢是公砺蛇所化生的，其生命力很强，与蛇性非常像，所以或称之为“鲣”。《尔雅》里说：“鲣，大的称为鲖，小的称为鲵。”

鰋

今偃额白鱼也，一名“鲇”。鰋鱼偃，鲤鱼俯，鳢鱼圆，鲂鱼方，《鱼丽》[1]之诗一章曰“鲿鲨”，二章曰“鲂鳢”，三章曰“鰋鲤”。盖鲿鲨长鱼也，而鲂、鳢则言其鱼一方一圆，鰋、鲤则言其鱼一偃一俯，又著万物众多也。

【注释】

[1] 即《诗经·小雅·鱼丽》，为周代燕飨宾客通用之乐歌。

【译文】

今称偃称为额白鱼。一种名为“鲇”。鰋鱼的头仰上，鲤鱼的头俯下，鳢鱼的身体圆，鲂鱼的身体方。《诗经》中《鱼丽》有一章叫“鲿鲨”，二章叫“鲂鲤”，三章叫“鰋鲤”，之所以这么称名，因为鲿鲨是一种长鱼，而鲂、鳢两种鱼的身体形状则分别是一圆一方，而鰋、鲤两种鱼的头则一个向仰上，一个俯下。(各种不同形状的鱼的都多)，又表明世间万物众多。

鳟[1]

鳟似鲩鱼[2]，而鳞细于鲤，赤眼。《诗》云：“九罭之鱼，鳟鲂。我觏之子，衮衣绣裳。”荔鳟鱼圆，鲂鱼方，君子道以圆内，义以方外，而周公之德具焉，故是诗主以言之。然则鳟象公之圆，而衮衣者，道也；鲂象公之方，而绣裳者，义也。玄衮黼绣，而后可以见周公，犹之九罭之取鳟鲂也。《尔雅》曰："鮅，鳟。"盖鳟一名"鮅"。孙炎《正义》[3]曰："鳟好独行。"制字从尊，殆以此也。

【注释】

[1] 鳟鱼：体侧扁，形略似鲑鱼，全身有显著的黑点。常栖海中，夏季上溯于河产卵，秋末又入海。肉可食，为养殖的名贵鱼种。

[2] 鲩：草鱼。明 · 李时珍《本草纲目 · 鳞三 · 鲩鱼》："郭璞云'今鲱子，似鳟而大'是矣。其形长身圆，肉厚而松，状类青鱼。"按：今本《尔雅 · 释鱼》"鲩"郭璞注作"鲱鱼"。

[3] 此处《正义》或指《尔雅音义》，作者孙炎，中国三国时期经学家，字叔然，乐安（今山东博兴）人。受业于郑玄，时人称为"东州大儒"。曾著《周易 · 春秋例》，为《毛诗》《礼记》《春秋三传》《国语》《尔雅》和《尚书》作过注，所著《尔雅音义》影响较大。现存《尔雅正义》为清代邵晋涵所著。

【译文】

鳟鱼跟鲩鱼相似，但鳞比较鲱鱼的鳞细，眼睛是红色的。《诗经》里说："细眼渔网去捕捞，鳟鱼鲂鱼都打到。路上遇见官老爷，锦绣礼服真美妙。"鳟鱼身体较圆，鲂鱼身方扁，君子用敬德修养自己的内心，用义德规范外在的行为，而周公是内外兼具的人君，所以《诗经》以鳟、鲂来主言。虽然鳟鱼表征周公之内圆，画有卷龙的上衣就是道；鲂鱼表征周公之外方，绣有花纹的下裳就是义。穿黑白相间的冕服之后才能见周公，就像细眼渔网捕到鳟、鲂一样。《尔雅》里说："鮅，鳟。"大概鳟一名"鮅"。孙炎《正义》里说"鳟鱼喜好独行。"制字从尊，大概就是此义。

鲔[1]

鲔鱼似鳣而青黑，长鼻，体无鳞甲，肉色白，味不如鳣，大者长七八尺。岫居[1]至春始出，而浮阳北，入河西，上龙门，入漆[3]、沮[4]，见日而目眩，故《诗》言漆、沮、及河，通道此鱼。《夏小正》[5]曰："祭鲔，祭不必记。"而记鲔何也？鲔者，鱼之先至者也，而其至有时。《礼》曰："龙以为畜，故鱼鲔不淰[6]。"而序《诗》者亦曰："季冬荐鱼，春献鲔。"则鲔别于鱼，其来尚矣。故鲔仲春从河西上，得过龙门便化为龙，否则点额而还。《尸子》[7]曰："龙门，鱼之难也；太行，牛之难也。"盖河津一名龙门，两傍有山，鱼莫能上，大鱼薄集龙门，上则为龙，不得上辄暴鳃水次，故曰："暴鳃龙门，垂耳辕下。"善为鱼者不求为龙，望禹门辄逝，是以无暴鳃點额之患。《水经》曰："鲔出巩穴、直穴，有渚，谓之鲔渚。"《周礼》："春献王鲔。"然非时及佗处则无，故河自鲔穴已上，又兼鲔称。

【注释】

[1] 现在所说的"鲔"（音 wěi）即金枪鱼，是一种热带海水鱼。从《埤雅》对此鱼的形态描述来看，此处的鲔可能是白鲟的古称，与现在的"鲔"含义不同。

[2] 岫居（xiù jū）：居于山穴。

[3] 漆水河：渭河支流。又名漆水，古称杜水、武亭水、中亭水。在陕西省中部偏西北。源出麟游县庙湾附近山丘。东流折南流，经麟游县，永寿县、乾县、扶风县，至武功县白石滩入渭河。全河长 151 公里，平均比降 4.7‰，集水面积 3824 平方公里，年均径流量约 2 亿立方米。中游河段建有羊毛湾水库，下游段为关中盆地，地势平坦，农田水利开发较早。

[4] 沮：古水名，发源于秦岭山脉南麓陕西省留坝县与凤县交界处的紫柏山（海拔 2610 米）南麓黄花坪，西南流入勉县张家河、纳入庙河和冷峪河后入略阳县两河口，继续南流至黑河坝流入留白河。白河汇入后转东南复入勉县境，至沮水新铺坝注入汉水。沮水全长 130 千米，为汉江上游流量最大、源头最远之支流。沮水流域面积 1747 平方千米，年径流量 5.37 亿立方米。沮水在漾水北，历史上称其汉水古北源。

[5]《夏小正》为中国现存最早的科学文献之一，也是中国现存最早的一部汉族农事历书，原为《大戴礼记》中的第 47 篇。在唐宋时期散佚（而大戴礼记亦有一半同时散佚）。现存的《夏小正》为宋傅嵩卿著《夏小正传》把当时所藏之两个版

本《夏小正》文稿汇集而成。但因经文与传文（以自己的文字解释）在篇章中混集而没有说明之关系，《夏小正传》中不尽是原来之全部篇章。

[6] 淰（shěn）：惊走。

[7]《尸子》相传为先秦时尸佼所著，《汉书 · 艺文志》中有："《尸子》二十篇。名佼，鲁人，秦相商君师之，鞅死，佼逃入蜀"。《尸子》一说为杂家学说，在秦统一后，学术思想遭到钳制，特别是汉代"独尊儒术"后，各家学说均被禁锢。《尸子》一书遭禁毁难免，所以早佚。唐代又重被辑成。

【译文】

鲔鱼与鳟鱼外形相似，青黑色，鼻子较长，鱼身没有鳞甲，肉色白，肉质不如鳣鱼味美，大的长有七八尺。鲔鱼居于山穴，春天出来，游至阳北一带，进到黄河以西的水域，往上到达河津西北的黄河大峡谷，再进入漆水河、渚水河，害怕见到日光，见日光易昏眩，所以《诗经》里说漆水河、渚水和河里都有此鲔鱼。《夏小正》里说："祭祀鲔鱼，祭祀的日期不用记下来。"为什么说不用记呢？因为鲔鱼，是鱼中先到达此的鱼，其游到的日期是固定的。《礼记》里说"养了龙，水里鱼、鲔就不会惊走。"而《诗经》序作者也说："周人冬季用一般的鱼作祭祀用，春季用鲔作祭祀用。"这表明鲔有别于一般的鱼，它游自于久远的地方。所以鲔鱼仲春时节从黄河西往上游，跃过龙门（河津市西北的黄河大峡谷）便化为龙，否则就得在头额触撞石壁后还回。《尸子》里说："龙门，是鱼很难游一道水域；太行，是牛很难翻越的一座山体。"河津西北的黄河大峡谷有一个名称叫作龙门，峡谷傍有高山，鱼很难游上去，很多大鱼薄集在龙门，能游上去的就会成为龙，不能游上去的鱼鳃就会在水边儿暴露出来，所以说："暴鳃龙门，垂耳辕下。"如果作为鱼不求成为龙，望禹门（山西河津县西北龙门的别称）就自我退缩而亡，就没有暴露水边、头额触撞石壁的隐患。《水经》里说："鲔出自于洞穴、直穴，在渚水里生长，称为鲔渚。"《周礼》里说："春季祭祀要使用巨大的鲔鱼。"然而不是固定的时间就捕获不到它，所以河出自鲔穴而上，又兼有鲔的称谓。

鳣[1]

鲔肉白，鳣肉黄。鳣，大鱼，似鲟，口在颔下，无鳞，长鼻，软骨，俗谓之“玉板”。大者长二三丈，江东[2]呼为“黄鱼”。《古今注》[3]曰：“鲤之大者为鲔，鳣之大者为鳣。”非是也。案：《诗》曰：“有鳣有鲔，鲦鲿鰋鲤。”言鲔矣，而又言鰋鲤，则鲔与鲤异明矣。《诗》曰：“施罛濊濊，鳣鲔发发。”鳣鲔，健鱼，故其跳跃发发然，不丽于罛，而《硕人》[4]以刺庄公。《诗》于鳣鲔言“发发”，于鲂鱮言“唯唯”，则鱼之健弱可知也。《义训》[5]曰：“鱍掉尾口，上下噞喁。”

【注释】

[1] 鳣鱼：体长约 2 米，最大的可长达 5 米以上。头略呈三角形，吻长而较尖锐。头部表面被有多数骨板。口下位，宽大，稍成弧形；口前方有吻须 2 对，内侧的须稍在前方，外侧的须较后。眼小，距吻端较近。左右鳃膜向腹面伸展，彼此愈合，全体被纵列的菱形骨板 5 行，骨板上有尖锐微弯的刺。背骨板 1 行，较大，10—16 块，位于背部正中，从头后直连尾鳍。背、腹侧骨板各 2 行，背侧骨板 32—46 块；腹侧骨板 8—12 块；腹鳍基部之后有不太明显的骨板 1—2 块。身体其他部分光滑无鳞。背鳍 43—57，位于后方；臀鳍 26—36；其起点在背鳍的后部下方。尾鳍歪形，上叶长而尖。体表黑青色，两侧黄色，腹面灰白色；背部骨板黄色，侧骨板黄褐色。

郭璞为《尔雅》作注云：“鳣，大鱼，似鱏而短鼻，口在颔下，体有邪行甲，无鳞，肉黄，大者二、三丈，今江东称之为‘黄鱼’。”与陆佃的描述基本一致。但鳣为现代何种鱼类？《辞海》（1979 年版）中认为：“鳣”即今“鳇”，而对具有相似性的鲔和鱏则说：“鱏”即今“鲟”；“鲔”即今“鲟、鳇”。此种看法是否正确，当有存疑处。从产地、习性和形状等几个方面分析，我们认为，“鳣”即今“中华鲟”，而“鱏”和“鲔”是同名异指，指今“白鲟”。将“鱏”视为“鲟鱼”“鲔”即“鲟、鳇”的说法需要纠正。

[2] 江东：今安徽芜湖以下的长江下游南岸地区。

[3]《古今注》三卷，晋 · 崔豹撰。崔豹，字正熊，一作正能，惠帝时官至太傅。此书是一部对古代和当时各类事物进行解说诠释的著作。其具体内容，可以从它的八个分类略知大概。卷上：舆服一，都邑二；卷中：音乐三，鸟兽四，鱼虫五；卷下：草木六，杂注七，问答释义八。

[4] 出自《诗经 · 国风 · 卫风》。

[5] 为五代窦俨所著，共十卷。窦俨（918—960）字望之，蓟州渔阳县（今天津市蓟县）人，《三字经》"窦燕山，有义方。教五子，名俱扬"中之窦燕山次子。

【译文】

鲔鱼的肉色白，鳣鱼的肉色黄。鳣是一种大鱼，与鳟相似，口在下巴下面，没有鳞，鼻子长，软骨，俗称"玉板"。大的鳣鱼有二三丈，江东一带的人称为"黄鱼"。《古今注》里说："鲤鱼中大的称为鲔，鳢鱼中大的称为鳣。"这种说法是不对的。案：《诗经》里说："有鳣鱼，有鲔鱼，有鲦鲿，有鰋鲤。"这里说到鲔鱼，又说到鰋鲤，则明确表明鲔鱼与鲤鱼是有区别的。"《诗经》里还说："下水鱼网嚯嚯动，戏水的鳣鱼、鲔鱼哗哗响。"鳣鱼、鲔鱼都是好动强健的鱼，所以跳跃发出哗哗的响声，不愿被网捕获，正是因为此，《诗经》以《硕人》来讽刺卫庄公。《诗经》提到鳣鱼、鲔鱼时说"发发（哗哗）"，提到鲂鱼、鱮时说"唯唯"，从这些鱼跳动的声音就可判断鱼的健弱来。《义训》里说"鱍鱼摆动尾巴上下游动，张口求食。"

鲨

《释鱼》云："鲨，鮀。"今吹沙。小鱼，常张口吹沙，故曰"吹沙"也。鲨性善沈，大如指，狭圆而长，有墨点文，常沙中行，亦于沙中乳子，故张衡云："县渊沈之，鲨鰡也。"[1]《字指》[2]云："鰡，鲨属。"《诗》曰："鱼丽于罶。"鲿鲨、鲂鳢、鰋鲤。盖鲿也、鲂也、鲤也，其性浮；鲨也、鳢也、鰋也，其性沈。而罶则嫠妇之笱，其用功寡，又以待鱼之自至。今鱼丽于罶，鲿鲨、鲂鳢、鰋鲤，沈浮，小大、美恶与其形色之异具有，则余物盛多可知也。俗云鲨性沙抱。《异物志》[3]曰："吹沙，长三寸许，背上有刺，螫人。”《海物异名记》[4]曰：“鲨，似鲫而狭小。”

【注释】

[1] 出自汉张衡《归田赋》。

[2] 据民国辑佚大家黄奭《黄氏逸书考》，《字指》一册，晋议大夫李彤撰，解释字的形、音、义的书，字指即为文字的含意，书不分卷。

[3]《异物志》版本众多，不确定是否是杨孚所著《异物志》。

[4]《海物异名记》：《宋史·志》卷一五九《艺文五》载：陈致雍《晋安海物异名记》三卷。该书已佚，根据学者胡耀飞的辑证研究，陈致雍是南唐时期的礼学大家，《晋安海物异名记》当为《海物异名记》。

【译文】

《释鱼》里说：“鲨，鮀。”即今天（指北宋时代）的吹沙。它是一种小鱼，常常张口吹沙，所以人们称为“吹沙”。鲨鱼喜好沉游于水下，如指头般大小，身体窄圆而长，有黑色的墨点文，常常在沙中游行，也在沙子产卵生子，所以张衡说：“鲨鰡是沉于深水中的鱼。”《字指》里说：“鰡，鲨属。”《诗经》里说：“鱼占进捕鱼的篓子。”鲿鲨、鲂鳢、鰋鲤。大概说鲿鱼、鲂鱼、鲤鱼喜好浮游于水的上层；鲨鱼、鳢鱼、鰋鱼喜好沉游于水的下层。然而罶（篓子）作为寡妇使用的捕渔器具，它的功能很有限，主要是待鱼自己钻进篓子里。今天用篓子捕到的鲿鲨、鲂鳢、鰋鲤，有游于水上的，有游于水下的，大小、美恶、形色都各有所不同，这表明鱼的种类繁多。俗话说鲨喜好水的沙里游。《异物志》里说：“吹沙，大约有三四寸长，背上长有刺，蜇人。”《海物异名记》里说：“鲨像似鲫鱼，但比鲫鱼狭小。”

鲦[1]

鲦鱼形狭而长，若条然，故曰“鲦”也，今江淮之间谓之“鮆”。鱼性浮，似鲿而白，盖鲿从尝，鮆谓之殗，其义一也。《诗》曰：“鲦鲿鰋鲤。”先鲦后鲿、先鰋后鲤者，鲿大于鲦，鲤大于鰋，亦其美之递不如也。

【注释】

[1] 鲦：鱼纲鲤科，体长，侧扁，银白色，侧线紧靠腹部，性活泼，善跳跃，常在水面结群往来，迅速游动。中国淡水均产。

【译文】

鲦鱼的形状窄而长，像枝条一样，所以称之为“鲦”，今天江淮地区的人称之为“鮘”。这种鱼的特点是喜好游于水的上层，色白与鲿鱼相似，大概鲿从尝，称为飧，其实它们是意义相同。《诗经》里说：“鲦鲿鰋鲤”，先说鲦后说鲿，先说鰋后说鲤，从外形上看，鲿大于鲦，鲤大于鰋，但从肉质的美味上来看，则鲿不如鲦、鲤不如鰋。

鲋[1]

《吕子》[2]曰：“鱼之美者，洞庭之鲋。”鲋，小鱼也，即今之鲫鱼。其鱼肉厚而美，性不食钓，《本草》所谓“鲫鱼，一名鲋鱼，形亦似鲤，色黑而体促，腹大而脊隆，所在池泽皆有之”是也。孟诜[3]云：“鲫是稷米化之，其鱼腹上犹有米色。”《易》之《井》曰：“井谷射鲋，瓮敝漏。”盖九二以阳居阴，不正者也。不正则旁出而下流，以与初矣，故曰“井谷射鲋”。以此上行，则亦趋乎下而已，故曰：“瓮敝漏。”初六，阴也，而又居下流，且其赖井之功微矣，故称鲋焉。《庄子》曰：“周顾视车辙中，有鲋鱼焉，曰：‘吾得斗升之水然活尔。’”《少牢馈食》[4]曰：“鱼用鲋，十有五而俎。”盖鱼，水物也，故取数于月十有五日而盈。《淮南子》曰：“月虚而鱼脑减。”[5]今此鱼旅行，吹沫如星，然则以相即也，谓之“鲫”；以相附也，谓之“鲋”。

【注释】

[1] 鲋：即鲫鱼，属鲤形目，鲤科，鲤亚科，鲫属。体侧扁，稍高，体长达20厘米有余。背面青褐色，腹面银灰色。口端位，无须。背鳍和臀鳍具硬刺，最后一硬刺的后缘具锯齿。杂食性。生长较慢。肉类营养价值较高。

[2] 即《吕氏春秋》，是在秦国丞相吕不韦主持下，集合门客们编撰的一部黄

老道家名著。成书于秦始皇统一中国前夕。此书以道家思想为主干贯穿全书始终，融合各家学说。全书共分十二卷，一百六十篇，二十余万字。

[3] 孟诜（621—713）：唐代汝州梁县新丰乡子平里人（今河南省汝州市陵头镇孟庄村），著名学者、医学家、饮食家，著有《食疗本草》，是世界上现存最早的食疗专著。

[4]《少牢馈食》是《仪礼》中的一篇，记述诸侯之卿大夫祭其祖祢于庙之礼。

[5] 目前尚无科学研究表明鲫鱼的脑部大小会随着月亮的盈虚而变化。

【译文】

《吕子》中说："鱼中之味美好吃的鱼，洞庭湖中生长的鲋鱼便是其一。"鲋鱼是一种小鱼，即今天的鲫鱼。这种鱼的肉质厚且味美，不易食钓饵，《本草》里说到："鲫鱼，有一名称为鲋鱼，形状与鲤鱼相似，身体颜色黑而短，腹部较大且脊背隆起，池沼湖泽中都生长有这种鱼。"孟诜说："鲫是由稷米化生而来，它的腹部的颜色与米色相似。"《周易》中的《井》说："张弓射井底的小鲋鱼，水瓮又破又漏（井谷射鲋，瓮敝漏）"这是九二爻辞，卦义以阳居阴，是不正的。不正则水从旁边出来而向下流注，此时鲋鱼越往上游，就越往下，所以说："瓮敝漏。"初六，阴数，而水又向下流注，表征依赖井来存水的功效甚微，所以说称为鲋。《庄子》里说："周顾看车辙中，有小鲋鱼，说：'我得斗升之水就可存活。'"《少牢饋食》里说："鱼用鲋，十有五而俎。"此鱼作为一种水生物种，是因它在每月十五日时长得肥大才取十有五这个数。《淮南子》里说："月虚时鱼脑减小。"今天此鱼在水里游动，吹出的水泡像星星一样，水泡与鲫鱼游动相应产生，所以称之为"鲫"；吹着像星星一样水水泡附着它游动，所以称之为"鲋"。

鱮[1]

鱮鱼似鲂而弱鳞，其色白，北土皆呼"白鱮"。《西征赋》[2]曰："华鲂跃鳞，素鱮扬鬐。"性亦旅行，故其制字从与，亦或谓之"鲢"也。传曰："连，行鱼属。"若此之类是已。失水即死，弱鱼也。今吴越呼"鳙"。鲢鱼其头尤大而肥者，徐州人谓之“鲢”，或谓之“鳙”。《六韬》[3]曰：“缗隆饵重，则嘉鱼食之；缗调饵芳，则庸鱼食之。”鳙，庸鱼也，故其字从庸，盖鱼之不美者，故里语曰：“网鱼得鱮，不如啖茹。”而鳙读曰“慵”者，则又以其性慵弱而不健故也。《诗》曰：“敝笱在梁，其鱼鲂鳏。齐子归止，其从如云，敝笱在梁，其鱼鲂鱮。齐子归止，其从如雨。敝笱在梁，其鱼唯唯。齐子归止，其从如水。”[4]言笱虽敝，尚足以制鲂鳏之鱼；非特制鲂鳏而已，尚足以制鲂鱮之鱼；非特制鲂鱮而已，盖鱼无不听从者，以刺鲁桓微弱，曾敝笱之不如也。其从如云者，言云无定性，随风而已，云升而生雨，故如雨继之；雨降而生水，故如水继之。言鲁桓微弱，不能防闲文姜，其倾从，如雨之从天；其顺从，如水之从地者。初亦生于如云积，以浸大而已，故传曰：“如云，言盛也；如雨，言多也；如水，言众也。”盖一为盛，二为多，三为众。

【注释】

[1] 即鲢鱼：体形侧扁、稍高，呈纺锤形，背部青灰色，两侧及腹部白色。胸鳍不超过腹鳍基部。各鳍色灰白。头较大。眼睛位置很低。鳞片细小。腹部正中角质棱自胸鳍下方直延达肛门。形态和鳙鱼相似，鲢鱼性急躁，善跳跃。

[2]《西征赋》：即西晋·潘岳所著。

[3]《六韬》又称《太公六韬》《太公兵法》，周初太公望（即吕尚、姜子牙）所著，全书以太公与文王、武王对话的方式编成。西汉国家藏书目录《汉书·艺文志》道家类曾有著录曰：“《太公》237篇，《谋》81篇，《言》71篇，《兵》85篇。”班固注“吕望为周师尚父，本有道者。”

[4] 敝笱：破鱼网。梁：捕鱼水坝。河中筑堤，中留缺口，嵌入笱，使鱼能进不能出。鲂（音房）：鳊鱼。鳏（音官）：音 guān，鲲鱼，古书上说的一种大鱼。齐子归止：文姜已嫁。齐子，指文姜。其从如云：随从众多。一说喻齐襄公仍纠缠不已。鱮（音序）：鲢鱼。唯唯：形容鱼儿出入自如。陆得明《经典释文》：“唯唯，《韩诗》作遗遗，言不能制也。”

【译文】

鱮鱼与鲂鱼相似，但鳞相对较少，体色白，北方一带皆称之为“白鱮”。《西征赋》里说：“华鲂跃鳞，素鱮扬鬐。”鱮鱼的特性亦喜游动，所以它制字从与，也称之为“鲢”。《易传》里说：“连，行鱼属。”这些都是说此类鱼。鱮鱼的生命力不强，在没有水的情况很快死掉，是一种弱鱼。今天吴越一带称之为“鳙”。鲢鱼的头肥大，徐州一带的人称之为“鲢”或“鳙”。《六韬》里说：“钓鱼线粗饵料重，则嘉鱼喜欢吃；鱼线细饵料香，则庸鱼喜欢吃。”鳙鱼，即庸鱼，所以制字从庸，这种鱼的肉质不太可口，所俗语说：“捕到鱮鱼，不如啖茹。”而鳙的音读“慵”，则又表明这种鱼的性格慵弱而不健动。《诗经》里说：“破鱼笼子架设在拦鱼坝上，任由鲂鱼鳏鱼游进又游出，齐侯的妹子回到齐国来了，仆从如云啊多得不可胜数。破鱼笼子架设在拦鱼坝上，任由鲂鱼鲢鱼游进又游出，齐侯的妹子回到齐国来了，仆从如雨啊多得不可胜数。破鱼笼子架设在拦鱼坝上，任由这些鱼儿游进又游出，齐侯的妹子回到齐国来了，仆从如水啊多得不可胜数。”言捕鱼的笼子虽破，尚足以捕获鲂鳏之鱼；不是特地为捕获鲂鳏的破笼子，尚足以捕获鲂鱮之鱼；不是特地为捕获鲂鱮的破笼子，则鱼无一能不能抹捕获，以此来讽刺鲁桓公在家中的地位微弱，边破笼子都不如。其从如云者，是说云无定性，随风而飘，云升起时则会产生雨，所以像雨继云；雨降而生水，所以说水继雨。这是说鲁桓公在家中的地位微弱，不能防控他后娶的妻子姜文，总是倾向顺从她，就像雨顺天从天一样；他的顺从，就像水从顺从地一样。水开始产生于积云，慢慢变多，所《易传》里说：“如云，表示盛；如雨，表示多；如水，表示众。”大概是说一为盛，二为多，三为众。

鲛

鲛[1]，海鱼也。状似鳖而无足，背文粗错，皮间有珠，可以饰刀，其子惊则入母腹中。盖龙珠在颔，鲛珠在皮，蛇珠在口，鳖珠在足，鱼珠在眼，蚌珠在腹也。案：《天玄主物簿》[2]叙鱼珠曰：“鱼之怀珠，至五十年则无复鼓鳃，脑上有汗，其鬐鳞口眼皆异，鬐当紫色，眼当红色，口当赤色。”

又曰："怀珠之蛇，多喜投暗，见人张口，向人吐气如烬。"是则蛇珠，暨鱼亦有怀者。《述异记》[3]曰："南海有鲛人之室，水居如鱼，不废机织，其眼能泣则出珠。"

【注释】

[1] 鲛：即鲨鱼。

[2] 宋 · 沈立（1007—1078）著。

[3] 南朝 · 任昉（460—508）编著，2 卷；另有南齐 · 祖冲之著《述异记》。

【译文】

鲛，一种海鱼。形状像鳖但没有脚，背部的纹理粗错，表皮中间有珠子，可以用来装饰刀，鲛鱼子非常警敏，一有危机情况就进入母腹中。一般龙珠藏在下巴中，鲛鱼珠藏在皮中，鳖珠藏在足中，鱼珠藏在眼中。案：《天玄主物簿》在阐述鱼珠时说："鱼在怀珠达到五十年时则不会鼓腮，脑上有汗，它的鳞片、背鳍、口、眼都会发生变化，背鳍变成紫色，眼变成红色，口变成赤色。"还说："怀珠的蛇，多喜欢没有光的暗处，见人就张口，向人吐气像烧东西冒的烟一样。"如果是这样，就是蛇珠，也有怀珠的鱼。《述异记》里说："南海有鲛人生活的水域，潜居在水里像鱼一样，不废机织，它哭泣时眼泪能变成珍珠。"

鰌

鰌，今泥鳅也。似鳝而短，无鳞，以涎自染，难握，与鱼而为牝牡，《庄子》所谓"麋与鹿交，鳅与鱼游"[1]。一名"鳛"。孙炎《尔雅正义》[2]曰："鳛，寻也。寻习其泥，厌其清水。"旧说守鱼以鳖，养鱼以鳅。盖鳅性酋健善扰，令鱼利转，制字从酋，岂为是乎？《恩平郡谱》[3]云："鰌谓之蚌，虾谓之笼，鲎谓之衫，蛇谓之讹。"案：古方有言须用流水煑药者，今鳅鉭入江水辄死，则流水与止水果不同。韩文公："江鱼不池活。"[4]今鱼生流水中则背鳞白而味美，生止水中则背鳞黑而味恶，此亦一验。《诗》云："岂其食鱼，必河之鲂？”盖流水之鱼，品流自异。

【注释】

[1] 见《庄子》卷一。

[2]《尔雅正义》系清·邵晋涵撰。故此处当误，应为孙炎《尔雅音义》。

[3]《宋史》卷二百四记：杨备，《恩平郡谱》一卷。

[4] 出自韩愈《送惠师》。

【译文】

鳅，即今天的泥鳅。外形像鳝但比它短，没有鳞，身体表面分泌有一种粘稠状的液体，难以捉握，与鱼交合而有牝牡的分别，《庄子》书里有所谓“麋与鹿交，鰌与鱼游。”它还一个名称为“鳛”。孙炎《尔雅正义》里说“鳛，就是寻。寻喜欢在泥里，不好在清水中。”旧有一种说法，用鳖来守鱼，用泥鰌来养鱼。大概是因为泥鰌生性健活、善于扰动，可以使鱼变得更加灵转好动，鰌的制字从酋，难道不是这样吗？《恩平郡谱》里说：“鰌称为蚌，蝦称为笼，鲎称为衫，蛇称为讹。”案：古代有人说用流动的水来煮药，今天将鰌鲲放在江水就会死掉，这表明流动的水和静止的水对鱼来说是有所不同的。韩文公说：“将鱼放在水池子里很难存活。”鱼在流动的水里生活则背部的鳞片呈现白色且肉质味美，生活在静止水中的鱼则背部的鳞片呈现黑色且肉质的味道差，此可作为古人说法的一种验证。《诗经》里说：“为什么要吃鱼必须要河水里的鲂鱼呢？”其原因就在于在流动水体中生活的鱼，其肉质自然和一般的鱼有差异。

蛟

蛟[1]，龙属也。其状似蛇而四足，细颈，颈有白婴，大者数围，卵生，眉交，故谓之“蛟”。亦蛟能交首尾束物焉，故谓之“蛟”也。俗呼“马绊”，以其如此。《述异记》[2]曰：“蟒蛇目圆，蛟眉连生。”连生则交矣，《相书》所谓“交眉则蛟蜃之眉”是也。一说蛟尾有肉环，束物则以首贯之。旧云："凤骨黑，蛟骨青。"《记》曰："伐蛟取鼍，登龟取鼋。"郑氏谓："蛟言伐者，以其有兵卫也；龟言登，尊之。"按：古有蛟鲊，又有龙醢。夫龙，神物也，而可豢，是亦豕类尔，非真龙也。犬豕曰豢，夫惟可豢，是以可醢而食。字从肉，盖以此。故君子不欲豢于人也。俗说虎中有真虎，龙中有真龙。《星禽衍法》[3]曰："角木蛟，亢金龙，氐土貉，房日兔，心月狐，尾火虎，箕水豹；斗木獬，牛金牛，女土蝠，虚日鼠，危月燕，室火猪，壁水貐；奎木狼，娄金狗，胃土雉，昴日鸡，毕月乌，觜火猴，参水猿；井木犴，鬼金羊，柳土獐，星日马，张月鹿，翼火蛇，轸水蚓。"獬或作蟹，犴或作鴈，盖非是。按"角木曰蛟，亢金为龙；奎木曰狼，娄金为狗；觜火曰猴，参水为猿；翼火曰蛇，轸水为蚓之类，是皆以类相从，特其气数有深浅尔。然则牛金曰牛，斗木宜为獬；鬼金曰羊，井木宜为犴也。

【注释】

[1] 传说中能发洪水的有鳞的龙。

[2] 祖冲之撰。

[3] 不知何书，疑为风水类著作。

【译文】

蛟，龙属。它的形状像蛇而有四肢脚，颈部细，颈上有白婴，大的有数围之大，是卵生动物，眉而生，所以称为"蛟"。也可能因为蛟的头部和尾部能相互交触控制食物，所以称为"蛟"。俗语称为"马绊"，正是基于上述原因。《述异记》里说："蟒蛇的眼睛是圆的，蛟的眉毛是连生的。"连生则相交，《相书》里说："交眉就是的蛟蜃的眉"。一种说法是蛟的尾部有肉环，限制食物时则用头来返尾贯制。旧有一种说法说："凤凰的骨是黑色的，蛟龙的骨是青色的。"《述异记》里说："伐蛟取鼍，登龟取鼋。"郑氏说："蛟用伐来形容，是因为它有很多蛟来保卫它；龟用登来形容，是一种尊称。"按：古代有蛟鲊，又有龙醢。这是表明龙是一种神物，而喂养的龙，就和家养的猪属同类，不是真龙。犬豕说喂养，表明它们可以喂养，是可用鱼肉等来喂食。其字从肉，大概是因为如此。所以说君子不愿贪图他人之利。俗话说虎中有真虎，龙中有真龙。《星禽衍法》里说："角木蛟，亢金龙，氐土貉，房日兔，心月狐，尾火虎，箕水豹；斗木獬，牛金牛，女土蝠，虚日鼠，危月燕，室火猪，壁水㺄；奎木狼，娄金狗，胃土雉，昴日鸡，毕月乌，觜火猴，参水猿；井木犴，鬼金羊，柳土獐，星日马，张月鹿，翼火蛇，轸水蚓。"獬或作蟹，犴或作鴈，这是不对的。按：角木曰蛟，亢金为龙；奎木曰狼，娄金为狗；觜火曰猴，参水为猿；翼火曰蛇，轸水为蚓之类，其各个类别有各自的归属，并非是说它们的气数有不同。既然如此，可以说牛金曰牛，斗木宜为獬；鬼金曰羊，井木宜为犴。

埤雅·卷二

释鱼：龟、蟹、乌鲗、免、鼋、蟾蜍、蚌、蜗、蜃、贝、鳗、鲎、嘉鱼

龟

龟，旧也。外骨[1]内肉，肠属于首，广肩无雄，与蛇为匹，故龟与蛇合，谓之“玄武”[2]。《类从》[3]：“玄龟不咽粟。”[4]盖龟善藏久，能行气导引。其背微伛，《韩子》谓之“穹龟”[5]。《相法》[6]以为“强脊如龟，有后之人也。”又龟背微坼，如皲剥，故《庄子》[7]云“宋人有善为不龟手之药”也。语曰：“龟思鳖望。”今龟、鳖皆隔津望卵。《易》曰：“定天下之吉凶，成天下之亹亹[8]者，莫大乎蓍、龟。”盖蓍老龟旧，故古以龟卜蓍筮。《白虎通》[9]曰：“蓍龟者，天地之间寿考物也，故问之。”龟，象也，天产也；蓍，数也，地产也。《占人》曰：“凡卜筮，君占体，大夫占色，史占墨，卜人占坼。”[10]《说文》[11]曰：“兆，龟坼[12]也。”龟灼之而坼，坼而后墨与色可知。卜人先占坼，史占墨，次之大夫占色，又次之众占备焉，而后君占体以断吉凶，卜之序也。故《玉藻》[13]云：“卜人定龟，史定墨，君定体。”今《礼》[14]以尊卑之序言之，故先占体，后占坼，与《玉藻》之序异也。墨，谓以墨画龟，占其食否，《洛诰》[15]所谓“我卜涧水东，瀍水西，惟洛食，”传曰：“卜必先墨画龟，然后灼之，兆顺食墨。”故《卜师》云：“扬火以作龟，致其墨也。”[16]《筮人》曰：“国之大事，先筮而后卜。”则卜、筮必相参用，以定吉凶，《占人》所谓“以八筮占八颂”者也。[17]《传》曰：“上有丛蓍，下有伏龟。”则龟筮之必相为用，非特人故，抑天理也。《书》[18]

曰："三龟[19]一习，吉。"此龟从也。"启钥见书，乃并是，吉。"则言蓍从焉。而筮书与龟又并吉也。"公曰：'体，王其无害。'"则言卜、筮之体并吉，故王其无害矣。《诗》[20]曰："尔卜尔筮，体无咎言。"[21]此之谓也。先儒引此证君占体之事，而又以《书》为龟，书则亦误矣。且开钥案视龟书，然后知吉，则先曰"三龟一习，吉"，是今日适越而昔至也。《明堂位》[22]曰："周以黄目。"黄目，盖以龟目饰尊。今龟目黄，而许慎《解字》说"罍"亦曰"龟目，酒尊"是也。《化书》[23]曰："牝牡之道，龟龟相顾，神交也；鹤鹤相唳，气交也。"言龟虽与蛇合，亦有以神交者。《易》曰："舍尔灵龟。"[24]盖龟有灵德，伏匿而噎，善潜而不志于养，故古者簠簋皆为龟形于其上，而大臣以贪墨坐废者，曰"簠簋不饰"也。史氏《龟经》[25]曰："龟生百岁，故居鹊尾之上。"

【注释】

[1] 骨：指龟壳。

[2]《埤雅》卷二；明·谭纶《谭襄敏公遗集》卷三；清·陈元龙《格致镜原》格致镜原卷九十四，做"玄武"。

[3] 暂未考证到此书。

[4]《北京图书馆古籍珍本丛刊·经部·埤雅》（简称《珍本》）此句无"玄"字。

[5] 此处有误，韩子指韩愈，而非韩非子，韩愈在《昌黎先生文集》中说"武夫奋掉工师唱和穹龟长鱼踊跃后先干端坤倪"。

[6]《相法》即《相法十六篇》，汉·许负撰。

[7] 庄周：《庄子》南华真经卷第一。

[8] 亹亹（wěi wěi）：不倦，勤勉不倦的样子。

[9] 又称《白虎通义》《白虎通德论》，东汉白虎观经学会议之资料汇编，此书不仅是经学发展中之产物，更是当时上自天子、下迄儒生之学术共识，具有保存当时经学样貌之典范价值。

[10] 出自《周礼·春官·占人》，译为：凡卜筮，君观察兆象，大夫观察兆气，史官观察兆的粗纹，卜人观察兆的细纹。

[11] 即《说文解字》，东汉许慎著，它是世界上最早的字典之一，是我国第一部按部首编排的字典，对文字学影响深远。

[12] 龟坼：指裂纹，古人以此作出种种解释，以判断人事吉凶祸福。

[13]《玉藻》是我国古典著作《礼记》中的一篇。

[14] 即《礼记》的简称，它是西汉戴圣对秦汉以前汉族礼仪著作加以记录，编纂而成，共49篇，十三经之一。记载了战国以后及西汉时期社会的变动，包括社会制度、礼仪制度和人们观念的继承和变化。

[15] 周朝准备在洛邑（今洛阳）修建都城时，召公已经勘查好了宫殿、宗庙、朝市等重要建筑的选址，周公也前往营建洛邑，派遣使者迎接成王前来，把所占卜的吉祥预兆报告给成王，史官为此写下了《洛诰》。

[16]《卜师》即《周礼 · 春官 · 卜师》。“置”原文为“致”。贞人占卜的龟版是要经过钻凿以后放置在火上灼烤的。在灼烤中，龟版会发生裂纹——就是墨，或者叫坼，叫兆枝，叫璺——就是产生的裂纹。贞人就依据不同的裂纹对欲占卜之事作出有利或者不利的解释，以作为王室决策的依据。

[17] 即《周礼 · 春官 · 筮人》。郑玄注：“将卜八事，先以筮筮之，所谓颂者，同于龟占。”

[18] 即《尚书》，称《书》或《书经》，是中国民族第一部古典文集和最早的历史文献，以记言为主，记载了自尧舜到夏商周两千多年的历史。

[19] 三龟：孔颖达疏：三王之龟卜。

[20] 即《诗经》，是中国古代诗歌开端，最早的一部诗歌总集。搜集了公元前11世纪至前6世纪的305首古代诗歌，反映了西周初期到春秋中叶约五百年间的社会面貌。

[21] 出自《诗经 · 卫风 · 氓》，译为：你算了卦，占了卜，没有不吉利的征兆。

[22] 指《礼记 · 明堂位》。

[23]《化书》，道家著作，唐末五代谭峭撰。“其说多本黄老道德之旨，文笔简劲奥质”。内涵物理、化学、生物、医药等科学。共六卷，分道、术、德、仁、食、俭六化，一百一十篇。其内容大旨是以黄老列庄思想为本，又兼融儒家学说。

[24] 语出《周易 · 颐卦》初九爻辞。本卦上艮下震，上下皆为阳爻，中为阴爻，大象为离，有灵龟之象。阳刚之爻，本以能养人为贵，但其位卑，无养人之

功，有待正应之四以养之，故曰“舍尔灵龟”。

[25] 该书不详。

【译文】

龟，就是旧。外面长的是硬的骨壳，里面长的是肉，肩宽没有雄性，与蛇相匹配，所以龟与蛇相合称为“玄武”。《类从》里说：“大龟不咽吞粟”。龟善于长时间地潜藏，能行气导引。它的背部略有弯曲，《韩子》称之“穹龟”。《相法》认为“如果一个人的后脊背强像龟一样，是有后之人的征兆。”龟的背部有细微的裂纹，像皲剥一样，所以《庄子》说：“宋代有人善于制作不龟手的药”。语曰：“龟思鳖望。”即今天所说的龟、鳖能离得很远进行卵生。《易》里说：“判定天下事物吉凶和成就天下勤勉不倦的东西，莫过于蓍、龟。”大概是由于蓍从老，龟从旧，所以用龟来占卜、用蓍草来占卦。《白虎通》里说：“蓍和龟这是天地之间存活长久的两样东西，所以用它们来占卜。”龟，事物之象，由天而生；蓍，事物之数，由地而生。

《占人》里说：“凡卜筮，君观察兆象，大夫观察兆气，史官观察兆的粗纹，卜人观察兆的细纹。”《说文》里说：“兆，龟壳的裂纹。”将龟壳烧灼而有裂纹，裂而后可根据纹的粗细来判定，卜人先观察细纹，史官先观察粗纹，大夫再观察兆气，各种占卜之法完备，而后君观察兆气以判定吉凶，这是占卜的顺序。所以《玉藻》里说：“卜人用龟来判定，史官用兆纹来判定，君王用兆象来判定。”今日《礼记》以尊卑之序来说，所以先用兆象来判定，然后根据龟壳的裂纹来判定，与《玉藻》里说记载的顺序不同。墨，就是用墨在龟壳上涂画，根据龟壳裂纹食墨迹的情况来判定，《洛诰》里所谓“周公时以占卜择地建都，惟有卜洛邑时，甲壳裂纹食去墨迹，认为吉利，即建都洛邑。”《易传》记载“占卜前在龟甲上涂画，灼龟后裂纹与涂画相合为食墨，为吉兆。”所以《卜师》里说：“将龟版经过钻凿以后放置在火上灼烤，熟灼之后看其兆象。”《筮人》里说：“国家的重大事情，先用蓍草为具来断定吉凶，后用火烧龟壳观察龟壳裂痕来判定。”这是卜、筮相互参用，以用之判定吉凶，《占人》所谓“以八筮占八颂”说的就是这个意思。《传》说：“上有丛蓍，下有伏龟。”则是说龟壳和蓍草要相互使用，这并不是人为这样规定的，而是事物之理如此。《尚书》里说："用三王之龟占卜，一皆相因而吉"，此是龟象所从。"启钥见书，亦是吉象。"则是蓍象所从。而筮书与龟所显示的都是吉利之象。"公说：'大王没有灾祸。'"此是说卜、筮之象都显示吉利，所以说大王没有灾祸。《诗经》里说："你算了卦，占了卜，没有不吉利的征兆。"说的正是这个意思。先儒引用这些记载以证明君王用龟壳占卜之事，而认为《尚书》为占卜之书，则是错误的。而且开钥案观察龟书，然后知道吉象，这种说法就如同说今天才到越国的人，说他是昨天就已经到了这里，显然也是不对的。《明堂位》里说："周代用黄目尊"即是一种黄铜彝器，以刻人目为饰，所以有此名。今天的龟目色黄，而许慎《说文解字》里讲"罍"也说"龟目，是一种酒尊"。《化书》里说："牝牡之道，龟与龟相互对望，此是心意投合；鹤与鹤相互对鸣，此是气相交感。"这是说龟虽与蛇相交合，也有以人神相交合的。《易经》里说："本卦上艮下震，上下皆为阳爻，中为阴爻，大象为离，有灵龟之象。(舍尔灵龟)"这表明龟有灵德，能伏匿在水下而噎住不呼吸，善于潜于水底但不好人工饲养，所以说古时簠与簋两种盛稻粮的器具的上面都做成龟形，而大臣因贪污获罪不说不廉，而说"簠簋不整齐"。史氏《龟经》里说："龟的生命有百岁以上，所以居于鹊尾之上。"

蟹

蟹八跪[1]而二敖，水虫，壳坚而脆，团脐者牝，尖者牡也。八月腹内有芒，真稻芒也，未被霜食之，有毒[2]。外骨内肉，旁行，故今里语谓之"旁蟹"[3]，《梓人》[4]注云"却行，螾属；仄行，蟹属"是也。《易》曰："离为蟹。"[5]言离卦外刚内柔而性又火燥，故为蟹也。《荀子》[6]曰："蟹六跪而二敖，非蛇鳝之穴无所寄托者，用心燥也。"《太玄》[7]曰："蟹之郭索，敖。"盖蟹首二钳如钺者。今蟹皆八跪二敖，敖盖其兵也，所以自卫。《神农本草》[8]以为蟹性败漆，烧之致鼠。蟹性走明，漆见之而輙解，名之曰"蟹"，似出于此。《淮南子》曰："漆见蟹而不干。"此类之不推者也。一曰蟹解壳，故曰"蟹"。《礼》曰："蚕则绩而蟹有匡，范则冠而蝉有緌，兄则死而子皋为之衰。”[9]言蟹甲象匡，其衰之不为兄死，犹蟹之有匡，岂为蚕之绩也哉！《造化权舆》[10]曰：“龙易骨，蛇易皮，麋鹿易角，蟹易敖。”折其敖足，随后更生。蟹类甚多，若蝤蛑、拥剑、彭蜎、彭蜞之类，凡十数种。蝤蛑大者长尺余，两敖至强，能与虎斗，虎不如也。随大潮退壳，一退一长。拥剑一名“桀步”，岂非以其横行，故谓之“桀步”欤？一敖极小，以大者斗，小者食。彭蜞有毛，海人亦食之。蔡谟初渡江，食之濒于死，叹曰：“读《尔雅》不熟，几为《劝学》所误。”[11]

【注释】

[1] 八跪，指八条腿。

[2] 古人认识有误，现在一般认为，蟹没有毒。

[3] 即螃蟹。

[4] 即《周礼·考工记·梓人》。

[5] 出自《易·说卦》，即“离为蟹，外刚而内柔也。”

[6]《荀子》一书为战国末期赵人荀况及其弟子所著。荀况本为孙氏，故此书又称《孙卿对书》或《孙卿子》。西汉刘向整理时定为32篇，它们大致可分为三类，一类是荀子亲手所著的22篇，一类是荀子弟子所记录的荀子言行，共5篇，一类是荀子及弟子所引用的材料，共5篇。

[7] 即《太玄经》，古代汉族哲学著作。汉扬雄撰，也称《扬子太玄经》，简称《太玄》《玄经》。扬雄将源于老子之道的玄作为最高范畴，并在构筑宇宙生成图式、探索事物发展规律时，以玄为中心思想。是汉朝道家思想的继承和发展者。

[8]《神农本草经》又称《本草经》或《本经》，中医四大经典著作之一，作为现存最早的中药学著作约起源于神农氏，代代口耳相传，于东汉时期集结整理成书，成书非一时，作者亦非一人，秦汉时期众多医学家搜集、总结、整理当时药物学经验成果的专著，是对中国中医药的第一次系统总结。其中规定的大部分中药学理论和配伍规则以及提出的“七情和合”原则在几千年的用药实践中发挥了巨大作用，是中医药药物学理论发展的源头。

[9] 出自《礼记·檀弓下》，郑玄注：“蚩兄死者，言其衰之不为兄死。如蟹有匡，蝉有緌；不为蚕之绩，范之冠也。”谓养蚕吐丝要筐，蟹壳似筐而与蚕筐无关。

用以比喻弟弟虽穿孝而不是为了哥哥。后因以“蚕绩蟹匡”比喻名不副实。

[10]《造化权舆》：唐代学者赵自勔撰。生卒年、籍贯不详。玄宗天宝中，任丰王府法曹。著《造化权舆》六卷，于天宝七载表上。《新唐书 · 艺文志三》、王尧臣《崇文总目》著录此书。作品已佚。事迹见《新唐书 · 艺文志三》《直斋书录解题》卷一〇。

[11] 出自东晋谢尚：“卿读《尔雅》不熟，几为《劝学》死!”《晋书 · 列传第四十七》意为：失之毫厘，谬以千；粗心大意的“想当然”真是害人不浅。

【译文】

蟹有八条腿，头部有二根钳夹，水虫，外面的壳坚脆，腹甲形圆的是雌蟹，尖的是雄蟹。八月时腹内有尖刺，真正的稻尖细刺，如果没有霜侵蚀的话，就会有毒。蟹外面是坚硬的骨壳，里面是肉，旁行，所以今天的里语称为“旁蟹”，《梓人》里“倒退而行，像蚯蚓一样，螾属；横着走，蟹属”说的就是。《易经》里说：“离卦以蟹寓意。”是说离卦意指外表刚硬里面柔弱，而且性情又火燥，所以以蟹解此卦。《荀子》曰：“蟹有六只脚，两只大钳子。离开了蛇、鳝的洞穴却无处存身，所以如此就是因为它用心浮躁不专一。”《太玄》里说：“螃蟹躁动的样子，即是敖。”蟹首的两只大钳子像钺器一样。今天蟹有八条脚两只大钳子，敖就是它的兵，所以可以进行自卫。《神农本草》认为蟹的属性能够败漆，烧了之后散发的气味能够防治老鼠。蟹是横着走，漆遇蟹则会溶解，称之为“蟹”，原因大概是如此。《淮南子》时里说：“漆遇到蟹则不会干掉。”此类现象不推而明。一种说法认为蟹能溶解壳，所以称为“蟹”。《礼记》里说：“蚕则绩而蟹有匡，范则冠而蝉有緌，兄则死而子皋为之衰。”是说养蚕吐丝要筐，蟹壳似筐而与蚕筐无关。用以比喻弟弟虽穿孝而不是为了哥哥。比喻名不副实。《造化权舆》里说：“龙的骨能变，蛇的皮能蜕，麋鹿能长新角，蟹能长出新敖。”将蟹的敖足折断，能重新长出新的。蟹的种类很多，有蝤蛑、拥剑、彭蜎、彭蜞之类，有数十种之多。蝤蛑中大的有一尺多，前面的两只大钳子非常坚硬，能与老虎相斗，虎斗不过。随着潮水的涨落，而相应的有退有长。拥剑还有一个名字叫“桀步”，难道不是以能横着走而称之为“桀步”吗？它前面的一只敖（钳子）大，一只螯（钳子）小，大螯用来与物种争斗，小的用来吃食。彭蜞身上有毛，海边的渔民亦食用它们。蔡谟开渡江的时候，食用了中毒了几乎快死了，感叹说："没有把《尔雅》的相关内容弄精熟，几乎被《劝学》里的相关记载贻害。"

乌 鲗

乌鲗，八足绝短者。集足在口，缩喙在腹，懐板含墨，每遇大鱼，輙噀墨周其波，以卫身害；若小虾鱼过其前，即吐墨涎惹之。《南越志》[1]曰："乌鲗怀墨而知礼。"江东人或取其墨书契，以给人财物，书迹如淡墨，逾年自消，唯空纸尔。旧说乌鲗有矴，遇风则虬前一须下矴。一名"缆鱼"，风波稍急，即以其须黏石为缆。盖此鱼每遇大风，远岸则虬前一须为矴，近岸则黏前一须为缆。《炙毂子》[2]曰："此鱼每遇渔舟，即吐墨染水令黑，以混其身。渔人见水黑则知是，网之大获。"传曰："欲盖而彰，思存而亡。"[3]此之谓也。肉白皮黑，无鳞，有须鬛甚长。《蜀本草图经》云"鷃"即此是也。故《义训》云："寒乌入水，谓之乌鲗。"

【注释】

[1]《南越志》：南朝·宋沈怀远撰。此志载三代至晋疆域事迹。该书内容丰富，涉及岭南地域沿革，地方山川名由，民间传说，风俗习惯以及珍稀物产，尤以动、植物为最，可供学者研究岭南史地，民俗，生物等参考。《南越志》因早已失传，故从元历明，清乃至民国，即为陶宗仪、王仁俊、叶昌炽等辑佚，皆录为一卷。

[2]《炙轂子》五卷，唐王叡撰。王叡一作王睿，晚唐著名学者、诗人，号炙轂子，故以其号来命名此书。《炙轂子》又称为《炙轂子杂录》《炙轂子杂录注解》，由《古今注》《二仪实录》《乐府古题要解》合编扩充而成。《炙轂子》全书虽已亡佚，古书中引用的佚文並不少见。

[3] 出自左丘明《左传·昭公七年》。

【译文】

乌贼，有八只脚且非常短。脚集中在嘴周围，它的嘴可以缩至腹部，怀板里有墨，当遇到大鱼时，则将墨喷出，四周形成波纹，以防止身体遭受攻击；假若小虾鱼从它的前面游过，就会吐墨沫来招惹它。《南越志》里说："乌贼虽怀有墨沫，但却很知礼节。"江东一带的人一般会取它的墨沫来书写文字，用来骗取人的财物，其实用这种墨沫书写的字迹比较淡，保留时间不长，过不多少年字迹会消失掉，像一张白纸一样。旧说乌贼有一种稳定身体的碇，遇到刮风时就将嘴前面的一根脚须弯曲下来作碇。又称为"缆鱼"，当风波停息的时候，即以自己的脚须黏在石头上用作缆绳。一般来讲，乌贼每遇到大风时，离岸边远时就用嘴前面的一根脚须为碇，离岸边近时就用嘴前面的一根脚须为缆。《炙毂子》里说："这种鱼每当遇到捕鱼船时，就会吐墨沫将周围的水染黑，用来掩盖自己。但正因为如此，更加暴露了自己的藏身之所，捕鱼的人看见水有黑色时，便知道有乌贼，用网就会捕获。"《传》说："想要掩盖自己以保全性命，反而因此而失去生命。"即说的就是这个意思。乌贼的肉是白色，皮是黑色，没有鳞，脚的须毛很长。《蜀本草图经》里说的"鷃"，就是指乌贼。所以《义训》里说："乌贼由寒天的乌鸦入水而化成的。"

鼍（tuó）

鼍，具十二少肉，蛇肉最后，在尾。其枕莹净，鱼枕弗如。皮中冒鼓，《夏小正》[1]曰："剥鼍以为鼓也。"今狆将风则踊，鼍欲雨则鸣，故里俗以狆谶风，以鼍谶雨。《诗》曰："鼍鼓逢逢。"[2]先儒以为鼍皮坚厚，取以冒鼓，故曰"鼍鼓"。盖鼍鼓非特有取于皮，亦其鼓声逢逢然，象鼍之鸣，故谓之"鼍鼓"也。晋安《海物记》曰："鼍宵鸣，如桴鼓[3]。"今江淮之间谓鼍鸣为"鼍鼓"，亦或谓之"鼍更"，更则以其声逢逢然如鼓，而又善夜鸣，其数应更故也。今鼍象龙形，一名"鳝"，夜鸣应更，吴越谓之"鳝更"，盖如初更輙一鸣而止，二即再鸣也。旧云鼍性嗜睡，目睛[4]常闭，能吐雾致雨，力亦酋健，善颓坎岸。一曰独鸣早，鼍鸣夜。赵辟公《杂说》曰："鼍闻鼓声则鸣。”《续博物志》[5]曰：“鼍长一丈，一名‘土龙’，鳞甲黑色，能横飞，不能上腾，其声如鼓。”

【注释】

[1] 见卷一“鲔”条注 [5]。

[2] 出自《诗·大雅·灵台》，陆玑疏：“〔鼍〕其皮坚，可以冒鼓也。”

[3] 桴者：鼓槌也。桴鼓者，鼓槌打鼓也。

[4]《五雅本》作“目精”。

[5]《续博物志》，古代汉族文言笔记小说集。共十卷（江苏巡抚采进本）。旧本题晋李石撰。然第二卷称今上於前朝作镇睢阳，洎开国，号大宋，是宋太祖时人矣。而又称曾公亮得龙之脊，王安石得龙之睛，全抚陆佃《埤雅》之说。

【译文】

鼍身上有十二段肉，最后一段的肉像蛇一样在尾部。鼍的枕骨莹净，鱼枕骨都不如它。身体中部的皮可以做鼓皮，《夏小正》里说：“将鼍的皮剥下来可以做鼓皮。”今人知道，将要刮风时豘将跳跃，将要下雨时鼍则有鸣叫，所以民间有俗语以豘来识知风，以鼍来识知雨。《诗》里说：“鼍鼓逢逢。”先儒认为鼍皮坚厚，可以用来覆盖做鼓，所以谓之“鼍鼓”。大概鼍鼓并非只是取鼍之皮做鼓动之意，还有一种意思即为鼓声逢逢，像鼍的鸣叫声，所以称为“鼍鼓”。晋安《海物记》里说：“鼍在夜里鸣叫，如用槌击鼓动一样。”今天江淮一带的人称鼍的鸣叫声为“鼍鼓”，也称为“鼍更”，更则以鼍的鸣叫声如逢逢的鼓声，而且又善夜里鸣叫，叫的次数与夜更的序次相应。今天的鼍的外形像龙，一种称为“鳝”，夜里鸣叫，叫的次数与更次相应，吴越一带的人称为“鳝更”，初更时叫一声，二更时叫两声。旧说鼍非常嗜睡，眼睛经常闭着，口能吐雾气形成雨滴，身体健硕，善于颓萎在坎岸。有一种说法，即独鸟在早晨鸣叫，鼍在夜里鸣叫。趙辟公《杂说》里讲：“鼍听见鼓声就会鸣叫。”《续博物志》里说：“鼍的身长一丈，一名‘土龙’，鳞甲呈黑色，能横着飞，不能向上飞，鸣叫声像鼓”。

鳖

鳖以眼听[1]，穹脊连胁，甲虫也。水居陆生。《养鱼经》[2]曰：“鱼满三百六十，则龙为之长而引飞出水。内鳖，则鱼不复去。”故鳖一名“神守”。天地之性，细腰纯雄，大腰纯雌。大腰，龟鳖之属，以蛇为雄。《荀子》曰：“跬步不休，跛鳖千里。”[3]言鳖行蹒跚而又跛焉，今其卒致千里，则亦不辍焉尔。故“学不可以已”也。《诗》曰：“炰鳖鲜鱼。”鲜鱼，中鲙者也。[4]又曰：“炰鳖脍鲤。”[5]言熟则有炰鳖，腥则有脍鲤也。段成式[6]云：“甲虫影伏，羽虫体伏。”今鳖伏于渊而卵剖于陵，此思化也。《内典》[7]曰：“鹤影生，鳖思生。”是则思生又与影伏异矣。今蠵瑁乳卵，大如弹丸，亦望卵而阴，一如龟鳖，呼为护卵。世云鳖伏随日，谓随日光所转，朝首东向，夕首西向也。又云鳖之所在，其上必有浮沫。谓之“鳖津”[8]，捕者以此占之。韦氏《燕山录》[9]曰：“煑羊以鼺[10]，煑鳖以蚊。”盖物之相感如此。虽有明智，弗能推也。

【注释】

[1] 古人认识中的错误。现认为鼈是有耳朵的，虽然没有外耳，但是有内耳，可以听见声音。其耳朵就在它的眼睛后面，是两个贴着的薄膜。

[2] 中国古代有两本同名的养鱼著作。一本相传系春秋末年范蠡所著，为中国最早的养鱼著作，共一卷。现今传世的本子主要引自《齐民要术》（卷六）。清代马国翰又将此与《齐民要术》中的“作鱼池法”一段合编成《养鱼经》，收入《玉函山房辑佚书》中。本书现存共400余字，以问对形式记载了鱼池构造、亲鱼规格、雌雄鱼搭配比例、适宜放养的时间以及密养、轮捕、留种增殖等养鲤方法，与后世方法多相类似，是中国养鱼史上值得重视的珍贵文献。

[3] 出自《荀子 · 修身》，荀子是在强调努力的重要性。

[4] “炰鼈鲜魚”出自《诗 · 大雅 · 韩奕》，郑玄注：鲜鱼，中鲙者也。段玉裁的《诗经小学》在“炰鳖鲜鱼”条说：“《说文》：‘鲜，鱼名。’‘鲜，新鱼精也。’”按：郑玄与段玉裁之说皆非，“鲜”字乃“解”字之形误，当为“杀”意。

[5] 出自《诗·小雅·六月》，指珍美的馔食。

[6] 段成式（803—863）：字柯古。晚唐邹平人，唐代著名志怪小说家，约生于唐德宗贞元十九年（公元 803 年），卒于懿宗咸通四年（公元 863 年），其父段文昌，曾任宰相，封邹平郡公，工诗，有文名。在诗坛上，他与李商隐、温庭筠齐名。段成式信佛读经，饮酒赋诗唱和，以解其忧，诗中多流露出超脱世俗的消极情绪。

[7] 内典：指释迦世尊 49 年所说的一切法，也包括三藏十二部一切经典。因为佛法是心性内求的一门学问，所以称为内学。

[8] 鳖在水中时，水面上有鳖吐出的津液，叫鳖津。

[9] 作者尚无考证。

[10] 鼊：音 bì。

【译文】

鳖用眼来听，脊背弯似天穹，连着从腋下到肋骨尽处的部分。在陆地生子，在水里生活。《养鱼经》里说："鱼多了之后，就会有蛟龙来当它们的首领，带领鱼群飞走，放鳖之后，就能把鱼守住了。"① 所以鳖有一个名称为"神守"。天地化生万物，各有各的特性，就鳖来说，腰细的是纯雄性的，腰大是纯雌性的。大腰的鳖，属于龟鳖一类，龟鳖的头很像蛇头，龟只有雌性，没有雄性，雌龟与蛇交配才能生育下一代龟（以蛇为雄）。《荀子》里说："跬步不休，跛鳖千里。"就是说鳖行走的时候蹒跚且又有些跛，能走一千里的路，但却也不停息。所以"学习应该像鳖行路一样，不能停息。"《诗经》里说："炰鳖鲜鱼。"鲜鱼，即快鱼。又说"炰鳖脍鲤。"就是说将鳖和鲤一起吃的食物，鳖要蒸煮才能熟，如果有腥味就表明有脍鲤。唐代的段成式说："甲虫是影伏② 而生，羽虫是体伏③ 而生。"鳖产卵于深水的河边，而卵却在小山上化生，这就是思化。现在瑁产卵，大小如弹丸，也同鳖一

① 其实不然，现代科学的解释是鱼的密度过高，会导致各种疾病产生，而鳖会吃掉相对较弱的鱼，所以放鳖是起到控制密度、控制疾病的作用。

② 龟产卵于近水洞穴，使其在一定的湿度和温度条件下发育化生。因其不由母体伏卵孵化，故称影伏。

③ 体伏指由母体孵化而生。

样，也是在水旁产卵，但却在另一地方护生，称为护卵。人们常说鳖产卵随着日光，即是说随着太阳的转动而动，早晨太阳出来的时候即朝向东方，傍晚太阳落下的时候即朝向西方。又说鳖所在水里位置的上方一定会有浮沫产生，此被称“鳖津”，捕鱼者以此来判断鳖所在的位置。韦氏《燕山录》里说：“煮羊加一些鼺，煮鳖时加一些蚊子，会熟得快。”世间万物都相互制约。纵然再有智慧的生物，亦不能逃避这个法则。

鼋（yuán）

鼋，大鳖也。鳖以为雄，故鼋鸣而鳖应，所谓“雄虫鸣于上风，雌虫应于下风而风化”，即此之类是也。《淮南子》曰：“烧鼋致鳖。”此以其类求之。旧说鼋亦思化，其脂得火可以然铁。一曰鼋亦卵生而伏影，颜籀[1]《稽圣赋》[2]曰：“鼋鳖伏乎其阴，鸬鹚孕乎其口”是也。王子年《拾遗记》[3]曰：“禹济巨海，鼋鼍为梁。”此与黄帝以虎豹为前驱、雕鹖为旗帜无异，皆德之所感，殆未足多怪也。

【注释】

[1] 颜籀：即颜师古（581—645），名籀，字师古，隋唐以字行，故称颜师古，雍州万年人，生于京兆万年（今西安），祖籍琅邪临沂（今山东临沂）。唐初儒家学者，经学家、语言文字学家、历史学家。颜师古是名儒颜之推之孙、颜思鲁之子。少传家业，遵循祖训，博览群书，学问通博，擅长于文字训诂、声韵、校勘之学；他还是研究《汉书》的专家，对两汉以来的经学史也十分熟悉。

[2]《稽圣赋》是颜之推所作，而不是颜师古。颜之推，中国古代文学家，教育家，生活年代在南北朝至隋朝期间。著有《颜氏家训》，在家庭教育发展史上有重要的影响。《稽圣赋》是具有一定名物考释和博物志性质的学术著作。见“蟪蛄”条注［4］。

[3]《拾遗记》又名《拾遗录》《王子年拾遗记》。古代汉族神话志怪小说集。作者东晋王嘉，字子年，陇西安阳（今甘肃渭源）人。《晋书》第95卷有传。今传本大约经过南朝梁宗室萧绮的整理。

【译文】

鼍，是一种大鳖。鳖只有雄性，鼍只有雌性，所以说鼍鸣叫时则鳖有回应，所谓“雄虫在上风鸣叫，雌虫在下风回应就能够化生”，即属于此一类的现象。《淮南子》里说：“烧鼍致鳖。”表明相类的物彼此能感应。旧时说鼍思化而生，它的脂肪遇到火燃烧能融化铁。一种说法认为鼍是卵生而伏影，颜籀《稽圣赋》里“鼍鳖在阴面而伏，鸬鹚在嘴里孕育”讲的也是这个道理。王子年《拾遗记》里说：“大禹疏通江河之水入海，以鼋鼍作为桥梁。”这与黄帝以虎豹为前驱、鵰鹖为旗帜没有什么不同，都是德性达到极致而感化万物，没有什么好奇怪的。

蟾蜍

蟾蜍吐生，腹大背黑，皮上多痱磊[1]，跳行舒迟。其肪涂玉则软，刻削如蜡，《本草》[2]所谓“能合玉石者”也。又曰：“虾蟆一名蟾蜍。”盖虾蟆背有黑点，身小，能跳接百虫，善鸣，与蟾蜍不类，故《淮南子》以为“释大道而任小数，无以异于使蟹捕鼠、蟾蜍捕蚤，不足以禁奸塞邪也。”[3]《酉阳杂俎》[4]曰：“虾蟆无肠[5]。”又曰：“鹳，影抱；虾蟆，声抱。”今里俗闻其春鸣，谓之“聒子”，即段所谓“声抱”。其子谓之“科斗”，大尽生前两足，小尽生后两足。今其一种似虾蟆而长踦，瞋目如怒，谓之鼃。越王揖怒蛙而武士归之[6]，即此是也。盖其鸣声哇滛，故曰“蛙”。传曰：“紫色蛙声，余分闰位。”[7]《物理论》[8]曰：“虚无之谈尚其华藻，此犹春蛙秋蝉聒耳而已。”《庄子》曰：“言隐于荣华，良有以也。”[9]《抱朴子》[10]曰：“蟾蜍寿至千岁者头上有角，颔下有丹书八字。”《自然论》曰：“蟾蜍掷粪，自其口出。”又俗说虾蟆怀土，虽取以置远郊，一夕复还其所。《字说》[11]云：“虽或遐之，常慕而反。”又云：“黾善怒，故音‘猛’，而谓怒力为黾，《诗》曰：‘黾勉同心。’亦蛙善踊，故谓之‘猛’。今蛒蜢[12]一名‘蜢’。蛒蜢长而瘦。善跳，言窄而猛也。”

【注释】

[1] 痱磊：泛指疹样小粒块。

[2] 指《神农本草经》，又称《本草经》或《本经》，中医四大经典著作之一，作为现存最早的中药学著作约起源于神农氏，代代口耳相传，于东汉时期集结整理成书，成书非一时，作者亦非一人，秦汉时期众多医学家搜集、总结、整理当时药物学经验成果的专著，是对中国中医药的第一次系统总结。其中规定的大部分中药学理论和配伍规则以及提出的“七情和合”原则在几千年的用药实践中发挥了巨大作用，是中医药药物学理论发展的源头。

[3] 出自《淮南子·原道训》，译为：放弃大道而用小技来治理天下，无异于用螃蟹捉老鼠、以蛤蟆捉跳蚤，不但不能禁止奸邪堵塞罪恶，反而会更加乱。

[4]《酉阳杂俎》，唐代小说，作者是段成式。作为笔记小说集，有前卷 20 卷，续集 10 卷。这本书的性质，据作者自序，“固役不耻者，抑志怪小说之书也”。所记有仙佛鬼怪、人事以至动物、植物、酒食、寺庙等等，分类编录，一部分内容属志怪传奇类，另一些记载各地与异域珍异之物，与晋·张华《博物志》相类。

[5] 古人认识有误，从解剖学上蝦蟆的肠看可分小肠和大肠两部。小肠自幽门后开始，向右前方伸出的一段为十二指肠；其后向右后方弯转并继而盘曲在体腔右下部，为回肠。大肠接于回肠，膨大而陡直，又称直肠；直肠向后通泄殖腔，以泄殖腔孔开口于体外。

[6] 语出《韩非子·外储说上》，越王勾践见怒蛙而式之。御者曰：“何为式?”土曰：“蛙有气如此，可无为式乎？”士人闻之曰：“蛙有气，王犹为式，况士人有勇者乎!”。向鼓足了气的青蛙致敬，表示对勇士的尊敬。

[7] 出自《汉书·王莽传》，谓以伪乱真。

[8] 三国杨泉所作，是继承两汉扬雄、王充、张衡的唯物主义传统，讲宇宙发生论。

[9] 出自《庄子·齐物论》，意谓至理名言被华美的辞采所掩没而不显。

[10] 晋·葛洪撰。抱朴是一个道教术语。源见于《老子》“见素抱朴，少私寡欲”。《抱朴子》内外篇凡八卷，内篇论神仙吐纳符篆勉治之术，纯为道家之言；外篇则论时政得失，人事臧否，词旨辨博，饶有名理，要皆以黄老为宗，世以为道书之一。

[11]《字说》：汉族文字学书。此书为北宋王安石所撰，共二十卷（王安石《进〈字说〉表》称“二十四卷”）。

[12] 蛂�：音 bō zōng。

【译文】

蟾蜍产卵时有胃吐反应，腹部大背部黑，皮上长有许多疹状的小粒块，跳行时从容迟缓。它的脂肪涂沫在玉的表面会使其软化，此时在玉石上进行刻削就像在蜡上刻削一样，《本草》里记载的所谓“能合玉石者者”说的正是此物。又说“虾蟆又称为蟾蜍。”大概是是它的背部有黑点，身体较小，能跳动接食百虫，善于鸣叫，但与蟾蜍并不是一类，所以《淮南子》认为“放弃大道而用小技来治理天下，无异于用螃蟹捉老鼠、以蛤蟆捉跳蚤，不但不能禁止奸邪堵塞罪恶，反而会更加乱。”《酉阳杂俎》里说：“虾蟆没有肠子。”又说：“鹳，影抱；虾蟆，声抱。”今天民间里因其在春天里鸣叫，称其为“聒子”，即段士所谓的“声抱”。虾蟆产的幼子称为“科斗”，三十日（大尽）时生前两足，二十九日（小尽）时生后两足。今天有一种外形似虾蟆而有长跂，瞪着大眼睛像似愤怒，称为鼃。越王勾践揖捉怒蛙向武士展示蛙的勇敢。传言说：“紫色和哇的叫声都是不合正统的颜色和声音。”《物理论》里说：“虚夸的言谈喜好华丽的辞藻，这就像春蛙和秋蝉的鸣叫仅仅是刺激人的耳朵一样。”《庄子》里说：“至理名言被华美的辞采所掩没而不显。”《抱朴子》里说：“蟾蜍长到一千岁头上会长出角，下巴会出现红色的八字。”《自然论》里说：“蟾蜍从口里排出粪便。”民间里又有说虾蟆怀恋故土，虽然将其放在很远的效处，一夜里就能重新回到它所在的住所。《字说》时讲：“虽然将它放在很远的地方，但常常思念而返。”又说：“黾（古书说的一种蛙）善于发怒，所以称之为‘猛’，而称怒力为黾，《诗经》说‘黾勉同心。’也就是说蛙善于跳跃，所以称之为‘猛’。今天蛂蜙有一个名字叫‘蚱蜢’，蛂蜙身长而瘦，善长跳跃，是其窄而且勇猛。”

蚌

鳖孚乳以夏，蚌孚乳以秋。蚌闻雷声则㾃[1]，其孕珠若怀妊然，故谓之“珠胎”。与月盈朒，《淮南子》所谓“日至而麋鹿角解，月死而螺蚌膲”者也。蚌一名“蜃”，《墨子》曰：“周之灵珪，出于土石；楚之明月，生于蚌蜃。”[2]由是观之，士之贤、不肖，岂有种哉！盖物有非其类而化者，若牡砺蚌蛤，无阴阳牝牡，须雀鸽以化。故蚌之久者能生珠，专一于阴也。《海物异名记》[3]曰：“蜃布泥有疆界，其蒸气也为楼。”《庄子》曰：“夫爱马者，以筐盛矢，以蜃盛溺，适有蚊虻仆缘，而拊之不时，则缺衔，毁首，碎胸。”[4]言矢溺至贱而以礼器盛之，爱马之至也。然掩其不意而惊以致败，则失其所以爱矣。故意有所至而爱有所亡，不可不慎也。《易》曰：“离为蚌、为螺，盖螺之形锐，蚌之形剡，且皆外刚内柔而性又善丽故也。”《鬯人》曰：“凡祭祀，社壝用大罍，禜门用瓢旬，斋庙用修；凡山川四方用蜃；凡埋事用概；凡疈事用散。”[5]斋之为言升也，修，爵也；概，斗也。盖祭祀，罍以盛鬯，瓢以酌之，修以受之，社壝言罍，禜门言瓢，赍庙言修，相备也；蜃以盛鬯，概以酌之，散以受之，山川四方言蜃，埋事言概，疈事言散，亦相备也。郑氏读修为卣[6]，误矣。修，爵名也，《荀子》曰：“修爵无数”[7]。裴頠《崇有论》[8]曰：“鸟无胃肺，蛤蜃无臟。蛭[9]以空中而生，蚕以无胃而育。”

【注释】

[1] 㾃（zhòu）：㾃，缩也。指蚌遇雷声而闭合。

[2] 盈朒（yíng nǜ）：指盈亏，盈满亏损。灵珪：古代帝王或诸侯在举行典礼时拿的一种玉器，上圆下方。

[3]《海物异名记》：又名《晋安海物异名记》，宋·陈志雍撰，三卷。

[4] 出自《庄子·内篇·人间世第四》。译为：爱马的人，以精细的竹筐装马粪，用珍贵的蛤壳接马尿。刚巧一只牛虻叮在马身上，爱马之人出于爱惜随手拍击，没想到马儿受惊便咬断勒口、挣断辔头、弄坏胸络。

[5] 出自《周礼・春官・鬯人》，译为：凡祭祀社稷用大罍，在国都城门举行禜祭用瓢盛酒，宗庙祭祀用卣尊，凡祭祀山川和四方用蜃尊，凡行埋祭用概尊，凡毁折牲体（祭祀四方小神）用散尊。疈（pì），古同副，剖，破开。

[6] 卣（yǒu）：古代一种盛酒的器具，口小腹大，有盖和提梁。

[7] 犹行觞：依次敬酒。爵，饮酒器。《礼记・乡饮酒义》："降，说屦升坐，脩爵无数。"孔颖达疏："脩爵无数者，谓无算爵也。熊氏云，谓行爵无数矣。"。

[8]《崇有论》：玄学著作，晋裴頠（267—300）撰。頠字逸民，山西闻喜人，以"言谈之林薮"见称于当时，为西晋著名哲学家。

[9] 蛭：一种环节动物，身体长形，稍扁，墨绿色，尾端有吸盘，雌雄同体生活在池沼或水田中，能吸人畜的血。唾液中含有水蛭素，医学上能发挥抗凝血作用。虫体经干燥炮制后入中药。俗称"蚂蟥""马鳖"。

【译文】

鳖在夏季孵化生育，蚌则在秋季孵化生育。蚌听见雷声身体会缩短，其怀胎的形状象珠子一样，所以称之"珠胎"。月满之时肉质饱满，《淮南子》所谓"夏至时节鹿角就会脱落，月虚之时螺蚌的肉就不会盈满"说的就是这个意思。蚌有一个名称是"蜃"，《墨子》里说："周代使用的灵珪出自于土石；楚国的明月出自于蚌蜃。"由此可以看出，士的贤明与否，难道天生就是这样吗？物有不同类而化生的，如牡蛎蚌蛤，没有阴阳雄雌，须以雀鸽来交配繁殖。所以年岁长久的蚌能生出明珠，是长期致力于阴气积累的结果。《海物异名记》里说："蜃布施泥土是有边界的，其气蒸发而形成楼宇。"《庄子》里说："爱马的人，以精细的竹筐装马粪，用珍贵的蛤壳接马尿。刚巧一只牛虻叮在马身上，爱马之人出于爱惜随手拍击，没想到马儿受惊便咬断勒口、挣断辔头、弄坏胸络。"这是说马粪、马尿是至贱的东西，却是用精致的礼器来装它们，是爱马到了极致，然而却因不经意的动作行为而让其受到惊吓而导致心爱之物受到伤害。所以说爱到极至就会有所失去，我们不能不谨慎。《易经》里说："离的卦象为中虚而上下实，形似蚌、螺的壳。"这是因为蚌、螺是外壳尖锐丰利，而且外面刚硬里面柔弱，还善于装饰自己。《鬯人》里说："凡祭祀社稷用大罍，在国都城门举行禜祭用瓢盛酒，宗庙祭祀用爵尊（修），凡祭祀山川和四方用蜃尊（蜃），凡行埋祭用概尊（概），凡毁折牲体（祭祀四方小神）用散尊（散）。”庄正整齐是说升，修就是爵（三足的饮酒器皿），概就是斗（盛粮食的器具）。举行祭祀礼仪时，用罍来盛酒，用瓢来舀酌，用爵来受纳，在国都城门举行禜祭用瓢盛酒，宗庙祭祀用卣尊，这是完备的礼仪；用蜃盛酒，用斗来舀酌，散洒以让受纳，祭祀山川和四方用蜃尊，行埋祭用概尊，祭祀四方小神用散尊，这也是完备的礼仪。郑玄注中将修读作卣（yǒu），是错误的。修，就是爵的名称，《荀子》里说：“修爵无数。”裴頠《崇有论》里说：“鸟没有胃肺，蛤蜃没有脏器。蛭在空中化生，蚕没有胃育而生。”

蜗

《释鱼》[1]曰：“蚹蠃，螔蝓[2]。”璞云：“即蜗牛也。”孙炎[3]《正义》以为负螺而行，因以名之。盖蜗背负壳，状如小螺，惊则缩入壳中，如螺闭户。其肉中醢[4]，《内则》[5]曰：“蜗醢”是也。头有小角，故又一名“蜗牛”，《庄子》所谓“战于蜗角”[6]。旧说蜗涎规蝎，每为蜗牛所食，先以涎画地规之，蝎不复去。雀豹《古今注》[7]曰：“蜗牛，陵螺也，形如螔蝓，壳如小螺，热则自县于叶下。野人为圆舍如蜗牛之壳，故曰‘蜗舍’，亦曰‘蜗牛之舍’[8]。”然则螔蝓与蜗牛异矣。先儒以为螔蝓无壳，蜗似螔蝓而有殼。今亦有一种生于卑湿，大于蜗牛，无殼而有角，盖螔蝓之类也。南方积雨，蜗涎书画屋壁，悉成银迹，其卑湿如此。

【注释】

[1] 即《尔雅 · 释鱼》。

[2] 螔蝓（yí yú）：水螺，一说即蜗牛。今以水生者为螺，陆生者为蜗牛，古人无此分别。

[3] 孙炎：中国三国时期经学家。字叔然，乐安（今山东博兴）人。受业于郑玄，时人称为“东州大儒”。曾著《周易 · 春秋例》，为《毛诗》《礼记》《春秋三传》《国语》《尔雅》和《尚书》作过注，所著《尔雅音义》影响较大。

[4] 醢（hǎi）：本义为肉酱，形容蜗肉十分柔软。

[5] 即《礼记·内则》。

[6] 即所谓的蜗角之争，比喻为了极小的事物而引起大的争执。

[7]《古今注》三卷，晋·崔豹撰。崔豹，字正熊，一作正能，惠帝时官至太傅。此书是一部对古代和当时各类事物进行解说诠释的著作。其具体内容，可以从它的八个分类略知大概。卷上：舆服一，都邑二；卷中：音乐三，鸟兽四，鱼虫五；卷下：草木六，杂注七，问答释义八。

[8] 蜗牛舍：比喻简陋狭小的房舍。多用以谦称自己的住所。

【译文】

《释鱼》里说："蚹蠃，就是螔蝓。"郭璞说："即蜗牛。"孙炎《正义》以为其背负螺而运行，因此以此名称之。蜗牛背负有壳，外形如小螺，一旦外面遇到攻击就会警防性缩入壳中，如螺缩入壳中类似。蜗的肉很柔软，《内则》里说的"蜗醢"指的就这个意思。蜗的头有小角，所以又称为"蜗牛"，《庄子》所谓"战如蜗角"指的正是它。旧时说蜗牛行走分泌的黏液能圈限住蝎子，因此蜗牛在吃食蝎子时，先是以分泌的黏液来圈限，这样蝎子就逃不掉。崔豹《古今注》里说："蜗牛，是一种陵螺，外形像水螺，外壳像螔蝓，热的时候就会躲在叶壳下面。老百姓认为圆圆的小屋就像蜗牛的壳，所以称为'蜗舍'，也称为'蜗牛之舍'。"然而螔蝓与蜗牛不同。先儒认为螔蝓无壳，蜗牛外形似螔蝓但有壳。今天有一种蜗在地势潮湿环境中生活，外形大于蜗牛，没有壳但头长有角，也属于螔蝓的类别。南方多雨，蜗分泌的黏液在屋壁上行走，尤如书画的银迹，这是蜗生存的地势潮湿的环境如此。

蜃

《杂兵书》[1]曰："东海出气如鳖，渭水出气如蜃。"蜃形如蛇而大，腰以下鳞尽逆。一曰状似螭龙，有耳有角，背鬣作红色。嘘气成楼台，望之丹碧，隐然如在烟雾，高鸟倦飞，就之以息，喜且至，气辄吸之而下。今俗谓之“蜃楼”，将雨即见。《史记》曰：“海旁蜃气成楼台，野气成宫阙。”即此是也。世云雉与蛇交而生蜃，盖得其脂，和蜡为烛，香闻百步，烟出其上，皆成楼阁之状矣。又曰蛇之求于龟则为龟，求于雉则为蜃，故三物常异而同感也。又曰鹿食龟，龟食蛇，蜃食燕子，蛟食犀角，蛇食茱萸。《笔谈》[2]云：“登州海中时有云气，如宫室、台观、城堞、人物、车马、冠盖之状，谓之海市。或云蛟蜃之气。”

【注释】

[1]《杂兵书》：唐 · 魏徵撰，《隋書》卷三十四志第二十九载：梁有杂兵书八卷。不著撰者。

[2] 即《梦溪笔谈》，北宋 · 沈括撰。是一部涉及古代中国自然科学、工艺技术及社会历史现象的综合性笔记体著作。该书在国际亦受重视，英国科学史家李约瑟评价其为中国科学史上的里程碑。

【译文】

《杂兵书》里说：“东海的水蒸发形成的水汽象鳖，渭河的水蒸发形成的水汽像蜃。”蜃的外形如蛇一般大小，腰部以下的鳞片都是向前逆向生长的。一种说法认为它的形状像螭龙，有耳朵有角，背上的毛是红色。吹出的气形成楼台，远远望去是一种丹青色，如在烟雾中隐隐呈现，高飞的鸟飞得倦乏了，就到那儿歇息，欢快地飞过去，气则就因此而被吸之向下，今天人们俗称之为“蜃楼”，将要下雨时即可见到。《史记》时说：“大海旁边的蜃气像楼台，广野的气像宫阙。”即是说的这个意思。有一个通常的说法认为雉与蛇交配生而成蜃，这是说得到它的脂肪，和蜡一起点燃，其香气传至百步之远，燃烧冒出的烟雾，都会形成楼阁似的形状。又说蛇爬行至龟那里交配就会生出龟，与雉交配就会生出蜃，此三个物种虽不同，但气同相感。又说鹿吃龟，龟吃蛇，蜃吃燕子，蛟吃犀角，蛇吃茱萸。《梦溪笔谈》里说：“登州的海中时常有雾气，像宫室、台观、城堞、人物、车马、冠盖的形状，称之为海市。或者说蛟蜃之气。”

贝

兽二为友，贝二为朋。《诗》曰："锡我百朋。"[1]百云者，言锡贝之多也。又曰："萋兮斐兮，成是贝锦。"[2]锦文如贝，谓之贝锦，言谗人因寺人之近嫌而成其罪，犹之因萋斐之形而文致之，则成是贝锦也。贝中肉如科斗而有首尾，以其背用，故谓之贝。贝，背也，贝之字从目从八，言贝目之所背也。先王面[3]朝后市以此。古者相背有《经》[4]，其《经》曰："朱仲受之于琴高[5]，琴高乘鱼浮于河海，水产必究。仲学仙于高而得其法，又献珠于武帝，去，不知所之。严助[6]为会稽太守[7]，仲又出，遗助以径尺之贝，并致此文于助曰：'黄帝、唐尧、夏禹三代之正瑞，灵奇之秘宝。其有次此者，贝盈[8]尺，状如赤电黑云，谓之紫贝；素质红黑[9]，谓之珠贝；青地绿文[10]，谓之绶贝；黑文黄画，谓之霞贝。紫愈疾，珠明目，绶消气障，霞服蛆虫，虽不能延龄增寿，其御害一也[11]。复有下此者，鹰喙蝉脊，以逐温去水，无奇功。贝大者如轮，文王请大秦[12]贝，径半寻[13]；穆王得其壳，县于昭观[14]；秦穆公以遗燕鼌[15]。可以明目远察，宜玉宜金。南海贝如珠砾[16]，白駮[17]，其性寒，其味甘，止水毒。浮贝使人寡[18]，无以近妇人，黑白各半是也。濯贝使人善惊，无以亲童子，黄唇点齿，有赤驳是也。虽贝使人病疟，黑鼻无皮是也。嚼贝使胎消，勿以示孕妇，赤带通脊是也。惠贝使人善忘，勿以近人，赤炽内壳，赤络是也。醬[19]贝使童子愚、妇人淫[20]，有青唇赤鼻是也。碧贝使童子盗，脊上有缕句[21]唇是也，雨则重，霁则轻[22]。委贝使人志强，夜行伏迷鬼狼豹百兽，赤中圆是也，雨则轻，霁则重。'"然则《尔雅》"大者魧，小者鰿""余貾黄白文，余泉白黄文""蜬大而险，鰿小而椭"，亦其略也。《盐铁论》[23]曰："教与俗改，敝与世易。夏后氏以玄贝，周人以紫石。"

【注释】

[1] 出自《诗·小雅·菁菁者莪》，"百朋"亦作"百冯"。指极多的货币。

[2] 出自《诗经·小雅·巷伯》，比喻谗言。"萋兮斐兮，成是贝锦。"，毛传：

“萋斐，文章相错也。贝锦，锦文也。”。郑玄笺：“喻谗人集作已过以成于罪，犹女工之集采色以成锦文。”

[3] 面：音 miàn。

[4] 指《相贝经》，汉 · 朱仲撰。

[5] 琴高是先秦时代汉族传说中人物。能鼓琴，后于涿水乘鲤归仙。《水经注：卷二十三》记载赵人有琴高者，以善鼓琴，为康王舍人，行彭、涓之术，浮游砀郡间二百馀年，后入砀水中取龙子，与弟子期曰：皆洁斋待于水旁，设屋祠。果乘赤鲤鱼出，入坐祠中，砀中有可万人观之，留月馀，复入水也。

[6] 严助（？—前 122），本名庄助，西汉人，西汉中期会稽郡吴县（今江苏省苏州市）人，严忌之子，也有人说他是严忌的族子。严助是著名辞赋家。他在汉武帝时任中大夫，其后任会稽太守，在太守任上，并未有出色政绩。

[7] 会稽太守，一说防稽太守。

[8] 盈：满、足。

[9] 即贝壳底色为白，有红黑色花纹。

[10] 即贝壳底色为青，有绿色花纹。青色，古时有绿、蓝、黑之别。

[11] 指虽然不能延年益寿，但是在抵抗病害方面是有效果的。

[12] 大秦：中国古代史书对罗马帝国的称呼。《后汉书》载大秦“多金银奇玉，有夜光璧、明月珠”。

[13] 寻：为古代长度单位，一寻有八尺、七尺、六尺三种说法。以通常的标准，半寻谓四尺，约合今天 92 厘米。

[14] 指高大华美的建筑。

[15] 燕鼋：指海边的甲壳类软体动物。遗燕鼋，指它的空壳。这句话是指秦穆公认为燕鼋的壳可与金玉相媲美。

[16] 指南海的贝壳，外形小巧。

[17] 駮：或作“驳”，指颜色不纯。

[18] 指浮贝能使男子性欲衰减，亦可指易使怀孕女子流产。根据上下文的意思，取后义。

[19] 嗈：音 yòng。

[20] 淫是“淫”的讹字。

[21] 偻同佝：偻句即佝偻，弯曲的意思。王敏红点校版（浙江大学 2008 年）第 16 页将偻与句分开断句当有误。

[22] 碧贝的分量随着天气的晴雨而变化。

[23]《盐铁论》是西汉的桓宽根据著名的“盐铁会议”记录整理撰写的重要史书，书中记述了当时对汉武帝时期的政治、经济、军事、外交、文化的一场大辩论。

【译文】

两个兽一起为友，两个贝一起为朋。《诗经》里说：“赐我贝币千百朋。”百所说的意思就是赐贝币很多。又说：“各种花纹多鲜明，织成多彩贝纹锦。”锦布上的花纹像贝一样，称之为贝锦，这是说宫内小臣的近侍因谗言小人的诽谤而成罪过，犹如贝锦因其花纹错杂的外形而被织成贝锦一样。贝里的肉如同科斗而有首有尾，因其贝可以食用，所以称之为贝。贝就是背的意思，贝字从目字和八字，是说贝的眼睛背外向里。先王的宫廷朝南面，集市朝北面。古时候相贝有专门的书叫《相贝经》，《经》里说：“朱仲受学于琴高，琴高乘大鱼游浮于河海之中，凡是水产之物都必探究其理。朱仲向其学习而得高妙之法，又想将珠贝献给武帝，去了之后，但不知道该往何处。严助为会稽太守时，朱仲又去了，向其遣助以直径一尺的大贝，并致献一文来辅助说：‘黄帝、唐尧、夏禹三代之所以能正统天下，皆有祥瑞之物，首先就是有一种神奇的秘宝。再次于此的宝物就是有直径一尺有余的贝，形状像红色的闪电、黑色的云，称为紫贝；底色为白色有红黑色花纹的贝称为珠贝；底色为青色有绿色花纹的贝称为绶贝；有黑纹黄画的贝称为霞贝。紫贝可治疗一些疾病，珠贝可以明目，绶贝可以消除气障，霞贝能克制阻虫，虽然不能延年益寿，但是在抵抗病害方面是有效果的。再有比贝类次一等的宝物就是鹰喙蝉脊，能逐湿去水，但没有明显的功效。贝类中的大者有如车轮般大小，文王请出大秦贝，直径有半寻长；穆王收藏有一个贝壳，外形像一座高大的建筑物；秦穆公认为燕鼋的壳可与金玉相媲美。贝可明目，远察如在，与玉器和金器属性都相宜。南海的贝壳外形小巧，颜色不纯，属性寒凉，味道甘苦，能止除水毒。浮贝易使怀孕的女子流产，不宜贴身携带，它的颜色有一半白一半黑。濯贝易使人受到惊吓，不宜靠近幼童，如黄唇点齿一般，红色斑驳。还有一种贝使人致病疟，黑色无皮的贝正是这种贝。嚼贝能使妇女流胎，不要向孕妇显示，通脊呈红色带状的贝就是这种贝。惠贝能使人记忆力减退，不要贴近人身，内壳像红色火焰一样有红色网格纹的贝正是这种贝。醟贝能使小孩子智力变迟钝、使妇女变淫荡，有青色唇和红色鼻的贝就是这种贝。碧贝易使小孩子产生偷盗意识，脊背佝偻弯曲的贝正是这种贝，其分量在雨天会重一些，晴天时会轻一些。委贝能使人的意志坚强、勇猛，夜行带着它能伏迷鬼狼豹百兽，中间呈圆形红色的贝正是这种贝，雨天分量轻一些，晴天分量重一些。'"《尔雅》里记载："大贝称魧，小贝称鲼""贝壳的质地为黄色纹点是白色，质地是白色纹点是黄色""贝大则污薄，贝小则狭长"，亦是大略的概括。《盐铁论》里说："教化与民俗改变了，后世君子也易币而用。夏代子民用玄贝，周代子民用紫石。"

鳗

鳗无鳞甲，白腹，似鳝而大，青色。焚，其烟气辟蠹。有雄无雌，以影漫鳢而生子[1]，赵辟公《杂说》[2]云："凡聒抱者，鸺鹠鹳雀也；影抱者，龟鳖鼋也。有鳗鲡者，以影漫于鳢鱼，则其子皆附鳢之鬐鬣而生，故谓之'鳗鲡'也。"一曰鲇亦产鳗，盖其乳子三分之二为鲇，其一鳗也。

【注释】

[1] 古人认识错误，鳗为卵生。

[2] 宋史·卷二百六·志第一百五十九载"赵辟公《杂说》一卷"。

【译文】

鳗鱼没有鳞甲，腹是白色，大小跟鳝鱼相当，青色。将鳗鱼用火烧，释放的烟气能辟除虫害。有雄性没有雌性，以影子和鲤交配而生子，赵辟公《杂说》记载："凡是聒抱化生的动物，诸如鸺鹠鹳雀之类；伏影化生的动物，诸如龟鳖鼋之类。有一种鳗鲡鱼，以影子与鳢鱼交配，其所产的子都附着在鳢鱼的背鳍上而生长，所以叫作‘鳗鲡’”。一种说法认为鲇鱼也产鳗，其产的子有三分之二是鲇鱼，三分之一为鳗鱼。

鲎

鲎[1]，状如便面，骨眼，眼在背上，口在腹下，其血碧[2]。雌常负雄而行[3]，雄者多肉，失雄则不能独活，渔者拾之，必得其双。在海中群行，輙相积于背，高尺余如帆，乘风而游。其藏伏沙上，亦輙飞跃，常远行迹数步，如兔摆踪。今鲎青黑色，十二足，似蟹，腹中有子，如粟而大，中醢。殼上有物如角，常偃[4]，高七八寸，每遇风至即举，扇风而行，俗呼“鲎帆”，旧云“视鸥创桅，观鲎制帆”是也。皮殼甚坚，然性畏蚊，蚊小螫之輙毙，未知其故也。又暴之日中，往往无恙，隙光射之，即死。《岭表异录》[5]云：“雄小雌大。置之水中，雄者浮，雌者沈。”

【注释】

[1] 鲎：音 hòu。

[2] 鲎的血液中含有铜离子，它的血液是蓝色的。

[3] 鲎雌雄一旦结为夫妻，便形影不离，肥大的雌鲎常驮着瘦小的丈夫蹒跚而行。

[4] 偃：仰也。

[5]《岭表异录》：地理杂记，全书共三卷，唐·刘恂撰。此书与《北户录》同系记述岭南异物异事，也是了解唐代岭南道物产、民情的有用文献。其中记载最多的是岭南人的食物，尤其是各种鱼虾、海蟹、蚌蛤的形状、滋味和烹制方法，岭南人喜食的各类水果、禽虫也有记述。是研究唐代岭南地区少数民族经济、文化的重要资料。

【译文】

鲎鱼的形状像似便面，眼睛很小，长在背上，嘴在腹的下面，它的血液是红色。雌性的鲎鱼常常负在雄性鲎鱼上面行走，雄性鲎鱼的肉多，雌性鲎鱼离开雄性鲎鱼则不能生存，捕鱼人捕到鲎鱼时都能捕到一对。鲎鱼在海中群体而行进时，相互负在背上，累积的高度有时一尺有余，像船的帆一样，顺着风而游走。它们可以藏伏在沙中，也可以飞跃，跳的远时有数步行迹，像兔子摆脱踪迹一样。今天的鲎鱼是青黑色，有十二条腿，外形像蟹，腹中有子，如粟般大小，其肉宜于制成酱。壳上有坚硬物像角，常仰上，高有七八寸，当遇到风时即举起，扇风而行，俗称"鲎帆"，旧时说"看到鹞鹰的样子而发明了船舵，观察鲎鱼的样子而创制了帆"讲的就是这个意思。鲎鱼的皮壳非常坚硬，但它却怕蚊虫叮咬，蚊子虽然小，但鲎鱼被叮咬后则死，不知道是什么原因。鲎鱼在日光下暴晒，往往不会出现异样，可是隙光一照射就会立即死掉。《岭表异录》里说："鲎鱼雄的大，雌的小。将它放在水里，雄的会浮在水面上，雌的则会沉到水下。"

嘉　鱼

嘉鱼，鲤质鳟鳞，肌肉甚美，食乳泉，出于丙穴，故《南都赋》[1]云："嘉鱼出于丙穴[2]。"先儒言：丙穴在汉中沔[3]南县，北有乳穴二，常以三月取之，穴口向丙，故曰"丙"也。旧言尾象篆文"丙"字，故曰"丙穴"。盖《尔雅》："鱼枕[4]谓之丁[5]，鱼肠谓之乙，鱼尾谓之丙。"则鱼尾象丙，岂特嘉鱼而已？《礼》曰："鱼去乙。"[6]乙，肠也。《诗》曰："南有嘉鱼，烝然罩罩。"[7]言嘉鱼欲逸，则罩之使入也。"南有嘉鱼，蒸然汕汕。"[8]言嘉鱼欲伏，则汕之使出也。求贤之道如此而已。《尔雅》曰："罺谓之汕。"今之"撩罟"是也。太平君子乐与贤者共之，而所以求者，上笼之如罩，下撩之如汕，此至诚之道也。《淮南子》曰："罩者抑之，罾者举之。为之虽异，得鱼一也。"[9]

【注释】

[1]《南都赋》：东汉·张衡撰。南都，是指张衡的家乡南阳。南阳于公元前272年（秦昭襄王三十五年）初置郡，后汉更始帝入都之。郡治在宛，因其地理位置在京之南，所以叫作南都。在《南都赋》里，作者以充沛的热情、严肃的态度、

全面的眼光、生花的妙笔酣畅淋漓地赞颂了这一古都，在文中衷心地、深地寄托了对家乡的真情挚爱。

[2] 李善注："丙穴，在汉中沔阳县北，有鱼穴二所，常以三月取之。丙，地名也。"大丙山之穴，在今陕西省略阳县东南，与勉县接境。

[3] 沔（miǎn）：水名，在中国陕西省，是汉水的上流。

[4] 鱼枕亦作"鱼魫"。鱼头骨，鱼枕骨。可制器或做窗饰，亦可饰冠。

[5] 郭璞注："枕在鱼头骨中，形似篆书'丁'字，可作印。"

[6] 郑玄注："乙，鱼体中害人者名也。今东海容鱼有骨，名乙，在目旁，状如篆乙，食之鲠不可出。"——《礼记·内则》。

[7] 出自《诗经·小雅·南有嘉鱼之什》，译为：南国鱼儿美，群游把尾摇。

[8] 指南国鱼儿美，群游随水流。

[9] 出自《淮南子·说林》，译为：用鱼罩的下罩捉鱼，用罾具的举罾得鱼，方法各异，但能捕获鱼则是一致的。

【译文】

嘉鱼，具有鲤鱼般的肉质和鳟鱼一样的鳞，肌肉非常鲜美，饮用乳泉之水，生活中大丙山穴中，所以《南都赋》中说："嘉鱼生活在大丙山的穴中。"先儒有言说：丙穴在汉中一带的沔南县，北部有两个乳穴，常在三月份取用，穴口像一个"丙"字，所以说"丙"命名。旧说此种穴的尾部像"丙"字，所以叫"丙穴"。《尔雅》里说："鱼枕骨称为丁，鱼肠子称为乙，鱼尾称为丙。"就是鱼尾像"丙"字，难道只有嘉鱼是这样吗？《礼记》里说："鱼去乙。"乙就是指鱼的肠子。《诗经》里说："南国嘉鱼美，群游把尾摇。"说的就是嘉鱼欲游走，就用罩子使之进到里面。"南国嘉鱼美，群游随水流。"是说嘉鱼欲潜伏在水里，就用捕鱼工具想办法使它们汕游出来。招求贤人的方法也如引而已。《尔雅》里说："捕鱼用的小网就是汕。"今天称之为"撩罟"指的就是它。太平君子喜欢贤良的人共事，而他所渴望得到的贤才，上面的用笼子罩住，下面的用撩罟网住，这是招求贤才的至诚之道。《淮南子》里说："用鱼罩的下罩捉鱼，用罾具的举罾得鱼，方法各异，但能捕获鱼则是一致的。"

埤雅·卷三

释兽：麐、兔、鹿、麝、犀、麈、虎、麢、兕、豺、獭、熊、豹、羊、牛

麐

麐[1]，土畜也，信而应礼，以足至者也。轩辕大角之兽，狼额，赤目，五蹄，含仁怀义：音中钟吕，行中规矩，不群居，不旅行，不入陷穽[2]，不罹罗网，王者至仁则出，盖太平之符也。孔子曰："刳胎杀夭，则麒麟不至，摘巢毁卵，则凤凰不翔。"[3]角端有肉，示有武而不用。不践生草，不食生物，有爱吝之意，故麐从吝。牡麒牝麐，阴主吝啬，故牝曰"麐"也。《诗》一章曰："麟之趾"，二章曰："麟之定"，三章曰："麟之角"[4]，始于趾终于角者，言德以升进为美也。《易》曰："德言盛。"[5]故是诗每况愈上。《尔雅》云："麟，麢身，牛尾，一角。"盖麟似麢，圆顶，一角，故西狩获麟，曰："有麢而角"也。或曰："麟肉角，凤肉味，皆示有武而不用也。"传云："麒似麟而无角。"按《尔雅》曰："驨如马，一角；不角者，骐。"然则麒从骐省，不角故也。或曰：序《诗》以为皆信厚如麟趾之时，从吝，以厚故也；从其，以信故也。其信也，其者，指物之词。

【注释】

[1] 麐：同"麟"。

[2] 穽：同"阱"。

[3]《史记·孔子世家》:"刳胎杀夭则麒麟不至郊，竭泽涸渔则蛟龙不合阴阳，覆巢毁卵则凤皇不翔。何则？君子讳伤其类也。"

[4] 见《诗经·周南·麟之趾》:"麟之，振振公，于嗟麟兮。麟之定，振振公姓，于嗟麟兮。麟之角，振振公族，于嗟麟兮!"

[5]《周易·系辞上》:"德言盛，礼言恭，谦也者！致恭以存其位者也。"

【译文】

"麐"，现写作"麟"，异名叫作"土畜"，性格如人般忠信而守礼，凭借脚前往想要去的地方。麐是一种如同黄帝般坐镇中央、长有巨大的角的动物，额头像狼，眼呈赤红色，有五只脚，心怀仁义：声音像是乐钟一般洪亮，一举一动都有与之相合的规矩，不会与同伴一起生活，不会去很远的地方旅行，不会轻易地落入陷阱，也不害怕猎人的捕杀，当世上出现至仁至义的杰出人物时，它便会出现，成为代表太平盛世的祥瑞符号。孔子说："如果一个地方剖腹取胎杀害幼兽，麒麟就不会来到它的郊野，倾覆鸟巢毁坏鸟卵，凤凰就不愿来这里飞翔。"它的一只角顶端有肉，显示它虽然有武力却不使用。麐不践踏有生命的小草，不食用有生命的活物，有爱怜吝惜的心意，所以"麐"字也可以写作"吝"。雄兽称作麒，雌兽则称作麐，因为"阴"属性主司收敛含藏，所以雌兽称作麐。《诗经·周南·麟之趾》中第一句说"麟之趾"，第二句说"麟之定"，第三句说"麟之角"，之所以从麐的蹄讲起，结束于讲麐的角，是为了说明德行要由低到高、上升前进才算是优秀的。《周易》中说："德行指的是富而不骄。"所以《诗经》的地位越来越高。《尔雅》中有言："麟的身体像麕，尾巴像牛，有一只独角。"大概是因为麟像麕，长着圆形的头顶，有一只独角，所以鲁哀公十四年在大野狩猎抓获麒麟，说："抓到一只长着独角的麕"。有的人说："麟有肉角，凤有肉喙，都显示着它们有武力却不动用。"有记载说："麒像麟但却没有独角。"按照《尔雅》的记载："驨的样子像马，长有一只角，没有角的便叫作骐。"那么麒从属于骐的科目，是由于骐没有角的缘故。或者说：诗经大序中认为当所有人都诚信忠厚如同麟趾一般德行上升的时候，若是吝惜事物，是因为忠厚的缘故，若是顺从他人，是因为忠信的缘故。这是可以相信的，"其"字，是指代某个事物的字。

兔

兔口有缺，吐而生子，故谓之兔。[1]兔，吐也。旧说兔者明月之精，视月而孕，故《楚辞》曰："顾兔在腹。"[2]言顾兔居月之腹，而天下之兔望焉，于是感气。《礼》曰："兔曰明视。"[3]其以此欤？盖咀嚼者九窍而胎生，独兔雌雄八窍，故陶氏书云："兔舐雄毫而孕，五月而吐子。"而里俗又谓视顾兔而感气，故卜秋月之明暗，以知兔之多寡也。今孔雀亦合，而先儒以孔雀闻雷而孕；则兔虽舐毫，其感孕则以月，理或然也。月，缺也，故其口缺。一曰兔目不瞬，视雄毫而孕。《诗》曰："肃肃兔罝，椓之丁丁。""肃肃兔罝，施于中逵。""肃肃兔罝，施于中林。"[4]盖椓之丁丁，以有所闻；施于中逵，以有所见；施于中林，则无所闻、无所见于是焉。肃，则好德之至也，故《诗》以此为后。徐干《中论》曰："'肃肃兔罝，施于中林'处独之谓也。"是诗正言兔罝者，先王之化，言格于刍荛，[5]行至于雉兔，然后为博。故《序》以为莫不好德，贤人众多也。俗云兔营窟，必背丘相通，所谓"狡兔三穴"。《古今注》[6]曰："兔口有缺，尻有九孔。"今尻于文从九，盖生于兔也。《内则》[7]曰："兔去尻，狐去首。"狐死亦正丘首，不忘本也。《主物簿》[8]云："孕环之兔，怀于左腋，毛有文彩间色，至百五十年当转环于脑，能隐形，人不复见矣。"《说文》无"兔"字，以"免"为"兔"。兔生自口出，宜有留难，吐而后免，故字又通为"免"，俗则作"兔"，非是也。今产乳曰"免"亦或谓之"分娩"。且免足前卑后倨，其形俛，故俛又从免也。冕亦从免，古之说冕者以为位弥高而志弥俛，其以此乎？《内则》曰："姆教：婉、娩、听、从。"盖婉，妻道也；娩，母道也'听，妇道也；从，姑道也。《左传》曰："姑慈而从，妇听而婉。"[9]

【注释】

[1] 兔子"吐而生子"的说法是错误的，兔属于哺乳动物，胎生。

[2]《楚辞 · 天问》："厥利维何，而顾菟在腹？"

[3]《礼记》:“凡宗庙祭祀之礼……兔曰明视……”

[4] 见《诗·周南·兔罝》。

[5] 徐干(171—217):字伟长,魏晋时期北海(今山东潍坊市)人,建安七子之一。《中论》为其主要著作,是一部政论性著作,系属子书,其意旨:“大都阐发义理,原本经训,而归之于圣贤之道。”历代史书除《宋史》将其列入杂家类而外,其余者均将其列入儒家类。曹丕称赞此书“成一家之言,辞义典雅,足传于后”。刍荛,割草打柴的人,借指地位低微的人。

[6]《古今注》三卷,晋·崔豹撰。崔豹,字正熊,一作正能,惠帝时官至太傅。此书是一部对古代和当时各类事物进行解说诠释的著作。其具体内容,可以从它的八个分类略知大概。卷上:舆服一,都邑二;卷中:音乐三,鸟兽四,鱼虫五;卷下:草木六,杂注七,问答释义八。

[7]《内则》是《礼记》的一部分,主要内容是记载男女居室事父母、舅姑之法。即是指家庭主要遵循的礼则。

[8]《天元主物簿》,唐代李淳风著。李淳风(602—670),唐代杰出的天文学家、数学家,道家学者,岐州雍人(今陕西省宝鸡市岐山县),精通天文、历算、阴阳之说。

[9] 出自《左传·昭公二十六年》:“礼之可以为国也久矣,与天地并。君令臣共,父慈子孝,兄爱弟敬,夫和妻柔,姑慈妇听,礼也。君令而不违,臣共而不贰,父慈而教,子孝而箴,兄爱而友,弟敬而顺,夫和而义,妻柔而正,姑慈而从,妇听而婉,礼之善物也。”

【译文】

兔的嘴巴上有缺口,生产后代时从口中吐出,所以叫作“兔”。兔,就是吐的意思。根据古老的传说,兔是聚明月之精华的精灵,目视月亮而怀孕,所以《楚辞·天问》说:“兔子在月腹中藏身”,说的就是兔子藏身于月亮的腹中,而天下的兔子望着它,能感受到它的气息。《礼记·曲礼下》中说:“宗庙祭品中的兔,称作‘明视’。”大概就是因为这个吧。原来一般的动物都生有九窍(阳窍七,含眼二,鼻二,耳二,口一;阴窍二,含大、小便处),以胎生的方式传承后代,唯独兔雌性与雄性只生有八窍,少了一个阴窍，所以《陶氏书》中说：“兔子舔舐雄性的生育器官而怀孕，五个月而生育幼兔。”然而风俗轶闻又说看见兔子，感受它们的气息，所以占卜秋天月亮的明暗，就能知道兔子数量的多少。现在孔雀的情况也符合这种现象，先代的儒生曾说过孔雀听到雷声则会怀孕，兔子虽然舔舐生育器官，它感受到怀孕还是因为观视月亮的原因，道理也应当是一样的。月，是缺的意思，所以它有一个缺口。一种说法说兔子不会眨眼，看着雄性的生育器官后怀孕。《诗经》说：“布下张张猎网，敲击木桩丁丁作响”，“布下张张猎网，在那宽阔的大路两旁”，“布下张张猎网，在那广袤的丛林中央”，大概是因为木桩丁丁作响，所以能够听见这样的声音，布网于大路两旁，所以能够看见这样的景象，布网于广袤的丛林中央，便没有了这样的声音与景象。严整肃穆，是德行高尚的最高表现，所以《诗经》以此作为后序。徐干的《中论》中说：“布下张张猎网，布网于广袤的丛林中央”也是这个意思。《诗经》以严正的语言说布网，是因为前代王者的教化是，要向老百姓了解情况，征求意见，行动上要像兔一般迅速机敏，才算得上达到“博”的境界。所以《诗经》的序认为，没有人不重视德行，有贤能的人有许多。俗话说兔经营巢穴，一定要使洞窟之间相通，即我们所说的“狡兔三窟（穴）”。《古今注》中说：“兔的嘴巴有缺口，屁股上有九个孔。”现在的“尻”字字形与“九”相似，大概是因为兔吧。《礼记·内则》中说：“吃兔子时要去掉屁股，吃狐狸时要去掉脑袋。”狐狸就算是死也要摆正脑袋，是因为它不忘根本。李淳罡《天元主物簿》中说：“带有孕环的兔，孕环在左腋的位置，毛皮上有好像画上去的彩色，到了一百五十年后孕环会隐没在脑中，人类便见不到它了。”许慎《说文解字》中没有“兔”这个字，将“免”字代替“兔”字。兔繁衍后代自口中生育，生育时很可能有危险，全部吐出幼兔后才得以幸免，所以“兔”字又通“免”字，习惯上还是写作“兔”字，其实并不是这样。现在生孩子称作“免”或者是“分娩”，而且分娩时足部前低后高，形状像“俛”字，所以“俛”字又通“免”。“冕”字也通“免”，古代说法是加冕称王的人认为地位越高而志向就越低，大概就是因为这吧。《礼记·内则》中说：“长到十岁的女子，须由家中女师教她们如何说话才算柔婉，如何打扮才算贞静，如何举动才算听从。”柔婉，是为妻之道；贞静，是为母之道；顺从，是为妇之道；听从规劝，是为姑之道。《左传》中也写道："婆婆慈爱而肯听从规劝，媳妇顺从而能委婉陈辞，（才算是礼中的好事情）。"

鹿

《字统》[1]曰："鹿性警防，分背而食，以备人物之害。"盖鹿萃善走者，分背而食，食则相呼，群居则环其角外向，以防物之害已，故《诗》以况君臣之义。而《毛诗草虫经》[2]曰："鹿欲食，皆鸣相召，志不忌也。"《周官》曰："视朝，则皮弁服。"[3]皮弁正以鹿皮为之，盖取诸此。鹿爱其类，发于天性。《诗》曰："王在灵沼，于牣鱼跃。""王在灵囿，麀鹿攸伏。"正言鱼、鹿者，言人之与物异类，则鸟见之高飞，鱼见之深入，鹿见之决骤。今鱼乐于沼、鹿安于囿如此，则以文王之德行于灵沼、灵囿故也。《尔雅》"麋"曰"其迹躔"，"鹿"曰"其迹速"，"麕"曰"其迹解"，"兔"曰"其迹远"，"豕"曰"其迹刻"，"狐"曰"其迹㕙"。盖麋性迷惑，故其迹躔而不解；麕性散惊，故其迹解而不躔；鹿善决骤，故其迹速而不㕙；狐善迟疑，故其迹㕙而不速；豕性追突，故其迹刻；兔性跳踯，故其迹远。今兔将伏，輙跳踯摆迹，人反以此得之。韩子曰："譬如兔得迹，安用东西跳也？"[4]《小尔雅》[5]曰："鸟之所乳谓之巢，鸡雉所乳谓之窠；兔之所息谓之窟；鹿之所息谓之场。"《诗》曰："町畽鹿场。"言町畦村畽之中无人焉，故鹿以为场也。旧说鹿者仙兽，常自能乐，性从其云泉，至六十年必怀琼于角下，角有斑痕，紫色如点。行或有涎出于口，不复能急走也。盖鹿戴玉而角斑，鱼怀珠而鳞紫。故有诸中，未有不形于外也。

【注释】

[1]《隋书·经籍志》载："《字统》二十一卷，杨承庆撰。"《新唐书·经籍志》《旧唐书·艺文志》载："《字统》二十卷，杨承庆撰。"原书已逸。

[2] 学者胡长青著《〈毛诗草虫经〉为伪经考》，认为此书为伪经。参见《诗经三究丛刊》2001年第一辑，第2988—289页。

[3] 见《周礼》卷五，《周官》即《周礼》。

[4] 见韩愈《与张十八同效阮步兵一日复一日》。

[5]《汉书 · 艺文志》有《小尔雅》一篇，无撰人名氏。《隋书 · 经籍志》《唐书 · 艺文志》并载李轨注《小尔雅》一卷，其书久佚。

【译文】

《字统》中说："鹿的性格机警而多防备之心，一般相互背靠背进食，以防备人或是其他动物的攻击。"鹿属于善于奔跑的动物，相互背靠背进食，寻找到食物便会呼唤同伴，群居时则围成一圈，犄角向外，以防备其他动物的攻击，所以《诗经》用鹿来比喻君臣之间的道义。而《毛诗草虫经》中说："鹿想要进食的时候，都鸣叫以呼唤同伴，不忌惮外物的加害。"《周官》里曰："君王临朝听政时，要穿皮弁服。"皮弁服正是用鹿皮做的，大概就是取此意。《诗》中说："君王驾临大池沼，满池的鱼都会窜蹦""君王驾临大园林，母鹿懒懒的伏在树荫里"。着重描述鱼、鹿的原因，就是指明人与动物的不同，见到人，鸟会高飞，鱼会深入水底，鹿会快速离开。现在鱼在沼泽里得以安乐，鹿也安于这种情景，是因为文王的德行广布于大池沼与大园林的原因。《尔雅》中写"麋"道："麋的脚所踏的地方叫躔"，写"鹿"道："鹿的脚所践踏的地方叫速"，写"麕"道："麕的脚所踏过的地方叫解"，写"兔"道："兔的脚所踏过的地方叫远"，写"豕"道："豕的脚踏过的地方叫刻"，写"狐"道："狐的脚踏过的地方叫凪"。大概是因为麋生性迷惑，所以它的足迹叫躔而不叫解；麕的习性散居而易受惊，所以它的足迹叫解而不叫躔；鹿性格果决行动迅速，所以它的足迹叫速而不叫凪，狐狸性格多疑，所以它的足迹叫凪而不叫速；豕的习性多追赶突击，所以它的足迹叫刻；兔的习性多跳跃，所以它的足迹叫作远。现在想要抓兔子时，兔子凭借跳跃来扰乱足迹，人反而能凭借这种习惯来抓到兔子。韩愈说："倘若兔子轻易便能找到足迹，那为什么还要东西跳来跳去呢？"《汉书 · 艺文志》中《小尔雅》一篇中说："鸟类哺育后代的地方称为巢，鸡与雉哺育后代的地方叫作窠；兔所栖息的地方称作窟；鹿所栖息的地方称为场。"《诗经》中说："町畦村疃是鹿栖息的场所。"说的是町畦村疃中没有人居住，所以鹿以此作为栖息之地。以前有旧时有说："鹿是仙界的神兽，自己生活的非常快乐，生活于瀑布山泉之间，活到六十岁时角下便会生出琼玉，它的角上有紫色的斑点痕迹，走路时会有涎水从口中流出，已经不能够快速的奔跑了。”鹿头上生琼玉而角上有斑点，鱼腹中怀珍珠而鱼鳞呈紫色。所以说，凡是怀有美好的东西的（人或兽），没有外在不显示出表现的。

麝[1]

《释兽》云：“麝父麢足。”麝如小鹿，有香，故其文从鹿从射。虎豹之文来田，狸麝之香来射，则其皮与脐之为累也。今商汝山中多群麝，所遗粪常就一，虽远逐食，必还走其地，不敢遗迹他所，虑为人获。人反以是从迹其所在，必掩群而取之。盖麝绝爱其香，每为人所迫逐，势且急，即自投高岩，举爪剔出其香。就絷且死，犹拱四足保其脐。吴筠[2]《玄猿赋》以为：“麝怀香以贾害，狙伐巧而招射。”谓是也。陶氏云：“麝形似獐，今俗谓之‘香獐’。常食栢叶，故《养生论》[3]云‘虱处头而黑，麝食栢而香’也。”又云：“啗[4]蛇，今以蛇蜕裹麝，弥香。夏月食蛇多，至寒香满，入春，脐内亟痛，即自以足剔出之，置屎溺中覆之，皆有常处。象退齿，犀退角，麝退香，皆輙藏覆，知自珍其货也。”赵辟公《杂说》[5]云：“西北之麝，噬虺[6]而食柏，故其香结；东南山溪有松而无栢，故麝不结也。”

【注释】

[1] 麝：又称为麝獐、香獐，种类少，麝的前肢短，后肢长，蹄小耳大，雌雄都无角，雄性有发达獠牙。中国麝类资源丰富，有林麝、马麝、原麝、黑麝和喜马拉雅麝等5种，原麝和马麝体较大，浅褐色。只有原麝全身具白斑点。麝栖居于山林，多在拂晓或黄昏后活动，听觉、嗅觉均发达。雄麝脐香腺囊中的分泌物干燥后形成的香料即为麝香，是一种十分名贵的药材，也是极名贵的香料。

[2] 吴筠：唐朝华州华阴（今陕西华阴县）人。字贞节。一作正节。性高鲠，少举儒子业，进士落第后隐居南阳倚帝山。天宝初召至京师，请隶人道门。后入嵩山，师承冯齐整而受正一之法。与当时文士李白等交往甚密。玄宗多次征召，应对皆名教世务，并以微言讽帝，深蒙赏赐。后被高力士谗言所伤，固辞还山。东游至

会稽，大历十三年（778）卒于剡中。弟子私谥“宗元先生”。

[3]《养生论》：三国时期嵇康著。

[4] 啗（dàn）：通“啖”，意为吃。

[5]《宋史》卷二百六《艺文志》载：“赵辟公，《杂说》一卷。”

[6] 噬虺（shì huǐ）：传说中的一种毒蛇。

【译文】

《尔雅·释兽》中说：“麝别名麝父，麕别名麕足。”麝长得像小鹿，身上分泌麝香，所以“麝”字中有“鹿”和“射”，虎豹的毛皮来自田野，狐狸与麝身上的香料则来自于射猎，那么它的毛皮就是（取香时）额外的负累了。现在的商汝山中有很多群居的麝，所留下的排泄物却往往遗落在一个地方，即使去到很远的地方寻找食物，也必定会回到最初的地方，不敢在其他的地方留下痕迹，（是因为）担心会被人类所抓住。人类反而是根据麝们最初生活痕迹的所在，（捕杀时）必定避免它们成群而单独捕杀。麝十分的珍视它身上的麝香，每当被人类所追杀，形势十分紧迫时，就会自己逃到一块高高的岩石上，用爪子剔除身上的麝香。就算是死去，也会用四只脚拱卫自己的肚脐处。吴筠写《玄猿赋》时认为：“麝因为身上怀有麝香而遭到迫害，狙猴因为展示自己的灵巧而招来射杀。”这话说的很对。有位姓陶的人说：“麝长得像獐，现在俗名叫作‘香獐’。常以栢叶为食，所以嵇康《养生论》中说：‘虱子生活于阴暗之地所以是黑色，麝食用栢叶所以身上分泌麝香’。又说：‘吃蛇肉时，将蛇蜕裹住麝香食用，味道尤其香’。夏天时麝食用蛇数量多，到了寒冷时麝分泌的麝香充足，到了春天，麝会感到腹内胀痛，于是便会用脚剔除麝香，在排泄物之中覆盖它，都是很平常的事。象褪牙齿，犀牛褪角，麝褪麝香，都会找地方藏起来，是因为它们懂得珍视它们褪下的齿、角、麝香。”赵辟公在《杂说》中说：“生活于西北地区的麝，以毒蛇柏叶为食，所以会生产麝香；东南地区的山溪之间生有松叶而没有栢叶，所以这里的麝不会生产麝香。”

犀

犀性绝躁，似豕，一管三毛，有鸩处必有之。[1]形似水牛，大腹卑脚，脚有三蹄，黑色。三角[2]，一在顶上，一在额上，一在鼻上。鼻上者即食角也，小而不椭，好食棘。亦有一角者，前足直，常倚木而息，木仆则不能起。《异物志》曰："犀体兼五种肉。"又曰："犀舌有棘，常食草木棘刺，不啖茎叶也。"旧说犀之通天者恶影，常饮浊水，重雾厚露之夜，不濡其里，白星彻端，世云犀望星而入角，即此也。可以破水骇鸡。盖犀之美者有光，故鸡见影而惊。其次角理复有正插倒插，正插者角腰以上通，倒插者角腰以下通。亦曰尖花小而根花大，谓之"倒插"，故南人以牙为白暗，犀为黑暗，言难别也。犀亦绝爱其角，堕角即自埋之，王粲[3]《游海赋》曰"群犀代角，巨象解齿"是也。《交州记》[4]曰："犀有二角，鼻上角长，额上角短。"或曰：三角者，水犀也。二角者，山犀也。在顶者谓之"顶犀"，在鼻者谓之"鼻犀"。犀有四辈，其纹或如桑椹、或如狗鼻者上。黔犀无纹，螺犀纹旋，牸犀纹细，牯犀纹大而匀。《周官》："函人为甲，犀甲七属，兕甲六属。"犀革差，劣于兕，故兕甲六属，减一；犀甲七属，增一也。或曰：翡翠屑金，人气粉犀。犀最难捣，唯锯犀成小块，以极薄纸裹，置怀中，令近肉，以人气蒸之。候气蒸润，乘热投臼中急捣，应手如粉。[5]

【注释】

[1] 犀牛：是哺乳类犀科的总称，目前分布于非洲中南部和东南亚、南亚，是现存最大的奇蹄目动物，也是现存体型仅次于大象的陆地动物。所有的现存犀类基本上是腿短、体粗壮，体肥笨拙，体长 2.2—4.3 米，肩高 1.1—2.05 米，现存不同种类体重 500 千克到 3600 千克不等，皮厚粗糙，并于肩腰等处成褶皱排列；毛被稀少而硬，甚或大部无毛；耳呈卵圆形，头大而长，颈短粗，长唇延长伸出；头部有实心的独角或双角（有的雌性无角），起源于真皮，角脱落仍能复生；无犬齿；尾细短，身体呈黄褐、褐、黑或灰色。犀、鸩是一种共栖动物。

[2] 三角犀牛极为罕见。有犀牛专家推断，三角黑犀牛之所以会长多一只角，

原因是其仍在母亲子宫内时出现细胞突变，令其头上多长一角。据黄宏先生考证，由于战争对犀角的大量需求，使犀牛于3000年前就在我国灭绝。《山海经·南次三经》：祷过之山，其下多犀。郭璞注："犀似水牛，猪头，庳脚，脚似象，有三蹄，大腹，黑色。三角：一在顶上，一在额上，一在鼻上；在鼻上者，小而不堕，食角也。好啖棘，口中常洒血沫。"

[3] 王粲（177—217）：字仲宣。山阳郡高平县（今山东微山两城镇）人。东汉末年文学家，"建安七子"之一。少有才名，为著名学者蔡邕所赏识。初平二年(192)，因关中骚乱，前往荆州依靠刘表，客居荆州十余年，有志不伸，心怀颇郁郁。建安十三年（208），曹操南征荆州，不久，刘表病逝，其子刘琮举州投降，王粲也归曹操，深得曹氏父子信赖，赐爵关内侯。建安十八年（213），魏王国建立，王粲任侍中。建安二十二年（216），王粲随曹操南征孙权，于北还途中病逝，终年四十一岁。

[4] 晋·刘欣期撰《交州记》。

[5] 犀角粉可入药。

【译文】

犀的性格十分暴躁，模样长得像豕，有鸩鸟生活的地方一定有它的存在。犀的外形像水牛，腹部巨大而足脚短小，脚上有三个蹄子，呈黑色。生有三只角的犀牛，一只犀角长在头顶上，一只犀角长在额头上，一只犀角长在鼻子上。鼻上的角称作食角，形状小而不呈椭圆形，以食用棘木为生。也有只生有一只角的犀，前脚是直的，常常倚着树木休息，树木倒了它也没有办法再次站起。《异物志》中说："犀的身体可以划分为五种肉。"又写道："犀的舌头上生有小棘刺，常常食用草木的棘刺，却不吃植物的茎叶。"旧传说犀是神兽邪恶一面的影子，常常饮用浑浊的水，雾露厚重的夜晚，犀不受水汽的沾湿，如闪亮的星辰般出现在云端，世人说看见犀看着星辰进入它的角，就是这个原因。（这种异象）甚至可以打破水面，惊吓到鸡等牲畜。美丽的犀角上发光，所以鸡见到光影便会受惊吓。其次，犀的犀角纹理有正插倒插之分，正插的犀角从角的腰部以上的纹路相通，倒插的犀角从角的腰部以下的纹路相通。也有的说角的尖端花纹小而根部花纹大，叫作倒插，所以南方的人以象牙为白暗，以犀角为黑暗，是说难以区分。犀十分珍贵它的角，角一旦褪下就会被掩埋，王粲在《游海赋》中说："成群的犀牛犀角会褪下，巨大的大象象牙也会褪下。"《交州记》中说："犀生有两只角，鼻上的角长而额头上的角短。"或者说：三只角的犀叫作水犀，两只角的犀叫作山犀。角长在头顶的叫"顶犀"，长在鼻上的叫"鼻犀"。犀可以分为四个种类，犀角花纹像桑椹、狗鼻的属于上等。黔犀角上没有花纹，螺犀角上花纹呈螺旋状，牸犀角上花纹细，牯犀角上的花纹大而匀。《周官》中说："古人制作铠甲，犀甲属于七等铠甲，兕甲属于六等铠甲。"犀的皮革质量比兕的差，所以兕甲属于六等，高一等；犀甲属于七等，低一等。也有说法认为："翡翠刮屑需要用金属利器，犀磨成粉却需要人气的滋润。犀角难以捣碎，只有把犀角锯成小块，用很薄的纸裹住，放进怀中，让它贴近皮肤，用人身上的气息蒸润它。等到人的气息蒸润的差不多了之后，趁热把犀角放入臼碗中快速捣，拿到手里才能得到犀角的粉末。"

麈

麈兽似鹿而大，其尾辟尘，以置蒨帛中，能令岁久红色不黦；又以拂毡，令毡不蠹。盖蝇点变白，麈尾留红，而狐白貂鼠之类，燕见之则毛脱，物有相制，其异如此。今麋鹿丑亦喜红，南人取之，则衣绛服而舞，麋鹿辄注视不动，因以利刀刺之。《名苑》[1]曰："鹿之大者曰'麈'，群鹿随之，皆视麈所往，麈尾所转为准。"于文，主鹿为麈。而古之谈者挥焉，良为是也。《恩平郡谱》[2]曰："沈牛谓之回，沙牛谓之磨，麈谓之荒，鹿谓之擢。"

【注释】

[1]《名苑》：司马光撰。

[2] 宋·杨备撰，共一卷。杨备，字修之，生卒年不详。

【译文】

麈这种动物长得像鹿，但体型比鹿要大，它的尾巴可以当作拂尘，制作时将麈尾掺在许多布帛中，能使用很多年而拂尘的红色不褪；还可以用它来做毛毯，能令毛毯不受虫子的侵袭。蝇虫身上的斑点变白，麈的尾巴仍然保持红色，而至于狐狸、白貂、老鼠之类，衰老后则毛发脱落，任何事物都有会被制衡的原因，（而麈尾却不褪色）这件事竟真是如此神异。现在的麇鹿模样丑陋却喜爱红色，居住在南方的人为了捕捉麇鹿，就穿着绛红的衣服跳舞，麇鹿就会一直注视着而不移动，这时就可以用利刃来刺杀它。司马光在《名苑》中说："鹿之中，体型大的被称作'麈'，鹿群都会跟随他，都看着麈前往的地方，麈尾所转向的地方为它们的准则。"通俗点说，鹿群的主要首领便是麈。而古时谈论这件事的人如此传播，就是因为这样吧。《恩平郡谱》中说："水牛称作'回'，陆牛称作'磨'，麈称作'荒'，鹿称作'擢'。"

虎

虎奋冲破，又能画地卜食。盖蛇蟠向壬，鹊巢面岁，燕伏戊己[1]，虎奋冲破，此亦鸟兽之所以灵也。《兵法》曰："将开牙门，常背建向破。"其以此欤？《类从》曰："虎行以爪坼地，观奇耦而行。"今人画地观奇耦者曰"虎卜"云。《简兮》[2]曰："执辔如组，有力如虎。"如组以言其艺，如虎以言其勇。《常武》[3]曰："进厥虎臣，阚如虓虎。"盖虎之自怒虓然，阚如虓虎[4]，则以言将帅之勇发于忠毅，非激而怒之也。《何草不黄》[5]曰："匪兕匪虎，率彼旷野。哀我征夫，朝夕不暇！"言兕抵触，虎搏噬，先王驱而远之，则率彼旷野，兕虎之所宜，今征夫如此，则可哀矣。《尔雅》曰："熊、虎丑，其子狗；绝有力，麙。"《汉律》[6]曰"捕虎一，购钱三千；其狗，半之"是也。《方言》[7]："虎，陈魏宋楚之间谓之李父，江淮南楚之间谓之李耳。"注云：虎食物，值耳而止，以触其讳故。然则仁人之于亲也，闻名心瞿，见似目瞿，岂自外至哉！《礼》曰"交龙为旂"，旂，东方也；"鸟隼为旟"，旟，南方也；"熊虎为旗"，旗，西方也；"龟蛇为旐"，旐，北方也。太常则象天焉，环以覆之，故绘日月星辰。《易》曰："君子豹变。""大人虎变。"豹变，言变而为豹也，杨子[8]曰："狸变则豹，所谓'豹变'，故象曰君子。豹变，其文蔚也。”虎变，言变而为虎也，杨子曰：“豹变则虎，所谓‘虎变’，故象曰大人。虎变，其文炳也。”《周官》：“服不氏……掌养猛兽而教扰之。”郑氏谓：“扰，驯也。言王者之教，无不服也，然则教而驯之，盖亦有道矣。”梁鸯[9]曰：“且一言我养虎之法：夫食虎者，不敢以生物与之，为其杀之之怒也；不敢以全物与之，为其碎之之怒也。时其饥饱，达其怒心。虎之与人异类，而媚养已者，顺也，故其杀之，逆也。吾岂敢逆之使怒哉！亦不顺之使喜也，何则？喜之复也，必怒。故曰：不处中和，势极则反，必然之数也。”俗云鸠食桑葚则醉，猫食薄荷则醉，虎食狗则醉。今虎所在，麂必鸣以告。[10]

【注释】

[1] 戊己：指一旬中的戊日和己日。

[2]《诗经·邶风》中的一篇。

[3]《诗经·大雅·荡之什》的一篇。

[4] 虓虎，咆哮的老虎。

[5]《诗经·小雅·鱼藻之什》的一篇。

[6]《尔雅》做“《律》曰”，并未指明汉律，此处汉律不确定是否指《九章律》，程树德《九朝律考·汉律考序》：“汉萧何作《九章律》，益以叔孙通《傍章》十八篇及张汤《越宫律》二十七篇，赵禹《朝律》六篇，合六十篇，是为《汉律》。”

[7] 西汉扬雄（前53—18）所著，全名《輶轩使者绝代语释别国方言》。是我国最早的一部方言著作，这部书是他在收集了周代记录的方言资料和实际调查了当时方言的基础上整理而来，今存13卷。

[8] 此处或应作“扬子”，即扬雄。

[9] 梁鸯：西周人，宣王时驯养野禽兽的能手，相当于今天的驯兽师。《列子·黄帝》：“周宣王之牧正，有役人梁鸯者，能养野禽兽，委食於园庭之内，虽虎狼雕鹗之类，无不柔驯者。”宋代黄庭坚《次韵晁元忠西归》之一：“猛虎依山林，眼有百步威。一从梁鸯食，风月何时归。”

[10] 这是一种重要的生物相感现象，体现了中国古人对自然的认识。在古人看来，天地万物皆由气所生，物与物之间可通过气而相互感通，这种自然感应的自

然观，是生物之间相感作用的理论基础。

【译文】

虎的行动会在一年中的岁破日，又能以爪画地以奇偶占卜捕猎食物作“虎卜”。蛇盘绕时会朝向天干第九位的壬位，鹊鸟建巢穴会选在一年中的太岁日，燕会在一旬中的戊日和己日潜伏，虎能在一年中的岁破日（与太岁日相冲的日子）行动，这就是鸟兽之所以灵验的原因。《兵法》有言：“将领开牙门，常常背朝向不吉利的一面。”大概就是因为这吧。《类从》中说：“虎行走时以爪抓地，观察奇偶位置来行走。”现在的人画地观察奇偶被称作“虎卜”。《诗经·邶风·简兮》中说：“（公庭所演万舞）手握缰绳似织布，动作有力如猛虎。”像织布是说其技艺高超，像虎则是说其表演勇悍。《诗经·大雅·常武》里说：“（大周）这一班如狼似虎的兵和将，击鼓挺进杀声震天如怒虎。”是因为虎愤怒时会大声咆哮，将领喊杀如咆哮的老虎，是说将帅的奋勇出自忠诚勇毅，而不是被激怒。《诗经·小雅·何草不黄》中说：“既非犀牛又非虎，穿行旷野不停步。可悲我等出征者，白天黑夜都忙碌。”是说犀牛善用抵触攻击，虎善于搏击噬人，先王驱赶它们前往远方作战，令它们在旷野作战，是野牛、老虎所适宜的方式，现在的征夫都是这样，是很可悲的。《尔雅》中说：“熊、虎模样丑陋，生育的后代像狗；最有力量的是䗪。”《汉律》中说：“捕获一只虎，收购价格是三千钱；若捕获狗，则为半价”就是这样。扬雄所著《方言》中说：“虎，在陈魏宋楚的故地，称为李父，江淮南楚故地则称为李耳。”其中的注释说：虎食用猎物，至耳部而停止，是因为触犯其名讳的原因。然而仁德的人对待亲人，听闻名声则内心勤谨，亲眼看到则好像目光勤谨，哪能是外在表现呢！《礼记》道：“龙交会之地在旂”，旂，是东方的意思；“鸟隼之类在旟”，旟，是南方的意思；“熊虎之类在旗”，旗，是西方的意思；“龟蛇之类在旐”，旐，是北方的意思。太常观测天象时，这些动物呈环状覆盖，所以绘制出日月星辰。《易经》中说：“君子变为豹。”“大人变为虎。”豹变，就是说变成豹子，扬雄说：“狸变则称为豹，所谓的豹变，其实就是相像而称君子。豹变，是为了说明君子文采华丽。”虎变，就是说变成老虎，扬雄说：“豹变则称为虎，所谓的虎变，其实就是相像而称大人。虎变，是为了说明大人功勋彪炳。”《周官》中说：“服不氏豢养猛兽而教养驯养（扰）。”郑氏说：“扰，就是驯养的意思。说明称王称霸者的教化，没有人不服，然而教养驯化，也是有一套道理的。”梁鸯说：“用一句话说明我养虎的道理：饲养虎的人，不敢给它活物，为其所杀后虎会愤怒；不敢给它完整的食物，为其撕碎后虎也会愤怒。使它饥饿或饱腹，达到其愤怒的心思。虎与人是不同的种类，而讨好喂养它，是顺遂的，杀它，是背逆的。我哪里敢背逆它让它愤怒！也不能一直顺着它让它高兴，为什么呢？重复的高兴必定会引发愤怒。所以说：不处在中正平和之位，事物发展到某种程度必定会逆反而行，这是必然的道理。”俗话说鸩鸟吃桑葚就会醉，猫食用薄荷会醉，虎食狗会醉。现在虎所在的地方，麂必定会鸣叫来传告。

麕

崔豹《古今注》[1]曰：“鹿有角而不能触，麞有牙而不能噬。”麞，麕也，齐人谓“麕”为“麞”。麞如小鹿而美，故从章也。章，美也。《易》曰：“阴虽有美，含之以从王事。”麞从章，从，其义一也。语曰：“四足之美有麃。”麃即麞也。或曰麞性善惊，故从章。《吴越春秋》[2]曰：“章者，傽偟也。”盖麕鹿皆健骇，而麕性胆尤怯，饮水见影輙奔。《道书》曰：“麞鹿无魂。”又曰：“麞鹿白胆，善怖。”为是故也。或曰麋喜音声，麞喜文彩，故麋从禾，麞从章。今猎户以彩服舞麞鹿。《字说》曰：“赤与白为章，麞见章而惑”[3]者也。乐以道和，麋可以乐道而获焉。麋不可畜，又不健走，可缚者也，故又训缚。《诗》曰：“野有死麕，白茅包之。”[4]言昏礼不以死物，故其生挚用鴈，而饰羔鴈者以缋。今取死麕，更以白茅包之，则皆非其礼矣。虽皆非礼，然犹愈于无礼，故《序》云：“‘恶无礼也。’先曰‘死麕’，后曰‘死鹿’；先曰‘包’后曰‘束’。言被文王之化，知恶无礼，其俗有隆而无杀。”麞性喜山，麋性喜泽，鹿性喜林，故林属于山为麓，其字从鹿，麓者，鹿之所在故也。鹿，林兽也；麋，泽兽也。《博物志》[5]曰：“麋掘泽草而食，其场成泥，名曰‘麋暖’。民随此暖种稻，不耕而获，其收百倍。”麕性善聚善散，故从囷。囷，聚也，亦散也。《国语》曰："市无赤米，而囷鹿空虚。"[6]先儒以为圆曰囷，方曰鹿。鹿善聚，亦善散，故囷或谓之鹿也。

【注释】

[1] 崔豹：字正雄，西晋渔阳人。《古今注》是一部对古代和当时各类事物进行解说诠释的著作。它对我们了解古人对自然界的认识、古代典章制度和习俗，有一定帮助。但其中也有某些解释不尽合理，带有一定随意性。

[2]《吴越春秋》：东汉赵晔撰，是一部记述春秋时期吴、越两国史事为主的史学著作。《吴越春秋》着录于《隋书 · 经籍志》和《唐书 · 经籍志》，皆云赵晔撰，十二卷。然而今本只有十卷。

[3] 见汉 · 刘安撰、汉 · 许慎注：《淮南鸿烈解》卷五。

[4] 见《诗经 · 国风 · 召南 · 野有死麕》。

[5]《博物志》，中国古代汉族神话志怪小说集。西晋张华（232—300）编撰，分类记载异境奇物、古代琐闻杂事及神仙方术等。

[6] 见《国语 · 吴语》："今吴民既罢，而大荒荐饥，市无赤米。"赤米即劣质的米，也称桃花米。《国语》是中国最早的一部国别体著作。记录范围为上起周穆王十二年（前 990）西征犬戎（约前 947），下至智伯被灭（前 453）。包括各国贵族间朝聘、宴飨、讽谏、辩说、应对之辞以及部分历史事件与传说。

【译文】

崔豹的《古今注》中说："鹿有角却不能用来攻击，麕有牙齿却不能又来咬噬。"麞，就是麕。齐地的人称"麕"为"麞"。麞的样子像小鹿而体态优美，所以字形从"章"子，章，就是美的意思。《易经》中说："'阴'虽然有美好的东西，（但是）抱着这样的宗旨、态度来进行统领天下的帝王之业，却是办不到的。"麞的字形从章，从，就是意思相同的意思。常言道："在美丽的四足动物中，就有麃。"麃，就是麞。有的说法是麞生性容易受惊，所以字形从章。《吴越春秋》中说："章，就是惊慌失措。"麕鹿这类动物都善于运动，易受惊，而麕的性子尤其胆怯，饮水时见到某物的影子都会立刻奔逃。《道书》中说："麞鹿没有胆气。"又说："麞鹿性格叛逆，容易受惊吓。”就是这个原因。有的人说麋喜欢美好的音乐，麞喜爱华丽的颜色，所以麋字从禾，麞字从章。现在的猎户身穿华丽的衣服跳舞来吸引麞鹿。《字说》中说：“赤色与白色是美好的颜色，麞见到美好的颜色便会迷惑。”在道路上演奏音乐，就可以在有音乐的道路上捕获麋。麋不可当家畜饲养，又不擅长奔跑，可以用绳子缚住，然后训练它。《诗经》中说：“荒野上有死去的麕，以白色的茅草包覆它。”是说进行昏礼不能使用死去的动物，所以昏礼的活物要用雁，用华丽的布帛装饰乳雁。现在使用死去的麕，还用白茅包覆，是不符合礼法的。虽然都不符合礼法，却仍然比没有礼法要好得多，所以《序》中说：“‘担心没有礼法’，先说‘死麕’，又说‘死鹿’；先说‘包’，后说‘束’。这是说接受文王的教化，知道不能没有礼法。其俗法广泛推行而没有过度杀害生物。”麞生性喜欢居住于山地，麋生性喜欢居住于沼泽，鹿生性喜欢居住于山林，所以，林属于山称为麓，字形从鹿，麓，就是因为鹿的所在地故称。鹿，是居住于林中的野兽；麋，是居住于沼泽中的野兽。《博物志》中说：“麋掘取沼泽中的草作为食物，它居住的地方形成泥沼，称作麋暖。人们随麋暖所在的地方种植水稻，能够不耕田而有收获，收获能达到百倍。”麕习性常群居也常分散，所以字形从囷，囷，是聚的意思，也是散的意思。《国语》中说：“市集上没有赤米出售，而囷鹿也会数量减少。”过去的儒生认为圆为囷，方为鹿。鹿常群居，也常分散，所以囷也可以叫作鹿。

兕

《释兽》云：“兕似牛。”兕重千斤，一角，青色，其皮坚厚，可以制铠。传曰：“水剸蛟龙，陆断犀兕。”盖取诸此。《吉日》[1]曰：“发彼小豝，殪此大兕。”言能中微而制大也。《老子》曰：“兕无所投其角。”[2]兕善抵触，故先王之制罚爵，以兕角为之。酒，阳物也，而善发人之刚，其过则在抵触，故先王制此以为酒戒。《诗》曰：“兕觥其觩，旨酒思柔。”[3]此之谓也。四升曰角，角，触也，与此同意。道家云：“虎千年，则牙蜕而角生。”

【注释】

[1] 先秦佚名著。

[2] 见《道德经》下篇第五十章。

[3] 出自《丝衣》,《诗经·周颂·闵予小子之什》的一篇。

【译文】

《释兽》中说:“兕(犀牛)的样子像牛。”兕的体重能达到千斤,有一只独角,呈青色,它的皮坚韧而厚实,可以用来制作铠甲。传说有言:“(制作铠甲)水中要取蛟龙的皮,陆地上则要取犀兕的皮。”大概就是这个原因。《吉日》中说:“射中那边小母猪,射死这边大犀牛。”是说能制约微小的事物也能制约庞大的事物。《老子》中说:“犀兕于其身无处投角。”兕善于用角抵触进攻,所以过去的帝王制定罚酒的酒器,用兕角来制作。酒属于阳性,善于激发人性格中刚勇的一面,其缺点就在于抵触,所以过去的帝王制作这来做罚酒的酒器。《诗经》中说:“大鼎中鼎与小鼎,兕角酒杯一头弯,使美酒味道香醇柔和。”讲的就是这个道理。四升的容量叫作角,角,就是触的意思。道家有言:“老虎活到千年,牙齿会蜕去,然后长出角。”

豺

《释兽》曰:“豺,狗足。”豺似狗而长,尾白,颊高前广后,其色黄。季秋取兽,四面陈之,以祀其先,世谓之“豺祭兽”,故先王候之以田,《礼记》所谓“豺祭兽,然后田猎”是也。《诗》曰:“取彼谮人,投畀豺虎;豺虎不食,投畀有北;有北不受,投畀有昊。”[1]豺虎以杀为性,则宜无所不食;有北以载为德,则宜无所不受。今曰豺虎不食,有北不受,且付昊天制其罪,则恶之至也。《记》曰:“好贤如《缁衣》[2],恶恶如《巷伯》。[3]”为是故也。然是诗地于四方,正言有北者,有北,朔地也;朔地者,宽闲之至。天于四时,正言有昊者,有昊,南天也;南天者,辨察之至。《汉律》:“捕虎一,购钱三千;捕豺一,购钱百。”豺虎皆害物之尤者,故《诗》并言之。俗云“豺群噬虎”,言其健猛且众,可以窘虎也。又曰“瘦如豺”,豺,柴也，豺体细瘦，故谓之“豺”。棘人骨立谓之“柴毁”，义取诸此。旧说豺、獭祭天，又或以谓皆自祭其先云，疑此二物祭帝而其先与焉。《礼》曰：“万物本乎天，人本乎祖。”故曰：“人而不祭，豺、獭乎？”

【注释】

[1] 见《诗·小雅·巷伯》。

[2]《国风·郑风·缁衣》，此诗所要表达的是好贤、礼贤，反映出一种极强的矢志不回的精神。

[3]《诗·小雅·巷伯》，该诗歌是一首政治抒愤诗，作者被谗言陷害，作此诗以发泄满腔的怨愤。

【译文】

《释兽》中说：“豺，长有像狗的足。”豺的样子像狗而身体要长，尾巴是白色，颊部前高后宽，颜色是黄色。到了秋天捕捉豺，（人们）把它分别朝四个方向摆放，来祭祀他们的祖先，俗称作“豺祭兽”，所以过去的帝王（捕捉豺）都在田野伺机以候，就是《礼记》所说的“获得作为祭品的豺，要去田野中狩猎”。《诗经》中说：“抓住这个害人精，丢给野外喂豺虎。豺虎嫌他不肯吃，丢到北方不毛土。北方如果不接受，还交老天去发落。”豺虎性格噬杀，凡是能吃的无所不吃；明君德行宽仁，凡是能做的事无不接受。现在说（作恶的人）豺虎都不吃，如果北方不毛地也不接受，交由老天来发落他的罪行，这就是作恶达到极致了。《诗经·小雅·巷伯》中有：“好贤礼贤如《缁衣》中所写，发泄怨愤如《巷伯》中所写。”就是这个原因。然而这些诗描述四方的土地，严正的提出有北的概念，有北，就是朔北之地，十分宽远荒芜。描述天的四时，严正的提出有昊的概念，有昊，就是南天，南天，注重对人的辨别观察。《汉律》中说：“捕获一只虎，收购价格是三千钱；若捕获豺，则为百数。”豺与虎都是格外对人有害的生物，所以《诗经》把它们并称。俗话说：“一群豺狗可以吞噬老虎”，是说豺狗们健壮凶猛且数量众多，甚至可以使老虎陷入困窘。又说“瘦弱的像豺狗”，豺，有柴的意思，豺的身体细瘦，所以称作“豺”。瘦弱的人皮包骨头，称作

“柴毁”，意思就是取自这里。旧说法说用豺、獭来祭祀天地，又或者说都是来祭祀他们的祖先，怀疑用这两种动物祭祀帝王也祭祀祖先。《礼记》中说：“万物本源在于上天，人类本源在于祖先。”所以说：“连人都不祭祀，何况豺、獭呢？”

獭

獭，兽，西方白虎之属，似狐而小，青黑色，肤如伏翼，水居，食鱼。《孟子》所谓“为渊驱鱼者，獭也”[1]。亦自祭其先，《记》曰“獭祭鱼，然后渔人入泽梁”是也。獭取鲤于水裔，四方陈之，进而弗食，世谓之“祭鱼”。其字从赖，与豺从才同意。《援神契》[2]曰：“谓多赖，故不使超扬。”赖，才也。旧说蟾肪合玉，獭胆分卮[3]。又曰熊食盐而死[4]，獭饮酒而毙。此类之所推也。《淮南子》曰：“鹊巢知风之自，獭穴知水之高下。”言岁多风则鹊作巢，卑水之所及则猵獭移穴，其预知有如此也。或曰：“獭一岁二祭，豺祭方，獭祭圆。”言豺、獭之祭皆四面陈之，而獭圆布，豺方布。唐李商隐善属文，喜铺陈检阅，时谓之“獭祭鱼”。《字说》曰：“豺，亦兽也，乃能获兽，能胜其类，又知以时祭，可谓才矣。”獭非能胜其类也，然亦知报本反始，非无赖者。

【注释】

[1]“为渊驱鱼者，獭也”，出自《孟子》卷七。

[2]《援神契》：即《道书援神契》，收入道藏正一部。

[3] 卮（zhī）：古代的一种酒器。

[4] 哺乳动物都需要摄入一定的盐分保证活动所需，熊食盐而死的说法并不准确。

【译文】

獭，一种兽，属于西方的白虎之类，模样像狐狸体型却小，毛皮青黑色，皮肤像低伏的羽翼，居住于水中，吃鱼为生。《孟子》所说的“为渊泽驱赶鱼群的，就是獭”。獭也会自己祭祀其祖先，《礼记》中说：“獭用鱼来祭祀，然后捕鱼的人会进入水泽梁田”。獭从水边捕捉鲤鱼，朝四个方向摆好，然后也不会吃这些祭品，世人称之为“祭鱼”。“獭”的字形从“赖”，和“豺”字字形从“才”是一样的意思。《道书援神契》中说：“常说的多才，所以不会使过分超出。”赖，是才的意思。俗话说蟾蜍的脂肪可以软化玉，水獭的胆可以做成酒器。又说熊食用了盐而死去，獭饮用了酒而暴毙。这些道理都是同类相推所得。《淮南子》中说：“鹊鸟筑巢时知道风来自的方向，水獭建造巢穴时知道水位的高下。”是说一年内多大风则鹊鸟建造巢穴，浅水所在处则水獭迁移巢穴，是它们预知后才会这样做。有人说：“水獭一年中会祭祀两次，豺狗摆放祭祀品呈方形，水獭摆放祭祀品呈圆形。”这是说豺狗、水獭的祭祀都是朝四面摆放，而水獭会呈圆形排布祭品，豺狗会呈方形排布祭品。唐代的李商隐擅长写文章，喜欢把作品铺陈展开来检查阅读，时人称之为“獭祭鱼”。《书说》中说：“豺，也是野兽，能够自己捕捉猎物，能胜过它其他的同类动物，知道按时节祭祀，可以说是很有出色了。”水獭却不能胜过它的同类动物，然而却知道受恩知报，不忘自本，也不是没有能力的。

熊

熊似豕，坚中，山居冬蛰。当心[1]有白脂如玉，味甚美，俗呼“熊白”。其胆春在首，夏在腹，秋在左足，冬在右足。[2]好举木而引气，谓之“熊经”，《庄子》所谓“熊经鸟伸”[3]是也。冬蛰不食，饥则自舐其掌，故其美在掌，而《孟子》曰“熊掌，亦我所欲也。”《周官·大射》：“诸侯则共熊侯、豺侯。”[4]盖诸侯服猛，下王德一等，故其所射共熊、豺之侯而已。又曰：“田役则设熊席。”则以莅众尚毅故也，亦以其温。传曰：“君居则狐裘，坐则熊席。”《考工记》[5]曰：“龙旂[6]九斿[7]，以象大火也；鸟旟[8]七斿，以象鹑火也；熊旗六斿，以象伐也；龟蛇四斿，以象营室也。”说者曰：“龙旗，东方也，故象苍龙宿之数，其斿九；熊旗，西方也，故象白虎宿之数，其斿六；鸟旟，正南方之物也，故象朱鸟宿之数，其斿七；龟旐，正北方之物也，故象玄武宿之数，其斿四。”案：旗象大火，旟象鹑火，旗象伐，旐象营室，义不在斿，犹之龙旗养信，而《荀子》[9]曰：“龙旗九斿，以养信也。”许慎曰：“熊旗五斿，以象伐。”按：熊旗五斿，则《考功》所记六斿，误矣。巾车掌王之五路，建太常以祀，建大旗以宾，建大赤以朝，建大白以即戎，建大麾以田。太常象天，有日月焉，大旗象东方，即旗是也；大赤象南方，即旟是也；大白象秋，一名旗；大麾象冬，一名旐。太常、大旗，盖言其名；大赤、大白，盖言其色；大麾，则又以用言互相备也。《书》曰：“左仗黄钺，右秉白旄以麾。”[10]以大赤照上，则龙旗青可知矣；以大白照下，则龟旐黑可知矣，《尔雅》曰“缁广充幅，长寻，曰旐”是也。郑云：“九旗之帛皆用绛。”不知郑氏所云何所据而言？然《鬼谷子》[11]曰：“分威法伏熊。”说者以为熊之击搏，先伏而后动。《字说》曰：“熊强毅，有所堪能，而可以其物火之。罴亦熊类，而又强焉，然可网也。”

【注释】

[1] 当心：指人的胸口部。

[2] 熊胆在熊肝脏的下方，位置并不会随着季节的变化而不断移动。

[3] 古人的一种养生之法。

[4] 按《周礼》：“王大射，则共虎侯、熊侯、豹侯。”这里是说诸侯的等级要低于王。

[5]《考工记》是中国春秋时期记述官营手工业各工种规范和制造工艺的文献。作者不详。据传西汉时《周官》（即《周礼》）缺《冬官》篇而以此补入，得以流传至今。全文约 7000 多字，记述了木工、金工、皮革工、染色工、玉工、陶工等 6 大类、30 个工种，其中 6 种已失传，后又衍生出 1 种，实存 25 个工种的内容。书中分别介绍了车舆、宫室、兵器以及礼乐之器等的制作工艺和检验方法，涉及数学、力学、声学、冶金学、建筑学等方面的知识和经验总结。

[6] 旂：同旗。

[7] 斿（liú）：古同“旒”，古代旌旗下边或边缘上悬垂的装饰。

[8] 旟（yú）：古代画着鸟隼的军旗。

[9]《荀子》是战国后期儒家学派最重要的著作，相传为荀况（约前 313—前

238）所做，全书一共32篇。

[10] 见《尚书·牧誓》。

[11]《鬼谷子》：战国著名道家，纵横家鼻祖“鬼谷子”王诩的著作。《鬼谷子》，又名《捭阖策》。据传是由鬼谷先生后学根据先生言论整理而成。该书侧重于权谋策略及言谈辩论技巧。《鬼谷子》共有十四篇，其中第十三、十四篇（转丸、胠乱）失传。（一说二十一篇，一说十七篇）

【译文】

熊的模样像猪，身体坚硬，居住在山里，冬季便会蛰伏起来。熊的胸口处有一部分脂肪白如玉，俗称“熊白”。它的胆春天时位于头部，夏天位于腹部，秋天位于左脚处，冬天则位于右脚处。熊喜欢举抬木头来引动全身气力，称作“熊经”，就是《庄子》书中说的“熊经鸟伸”的意思。熊冬天蛰伏时不会进食，饥饿时会舔舐自己的脚掌，所以说熊身上最美味的地方在脚掌，《孟子》中有“熊掌，也是我想要的”一句话。《周官·大射》中说：“（帝王大兴狩猎时），一同的诸侯有熊侯和豻侯。”大概是因为诸侯服从顺从刚猛，德行比帝王要低一等，所以与君王共同打猎的只有熊、豻等级的侯爵而已。又有言道：“招待田野劳作的客人，就设熊等级的宴席。”是由于莅临的宾客是崇尚坚毅的原因，以（这样的气氛）来温抚他们。《考工记》中说：“龙旗有九杆，来象征熊熊大火；鸟旗有七杆，来象征鹑鸟的火焰；熊旗有六杆，来象征征伐之事；龟蛇旗有四杆，来象征安营搭室。”有人说：“龙旗位于东方，所以象征苍龙星宿的命数，旗有九杆；熊旗位于西方，象征着白虎星宿之数，旗有六杆；鸟旗位于正南方，象征着朱雀星宿之数，旗有七杆；龟旗位于正北方，所以象征着玄武星宿之数，旗有四杆。”按：旗代表大火，旟代表鹑鸟之火，旗代表征伐，旐代表营寨，它们的意义不在于斿，就像龙旗培养威信，《荀子》中说：“龙旗九杆，以培养威信。”许慎曾说：“熊旗有五杆，来代表征伐。”案：许慎说熊旗有五杆，《考功》中所记载的则是六杆，是许慎说错了。整车出行的帝王要做的五件事，设置代表天道的三辰旗（太常）来祭祀，设置大旗来招待宾客，设置大赤旗来令百官朝拜，设置大白旗来指挥用兵作战，设置大麾旗来祈祷农事顺利。太常代表天道，有日月的指引，大旗代表东方，就是这杆旗；大赤代表南方，就是这杆大赤旗；大白代表秋天，别名叫作旗；大麾旗代表冬天，别名叫作旐。太常、大旗，都是说旗的名字；大赤、大白，都是说旗的颜色；大麾，则是用语言来互相命名。《尚书》中说："（王）左手持着黄色斧钺，右手拿着白色的牛尾装饰旗一同挥舞。"以大赤旗往上对比，那么可以知道龙旗是青色；以大白旗往下对比，那么可以知道龟旗是黑色，《尔雅》中说："以缁布大幅扩充，加大长度，称作旐。"郑玄曾说："制作九旗的布帛都为绛色。"不知郑玄所说的依据是什么？然而《鬼谷子》中说："隐藏威力，要效法伏在地上准备出击的熊。"说者认为熊的攻击搏斗，是先隐伏而后出击。《字说》中说："熊强健刚毅，有很大的能力，甚至可用自己的物件来生火。罴也是熊类，能力要更强，然而也还是可以捕捉到的。"

豹

豹花如钱，黑而小于虎文。《易》曰："君子豹变，小人革面。"[1]言能革小人之面而已，《召南》之事是也。《古今注》曰："豹尾车，周制也，所以象君子豹变。"尾言谦也，晋人刺在位不恤其民。其诗一章曰："羔裘豹祛，自我人居居。"二章曰："羔裘豹褎，自我人究究。"言大夫体柔，以刚文之而已，今其用暴如此，则非所以称其服也。"居居"，以言不通；"究究"以言不恕。豹祛，下大夫也；豹褎，上大夫也。《诗》曰："羔裘豹饰。"[2]豹饰又言国君体柔而文之以刚，其义上达也。《玉藻》[3]曰："狐青裘豹褎，玄绡衣以裼之。""羔裘豹饰，缁衣以裼之。"则豹饰明非褎[4]矣。《毛诗传》曰："饰谓缘以豹皮。"则缘盖言领，人君之服也。《管子》[5]曰："上大夫豹饰，列大夫豹幨。"此齐一时之数，非古也。古云虎豹之驹，未成文已有食牛之气，及长退毛，然后踈朗焕散，盖亦养而成之。传曰："文豹隐雾，十日不食，欲以泽其衣毛，成其文彩。"殆谓是也。语曰："豹死留皮，人死留名。"故君子疾没世而名不称焉。《广志》[6]曰："狐死首丘，豹死首山。"言不忘本也。豹一名"程"，《列子》曰："程生马。"[7]古诗曰："饿狼食不足，饥豹食有余。"言狼贪豹廉，有所程度而食。其字从勺，当为是也。一曰从勺，豹之勺，犹虎之拟也。《字说》曰："虎、豹、狸皆能勺物而取焉。大者犹勺而取，不足为大也；小者虽勺而取，所取小矣，不足言也。故于豹言勺。"《博物志》云："豹死守窟。"《淮南子》曰："猬使虎申，蛇令豹止。"物各有所制也。

【注释】

[1]《周易·革卦》上六："君子豹变，小人革面。"表征君子能顺从改革大势，拥护改革主张。

[2] 见《诗·郑风·羔裘》。

[3] 即《礼记·玉藻》。

[4] 褎（xiù）：同"袖"。

[5]《管子》基本上是稷下道家推尊管仲之作的集结。即以此为稷下之学的管子学派。《汉书·艺文志》将其列入子部道家类，《隋书·经籍志》列入法家类。《四库全书》将其列入子部法家类。清代史学家章学诚说：《管子》，道家之言也。

[6]《广志》，晋·郭义恭撰。

[7]《文字注》释：秦人谓豹曰程。予至延州，人至今谓虎豹为"程"，盖言"虫"也。方言如此，抑亦旧俗也。指沿袭旧时风俗而来的此类方言。

【译文】

豹身上的花纹像铜钱，呈黑色而比虎身上的花纹小。《周易·革卦》中说："(改朝换代后)，君子如豹般避让而不臣服，小人则顺从臣服。"是说能使小人顺从臣服而已，《召南》中说的就是这样一件事。《古今注》中说："用豹尾装饰的车子，从周代开始制作，用以象征君子的豹变。"尾代表谦虚的意思，晋地的人以此来讽刺帝王在位却不体恤民众。《诗经》羔裘章第一句说："你穿着用豹皮纹饰袖口（豹袪）的羔皮礼服，却对我们一副盛气凌人的样子（居居）。"第二句说："你穿着用豹皮纹饰袖口（豹褎）的羔皮礼服，却对我们一副傲慢无礼的样子（究究）。"这是说士大夫性格柔弱，不过是有代表刚强的豹皮纹饰而已。现在他们表现出如此骄暴的样子，则与他们所穿的服装不能称配。"居居"，是形容盛气凌人的样子；"究究"是形容傲慢无礼的样子。豹袪是指下大夫的服饰；豹褎是指上大夫的服饰。《诗经》中又说“你穿着用豹皮纹饰袖口的羔皮礼服。”用豹皮纹饰袖口又可以是指国君性格柔弱而使用了代表刚强的豹皮纹饰，它的意思向上也是可通的。《礼记·玉藻》中说：“大夫士如果里边穿的是狐青裘，用豹皮给袖口镶边，外面就要配上玄绡衣作罩衣。”“如果穿的是黑色羔裘，用豹皮给袖口镶边，外面就要配上黑色的罩衣。”那么就可以说，豹皮饰明显不是袖子了。《毛诗传》中说：“装饰是以豹皮装饰边缘。”是说豹皮装饰象征地位，象征着帝王的统治。《管子》中说：“上大夫以豹皮装饰袖子，列大夫以豹皮装饰衣襟。”这只是一个时代的特征，而不是整个古代的。古代说虎豹这种猛兽，还未长大便有吃掉牛的能量，等到成长褪毛，然后疏朗焕发活力，就算是成长完成。传言道：“花纹漂亮的豹把自己隐藏在雾中，十日不进食，希望来使花纹毛皮变得有光泽，造就其漂亮的毛皮花纹。”大概说的是正确的。常言道：“豹死去后留下毛皮，人死后留下名声。”所以君子很快的消亡于世间而名声无人称道。《广志》中说：“狐死于丘地顶上，豹死于山的顶上。”是说不忘出身的意思。豹别名“程”，《列子》中说：“程生出马。”古诗中说：“(同样的食物)，饥饿的狼吃不饱，饥饿的豹吃完还有剩余。”是说狼贪婪而豹清廉，进食达到一定的程度而停止。豹字形从勺，应当是这样的。一种说法是豹的字形从勺，豹字中的勺，就好像虎字的比拟一样。《字说》中说：“虎、豹、狸都能如勺取般取物。其中体型大的虎取物如勺取，不足以称之为大；体型小的狸取物虽然如勺取，然而所取的东西很小，不值一提。所以只有豹字用了勺部。”《博物志》中说：“豹即使死去仍守护巢穴。”《淮南子》中说：“刺猬使虎畏服，蛇使豹停止行动。”是说动物之间各有克制的关系。

羊

羊性善群，故于文羊为群，犬为独也。羊每成群，则要以一雄为主，举群听之，今俗所谓“压群者”是也，北人[1]谓之“羊头”。郑氏《仪礼注》云：“羊取其后帅。”盖言此矣。《诗》曰：“尔羊来思，其角濈濈。”[2]羊前其刚以触者也，故以其角齐聚为善。又曰：“尔羊来思，矜矜兢兢，不骞不崩，麾之以肱，毕来既升。”矜矜，言羊之爱牧人也；兢兢，言羊之畏牧人也。牧之为道，扰之以顺其性，故能使物爱；支之以制其放，故能使物畏。或降于阿，或饮于池，或寝或讹，所谓“扰之以顺其性”也。“麾之以肱，毕来既升”，所谓“支之以制其放”也。传曰：“骞，亏也；崩，群疾也。”羊之为物，以瘦为病，而又死善耗败，故于“不骞不崩”，本羊言之也。《礼》云：“羽鸟曰降，四足曰渍。”曰“渍”者谓死相瀸渍而善耗败也。六畜之死皆善耗败，而羊为甚，故是诗如此。《要术》[3]曰：“羊有疾，輙相汙。”徐铉[4]曰：“羊主给膳，以瘦为病，故羸从羊。”亦豕善肥，羊善瘦，故羸从羊也。《诗》曰：“不骞”为是故也。《易》曰：“兑为羊。”羊性前止，故兑为羊，兑阴在上故也。羊性前逆，牛性前顺，故传以为使尧牵一羊，舜荷棰而随之，不能前矣。又曰：“今使乌获藉蕃从后曳牛之尾，尾绝而不从者，逆也；若指之桑条以贯其鼻，则五尺童子牵而周四海矣。”《礼》曰：“羊曰柔毛。”“柔毛”，谓其不疾瘯蠡也。《诗》曰：“羊牛下来。”[5]先羊后牛者，羊性畏露，晚出而早归，常先于牛故也。《管子》曰：“凡听商，如离群羊；凡听角，如鸡登木以鸣，音疾以清。”《易》曰：“兑为羊。”抑又以其声欤？《内饔》[6]曰：“羊泠毛而毳，羶；犬赤股而躁，臊。”盖言羊泠毛而毳，则羶；犬赤股而躁，则臊矣，皆物之不可食者，故于文臊从躁省，膻从毡省也。郑氏以为泠毛而毳，毳谓毛别，聚毡不解者是也。《管子》曰：“山高而不阤，则祈羊至矣；渊深而不涸，则沈玉极矣。”或言羊或言玉，相备也。《山海经》曰：“县以吉玉。”县，山祭也，肆师立大祀用玉帛牲牷，而今此山川更言玉者，则以祈祭故也。《易林》[7]曰：“羊肠九萦。”旧说羊春夏早放，秋冬晚出。《字说》曰：“羊大则充实而美。美成矣，则羊有死之道焉。”《老子》曰：“天下皆知美之为美，斯恶已。”

【注释】

[1] 北人：宋时指辽人。

[2] 出自《无羊》，《诗经·小雅·鸿雁之什》的一篇。

[3]《齐民要术》大约成书于北魏末年（公元533—544），是北朝北魏时期，南朝宋至梁时期，中国杰出农学家贾思勰所著的一部综合性农学著作，也是世界农学

史上最早的专著之一，是中国现存最早的一部完整的农书。

[4] 徐铉（916—991）：南唐、北宋初年文学家、书法家。字鼎臣，广陵（今江苏扬州）人。历官五代吴校书郎、南唐知制诰、翰林学士、吏部尚书，后随李煜归宋，官至散骑常侍，世称徐骑省。淳化初因事贬静难军行军司马。曾受诏与句中正等校定《说文解字》。工于书，好李斯小篆。与弟徐锴有文名，号称“二徐”；又与韩熙载齐名，江东谓之“韩徐”。

[5] 见《诗经 · 王风 · 君子于役》。

[6]《周礼》中有：“内饔中士四人，下士八人，府二人，史四人，胥十人，徒百人。”内饔负责掌管宫廷中的膳食。

[7] 即《焦氏易林》，十六卷，西汉焦延寿撰。《四库全书》将之列于“子部术数类”。易林源自于《周易》，每一卦各变为六十四卦，六十四卦变四千零九十六卦。《易经》共有卦爻辞 450 条，《易林》有 4096 占卦变之辞，卦爻辞较之增加十倍之多，各系以文辞，皆四言韵语。

【译文】

羊天性喜欢群居，所以我们说羊成群，犬独行。每当羊结成一群，则会以一头雄羊为头领，所有群羊都要听从指挥，就是现在俗话说的“压群者”，辽人称其为“羊头”。郑玄《仪礼注》中说：“羊群有了压阵的头羊就有了凝聚力。”就是这个道理。《小雅 · 无羊》中说：“牧人的羊群到来时，只见羊角整齐簇集。”羊角坚硬而可以顶触敌人，所以以羊角齐聚为美好的。又写道：“牧人的羊群到来时，羊群都小心地紧紧随行（矜矜），不走失也不散群。只要轻轻一挥手，全都会跃登满坡顶（兢兢）。”“矜矜”是说羊亲近牧人；“兢兢”是说羊敬畏牧人。放牧的正确方法，畜养来使羊群性格顺从，所以能使它们亲近牧人；调度羊群来制约它们随意活动，所以能使羊群敬畏牧人。有的奔跑下高丘，有的在水池饮水，有的睡着而保持清醒，就是所说的畜养来使羊群性格顺从。“只要轻轻一挥手，全都跃登满坡顶。”就是所说的“调度羊群来制约它们随意活动”。传言道：“骞，是亏损的意思；崩，是崩坏的意思。”羊作为一种动物，把消瘦作为一种疾病，而死后又常常损耗败坏，所以说“不亏损不崩坏”，主要是说羊的这个方面。《礼记》中说：“生有美丽羽毛的鸟称作降，生有四只脚的则称作渍。”说“渍”就是说死去的尸体浸渍而常常损耗败坏。六畜动物死去后尸体常常都会损耗败坏，而羊尤其严重，所以诗中这样写。《齐民要术》中说：“羊有疾病，便会化污耗败。”徐铉曾说：“羊主要供给使用，瘦弱便是得了病，所以羸字字形从羊。”也有说猪常常肥美，羊常常瘦弱，所以羸字字形从羊。《诗经》中所说的“不亏损”就是这个原因。《周易》中说：“兑就是羊。”羊性格背逆，所以兑就是羊，是因为兑阴在上部。羊性格背逆，牛性格顺从，所以传言道尧牵着一头羊，舜背着木棍跟随他，却不能够前进。又言道：“现在令乌获蛮夷的人从后边拉扯牛的尾巴，尾巴断了也不跟着人走的，就是背逆；若是用桑树枝条穿过牛的鼻子，那么五尺高的小孩子也能牵着它周游四海。”《礼记》中说：“羊别名叫柔毛。”“柔毛”，是说羊不畏惧蚊虫的侵袭。《诗经》中说：“牛羊成群下山坡。”之所以先羊后牛的原因，是因为羊害怕早上的露水，所以晚上出去而清晨回来，常常比牛回来的要早。《管子》中说：“凡是倾听商声音调，就好像隔开群羊的呼叫声；凡是倾听角声引导，就好像鸡登上灌木鸣叫，声音快速而清晰。”《周易》中说：“兑是羊。”难道就是因为它的音调（相似）吗？《周礼·内饔》中说：“羊毛稀少而且有的毛纠结在一起的，它的肉一定膻味重；狗的大腿内侧无毛而且走动急躁的，它的肉一定有骚味。”这是说羊毛稀少而且有的毛纠结在一起的，它的肉一定膻味重；狗的大腿内侧无毛而且走动急躁，那么它的肉一定有骚味，都是不能食用的食物，所以文字中臊从躁字，膻从毡字。郑玄认为羊毛稀少而且有的毛纠结在一起的，毳就是毛纠结在一起，做成毛毡也没有办法解开。《管子》中说：“山高而不崩塌，那么人们就会来烹羊设祭；渊泽深而不干涸，投玉求神的就会来到。”或是说羊，或是说玉，都是符合的。《山海经》中说：“山祭要用好玉。”县，就是山祭的意思，祭祀官设立最隆重的祭祀要用玉器、白丝巾和纯色牲口，而现在用山川来说到玉的原因，就是因为祈愿祭祀的缘故。《焦氏易林》中说：“羊肠有九个盘绕。”旧有一种说法说羊春夏季时早早放羊，秋冬时则很晚才出栏。《字说》中说：“羊又大又壮实的是肥美的，一旦羊肥美，那么羊就有了被杀死的原因。”《老子》中说：“天下人都知道美之所以为美，那是由于有丑陋的存在。”

牛

孔子曰："牛羊之字，以形举也。"牛象角头三、封、尾之形。牛，土畜也；马，火畜也。[1]土缓而和，火性健决躁速，故《易》坤为牛，乾为马。《诗》曰："尔牛来思，其耳湿湿。"湿湿，言润泽也。盖牛之为物，病则耳燥，安则温润而泽，故古之视牛者以耳，《祭义》[2]所谓"大夫祖，而毛牛尚耳"是也。《抱朴子》[3]曰："鴈衔芦而捍网，牛结阵以却虎。"牛善角虎，环其首外触，则虎虽猛巧，不能制也。传曰："禘郊之牛角茧栗，宗庙之牛角握，社稷之牛角尺。"[4]《诗》曰："杀时犉牡，有捄其角。"[5]捄，长貌，"社稷之牛角尺"故曰"有捄其角"也。旧云牛相壁堂欲阔，膺廷欲广，豪筋欲就，隽骨欲垂，插颈欲高，排肋欲密；尾不用至地，头不用多肉；角欲得细，身欲得圆，眼欲得大；口方易饲，鼻广易牵；倚欲如绊马，行欲如羊，形欲如卷，悬蹄欲如八字；乱睫好触，龙颈突目好跳；毛拳角冷有病，毛少骨多有力；岐胡有寿，常有似鸣有黄。《礼》云："牛曰'一元大武'。"六牲之号，牛曰"一元大武"，号最为美者，牛大牲故也。《管子》曰："凡听官，如牛鸣窌中。"牛含宫声，故柳子以为黄钟在脰也。《周官》曰："牛夜鸣，则庮。"许叔重曰："庮，久屋朽木。"牛夜鸣则庮臭如朽木也。牛膏曰香，故其臭朽则不可食矣。《列子》[6]曰："飨香以为朽，尝甘以为苦。"戎右曰赞，牛耳桃茢。牛耳无窍，以鼻听也。盟者听于人神，故执牛耳而正，以不听为戒。焦赣[7]《易林》曰："牛龙耳聩。"盖龙亦聋者也。先儒以为面牛鼓簧，为聋故也。《造化权舆》[8]云："夫乾为马，坤为牛。"乾，阳物也，马故蹄圆；坤，阴物也，牛故蹄坼。阳病则阴胜，故马疾则卧；阴病则阳胜，故牛疾则立。马，阳物也，故起先前足，卧先后足；牛，阴物也，故起先后足，卧先前足。世之学者以为坤牛取顺，干马取健，盖知其一而已。《封人》曰："凡祭祀，饰其牛牲。"即《庄子》所谓"衣之以文绣"者也。郑氏以为"饰谓刷治，絜清之"，误矣。楚子曰："君处北海，寡人处南海，唯是风马牛不相及也。"按：牛走顺风，马走逆风，牛马风逸徃徃相及，楚是以云尔。又旧说正月一日为鸡，二日为狗，三日为猪，四日为羊，五日为牛，六日为马，七日为人日。占其日，以知其登耗，所谓“人日”以此。

【注释】

[1]《礼记·月令》，唐·孔颖达疏：“鸡为木畜，羊为火畜，牛为土畜，犬为金畜，豕为水畜。”

[2]《礼记》中的一篇文章。是对祭祀意义的阐述。

[3] 晋·葛洪撰。抱朴是一个道教术语。源见于《老子》“见素抱朴，少私寡欲”。抱朴子内外篇凡八卷，内篇论神仙吐纳符篆勉治之术，纯为道家之言；外篇则论时政得失，人事臧否，词旨辨博，饶有名理，要皆以黄老为宗，世以为道书之一。

[4] 见蔡卞撰：《毛诗名物解》。《礼记》作：“天地之牛角茧栗，宗庙之牛角握，賔客之牛角尺。”是说不同的礼仪对牛的形态要求不同。

[5] 见《诗经·周颂·良耜》。

[6]《列子》又称《冲虚经》《冲虚真经》，道家重要典籍，由郑人列御寇所著，所著年代不详，大体是春秋战国时代。经由张湛搜罗整理加以补全。全书共载哲理散文、寓言故事、神话故事、历史故事等134章，基本上以寓言形式来表达精微的哲理。众多脍炙人口的寓言故事，可谓家喻户晓。此书被誉为默察造化消息之运，发扬黄老之幽隐，简劲宠妙，辞旨纵横，是道家义理不可或缺的部分。该书按章节分为《天瑞》《黄帝》《周穆王》《仲尼》《汤问》《力命》《杨朱》《说符》等八篇，每一篇均有多个寓言故事组成，寓道于事。《汉书·艺文志》道家类录《列子》八篇，班固曰：列子“名圄寇，先庄子，庄子称之”。

[7]《从收集成初编·五雅全书·埤雅》和《北京图书馆古籍本丛刊·经部·埤雅》中皆作“焦贡”，此亦不错。“赣”亦可读作：gòng。本义：赐给，同“贡”。焦赣，字延寿。西汉中后期梁国睢阳（今河南商丘）人，汉代著名哲学家。汉昭帝时，焦延寿出来作官，政绩很好。后来又专心读书，尤其下工夫研究《易经》，一边讲授，一边著书，著有《易林》。

[8] 见“蟹”条注[10]。

【译文】

孔子说："牛羊二字的字形，是以它们的形貌来提出的。"解释"牛"字的字形，"角头三"指的是"牛"字的上半部，有三个分叉，左右是弯曲的牛角，中间是牛头，"封"指隆起的地方，即"牛"字中间那一横，表示凸起的牛肩胛，"尾"指"牛"字下面那一竖，就是牛尾巴。牛，是属土的牲畜；马，是属火的牲畜。土性缓和，火性则果决急躁，所以《周易》中坤位为牛，乾位为马。《诗经》中说："牛来的时候，它的耳朵是湿润的。""湿湿"，是说湿润有光泽的意思。牛作为一种牲畜，生病时耳朵会干燥，无病时耳朵温暖湿润有光泽，所以古时观察牛的状态就凭借此法，就是《礼记·祭义》中所说的："大夫袒护祭祀的牲畜，而活牛仍是可以的。"《抱朴子》中说："雁鸟衔芦草来结网保护自己，牛结成阵型来抵御老虎。"牛善于以角御虎，牛群围成一圈用角往外顶，老虎即使凶猛灵巧，也不能制住牛。传言道："天子祭祀所用的牛角形小如茧似栗，宗庙祭祀所用的牛角有手一握那么大，社稷祭祀所用的牛角有几尺那么长。"《诗经》中说："杀一头黑唇大黄牛，弯弯的双角十分漂亮（有捄其角）。"捄，是长貌的意思，"社稷祭祀所用的牛角有几尺长"所以说"牛的角有长貌"。旧有一种说法，说牛的模样面庞开阔，天庭广阔，牛筋粗壮地快要鼓出，牛骨坚硬地快到垂下，脖颈高到想不停延伸，肋骨成排越来越密；尾巴不用长到拖地，头部不用长很多肉；角要细，体型要圆，眼睛要大；牛嘴方阔便于饲养，牛鼻宽大便于牵引；倚靠时如绊马，行走时如羊，行状如风卷，悬蹄成八字行；纷乱的睫毛便于触碰，如龙颈般眼目突出好动；牛毛粗厚而牛角发凉则是生病表现，牛毛少而骨架大则是有力量的；岐胡寿命有限，常有像敲响黄钟的鸣声。《礼记》中说："祭祀的牛被称作'一元大武'。"六畜各自的称号，牛称作"一元大武"，称号是最好的，是因为牛是最重要的牲畜的缘故。《管子》中说："凡是倾听音调中的宫声。就好像牛在地穴中鸣叫。"牛声中含有宫声，所以柳子认为有黄钟在牛的脖颈中。《周官》中说："牛晚上鸣叫，就好像在朽木建的老屋中。"许叔重说："庮，就是老屋子的朽木。"牛晚上鸣叫就好像老屋朽木响声一样。牛膏是香的，所以变臭朽坏后便不能食用。《列子》中说："闻到香气以为是臭气，尝到甜味以为是苦味。"周代陪乘的官员称作赞，持着牛耳制作的驱邪桃茢。牛耳不通窍，所以牛用鼻来听声音。结盟的人听从神的指令，所以拿着牛耳端正地站立，将不听人言、一意孤行引以为戒。焦赣的《易林》中说："牛与龙耳朵听不见。"过去的儒生认为面朝着牛演奏乐器，牛无动于衷，是因为牛听不见的原因。《造化权舆》中说："乾为马，坤为牛。"乾，代表阳气旺盛之物，所以马蹄为圆形；坤，代表阴气旺盛之物，所以牛蹄中间裂开。阳气病损则阴气占上风，所以马生病后会卧倒在地；阴气病损则阳气占上风，所以牛生病后会站立。马，是阳气旺盛的动物，所以起身时先抬前蹄，卧倒时先放后蹄；牛，是阴气旺盛的动物，所以起身时先抬后蹄，卧倒时先放前蹄。世上的学者认为坤牛取顺从的意思，乾马取健壮的意思，仅仅是只看到了一部分而已。《封人》中说："凡是祭祀，以牲牛为装饰。"就是《庄子》中所写的"用华丽的布帛包裹"。郑玄认为："饰字是说冲刷清洗"，是错误的。楚子说："你居住在北海，我居住在南海，我们就好像顺风走的牛和逆风走的马，是丝毫没有关系的。"按：牛顺风而行，马逆风而行，牛与马的风格习性往往相反，所以楚子会这样说。又有老说法道农历正月初一为鸡日，初二为狗日，初三为猪日，初四为羊日，初五为牛日，初六为马日，初七为人日。占卜这一天的运势，来推算接下来一年安泰或是衰耗，所谓的"人日"就是由此而来。

埤雅·卷四

释兽：象、貉、貍、狼、蛕、狐、貙、貓、駝、麇、狨、猴、貘、羆、貂、猨

象

象，南越大兽，长鼻、牙，望前如后，三年一乳，行孕，肉兼十牛，命在其鼻，其所食物皆以鼻取之。盖兽之象以鼻致用而不以口，天之象以气致用而不以言，故天之象与兽之象同字。且今服驯巨象，以小斧刃斷[1]之，其金疮见星月即合，又若与垂象[2]宜应，其理抑有不可得而推者。旧说象之所在，其土必丰。又云象性久识，能浮水出没，体具十二少肉，唯鼻是其本肉，胆不附肝，随月转在诸肉，假令正月建寅，即胆在虎肉[3]。鼻端有小爪，可以拾针。或曰胆随四时在足，春在前膊左，夏在前膊右，如龟定体也。其牙生花，必因雷声，故古者以为器饰。《左传》曰："象有齿以焚其身，贿也。"[4]《字说》[5]曰："象齿感雷，莫之为而文生；天象亦感气，莫之为而文生。人于象齿也，服而象焉；于天象也，象而服焉。"像，象之也。《周官》："玉路以祀。""象路以朝。"玉，仁也；象，义也。仁者，人也；义者，道也。故象路一名"道车"。《弁师》："掌皮弁，会五采玉璂，象邸。"[6]"玉璂"以况基德，而"象邸"即庄周所谓"托宿于义"者也。《诗》曰："佩其象揥。"[7]正言象揥者，明有义也，以驳其君褊急趋利，无德以将之。袁子曰："虎头高峙，貉头尖锐，鹿头侧长，犀头高广。"一曰龙、象六十岁骨方足。今荆象色黑，两牙，江猪也。

【注释】

[1] 斲（zhuó）：古同“斫”。

[2] 显示征兆。古人迷信，把某些自然现象附会人事，认为是预示人间祸福吉凶的迹象。

[3] 古人认识中的错误，大概对象的身体结构不很了解。

[4] 出自《左传·襄公二十四年》，比喻人因为有钱财而招祸。

[5] 见“蟾蜍”条注［11］。

[6] 出自《周礼·夏官·弁师》，玉璂指古代皮帽上的玉饰。郑玄注：“璂，读如薄借綦之綦。綦，结也。皮弁之缝中每贯结五采玉十二以为饰。”

[7] 出自《诗经·魏风·葛屦》，象揥：古时以象牙做的搔头用具，亦用之为首饰。

【译文】

象是生自南越地区的一种体型巨大的动物，有长鼻子和牙齿，身体前后一般粗，三年生一胎幼象，象怀胎时，体型甚至有十头牛那么大，生活的关键在于它的鼻子，所食用的食物都用鼻子取得。动物中的象尽可能使用鼻子而不用嘴，上天的气象尽可能观察气的运行而不用语言描述，所以天地气象中的象与动物中的象是同一个字。现在驯服巨象，用小斧子的刃砍它，身上留下的疤在晚上星星和月亮出现时就会愈合，就好像与“垂象”的征兆相呼应，这其中的道理或许很难推知出来。旧时的说法是，象所在的地方，土地一定肥沃。又说象的记忆力并不是很好，很久才能熟悉事物，能在水面航行出没，身体内的十二经器官，只有鼻是它的根本器官，胆不附着在肝上，而是随月份变化在体内运动，假如是夏历正月，那么胆便会在体内的虎部。象的鼻端长有小爪，甚至可以拾起针这种细小的事物。有人说象的胆随四时的变化在四足中移动，春天的时候在左前脚，夏天的时候在右前脚，就好像龟支配躯体一样。象的牙上长有花纹，是由于打雷声音所致，所以古人把象牙当作器物饰品。《左传》中说：“象因为有珍贵的牙齿而遭到捕杀，这是因为象牙珍贵可以作为财物啊。”《字说》中说：“象的牙齿感受打雷的声音，没有人去做而牙齿花纹便会出现；天象也能感受气的变化，什么也不做而异象便会出现。人对于象齿，顺服而后仿效；对于天象，仿效而后顺服。”像，就是象的意思。《周官》中说：“以玉石铺路来进行祭祀。”“以象牙铺路来进行朝拜。”玉石，代表仁的意思；象牙，代表义的意思。仁，是人之根本；义，是正确道路。所以“象路”别名“道车”。《弁师》中说：“制作皮革冠衣，冠上皮缝中每贯结五彩玉十二块作为装饰（玉璂），以象骨作为底子（象邸）。”以“玉璂”来象征最基本的道德，而“象邸”就是庄周所说的“寄寓在义理之中。”《诗经》中说：“佩戴象牙做的首饰。”直言象牙做的首饰，是为明确其中蕴含的义理，来驳斥君主的气量狭小、性情急躁和追求财利，没有德行来当君主。袁子曾说：“虎的头高高耸立，貉的头尖而锐利，鹿的头侧面看狭长，犀的头高昂而宽广。”有种说法是龙、象长到六十年而身骨才会长足。现在荆地的象体色为黑色，生有两只象牙，像是生活在江边的猪一样。

貉

《字林》[1]曰：“貉似狸，善睡。”狐善疑，貉善睡，故狐貉之厚以居也，其营窟与貛皆为曲穴，以避雨旸，亦以防患，故《淮南子》曰：“蚁知为垤，貛貉为曲穴，虎豹有茂草，野彘有艽莦[2]，阴以防雨，景以蔽日，此亦鸟兽之所以智也。”[3]俗云貛、貉同穴而异处，貛之出穴，以貉为导。《诗》曰：“一之日于貉，取彼狐狸，为公子裘。”[4]言往祭表貉，因取狐狸之皮为裘，故传曰：“于貉，谓取狐狸皮也。”《周官》所谓“祭表貉”即此“于貉”是也。《考工记》[5]曰：“貉逾汶则死”[6]此言邦域殊气，各有所宜，故《周官》以土宜之法辨十有二土，以蕃鸟兽，以毓草木也。”《释兽》[7]云：“貈子貆，貒子貗。”而《伐檀》之诗一章曰“胡瞻尔庭有县貆兮”[8]，二章曰“特”，三章曰“鹑”，貆小而特大，鹑则尤小，以言在位贪残无功而受禄，其后已悉如此。《南方异物志》[9]曰：“传言貉不逾汶，鸜鹆不逾济，狐不渡江而南，橘不越江而北。”区宇之内，咫尺不同，而况分之华夷，限以山海。魁诡傶怪，可胜言哉！《字说》曰：“貈善睡，则于宜作而无作，于宜觉而无觉，不可以涉难矣。舟以涉难，利则涉，否则止。貈，舟在右，能止者也。”又作貉。貉之为道，宜辨而各，故孔子“狐貉之厚以居”[10]。貉辨而各，故少乎什一谓之“大貉”“小貉”。无诸侯币帛饔飧百官，有司以为“貉道”[11]也。

【注释】

[1]《字林》：是一部按汉字形体分部编排的字书，《隋书·经籍志》题晋弦令吕忱撰，七卷，收字12824个，按《说文解字》540部首排列，已佚。

[2] 野彘（zhì）：即野猪。艽蕱（jiāo shāo）：草垫子。

[3] 出自《淮南子·修务训》。

[4] 出自《国风·豳风·七月》，十一月上山猎貉，猎取狐狸皮毛好，送给贵人做皮袄。

[5] 这里指《周礼·考工记》，《周礼·考工记》一书记载了各种手工艺的分工情况。其中有很多是与工艺美术有关的，是研究古代工艺史的重要材料。

[6] 出自《周礼·考工记》，“橘逾淮而北为枳，鸜鹆不逾济，貉逾汶则死，此地气然也。”“接地气”就是接地中之气，或者说要适应特定的地域环境。引而申之，也就是说，在自然界，只有地气和天气上下相接，才有春暖花开，才会出现生机蓬勃的状态。

[7] 指《尔雅·释兽》，是《尔雅》的第18篇。

[8] 貆（huán）：指幼小的貉。

[9]《南方异物志》，根据《宋史·志·卷一百九十五》所载，撰者为唐朝房千里撰。撰者字鹄举，河南人。生卒年均不详，约唐文宗开成末前后在世。太和初，（公元八二七年左右）登进士第。该书卷目无考。已佚。此书中的一些内容最早被《齐民要术》所引用。佚文多记甘蕉、棘竹、鹦鹉等南方物产。

[10] 译为：用狐貉的厚毛皮做坐垫。

[11] 貉道：犹貊道。《孟子·告子下》：“白圭曰：‘吾欲二十而取一，何如?’孟子曰：‘子之道，貉道也。’”朱熹集注：“貉，北方夷狄之国名也。”

【译文】

《字林》中说：“貉的模样像狸，喜欢睡觉。”狐多疑，貉多睡，所以狐貉做的皮袄暖和适合在家里穿，它的巢穴与獾一样，都修成通道弯曲的巢穴，来躲避雨天与晴天，也可以防范天敌的进攻，所以《淮南子》中说："蚂蚁知道打洞堆成土堆，貛貉会挖掘曲折的洞穴，虎豹知道栖身在茂密的丛林中，野猪的窝内有草垫着，用树枝掩遮着；它们的洞穴一处挨着一处，就像人的房屋鳞次栉比；它们用这些洞穴来阴天避雨、晴天蔽日，这就是鸟兽们的智慧。"俗话说貛和貉住在同一个巢穴中不同的位置，貛出洞时以貉为先导。《诗经》中说："十一月上山猎貉，猎取狐狸皮毛好，送给贵人做皮袄。"这是说牺牲祭祀时取貉皮，因此取狐狸的皮做成皮袄，所以传言道："于貉，就是取狐狸的皮。"《周官》中所说的"祭表貉"就是这里所说的"于貉"。《考工记》中写"貉离开特定的地域就会死去"说的就是不同的地域有不同的地气和天气，各有各适宜生存的地域，所以《周官》中用土宜的方法来辨别土地是否适宜来豢养鸟兽，养育草木，《释兽》篇中说："貈的后代叫貆，貒的后代叫貗。"而《伐檀》诗中第一句写道："为何见你庭院猪獾悬啊"，第二句说"特"，第三句说"鹑"，貆的体型小而特的体型大，鹑的体形则格外小，用来讽刺在位的官员贪婪无功却白领俸禄，之后的官员也全部都这样。《南方异物志》中说："传言道貉不会离开自己居住的汶地，鸜鹆不会离开自己栖息的济地，狐不会渡过长江往南定居，橘树不可越过长江在北方种植。"天下以内，即使是咫尺的距离也有差距，更何况有华夷的区分，山海的限制。奇异的、古怪的动物，哪里能够全部说完！《字说》中说："貈喜欢睡觉，对于适宜做的事也不去做，适宜感觉的事也不去感觉，不愿意去尝试困难的事情。小船涉水，顺水时则前进，逆水时就停止。貈，舟在右边，意为面对困难就停止不前。"貈又可以写作貉。貉的行事方式能够辨别而分别采取不同方式，所以孔子说："用狐貉的厚毛皮做坐垫"。貉能辨别事物再采取不同的方式，所以十分中取一分称作"大貉""小貉"。没有诸侯用钱币布帛设宴饮招待百官，官吏称之为"貉道"。

狸

狸，豸；在里者，里人所居也。狸穴而薶焉，故"狸"又通于"薶"字。《论衡》[1]曰："[小盗] 狸步鼠窃。"[2]狸之伺物，卑身而伏，以候敖者。

似貙而小，文彩斑然，异于貓貉，故《法言》[3]曰："辨人、狸，别其文萃也。"[4]性善拟度，故《大射》[5]以狸步张三侯。郑氏云："狸，善博者也，行则止而拟度焉，其发必获，是以量侯道取象焉。"《诗》曰："取彼狐狸，为公子裘。"言狐善疑、狸善拟，不可以有为，故古者以为燕居之裘，齐大夫东郭书"衣，狸制"是也。《尔雅》曰："狸、狐、貒、貈丑其足蹯，其迹厹。"[6]盖狸、狐、貒、貉其性一，而狸又伏兽，好拟度，故其迹皆厹而不速也。袁狎曰："河冰上有狸迹，便堪人渡。"崔劼[7]以为狸当作狐，狐性好疑，故渡冰輒听，盖不知所谓听冰非狐性独然，狸亦有之也。《述征记》曰："盟津寒则冰厚数丈，冰合，车马未敢过，要须狐行。"[8]云此物善听，冰下无水声乃过，人见狐行方渡。《内饔》[9]曰："鸟皫色而沙鸣，狸；马黑脊而般臂，蝼。""狸"，言其气臭如狸也。《内则》[10]作"郁"，盖物宜露而反郁，则臭矣。"蝼"言："其气臭如蝼也。"《内则》作"漏"，盖物宜覆而反漏，则臭矣。今狸脊间有黑理一道如界，或曰字从理省以此，与鲤之制字同义。龙八十一鳞，能变者也；鲤三十六鳞，虽无变而有理焉。理者，里也，可以数度者也。

【注释】

[1]《论衡》一书为东汉思想家王充（27—97年）所作，大约成于汉章帝元和三年（86年）。现存文章有85篇（其中的《招致》仅存篇目，实存84篇。)。《论衡》细说微论，解释世俗之疑，辨照是非之理，即以"实"为根据，疾虚妄之言。"衡"字本义是天平，《论衡》就是评定当时言论的价值的天平。它的目的是"冀悟迷惑之心，使知虚实之分"（《论衡·对作》篇），蕴含着非常深刻的唯物主义哲学思想。

[2] 指像鼠狗那样的盗贼，比喻成不了气候的反叛者。

[3]《法言》为扬雄模仿《论语》而作，至于取名《法言》，则本于《论语·子罕篇》：法语之言，能无从乎和《孝经·卿大夫章》：非先王之法言不敢道。法有准则和使物平直的意思，所以法言就是作为准则而对事情的是非给以评判之言。

[4] 出自汉·扬雄《法言·吾子》："圣人虎别，其文炳也；君子豹别，其文蔚也；辩人貍别，其文萃也。貍变则豹，豹变则虎。"汪荣宝义疏："此以貍别次豹别之后，明为豹属之貔，而非似貙之貍矣……貍变则豹，豹变则虎者，貔，豹属，故

变则为豹，豹似虎，故变而为虎，谓辨人勉而行之，可以为君子，君子进德不息，可几於圣人也。”

[5] 指《仪礼 · 大射仪》，其所记述诸侯有朝觐、会盟、祭祀、息燕诸大事而与群臣习射的礼节仪式。

[6] 出自《尔雅 · 释兽》。

[7] 崔劼（生卒不详）：南北朝时期北齐大臣，北魏名臣崔光次子，以清正著称。

[8] 指冬天河水结成冰，有几丈厚，车马可以在冰上渡过。不过，冰刚结的时候，人们不敢渡，便用狐狸来让它先走一走看。狐狸性多疑，又善于听，它在冰上走，总是边走边听，听听冰下没有水声，才肯走过去。只要狐狸敢从冰上走到对岸去，车马也就可以放心从冰上渡过河去了。

[9] 指《周礼 · 天官 · 内饔》

[10]《内则》是《礼记》的一部分，主要内容是记载男女居室事父母、舅姑之法。即是指家庭主要遵循的礼则。

【译文】

狸，也叫豸；狸字中含有里字，是因为里人（同乡的人）如此称呼它。狸的巢穴沾污，所以“狸”字又通“薶”字。《论衡》中说：“小的盗贼走着狸一样的步子，行老鼠般的盗窃。”狸等待猎物时，矮着身子低伏，来等候经过的猎物。狸的样子像貙而体型要小，身上的花纹多彩斑斓，与貓貉不同，所以《法言》写道：“狸随着慢慢长大，身上的花纹会慢慢密集。”狸性格善于揣度，所以《大射》中说用狸步测量侯道，张设三侯。郑玄说：“狸，性格博爱，行事时经常停下来揣度一下再行动，一旦行动必有收获，所以（用狸步）丈量侯道来测取征兆。”《诗经》中说：“取狐狸的皮为君子做成皮袄。”是说狐生性多疑、狸善于谋略可以做成不可能做到的事情，所以古人以此作为闲居时穿的皮袄，齐国大夫东郭先生写的“衣服，要用狸皮做。”《尔雅》中说：“狸、狐、貒、貈模样丑，它们的足有蹯掌，指头着地处有痕迹。”大概狸、狐、貒、貉性格一样，而狸是善潜伏的野兽，善于揣度，所以它的指头着地处的痕迹都显示出其行动并不很快速。袁狎说：“河冰上有狸走过的痕迹，人就可以渡过。”崔劼将狸当作狐，狐生性多疑，所以渡过冰面时会停步倾听，却不知道所谓听冰面的声音并不是只有狐性这样，狸也会这样。《述征记》中说：“盟津地区寒冷，冰面有几丈那么厚，冰封时车马不敢过河，需要让狐先行来测试。”这是说狐善于聆听，冰下没有水的声音才会过冰面，人见到狐渡过冰面才会渡冰。《内饔》篇中说：“鸟羽毛黯淡无光而鸣声沙哑，气味会变成狸一样的臭味；马的脊背发黑而四肢出现斑纹，气味也会变成蝼一样的臭味。”“狸”字，是说像狸一样的臭味。《礼记·内则》中写“郁”字，物品本应当暴露在空气中却反而郁积在一处，就会发臭。“蝼”字即“气味臭如蝼。”《内则》中将“蝼”字写作“漏”，物品本应当覆盖住隔绝外物却反而暴露在空气中，也会发臭。现在的狸，脊背间有一道黑色的纹理，如同界限一般，或者说“狸”字从“理”字所以才这样，与“鲤”字的造字同理。龙身上有八十一块鳞片，能够随意变化；鲤身上有三十六块鳞片，虽然不能变化却有其道理。理，就是里，可以反复地揣摩猜度。

狼

狼大如狗，青色，作声诸窍皆沸，盖今训狐鸣则亦后窍应之。豺祭狼卜，又善逐兽，皆兽之有才智者，故豺从才、狼从良作也。里语曰：“狼卜食”[1]。狼将远逐食，必先倒立以卜所向，故今猎师遇狼輙喜，盖狼之所向，兽之所在也。其灵智如此，故古之造式者木用槐瘿枣瘤，而以狼牙为柱，取其灵智也。《诗》美周公不失其圣[2]，正言狼者。虎善拟其前，狼善顾其后，而又其灵智有才，故虽跋胡疐尾而能不失其猛，此周大夫之所以譬周公也。《还》[3]之诗一章曰“并驱从两肩兮”，二章曰“从两牡兮”，三章曰“从两狼兮”，狼，物之尤暴戾者，故《诗》以为后也。古之烽火用狼粪，取其烟直而聚，虽风吹之，不斜。《玉藻》[4]曰：“君之右虎裘，厥左狼裘。”[5]明以武猛卫上如此。或曰：“狼骈胁肠直，其粪烟直，为是故也。”《内则》曰：“狼去肠。”[6]岂以此欤？《孟子》曰：“养其一指而失其肩背，则为狼疾人也。”[7]狼性贪暴，争食以养口体，而常以害其身者。《管子》[8]曰：

“举龙章则水行，举虎章则林行，举鸟章则陂行，举蛇章则泽行，举鹊章则陆行，举狼章则山行。”[9]《诗》曰：“织文鸟章。”[10]“举鸟章则陂行”[11]，陂，易野也。易野以车为主，元戎十乘以先启行，所谓以车为主也。《尔雅》曰：“郑有圃田，周有焦护。”[12]皆易野也，故此诗正言“焦护”。《毛诗草虫经》[13]云：“老狼项下有袋，求食满腹，向前行乃触之，退后又自踏践，上疐其尾，进退有患，故《诗》以况跋前疐后。”

【注释】

[1] 狼将远逐食，必先倒立以卜所向。故今猎师遇狼辄喜，盖狼之所向，兽之所在也。传说狼觅食，先卜方向。

[2] 出自《诗经 · 狼跋》，美周公也。周公摄政，远则四国流言，近则王不知，周大夫美其不失其圣也。不失其圣者，闻流言不惑，王不知不怨，终立其志，成周之王功，致大平，复成王之位，又为之大师，终始无愆，圣德著焉。狼跋，省郎，兽名也。跋音卜末反，又蒲末反，字或作“拔”，同。王功，于况反。大平音泰，下“大师”“大平”同。愆，起然反。

[3] 出自《国风 · 齐风 · 还》，为先秦时代齐地汉族民歌。这是一首猎人相遇互相赞誉猎技高超的诗。

[4] 指《礼记 · 玉藻》，《玉藻》是礼记中的第 13 篇，是记述礼制的章篇之一。

[5] 郑玄注：“卫尊者宜猛也。”这里的狼显然是具有正面意义的，它象征着勇猛和力量。

[6] 这里是指吃狼肉要去掉它的肠子。

[7] 指如果有人为护养一根指头而失去整个肩背，自己还不明白，那便是个糊涂透顶的人。

[8] 见“豹”条注［5］。

[9] 出自《管子 · 兵法》，“九章：一曰举日章，则昼行；二曰举月章，则夜行；三曰举龙章，则行水；四曰举虎章，则行林；五曰举鸟章，则行陂；六曰举蛇章，则行泽；七曰举鹊章，则行陆；八曰举狼章，则行山；九曰举韡章，则载食而驾。九章既定，而动静不过。”。

[10] 出自《诗 · 小雅 · 六月》，指鸟形图饰。

[11] 指举鸟章则是丘陵行军。

[12] 出自《尔雅·释地》，是《尔雅》的第九篇。

[13] 参见“鹿”条注 [2]。

【译文】

狼的体型大的像狗，毛发呈青色，发出吼叫声时各器官的孔都会发出嘈杂的声音，而现在训胡鸟发出叫声只有身体后的窍穴会发出声音应和。豺懂得如何祭祀，狼懂得如何占卜方向，又擅长捕捉猎物，它们都是野兽中具有能力智慧的兽，所以造字时豺字从才，狼字从良。民间俗语说：“狼捕食前会先占卜方向。”狼将要远行捕杀猎物之前，必定会先倒立来占卜前往的方向，所以现在的猎人遇见狼就会很高兴，因为狼所前往的方向就是猎物所在的方向。狼有如此的智慧，所以古人建造器物时，木材选用槐树和枣树的结节，而用狼牙作为基柱，是取它的灵动多智的原因。《诗经》中赞美周公施政能不失其圣心，正和说狼一样。虎善于揣度于事前，狼善于观察于事后，而因为它灵动多智有能力，所以虽然进退两难也能够不失去其刚猛之性，这就是周朝大夫用此譬喻周公的原因。《诗经·国风·齐风·还》篇中第一句写道“并肩协力追捕到两头小野兽”，第二句写道“追捕到两头公野兽”，第三句写道“追捕到两匹狡猾狼”，狼，是动物中性格格外暴戾的，所以《还》篇中把狼放在最后写。古代点燃烽火使用狼粪，是为了利用其燃烧后的烟笔直而聚合，纵然有大风吹也不会歪斜。《礼记·玉藻》中说：“国君的卫士，居右的穿虎皮制成的衣袍，居左的穿狼皮制成的衣袍。”这样做是为了彰显卫士的威猛。有人说：“狼的肋骨紧密相连而肠子是直的，它的粪便燃烧后烟是直的，就是这个原因。”《礼记·内则》中说：“吃狼肉时要去掉肠子。”难道不是因为这吗？《孟子》中说：“如果有人为护养一根指头而失去整个肩背，自己还不明白，那便是个糊涂透顶的人。”狼的天性贪婪暴虐，争夺食物来满足口腹之欲，而常常会害了自己。《管子》中说：“（行军时）举起龙形做标志的旗便向江河进军，举起虎形做标志的旗便向森林进军，举起鸟形做标志的旗便向山坡进军，举起蛇形做标志的旗便向沼泽进军，举起鹊鸟做标志的旗便向陆地进军，举起狼形做标志的旗便向高山进军。”《诗经》中说：“织成鸟形的图饰。”“举起鸟形做标志的旗便向田野进军”，陂，就是平坦的原野。在平坦的原野上驾车的人为首领，元帅驾驶十乘车率先行进，就是所说的以驾车者为首领。《尔雅》中说：“郑地有大块田地，周地也有焦县、护县的田地。”这些都是平坦的原野，所以此诗中提出了“焦护”的概念。《毛诗草虫经》中说：“衰老的狼脑袋下有食袋，捕捉食物填满了肚子，向前走就会碰到，向后走又会踩到，在上阻碍它的尾巴，进退都有困难，所以《诗经》中用此来描述进退两难。”

猬

猬可以治胃疾，《炙毂子》[1]曰：“刺端分两岐者曰猬，如棘针者曰蟒。”猬状似鼠，性极狞钝，物少犯近则毛刺攒起如矢，《尔雅》所谓“彙毛刺者”，即此也。见鹊便仰腹受啄，中其矢輙烂，故《淮南子》云“鹊矢中猬……此理之不可推也。”旧说豹食豺，豺食猬。又曰猬皮能整纰纇[2]，染师用之刷纰物。《易》曰：“拔茅茹，以其彙，征吉。”[3]彙之为物，以类行，以类止，故又为“以其彙征”“以其彙贞”之彙。许慎[4]曰：“虫似豪猪者。”盖豪猪毛如笄而端黑，附毛有铃，大略如猬也。传曰：“猬胆甘，楝蜜苦。”一曰火铄金，故鹊啄猬。猬能制虎，鹊能制猬，盖物之相制迭为君臣如此，《庄子》所谓“是其时为帝”者也。

【注释】

[1]《炙轂子》五卷，唐王叡撰。王叡一作王睿，晚唐著名学者、诗人，号炙轂子，故以其号来命名此书。《炙轂子》又称为《炙轂子杂录》《炙轂子杂录注解》，由《古今注》《二仪实录》《乐府古题要解》合编扩充而成。《炙轂子》全书虽已亡佚，古书中引用的佚文并不少见。

[2] 纰纇（pī lèi）：谓布帛等织物稀疏而有毛病，即次品。

[3]《周易 · 泰卦》“初九”的爻辞：初九，拔茅茹，以其汇，征吉。郭彧释泰卦初九的爻辞曰：“要拔除田边的茅草，却因茹根相互牵连而一同拔起，拔的是同类。君子远征，吉利。”彙：同“彙”，通“汇”。

[4] 许慎（约58—约147）：字叔重，东汉时期汝南郡召陵县（今属河南省漯河市召陵区）人，东汉著名经学家、文字学家。许慎倾尽毕生精力，从事于弘扬和发展中国传统文化。《说文解字》是许慎一生最经心之作，前后花费了他半生的心血。由于许慎对文字学作出了不朽贡献，后人尊称他为“字圣”。

【译文】

猬可以用来治疗胃部的疾病，《炙毂子》中说：“刺的末端分为两个分叉的动物叫作猬，刺像尖锐的针的动物叫作蝟。”猬的体型像老鼠，性格十分凶恶迟钝，其他动物侵犯到它附近时，它的毛刺便会如箭矢般立起，《尔雅》中所写的“汇聚毛来刺击”，说的就是这样。猬见到鹊鸟就会仰卧着露出腹部挨其嘴啄，受到啄击就会受伤，所以《淮南子》中写的“鹊鸟用嘴击中猬……这道理是难以说通的。”旧时有说豹吃豺，豺吃猬。又说猬皮能够整理有毛病的布帛次品，染布工用猬皮来刷洗散开的丝绳织物。《周易》中说：“要拔除田边的茅草，却因茹根相互牵连而一同拔起，拔的是同类。君子远征，吉利。”汇聚在一起的事物，按分类做，按分类停止，所以又可以说是“强力拔相连的草根”“占卜相连的事物”的“汇”。许慎曾说：“猬的样子像豪猪。”大概是说豪猪的毛像簪子而尖端发黑，依附在毛发上像铃一样，大致像猬一样。传言道：“猬的胆是甜的，楝的蜜是苦的。”一种说法是火可以融金，所以鹊鸟要啄击猬。猬能够限制老虎，鹊鸟又能制约猬，动物之间的相互克制就好像君臣关系，就是《庄子》中所说的“顺应时代才成为帝王”。

狐

祆兽也，鬼所乘之，有三德。其色中和，小前大后，死则丘首。[1]狐性好疑，貉性好睡，又皆藏兽，故狐貉之厚以居，而蜡祭息民以狐裘也。《素问》[2]曰：“其主狐貉，变化不藏。”[3]《终南》一章曰“锦衣狐裘”，二章曰“黻衣绣裳”。“锦衣狐裘”，言燕服也；“黻衣绣裳”言祭服也。《尔雅》曰：“衮，黻也。”衮衣谓之黻衣，犹衮冕谓之黻冕也。襄公能取周地，始为诸侯受显服，故是诗卒章言“衮衣”，“衮衣”即《序》所谓“显服”。旧说狐有媚珠，又曰狐礼北斗而灵，善变化，其为物妖淫。故《诗》又以刺恶，所谓“雄狐绥绥”[4]是也。雄狐，说者以为牡狐，非是，宜读如“狐不二雄”之“雄”。雄狐，君之象也。又曰：“有狐绥绥，在彼淇梁。”“在彼淇厉。”“在彼淇侧。”[5]言狐之为物，在山者也，今反在淇梁、淇厉、淇侧，则失其常居矣；虽失其常居，然犹不失其常匹卫之。男女失时，丧其妃耦，则曾反狐之不若也。《易》曰：“小狐汔济，濡其尾。”[6]小者，材不足也；狐者，志不果也。材不足、志不果，是以几济而有濡尾之难，故象曰：“不续终也。”亦其尾重，善濡溺，故《易》正以为象，里语曰“狐欲渡河无？如尾何？”是也。《礼》曰：“君衣狐白裘，锦衣以裼之。”[7]不曰白狐裘而曰衣狐白者，盖天下无粹白狐，而有粹白之裘者，掇之众白也，故传曰：“良裘非一狐之腋。”[8]颜师古[9]曰：“狐白谓狐腋下之皮，其毛纯白，集以为裘，轻柔难得，故贵也。”[10]《管子》曰：“狐白应阴阳之变，六月而一见。”[11]然则白狐盖有之矣，非常有也。《说文》曰：“狐从孤省。”狐性疑，疑则不可以合类，故从孤省也。犬性独，狐性孤，羊性群，鹿性丽。《说文》曰：“鹿之性，见食急则必旅行。”丽，旅行也。《诗》曰：“儦儦俟俟，或群或友。”[12]则以鹿性旅行，故趋则儦儦，行则俟俟也。《毛诗传》云：“兽三曰群，二曰友。”《类从》曰：“燕识戊巳，不衔泥；狐潜上伏，不越度阡陌。”又曰：“狐狼知虚实，虎豹识冲破。”盖实即孤[13]也，狐狼博物，皆以虚擊孤。狐从孤省，又或以此故也。音“胡”疑词也。

【注释】

[1] 出自《说文解字》卷十《犬部》。

[2]《黄帝内经素问》简称《素问》，古代中医学著作之一，也是现存最早的中医理论著作，相传为黄帝创作，大约成书于春秋战国时期。原来 9 卷，后经唐王冰订补，改编为 24 卷，计 81 篇，定名为《黄帝内经素问》，所论内容十分丰富，以人与自然统一观、阴阳学说、五行说、脏腑经络学为主线，论述摄生、脏腑、经络、病因、病机、治则、药物以及养生防病等各方面的关系，集医理、医论、医方于一体，保存了《五色》《脉变》《上经》《下经》《太始天元册》等 20 多种古代医籍，突出阐发了古代的哲学思想，强调了人体内外统一的整体观念，从而成为中医基本理

论的渊源。

[3] 原文为“其主毛湿狐貉，变化不藏。”译为：这是木气来复，所以又见毛虫，善于变动而不主闭藏。

[4] 出自《诗经・齐风・南山》：“南山崔崔，雄狐绥绥”，雄狐指雄性的狐狸。多借指好色乱伦之徒。古人用以讽刺淫邪的君臣。郑玄笺：“襄公之妹，鲁桓公夫人文姜也。襄公素与淫通……齐大夫见襄公行恶如是，作诗以刺之。”朱熹集传：“狐，邪媚之兽……言南山有狐，以比襄公居高位而行邪行。”

[5] 出自《诗经・卫风・有狐》，抒写女子对流离在外的亲人的思念和关怀，情感细腻，反复咏叹，正见情意深节切。这里指狐狸独自慢慢走，走在淇水桥上头，走在淇水浅滩头，走在淇水岸上头。

[6]《周易》第六十四卦未济：亨。小狐汔济，濡其尾，无攸利。小狐过河尾向上舒，可刚要到河边尾巴就被沾湿了，没有过去，以此喻事情尚未完结，还要向前发展。

[7] 出自《礼记・玉藻》，锦衣狐裘是当时诸侯的礼服。

[8] 指价值千金的皮衣，决非一只狐狸的腋皮所能做成。比喻积小才能成大，集合大家的力量才能做成事情。

[9] 颜师古（581—645）：名籀，字师古，隋唐以字行，故称颜师古，雍州万年人，生于京兆万年（今西安），祖籍琅邪临沂（今山东临沂）。唐初儒家学者，经学家、语言文字学家、历史学家。颜师古是名儒颜之推之孙、颜思鲁之子。少传家业，遵循祖训，博览群书，学问通博，擅长于文字训诂、声韵、校勘之学；他还是研究《汉书》的专家，对两汉以来的经学史也十分熟悉。

[10]《汉书・匡衡传》“狐白之裘”，颜师古注：“狐白，谓狐腋下之皮，其色纯白，集以为裘，轻柔难得，故贵也。”，意思是把狐狸腋下的毛皮聚集起来就能缝制成珍贵的皮袍，比喻积少成多，积小成大。

[11] 出自《管子・轻重戊》，指狐白适应寒暑变化，六个月才出现一次。

[12] 出自《诗经・小雅・吉日》，毛传：“趋则儦儦，行则俟俟。”高亨注：“俟俟，行貌。”

[13] 孤：《五雅本》作“虚”，疑误。

【译文】

狐，是一种妖兽，是鬼骑的怪兽，狐有三德：毛色中和，体形小前大后，死的时候头朝出生时的山丘。狐生性多疑，貉生性爱睡觉，又都是善于隐藏的动物，所以说狐貉做的皮袄暖和适合在家里穿，而岁末举行蜡祭时以狐皮袄安抚民众。《素问》中说：“这是木气来复，所以又见毛虫，善于变动而不主闭藏。”《诗经·终南》一篇中第一句说“锦绣的衣衫狐皮的袍子”，第二句说“青黑色的上衣五彩色的衣裳”。“锦绣的衣衫狐皮的袍子”是说华丽的服装；“青黑色的上衣五彩色的衣裳”是说祭祀穿的衣服。《尔雅》中说：“衮，就是黻。”天子王公的衮龙服称作青黑花纹的黻衣，就好像衮冕称作黻冕一样。襄公能取得周地，才安排其他诸侯接受官服，所以《终南》诗的结尾才提出“衮衣”，“衮衣”就是《序》中所说的官服。以前的说法是，狐身上有媚珠，又说狐参拜北斗方向就会显灵，善于变化，化身为其他事物做坏事。所以《诗经》中以此来讽刺坏人坏事，就是所说的“雄狐舒行貌”。雄狐，谈论的人认为就是雄性的狐狸，其实并不是，应当读成“两雄不可并存”中的“雄”。雄狐，是成为君主的象征。又说：“狐狸独自慢慢走，走在淇水桥上头。”“走在淇水浅滩头。”“走在淇水岸上头。”是说狐作为一种动物，本应居住在山里，现在却反而活动在淇水桥上、浅滩和岸边，是离开了其习惯居住的地方；虽然离开了习惯居住的地方，却仍然不背离习惯而护卫其居住地。男女失去了他们的配偶，却不能像狐一样返回原来。《周易》中说：“小狐过河尾向上舒，可刚要到河边尾巴就被沾湿了。”小，是说能力不够；狐，是说志向不坚定。能力不够，志向不坚，所以渡河时会有沾湿尾巴的危险，所以象辞中说：“不继续而停止。”因为它的尾巴太重，容易被沾湿，所以《周易》把这当作一种卦象，俗语道“狐想要渡河吗？尾巴怎么办呢？”《礼记》中说：“君主穿狐皮做的白袍子，又加了一层锦缎衣服。”不说是白狐皮做的袍子而说是狐皮做的白袍子，是因为天下没有纯粹的白色狐狸，而能制成白色狐裘的原因，是因为将许多白色狐皮汇集起来才制成，所以传言道：“价值千金的皮衣，决非一只狐狸的腋皮所能做成。”颜师古曾说：“狐白是狐狸腋下的皮毛，毛色纯白，收集起来做成袍子，质地轻柔而难以取得，所以才贵重。”《管子》中说：“狐白适应寒暑变化，六个月才出现一次。”然而白狐虽然存在，却也不是经常出现。《说文解字》中说：“狐从孤省。”狐生性多疑，多疑便不能与同类一同行动，所以从“孤”字。犬生性独，狐生性孤，羊多群居，鹿常旅行（丽）。《说文解字》中说：“鹿的天性，见到食物紧迫定会远行。”丽，就是旅行的意思。《诗经》中说：“奔跑慢走野兽多，成群结队四处游。”是由于鹿常远行，所以说前进时快跑，行走时慢走。《毛诗传》中说：“三只兽称为群，两只兽称为友。”《类从》中说：“燕子能识别戊巳时不衔泥筑巢；狐潜伏时不会越过田间小路。”又说：“狐貉狼懂得试探虚实，虎和豹懂得适时进攻。”大概是因为实就是虚吧，狐和狼搏击猎物，都是以虚击实。狐从孤的字形，或者是因为这个原因吧。读音为“胡”是值得怀疑的词语。

貙[1]

或曰：“虎五指为貙。”柳子曰：“貙畏虎，虎畏羆[2]。”[3]《释兽》[4]曰：“貙似狸，兕似牛，犀似豕。”又曰：“貙獌似狸。”貙，虎属也；獌，狼属也。古者田猎必有所祭，故周祭貉，汉祭貙。《汉书音义》[5]曰：“貙以立秋日祭兽。”故汉于是时祭焉。祭貉，其义未闻也。

【注释】

[1] 貙：音 chū。

[2] 罴：《五雅本》作“熊”。罴：熊的一种，也叫棕熊、马熊或人熊，古称罴。毛棕褐色，能爬树游水。棕熊是陆地上体形第二大的食肉动物，在夏季进食之后，体重会增加一倍，成年棕熊可达 600 公斤，最大可以达到 800 公斤。

[3] 柳子：指柳宗元。此句出自《罴说》。

[4] 指《尔雅 · 释兽》。

[5]《汉书音义》版本较多，无从确定。

【译文】

有人说：“生有五指的虎称作貙。”柳子说：“貙害怕虎，虎害怕罴。”《尔雅·释兽》中说："貙的样子像狸，兕的样子像牛，犀的样子像豕。"又说："貙和獌的样子像狸。"貙，属于虎类；獌，属于狼类。古人在旷野上打到猎物必定会进行祭祀，所以周朝用豜祭祀，汉朝用貙祭祀。《汉书音义》中说："貙是立秋那天祭祀用的动物。"所以汉朝也在这一天祭祀。用豜祭祀，代表的意义还没有听说过。

猫

鼠善害苗，而猫能捕鼠，去苗之害，故猫之字从苗。《诗》曰："有猫有虎。"[1]猫食田鼠，虎食田豕，故《诗》以誉韩乐，而《记》曰："迎猫，为其食田鼠也；迎虎，为其食田豕也。"[2]旧传猫旦暮目睛皆圆，及午即从敛如线；其鼻端常冷，唯夏至一日暖。盖猫，阴类也，故其应阴气如此。世云薄荷醉猫，死猫引竹[3]。物有相感者出于自然，非人智虑所及，如薄荷醉猫、死猫引竹之类，乃因旧俗而知尔。猫亦如虎画地卜食，今俗谓之"卜鼠"。传曰："骐骥、骅骝捕鼠于深宫之中，曾不如跛猫。"言殊技也。是故天下之材在于因任，《淮南子》曰："伊尹之兴土功也，修胫者使之跖镢，强脊者使之负土，眇者使之准，伛者使之涂。"[4]盖如是矣。近人有收牡丹图者，丛下有一猫，未知其精粗。有别画者曰："此正午牡丹也。何以明之？其花枝哆而色燥，此日中时花也；猫眼黑睛如线，此正午猫眼也。有带露花则房敛而色泽，猫眼早暮则圆，日渐午则狭长，正午则如一线尔。"[5]

【注释】

[1] 出自《诗经·大雅·韩奕》，《毛诗序》云："《韩奕》，尹吉甫美宣王也，能锡命诸侯。"

[2] 出自《礼记·郊特牲》，译为：迎猫，为其食田鼠也。迎虎，为其食田豕也。"迎猫"为古八蜡之一。于腊月农事完毕后，迎猫神而祭之，以祈消灭田鼠，保护庄稼。

[3] 古人认为竹子喜欢向猫冢的方向长，这种特性，叫"死猫引竹"。

[4] 出自《淮南子·齐俗训》，译为：伊尹兴建土木工程时，腿长的被安排去踩

锹，背力强的被安排去背土，独眼的被安排去测水准，驼背的被安排去铺抹地坪。

[5] 宋朝文学家欧阳修得到一幅古画。画面上是一丛牡丹，牡丹下蹲着一只猫。欧阳修知道这是很珍贵的画，却不知道珍贵在什么地方。于是，他便向承相吴育请教。吴育看完画，连说："好画！这是正午的牡丹。"欧阳修很奇怪："画面上并没有太阳啊!"吴育说："画中的牡丹张口开放，颜色干燥，这恰是花在正午阳光照射下的样子；猫的瞳孔缩成一条线，也正是正午时猫的神态。"欧阳修恍然大悟，赞叹不已，更为画家细节描写的高超技艺拍案叫绝。

【译文】

老鼠经常会破坏庄稼幼苗，而猫能够捕捉老鼠，避免老鼠对庄稼的毁坏，所以猫的字形从苗。《诗经》中说："有山猫也有猛虎。"猫以田鼠为食，虎以野猪为食，所以《诗经》以此来赞誉韩侯的礼乐，而《礼记》中说："招引猫，是因为它吃田鼠；招引虎，是因为它吃野猪。"以前传言道猫早上与晚上眼睛都是圆形，到了中午就会收敛成一条线；它的鼻端是凉的，只有夏至一天才是暖的。大概是因为猫属于阴类动物，由于阴气才导致这样。世人都说薄荷能使猫迷醉，竹子喜欢向猫冢的方向生长。事物之间能互相感是由于自然原因，不是人类智慧能考虑到的，比如薄荷使猫醉、竹子向猫冢生长，是因为旧习俗流传我们才知道。猫也像虎一样画地来占卜食物，现在俗语称之为"卜鼠"。传言道："骐骥、骅骝在深宫之中捕鼠，甚至还不如一只跛脚的猫。"是说技能不同罢了。所以任用天下的有才之士关键在于顺应能力，《淮南子》中说："伊尹兴建土木工程时，腿长的被安排去踩锹，背力强的被安排去背土，独眼的被安排去测水准，驼背的被安排去铺抹地坪。"就是这样，最近的人有收购到牡丹图，花丛下有一只猫，不知道这幅画珍贵在什么地方。有别的画家说："这画的是正午的牡丹。为什么这么说呢？画中的牡丹张口开放，颜色干燥，这恰是花在正午阳光照射下的样子；猫的瞳孔缩成一条线，也正是正午时猫的神态。有带有露水的花房会收敛而有光泽，猫眼在早上和晚上是圆形，日头渐渐到中午就会变狭长，到正午就会眯成一条线了。"

驼

《义训》[1]曰："牛之声曰'牟'，驼之声曰'圔'。"驼卧，腹不帖地，屈足；漏明则行千里。背有肉鞍如峰，长颈高脚，善负，知泉脉所在，遇处輙停，不行。其粪烟直上，如狼烟也，又知风候。段氏云："驼亦齝[2]。"今其毛縟温厚，暖于狐貈[3]，极堪御寒，遇夏常退毛至尽，乃能避热。故古者冬取皮于狐类而裘成，夏取毛于驼类而褐成也。《金柯要诀》曰："行之善者，如龟、如龙、如马、如驼、如鹰、如雁。"

【注释】

[1]《义训》是孔颖达等人奉勀纂修《五经正义》之一种，初名《义赞》《义训》等名，后奉诏改名《周易正义》。"义"，本为六朝时注经方式，后人称其为"义疏学"，"疏"，有疏通经义的作用。

[2] 齝（chī）：意思是反刍，俗称倒嚼，是指某些动物进食经过一段时间以后将半消化的食物从胃里返回嘴里再次咀嚼。

[3] 貈（hé）：外貌像狐的一种兽。

【译文】

《义训》中说："牛发出的声音是'牟'，驼发出的声音是'圔'。"驼俯卧在地时，腹部不会接触地面，折叠四足到小腿部；折叠空隙漏光，能行千里之远。驼背上有肉质的鞍部像山峰，长脖长腿，善于负重，知道泉水源头所在的位置。遇到就会停止，不再前进。它排泄的粪便点燃后的烟垂直向上，就像狼烟一样，又能够探知风向。有位姓段的人说："驼会反刍。"现在它的毛制成的褥子温暖厚实，比狐貈皮制作的要更暖和，很适合御寒，到了夏天常常把毛全部褪掉，才能躲避炎热。所以古人冬天从狐类身上取皮制成皮袄，夏天从驼类身上取毛制成衣服。《金柯要诀》中说："善于行动的动物，像龟、龙、马、驼、鹰、雁。"

麋

《白虎通》[1]曰："熊为兽巧猛，麋为兽迷惑，故天子射熊，诸侯射麋。"麋，水兽也，青黑色，肉蹄，一牡能乘十牝。鹿属也，故麋之文从鹿[2]，从米则以麋性善迷故也。麋善迷而害稼，故《周官》"大夫供麋侯"[3]，"麋"言讨惑除害也。大夫以智帅人，故所射如此兽。又云"冬献狼、夏献麋"[4]者，冬，物成之时，狼残物之尤者；夏，稼生之时，麋害稼之众者。《春秋》书"多麋"，为是故也。各于其尤害物之时，罟而献之，明设官主，以除民物之害。《月令》[5]仲夏曰"鹿角解"。仲冬曰"麋角解"。鹿以夏至陨角而应阴，麋以冬至陨角而应阳，《淮南子》曰"日至而麋鹿解"[6]是也。说者以为鹿角者挟阴之阳也，故应阴而陨角。麋角者挟阳之阴也，故应阳而陨角。盖鹿肉食之燠，以阳为体也；麋肉食之寒，以阴为体也。以阳为体者，以阴为末；以阴为体者。以阳为末。角，末也。故其应阴阳如此。《淮南子》曰："孕妇见兔而子缺唇，见麋而子四目，物有似然而似不然者。"[7]麋有四目，其二，夜目也，《类从》所谓"目下有窍，夜即能视之"是也。《药议》[8]曰："按《月令》，冬至麋角解，夏至鹿角解，阴阳相反如此。今人用麋、鹿茸作一种，殆疎也。又用刺麋鹿血以代茸者，云茸亦血尔，此大误也。"窃详古人之意，凡含血之物，肉差易长，其次角难长，最后骨难长。故人自胚胎至成人，二十年骨髓方坚。唯麋角自生至坚，无两月之久，大者乃重二十余斤。其坚如石，计一夜须生数两。凡骨之顿成，生长神速无甚于此，虽草木至易生者，亦无能及之。此骨血之至强者，所以能补骨血、坚阳道、强精髓也。头者，诸阳之会，众阳之聚，上钟于角，岂可与凡血为比哉！麋茸利补阳，鹿茸利补阴。凡茸，无乐太嫩，世谓之"茄子茸"，但珍其难得尔，其实少力；坚者又太老；惟长数寸，破之肌如朽木，茸端如马脑红玉者最善。又北方戎狄中有麋鹿、驼鹿，极大而色苍，尻黄而无斑，亦鹿之类，角大而有文，坚莹如玉，其茸亦可用。

【注释】

[1] 见卷二释“龟”条注释 [9]。

[2] 故麋之文从鹿：《珍本》作“故麋之文从鹿从米”。

[3] 出自《周礼 · 天官 · 司裘》。

[4] 出自《周礼 · 天官 · 兽人》。

[5]《月令》：古代汉族天文历法著作。共一卷。是上古一种文章体裁，按照一年 12 个月的时令，记述朝廷的的祭祀礼仪、职务、法令、禁令，并把它们归纳在五行相生的系统中，现存《礼记》中有一篇《月令》之外，还有《逸周书》中的一篇《月令》，唯后者已佚失。

[6] 出自《淮南子 · 天文训》，译为：夏至和冬至时麋鹿都会长出新角。

[7] 出自《淮南子 · 说山训》，译为：孕妇看了兔子，生下的孩子是缺嘴唇，看了麋，生下的孩子是四只眼睛。大马眼睛小，可以说是小眼睛马。事物本来就存在着好像是这么回事又不像这么回事的情形。

[8] 指《梦溪笔谈》中的《药议》篇。

【译文】

《白虎通》中说：“熊是野兽中技巧凶猛的，麋是野兽中分辨不清是非的，所以天子打猎射杀熊，诸侯打猎射杀麋。”麋，是生活在水边的野兽，毛皮是青黑色的，有肉质的蹄子，一只雄性的麋能使数十只雌性的麋受孕。麋属于鹿类，所以麋的字形从鹿，之所以字形还从米是因为它迷惑性格的原因。麋不分辨是非而破坏庄稼，所以《周官》中说：“卿大夫使用麋皮制成的箭靶。”“麋”字是说要辨清是非除去祸害的意思。大夫凭借智慧统帅人才，所以打猎麋这种动物。又说：“冬季献上狼，夏季献上麋”，冬季是万物长成的时候，狼是残害生物最厉害的；夏季是庄稼生长的时候，麋是破坏庄稼最厉害的。《春秋》中说：“多有害的麋。”就是这个原因。人们各自在这些动物最喜欢破坏事物的时候捕捉它们进献，禀明官员，来除去对人民财物的破坏。《月令》中描写仲夏道：“鹿角会褪下”。描写仲冬说“麋角会褪下”。鹿在夏至褪角而顺应本身阴性，麋在冬至褪角而顺应本身阳性，《淮南子》中说：“夏至和冬至时麋鹿都会长出新角。”说者认为鹿角是挟有阴的阳性，所以阴性盛时褪角，麋角是挟有阳的阴性，所以阳性盛时褪角。鹿的肉属于热性，是因为它的身体属于阳性；麋的肉属于寒性，所以它的身体属于阴性。身体属于阳性的，体内阴性处于末流；身体属于阴性的，体内阳性处于末流。角，褪下，是因为它们对应阴阳变化的表现。《淮南子》中说："孕妇看了兔子，生下的孩子缺嘴唇，看了麋，生下的孩子有四只眼睛。事物本来就存在着好像是这么回事又不像这么回事的情形。"麋有四只眼睛，其中两只，是用于夜间，就是《类从》中所说的"眼睛下面有孔，在夜间也可以看到事物"。《药议》中说："按照《月令》，冬至麋角褪下，夏至鹿角褪下，阴阳相反才如此。现在的人把麋茸和鹿茸当成一种东西，是疏忽的。又用刺取得麋鹿的血代替它们的茸，说茸也是血，这是十分错误的。"私下探讨古人的意思，凡是含有血的物品，肉是最容易生长的，其次角是第二难生长的，最后骨是最难长的。所以人从胚胎发育到成人，二十年骨骼骨髓才能长得坚实。只有麋的角从长出就是坚硬的，不用两个月那么久，大的就能长到二十多斤，坚硬如石头，一晚上都能生长几两重。凡是骨骼的生长，成长快速的没有能超过麋的，虽然草木也属于容易生长的，也比不上它。这些骨和血都属于生长的很强实的，所以能够补充骨血、坚实阳性，强健精髓。头是诸阳汇聚的地方，其中最聚集的地方又在角上，哪能和一般的血相比呢！麋茸能够补阳，鹿茸能够补阴。凡是茸，不算太嫩的，世人称其为"茄子茸"，但它十分珍贵难以取得，实际上是没有出力；坚硬的茸又太老；只有长到几寸的，破开肌理观察如同朽木，茸的顶端向马脑或是红玉的最好。又说北方戎狄居住的地方有麋鹿、驼鹿，体型大而毛色深青，臀部发黄而没有斑点，也属于鹿类，角巨大而有花纹，坚硬莹润如同玉质一般，它的茸也是可以使用的。

狨

狨，盖猿狖之属，轻捷善缘木，大小类猿，长尾，尾作金色，今俗谓之"金线狨"者是也。生川峡深山中，人以药矢射杀之，取其尾为卧褥、鞍被、坐毯。狨甚爱其尾，中矢毒，即自啮断其尾以掷之，恶其为深患也。麄牛[1]出西域，尾长而劲，中国以为缨，人或射之，亦自断其尾，左氏所谓“雄鸡自断其尾”[2]。而庄周以为“牛之白颡”“豚之亢鼻”[3]者，巫祝不以适河，乃无用之，为大祥也。古者于旌旗干首注牦尾之毛焉而谓之“旄”。凡建旄，皆首物者也，示使爱尾焉。狨，一名“猱”，《诗》曰：“无教猱升木。”[4]颜氏以为其尾柔长可籍，然则制字从柔，以此故也。

【注释】

[1] 犛牛：牦牛。

[2] 出自《左传·昭公二十二年》：“宾孟适郊，见雄鸡自断其尾。问之。侍者曰：‘自惮其牺也。’”杜预注：“畏其为牺牲，奉宗庙，故自残毁。”唐·白居易《答桐花》诗：“老龟被刳肠，不如无神灵。雄鸡自断尾，不愿为牺牲。”比喻明智之士自我伤残以避祸害。

[3] 出自《庄子·人间世》：“故解之以牛之白颡者，与豚之亢鼻者，与人有痔病者，不可以适河。”陈鼓应今注：“白颡，白额。”白额，古人认为不祥之物。

[4] 出自《诗经·小雅·角弓》：“毋教猱升木，如涂涂附。”教猱升木，是汉语词汇，比喻教唆坏人干坏事。

【译文】

狨，大概与猿狖属于同类，行动轻便快捷，擅长攀爬树木，体型大小跟猿差不多，有一条长尾巴，尾巴呈金色，现在俗称“金线狨”的就是它。狨生活在河流峡谷深山中，人们用浸有毒药的箭矢射杀它，取它的尾巴做成被褥、马鞍或是毯子。狨十分珍惜它的尾巴，一旦被毒箭射中，便会自己咬断尾巴丢弃它，担心它会成为深远的祸害。牦牛出自西域，尾巴长而有力，人们用它来做缨，有人捕射它的时候，它也会自己断掉自己的尾巴，就是《左传》中所写的“雄鸡自断尾巴”。而庄周认为“白额的牛”“高鼻的猪”，占卜祭祀的人不让它们过河，便是不使用它们，是为了吉祥的征兆。古人将在旌旗顶端拴上牦牛尾巴的毛而称之为旄，凡是建造旄的，都是处于首要的事物，表示珍惜其尾巴。狨还有一个名字叫作“猱”，《诗经》中说：“不要让猱爬上树木。”颜氏认为狨的尾巴柔软而长，可以垫着，所以造狨的字形从柔，就是这个缘故。

猴

《吕子》曰："狗似玃，玃似母猴，母猴似人。"[1]猴善候，其字从侯。《白虎通》曰："侯，候也，楚人谓之沐猴。"旧云此兽无脾，以行消食[2]。盖猿之德静以缓，猴之德躁以嚣，故古者造字为象母猴之形。柳子曰："猨类仁让孝慈，居相爱，食相先，行有列，饮有序，有难则内其柔弱者。不践稼蔬，木实未熟，相与视之谨；既熟，啸呼群萃，然后食。山之小草木，必环而行，遂其植。猴之德勃诤号呶，虽群，不相善也，食相噬啮，行无列，饮无序，有难则推其柔弱者以免。好践稼蔬，所过狼籍披攘，木实未熟，辄龁齩投注。窃取人食，皆以自实其嗛[3]。山之小草木，必陵挫折挠之。"[4]猿性静，夜啸常风月肃然；猴性动，每至，林木皆振响。《演义》曰："'狼籍'者，物杂乱之貌，言狼起卧游戲多，籍其草而草皆秽乱，故曰'狼籍'。狼籍，一曰'狼扈'。"

【注释】

[1] 出自《吕氏春秋·察传》："夫得言不可以不察，数传而白为黑，黑为白，故狗似玃，玃似母猴，母猴似人，人之与狗则远矣。"陈奇猷校释："段玉裁《说文注》'猴'下云：'母猴乃此兽名，非谓牝者，沐猴、猕猴皆语之转、字之讹也。'"章炳麟《新方言·释动物》："沐猴母猴，母猴弥猴，今人谓之马猴，皆一音之转。"

[2] 猴无脾是古人认识中的错误，猴子是有脾的。

[3] 嗛（xián）：用嘴含。

[4] 出自柳宗元《憎王孙文》，由序文和骈文组成，这篇寓言式文章收录于《柳河东集》中。

【译文】

《吕氏春秋》说："狗的样子像玃，玃的样子像母猴，母猴的样子像人。"猴善于等候，所以它的字形从侯。《白虎通》中说："侯，就是候，楚地的人称它作沐猴。”旧时有说猴没有脾，靠行动来消化食物。猿的品行安静而和缓，猴的品行急躁而嚣张，所以古人造字时把它作为像母猴的形状。柳子说：“猿的德行文静稳重，都能仁爱谦让、孝顺慈善。它们群居时互相爱护，吃东西互相推让，行走时排成行列，饮水时遵守秩序。如果有的不幸失散离群，它就发出哀伤的鸣叫。假如遇到灾难，就把弱小的幼猿保护起来。它们不践踏庄稼蔬菜。树上的果子还未成熟时，大家共同小心看护着；果子成熟之后，便呼叫同伴聚齐，这才一同进食，显得一派和气欢乐的样子。它们遇到山上的小草幼树，一定绕道行走，使其能顺利生长。所以猿群居住的山头，经常是草木茂盛郁郁葱葱的。那猢狲的德行暴躁而又吵闹，整天争吵嚎叫，喧闹不休，虽然群居却彼此不和。吃东西时互相撕咬，行走时争先恐后，饮水时乱成一团。有的离群走散了也不思念群体。遇到灾难时，便推出弱小的而使自己脱身。它们喜欢糟蹋庄稼蔬菜，所过之处一片狼藉。树上的果子还未成熟，就被他们乱咬牙扔。偷了人们的食物，都只知塞满自己的腮囊。遇到山上的小草幼树，一定要摧残攀折，直到毁坏干净才肯罢休。所以猢狲居住的山头经常是草木枯萎一片荒凉的。”猿的性格安静，夜晚啸叫时常常风静月清；猴的性格喜动，所到达的地方林木都会发出响声。《演义》中说：“‘狼籍’形容物品杂乱的样子，是说狼的起和卧行动多，借助草而草会变得污秽杂乱，所以叫‘狼籍’。狼籍，又叫作‘狼扈’。”

貘

貘兽似熊，象鼻犀目，师首豺髲，小头庳脚，黑白驳，能舐食铜铁及竹锐，髫骨实，无髓。皮辟温湿，以为坐毯、卧褥，则消膜外之气，字从膜省，盖以此也。《尔雅》曰：“貘，白豹；虪，黑虎。”[1]《蜀都赋》[2]云“戟食铁之兽”，即“貘”是也。《刘子》曰：“飞鼯甘烟，走貘美铁，所居隔绝，嗜好不同，未足怪也。”[3]旧云貘粪为兵，可以切玉，其溺又能消铁为水。

【注释】

[1] 出自《尔雅 · 释兽》。虪：音 shù。

[2] 此处指左思于晋惠帝初（292年）左右创作的《蜀都赋》。两赋皆以描绘蜀都为题材内容，铺陈夸张，未出汉人樊篱。但前者重在模仿相如，展示才华，为都城赋的先声；而后者重在讽谏，旨在表明主张统一，反对分裂，为都市赋的绝响。

[3] 刘子：亦名刘昼，字孔昭，渤海阜城人，北齐时期道家，思想家，其生平事迹不可详。据《北史》《北齐书》本传记载，刘昼生活的年代，正是南北分裂，阶级矛盾、民族矛盾异常尖锐时期，北朝为异族统治，其所撰《刘子》一书，针对当时社会时弊，提出了自己治国安民的政治主张及为国建功立业，施展个人才能的抱负。飞鼯：是指鼯鼠而不是指会飞的鼯鼠。

【译文】

貘的样子像熊，有象一样的鼻子和犀一样的眼睛，狮一样的脑袋和豺一样的毛发，脑袋小而脚部矮小，有黑白混杂的花纹，能够舔食铜铁和锐竹，鬃毛与骨坚实，没有骨髓。它的皮能防止温湿之气，可以用它做成坐毯或是被褥，就能抵消膜外部的气息，貘的字形从膜，大概就是这个原因。《尔雅》中说："貘，是白色的豹子；虪，是黑色的老虎。"《蜀都赋》中说："能食用铁的野兽"，说的就是"貘"。《刘子》中说："鼯鼠有芳香的烟，行走的貘喜欢食用铁，所居住的地方隔绝，各自的嗜好不同，不值得奇怪。"以前说貘的粪便可以作为兵器，可以切开玉石，它的排泄物又能把铁化成水。

罴

《释兽》云："罴[1]如熊，黄白文。"罴似熊而大，为兽亦坚中、长首、高脚、从目，能缘能立，遇人则擘而攫之，俗云"熊罴眼直[2]，恶人横目"，《淮南子》曰："熊罴之动以攫搏，兕牛之动以抵触"[3]是也。其白生于心之下，肓之上，亦如熊白而麤[4]，秋冬则有，春夏则亡。猛憨多力，能拔大木，故《书》曰："以有熊罴之士，不二心之臣。"[5]熊罴之士，以力言也。《诗》曰："维熊维罴，男子之祥。维虺[6]维蛇，女子之祥。"[7]熊罴，阳物也，强力壮毅，故为男子之祥；虺蛇，阴物也，柔弱隐伏，故为女子之祥。盖人之精神与天地阴阳流通，故梦之吉凶，各以其类至。俗说熊罴富脂，至春臕[8]痒，即登高木自坠，谓之“扑臕”。今人畜熊，以梃挞之[9]，更致壮长，盖放于此。旧说师子，虎见之而伏，豹见之而瞑，罴见之而跃。

【注释】

[1] 罴：音 pí。

[2] 熊罴：喻勇猛；眼直：眼光正直不邪。

[3] 出自《淮南子 · 说山训》，译为：熊罴以蛮力来攫取食物，犀牛靠角抵来活动保存自己。

[4] 麤：同“粗”。

[5] 出自《尚书 · 康王之诰》，熊罴之士，比喻勇猛的武士。

[6] 虺（huǐ）：古书上说的一种毒蛇；虺蜮（虺、蜴、蜮）都是害人的毒物，喻奸恶小人。

[7] 出自《诗经 · 小雅 · 斯干》，“熊罴入梦”旧时常用来解释祝人生子。

[8] 臕（biāo）：意为肥肉。

[9] 梃（tǐng）：棍棒；挞（tà）：拍打。

【译文】

《释兽》中说：“罴的样子像熊，身上有黄白色的花纹。”罴的体型像熊却比熊更大，作为野兽，骨骼坚硬、脑袋长、腿脚高、竖着眼睛，能攀爬能站立，遇到人就会将他们分开然后抓取他们，俗话说“熊罴的眼睛是竖的，恶人的眼睛是横着的”，《淮南子》中说：“熊罴以蛮力来攫取食物，犀牛靠角的活动来保护自己。”罴的白脂长在心脏的下边，肓的上边，像熊的白脂一样粗，秋冬时有，春夏时则会消失。罴勇猛憨实且力气很大，能拔起巨大的树木，所以《尚书 · 康王之诰》中说：“有像熊罴一样勇猛的武士和没有二心忠心耿耿的臣子。”熊罴之士，之所以如此称呼是因为他们所具有的力量大。《诗经》中说：“熊和罴，是男子的祥瑞。虺和蛇，是女子的祥瑞。”熊罴是阳性的动物，力量大而健壮勇毅，所以是男子的祥瑞；虺和蛇是阴性的动物，柔弱隐忍低伏，所以是女子的祥瑞。人的精神与天地阴阳相互流通，所以梦的吉凶，各有各的说法。俗话说熊和罴富有脂肪，到了春天身上的肥膘发痒，就会爬上高处的树木坠下，称作“扑臕”。现在的人畜养熊，用棍棒拍打它，更能使它健壮生长，大概就是这个原因。以前说狮子，虎见到它会低伏，豹见到它会闭上眼睛，罴见到它会跳跃逃走。

貂

貂亦鼠类，缛毛者也。其皮燠[1]于狐貉，取以为帽，得风则煖暖，其毛拂面如焰。朔地苦寒，人以其皮温额，后代效之，因以金珰饰首，前插貂尾，至汉因焉，加以附蝉为文，侍中插左，常侍插右[2]。应劭[3]《汉官仪》云：“金取坚刚百炼而不耗；蝉取居高饮露而不食；貂取内劲捍而外温润。”其色紫蔚而不耀，《太玄》曰：“狐貂之毛，躬之贼。”[4]此言以表自累。《庄子》曰：“丰狐文豹……是何罪之有哉？其皮为之灾也。”[5]故曰：“匹夫无罪，怀璧其罪。”《字说》曰：“貂或凋之，毛自召也。”

【注释】

[1] 燠（yù）：热的意思。

[2] 侍中、常侍均指秦汉时期的官名。

[3] 应劭（约153—196）：东汉学者，字仲瑗，汝南郡南顿县（今河南项城市南顿镇）人。少年时专心好学，博览多闻，平生著作11种、136卷，现存《汉官仪》《风俗通义》等。《风俗通义》存有大量泰山史料，如《封泰山禅梁父》篇记述泰山封禅轶事，《五岳》篇详载了岱庙，都有很高的史料价值。辑入《后汉书·祭祀志》，为应劭所引用的马第伯《封禅仪记》是中国最早的游记文学作品之一。

[4] 出自《扬子·太玄经》。

[5] 出自《庄子·山木》。

【译文】

貂也是鼠类，生有繁厚的毛。它的皮比狐貉要暖和，取貂皮做帽子，风一吹会更加暖和，长毛拂面如同火焰。北方地区艰苦寒冷，人们用貂的皮温暖额头，后代的人仿效他们，用金珰装饰额头，前面插上貂尾，到了汉朝，加上了蝉的纹路，侍中把貂尾插在左侧，常侍把貂尾插在右侧。应劭在《汉官仪》中说："取金要取坚硬到百次烧炼也不损耗的；取蝉要取居住在高处除了饮露水别的都不吃的；取貂尾要取内部硬实而外部温润的。"貂尾的颜色呈深紫而不闪耀，《扬子·太玄经》中说："狐貂的毛皮，吸引贼子。"此言表示狐貂因有漂亮的毛皮而成为拖累。《庄子》中说："丰满的狐与花纹漂亮的豹……有什么罪呢？毛皮成为它们的灾患。"所以说："平常人没有罪，一旦怀有珍贵的事物便成了罪过。"《字说》中说："貂或许会灭绝，是因为漂亮毛皮招来的祸患。"

猨

猨臂通肩，刻之可以为笛，声圆于竹。猨，猴属，长臂善啸，便攀援，故其字从援省，而《尔雅》云"猱蝯善援，玃父善顾"也。《淮南子》曰："虎豹之文来射；猨狖之捷来措。"[1]置之于槛曰"措"。《家语》[2]曰："五九四十五，五为音，音主猨，故猨五月而生；四九三十六，六为律，律主鹿，故鹿六月而生。"或曰猴性躁急，猨性静缓，故猨从爰。爰，缓也。《论衡》曰："鹿制于犬，猨伏于鼠。"[3]今人取鼠以縶猨颈，猨不复动。《管子》[4]曰："坠岸三仞，人之所大难也，而猱蝯饮焉。"今猨不复践土，好上茂木，渴则接臂而饮。《类从》曰："独一叫而猨散，鼍一鸣而龟伏。"或曰："鼍鸣夜，独鸣晓。"独，猨类也，似猨而大，食猨，今俗谓之"独猨"。盖猨性群，独性特，猨鸣三，独鸣一，是以谓之"独"也。《相法》曰："手如鸡足者褊[5]迫，手如猨掌者勤劳。"旧说猨鸣而獭候之，故束皙《发蒙记》[6]曰："獭以猨为妇也。"《庄子》曰："猨，猵狚以为雌。""猵"，盖言"獭"。

【注释】

[1] 出自《淮南子·缪称训》。

[2]《孔子家语》又名《孔氏家语》，或简称《家语》，儒家类著作。原书二十七卷，今本为十卷，共四十四篇。是一部记录孔子及孔门弟子思想言行的著作。今传本《孔子家语》共十卷四十四篇，魏·王肃注，书后附有王肃序和《后序》。

[3] 见《论衡·物视篇》，原文为："鹿制于犬，猕猴服于鼠。"

[4] 见"豹"条注[5]。

[5] 褊：《五雅本》作"稨"。根据文中字义，"稨"，即扁，不合文意，疑错。"褊迫"意为：狭窄，不宽广。此符合鸡足之特征。

[6]《发蒙记》：束皙（261—300）撰，西晋学者、文学家，字广微，阳平元城（今河北大名）人。博学多闻，性沉退，不慕荣利。曾作玄居释，张华见而奇之。后王戎召皙为掾，转佐著作郎。复迁尚书郎。赵王伦为相国，请为记室。皙辞疾罢归，教授门徒。所著《发蒙记》今已散佚。

【译文】

猨的手臂连通肩膀，雕刻它可以做成笛子，声音比竹子还要圆润。猨与猴属于同类，有长手臂，善于啸叫，擅长攀爬，所以它的字形从援，《尔雅》中说："猱蝯善于攀援，玃父善于观察。《淮南子》中说："虎豹因为身有花纹而招来射杀，猿猴因为活泼敏捷而引来拘捕。"将它们放到木笼里称之为"措"。《孔子家语》中说："五九四十五,五为音，音近猨，所以猨五月出生；四九三十六,六为律，律音近鹿，所以鹿六月出生。"有人说猴性格急躁好动，猨性格安静缓和，所以猨从爰，爰，就是缓的意思。《论衡》中说："鹿被犬所制约，猨被鼠所制约。"现在的人抓到老鼠系在猨的头颈上，猨一动也不敢动。《管子》中说："往下低于水岸三仞那么深，对于人来说是十分困难的，而猱蝯却能饮到水。"现在的猨不再破坏土地，而喜欢攀爬茂盛的树木，口渴时便会两两手足相连探下去喝水。《类从》中说："独叫一声，猨便会被惊散，鼍叫一声，群龟便会低伏。"有人说："鼍晚上鸣叫，独早上鸣叫。"独，属于猨的一种，模样像猨而体型大，以猨为食，俗话称其为"独猨"。猨的性格喜欢群居，独的性格比较独特，猨鸣叫三声，独鸣叫一声，所以称其为"独"。《相法》中说："人的手像鸡足一样狭窄的懒惰，手也像猨掌一样宽阔的勤劳。"旧时有说猨鸣叫而獭等候它，所以束皙在《发蒙记》中说："獭把猨当作妻子。"《庄子》中说："猨类，其中叫猵狙的为雌性。""猵"，也就是"獭"。

埤雅·卷五

释兽：羜、羝、羔、羚羊、羱羊、狗、犯、豕、犬、豻、豚、騶虞

羜

《释畜》曰："未成羊，羜。"羜，未成羊也，故从宁。宁，伫也，宁其美成而后足用。《诗》曰："既有肥羜"，而后言"既有肥牡"[1]，明其礼有加而无已。且其一章曰"伐木许许，釃酒有藇。既有肥羜，以速诸父"，言燕礼也；二章曰"陈馈八簋"，言食礼也；三章曰"笾豆有践"，言飨礼也。《周礼》："朝事之笾，其实麷蕡，白黑形盐；豆实韭菹，醓醢昌本。"[2]而传谓："飨有昌歜，白黑形盐，其言应礼。"[3]则笾豆有践为飨可知矣。盖礼，以爵言之，谓之"朝献"；以笾豆言之，谓之"朝践"。朝践，即践朝事之豆笾也。谓之朝事。以象朝事其亲所进也。朝事象朝时所进，则馈食象食时所进矣。《诗》于"八簋"言"馈"[4]，"笾豆"言"践"，则其为食飨又明矣。朝践之豆笾当飨，馈食之豆笾当食，则加豆加笾，盖当燕矣。加豆之实，深蒲醓醢，笋菹鱼醢，适当燕礼，故《诗》曰"其蔌维何？维笋及蒲，笾豆有且，侯氏燕胥"[5]也。然则飨具四豆四笾之实；食礼则自馈食而下，无朝事之豆笾也；燕礼则自加豆加笾而下，无馈食之豆笾也。故礼莫重于飨，食次之，燕又次之。《聘义》曰："壹食再飨，燕与时赐无数。"

【注释】

[1] 出自《诗·小雅·伐木》。

[2] 出自《周礼・天官・笾人》。

[3] 见《左传》僖公三十年。

[4] 出自《诗・小雅・伐木》:"于粲洒埽,陈馈八簋。"

[5] 出自《诗・大雅・韩奕》。

【译文】

《尔雅・释畜》中说:"没有长成羊的幼兽,称为羜。"羜,就是还没长大的羔羊,所以字形从宁,宁,就是伫,等待它完整长成之后才足够使用。《诗经》中说:"有肥壮的羊羔",之后又写"有肥美的公羊肉",是明确宴客的礼节有增而无减。并且其中有一句写"伐木呼呼斧声急,滤酒清纯无杂质。既有肥美羊羔在,请来叔伯叙情谊。"是说宴礼的事情;有一句写"嘉肴八盘桌上齐"是说食用的礼节;还有一句写"行行笾豆盛珍馐",是说宴飨的礼节。《周礼》中说:"行朝事礼时所进献的笾,盛的食物是炒熟的麦、麻子、炒熟的稻米、炒熟的黍米、虎形的盐块;行朝事礼时所进献的豆,盛的食物是韭菜做的菹,多汁的肉酱、菖蒲根做的菹。"而《传》言的"宴飨时昌荣之气盛,炒熟的麦、麻子、炒熟的稻米、炒熟的黍米、虎形的盐块,这些所说的都符合礼制。"那么笾和豆被使用做飨器就可以知道了。礼制,按爵位来说,叫作"朝献";按用笾和豆盛来说,称作"朝践"。朝践,就是指举行朝事时进献食物所用的豆和笾。称作朝事,是因为就像向亲近的人进献的仪式。朝事像上朝时所进献,那么馈食就像是进献食物一样。《诗经》中写"八盘(食物)"说"馈",写"笾豆"时说"践",那么它作为宴飨的器物就可以明确了。朝践时用豆和笾进行飨礼,赠送食物时用豆和笾进行取食,那么增加豆和笾的数量,就是扩大仪礼。增加豆的数量,嫩蒲叶做的菹、带汁的肉酱、小竹笋做的菹和鱼肉酱,进行恰到好处的燕礼。所以《诗经》中说"用的蔬菜是什么?嫩笋嫩蒲香喷喷。赠的礼物是什么?四马大车好威风。盘盘碗碗摆满桌,侯爷吃得喜盈盈。"然而飨礼需要有四豆四笾是事实;食礼需要从馈赠食物往下进行,没有朝事所用的豆和笾;燕礼则要从增加豆和笾往下进行,没有馈赠食物时的豆和笾。所以礼节中没有比飨礼更重要的,食礼次之,燕礼再次之。《聘义》中说:"主君要为客人举行一次正式的食礼、两次正式的飨礼，至于燕礼和四时当令新物的馈赠，则没有固定的数目。”

羝

羝性好抵突，故从抵省。字从抵省，音从低者，以低其角，然后能抵突故也。《易》曰：“羝羊触藩，羸其角。”[1]九三重刚而不中，又动以进也，故有羝羊之象。然则上六亦曰“羝羊”，何也？盖大壮之极疑于羝羊，犹坤之上六疑于龙尔。《博雅》[2]曰：“吴羊牡一岁曰牡羜，三岁曰羝，牝一岁曰牸羜，三岁曰羘。”谚曰：“智如禹汤，不如更尝。”[3]是以樊迟请学稼，孔子曰：“吾不如老农。”然则圣贤之智犹有所未达，而况于凡庸者乎？故曰：“三折肱，知为良医。”又曰：“亡羊治牢，未为晚也。”[4]

【注释】

[1] 见《周易 · 大壮》，进退两难的意思。

[2] 即《广雅》，因避隋炀帝杨广讳而改。《广雅》，三国魏时张揖撰，是仿照《尔雅》体裁编纂的一部训诂学汇编。

[3] 出自南北朝是贾思勰编写的《齐民要术》。

[4] 出自《战国策 · 楚策》。

【译文】

羝生性喜欢抵触冲突，所以字形从抵。之所以字形从抵，读音从低的原因，是因为羝要放低它的角，然后才能抵触冲撞的原因。《周易》中说：“公羊抵触围篱，角会卡在上边进退两难。”乾卦九三提出反复意志坚定的向上进取却不能进入王宫做官，由于移动来前进，所以有羝羊的气象。然而上六卦也叫“羝羊”，为什么呢？大概是怀疑壮实到了极点便是羝羊，就好像怀疑坤卦中的上六是龙。《博雅》中说：“吴地的牡羊长到一岁称为牡羜，三岁的叫羝；牝羊长到一岁叫牸羜，长到三岁叫羘。”谚语道：“才智如同禹和汤，倒不如亲身实践。”所以樊迟请求学习庄稼之事，孔子说：“我不如一个老农。”然而圣贤的智慧尚有达不到的地方，更何况平凡的庸人呢，所以说：“多次断臂就成了治疗断臂的良医。”又说：“丢失了羊之后再去补足篱笆，还不算晚。”

羔

大曰“羊”，小曰“羔”。羔性群而不党，又皆跪乳象礼，其德宜施于朝，故古者以为朝服。《诗》曰：“羔裘如膏，日出有曜。”[1]言日出有曜，然后见其如膏，且亦听朝之时也，而反以游燕，又与“狐裘以朝”“狐裘在堂”异矣，故是诗后之也。《玉藻》曰：“朝，辨色始入。君日出而视之，退适路寝听政。”《诗》曰：“羔羊之皮，素丝五紽。”[2]素丝五紽，所以英裘，其制然也，此言其节。“羔羊之革，素丝五緎。”革者，言敝而因故以改造也，此言其俭。“羔羊之缝，素丝五总。”革而又敝，则补缉以缝之，此言其俭之至。《西京杂记》[3]曰：“五丝为繌，倍繌为升，倍升为緎，倍緎为纪，倍纪为緵，倍緵为襚。”此乃自少之多，自微至著也。紽今无所考据，以类反之，緎寡于总，紽盖宜寡于緎也。《周官》曰：“卿执羔。”说者以为羔取群而不党。“卿执羔”非特为其群而不党，《繁露》[4]曰：“凡贽卿用羔。羔有角而不用，类仁者；执之不鸣，杀之不嗥，类死义者；羔饮其母必跪，类知礼者。”《礼》曰：“饰羔，雁者以缋。”[5]以言其德足以衣被而又有文章也。《字说》[6]曰：“羔从羊从火。羊，火畜也。羔，火在下，若火始然，可进而大也。”又曰：“羹从美从羔。羊大而美成，羔，未成也。美成为下，和羹是也；未成为上，大羹是也。礼豆先大羹。”

【注释】

[1] 出自《诗经·桧风·羔裘》。

[2] 出自《诗经·国风·召南·羔羊》。

[3] 汉代刘歆著，东晋葛洪辑抄。是一部历史笔记小说集。“西京”即长安。

[4]《繁露》，即《春秋繁露》，西汉董仲舒撰，《春秋繁露》推崇公羊学，的人性论、“王道之三纲可求于天”的伦理思想及赤黑白三统循环的历史观，为汉代中央

集权发挥“春秋大一统”之旨，阐述了以阴阳五行、黄老之学为骨架，以天人感应为核心的哲学—神学理论，宣扬“性三品”的封建统治制度，奠定了理论基础。

[5] 见《礼记 · 曲礼》。

[6]《字说》，北宋王安石撰。王安石认为汉字以音、形包含着万事万物之理，“其声之抑扬、开塞、会散、出入，其形之横纵、曲直、邪正、上下、内外、左右，皆本于自然，非人私智新能也。”在这种认识思想的指导下，王安石写就此书，但学者普遍认为，解释多有穿凿附会之处。该书已经佚失，陆佃《埤雅》中引用了引《字说》的二十条内容，对于我们了解此书的内容具有重要的帮助。

【译文】

长成的叫作“羊”，未长成的叫作“羔”。羔的性格与众合群，不结私党，又都会下跪来哺乳，符合礼节，其德行适合施行于朝廷，所以古人把它作为朝廷顺服的标志。《诗经》中说：“羊羔皮袄色泽如脂膏，太阳一照金光闪耀。”这是说日出时阳光闪耀，然后见到羔皮袄颜色如脂膏，况且上朝之时，反射的光泽会照耀经过的飞鸟，又和“穿狐裘上朝”“穿狐裘在殿堂”不同，所以诗中把这两句放在后句。《礼记 · 玉藻》中说：“群臣上朝较早，在天色刚亮时就开始进入锥门；国君上朝稍后，在日出以后才上朝与群臣相见。相见礼毕，国君就退到路寝听政。”《诗经》中说：“小羊大羊做的皮袄，由素色丝线交织成。”素色丝线交织，做成漂亮的衣裘，它的制作是这样，是说官员的气节。“小羊大羊作的皮衣，由素色丝线缝制成。”革，是说因为原来残破所以改造它，是说官员的节俭。“小羊大羊做的皮裘，由素色丝线合制成。”残破而又破敝，便修补缝好它，这是说节俭到了极点。《西京杂记》中说：“五根丝为一缳，一倍的缳叫升，一倍的升叫緎，一倍的緎叫纪，一倍的纪叫緵，一倍的緵叫襚。”这就是积少成多，由微至显的过程。紽现在没有办法考证，按照同类反推，緎比总要少，那么紽就应该比緎要少。《周官》中说：“高级官员取羔。”谈论的人认为羔合群而不结私党。“高级官员取羔”不是特别为了它合群而不结私党的性格，《春秋繁露》中说：“凡是官员所用的羔。有角的羔不会使用，是效仿仁德的人；羔被抓也不会嘶鸣，杀它也不会嗥叫，就好像舍生取义的人；羔喂养它的母亲必定会跪下，就好像知书达理的君子。”《礼记》中说：“用色彩鲜艳的布帛装饰羔和雁。”来说明它们的德行足以饰衣而又用文字记载。《字说》中说：“羔的字形从羊从火，羊，在五行中属于火属的动物。羔，火部在下，就好像火为其开始，可以进而扩大。”又写道：“羹的字形从美从羔。羊长大后而长成美好的动物，羔，是还未长成的幼兽。美好长成的意思在字下部，就像制作食用的肉羹；未长成的意思在字上部，就像祖先祭祀用的大羹。祭祀的豆中先呈上给祖先的大羹。”

羚 羊

《释兽》云：“麢[1]，大羊；麔，大麃；麐，大麕。”羚羊似羊而大，角有圆绕，蹙文，夜则悬角木上，以防患，语曰：“麢羊挂角。”[2]此之谓也。今以其角为马排沫，特善。《字说》云：“鹿比其类，环其角外向以自防；麢独栖其角木上，是所谓‘霝[3]’。夫其如此，亦以远害。其‘霝’也，亦所以为‘灵’也。”

【注释】

[1] 麢：同“羚”。

[2] 传说中羚羊晚上睡觉时，为防止受到侵犯，以角悬树，脚不着地，有歹心者难以觅得其踪影。

[3] 霝：同“灵”。

【译文】

《释兽》中说：“麢，是体型大的羊；麔，是体型大的麃；麐是体型大的麕。”羚羊的体型像羊而更大，角上有圆形环绕的，紧凑的花纹，晚上就把角悬在树木上，来防止外敌的侵害，常言道：“羚羊晚上睡觉时，为防止受到侵犯，以角悬树，脚不着地，有歹心者难以觅得其踪影。”就是这个意思。现在用它的角系在马口衔铁两边用以扇汗，特别合适。《字说》中说：“鹿比起它的同类，会环绕着把角朝外来防卫自身；麢则会单独栖息把角挂在树木上，就是所谓的‘需’。就是因为它这样做，才能够避免祸害。它的‘需’，就是之所以称为‘灵’的原因。”

羱羊

羱羊[1]似吴羊而大角，角椭，善斗至死，《释兽》所谓“䮂[2]如马，羱如羊”者，即此是也。羱羊之在原，不可牢畜者也。一云状若骡而群行。暑天尘露在其角上生草，戴行，爱之独寝，《代都赋》[3]所谓“羱羊养草以盘旋”是也。《广志》曰：“羱羊角，重于肉。”旧云羱、羠[4]并以时堕角，其羱角尤大。

【注释】

[1] 羱羊：是山羊属的野生山羊，雄性羱羊一般可以成长至1米高及100千克重，雌性羱羊多是雄性体型大小的一半。除了体型，雄性与雌性最大的分别就是那显眼的胡子。雄性及雌性羱羊都有一同大型及向后弯曲的角，雄性的角更可以生长达1米长，最长达1.47米。它们会用角保护自己，免受捕猎者的袭击，如狼、山猫、熊、胡狼及狐狸等。幼羊亦会面临大型雀鸟如鹰的袭击。羱羊在夏天是呈褐灰色的，而到达冬天时，就会转为深褐色。

[2] 䮂：音 xí。

[3] 北魏时期高允所做，已佚。

[4] 羠：母野羊。

【译文】

羱羊模样像吴地的羊而长有巨大的角，角呈椭圆形，经常与其他野兽搏斗致死，《释兽》中所说的“䮂的样子像马，羱的样子像羊”，说的就是这个意思。羱羊生活在原野上，不可以抓起来畜养。一种说法道羱羊样子像骡子而成群游走。在炎热的天时有灰尘雾露，羱羊会在角上放草，戴着草前行，喜欢独自寝居休息，就是《代都赋》所说的“羱羊戴着草来到处行走”。《广志》中说：“羱羊的角，比身体还要重。”旧时有说羱和羠共同按时节褪角，其中羱的角格外的大。

狗

《尔雅》曰：“未成毫，狗。”家兽也。孔子曰：“狗，叩也，叩气吠以守也。”许慎以为“从犬，句声。”盖狗从苟。《韩子》曰：“蝇营狗苟。”[1]狗苟，故从苟也。《尔雅》曰：“(犬) 未成毫，狗。”又曰：“尨[2]，狗也。”然则狗非田犬，亦犬子也。非田犬者不自抟食，苟食而已，若犬子则虽田犬亦然，故皆曰“狗”。熊虎丑其子谓之“狗”，亦以待餔如狗也。《易》曰：“艮为狗。”狗善警吠止御，又其性前趋，故“艮为狗”。艮阳在上故也。《释畜》曰：“长喙猃，短喙猲獢。”长喙善猎，短喙善吠以守。《庄子》曰：“狗不以善吠为良。”[3]凡犬，长喙上，短喙次之。传曰：“狡兔死，良犬烹。”良犬即今细狗。长喙曰“猃”者，是所谓不以善吠为良也。《诗》曰：“不狩不猎，胡瞻尔庭有县特兮？”[4]盖猎以逐之，狩以守之，而长喙善逐，短喙善吠以守。《诗》曰：“载猃歇骄。”猃以田猎、歇骄以狩故也。故《序》曰：“始命有田狩之事，园囿之乐焉。”传曰：“狗性险而出。”猃从险省，其以此乎？《诗》又曰：“无感我帨兮，无使尨也吠。”[5]《尔雅》曰：“尨，狗也。”狗善猜警，非礼相陵则警吠，故《诗》以恶无礼。《屈子》曰：“邑犬群吠，吠所怪也。”[6]《诗》一章曰：“卢令令”，二章曰：“卢重环”，三章曰：“卢重鋂”者，言田事弥饰，而弥以有制，所以刺荒也。令令，铃声也，铃以令之，环以制之，重鋂又言贯制之众。《说文》曰：“旗有众铃，以令众也。”传曰：“赐之环则反，赐之玦则绝。”且卢，犬也，正言犬者，又以刺好毕弋。《义训》曰：“良犬，韩有卢，宋有鹊。卢，黑色；鹊，黑白色。”《淮南子》曰：“若鹊之驳。”[7]言黑白杂也。《荆楚记》[8]曰：“鸡寒狗热。”

【注释】

[1] 见唐代韩愈《送穷文》。

[2] 尨（máng）：指多毛的狗。

[3] 见《庄子·徐无鬼》：“狗不以善吠为良，人不以善言为贤。”

[4] 见《诗经·国风·魏风·伐檀》。

[5] 见《诗经·国风·召南·野有死麕》。

[6] 见战国时屈原所著《九章·怀沙》。

[7] 见《淮南子·修务训》："人性各有所修短，若鱼之跃，若鹊之驳，此自然者，不可损益。"

[8] 宋朝盛弘之有《荆州记》。

【译文】

《尔雅》中说："没有长成细尖的毛的，是狗。"它是一种家畜。孔子说："狗，读音像叩，叩气吠叫来守卫。"许慎认为"狗从犬，声从句。"大概是因为狗从苟。《韩子》中说："像苍蝇一样飞来飞去，像狗一样的不知羞耻。"狗不知羞耻，所以字形从苟。《尔雅》中说："（犬）没有长出细尖的毛，叫狗。"又说："尨，就是狗。"然而狗不是生活在田野中的犬，是犬的孩子。不是野犬的不会自己争取食物，而只会随意捡食而已，即使是犬的后代就算是野犬也是这样，所以都叫作"狗"。熊虎的模样丑陋，后代叫作"狗"，也是因为它们的后代像狗一样嗷嗷待哺。《周易》中说："艮位为狗。"狗善于警戒吠叫来抵御外敌，又因为它性格前趋，所以"艮位为狗"。是因为艮阳在上的原因。《释畜》中说："长嘴的叫猃，短嘴的叫猲獢。"长嘴的擅长打猎，短嘴的擅长吠叫来守御。《庄子》中说："狗不是擅长吠叫的便是好的。"凡是犬类，长嘴的为上品，短嘴的次之。《传》说："狡猾的兔子死了，猎狗就没用了。"优良的犬就是现在的细狗。长嘴的叫"猃"，就是所说的狗不是擅长吠叫的便是好的。《诗经》中说："不冬狩来不夜猎，为何见你庭院兽悬柱啊？"大概是打猎要追逐猎物，狩猎时也要守御，而长嘴善于追逐猎物，短嘴擅长吠叫守御。《诗经》中说："车上息着众猎犬。"是猃由于捕猎、休息来继续打猎的原因。所以《序》中说："狩猎官接到开猎的命令后，急忙打开牢圈樊笼，将一群群专供王家狩猎作靶子用的时令兽驱出。"传言道："狗感受到危险便会出现。"猃从险的字形，大概就是因为此吧？《诗经》中又写道："不要动我围裙响，也别惹狗汪汪叫。"《尔雅》中说："尨，就是狗。"狗善于猜度警戒，当出现不合礼节的相互侵扰时便会示警吠叫，所以

《诗经》中认为狗凶恶无理。《屈子》中说："城里的犬结群吠叫，是吠叫它们感到奇怪的事。"《诗经·卢令》一句写："黑犬颈圈丁当响"，二句写："黑犬脖上套双环"，三句写："黑犬脖上环套环"，是说君主好打猎不注重农事，没有办法制止，所以百姓纷纷去荒野打猎。令令，是铃的响声，（驭犬）用铃来命令它。用环来控制它，环套环是说控制群犬。《说文解字》中说："旗上有许多铃铛，来命令群犬。"传言道："（放逐）赐其环代表可以回来，赐其玉玦便表示斥逐。"况且卢，就是犬的意思，说犬，又用来讽刺打猎的事情。《义训》中说："优良的犬，韩地有卢，宋地有鹊。卢，毛黑色；鹊，毛黑白色。"《淮南子》中说："就好像鹊身上的黑白斑驳花纹。"是说黑白混杂的意思。《荆楚记》中说："鸡肉冷食更合适，狗肉热食更鲜美。"

豝

牝豕曰"豝[1]"。《说文》云："二岁曰豝，能相把拏也。"《诗》曰："彼茁者葭，壹发五豝，彼茁者蓬，壹发五豵。"[2]正言"豝"与"豵[3]"者，豝，把拏；豵，丛聚。皆蕃殖之意也。葭茁于下，蓬茁于上，豝获于前，豵获于后，以言上下草木鸟兽蕃殖。

【注释】

[1] 豝：即母猪。

[2] 见《诗经·国风·召南·驺虞》。

[3] 豵（zōng）：指小猪。

【译文】

母猪叫作"豝"。《说文解字》中说："母猪长到两岁就能够互相牵引。"《诗经》中说："春日田猎芦苇长，箭箭射在母猪上，春日田猎蓬蒿生，箭箭射在小猪上。"这是解释豝和豵，豝，是指牵引；豵，是指汇聚。都是繁殖的意思。芦苇向下生长，蓬蒿向上生长，豝在前获得，豵在后获得，是说上下草木鸟兽繁殖的事情。

豕

彘也，竭其尾，故谓之“豕”。犬喜雪，马喜风，豕喜雨，故天将久雨，则豕进涉水波，《诗》曰：“有豕白蹢，烝涉波矣；月离于毕，俾滂沱矣。”[1]此之谓也。牛顺，羊很，豕躁，有豕白蹢，则又其躁者，故《诗》以况夷狄横猾难制之强。四蹢白曰：“豥”，即此是也。《说卦》曰：“坎为豕。”坎性趋下，豕能俯其首，又喜卑秽，亦水畜也，故“坎为豕”。大畜[2]，六四曰“童牛之牿”，六五曰：“豮豕之牙”。牢谓之“牿”“牙”者，所以畜豮豕之杙也。今东齐海岱之间以杙系豕，谓之“牙”，赋曰：“置牙摆牲”是也。六四畜初，以外制内也，有牿之象；六五畜九，以小制大也，有牙之象。子曰：“枨[3]也，欲焉得刚。”又曰：“君子易禄而难畜。”[4]夫人之所以不刚且易畜者，大抵以欲自累也。童牛、豮豕则私欲不行，刚而不累于物；刚而不累于物，则难畜矣。畜贤之道，如牿之驻童牛、牙之系豮豕，于是为至，故孔子于四曰“有喜”，五曰“有庆”也。《礼》曰：“羊曰柔毛，豕曰刚鬣。”羊于毛也，柔；豕于鬣也，刚。《周官》曰：“豕盲视而交睫，腥。”腥，《说文》音“姓”，以为星见食豕，令肉生息肉也。今俗谓之“腥肉”[5]。盖豕有米肉如星，则其臭腥而肉不可食，故其字又通于“腥”。而《内饔》辨腥臊膻香之不可食者，曰：“豕盲视而交睫，腥也。”郑云：“‘腥’当为‘星’。肉有如米者似星，不知所谓息肉似星者即‘腥’，其实一也。”《说文》：“巳象蛇之形，亥象豕之形。”盖一阳生于子，至巳而六阳备；一阴生于午，至亥而六阴备，故此二字皆象形也。巳，蛇也；亥，豕也。故子夏之晋过卫，有读史者曰：“晋师三豕渡河。”子夏曰：“非也，是己亥也。”《林氏小说》[6]曰：“以其食不絜，故名之‘豕’。”

【注释】

[1] 见《诗经 · 小雅 · 渐渐之石》。

[2]《周易》中的一卦。

[3] 申枨：字周，春秋时鲁国人，精通六艺，孔子七十二贤之一。唐开元

二十七年（739）追封为“鲁伯”，宋大中祥符二年（1009）封为“文登侯”，明嘉靖九年（1530）封为先贤。

[4] 见《礼记·儒行》。《儒行》通过孔子与鲁哀公的对话，从各个方面反映出一个儒者的行为规范。

[5] 即今天所说的“米猪肉”。即含有寄生虫猪肉绦虫囊尾蚴的病猪肉。瘦肉中有呈黄豆样大小不等，乳白色，半透明水泡。象是肉中夹着米粒，故称米猪肉。米猪肉一般不鲜亮，肥肉瘦肉及五脏、器官上都有或多或少米粒状的囊包。囊包虫呈石榴籽状，寄生在肌纤维（瘦肉）中，腰肌是囊包虫寄生最多的地方。人食用“米猪肉”后会感染猪肉绦虫，危害健康。

[6]《文献通考》卷一百九十：“林氏小说三卷。”《宋史》卷四百四十一：“（孙）逢吉尝为蜀国子毛诗博士，检校刻石经罕，亦善文字之学。尝著說文二十篇目，曰：《林氏小說》，刻石蜀中。”

【译文】

豕，就是彘，举着尾巴，所以叫作“豕”。犬喜欢雪，马喜欢风，豕喜欢雨，所以天将要下很久的雨时，豕会前往渡涉水波，《诗经》中说：“白蹄子的大小猪，成群涉水踏波过。月亮靠近天毕星，大雨滂沱汇成河。”就是这个意思。牛性格顺从，羊性格狠厉，豕性格急躁，有白色蹄子的豕，则是其中更急躁的，所以《诗经》中用来描述夷狄骄横狡猾难以治理的困难。四个蹄子都是白色的叫作“豥”，说的就是它。《说卦》中说：“坎位为豕。”坎位趋于下部，豕能够低下脑袋，又喜欢卑微污秽的事物，属于水边生长的动物，所以说“坎位代表豕”。《周易》中“大畜”一卦，六四称为“幼牛的牙齿”，六五称为“公猪母猪的牙齿。”之所以叫“牿”“牙”的原因，是说畜养公猪母猪的木桩。现在东齐之地从大海到泰山之间的地带用木桩拴住豕，称作“牙”，名叫“安放木桩摆开牲口。”六四聚集初，由外至内，有牿的样子；六五聚集九，以小制大，有牙的样子。孔子曾说过：“申枨个人欲望多，不能说是刚强的。”又说：“给君子俸禄容易却难以像野兽一样畜养他们。”人之所以不刚强而容易被畜养的原因，大概是因为欲望的拖累。童牛、豮豕是没有私欲，刚强而不受外物的拖累；刚强而不受外物的拖累，就难以被畜养。豢养贤才的道理，就好像停驻童牛的牿和系住公猪母猪的牙，这样达到顶点，所以孔子四说“有喜”，五说“有庆”。《礼记》中说：“羊可叫作柔毛，豕可叫作刚鬣。”羊的毛，柔软；豕的毛，坚硬。《周官》中说：“豕看不见而眼睫相交，长有息肉。”腥，《说文解字》中音为“姓”，认为占星者见到可食用的豕，令它的肉长出息肉。现在俗称为“腥肉”。大概是豕身上若有米肉像星一样，那么就会发腥发臭，肉不可以食用，所以字形又通“腥”。而《内飨》中分辨腥臊膻香等等不可食用的食物时说：“豕看不见而眼睫相交，长有息肉。”郑氏说：“‘腥’应当写作‘星’，肉上有像米一样的点点像星，不知道所谓的像星星般的息肉便是‘腥’，其实是一个意思。”《说文解字》中说：“巳的字形像蛇的形状，亥的字形像豕的形状。”大概是一个阳物生于子日，到了巳日而六阳皆备；一个阴物生于午日，到了亥日而六阴皆备，所以这两个字都是象形字。巳，代表蛇；亥，代表豕。所以子夏从晋地经过卫地，有个读史书的人说：“晋军三豕过黄河。”子夏说：“不对，是己亥日过黄河。”《林氏小说》中说：“因为所吃的食物不干净，所以给它起名叫作‘豕’。”

狱

狱兽似猨，青身，黑颊，有髯。髯黑，其手亦黑。性好理髯，又爱其类，生相序，死相赴，杀一可以致百，故《周官》“素车，犬𥚃”[1]，言君臣之道尚微，当警备也；“藻车，鹿浅𥚃”“駹车，然𥚃”，言丧事弥吉而君臣之道滋定。故“鹿𥚃”以明安则相求，患难则相卫；“然𥚃”以明安则相叙，患难则相赴也。旧说狱皮五色，中为茵毯，人取，以药矢射之，其偶为拔其矢，因以自刺，与之俱毙。

【注释】

[1] 出自《周礼 · 春官 · 巾车》。

【译文】

獭的样子像猨，青色的身体，黑色的脸颊，有胡须。胡须呈黑色，脚掌也是黑色。平常喜欢整理胡须，又与同类友爱，同生共死，杀一个可能招致来百只的报复，所以《周官》中写“古代行丧事的车，有犬一样的福气。”是说君臣的关系还很微妙时，应当作出警备；“藻车，有鹿一样浅薄的福气”“駹车，有獭一样的福气”，是说丧事越吉祥而君臣之间的道义则越牢固。所以“鹿福”是安定时互相祈求，患难时则互相卫护；“獭福”是安定时互相谈论，患难时则共同赴死。旧时有说獭的皮有五种颜色，能做成垫子毯子，人们为了取得它的皮，用浸了毒药的箭矢射杀它，它的配偶会拔出箭矢，用箭矢自杀，与配偶一同死去。

豚[1]

《曲礼》曰：“豚曰腯肥。”《说文》云：“牛羊曰肥，豕曰腯。”“豚曰腯肥”，盖兼之也。《易》曰：“信及豚、鱼。”[2]正言豚、鱼者，豚，微物而遁逸；鱼，微物而潜逃。信所难及故也。《玉藻》曰：“圈豚行不举足，齐如流。端行颐霤，如矢。弁行剡剡[3]起屦。执龟玉，举前曳踵，蹜蹜如也。”先儒以为弁，疾也；端，直也；圈，转也；豚之言若有所循，皆非是。盖畜养之闲曰“圈”，豕子曰“豚”，“端”读如“端弁”之“端”，“弁”读如“弁冕”之“弁”。“圈豚临行不举足，齐如流，执龟玉，举前曳踵，蹜蹜如也”，则《礼》以其物记行容；“端行颐霤如矢，弁行剡剡起屦”，《礼》以其服记行容。互相挟也。古者祭祀必先择牲，系而养之于牢，君衮冕而临之，则“行不举足，齐如流”，所以致敬，且称其服容也。《祭义》[4]曰：“天子为籍千亩，冕而朱纮，躬秉耒；诸侯为籍百亩，冕而青纮，躬秉耒，以事天地、山川、社稷、先古，以为醴酪齐盛，于是乎取之，敬之至也。古者天子、诸侯必有养兽之官，及岁时，斋戒沐浴而躬朝之。牺牷祭牲，必于是取之，敬之至也。君召牛，纳而视之，择其毛而卜之，吉，然后养之。君皮弁素积，朔月、月半，君巡牲，所以致力，孝之至也。”又曰：“君皮弁素积，卜三宫之夫人、世妇之吉者，使入蚕于蚕室。世妇卒蚕，献茧于夫人。夫人副袆而受之，以为黼黻文章，以祀先王、先公，敬之至也。”由是观之，君冕而亲耕籍田，则冕而豢牲，不为过矣。皮弁素积，卜三宫之夫人、世妇之吉者，使入蚕于蚕室，夫人副袆而受茧，则君皮弁卜牲，冕而圈之，又不为过矣。《庄子》曰：“祝宗人玄端，临牢筴，说彘曰：‘吾将三月豢汝，十日戒，三日斋。’”[5]夫礼，祝宗人玄端，临牢择彘，则天子皮弁召牛，纳而视之，卜之吉，然后养之，固其礼也。或言“牛”，或言“彘”，其实一也。择之以弁，则豢之以冕礼，又宜然也。然则“行不举足，齐如流”，冕行之容也；“颐霤如矢”，端行之容也；“剡剡起屦”，弁行之容也。

【注释】

[1] 豚：小猪。

[2] 出自《周易·中孚》。

[3] 孔颖达疏：“剡剡，身起貌也。急行欲速，而身屦恒起也。”

[4]《礼记》中的一篇，是对祭祀意义的阐述。

[5]《庄子·外篇·达生》。

【译文】

《曲礼》中说：“豚又叫腯肥。”《说文解字》中说：“牛羊叫作肥，豕叫作腯。”“豚叫腯肥”是综合了两者的结果。《周易》中说：“信义教化能达到豚和鱼。”说豚和鱼的原因是，豚是低微的动物而善于逃遁；鱼也是微小的生物而善于潜逃，这是信义教化难以到达的原因。《礼记·玉藻》中说：“走小碎步时好像脚未离地，衣裳的下摆擦着地面像流水一般，在就席或离席时也是用这种小碎步。疾行时头要略低，双颊斜垂如屋檐一般。跑步时双脚要频频举起。手执龟甲、玉圭等宝器时，步子要格外留神：脚尖抬起，而脚跟拖地，一副小心翼翼的模样。”过去的儒生认为弁就是疾的意思；端就是直的意思；圈就是转的意思；描述豚的话若是有所凭借，都不是真的。大概是圈养的栅栏叫作“圈”，豕的孩子叫作“豚”，“端”的读音如“端弁”的“端”，“弁”的读音如“弁冕”的“弁”。“走小碎步时好像脚未离地，衣裳的下摆擦着地面像流水一般，在就席或离席时也是用这种小碎步。疾行时头要略低，双颊斜垂如屋檐一般。跑步时双脚要频频举起。手执龟甲、玉圭等宝器时，步子要格外留神：脚尖抬起，而脚跟拖地，一副小心翼翼的模样。”《礼记》用物品的形象来描述大臣行走的模样；“疾行时头要略低，双颊斜垂如屋檐一般。跑步时双脚要频频举起。”《礼记》用动物的形貌来描写大臣行走的模样。互相挟制着。古人祭祀前必定会先选择牲畜，系在牢笼中豢养，天子身穿衮衣和冠冕驾临，“走小碎步时好像脚未离地，衣裳的下摆擦着地面像流水一般”，然后共同向天子致敬，且会称赞他们的服装容饰。《祭义》中说：“从前天子有藉田千亩，到了春耕的时候，要戴上系有红色帽带的礼帽，亲执犁把而耕；诸侯也有藉田百亩，到了春耕的时候，要戴上系有青色帽带的礼帽，亲执犁柄而耕。藉田所得的收入，用来祭祀天地、山川、社稷和先祖。醋酪黍傻等等祭品，就是来自藉田的收入。这是多么虔诚的祭祀啊。古时候天子和诸侯都专门设有养兽之官，每年到了一定的时候，天子和诸侯都要在斋戒沐浴之后前往巡视。因为符合要求的祭牲一定要从其中挑选，这是对祭祀极其虔敬的表现。在祭前三月，国君派人把牛牵来，亲自察看，挑选毛色纯一体无损伤的牛加以占卜，如果得到吉兆，然后就把此牛敬养起来。到了每月的初一、十五，国君还要穿上皮弁礼服，亲自察看被养之牛，在这上面下这样大的力气，也是极其孝顺的表现。”又说：“国君身穿皮弁服，通过占卜选择后宫中符合吉兆的夫人和世妇，让她们到蚕室去养蚕。世妇们捧着收获的蚕茧请国君过目，然后就献茧于夫人。夫人就身着礼服而接收了下来，制成绘有种种图案的礼服。礼服做成以后，国君穿上礼服祭祀先王先公，真是虔敬到极点了。”由此来看，君主戴着冠冕而亲自夏天耕作田地，亲自豢养祭祀的牲畜，也不算过分。国君身穿皮弁服，占卜选择后宫中符合吉兆的夫人和世妇，让她们到蚕室去养蚕。世妇们捧着收获的蚕茧请国君过目，然后就献茧于夫人。夫人就身着礼服而接收了下来，那么君主身穿皮弁服占卜牲畜，亲自豢养它们，也不算过分。《庄子》中说：“掌握宗庙祭祀的祝宗人穿着玄色礼服，亲临牢笼，对彘说‘我将要用精料喂养你三个月，守十日戒，三日斋。’”到了举行祭礼时，祝宗人穿着玄色礼服，前往牢笼选择彘，天子穿着皮弁服召人牵来牛，收纳然后观察，占卜得到好的征兆后便会豢养它，也是固定的礼节。有的说“牛”，有的说“彘”，其实是一样的。穿着皮弁服选择牲畜，豢养它后用来进行加冕的礼节，是合适的。然而“走小碎步时好像脚未离地，衣裳的下摆擦着地面像流水一般”，是君主戴冕前进的形貌；“疾行时头要略低，双颊斜垂如屋檐一般”，是群臣端正前进的形貌；“跑步时双脚要频频举起，”是群臣戴帽前进的形貌。

驺虞

驺虞[1]，尾参于身，白虎，黑文，西方之兽也。王者有至信之德则应。不践生草，食自死之肉，传曰：“白虎仁。”即此是也。夫其色见于白，其文见于黑，又义兽也。而名之曰“虎”，则宜正以杀为事，今反不履生草，食自死之肉，盖仁之至也。故序《诗》者曰：“仁如驺虞，则王道成也。”《山海经》曰：“驺虞五采毕具，尾长于身，乘之，日行千里。”[2]

【注释】

[1] 从下文的描述看，形态接近白色的孟加拉虎。白虎非常稀有，由于缺少保护色，白虎在自然界非常难存活，在野外已经灭绝。白虎主要以有蹄类动物为食。文中所说“不践生草，食自死之肉。”是儒家记载中理想化的解释。另外可能是由于白虎缺少保护色，难以成功捕猎，故而“食自死之肉。”另有记载说邹虞是狮首虎身。从形态推测可能类似于今天所讲的狮虎兽，主要是人类影响或主使之下的产物，它是雄性狮子和雌性老虎交配产生的后代。在自然状态，由于动物长期进化，物种间存在着生殖隔离，狮虎兽是很难产生的。

[2] 出自《山海经》卷十二《海内·北经》。

【译文】

驺虞，尾巴比身体要长，是一种白虎，身上有黑色的花纹，是生活在西方的野兽。出现有忠信到了极至德行的王者时便会出现呼应。驺虞不会践踏有生命的草，而会以自然死去的生物为食，传言道：“白虎有仁德。”就是这样。驺虞的毛色为白色，花纹是黑色，又被看作是忠义的野兽。而虎之所以称为“虎”，是因为它把杀戮作为常事，现在驺虞反而不踩生草，食用自然死去生物的肉，仁义到了极点。所以序《诗经》中说："做到仁德像驺虞一样，那么称王大业就可以完成了。"《山海经》中说："驺虞身上有五彩颜色齐具，尾巴比身体要长，骑乘它能够日行千里。"

犬

《说文》曰："狗之有县蹏者也，象形。"孔子曰："视犬之字，如画狗也。"凡肉，豚宜炮，犬宜羹，故犬曰"羹献"，而《礼》有"犬羹"，又"楚人烹猴，召其邻，以为狗羹而甘之"[1]是也。《礼》疏以为犬以余羹饲之，令犬善肥，故曰"羹献"，何其缪也。传曰："犬有三种：一者田犬，二者吠犬，三者食犬。"食犬若今菜牛也。《五行传》[2]曰："鸡畜之有冠翼者属貌，犬畜之以口吠者属言，羊畜之远视者属视，豕畜之居闲卫而听者属听，牛畜之任重者属思。"《杂令》曰："踦人者绊其足，啮人者截其耳。"此谓犬马之弗驯者，宜示幖帜晓人也。《说文》曰："牛触人，角箸横木，所以告人也。从口从牛。"然则示幖帜以告人，其来尚矣。《尔雅》曰："犬生三，猣；二，师；一，玂[3]。"师，众也；猣，言其丛聚。

【注释】

[1] 见《淮南子·修务训》。

[2] 即《洪范五行传》。《汉书·艺文志》已有著录，是为《洪范》做的传。《洪范》是《尚书》中的一篇，是商代贵族政权总结出来的统治经验。"洪"的意思是"大"，"范"的意思是"法"。"洪范"即统治大法。今人或认为系战国后期儒者所作，或认为作于春秋。

[3] 玂：音 qí。

【译文】

《说文解字》中说："狗有差别较大的蹄子，是模仿形状创造出的文字。"孔子说："看犬的字形，就好像画出一只狗一样。"凡是动物的肉，豚肉适合烘烤，而犬肉适合做成肉羹，所以犬别名"羹献"，而《礼记》中有"犬羹"

的记载，又说“楚地人烹食猴肉，召来邻居一同品尝，都认为是狗肉羹而赞美它”。《礼》认为用剩下的犬羹喂养犬，能让犬长得更肥壮，所以叫作“羹献”，这是何等的荒谬。传言道：“犬分为三种，一种是生活在田野中的犬，一种是看门守户的吠犬，一种是用来食用的肉犬。”食用的肉犬就好像现在的莱牛一样。《五行传》中说：“鸡生有肉冠羽翼属于外貌，犬用口吠叫属于说话，羊的远处观察属于远视，豕的清闲居住倾听属于倾听，牛的任务繁重属于思考。”《杂令》中说：“用蹄攻击人的动物会绊对方的脚，咬人的动物会咬对方的耳朵。”这是说犬马中桀骜不驯的，是展示信号来让人知道。《说文解字》中说：“牛抵触人，角显明的如同横木，来告诉人类（不要招惹）。所以告的字形从口从牛。”然而展示信号来警告人类，由来就很久远了。《尔雅》中说：“犬有三只，就是猣；有两只，就是师；有一只，就是玂。”师，是众多的意思；猣，是说兽的丛聚。

豻

豻，胡犬也。似狐而小，黑喙，善守，其字从干，《释言》[1]曰：“干，扞也。“《记》曰：“君子狐青裘豹褎，麛裘青豻褎。”[2]豹取“制服”，豻取“扞守”也。《周官》：“七射豻侯。”豻，胡犬也，其守在夷，士以能胜四夷之守为善，亦其伏节死制而听命于主，士之事也，故“射豻侯”。传曰：“桀犬吠尧，非尧之罪，犬各护其主尔。”巾车曰漆车，藩蔽豻禩雀饰，盖祥事禫而就吉，则其守将在四夷，故豻禩也。《仪礼》[3]曰：“大侯九十，参七十，干五十。”[4]即所谓虎九十弓，熊七十弓，豹、麋皆五十弓者也。郑云：“‘参’读为‘糁’。糁侯者，豹鹄而麋饰。‘干’读为‘豻’。豻侯者，豻鹄豻饰。”皆非是。王射虎侯，则于熊侯、豹侯为大，故“虎侯”一名“大侯”，《诗》传所谓：“大侯，君侯也。”“参”即熊侯，言其参于虎侯、豹侯之中也。“干”即豹侯，言其以下干上，又继熊虎之后也。《梓人》曰：“张皮侯而栖鹄，则春以功；张五采之侯，则远国属；张兽侯，则王以息燕。”[5]郑云：“皮侯，以皮所饰之侯也；五采之侯，谓以五采画正之侯也；兽侯，画兽之侯也。”《诗》曰：“终日射侯，不出正兮。”[6]正，所射也，《诗》传以为“二尺曰正”。盖王射采侯，九节五正，则其居侯中，地方丈矣。“梓人为侯，广与崇方，参分其广，而鹄居一焉。”郑氏以为鹄方六尺，则大射之鹄小而中难，宾射之正大而中易。理或然也。《吕子》曰：“射帖者欲中小，射兽者欲中大。”然则大射射鹄，宾射射正，乡射射质，燕射则因乡射之侯。郑氏注《仪礼》，以为燕射乃张兽侯，而乡射当张采侯二正，又误矣。诸侯之射也，必先行燕礼[7]；大夫之射也，必先行乡饮酒之礼[8]。故其射侯皆相因。而记乡射者正言兽侯，如《梓人》《燕礼》。又以谓若射，则大射正为司射，如乡射之礼也。《司裘职》[9]曰：“王大射，则共虎侯、熊侯、豹侯，设其鹄。”则大射射鹄之证也。《射人职》曰：“王以六耦，射三侯，三获三容，乐以《驺虞》，九节五正。”则宾射射正之证也。三侯即虎侯、熊侯、豹侯，其侯中皆以五采画正，所谓五采之侯。郑云：“三侯，五正、三正、二正之侯。”又误矣。《射人》曰：“王射三侯，九节五正。”则明此三侯皆九节五正。下云：“士射豻侯，五节二正。”则又明豻侯内以二采画正。士射豻侯，内以二采画正，则王射五采画正之侯，亦以虎侯、熊侯、豹侯明矣。下云：“若王大射，则以狸步张三侯。”则又明此五采画正之侯，既不栖鹄，又不以狸步张之，所以异于大射者如此。且王大射，则张皮侯而栖鹄，又独张以狸步者，盖于此以择士，则宜拟度而取焉。又欲其中微，故放狸步而栖鹄也。鸿鹄一举千里，射者难中，故于大射射之，以择其巧者。《乡射礼》[10]曰：“凡侯，天子熊侯白质；诸侯麋侯赤质。大夫布侯，画以虎豹；士，布侯，画以鹿豕。”凡画者丹质，则乡射射质之证也，质亦所射也。《诗》曰：“发彼有的。”[11]《传》云：“的，质也。”后郑以为白质、赤质皆谓采其地，亦误矣。盖《礼》曰：“大夫布侯，画以虎豹；士布侯，画以鹿豕。”凡画者丹质则明。凡此布侯画兽，乃射丹质，而熊侯白质、麋侯赤质，非画者矣。郑氏云：“丹质，谓以丹采其地。”亦误也。然则皮侯无正有鹄，采侯无鹄有正，兽侯有质无鹄无正。《司弓矢》[12]曰：“泽，共射椹质之弓矢。”正弓、弧弓以授射甲革、椹质，则泽射椹质，所以选试其力。《孟子》曰：“其至，尔力也；其中，非尔力。”[13]“夹弓、庾弓，以授射豻侯、鸟兽者”，盖豻侯五十步，而士以弱弓射之，则其力之强弱莫知焉。故使于泽宫，先射椹质；已射于泽，而后射于射宫。则于是焉张皮侯而栖鹄，又以择其巧。巧力不具，非所以为善射。

【注释】

[1] 即《尔雅 · 释言》。

[2] 出自《礼记 · 玉藻》。

[3]《仪礼》：儒家十三经之一。是中国春秋战国时代的礼制汇编。共十七篇。内容记载周代的冠、婚、丧、祭、乡、射、朝、聘等各种礼仪，以记载士大夫的礼仪为主。秦之前篇目不详，汉初高堂生传仪礼。

[4]《仪礼 · 大射仪》，记述了诸侯有朝觐、会盟、祭祀等大事时与群臣习射的礼节仪式。不同等级的诸侯用的射布大小不一，摆放的远近也不一。

[5] 出自《周礼 · 考工记 · 梓人》。

[6] 出自《诗经 · 齐风 · 猗嗟》。

[7] 燕礼之燕通宴，义为安闲、休息。燕礼是古代汉族贵族在政余闲暇之时，为联络与下属的感情而宴饮的礼仪。燕礼可以是为特定的对象而举行的，如出使而归的臣僚、新建功勋的属官、聘请的贵宾等，也可以是无特殊原因而宴请群臣。由此可见，燕礼是明君臣上下相尊之义。天子、诸侯、族人各有燕礼，但多已亡佚，文中所说的为诸侯宴请臣下之礼。燕礼的仪节比较简约，以饮酒为主，有折俎而没有饭，只行一献之礼，意在尽宾主之欢。《仪礼》有《燕礼》一篇记燕礼的礼法，《礼记》有《燕义》一篇记燕礼的礼义。

[8] 作为记述乡人以时聚会宴饮的礼仪，《仪礼》的篇名。乡饮酒约分四类：第一，三年大比，诸侯之乡大夫向其君举荐贤能之士，在乡学中与之会饮，待以宾礼。第二，乡大夫以宾礼宴饮国中贤者。第三，州长于春、秋会民习射，射前饮酒。第四，党正于季冬蜡祭饮酒。《礼记 · 射义》说，“乡饮酒礼者，所以明长幼之序也。”

[9] 与下文的《射人职》都是《周礼》的篇名。

[10]《仪礼》中的一篇。

[11] 出自《诗经 · 小雅 · 宾之初筵》。

[12]《周礼》的一篇。

[13]《孟子》卷十《万章章句下》。

【译文】

豻，一种野犬。体型像狐而更小，有黑色的嘴，善于守御，字形从干，《释言》中说："干，就是扞的意思。"《礼记·玉藻》中说："大夫士如果里边穿的是狐青裘，用豹皮给袖口镶边，如果穿的是麑裘，用青豻皮给袖口镶边。"豹取的是"制服天下"的意思，豻取的是"捍卫邦国"的意思。《周官》中说："七次射中豻的封侯。"豻，是野犬，守备四夷的土地，士人能够胜过四边少数民族的守御的才算是有能力的，也因为他们保持气节与国君共存亡而听命于国君，是士的职责，所以"射豻的封侯。"传言道："桀骜的犬向尧吠叫，不是尧的罪过，是因为犬各自护卫各自的主人罢了。"巾车也叫漆车，屏障用豻来做用雀装饰，祭祀的事后除去丧衣转为祥瑞，那么守将在四边民族防御，所以豻是有福气的，《仪礼》中说："等级高的诸侯射布宽九十，次之的诸侯射布宽七十，再次之的宽五十。"就是所说的虎用能射九十的弓，熊用能射七十的弓，豹、麋都用能射五十的弓。郑玄说："'参'读作'糁'，糁侯，用豹的箭靶和麋的装饰。'干'读作'豻'。豻侯，用豻的箭靶和豻的装饰。"都不是。王使用虎侯靶打猎，那么对于熊侯、豹侯来说就是大的，所以"虎侯"也叫作"大侯"，《诗经》中说："大侯，就是君侯。""参"就是"熊侯"，说它插在虎侯、豹侯之间。"干"就是豹侯，是说他以低下身份与上并列，是继在熊侯、虎侯的之后。《梓人》中说："摆放皮质箭靶而栖息天鹅，那么便是春天的恩赐；摆放五彩色的箭靶，那么则是远离国家的臣属；摆放兽的箭靶，那么王便会停止战争。"郑玄说："皮侯，就是用皮做装饰的箭靶；五采之侯，就是用五彩颜色描画的箭靶；兽侯，就是画有兽的箭靶。"《诗经》中说："终日射靶不曾停，箭无虚发中靶心。"正，就是所射的区域，《诗经》中认为"两尺见方称为正"。王射彩色箭靶时，有九节和五正，位置在箭靶正中，地方有丈宽。"木工制作箭靶，广阔而正方，分开广阔的区域，而鹄鸟占据一个位置。"郑玄认为鹄鸟大小有六尺，那么君主在广大的射击区域中射中鹄鸟是很难的，宾客的射击区域大而射中却是很简单的。道理就是这样。《吕子》中说："射帖的人想要射中小的区域，射兽的人想要射中大的区域。"然而君主射鹄鸟，臣子射正方，乡饮宾客射质，燕礼射则用乡饮射的箭靶。郑玄为《仪礼》作注时，认为燕礼时射猎就是摆设兽的箭靶，而乡礼的射猎就是摆设五彩箭靶两个正方，又是错了。诸侯的射猎之前，必定要先进行燕礼；大夫的射猎之前，必定要先进行乡人饮酒的礼节。所以射猎的靶子都是相互凭借的。而记载乡礼涉猎说用兽的箭靶的，有《梓人》《燕礼》。又说如果涉猎的话，大射应为司射，就好像乡射的礼节一样。《司裘职》中说："王举行大型射猎时，会设置虎靶、熊靶、豹靶，设置鹄鸟。"这就是大射时射鹄鸟的证据。《射人职》中说："王带着六对随从，射击三个箭靶，三次获得猎物，高兴的样子在《驺虞》中可以体现，有九节和五正。"这是宾客射击射正的证据。三侯就是虎靶、熊靶和豹靶，靶的中央都用五彩色画正，就是所说的五彩色的箭靶。郑玄说："三种箭靶，分为画五正、三正、二正的箭靶。"又错了。《射人》中说："王射三种箭靶，共有九节和五正。"就说明这三种箭靶都是各有九节和五正。下边又说："士射击豻靶，有五节和两正。"则有表明豻靶是用两种色彩画正，那么王射击的五彩色画正的箭靶，就很明显是虎靶、熊靶和豹靶了。下文又说："如果王大举射猎，便会用狸步测量三个箭靶的距离。"那么就又表明，这三种五彩色画正的箭靶，既不设置鹄鸟，也不用狸步测量距离，之所以与君主大射有差别就是这里。况且王举行大射时，会设置皮靶和鹄鸟，又单独用狸步测量，大概是用这种方法选择能士，适合拟测揣度来取用。为了想要看清其中的微妙变化，所以才会用狸步测量而设置鹄鸟。鸿鹄一飞能到千里远的地方，打猎的人很难射中，所以才在大射时才射鹄鸟，来选拔巧妙的能士。《乡射礼》中说："凡是箭靶，天子的熊靶是白色质地，诸侯的麋靶是赤色质地。大夫设置箭靶，其上会画虎豹；士人设置箭靶，其上会画鹿豕。"凡是画上去的朱红色的质地，都是乡射射朱红色质地的证明，朱红质地处就是所射的地方。《诗经》中说："射击那个有朱红质地的地方。"传言说："的，就是质的意思。"之后郑玄认为白色质地、赤色质地都是说获得其质地的地方，也是错的。《礼》中说："大夫设置箭靶，上边画虎豹；士设置箭靶，上边画鹿豕。"凡是画上去的朱红色质地一看便能看出。凡是设置这种画着兽的箭靶，都是射击朱红质地处，而熊靶的白色质地、麋靶的红色质地都不是画上去的。郑玄说："朱红质地，是说朱红染料采取的地方。"也是错的。然而皮靶上不画正而设置鹄鸟，五彩箭靶不设置鹄鸟而画正，兽靶有质地而没有鹄鸟不画正。《司弓矢》中说："泽，是共同射击箭靶的弓和矢。"授予正弓与弧弓射击铠甲皮革箭靶，那么用泽射击箭靶，是为了尝试选择合适的力量。《孟子》中说："射击时能射到靶子处，是你的力量；然而射中，靠的是技巧而不是你的力量。""古代六弓中的夹弓、庾弓，授予来射豻靶"，大概是因为豻靶距离五十步，而士用力气小的弓射击，否则力的强弱就没有办法知道。所以使用泽弓，先射箭靶；之后在行大射礼的场地射猎。那么在这里摆放皮靶而设置鹄鸟，用来选拔其中有巧力的人才。不具备巧力的人，不是所说的擅长射猎的人。

埤雅·卷六

释鸟：鹊、鸡、鹳、鹅、雉、鹞雉、鸢、乌、鹯、鵰、鴈、鹰、鸂鶒、鹤、鹚

鹊

鹊知人[1]，喜作巢，取在木杪枝，不取堕地者。皆传枝受卵，故一曰“乾鹊”[2]，而《庄子》云“乌鹊孺，鱼傅沫”也，鹊以传枝少欲，故曰“孺”也[3]。《列子》[4]所谓“纯雄，其名‘稺蜂’”者，与此同意。《淮南子》[5]曰：“太阴所建，蛰虫首穴而处，鹊巢向而为户。”又曰：蛰虫、鹊巢，皆向天一。“盖鹊巢开户，向天一而背岁，故《博物志》云“鹊背太岁”也[6]。先儒以为鹊巢居而知风，蚁穴居而知雨。鹊岁多风则去乔木，巢旁枝，故能高而不危也。然则彊[7]而不淫，知风之自而作其巢，知岁之所在而开其户者，鹊也。彊而不淫，所以成德；成德，故有行。知风之自而作其巢，知岁之所在而开其户，所以趋时[8]；趋时，故有功。故《诗》以譬国君积行累功。《诗》曰：“防有鹊巢，邛有旨苕。”[9]言不惊惧之，故“防有鹊巢”；不残贼之，故“邛有旨苕”也。俗说鹊巢中必有梁，见鹊上梁者，必贵。今二鹊共衔一木，置巢中，谓之“上梁”。《说文》作“舄”，象形，通为“舄履”之“舄”。古之人居欲如燕，行不欲如鹊，故其字借为“舄履”之“舄”，所以为行戒也。其在《相法》有之，曰：“鹊行跄跄，性行弗良。”篆文作“誰”，盖从错省。《淮南子》曰：“如鹊之驳。”一曰从昔，“昔”之言“乾”也。《考工记》[10]曰：“稺牛之角直而泽，老牛之角紾[11]而昔。”《殷

氏子抄》曰："舄九写而为乌，帍[12]三写而为帝。"言书之转易如此。《意林》曰："书三写，鱼成鲁，帝成帍。"亦是意也。《相感志》[13]曰："野鸡属阴，先鸣而后鼓翼；家鸡属阳，先鼓翼而后鸣。"《天玄主物簿》云："鹊啄槐实，结玉于脑，谓之'鹊玉'。此鹊终岁不复鸣噪，虽巢，无胎卵[14]。"

【注释】

[1] 出自《淮南子》："鹊知人喜"。

[2] 乾：阳物也。乾有刚健之意。《易》统卦有云："鹊者，阳鸟，先物而动，先事而应。"《淮南子》曰："乾鹊知来而不知往，此修短之分也。"是以知音'干'为无义。

[3] 语出《庄子·天运》篇，孔子向老子求道，老子三次教诲孔子终使其认识到不能跟自然的变化相识为友，又怎么能教化他人，使得孔子认识了自然之道。

[4] 见卷三"牛"条注释［6］。

[5]《淮南子》，又名《淮南鸿烈》《刘安子》，西汉皇族淮南王刘安及其门客集体编写的一部哲学著作，道家作品。

[6] 中国古代志怪小说集。西晋张华（232—300）编撰，分类记载异境奇物、古代琐闻杂事及神仙方术等。内容多取材於古籍，包罗很杂，有山川地理的知识，有历史人物的传说，有奇异的草木鱼虫、飞禽走兽的描述，也有怪诞不经的神仙方技的故事，其中还保存了不少古代神话材料。太岁，古代天文学中假设的岁星。又称岁阴或太阴。古代认为岁星（即木星）十二年一周天（实为 11.86 年）。有人认为太岁就是天一，宋均曰："天一、太一，北极神之别名。"《广雅·释天》："天一……太岁也。"参阅清代王引之《经义述闻·太岁考上》"论太岁之名有六名异而实同"。这里我们认为，天一不是太岁，否则"盖鹊巢开户，向天一而背岁"就说不通。这里，我们取天一是北极星，太岁是木星。

[7]《说文》：弓而有力也。

[8] 时：指节令。

[9] 出自《诗经·陈风》，译为"喜鹊搭窝在河堤，紫云英草长坡地"。

[10]《考工记》是春秋末期齐国的工艺官书。书中记载了六门工艺的二十个工种（缺二种）的技术规则，是中国古代科学技术的重要文献。

[11] 紾：指纹理粗糙。

[12] 古字同“虎”。

[13] 四库提要：《物类相感志》，旧本题东坡先生撰，然苏轼不闻有此书。又题僧赞宁编次。按晁公武《读书志》及郑樵《通志 · 艺文略》皆载《物类相感志》十卷，僧赞宁撰。是书分十八卷，既不相符。又赞宁为宋初人，轼为熙宁、元祐间人，岂有轼著此书而赞宁编次之理？其为不通坊贾伪撰售欺审矣。且书以物类相感为名，自应载琥珀拾芥磁石引针之属，而分天、地、人、鬼、鸟、兽、草、木、竹、虫、鱼、宝器十二门隶事，全似类书，名实乖舛，尤徵其妄也。广西师大出版社出的我国台北学者陈立华整理的《图解物类相感志》采此说。瑞典王罗杰（Roger Greatrex）的《论〈物类相感志〉与〈格物粗谈〉的作者问题》，认为“所谓的《东坡先生物类相感志》，实际上是从赞宁原著变化而来”，这一说法目前得到学界较多认可。

[14] 此说有误，鹊为卵生。

【译文】

鹊通人性，喜欢筑巢，筑巢时仅取用长在树上的小树枝，不使用掉落在地的枯枝。鹊都通过传递枝条进行交配，因此有一种说法为“鹊为阳物”，而《庄子》写到：“乌鹊孺，鱼傅沫”，鹊凭借传递枝条进行交配而少情欲，故被称作“孺”。《列子》中说“纯雄，其名‘稺蜂’”的语句，与此处的“孺”同意。《淮南子》中说：“蛰虫巢穴之处是最为阴寒之地，鹊巢朝向的方向便是房屋门口的方向。”还说蛰虫、鹊巢都朝向天一星。鹊修巢开户，朝向北极星而背对木星，故《博物志》说“鹊背太岁”。先前的儒者们认为鹊居住在巢里所以可以预知风，蚁居住在洞穴里所以可以预知雨。鹊在多风的年岁里会离开筑巢的乔木，在其他的分枝上重新筑巢，所以可以居住在较高的位置但不危险。然而鹊能力强但不放纵，知道风从何处来、知道时间和季节而开始筑巢。强大但不放纵，所以被称为有德，有德，所以有行。知道风从何处来、时节运行至何时而筑巢，所以可预示时节；预示时节即为有功于人。所以《诗》用鹊来作比国君的功绩累累。《诗》里说：“防有鹊巢，邛有防苕。”言语不会惊吓到它，所以说“防有鹊巢”；不将它当作贼来防，所以有“卬有防苕”。俗语里说鹊巢中一定有梁，如果谁家见到鹊筑巢在家中房梁上，那么这户人家必会富贵。今天两只鹊共同衔一根木，放在巢中，叫作“上梁”。《说文》里写作“舄”，是象形字，通“舄履”的“舄”。古代的人居住希望像燕那样，行动却不想象鹊那样，所以这个字借为“舄履”的“舄”，用来当作行为上的警戒。鹊在《相法》中也有提及，写到：“鹊行跄跄，性行弗良。”篆书里写作“䧿”，推测是从“错”旁。《淮南子》说：“如鹊之驳。”一种说法是从“昔”旁，“昔”是“乾”的涵义。《考工记》里说：“稺牛之角直而泽，老牛之角紾而昔。”《殷氏子抄》说：“舄九写而为乌，虒三写而为帝。”说明书中对文章和字词的转变就如这样。《意林》说：“书经过三遍誊写，鱼就成了鲁，帝就成了虒。”说的也是这个意思。《相感志》说：“野鸡属阴性，先鸣叫后振翅；家鸡属阳性，先振翅后鸣叫。”《天玄主物簿》说：“鹊啄食槐树的果实，在脑中结出玉，叫作‘鹊玉’。这种鹊终年都不会鸣叫，虽筑巢，但无生育。”

鸡

《盐铁论》曰：“鸡廉狼吞。”鸡跑而食之，每有所择，故曰“小廉如鸡”。[1]《尔雅》云：“鸡，大者蜀。蜀子，雓[2]。”郭璞曰：“鸡，大者蜀，今蜀鸡也。鸡有蜀、鲁、荆、越诸种，越鸡小，蜀鸡大，鲁鸡又其大者。”《庄子》曰：“越鸡不能伏鹄卵[3]，鲁鸡固能矣。”成玄英[4]曰：“越鸡，荆鸡也。鲁鸡，今之蜀鸡。”案：《韩子》曰：“鲁鸡之不期，蜀鸡之不支。”[5]则玄英所谓“鲁鸡，今之蜀鸡”，非是。旧说日中有鸡，月中有兔。按：鸡，正西方之物；兔，正东方之物。大明生于东，故鸡入之；月生于西，故兔入之。此犹镜灯西象入东镜，东象入西镜云尔。《风雨》[6]之诗曰：“风雨凄凄，鸡鸣喈喈。”“风雨潇潇，鸡鸣胶胶。”“风雨如晦，鸡鸣不已。”言鸡之信度如此。秋气惨而凄凄风雨如此，则疑于不能和；秋物脱而潇潇风雨如此，则疑于不能固；向晦则君子入以宴息之时也，风雨如此，则又疑于已。今曰“风雨凄凄，鸡鸣喈喈”“风雨潇潇，鸡鸣胶胶”“风雨如晦，鸡鸣不已”，则乱世居子不改其度之譬也。“喈喈”，言鸣而不失其和；“胶胶”，言鸣而不失其固。《易》曰："巽为鸡。"兑见而巽伏，故为鸡，鸡知时而善伏故也。故曰："乳狗噬虎，伏鸡搏狸。"又曰："伏鸡日抱其卵，伏而未孚，始化之时谓之'涅'。"王褒[7]曰："鱼瞰鸡睨[8]。"李善以为"鱼目不瞑，鸡好邪视"，此言是也。《禽经》[9]曰："陆鸟曰栖，水鸟曰宿；独鸟曰止，众鸟曰集。"水鸟晚于林栖，故曰"宿"也。《说文》云："日在西方而鸟栖，因以为'东西'之'西'。"《诗》曰："鸡栖于埘，日之夕矣。"[10]言鸡栖矣，日于是夕，夕于是月见，故夕象半月，未有蟾桂之状，月满则夜见，半则夕见故也。故曰："朝见曰朝，暮见曰夕。"夕非曛晦之时明矣。吴均[11]曰："鸡有呼群之德，鹿有食苹之美。"[12]传曰："鸡，见食相告者，仁也。"

【注释】

[1]《盐铁论》是西汉的桓宽根据著名的"盐铁会议"记录整理撰写的重要史书，书中记述了当时对汉武帝时期的政治、经济、军事、外交、文化的一场大辩论。"跑"疑有误，根据文中语义，当为"刨"。

[2] 蜀雞：指蜀鸡之雏或泛指蜀鸡。

[3] 常用来比喻才小难当大任。

[4] 南北隋唐初道士，字子实，陕州（今河南陕县）人。通儒学经典，尤重文字训诂学。

[5] 出自唐 · 韩愈《守戒》。

[6] 指《诗经 · 风雨》。

[7] 王褒（前90—前51）：蜀资中（今四川省资阳市雁江区昆仑乡墨池坝）人。西汉时期著名的辞赋家，与扬雄并称"渊云"。

[8] 鱼瞰鸡睨：出自《文选 · 王褒〈洞箫赋〉》，李善以为"鱼目不瞑，鸡好邪视"，故取喻焉。

[9]《禽经》一卷，旧本题师旷撰。全文三千余字，是作者在参阅前人有关鸟类著述的基础上，总结了宋代以前的鸟类知识，包括命名、形态、种类、生活习性、生态等内容。尽管其体例结构简单，内容也稍嫌粗糙，但作为我国早期的鸟类志，仍有其较大的意义。

[10] 出自《诗经 · 君子于役》。

[11] 吴均（469—520）：字叔庠（xiáng），南朝梁文学家吴兴故鄣人（现在浙江安吉人）。生于宋明帝泰始五年（469），卒于梁武帝普通元年（520）。南朝梁时期的文学家。好学有俊才，其诗文清新，多为反映社会现实之作，深受沈约的称赞。其文工于写景，诗文自成一家，常描写山水景物，称为"吴均体"，开创一代诗风。

[12] 出自《食移》，吴均撰。

【译文】

《尔雅》说到："蜀地的鸡形体较大，蜀鸡之雏为雜。"鸡用爪子在地上刨去杂物，挑择自己所能能食用的东西吃，所以说"小廉如鸡"。郭璞说："大的鸡为蜀地之鸡，即今天的蜀鸡。鸡有蜀、鲁、荆、越等品种，越地的鸡小，蜀地的鸡大，鲁鸡比蜀地的鸡还要大。"《庄子》说："越地的鸡因形体太小，不能伏在鸿鹄之卵上，而鲁地的鸡可以。"成玄英说："越鸡就是荆地的鸡，鲁鸡就是今天所说的蜀鸡。"按：《韩子》中说："鲁地的大鸡如果一直犹豫不前，到时候会被越地的小鸡斗败。"成玄英所说的"鲁鸡就是今天的蜀鸡"的说法是错误的。古老的说法中，日中有鸡，月中有兔。鸡是正西方之物，兔是正东方之物。日出于东方，所以鸡进入日来达到平衡；月出于西方，所以兔进入月来达到平衡。这就像西边的景象映入放置在东边的镜子，东边的景象映入西边的镜子。《诗经·风雨》这首诗写到："风凄凄呀雨凄凄，窗外鸡鸣声声急""风潇潇呀雨潇潇，窗外鸡鸣声声绕""风雨交加昏天地，窗外鸡鸣声不息"，这是说鸡的信用与坚守是这样。秋意深重且风雨凄凄，让人疑惑于它是否能够与同伴一起；秋季万物凋零且风雨潇潇，令人疑惑它是否能够按时打鸣；天色昏暗到了君子休息的时候，室外风雨仍未止息，又令人疑惑于它会不会停止打鸣。如今我们说的"风雨凄凄，鸡鸣喈喈""风雨潇潇，鸡鸣胶胶""风雨如晦，鸡鸣不已"，正是乱世中君子不改变自身操守的譬如。"喈喈"是说鸡鸣叫时不会放弃与同伴一起；"胶胶"是说鸡会按时鸣叫。《易》说："巽为鸡。"兑见而巽伏，故为鸡，因为鸡知晓时间并且善于低伏。所以说："幼小的狗能咬老虎，低伏的鸡能对抗狐狸。"又说："蹲伏于地的鸡每天抱着它的卵，只是伏于其上而未孵化，待到孵化那一日叫作‘涅’。”王褒说：“鱼瞰鸡睨。”李善理解为“鱼目不瞑，鸡好邪视”，这句话说对了。《禽经》说：“陆鸟曰栖，水鸟曰宿；独鸟曰止，众鸟曰集。”水鸟晚上栖于林，故称“宿”。《说文解字》中写到，太阳落到西方则鸟栖息，所以是东西的西，《诗经》中写到：“鸡在墙中凿除的鸡窝中休息，一天就在黄昏时了”。这是说鸡栖息时，太阳落到了黄昏，黄昏时于是月亮出现，所以夕的字形像一半月亮，字形没有金蟾桂树的形状，月亮完全出现时黑夜来到，出现一半时则为黄昏的原因，所以说：“白天到来叫作朝，黄昏到来时叫作夕。”那么黄昏不是昏暗的时候就很明显了，吴均说，鸡有呼朋引伴的德行，鹿有采食野萍的爱好，传言道：“鸡，见到食物会与伙伴互相告知，是有仁德的表现。”

鹳

鹳，形状略如鹤，其性甘带，每遇巨石，知其下有蛇，即于石前如术士禹步，其石阞然而转[1]。南方里人学其法者，伺其养雏，缘木以篾组缚其巢，鹳必作法解之，乃于木下铺沙，印其足迹而仿学之。天将雨，则长鸣而喜，盖知雨者也。又善群飞，薄霄激雨，雨为之散。作窠大如车轮，卵如三升杯，择礜石以妪卵。鹳，水鸟也，伏卵时数入水，卵则不毈，取礜石，周围绕卵，以助暖气，故方术家以鹳暖巢中礜石[2]为真物也。又泥其巢，一傍为池，以石宿水，今人谓之“鹳石”。飞则将之，取鱼置池中，稍稍以饲其雏。俗说“鹊梁蔽形，鹳石归酒”，又曰：“礜石温，鹳石凉，故能使卵不毈，水不臭腐也。”《诗》曰：“鹳鸣于垤，妇叹于室。”[3]垤，蚁冢也。鹳知天将雨，有见于上；蚁知地将雨，有见于下。鹳鸣于垤，将雨之候也。将雨，则征夫之至不必如期，故妇叹于室也。且行百里者半九十，言末路之难也，则于是时遇雨为尤苦，故诗人道此以序其情，而《序》曰：“三章言室家之望女也。”《禽经》曰：“鹳俯鸣则阴，仰鸣则晴。”仰鸣则晴，是有见于上也；俯鸣则阴，是有见于下也。夫文，雚见为观，盖取诸此。《拾遗记》[4]曰：“鹳能聚水巢上，故人多聚鹳鸟，以禳却火灾。”

【注释】

[1] 此说有误，多为古人之猜测。鹳有又长又结实的尖喙，可移动石头等诸物。

[2] 毈：疑为“毈”之误，指蛋内坏散，孵不成小鸟；礜石：一种性热含毒的矿石，即硫砒铁矿，也叫毒砂。

[3] 出处《诗经·豳风·东山》。

[4]《拾遗记》又名《拾遗录》《王子年拾遗记》。古代汉族神话志怪小说集。作者东晋王嘉，字子年，陇西安阳（今甘肃渭源）人。《晋书》第95卷有传。今传本大约经过南朝梁宗室萧绮的整理。

【译文】

鹳，形态状貌略微像鹤，生性喜欢食蛇，每当遇到巨大的石头，知道它下面有蛇，便在石头前像道士祷神一般跛行，那石头防然转动。南方邻居中有人学习鹳的方法，趁它喂养雏鸟，爬上树用芦苇绳索来束缚它的巢穴，鹳必定想办法解开它，于是在树下铺满沙土，印下鹳的足迹来模仿学习它。天空将要下雨，鹳便长声鸣叫而感到高兴，大概是知道要下雨了啊。鹳又善于成群飞翔，与云霄同行、与风雨激战，雨水因为它们而四散。所作的巢穴如同车轮一般大，所孵的蛋如同三升的器皿一般大，选择礜石来孵卵。鹳是水鸟，孵蛋时多次进入水中，蛋却不会坏散，这是因为鹳取来礜石放在周围环绕鹳蛋，来辅助暖气，所以方术家把鹳温暖巢穴的礜石当作真物。又用泥涂抹它的巢穴，旁边修一个水池，用石头围着将水存起来，如今的人称为“鹳石”。鹳飞出时就拿着它，取鱼放置在水池中，小心地用它来饲养雏鸟。俗话说：“鹊梁蔽形，鹳石归酒”，又说：“礜石性温，鹳石性凉，因此能使蛋不会坏散，使水不会腐臭。”《诗经》说：“老鹳在墩上鸣叫，妇人在房中唉叹。”垤，是蚂蚁的冢穴。鹳知道天将下雨，是从天上看出来的；蚂蚁知道天将下雨，是从地下看出来的。鹳在垤上鸣叫，是将要下雨的象征。将要下雨，那么被征用的人不一定能如期到达，因此夫人在家中哀叹。并且行百里者半九十，是在说最后道路的困难啊，所以在这个时候遇到下雨是尤为艰苦的，因此诗人说这点来抒发情感，而在《序》中说：“第三章说的是家中思念丈夫的妇人。”《禽经》说：“鹳低头鸣叫为阴天，仰头鸣叫为晴天。”仰头鸣叫为晴天，是从高处看出来的；低头鸣叫为阴天，是从低处看出来的。说文解字中，雚与见合为观，大概取之于这里。《拾遗记》中说：“鹳能在巢中聚水，因此人们大多聚集鹳鸟，来消除躲避火灾。”

鹅

鸽颈如瘿，鹅頟如瘤。今鹅，江东呼“䴏”[1]，长脰善鸣，又善转旋其项，古之学书者法以动腕，羲之好鹅者以此。亦其自然而有行列，故《聘礼》曰：“出如舒鴈。”[2]古者兵有鹅鹳之陈也。左氏曰：“郑翩愿为鹳，其御愿为鹅。”[3]旧说言江淮谓群鹳旋飞为“鹳井”，则鹳善旋飞，盘薄霄汉，与鹅之成列正异，故古之阵法或愿为鹅，或愿为鹳也。卞子曰：“羊性淫而很，猪性卑而率，鹅性顽而傲，狗性险而出。”[4]盖鹅，峩首似傲，故曰“傲”也。名之曰“鹅”其谓是欤？鹅伏随日，鶆伏随月，说者以为乳鹅伏卵，随日光所转。传曰：“鹅飞则蜮沈，鵙鸣则蛇结。”又曰：“短脚者多伏，长脚者多立。脚近尾者好步，脚近臆者好踯。”多伏，鳴鹅之类是也；多立，鹳鹤之类是也。又曰：“陆生之鸟，味多兊[5]或作锐而善啄；水生之鸟，味多圆而善唼。”亦鳴鹅之类是也；善啄，亦鹳鹤之类是也。俗云鹅毛柔暖而性冷，宜覆婴儿。《字说》曰：“鹅飞能俄而已，是以不免其身。若鳴鹅者，可也。鹅者，鹅也而非鹅。”《禽经》曰：“鹅见异类差翅鸣，鸡见同类拊翅鸣。”

【注释】

[1] 䴏：今指鸿雁。

[2] 出自《仪礼 · 聘礼》。

[3] 译为：“郑翩希望摆成鹳阵，他的御者希望摆成鹅阵”。鹳、鹅皆陈名，后即以“鹅鹳”并举指军阵。

[4] 出自南齐 · 卞彬《禽兽决录》。

[5] 兊：古同“兑”，或作“锐”。

【译文】

鸽的脖颈如同瘿，鹅的额头如同瘤。如今的鹅，江东之人称为“鸿雁”，脖子极长、善于鸣叫，又善于旋转它的脖颈，从前学习书法的人效法它们来挥动手腕，王羲之对鹅的喜爱也是因为这点。又因为鹅行动自然而有顺序行列，所以《聘礼》中说：“在外要如同雁一般。”古时军队有鹅阵和鹳阵。《左传》中说：“郑翩希望摆成鹳阵，他的御者希望摆成鹅阵。”过去的说法是江淮地区称群鹳旋转飞舞为“鹳井”，是鹳善于飞舞，盘旋于云霄之间，与鹅的整齐排列正不同，所以古时的阵法有的人愿意摆鹅阵，有的人愿意摆鹳阵。卞子说：“羊生性邪恶而狠毒，猪生性卑鄙而率直，鹅生性顽固而傲慢，狗生性险恶而奸诈。”所以鹅，高昂的头颅看起来高傲，因此说“傲”。称它为“鹅”大概说的就是这个吧？鹅的作息跟随太阳，鹊的作息跟随月亮，说的人认为母鹅孵化鹅蛋时，跟随日光而转动。传说：“鹅飞翔那么鬼怪就沉入水中，伯劳鸟鸣叫那么蛇类就会系结。”又说：“腿脚短的兽类常常卧伏，腿脚长的兽类大多直立。脚靠近尾巴的兽类喜欢行走，脚靠近胸腹的兽类喜欢顿足徘徊。”常卧伏的，是鸭鹅这一类的；常常直立，是鹳鹤这一类的。又说：“陆生的鸟类，鸟嘴大多尖利并善于啄食；水生的鸟类，鸟嘴大多圆润并善于吞咬。”善于吞咬的，也是鸭鹅这一类的；善于啄食，也是鹳鹤这一类的。俗话说鹅的羽毛柔软温暖而属性偏冷，适宜覆盖婴儿。《字说》说：“鹅飞翔短时间便停下来，因此不能免除自身。像鸭鹅这一类，是可以的。鸭鹅这一类中，鹅便不是鹅了。”《禽经》说：“鹅见到异类时交插翅膀鸣叫，鸡见到同类时拍打羽翼鸣叫。”

雉

雉[1]，死。耿介妒垄，护疆善斗，虽飞不越分域。一界之内，要以一雄为长，余者虽众，莫敢鸣雊，潘岳所谓“画坟衍以分畿者”也。《周官》[2]曰：“士执雉。”[3]士，死制，故执雉，所谓“二生一死，挚者也”。又其交有时，别有伦，而其羽文明，可用为仪，故古者后服三翟[4]。《诗》曰：“有弥济盈，有鷕雉鸣。”[5]济盈不濡轨，雉鸣求其牡，言雉宜交有时、别有伦，今反以雌求雄；非特以雌求雄，而又求牡焉。以雌求雄者，淫也；非特以雌求雄，而又求牡焉者，乱也。故《序》[6]曰："公与夫人并为淫乱。"又曰："雄雉于飞，泄泄其羽。"言雉交有时、别有伦，而又性善斗，虽飞不越分域。宣公淫乱，不恤国事，军旅数起，则雉之不如也。《易》曰："离为雉。"离，火也。其体文明，性复猋悍，故为雉。亦雉虽非辰属，而正是南方之物，陶氏[7]所谓"丙午日不可食者，明王于火"[8]也。又云："麞鹿非辰属，八卦无主。"故道家听许为脯。《礼》云："雉曰疏趾。"[9]鸭鴈丑指间有幕，其足蹼；鸡雉丑指间无幕，其足疏，故曰"疏趾"也。《简兮》[10]之诗曰："左手执钥，右手秉翟。"[11]此大舞也。《宛丘》[12]之诗曰："无冬无夏，值其鹭羽。"[13]此小舞也。雉取文明，鹭则取其有洁白之容。所谓大舞者，钥舞是也；所谓小舞者，羽舞是也。故《乐师》[14]云："掌教国子，小舞，一曰羽舞。"雉飞若矢，一往而堕。雉，鸡类也，不能远飞，崇不过丈，修[15]不过三丈，故雉高一丈，长三丈也。古者数数以万，度度以雉。《尔雅》"鸡""雉"皆曰"绝有力，奋[16]"。鸡、雉皆不能远飞，故名云。《化书》[17]曰："雉不再合，信也。"[18]《说文》云："雷始动，雉鸣而雊其颈。"蔡邕《月令》[19]以为："雷在地中[20]，雉性精刚，故独知之，应而鸣也。"《禽经》曰："雗上无寻，鹨上无常，雉上有丈，鷃上有赤[21]。"

【注释】

[1] 鸟：雄的羽毛很美，尾长；雌的淡黄褐色，尾较短。善走，不能久飞。肉可食，羽毛可做装饰品。通称"野鸡"。

[2] 周官：《尚书 · 周书》篇名。成王既黜殷命，灭淮夷，还归在丰，作《周官》。

[3]《周礼 · 春官 · 大宗伯》："以禽作六挚，以等诸臣。孤执皮帛，卿执羔，大夫执鴈，士执雉，庶人执鹜，工商执鸡。"，雉，野鸡，耿介之鸟。大概野鸡笨拙固执，从其习性而得气节之说，故言："取其守介而死，不失其节"。

[4] 古代王后、命女的三种祭服，即袆衣、褕翟、阙翟（狄）。因服上分别以翚翟、摇翚图形为饰，故名。与男子礼服的"六冕"相对应。

[5] 出自《国风 · 邶风 · 匏有苦叶》，译为"济水茫茫涨得满，岸从野雉叫

得欢”。

[6]《毛诗序》：古代汉族诗歌理论。著者一说为孔丘弟子子夏作，一说为汉人卫宏为《诗经》所作的序，分为大序和小序。大序为《关雎》题解之后作者所作的全部《诗经》的总的序言，小序是诗经三百零五篇中每一篇的序言。一般而言《毛诗序》是指大序。作者有争议。

[7] 即陶弘景。

[8] 语出《证类本草》卷十九。

[9] 语出《礼记·曲礼下》。

[10]《简兮》是《诗经·邶风》的一篇。

[11] 译为：左手拿着六孔笛，右手挥动雉尾毛。

[12]《宛丘》是《诗经·陈风》的一篇。

[13] 译为：无论是寒冬炎夏，持鹭羽舞姿美艳。

[14]《周礼》中的一篇。

[15] 修：指长度。

[16] 奋：引申为振作、腾跃。

[17] 道家著作，唐末五代谭峭撰。“其说多本黄老道德之旨，文笔简劲奥质”。内涵物理、化学、生物、医药等科学内容。

[18]《化书》中华书局1988年版原文为“雉不再接，信也。”

[19] 指蔡邕《明堂月令章句》。

[20] 古人认识中的错误，现代的解释是：雷是由于大气中的云体之间、云地之间正负电荷互相摩擦产生剧烈的放电，产生高温、使大气急剧膨胀而产生的震耳欲聋的巨响。

[21] 赤与尺通。亦作斥，即庄子所说的“斥鴳”。

【译文】

野鸡，笨拙固执。清高正直，妒忌别的鸟占据自己的领地，维护自己领地的疆界，善于战斗。即使飞翔，也不会越过领地的界限。在一处界域以内，主要以一只雄鸟为首，剩下的鸟即使数量很多，也没有敢鸣叫的，就是潘岳所说“画坟衍以分畿者”的样子吧。《周官》说：“士执雉。”士，要有气节，即使死手里也拿着雉的羽毛，所以说“二生一死，摯者也”。又因为它交配有特定的时间，不同性别之间有伦理，并且它羽毛上的花纹明显，可以用作礼节器具，所以用于古代王后、命女的三种祭服。《诗经》说：“济水茫茫涨得满，岸边雌野鸡叫得欢。”水涨但没有浸到道路上，雌性野鸡鸣叫呼唤雄鸟，这是说野鸡应当交配有特定的时间，性别有特殊的次序。现在反而雌鸟追求雄鸟；不具有雌鸟追求雄鸟的天性，却又追求雄鸟。雌鸟追求雄鸟，就是淫；不具有雌鸟追求雄鸟天性的，却又主动追求雄鸟，就是没有秩序。所以《序》说：“公与夫人并为淫乱。”又说：“雄雉在天空中飞翔，舒展着五彩的翅膀。”说野鸡交配有特定的时间、不同性别之间有伦理，并且又天性善于战斗，即使飞翔也不逾越界限。宣公淫乱，不忧虑国家大事，发生多次战争，那连野鸡也不如了。《易》说：“离为雉。”离，就是火。它的羽毛纹路鲜明，性格又迅捷勇猛，所以离是野鸡。也因为野鸡虽然不是生辰属相，却正是南方的产物，陶弘景所说的“丙午日不可食者，明王于火”。又说：“麞鹿非辰属，八卦无主。”所以修道之人也可以吃这种肉。《礼》说：“雉曰疏趾。”鸭子和大雁这类脚趾之间有相连的布状物，它们的足有蹼；家鸡和野鸡这类脚趾之间没有布状物，它们的足分散，所以说是“疏趾”。《简兮》中说：“左手执钥，右手秉翟。”这是大型舞蹈。《宛丘》中说：“无冬无夏，值其鹭羽。”这是小型舞蹈。野鸡的羽毛纹路鲜明，鹭则因为它的羽毛有洁白的容貌。所说的大型舞蹈，就是钥舞；所说的小型舞蹈，就是羽舞。所以《乐师》说：“掌教国子，小舞，一曰羽舞。”野鸡飞起来像箭，一飞就落下。野鸡，属于鸡这一类别，不能飞得很远，最高不过一丈长，远不超过三丈，所以野鸡的高度一丈，长度有三丈。古代的人数数量用万，度量长度用野鸡。《尔雅》“鸡”“雉”都说：“穷尽所有力量，腾跃”。鸡和野鸡都不能飞得很远，所以这么说。《化书》说：“雉不再合，信也。”《说文》说：“雷始动，雉鸣而雊其颈。”蔡邕《月令》认为：“地下要地震发生时，雉性精微刚强，所以独能知晓，感应而鸣叫。”《禽经》说：“鹁鸪鸟飞得高而无法用尺（七尺为一寻）来量度，田野百灵鸟飞得高且波状起伏，野鸡只能飞一丈高，鷃雀只能飞一尺高。”

鹞 雉

《释鸟》[1]云："江淮而南，青质，五采皆备成章，曰鹞[2]。"王后六服：一曰翚翟，画以翚雉；二曰揄翟，画以揄雉；三曰阙翟，言刻缯为之，阙而不画。阙而不画，则其制屈于二翟，故一名屈狄也。《丧大记》[3]曰："复夫人以屈狄，世妇以襢[4]衣。"襢亦信也。阙狄一曰屈狄，展衣一曰襢衣，其义一也。翚素质，揄青质。青质，仁也；素质，义也；备五采焉，礼也。地道尚义，故后妃之德，义以为质而文之以礼。或曰："阙翟饰以阙雉。"天子五门，一曰雉门，雉门画雉，象阙也，屈狄以此雉饰之，故曰"阙翟[5]"。《毛诗传》曰："象服，尊者所以为饰，盖祎[6]衣也。祎衣画雉，故曰象服，又曰：揄狄、阙翟，羽饰衣也。"而《说文》解"祎"亦曰"画袍"，其释"褕翟"又以谓"翟，羽饰衣"，则祎衣画翟，褕翟、阙翟皆翟羽饰之矣。《周官》二翟曰"翟"，而祎衣变翟曰"衣"，以此故也。《葛覃》[7]之诗曰："薄污我私，薄浣我衣，曷浣曷否，归宁父母。"[8]《诗》传又以为妇人有副祎盛饰以朝事舅姑，接见于宗庙，进见于君子，其余则私也。私服宜澣，公服宜否，盖公服谓"祎"而已，以画故宜否，则二翟以羽饰之，虽澣，可也。且夫服衮冕则妇服副祎，而衮之制字从公从衣，则公服谓"祎"，理宜然也。然则"薄污我私，薄浣我衣"相备而已，故或言私，或言衣也。

【注释】

[1] 指《尔雅·释鸟》。

[2] 一种凶猛的鸟，样子像鹰，比鹰小，捕食小鸟，通常称"鹞鹰""鹞子"。

[3] 指《礼记·丧大记》。

[4] 襢：古同"袒"，裸露。

[5] 阙翟（yìn dìng）：固定不变。

[6] 疑为"褘"之误。

[7] 即《诗经·国风·周南·葛覃》

[8] 译为：洗罢贴身衣，又忙洗外衫。何洗何不洗？早归父母安。

【译文】

《释鸟》说："江淮一带往南，有一种鸟身体的底色是青色，有五种色彩相搭配看上去很漂亮，这种鸟称为鹞。"王后的六种服饰：一是翚翟，画有翠绿的野鸡；二是揄翟，装饰有野鸡的形状；三是阙翟，说是刻丝织品做成的，空缺而不画。空缺而不画，那么它的形制屈居于二翟之下，所以又名屈狄。《丧大记》中说："举办丧礼时王后或有封号的贵州妇女穿屈狄，而普通妇女则穿襢衣。"襢是可以确定的。阙狄一说屈狄，展衣一说襢衣，他们的意思是一样的。锦鸡具有白色质地，揄具有青色质地。青色质地，是仁；白色质地，是义；五彩兼备，是礼。大地的特征崇尚正义，所以后妃的品德，用正义作为本性并且用礼来修饰。有人说："阙翟（古代王后的祭服）以阙雉为装饰。"天子有五座城门，一是雉门，雉门画野鸡，是高大的宫门啊，屈狄用这只野鸡来装饰，所以称作"阙翟"。《毛诗传》说："象服，尊者所以为饰，盖袆衣也。袆衣画雉，故曰象服，又曰：揄狄、阙翟，羽饰衣也。"而《说文》解读"袆"字也称作"画袍"，它解释"褕翟"时又说"翟，羽饰衣"，那么袆衣画着野鸡的羽毛，褕翟、阙翟都用野鸡的羽毛来装饰了。《周官》二翟称作"翟"，而袆衣改翟称"衣"，是因为这个缘故了。《葛覃》中的诗写道："洗罢贴身衣，又忙洗外衫。何洗何不洗？早归父母安。"《诗》中传说又因为妇人有两套衣服，装饰精美的用在早晨侍奉公婆，在宗庙被接见，向君子觐见，剩下的活动则穿便服。便服适合浣洗，公服则不能，只是公服称作"袆"罢了，因为上面的图画所以不应当浣洗，那么二翟用羽毛来装饰，即使浣洗，也是可以的了。丈夫的服装有衮衣和冕，妇人的服装有两套，并且衮这个字从公从衣，那么公服称为"袆"，是理所当然了。那么"薄污我私，薄澣我衣"就是相互准备罢了，所以有人说是便服，有人说是华服了。

鸢

《释鸟》云："鸢，乌丑，其飞也翔。"高飞曰翱，布翼不动曰翔。鸢，鸱也，摩风回翔[1]，故其飞也翔。《曲礼》曰："前有尘埃，则载鸣鸢。"[2]

鸢鸣则将风故也。《禽经》曰："暮鸠鸣即小雨，朝鸢鸣即大风。"《诗》曰："鸢飞戾天，鱼跃于渊。"[3]鸢，钝者也，而乘风，以风作之则高飞；鱼，潜者也，而乘气，以气作之则深跃。故《诗》以况君子作人之盛。昔墨子作木鸢，飞三日不集[4]，《列子》所谓"班输之云梯，墨翟之飞鸢"是也。今人乘风放纸鸢，鸢輙引丝而上，令小儿张口望视，以泄内热，盖放于此。旧说观鱼翼而创橹，视鸱尾而制柂[5]言，古之人仰观俯察，取材于物，以成舟楫之利如此。《庚桑子》[6]曰："人实鸱义[7]而有其国。"鸱，贪残之鸟，善抄盗人，《诗》曰："为枭为鸱。"《说文》曰："鸢从屰。"干上为屰，鸢飞戾天，故从屰也。《易》曰："飞鸟遗之音，不宜上；宜下，大吉。"上逆而下顺也。

【注释】

[1] 回翔：盘旋飞翔。鸢鸟喜于空中布翅，借助风力与空气浮力翔飞。

[2] 孔颖达疏："鸢，今时鸱也。鸱鸣则风生，风生则尘埃起；前有尘埃起，则画鸱于旌首而载之，众见咸知以为备也。"

[3] 孔颖达疏："其上则鸢鸟得飞至於天以游翔，其下则鱼皆跳跃於渊中而喜乐，是道被飞潜，万物得所，化之明察故也。"

[4] 集：降落之意。

[5] 柂（duò）：古同"舵"。

[6]《庚桑子》：又作《亢仓子》，即《洞灵真经》。其主要解说老子之言，阐发老子思想，继承和发展了道家"道"的学说。唐天宝中尊为道教四子真经之一。

[7] 鸱义（chī yì）：谓丧失天良的行为。

【译文】

《释鸟》里解释说："鸢，乌丑，其飞也翔"。高高地飞起称作翱，张开翅膀不扇动称作翔。鸢是鸱的一种，常借助风力的摩擦盘旋飞翔，因此这种鸟既飞也翔。《曲礼》说："前方有尘埃（因风吹尘土），则会伴随着鸢鸟的鸣叫"。鸢鸟鸣叫则是即将要起风的缘故。《禽经》里说："暮鸠鸣叫即将要下起小雨，朝鸢鸣叫则要刮起大风。"《诗经》里说："老鹰展翅飞上蓝天，鱼儿摇尾跃在深渊。”鸢较为钝拙，因而借助风，靠风力的兴起而高飞；鱼常下潜，因而借助气，靠水气而向深处跳跃。因此《诗经》以此来比喻君子成人之美，成就他人的美德。从前墨子制作了一个木鸢，在空中飞了三日不降落，这便是《列子》中所说的“班输之云梯，墨翟之飞鸢”。现在的人们借着风放飞纸鸢，纸鸢如同被丝线牵引着向上飞，令小孩们张着嘴抬头望，以此来排出体内的积热，这大概就是在此放飞的原因。过去曾有看到鱼翼，照着它做成了船桨，看到鸱鸟的尾巴，照着它制成了船舵的说法，过去人们仰观俯察，从自然万物中效法取材，就像这样做成了舟楫给人们带来便利。《庚桑子》里说：“人实际上因为有鸱鸟贪恋私利才组成了国家。”鸱，是性情贪婪残暴的鸟，擅长掠夺偷盗他人之物，《诗经》里说：“为枭为鸱（夺取别人的利益占为己有）。“《说文》里说：“鸢字从屰傍。”违背上级的意志为屰，鸢向上飞到高高在上的天上，因此有违逆的意思。《易经》里说：“飞鸟悲鸣遗留的声音不绝，不宜往上登高，否则必遇险；宜下行，吉利。”向上则是逆境，而向下是顺境。

乌

《说文》曰：“乌，孝鸟也[1]，象形。”林罕以为全象鸟形，但不注其目睛。万类目睛皆黑，乌体全黑，远而不分别其睛也。乌一名“鸦”，其名自呼。《淮南子》曰：“乌之哑哑，鹊之唶唶，岂为寒暑燥湿变其声哉?”《诗》曰：“莫赤匪狐，莫黑匪乌。”[2]盖狐，群者也；乌，合者也。故《诗》以况卫之君臣并为威虐，其恶如一。又曰：“哀我人斯，于何从禄？瞻乌爰止，于谁之屋?”言富人之屋，利之所在，故乌集焉，民之从禄将如此矣，大夫欲王瞻之也。又曰：“匪手攜[3]之，言示之事。”此之谓也。又曰：“具曰予圣，谁知乌之雌雄?”言幽王君臣俱自谓圣，如乌之黑，雌雄无以相别也。《管子》[4]曰：“乌集之交[5]，初虽相驩，后必相咄。”诗人每引以刺者，非特讥其为恶如一，亦以刺其初皆利合，不以道也。乌又为叹词者，雀见虎则鸣，乌见异则噪，故以为乌雈。乌雈，叹所异也。今人闻鹊噪则喜，闻乌噪则唾，以乌见异则噪，故輙唾其凶也。《尚书大传》[6]曰：“爱人者，兼其屋上之乌。”然则恶而知其善，爱而知其恶者，寡矣。《孙武子》[7]曰：“鸟起者，伏也；乌集者，虚也。”言古之善料兵者观鸟起而知伏，视乌集而知遁。传曰：“乌乐空曠，鹊乐稠闹。”世云鸳交颈而感，乌传涎而孕。《庄子》曰：“乌鹊孺[8]。”盖谓是欤？故语曰：“鹊传枝，鸦茹沫。”又旧说乌性极寿，三鹿死后能倒一松，三松死后能倒一乌。《杂俎》[9]曰：“俗候乌飞翅重，知天将雨。”乌，阳物也，感阴气而翅重，故俗以此占其雨否。《淮南子》曰：“螣蛇游雾而殆于蝍蛆，乌力胜日而服于鵻礼[10]。”乌，阳物也。

【注释】

[1] 取乌鸦反哺之意，将之视为孝的代表。

[2] 出自《诗经·北风》，译为：没有红的不是狐，没有黑的不是乌鸦。

[3] 擕（xié）：指携带。

[4]《管子》基本上是稷下道家推尊管仲之作的集结。

[5] 指以利聚合，不以诚相待的交情。

[6]《尚书大传》是对《尚书》的解释性著作，作者和成书时间均无法完全确定。目前只有后人辑本传世，以皮锡瑞本最佳。

[7] 指《孙子兵法》。

[8] 孺：通“乳”，生育。

[9]《杂俎》：指《酉阳杂俎》，唐代笔记小说集，20卷，续集10卷，撰者为段成式（803—863）。这部著作，内容繁杂，有自然现象、文籍典故、社会民情、地产资源、草木虫鱼、方技医药、佛家故事、中外文化、物产交流等，可以说五花八门，包罗万象，具有很高的史料价值。

[10] 鵻（zhuī）礼：一种鸟名。高诱注曰：“鵻礼，《尔雅》谓鵧笠，秦人谓之祀祝。间蚕时晨鸣人舍者，鸿鸟皆畏之。”

【译文】

《说文》中解释说：“乌，一种孝鸟，象形。”林罕认为其象形意义近似鸟字，只是没有在鸟的字体上标注眼睛（即笔画“、”）。苍生万物的目睛皆呈黑色，而乌的全身亦均呈黑色，因而远观难以分别出其眼睛。乌又名

"鸦"，以它鸣叫的声音作为其名字。《淮南子》中说"乌鸦哑哑地鸣叫，喜鹊唶唶地鸣叫，难道会因天的寒、署、燥、湿的不同而改变鸣叫的声音吗?"《诗经》中说："没有红的不是狐，没有黑的不是乌。"因此狐喜群居，乌随意聚合在一起。因此《诗经》中把卫国的君臣均称为凶恶残酷的人，他们是一样的丑陋羞恶。又说："可悲我们若亡国，利禄功名哪里求？看那乌鸦将止息，飞落谁家屋檐头?"说的是富贵之人的屋邸，是财富利益所在的地方，所以乌相集合，人民追求的功名利禄也是像这样，士大夫也想要得到君王的敬仰。又说："非但搀你互谈心，也曾教你办事情。"说的就是这个道理。又说："具曰予圣，谁知乌之雌雄。"说的是幽王君臣都自己说自己灵验圣贤，就像乌鸦无法辨雌雄一般无法辨真假。《管子》说："乌鸦聚在一起的交往，则开始亲密欢快，后来就为争夺食物互相伤害。"诗人常常引用此句来讽刺时，并不是仅仅讽刺人总是作恶，也用来讽刺其交往之初利益相合却不遵从道义。乌又为一叹词，鸟雀见到虎豹就会鸣叫，乌鸦感觉有异象便会喧叫，所以认为乌不祥。乌鸦喧叫，叫的是有所异象。如今人们听到喜鹊鸣叫会欣喜，听到乌鸦鸣叫则会唾弃厌恶，因为乌鸦一有异象就会鸣叫，所以唾弃厌恶它的不祥。《尚书大传》说："喜爱那个人，就连他屋上的乌鸦都觉得可爱。"然而作恶却了解自己的善意，为善也知道自己的恶意的人，实在很少。《孙武子》说："鸟群突然飞起，则有埋伏；乌鸦聚集起来，是虚伪的假象。"说的是古时候擅长用兵的人看鸟起飞便知道有埋伏，看乌鸦的聚集便知道躲避隐藏。传言说："乌鸦喜欢空旷的地带，喜鹊爱好人多热闹的地方。"世间有说鸳鸯以颈部交合相感而怀孕，乌鸦则以唾沫相传而怀孕。《庄子》说："乌、鹊的生育。"大概说的就是这个吧？因此民间有谣谚说："鹊传枝，鸦茹沫。"古时有一种说法认为乌鸦的寿命极长，三代鹿死后才能倒掉一棵松，三代松死后才能死一只乌鸦。《杂俎》里说："俗候乌飞翅重，知天将雨。"乌鸦为阳刚之鸟，感应到阴气时翅膀就会变重，因此可判断天是否将要降雨。《淮南子》说："螣蛇能游行于雾中却受制于蝍蛆（蜈蚣），乌获力大胜日却臣服于雕礼。"乌，是阳刚之生物。

鸇

《释鸟》曰："晨风，鸇。"《草木疏》云："似鹞，黄色燕颔，向风摇翅，乃因风飞急疾，击鸠鸽燕雀食之。"《列子》曰："鹞之为鸇，鸇之为布谷，布谷久复为鹞也。"《孟子》所谓"为丛驱爵者，鸇"即此是也。《诗》曰："鴥彼晨风，郁彼北林。"[1]言穆公能芘其所赖，而贤者赴之如此。《曾子》[2]曰："邦有道，则突若入焉。"此之谓也。且《黄鸟》[3]仁、《晨风》义，而秦之良士以仁死，贤臣以义生，故《黄鸟》曰哀三良[4]也，而《晨风》以刺弃其贤臣。《禽经》曰："鸇好风，鸕恶雨。"然则谓之晨风可知也已。又曰："鸇鸇之信不如鴈，周周之智不如鸿。"今鸇亦去来有时，然则制字从亶，又可知矣。

【注释】

[1] 出自《诗经·秦风·晨风》。译为：鸇鸟如箭疾飞行，飞入北边茂密林。

[2]《曾子》：为曾子及其弟子所作，其书已亡佚。

[3] 指《诗经·秦风·黄鸟》，描写秦穆公死时，以大量的活人殉葬，其中子车氏的三兄弟都被殉葬。诗描写三兄弟殉葬时的情景，表现了对三壮士的哀悼和惋惜，也表现了对惨无人道的殉葬制度的无比愤怒和强烈抗议。

[4] 指子车氏的三兄弟。

【译文】

《释鸟》中说："晨风，鸇。"《草木疏》中说："象似鹞，毛发是黄色，有象燕子一样的脖子，向风摇动翅膀，便能借助风力急速飞翔，捕抓鸠、鸽、燕、雀来食用。"《列子》中说："鹞称之为鸇，鹤称之为布谷，布谷时间久了又变成了鹞。"《孟子》中所说的"替森林把鸟雀赶出来的是鸇鹰"就是这个意思。《诗经》中说："傍晚光景小鹰隼疾飞掠过，栖落在郁郁苍苍的北树林。"这说的是穆公能庇护自己所依靠的人，因此有贤能才德的人就会这样投奔臣服于他。《曾子》说："国家平治的时候，则会很快投奔那里。"

讲的就是这样的道理。而且《黄鸟》代表仁，《晨风》代表义，而秦国的良士因为坚守“仁”而赴死，贤良之人都因追求“义”而生存，因此《黄鸟》哀悼子车氏三兄弟，而《晨风》又讽刺秦国放弃了它的贤良之臣。《禽经》说：“䲹喜好风，鶌（鸠）厌恶雨。”既然这样就了解为什么叫它晨风了。又说：“鸇鸇之信不如雁，周周之智不如鸿。”鸇也是有固定迁徙时间的，因此古人造字的时候以亶作为部件，就可以理解了。

雕

雕能食草[1]，似鹰而大，黑色，俗呼“皂雕”[2]，一名“鷲”，其飞上薄云汉。《诗》曰：“匪鹑匪鸢，翰飞戾天；匪鳣匪鲔，潜逃于渊。[3]”言人民飞扬窜伏，不安如此，此《序》所谓乱也。昔之相雕者以为雕首欲长而额狭，顶平，领大，项后毛磔，主劲疾；目睛大满，脸长，眸子小而近前，主明慧；爪近肉粗圆，其末织细，主多力；跖平润，主巧捷不夭；鼻大，主长飞不乏。膝骨大如蒺藜实者上相，骨小无圭角者下也；指节大，肉少，分成十字者上相，骨节细平者下也；钝金色青润者上相，浅黑者下也；丛林色静白者上相，黑腻者下也；封厚而管粗者上相，细薄者下也；背偃而沟深者上相，隆起者下也；臆圆肤为上相，侧狭为下相；尾狭厚为上相，阔软为下相。鹘相同雕，唯头欲小，顶臆欲圆，旋毛欲深，味欲侧薄，而短小为异。鹰相亦与雕同，而鹰又欲其尾长翅短。《尔雅》：“象谓之鹄，玉谓之雕。”盖鹄之义出于鸿鹄之鹄，雕之义出于雕鹗之雕，鹄性劲利，雕性刻制故也。今大雕翱翔水上，扇鱼令出沸波，攫而食之，一名“沸河”，《淮南子》所谓“鸟有沸波者”，即此是也。《禽经》曰：“淘河在岸则鱼没，沸河在岸则鱼涌。”《相感志》[4]云：“其毛能食。诸鸟羽如群错，草中有雕毛，必众鸟毛羽自落地。”颜氏云：“‘雕’一名‘鹫’，其翮可用为箭羽。”盖雕隼六翮[5]，皆乘风轻劲，故堪以为箭羽。《禽经》曰：“雕以周之，鹫以就之。”

【注释】

[1] 古人认识有误，雕为肉食性动物。

[2] 现认为皂雕是生活在北方的雕，是雕的种类之一。

[3] 译为：为人不如鹰和雕，振翅高飞上云霄。为人不如鲤和鲟，潜入深渊把命逃。

[4] 见“鹊”条注释13。

[5] 翮：指羽毛中间的空心硬管。

【译文】

雕能吃草，像鹰那么大，黑色，俗称皂雕，又名“鹫”，它能飞到很高的地方。《诗经》说：“我本不是苍雕也不是鸷鸟，不能象它们一样直飞高天。我本不是鳣鱼也不是鲔鱼，不能象它们一样潜逃深渊。”是说它飞翔窜跑，不安于室，这是《序》所说的乱。曾经相雕的人认为雕头长额头狭窄，头顶平，脖子大，脖子后面有毛，用来加速。眼帘很大，脸长眼睛小，用来年看清辨别猎物。爪子粗圆，末梢纤细，用来发力。指甲平滑，用来保证灵巧。鼻子大，用来长途飞行而不劳累。膝盖大的像蒺藜、骨头小是好的，没有角的是差的，指节大、肉少、十字形的好，骨节细的不好。纯金色青润的好，浅黑色的不好。白色的好，黑色的不好。又厚又粗的好，细薄的不好。背有深沟的好，突起的不好。尾巴细厚的好，大软的不好。鹘和雕一样，头小顶圆，毛深，鹰和雕一样，但鹰尾巴长翅膀小。《尔雅》中说“象称之为鹄，玉称之为雕。”鹄之义出自鸿鹄的鹄，雕之义出自雕鹗的雕，鹄的性情劲利，雕的性情刻制。现在雕在水上飞，把鱼扇动出来，抓鱼吃，又叫“沸河”，《淮南子》的“鸟有沸波者”就是这样。《禽经》说：“鹈鹕在岸边则不会有鱼出现，雕在岸边则鱼涌出来。”《相感志》里说：“其毛能食。诸多鸟的羽毛像成群地摆在那儿，草中如果有雕毛，必定有众多鸟的羽毛掉落在地上（为雕所惊吓逃飞，羽毛掉落）。”颜氏说：“‘雕’还一个名字叫‘鹫’，它的翅膀可制作箭羽。”由于雕隼有六个翅膀，都能乘借风力来发力，所以能够用来制箭羽。《禽经》里说：“雕以周之，鹫以就之。”

鴈

《释鸟》云："舒鴈丑其足蹼，其踵企"[1]。郭璞以为"舒鴈指间有幕，蹼属相著，故曰'其足蹼'"是也；又曰"飞则脚跟企直"，非是也。踵，足后也，今舒鴈之丑行则皆前幕布地，后踵企，故曰"其踵企"也。以今鹅观鴈行，鸭观舒行，则槩可见矣。鴈行斜步侧身，故《庄子》谓"士成绮鴈行避影而问老子"。《诗》曰："鸿飞遵渚，公归无所，于女信处；鸿飞遵陆，公归不复，于女信宿。"[2]盖鸿之为物，其进也有渐，其飞也有序，又其羽可用为仪，君子之道也，故此以况周公。《易》曰："渐之进也。"[3]公归东都，则之进也，然未至西都，故为不复。《易》曰："其羽可用为仪，吉。不可乱也。"[4]然则礼有以鸿为仪者，取其行列不乱而已。《礼》曰："前有车骑，则载飞鸿。"[5]飞鸿则有行列故也。载谓合剥皮毛，举之竿首，若所谓以鸿脰韬杠者。《周官》"以禽作六挚"[6]，"大夫执鴈"，以知保身，又欲有去就之义而不失其序，故执鴈也。鴈夜泊洲渚，令鴈奴围而警察，飞则衔芦而翔，以避矰缴，有远害之道，非特取其有去就之义而已。《盐铁论》[7]曰："嗈嗈鸣鴈，朝日始旦。登得前利，无蹈后害。"此言婚姻以礼，则有利而无害也。故曰"贵聘而贱逆之，是以君子知出姜之不允于鲁矣。"《夏小正》[8]曰："鴈北乡。"乡者何也？乡其居也。又曰："遰[9]鸿鴈。"先言"遰"而后言"鸿鴈"者，何也？见遰而后数之，则鸿鴈也。且曰"遰"犹曰传其驿舍云尔，非其居也。《法言》[10]曰："能来能往者，朱鸟之谓与？"燕，一名玄鸟；鴈，一名朱鸟。玄鸟以春分来，朱鸟以春分去，《淮南子》曰："燕鴈代飞。"此之谓也。且鴈霜降南翔，冰泮北徂，其性恶热，故中国始寒而北至。旧说鸿鴈南翔，不过衡山。今衡山之旁有峰曰"回鴈"，盖南地极燠，人罕识雪者，故鴈望衡山而止。陈琳[11]曰："陆陷蘂犀，水截轻鸿。"轻鸿，鸿毛也。传曰："轻于鸿毛。"今人试刀剑，令髪浮转于水，以刃断之，观其铦钝。水截轻鸿，殆类是也。《博物志》[12]曰："鸿毛为囊，可以渡江不漏[13]。"案：《昏礼》[14]曰："挚不用死"，故《诗》曰："嗈嗈鸣雁"，言用生者也。《禽经》曰："鸿雁爱力，遇风迅举；孔雀爱毛，遇雨高止。"又曰："鴈曰翁，鸡曰鶩，鹑曰鷹。”

【注释】

[1] 企：意为踮起脚跟。

[2] 出自《诗经·国风·豳风·九罭》，译为：大雁随着小洲飞翔，公爷无处可归，请你再住一宿，大雁随着陆地飞翔，公爷一去不复来，请你再住一宿。

[3] 语出《易经·渐》卦。本卦《象》辞：“渐之进也。”意为渐就是渐进的意思，循序渐进。

[4] 语出《易经·渐》卦。渐，卦名，本卦为异卦相叠（艮下巽上）。上卦为巽为木，下卦为艮为山。卦象为木植长于山上，不断生长，也喻人培养自己的德性，进而影响他人，渐，即渐进。本卦上九说“鸿渐于陆，其羽可为仪，吉利，”是说鸿雁走到山头，它的羽毛可用来编织舞具这是吉利之兆。

[5] 出自《礼记·曲礼上》。

[6] 亦作“六贽”，古代相见馈赠的六种礼物。《周礼·春官·大宗伯》：“以禽作六摰，以等诸臣。孤执皮帛，卿执羔，大夫执鴈，士执雉，庶人执鶩，工商执鸡。”郑玄注：“摰之言至，所执以自致。”陆德明释文：“摰，音至，本或作贽。”

[7]《盐铁论》是西汉的桓宽根据著名的“盐铁会议”记录整理撰写的重要史书，书中记述了当时对汉武帝时期的政治、经济、军事、外交、文化的一场大辩论。

[8]《夏小正》为中国现存最早的科学文献之一，也是中国现存最早的一部汉族农事历书，原为《大戴礼记》中的第47篇。

[9] 遰（dì）：去的意思。

[10]《法言》：为扬雄模仿《论语》而作，至于取名《法言》，则本于《论语·子罕篇》：法语之言，能无从乎和《孝经·卿大夫章》：非先王之法言不敢道。法有准则和使物平直的意思，所以法言就是作为准则而对事情的是非给以评判之言。

[11] 陈琳：字孔璋，广陵射阳人。东汉末年著名文学家，“建安七子”之一。

[12] 志怪小说集。西晋张华编撰。分类记载异境奇物、古代琐闻杂事及神仙方术等。内容多取材于古籍，包罗很杂，有山川地理的知识，有历史人物的传说，

有奇异的草木鱼虫、飞禽走兽的描述，也有怪诞不经的神仙方技的故事，其中还保存了不少古代神话材料。

[13] 古人认识有误。

[14] 指《仪礼 · 士昏礼》。

【译文】

《释鸟》说："凫鴈丑，其足蹼，其踵企"。郭璞认为"凫鴈指间有幕，蹼属相著，所以说'其足蹼'"；又说"飞则脚跟企直"，这是不对的。踵，是足后，今天凫鴈行走都是足前的幕着地，足后踮起，所以说"其踵企"。用今天鹅行走来看鴈的行走，用鸭的行走来看凫的行走，就可以同理类比得知了。鴈行走的时候斜着步子侧着身，所以《庄子》说"士成绮鴈行避影而问老子"。《诗经》里说："大雁高飞沿洲渚，老爷归去没处住，留您两夜在此宿。大雁高飞沿河岸，老爷去了不回还，留您在此住两晚。"这大概是说鸿这种鸟，进退有度，飞行有序，羽毛可以用作仪，是君子之道，所以用它来比拟周公。《易经》说："渐之进也。"公回到东都是进，但没有到西都，所以是不再回返。《易经》说："大雁渐渐飞到陆地上，它的羽毛可用于礼仪饰品，吉祥。"礼有用鸿作为仪的，是取自它行列不乱的特点。《礼记》说："鴈飞有行列，与车骑相似，若军前忽遥见彼人有多车骑，则画鸿于旌首而载之。"这是飞鸿行列有序的原因。"载"是说应该剥掉皮毛，举在竿的顶端，就像所说的用鸿的脖颈当作杠的套子那样。《周官》"以禽作六挚"，"大夫执鴈"，用这些挚来护佑身体，又有想要离开的想法而不丢失秩序，所以执鴈。鴈夜晚泊于水中小洲，让鴈被包围起来，它能够警惕地很快察觉，衔着芦飞翔，用来躲避系有丝绳、射鸟的短箭。鴈有远离危害的方法，不是针对它有去就之义而说的。《盐铁论》说："嗈嗈鸣鴈，朝日始旦。登得前利，无蹈后害。"这是说婚姻遵循礼制，是有利无害的。所以说"贵聘而贱逆之，是以君子知出姜之不允于鲁矣。"《夏小正》说："鴈北乡。"什么是乡？就是它的居所。又说："遰鸿鴈。"为什么先说"遰"后说"鸿鴈"？见到遰而其后跟随的几只，就是鸿鴈。并且说"遰"就像说传其驿舍，不是它的居住之处。《法言》说："知道能来能往的鸟，是朱鸟的称谓吗？"燕，一个名字叫玄鸟；鴈，也有一个名字叫朱鸟。玄鸟春分时来，朱鸟春分离开，《淮南子》说："燕和鴈互相交替飞行。"说的就是这个。并且鴈霜降时向南飞翔，飞至冰雪之畔便向北回返，它生性厌恶炎热，所以中原地区开始寒冷便飞到北方来。旧时说法鸿鴈向南飞翔，不飞过衡山。今天衡山旁有座峰叫作"回鴈"，大概南方非常炎热，很少有人见过雪，所以鴈看到衡山便停止。陈琳说："陆防虆犀，水截轻鸿。"轻鸿，就是鸿毛。《传》说："轻于鸿毛。"今天人们测试刀剑，让髮浮转在水上，用刃切断它，观察刀剑的利或是钝。水能够截住轻鸿，应该也属于这个说法。《博物志》说："鸿毛为囊，可以渡江不漏。"案：《昬礼》说："挚不用死"，所以《诗经》说："噰噰鸣雁"，说的是用还活着的雁。《禽经》说："鸿雁喜欢借力，遇到起风便迅速借势高飞；孔雀爱惜羽毛，遇到下雨哪怕在高处也要停下来。"又说："鴈叫作翁，鸡叫作鴜，鹎叫作鹰。"

鹰

陶弘景曰："虎闻声而深伏，鹰见形而高飞。"鹰，鸷鸟也，一名"鷞鸠"。《左传》曰："鷞鸠氏，司寇。"盖鹰鸷，故为司寇。一岁曰"黄鹰"，二岁曰"鴘鹰"，三岁曰"鸧鹰"。鴘，次赤也，《埤仓》[1]："音披免切。鹰、鹞二年之色也。"顶有毛，角微起，今通谓之"角鹰"。《诗》曰："维师尚父，时维鹰扬。"言其武之奋扬如此，《乐记》所谓"发扬蹈厉，太公之志也"。旧说凡鸷鸟，雏生而有慧，出壳之后即于巢外放条，大鸷恐其坠及为日所曝，热暍致损，乃取带叶枝插其巢畔，防其外坠及作阴凉也。欲验雏之大小，以所插枝叶为候：若一日、二日，其叶虽萎，尚带青色；至六日、七日，其叶微黄；十日后枯悴，此时雏大可取。《说文》曰："癃从瘖省。"盖癃从疾省，隹之疾捷者，故从疾省也。随人所指踪，故从人。《禽经》曰："鹰不击伏，鹘不击妊。"盖其义性如此。《裴氏新书》曰："虎豹无事行步者，若将不胜其躯；鹰在众鸟之间若睡寐然，故积怒而后全刚生焉。"然则越之所以灭吴，用此道也。蔡邕《月令》云："鹰化为鸠。"鹰，鸠属也。鸠凡五种，鹰为鷞鸠，应阳而变，则喙柔仁而不鸷。《夏小正》曰："鹰者，其杀之时也；鸠者，非其杀之时也，善其变而之仁也。”中秋鸠化为鹰，变而之不仁，故不记也。《字说》曰：“應从心从雁。心之应物，不疾而速，不行而至。雁之应物，人或使之能疾而已，不行不至。”今三馆书有《咊咊，音竹麥反漱》三卷。皆养鹰鹯及医疗之术。

【注释】

[1] 东汉张揖撰。张揖，古汉语训诂学者，字稚让，东汉清河（今河北省清河县）人。曹魏明帝太和年间，官至博士。所著《埤苍》三卷，是研究古代语言文字的专著，今已亡佚。

【译文】

陶弘景说：“虎听到异样的声音而潜伏起来，鹰见到其他的敌物则飞向高空。”鹰，就是鸷鸟，又名“鷞鸠”。《左传》说：“鷞鸠氏，司寇。”大概是因为鹰性格凶猛残暴，所以成为司寇。一岁称为“黄鹰”，二岁是“鴘鹰”，三岁是“鸧鹰”。鴘，是第二等的赤色，《埤仓》记载：“音披免切。鹰、鹞二年之色也。”头顶有羽毛，毛角微微升起，现在通称为“角鹰”。《诗经》里说：“还有太师尚父姜太公，就好像是展翅飞雄鹰。”称它的勇武奋发激扬到这种地步，《乐记》说“发扬蹈厉，太公之志也。”以前说凡是鸷鸟，雏鸟一出生就有智慧，出壳之后就在巢穴外放置植物的枝条，大鹰担心雏鹰从高处摔落和被太阳暴晒，炎热导致雏鹰生病，就取带叶的枝条插在鹰巢周围，防止雏鹰翻出鹰巢摔落并且制造阴凉。想要检验雏鹰的大小，用所插的枝叶作为节候：如果是一天、两天，枝条的叶子虽然微微干枯，却还带着青色；到了六七天，枝条的叶子微微变黄；十天以后枝叶干枯衰败，这时雏鹰已经大到可以拿取了。《说文》说：“癃从瘖省。”大概是癃从迅速的意思，隹非常迅捷，所以也从迅速的意思了。随着人所指向的踪迹，所以也从人。《禽经》说：“鹰不击伏，鹘不击妊。”大概是它们的天性就是这样。《裴氏新书》说：“老虎和豹子在没有遇到猎物时走路的样子，好像四肢撑不起躯体一样；鹰在众多的鸟中间栖息好像睡着了一样，所以这是怒性积蓄爆发之前的假象。”那么越国之所以能灭掉吴国，就是采用这个道理。蔡邕《月令》说：

“鹰化为鸠。”鹰，是鸠属。鸠一共有五种，鹰是鷞鸠，根据阳气来变化，那么它的喙柔软仁爱而不凶猛。《夏小正》说：“鹰者，其杀之时也；鸠者，其非杀之时也，善其变而之仁也。”中秋时鸠化为鹰，变化成为不仁爱，所以不记述。《字说》说：“應从心从雁。心之应物，不疾而速，不行而至。雁之应物，人或使之能疾而已，不行不至。”现在三馆有三卷《咮咮，音竹麥反潄》这本书。都是记载养育鹰鹯和医疗的方法。

鵁 鶄

鵁鶄[1]，一名“鵁鸬”，一名“鳽”，似梟[2]，脚高，毛冠，巢于高木，生子穴中，子衔其母翅飞上下，《淮赋》所谓“鸬鹚吐雏于八九，鵁鶄衔翼而低昂”者也。段氏云：“鹅警鬼，鵁鶄厌火，孔雀辟恶。”旧云此鸟长目，其睛交，故有“鵁鶄”之号，相如所赋“交睛旋目”者是也。《禽经》曰：“旋目[3]，其名䴌；交目，其名鳽[4]；方目，其名鴋[5]。”

【注释】

[1] 鵁鶄（jiāo jīng）：一种水鸟，即“赤头鹭”。嘴长，脚高，体长约五十厘米。入夏，雄的头、颈及羽冠呈栗红色。分布于中国南方及印度等地。

[2] 指野鸭、鹜。

[3] 鸟名。《汉书·司马相如传上》：“交精旋目，烦鹜庸渠。”颜师古注：“今荆郢间有水鸟，大于鹭而短尾，其色红白，深目，目旁毛皆长而旋，此其旋目乎?”。

[4] 鳽（jiān）：鹡鸰，一种嘴尖尾长的小鸟。

[5] 鴋（fāng）：古书上说的一种青色白面的鸟。

【译文】

鵁鶄，一名“鵁鸬”，一名“鳽”，长相与梟相似，这种鸟的脚很高，冠上带毛，在高高的树木上筑巢而居，在鸟穴中产子，幼鸟会轻咬着母鸟的翅膀上下翻飞，正如《淮赋》所说的“鸬鹚吐雏于八九，鵁鶄衔翼而低昂”那样。段氏说：“鹅警鬼，鵁鶄厌火，孔雀辟恶。”从前有种说法说这种鸟眼镜细长，它的一对眼睛接触在一起，因此有“鵁鶄”的名号，正是司马相如所作的“交睛旋目”的样子。《禽经》中说：“旋目，它的名字叫鸝；交目，它的名字叫鳽；方目，它的名字叫鴋。

鹤

鹤，形状如鹅，青脚素翼，常夜半鸣[1]，故《淮南子》曰：“鸡知将旦，鹤知夜半。”其鸣高亮，闻八九里，雌者声差下。旧云此鸟性警，至八月白露降，流于草上，点滴有声，因即高鸣相警，移徙所宿处，虑有变害也。盖鹤体洁白，举则高至，鸣则远闻，性又善警，行必依洲屿，止必集林木，故《诗》《易》以为君子言行之象。始生二年落子毛，三年产伏，七年飞薄云汉；后七年学舞；后七年应节；后七年昼夜十二鸣，中律；后六十年不食生物，大毛落，茸毛生，色雪白，泥水不能污；百六十年雄雌相视，目睛不转而孕；千六百年饮而不食[2]，圣人在上，则与凤皇翔于甸。其精神气骨应相，故古者相鹤有《经》。盖鹤，阳物也，而游于阴[3]，因金气依火精以自养。火，数七；金，数九。故七年小变，十六年大变，六十年变止，千六百年形定而色白。食于水，故喙长；轩于前，故后短；栖于陆，故足高而尾凋；翔于云，故毛丰而肉踈；大喉以吐，故修颈以纳新，故寿。凡鹤之上相，隆鼻短口则少眠，高脚踈节则多力，露眼赤睛则视远，回翎亚膺则体轻，凤翼雀毛则善飞，龟背鳖腹则能产，轻前重后则善舞，洪髀纤趾则能行。《禽经》曰：“鹤以怨望，鸱以贪顾，鸡以嗔睨，鸭以怒瞋，雀以猜瞿，燕以狂盱，视也；莺以喜啭，乌以悲啼，鸢以饥鸣，鹤以絜唳，梟以凶叫，鸱以愁啸，鸣也。”今鹤雌雄相随，如道士步斗，履其迹而孕。《内典》[4]曰：“鹤，影生。”《禽经》曰：“鹤爱阴而恶阳，鴈爱阳而恶阴。”

【注释】

[1] 鹤一般都是白天活动夜间休息，群鹤栖息时有一或二只鹤专门负责放哨，并不是所有的鹤都是半夜鸣叫。

[2] 此说法多有误，鹤的寿命一般只有二三十年，并不长寿。

[3] 鹤是生活在沼泽或浅水地带的一种大型涉禽，常被人冠以“湿地之神”的美称。

[4] 内典：指释迦世尊49年所说的一切法，也包括三藏十二部一切经典。因为佛法是心性内求的一门学问，所以称为内学。

【译文】

鹤，形状像鹅，有青色的脚和白色的翅膀，经常在夜半时分鸣叫，所以《淮南子》说：“鸡知道天将要亮了，鹤知道半夜的时间。”它的鸣声高亮，八九里之内都可以听到，雌鸟的声音相对要差一些。从前说这种鸟性情谨慎，到八月白露降下的时候，露珠流落在草上，滴下来发出声音，立刻就高声鸣叫示警，迁徙自己居住的地方，思虑恐怕有意外伤害。身体大约是素白的，能飞到很高的地方，鸣叫声在很远的地方也可以听到，性情又谨慎，行动必然依靠着河中沙洲岛屿，停下来必然停靠在林木之中，所以《诗》《易》以为君子言行的样子。初生两年后脱掉幼毛，三年时产伏，七年时飞薄云汉；后七年学习学会舞蹈，后七年应时节；后七年昼夜十二鸣，可以合上律令；其后六十年不吃生食，大毛落下，绒毛长出，颜色雪白，泥水不能污染；一百六十年雌鸟雄鸟相对而看，眼睛不转动而受孕；一千六百年时只喝水而不进食，圣人在上，就与凤凰一起在甸飞翔。它的精神气质与外貌一致，所以古时人们观察鹤用《经》。鹤，是带有阳气的生物，而在阴湿的地方生活，凭借金气依靠火精来保养自己。火，数七；金，数九。所以七年发生小变化，十六年发生大变化，六十年变化停止，一千六百年外貌固定而颜色洁白。在水中捕食所以喙长，脖子在前面，所以后身偏短，在陆地上栖居，所以腿长而尾部较短；在云中飞翔，所以羽毛丰满皮肉紧实，喉咙粗大用来吞吐，所以颈部修长，所以长寿。凡是鹤中品相好的，鼻子隆起嘴巴短则睡觉时间少，腿长而关节粗大则有力，露眼赤睛则目力长远，回翎亚膺则体重轻，凤翼雀毛则擅长飞翔，龟背鳖腹则擅长生产，前轻后重则擅长起舞，洪髀纤趾则擅长行走。《禽经》里说：“鹤以怨望，鸱以贪顾，鸡以嗔睨，鸭以怒瞋，雀以猜瞿，燕以狂盺，视也；莺以喜啭，乌以悲啼，鸢以饥鸣，鹤以絜唳，枭以凶叫，鸱以愁啸，鸣也。”现在雌雄相伴相随，像道士行步，踏上它的足迹而受孕。《内典》说："鹤，影生。"《禽经》说："鹤爱阴而恶阳，鴈爱阳而恶阴。"

鹚

鸬鹚，水鸟，似鶂而黑，一名"鷧"。觜曲如钩，食鱼，入喉则烂，其热如汤，其骨主鲠及噎，盖以类推之者也。此鸟吐而生子[1]，《神农书》[2]所谓"鸬鹚不卵生，口吐其雏，独为一异"是也。杨孚《异物志》[3]云："鸬鹚能没于深水，取鱼而食之，不生卵而孕雏于池泽，既胎而又吐生，多者生七八，少生五六，相连而出，若丝绪焉。水鸟而巢高木之上。"《夔州图经》称峡中人谓鸬鹚为"乌鬼"[4]。蜀人临水居，皆养此鸟，绳系其颈，使入捕鱼，得鱼则倒提出之。杜甫诗云"家家养乌鬼"[5]是也。

【注释】

[1] 此说有误，鸬鹚当为卵生。

[2]《神农书》，相传为李悝所作，目前尚无实据。

[3]《异物志》：东汉 · 杨孚著，它是汉唐间一类专门记载周边地区及国家新异物产的典籍。它产生于汉末，繁盛于魏晋南北朝，至唐开始衰变，宋以后消亡。

[4] 乌鬼：明 · 焦竑《焦氏笔乘 · 乌鬼》曰："鸬鹚，水鸟，似鶂而黑，峡中人号曰乌鬼。子美诗：'家家养乌鬼，顿顿食黄鱼'，言此乌捕鱼，而人得食之也。"

[6] 出自杜甫《戏作俳谐遣闷》一诗。

【译文】

鸬鹚是一种水鸟，像黑色的鶂，还有一个别名叫作"鷧"。它的嘴弯曲像钩子，以鱼类为主食。食物进入它的喉咙就被嚼烂，温度像热水一样，粗大的鱼骨也能咽下，吃其他食物也大概都是这样。这种鸟生育后代时是从嘴里吐出，就是《神农氏》一书中所说："鸬鹚不是卵生，从口中吐出后代，只有它这一种动物这样做。"杨孚在《异物志》中说："鸬鹚能浸泡在深水之中，抓鱼作为食物。它不生蛋，而是在池塘沼泽之中孕育后代。幼鸟发育成熟后，用吐出的方式完成生育。多的时候一胎可以生七八个，少的时候也有五六个。幼鸟们相互连接着诞生，像丝线一样漂浮在水上。虽然鸬鹚是水鸟的一种，却居住在高大的树木之上。”《夔州图经》中提到峡中地区的人叫鸬鹚为“乌鬼”。蜀中人靠着水边居住，都养着这种鸟，用绳子绑住它的脖子，命令它们下水捕捉鱼，抓到鱼后将它倒过来就能倒出鱼来。正是杜甫诗中所说“家家养乌鬼”的景象。

埤雅·卷七

释鸟：鹥、凫、睢鸠、鸤鸠、鶌鸠、雗、孔雀、鹈、鸥鸺、鹧鸪、鸥鸮、鸮、鸳鸯、鹖、鹭

鹥

鹥，凫[1]属，苍黑色。凫好没，鹥好浮，故鹥一名"沤"，《列子》曰："沤鸟之至者，百住而不止。"[2]今字从鸟，后人加之也。凫、鹥安乐于水者也，故《诗》以为神祇、祖考安乐之譬，而《周官》"王后安车鹥总"。《诗》曰："凫鹥在泾，公尸[3]来燕来宁。公尸燕饮，福禄来成。凫鹥在沙，公尸来燕来宜。公尸燕饮，福禄来为。"[4]来成以祖，言福禄也；来为以考，言福禄也。传曰："来为言厚为孝子，则其为考可知矣。"又曰："凫鹥在渚，公尸来燕来处。公尸燕饮，福禄来下。凫鹥在潀，公尸来燕来宗。公尸燕饮，福禄来崇。"来下以天神，言福禄也；来崇以地示，言福禄也。盖天故自上来下，地故自卑来崇，亦其天道主贵高，地事主富崇故也。于祖曰："尔酒既清，尔殽既馨"，于考曰"尔酒既多，尔殽既嘉"，则以宗庙尚文故也。郊丘则贵质而已，故曰"尔酒既湑，尔殽伊脯"也。其卒章则又总上四章之词，故曰"公尸燕饮，无有后艰"。"无有后艰"者，道也。盖道之至可以佑神，非有资于物也，孰能福禄之哉？故于福禄，为不足道也。《苍颉解诂》曰："鹥，鸥也。"今鸥一名水鸮，形色似白鸽而群飞。《风土记》[5]曰："鹥，鹥鸭也，以名自呼，大如小鸡，生于荷叶之上。"

【注释】

[1] 凫：又叫野鸭、鹜。生长在江河湖泊中。常常几百只结体飞行，它们飞行时发出的声音很大。

[2] 见《列子》卷二。

[3] 古代天子祭祀，代被祭者的神灵而受祭的活人。

[4]《凫鹥》是西周《诗经·大雅·生民之什》的第四篇。

[5]《风土记》由西晋周处所编。此书是记述地方风俗的名著，是迄今为止我国较早记述地方习俗和风土民情的著作。

【译文】

鹥，凫属，苍黑色。凫喜好沉潜水，鹥喜好浮在水面，所以鹥有一个名字叫作“沤”，《列子》说：“沤鸟飞来这儿的，有上百只以上。”现在这个字从鸟字底，是后人加上的。凫、鹥喜爱在水上安居，所以《诗》把它们作为神祇、祖考安乐的譬喻，而《周官》里说：“王后穿着像鹥鸟一样的青黑色衣服坐车子里”。《诗经》说：“野鸭鸥鸟河中央，公尸赴宴多安详。公尸赴宴来品尝，福禄大大为你降。野鸭鸥鸟沙滩上，公尸赴宴来歆享。公尸赴宴来品尝，助你福禄长安康。”来成以祖，是说福禄；来为以考，也是说福禄。传言道：“来为是说备厚为孝子，则其为考可以知晓。”又说：“野鸭鸥鸟在洲诸，公尸赴宴来居住。公尸赴宴来品尝，为你降下大福禄。野鸭鸥鸟港汊中，公尸赴宴位居尊。已在亲庙设酒席，福禄降临你家门。公尸赴宴来品尝，福禄不断降你身。”来下以天神，是说福禄；来崇以地示，是说福禄。说天故自上来下，地故自卑来崇，也就是所以说天道主贵高，地事主富崇。于祖说：“您的美酒已滤清，您的佳肴香喷喷。”于考说：“你的美酒好又多，你的菜肴美又香。”这就是宗庙崇尚文的原因啊。郊丘则贵质而已，所以说：“你的美酒已滤清，你的菜肴有干脯。”结尾的段落则又总上四章的词，所以说：“公尸赴宴来品尝，从此太平无艰辛。”“无有后艰”是说道。道达到极至可以佑护神灵，不需藉助于事物，怎么会没有福禄呢？所以相对于福禄，这些都是不值得说的。《苍颉解诂》里说：“鹥，就是鸥。”今天鸥的一个名字叫水鸮，外形颜色类似白鸽，成群结队地飞。《风土记》记载：“鹥，鹥鸭，它的叫声就是它的名字，大如小鸡，生于荷叶之上。”

凫

《释鸟》曰：“鷉，沈凫。”沈凫好没，大小如鸭，青色长尾，背上有文，卑脚短喙，水鸟之谨愿者也。《庄子》曰：“凫胫虽短，续之则忧；鹤胫虽长，断之则悲。”[1]此言生理至足，无欠无余，自长非所增，自短非所损也。《诗》曰：“女曰鸡鸣，士曰昧旦。子兴视夜，明星有烂。将翱将翔，弋凫与雁。”[2]“明星有烂”，言小星已不见矣，故于是时相警，以夙兴也。盖凫、雁常以晨飞，故是诗如此。赋曰：“晨凫旦至。”此之谓也。亦其弋不射宿，所以为好德。又凫性悫谨，雁有行列而不乱，故刺不说德之诗。乐正言琴瑟，礼正言凫雁，因以微切之尔也。又曰：“弋言加之，与子宜之。”“加”与“元鹤加”“加双鶬”之“加”同意。盖弱弓、微矢乘风振之曰“弋”，故楚人好以弱弓微矢加之归雁之上。《楚辞》曰：“宁昂昂若千里之驹乎？将汜汜若水中之凫乎？”[3]盖沈凫善没而又容与，与波上下，故昔之散人慕焉。

【注释】

[1] 出自《庄子 · 骈拇》。

[2]《诗经 · 郑风》的一篇。

[3] 出自《楚辞 · 卜居》。

【译文】

《释鸟》记载：“鷉，沈凫。”沈凫善于潜水，（它）的大小像鸭子一样，尾巴很长是青色的，背上有花纹，矮脚短嘴，是一种性格谨慎、诚实的水鸟。《庄子》说：“凫的腿虽然短，但如果它的腿增长就会产生不便之忧；鹤的脖颈虽然长，但是断了的话就会使他感到不便的悲伤。”此言表明万物生生之理非常周密精致，没有欠缺也没有多余。鹤的脖子长是自然如此，不是人为使它增长，凫的腿短亦是自然如此，不是人为使它减损。“明星有烂”，天空中的小星星就看不见了，于是互相提醒，因此渐渐兴盛。大概因为这样凫、鴈通常早晨活动，正如《诗经》中所记载的那样。赋记载说："晨凫旦至。"这样相称。又因为用它的羽毛做的弓箭伤害不足，因此人们称赞它崇尚道德。又因为凫性格谨慎小心，鴈行伍严整队形规整，因此很少居功自傲。乐与琴瑟相合，礼与凫鴈相宜，这真是细致入微的观点啊。又有人说"弋言加之，与子宜之。""加"与"元鹤加""加双鶬"之"加"相同。因此弱弓、细箭顺风震颤称为"弋"。因此楚人喜好用弱弓微矢来捕捉归鴈。《楚辞》中说："是宁愿昂然（自傲）如同（一匹）千里马呢？还是如同（一只）普普通通的鸭子（凫）随波逐流，偷生来保全自己的身躯呢？"大概因为沈凫喜好潜水而又容易捕捉，波澜不惊，所以往昔的隐士慕焉仰慕它。

雎鸠

雎鸠，雕类，江东呼之为"鹗"。鸷而有别，《阴阳自然变化论》[1]曰："雎鸠不再匹。"盖言是也。《诗》曰："关关雎鸠，在河之洲。"盖关雎和而挚，别而通习水，又善捕鱼，故《诗》以为后妃之比。鸤鸠则一宿均养，又居鹊之成巢，故为夫人之德而已。徐铉[2]《草木虫鱼图》[3]云："雎鸠常在河洲之上为俦偶，更不移处。"盖鹗性好跱，故每立，更不移处，所谓"鹗立"，义取诸此。郯子[4]曰："少皞氏[5]以鸟名官：凤鸟氏，历正也；玄鸟氏，司分；伯赵氏，司至；青鸟氏，司启；丹鸟氏，司闭；祝鸠氏，司徒；雎鸠氏，司马；鸤鸠氏，司空；鶆鸠氏，司寇；鹘鸠氏，司事。"五鸠，鸠民者也。凤知天时，故以名历正之官；玄鸟，燕也，以春分来秋分去，故司分；伯赵，鵙也，以夏至鸣冬至止，故司至；青鸟，鸧鷃也，以立春鸣立夏止，故司启；丹鸟，鷩雉也，以立秋来立冬去，故司闭；雎鸠，鸷而有别，故为司马主法制；鸤鸠平均，故为司空，平水土；鵻鸠孝，故为司徒，主教民籍，《虞槐赋》曰"春栖教农之鸟"，即鵻是也。俗云雎鸠交则双翔，别则立而异处，是谓"鸷而有别"，传曰"鸷鸟不双"是也。

【注释】

[1] 出自《黄帝内经·素问》。

[2] 徐铉（916年—991）：五代宋初文学家、书法家。字鼎臣，广陵（今江苏扬州）人。历官五代吴校书郎、南唐知制诰、翰林学士、吏部尚书，后随李煜归宋，官至散骑常侍，世称徐骑省。淳化初因事贬静难军行军司马。曾受诏与句中正等校定《说文解字》。

[3]《新唐书》卷五十七记载："《毛诗草木虫鱼图》二十卷，开成中文宗命集贤院脩撰，并绘物象，大学士杨嗣复，学士张次宗上之。"

[4] 郯子：生卒年月不详，己姓，子爵，春秋时期郯国国君（今山东临沂郯城县）。约公元前十一世纪，少昊（姓已，名挚，字青阳，建都穷桑，故号为穷桑氏，也称金天氏）后裔中的炎族首领就封于炎地，称炎国。属人方。炎，古音亦读谈，春秋前后，国名多加"邑"字，从而炎国演化为郯国。

[5] 即少昊氏。是汉族神话中的五方上帝之一，又作少皞、少皓、少颢，史称青阳氏、金天氏、穷桑氏、云阳氏或朱宣，一说其为玄嚣，是黄帝长子。

【译文】

雎鸠属于雕类，江东一带的人称之为"鹗"。雎鸠鸠鸟雌雄情意至为深厚，然而又能保持一定的距离。《阴阳自然变化论》说："雎鸠不再匹。"大概就是说的这一点。《诗经》里说："关关和鸣的雎鸠，栖息在河中的小洲。"大概是说关雎同行时可亲挚，分开以后都精擅凫水，又善于捕鱼，所以《诗》将其作为后妃的榜样。鸤鸠则是宿处所有的鸟都一起养，又居住在鹊建好的巢穴里，所以被称作是人的美德。徐铉《草木虫鱼图》里说："雎鸠常在河中的小洲上站立等待伴偶，站在那儿不移动。"大概是鹗生性喜欢站立，所以每次站立都不再移动位置，人们所说的"鹗立"就是由此而来。郯子说："少皞氏以鸟名命名官名：凤鸟氏，掌管历法；玄鸟氏，为司分；伯赵氏，为司至；青鸟氏，为司启；丹鸟氏，为司闭；祝鸠氏，为司徒；雎鸠氏，为司马；鸤鸠氏，为司空；鷞鸠氏，为司寇；鹘鸠氏，为司事。"五鸠是各种鸠类。凤知晓天时，所以让其担任掌管立法之官；玄鸟就是燕子，因为春分来秋分离开，所以为司分；伯赵就是鵙，因为夏至开始鸣叫冬至停止，所以为司至；青鸟就是鸧鷃，因为立春开始鸣叫立夏停止，所以为司启；丹鸟即为鷩雉，因为立秋来立冬去，所以为司闭；雎鸠平时凶狠但有时平和，故为司马掌管法制；鸤鸠处事公平均准，故为司空，平水土；雝鸠仁孝，所以为司徒，掌管国民户籍，《虞槐赋》曰“春栖教农之鸟”，说的就是雝鸠。人们说雎鸠在一起时双鸟共翔，分开时则独自在不同地方生活，这就是“鸷而有别”，这就是传说中的“鸷鸟不共翔”了。

鸤 鸠

鸤鸠，秸鞠，一名“抟黍”今之“布谷”[1]江东呼为“郭公”。牝牡飞鸣，以翼相拂，不自为巢，居鹊之成巢。[2]有均一之德，盖其哺子朝自上而下，暮自下而上者，均也；其子在梅、在棘、在榛而已，则常在乎桑者，一也。《诗》曰：“维鹊有巢，维鸠居之。”[3]序者以为国君积行累功以致爵位，夫人起家如居有之，德如鸤鸠，乃可以配焉。盖一者，妇道也，妻道也；均者，母道也，小君之道也。均，所以制节；一，所以谨度，故《诗》以况夫人。《周官·罗氏》“中春，献鸠以养国老”者，鸠性不噎，食之且复助气故也。《续礼仪志》[4]曰：“仲秋案户校，年老者授之以杖，其端刻鸠形。”鸠者，不噎之鸟也，故曰“祝鲠在前，祝噎在后。《禽经》[5]曰：”一鸟曰隹，二鸟曰雠，三鸟曰朋，四鸟曰乘，五鸟曰雇，六鸟曰鶂，七鸟曰鴜，八鸟曰鸾，九鸟曰鸠，十鸟曰鶉。“九鸟曰鸠，其字从九，以此故欤？冯衍[6]《逐妇书》曰：“口如布谷”言其多声也。

【注释】

[1] 布谷鸟体形大小和鸽子相仿，但较细长，上体暗灰色，腹部布满了横斑。脚有四趾，二趾向前，二趾向后。飞行急速无声。芒种前后，几乎昼夜都能听到它，那宏亮而多少有点凄凉的叫声，叫声特点是四声一度——”布谷布谷”，“布谷布谷”。

[2] 大约 35% 的杜鹃以寄生的方式养育幼鸟。多数居住在热带和温带地区的树林中。巢寄生行为表现在：宿主的选择，大杜鹃在繁殖期寻找与孵化期和育雏期相似、雏鸟食性基本相同、卵形与颜色易仿的宿主，多为雀形目鸟类。寄生时间上，大杜鹃多在宿主开始孵卵之前，乘宿主离巢外出时快速寄生产卵。春末夏初，便向

北飞。它自己不会做窝，也不孵卵，平均每年产蛋2—10个，却把产的蛋放在画眉、苇莺的巢窝里，让这些鸟替自己精心孵化。而且它每飞到一个巢窝里只产一个。

[3] 见《诗经 · 国风 · 召南 · 鹊巢》。

[4] 即《后汉书 · 礼仪志》。《后汉书》也称《续汉书》。

[5]《禽经》：作者师旷，全文三千余字，是作者在参阅前人有关鸟类著述的基础上，总结了宋代以前的鸟类知识，包括命名、形态、种类、生活习性、生态等内容。尽管其体例结构简单，内容也稍嫌粗糙，但作为我国早期的鸟类志，仍有其较大的意义。

[6] 冯衍：字敬通，京兆杜陵（今陕西省西安市东南）人，幼有奇才，20岁而博通群书。王莽时，不肯出仕。义军起，投更始帝部下；因后降刘秀，故不被重用，出为曲阳县令。在此期间，由于结交外戚，迁为司隶从事，然亦由此而得罪，免官归里，闭门自保。建武末年曾上疏自陈，犹不被任用，故作《显志赋》以自励。

【译文】

鸤鸠，秸鞠，还有一个名“抟黍”。现在的“布谷”，江东地区一带的人称呼为“郭公”。牝牡飞鸣，两翼相拂，自己不修建巢穴，居住在鹊修好的巢里。有德，大概是因为它们哺育后代时从上到下，晚上从下到上，比较公平，它的幼雏在梅、在棘、在榛树上，也常在桑树上。《诗》曰：“喜鹊筑成巢，鸤鸠来住它。”序者认为国君积行累功来获得爵位，夫人起家如居有之，品德像鸤鸠，才可以和他相配。所以一者，是妇道，妻道；均者，母道，小君之道。均，所以制节；一，所以谨度，所以《诗》以况夫人。《周官 · 罗氏》中“中春，献鸠以养国老”所说的表明，鸠生性不噎，食用鸠肉有益于气血畅通。《续礼仪志》说：“仲秋案户校，年老者授之以杖，其端刻鸠形。”鸠，是不噎的鸟，所以说“祝鲠在前，户校，年老者授之以杖，其端刻鸠形。”鸠这种鸟，是不噎之鸟，所以说“祝鲠在前，祝噎在后。《禽经》说：“一鸟曰佳，二鸟曰雔，三鸟曰朋，四鸟曰乘，五鸟曰雇，六鸟曰鶂，七鸟曰鴭，八鸟曰鸾，九鸟曰鸠，十鸟曰鶉。”九鸟叫作鸠，它的字从“九”，是因为这个原因吗？冯衍《逐妇书》中说：“口如布谷”是来说明它能说话。

鶌鸠[1]

《释鸟》云："鶌鸠，鹘鵃[2]。"今江东亦呼"鹘鵃"。《左传》曰："鹘鸠氏，司事。"先儒云：鹘鸠春来秋去，故为司事。一名"鸣鸠"，《月令》所谓"鸣鸠拂其羽"者是也。一名"鸴鸠"。《庄子》所谓"蜩与鸴鸠笑之"者是也。盖此似山鹊而小，《释鸟》曰："鸴，山鹊也。"故此一名"鸴鸠"。又其短尾，青黑色，多声，故此一名"鸣鸠"也。《诗》曰："宛彼鸣鸠，翰飞戾天。"[3]言鸣鸠小物，决起而飞，枪榆枋，时则不至而控于地而已矣。今飞鸣戾天，则其声亦远闻，其势亦高至，唯勉强故也，可以人而不如乎？许慎云："鸣鸠奋迅其羽，直刺上飞数千丈，入云中。"其勉而飞如此。又曰："题彼脊令，载飞载鸣。"言脊令亦小物也，今飞鸣不有止息，虽不能远闻高至，然亦有首尾相应，可以人而不如乎？欲其如飞鸠，不可得也，故望之如此而已。夫王，尚大者也，今幽王曾是之不如，故其诗曰《小宛》也。又鹘鸠性食桑葚，然过则醉而伤其性，故《诗》云"于嗟鸠兮，无食桑葚"，而《序》以为刺淫泆也。陆玑云："鹘鸠一名斑鸠。"盖斑鸠似鹑鸠而大，鹑鸠灰色，无绣项，阴则屏逐其匹，晴则呼之，语曰"天将雨，鸠逐妇"者是也；斑鸠项有绣文斑然，故曰"斑鸠"，则与此鹘鸠全异。玑之言，非。今此鸟喜朝鸣，故一曰"鹘嘲"也。凡鸟朝鸣曰"嘲"，夜鸣曰"啾"，《禽经》曰："林鸟以朝嘲，水鸟以夜啾。"今林栖多朝鸣，水宿多夜叫。啾，音"夜"字见《龙龛手镜》[4]。

【注释】

[1] 鶌鸠：鸟名。鹘嘲。似山鹊而小，短尾。青黑色，多声。

[2] 鹘鵃：音 gǔ diǎo。

[3] 出自《诗经·小宛》。

[4]《龙龛手镜》是我国继《说文解字》《玉篇》又一重要字书，在检字方法上等多有创新。因避太祖赵匡胤祖父赵敬讳，改名《龙龛手鉴》，成书于辽统和十五年（997）。根据智光序，作者行均，字广济，俗姓于，是幽州僧人，擅长音韵文字

之学，具体行历不详。

【译文】

《释鸟》中说：“鸤鸠即为鹘鸼。”如今江东地区一带人也称呼它为“鹘鸼”。《左传》中说：“鹘鸠氏，司事。”早先的儒者们说：鹘鸠春天归来，秋季归去，所以它掌管节令之事。还有一个名字叫作“鸣鸠”，也就是《月令》中所说的“鸣鸠拂其羽”。还有一个名字“鸴鸠”。是《庄子》中所说的“蜩与鸴鸠笑之”。推测它形似山鹊而略小，《释鸟》中说：“鸴，山鹊也。”因此还有一个名字叫作“鸴鸠”。又因为它尾巴短，青黑色，经常鸣叫，所以又有了一个名字“鸣鸠”。《诗经》中说：“那个小小斑鸠鸟，展翅高飞在云天。”说道鸣鸠是体形小的动物，攒足力气起飞，撞到榆树、枋树，未到达目的地便力尽坠于地。如今鸣叫着飞于天际，它鸣叫的声音也可以远远听到，它的势头也非常高，只是勉力而为的原因，但为什么许多人却做不到呢？许慎说：“鸣鸠奋力振动翅膀，直接向上飞至数千丈的高空，进入云层之中。”它勉力而飞到了这样的地步。又说道：“题彼脊令，载飞载鸣。”说脊令也是形体小的动物，如今飞行起来不停不休，虽然声音不能被远闻，也不能飞到很高的地方，但它也做到了首尾相应、善始善终，为什么有些人还不如它呢？想要让它像飞鸠那样是不可能实现的，所以只是这样期望而已。王向来崇尚“大”，现今幽王不及此，所以他的诗歌叫作《小宛》。又鹘因为鸠生性喜爱吃桑葚，而桑葚服食过多会因醉而扰乱精神，所以《诗经》中说“于嗟鸠兮，无食桑葚”，而《序》认为其为刺淫泆。陆玑说：“鹘鸠一名斑鸠。”一般来说，斑鸠形似鹁鸠而略大，鹁鸠灰色，脖子上没有花纹，阴天的时候会追逐人，晴天则互相嬉戏，也就是谚语“天将雨，鸠逐妇”所说的了；斑鸠的脖子上有斑状花纹，所以叫“斑鸠”，这一点与鹘鸠完全不同。陆机的说法是错误的。如今这种鸟喜欢早上鸣叫，所以有一个名字叫作“鹘嘲”。所有鸟类早上鸣叫叫作“嘲”，夜里鸣叫叫作“唦”，《禽经》中说：“树林的鸟早晨鸣叫，水上的鸟夜里鸣叫。”如今栖息在林中的鸟多早上鸣叫，栖息在水边的鸟多夜里鸣叫。唦，音“夜”，见于《龙龛手镜》。

鵻

今鳻[1]鸠也。壹宿之鸟。壹宿，壹于所宿之木。一名“荆鸠”，一名“楚鸠”，一名“鶏鸠”，一名“乳鸠”，一名“鵴鸠”，一名“鵖鸠”，一名“鵻鸠”。[2]《方言》[3]曰：“鸠自关而西，秦汉之间谓之鵴鸠，其大者谓之鳻鸠，其小者谓之鵖鸠，或谓之鵻鸠，或谓之鶏鸠，梁宋之间谓之鵻。”鵻性慈孝悫谨[4]，故《听声考详篇》曰：“雀声惨毒，鸠声慈念。”而《诗》以为使臣贤者之况。《诗》曰：“翩翩者鵻，烝然来思。”言太平君子至诚，乐与贤者共之，烝然后得嘉鱼。壹鸟也，《尔雅》曰：“隹[5]其，鳺鴀。”夫不，壹宿。壹宿，妇之正也，夫或不然，故孔子欲多识鸟兽草木之名。《四牡》曰：“翩翩者鵻，载飞载下，集于苞栩。翩翩者鵻，载飞载止，集于苞杞。”盖孝所以致私恩，谨所以致公义，故《四牡》劳使臣之诗，而其托况如此。传曰：“怀归者，私恩也；靡盬[6]者，公义也。”一曰“祝鸠”。或曰“鵻与尸鸠皆壹鸟也，故有尸祝之号。”《庄子》曰：“庖人虽不治庖，尸祝不越樽俎而代之矣。”尸鸠性壹而慈，祝鸠性壹而孝，故一名“尸”，一名“祝”。《礼》云：“嘏以慈告，祝以孝告。”今鵻类赋尾皆促，故其字从隹。《说文》曰：“隹，鸟之短尾总名也。”《禽经》曰：“拙者莫如鸠，巧者莫如鹊。”今鸠累巢，止于数枝，才能载身而已。鹊巧而危，鵻拙而安。

【注释】

[1] 鳻：音 bān。

[2] 鵴：音 jú。鵻：音 kuí。

[3] 即《輶轩使者绝代语释别国方言》，简称《方言》。西汉杨雄著，今存13卷（见东晋郭璞《方言注》（涵芬楼四部丛刊本）共六百六十九条，一万一千九百多字。

[4] 悫（què）谨：诚实，谨慎。

[5] 隹：音 zhuī。

[6] 靡盬（mí gǔ）：谓无止息。指辛勤于王事。

【译文】

雒就是今天的鵅鸠。是壹宿的鸟。壹宿就是独自生活在所宿的树木。还有一个名字叫“荆鸠”，一个名字叫“楚鸠”，一个名字叫“鵶鸠”，一个名字叫“乳鸠”，一个名字叫“鵴鸠”，一个名字叫“鵻鸠”，一个名字叫“鵋鸠”。《方言》中说：“鸠从关中地区向西分布，秦、汉时期人们叫作鵴鸠，形体较大的叫作鵅鸠，形体较小的叫作鵻鸠，有的叫鵋鸠，有的叫鵶鸠，梁、宋时期人们叫作雒。”雒的品性慈孝、诚实、谨慎，所以《听声考详篇》中说：“雀的叫声惨毒，鸠的叫声慈念。”而《诗》中用以形容贤者。《诗经》中说：“翩翩者鵻，烝然来思。”描写太平之世君子非常诚恳，愿意与贤者一起相处，烝然后得嘉鱼。雒是独自生活的鸟，《尔雅》中说：“隹其，又名鳺鴀。”雄性并不是独居。独自生活是女性的正道，男性则不一定这样，所以孔子想要多了解鸟兽草木的名字。《四牡》中说：“漂亮的鵻鸠从远处翩翩飞来，有时高空飞有时低处翱翔，最终栖落在茂密的柞树上。”大概是因为孝所以致使私恩出现，过于严谨所以致使大公无私，所以《四牡》是描述使臣情况的诗，而它所托之寓意是这样的。传言道：“怀恋故土，是有私恩；勤勉于王事，是有公义。”它的一个名字叫“祝鸠”。有的人说：“雒和尸鸠都是独居的鸟，所以有尸祝的称谓。”《庄子》中说：“庖人虽不治庖，尸祝不越樽俎而代之矣。”尸鸠的习性独立而仁慈，祝鸠的品性独立而仁孝，所以有一个名字叫“尸”，一个名字叫“祝”。《礼》说：“嘏以慈告，祝以孝告。”今天雒类的尾巴都比较短，所以它们名字的字从“隹”旁。《说文》说：“隹是鸟的短尾巴的总称。”《禽经》说：“没有比鸠更笨拙的，没有比鹊更灵巧的。”今天鸠筑巢，必须要筑在树枝上，才能够承载身体。鵲灵巧却不稳，雒笨拙却更安稳。

孔雀

《博物志》云：“孔雀尾多变色，或红或黄，喻如云霞，其色无定。人拍其尾则舞。尾有金翠，五年而后成。始生三年，金翠尚小，初春乃生，三四月后复凋，与花萼[1]俱衰荣。雌者不冠，尾短，无金翠。人采其尾以饰扇拂，生取则金翠之色不减。南人取其尾者，握刀蔽于丛竹潜隐之处，伺过，急斩其尾。若不即断，回首一顾，金翠无复光彩。性颇妒忌，自矜其尾，虽驯养已久，遇妇人、童子服锦彩者，必逐而啄之。每欲山栖，先择置尾之地，故欲生捕者候雨甚，往擒之，尾沾而重，不能高翔，人虽至，且爱其尾，不复骞扬也。"《岭表异录》[2]云："孔雀翠尾，自累其身。比夫雄鸡，自断其尾，无所称焉。"《说苑》[3]曰："君子爱人，辩士爱日，孔雀爱羽，虎豹爱爪。"此之谓也。今画史虽妙善花鸟，犹惮为此物，盖其金翠生动，染色有不能似者。《太玄·礼首》曰："孔、鴈之仪，利用登于阶。"言孔有文，鴈有序，而其象皆中礼，故"利用登于阶"也。《盐铁论》曰："南越以孔雀珥门户，昆山之旁以璞玉抵鸟鹊。"此言贵生于少，贱生于所有。《老子》曰："知我者希，则我者贵。"岂虚言哉！《南越志》[4]曰："孔雀不必匹合，止以音影相接便孕，亦与蛇偶。"《禽经》曰："鹊见蛇则噪而贲，孔见蛇则宛而跳。"

【注释】

[1] 花萼是植物花冠外面的绿色被片，它在花朵尚未开放时，起着保护花蕾的作用。

[2]《岭表异录》亦称《岭表录》《岭表记》《岭表异录》《岭南录异》《岭表录异记》地理杂记，全书共三卷，旧本题唐刘恂撰。原本久已失传，四库馆臣从《永乐大典》中辑出，并印入《武英殿聚珍版丛书》。有《丛书集成》本，鲁迅校勘本。

[3]《说苑》：又名《新苑》，古代汉族杂史小说集。刘向编。成书于鸿泰四年（前17）。原20卷（原二十卷，后仅存五卷，大部分已经散佚，后经宋曾巩搜辑，复为二十卷）784章。按各类记述春秋战国至汉代的遗闻轶事，每类之前列总说，事后加按语。

[4] 南朝宋沈怀远撰。八卷。原本已佚。据《说郛》辑本，所载多岭南异物及马援铸铜船等事。

【译文】

《博物志》讲道："孔雀的尾巴颜色多变，有时红色有时黄色，好像七彩云霞，它的颜色没有定数。人们拍它的尾巴它便翩翩起舞。尾巴上有金翠，需要五年才能长成。刚出生的前三年，金翠还很小，初春的时候才会生长，三四个月之后就再次凋落，像花萼的生长周期一样。雌孔雀没有冠，尾巴短，没有金翠。所以人们会采集它尾巴上的羽毛来装饰扇，在孔雀活着的时候去取金翠，那金翠的成色会更好。南方人取它的尾巴，手握刀隐蔽地藏于丛竹幽深的地方，等到孔雀经过，便迅速斩断它的尾巴。如果不及时斩断，再回头一看，金翠不再有光彩。孔雀性情冷傲，很看重自己的尾巴，虽然是驯养很久的，如果遇到妇女、儿童身着锦缎，一定会追着啄。每当想要在山林中栖息的时候，先选择适宜放置尾巴的地方，所以想要生擒孔雀的捕猎者都等到雨大的时候，再捉住它，这时它的尾巴因为被雨淋湿而变得很重，不能高高飞翔，人们虽然来了，孔雀还尚且爱惜自己的尾巴，不再像鸟向上飞的样子。《岭表异录》讲到："孔雀的尾巴上长有金翠，这是自己连累自己，相比雄鸡遇到危险敢于自己断掉自己的尾巴来说，那么孔雀这样爱惜尾巴就不值行称道了。"《说苑》说："君子爱人，辨士爱日，孔雀爱羽，虎豹爱爪。"说的就是这样。如今书画史上虽善于画花鸟，却尤其忌惮孔雀，原来是因为它的金翠生动，色泽好看，几乎不能画得相似。《太玄·礼首》说："孔，雁之仪，利用登于阶。"这是说孔雀有文华美丽，雁有序列，这种形象就是礼，所以"利用登于阶"也。《盐铁论》里说："南越之地的人用孔雀的羽毛插在门口，昆山之地的人用玉石投掷鹊鸟。"这是说珍贵的往往是因为稀少，低贱的往往是因为数量多。《老子》说道："能明白我道之人少之又少，能取法我道之人更是难能可贵。"难道是虚妄之言啊！《南越志》说道："孔雀不用匹偶相合，只以声音和影子相合便能怀孕，也可与蛇为配偶。"《禽经》说到，鹊见到蛇就会更加聒噪贲张，孔雀见到蛇就更加多姿雀跃。

鹈[1]

《释鸟》云："鹈，鴮鸅。"郭璞曰："今之鹈鹕也。好群飞，沈水食鱼，故名'洿泽'。"鹈形似鹗而大，人足，其鸣自呼，颔下胡大如数升囊，因以盛水贮鱼，《淮南子》所谓"鹈鹕饮水，数斗而不足；鳣鲔入口，若露而死"

是也。盖鱼生水中而口不纳水，颜之推曰："鱼不咽水。"一名"淘河"，一名"洿泽"。《庄子》曰："鱼不畏网，而畏鹈鹕。"言鹈以智力取鱼，故鱼不畏网而畏之也。《诗》曰："维鹈在梁，不濡其翼。维鹈在梁，不濡其咮。"盖鹈性群飞，沈水食鱼，若遇小泽有鱼，便各以胡去水，令水竭鱼露，乃共食之，故号"淘河"。洿泽则濡其咮翼宜矣，今反取饱于梁，不濡其翼；非特不濡其翼，又且不濡其咮，故《诗》以刺小人不食其力，无功而受禄也。

【注释】

[1] 鹈（tí）：水鸟，喜群居，捕食魚類。亦稱"伽藍鳥""淘河鳥""塘鵝"。

【译文】

《释鸟》说："鹈，就是鴮鸅。"郭璞说："就是今天所说的鹈鹕。喜好群居共飞，将头沉到水下吃鱼，所以被叫作'洿泽'。"鹈的形体像鹗，比鹗要大，长着像人脚一样的足，它的叫声就是它的名字，颔下有一个大如数升囊的胡，因为鹈用它来盛水贮鱼，也就是《淮南子》中说的"鹈鹕饮水，数斗而不足；鳣鲔入口，若露而死"。大概因为鱼生活在水中而嘴里不盛水，颜之推说："鱼不咽水。"鹈鹕一名"淘河"，一名"洿泽"。《庄子》说："鱼不畏网，而畏鹈鹕。"说鹈鹕用智力来捕鱼，所以鱼不害怕渔网而害怕鹈鹕。《诗经》说："鹈鹕停在鱼梁上，水没打湿它翅膀。鹈鹕停在鱼梁上，水没打湿它的嘴。"大概是鹈鹕生性喜爱群居共飞，将头沉到水下去吃鱼，如果遇到小池塘里有鱼，便用胡将水淘去，令水干竭后鱼露出水面，再一起将鱼吃掉，所以被叫作"淘河"。洿泽通常用唾液濡湿它的嘴和翅膀，才有较好的捕食效果，如今鹈鹕反而蹲守在人家的房梁上等着吃现成的食物，不再用唾液濡湿翅膀来捕食；非但不濡湿翅膀，连鸟嘴都不必被濡湿了，所以《诗》用这一篇来讽刺小人不食其力，无功而受禄的行径。

鴖 鸺[1]

《释鸟》所云"怪鴖"是也。其鸣即雨，为圝可以聚诸鸟，一名"隻狐”。昼无所见，夜即飞噉蚊蝱、鹑服、鬼车之类，《庄子》所谓：“鸱鸺夜撮蚤，察豪末，昼出瞋目而不见邱山”者。旧说雀目夕昏，人有至夕昏不见物者，谓之“雀瞀”，即此类也。焦赣《易林》[2]曰：“雀目燕颡，畏昏无光。”颜之推曰：“雀奚夕瞽，鸱奚昼盲。”一曰鸺鹠拾人之爪，相其凶吉，此妄说也。

【注释】

[1] 鸱鸺（chī xiū）：古书上指鸓鹰，即猫头鹰，还可译为夜猫子，与枭鸟相似。

[2]《焦氏易林》：又名《易林》，十六卷，西汉焦延寿撰。焦延寿字赣。

【译文】

鸱鸺就是《释鸟》中所说的“怪鸱”。它鸣叫就会下雨，能诱惑其它各种聚起来，还有一个名字叫作“隻狐”。白天见不到，夜间飞行捕食蚊蝱、鹑服、鬼车之类的动物，也就是《庄子》中说的：“鸱鸺（猫头鹰）夜间能够抓取跳蚤，明察秋毫，但白天出来，瞪着眼睛却看不见大山”。旧时的说法认为鸟雀的眼睛夜间昏花，有的人每到夜晚便眼睛昏花看不清事物，此种病症被叫作“雀瞀”，就是源于这里。焦赣的《易林》中说：“孔雀的眼睛燕子的额头，害怕昏暗无光。”颜之推说：“雀奚晚上眼瞎，防奚白天眼盲。”一种说法说到鸺鹠捡拾人的手和足，能够判断出吉凶，这是一种没有道理的说法。

鹧　鸪

鹧鸪自呼其名，常向日而飞，飞数随月，盖若正月，一飞而止。畏霜露，早晚稀出。有时夜飞，飞则以木叶自覆其背。《古笺》[1]云：“偃鼠饮河，止于满腹；鹧鸪衔叶，才能覆身。”此之谓也。臆前有白圆点，文多，瞋啼，志常南向，不思北徂，《南越志》所谓：“鹧鸪虽东西回翔，然开翅之始，必先南翥，亦胡马嘶北之义也。”《本草》曰：“鹧鸪形似母鸡，鸣云‘钩辀格磔’。”《岭表异录》云：“肉白而脆，味胜鸡雉。”

【注释】

[1] 笺：本指狭条形小竹片，古代无纸，用简策，有所表识，削竹为小笺，系之于简。古牋指古代在笺上的题咏。

【译文】

鹧鸪的叫声就是它的名字，常向着太阳飞行，飞的次数随着月份数目而定，比如正月，便飞一次即停止。鹧鸪畏惧霜露，早晚很少出行。有时夜里飞行，飞行时自己用树木的叶子覆盖住背部。古时留下的笺上的题咏中说："鼹鼠喝河中的水止于喝饱肚子；鹧鸪衔叶能够覆盖自己的身体便可。"就是说的这件事。胸前有白圆点，花纹多，常几只之间互相啼叫，一心只想向南飞，从不考虑向北回返，也就是《南越志》说的："鹧鸪虽然在东西方向间来回飞行，然开始飞行时必先向南飞，就像胡马嘶北的含义一样。"《本草》说："鹧鸪的形状像母鸡，鸣叫的声音为'钩辀格磔'。"《岭表异录》说："鹧鸪的肉白而脆，味道胜过鸡雉。"

鸱　鸮[1]

先儒以为"鸱鸮"即今"巧妇"，郭注《尔雅》独云"鸱类"，则璞与先儒异意。以《诗》与《尔雅》考之，宜如璞义。盖《尔雅》言："鸱鸮，鸋鴂[2]。"继云："狂茅鸱、怪鸱、枭鸱。"则鸱鸮宜亦鸱类，贾谊所谓"鸾凤伏窜，鸱鸮翱翔"是也。《诗》曰："鸱鸮鸱鸮，既取我子，无毁我室。"[3]则其语似戒鸱鸮之词，正如宣王《黄鸟》之诗，即非鸱鸮自道也。昔贤云鸱鸮恤功，爱子及室，误矣。其二章曰："迨天之未阴雨，彻彼桑土，绸缪牖户。""迨天之未阴雨"，及其闲暇之譬也；"彻彼桑土，绸缪牖户"明其政刑之譬也。孔子曰："为此诗者，其知道乎？及其国家闲暇，明其政刑，孰敢侮之？"为是故也。盖窘生于阴雨而户牖所以取明，故是诗托况如此。《文子》[4]曰："百星之明，不如一月之光；十牖毕开，不如一户之明。"

【注释】

[1] 鸱鸮：鸟类的一科，鸱鸮可以分为鸱和鸮，分别是夜鹰目和鸮形目，也可以合起来并成为鸱鸮即猫头鹰。

[2] 鸋鴂：音 níng jué。

[3] 即《诗经 · 国风 · 豳风》中的“鸱鸮”篇，文中所引句大意为“猫头鹰你这恶鸟，已经夺走了我的雏子，再不能毁去我的窝巢。”

[4]《文子》先秦时的道家书，《汉书 · 艺文志》道家类著录《文子》九篇。班固在其条文下只注明：“老子弟子，与孔子同时，而称周平王问，似依托者也。”没有名字籍贯。唐天宝元年唐玄宗诏封文子为“通玄真人”，诏改《文子》为《通玄真经》，与《老子》《庄子》《列子》并列为道教四部经典。

【译文】

早先的儒者们以为“鸱鸮”就是今天所说的“巧妇”，郭璞所注《尔雅》中只说“鸱类”，那么郭璞与先儒表达的意思不同。用《诗经》与《尔雅》来进行考据，应当采用郭璞所说的意思。正如《尔雅》所说的：“鸱鸮，鸋鴂。”又说：“狂茅鸱、怪鸱、枭鸱。”那么鸱鸮应该也是鸱类，也就是贾谊所说的“鸾凤伏窜，鸱鸮翱翔”了。《诗经》中说：“鸱鸮（猫头鹰）你这恶鸟，已经夺走了我的雏子，再不能毁去我的窝巢。”它的语句像是劝诫鸱鸮的话，就像宣王《黄鸟》之诗，不是从鸱鸮的角度说的。从前的贤者们说鸱鸮勤劳于事，爱惜孩子及家室，这是错误的。它的第二章中说：“我趁着天未阴雨，啄取那桑皮桑根，将窗扇门户缚紧。”“我趁着天未阴雨”，是对它闲暇时的譬喻；“啄取那桑皮桑根，将窗扇门户缚紧”是对于通晓政策和法律的譬喻。孔子说：“作这首诗的人明白其中的道理吗？他说到的国家闲暇，明其政刑，谁敢轻慢？”出自这里。大概是困窘的人生于阴雨之中，开门窗来获得明亮，所以作这首诗这样来寄托寓意。《文子》中说：“数百颗星星的光亮不如月亮；十多扇窗户全部打开，也不如开一扇门那样明亮。”

鶂[1]

《三苍》[2]云："苍鶂也。"善高飞，似雁，目相击而孕，吐而生子，其色苍白，《庄子》所谓"白鶂相视，眸子不运而风化"者也。盖万物以风动，以风化，故《国风》取名焉。《序》曰："风，风也，教也。风以动之，教以化之。"风以动之，取其所谓"以风动"也；教以化之，取其所谓"以风化"也。今鹭亦雄雌相随受卵，是亦风化，谚曰"鹭鸶相逐成胎"是也。《西方之书》[3]曰："湿以合感，化以离应。"《春秋》书"石"曰："陨石于宋，五。"盖视之则陨，察之则石，徐而察之，则五。书"鶂"曰："六鶂退飞，过宋都。"盖视之则六，察之则鶂，徐而察之，则退飞。此言之法也。故《经解》[4]曰："属辞比事《春秋》，教也。"而《传》以为五石、六鶂之辞不设，则王道不亢矣。《博物志》曰："鶂亦雄鸣上风、雌鸣下风而孕。"杨雄《蜀都赋》[5]云："风胎雨瞉。"风胎，若鶂是也，鶂睨而生子。又作"鹝"隔而通者也。

【注释】

[1] 鶂（yì）：水鸟名。形似鸬鹚，善高飞。同"鹢"。

[2] 指秦李斯《苍颉》七章、赵高《爰历》六章、胡毋敬《博学》七章。是秦统一文字之后，介绍小篆楷范的字书。汉代合此三书为一，断六十字为一章，统称为《苍颉篇》。

[3] 应泛指西方佛经。

[4] 经解：一般指解释汉族儒家经书的著作。但此处不知具体为何书。

[5] 蜀都赋：当为西汉扬雄早年作品。宋章樵《古文苑》卷 4 录有全文，传世版本有岱南阁丛书本、守山阁本、惜阴轩本、四部丛刊韩元吉本等，严可均《全汉文》亦录入。唐欧阳询《艺文类聚》卷 61 有摘录。

【译文】

《三苍》里说："鶂就是苍鶂。"善于在高空飞翔，像雁，眼神对视而受孕，口吐生育幼雏，它的颜色是苍白色。也就是《庄子》中说的“白鶂相视，眸子不运而风化”。大概万物因风而动，因风而变化，所以《国风》用“风”字取名。《序》中说：“风，风也，教也。因风而动的过程就是教化的过程。”风动取自其所说的“以风动”；教化取自其所说的“以风化”。如今鹭也是雄雌相随来受卵，也是风化，也就是谚语“鹭鸶相逐成胎”中所说。《西方之书》说：“湿以合感，化以离应。”《春秋》在“石”这一篇目中说：“陨石于宋，五。”大概它远观像陨铁，走近观察是石，慢慢仔细观察则发现是五块陨石。书“鶂”曰：“六鶂退飞，过宋都。”大概是看上去是六只鸟，仔细观察是鶂，更加细致观察则是退飞。这是一种叙述的语法。所以《经解》说：“写文章语言要类比《春秋》，是范本。”而《传》认为五石、六鶂之言辞不落实严谨，就会不利于君王的统治。《博物志》中说：“鶂也是雄性的在上风鸣叫，雌性的在下风鸣叫而受孕。”杨雄《蜀都赋》里说：“风胎雨縠。”风中成胎，举例为鶂，鶂眼神相交而繁衍后代。又作“鷊”，是隔断通行的意思。

鸳鸯

鸳鸯，匹鸟，有思者也。《说文》称“凤”，言“鹳颡鸳思”是已。崔豹《古今注》[1]曰：“鸳鸯，凫类也。雄雌未尝相离，人得其一，一思而死，故谓之‘匹鸟’。”鸳性如此，故先王慎于取之。《鸳鸯》之诗一章曰：“鸳鸯于飞，毕之罗之。”言于其飞，然后“毕之罗之”，则不毁卵，不射宿故也。二章曰：“鸳鸯在梁，戢其左翼。”言以我交于万物有道，故彼于止，得其所止也。“鸳鸯在梁”，正言左翼者，盖凡鸟左顾则怒作，右眄则喜生；飞而起则仰左翼，飞而下则仰右翼。故今鸷鸟下击，皆先侧左翅也。又是诗初言鸳鸯，以着明王交于万物有道，而卒言乘马，以明奉已有节者。盖言匹鸟、乘马虽微且少，而古之明王遇之如此，则其大于此者可知也。杨雄曰：“江湖之崖，渤澥之岛，乘雁集，不为之多；双凫飞，不为之少。”亦言双凫、乘雁未足以为增损也。《列子》曰：“周宣王之牧正[2]有役人梁鸯者，能养野禽兽，虽虎狼雕鹗，无不柔驯者。王令毛邱园传之。”此寓言也。所谓梁鸯者，即取鸳鸯在梁不惊挠之义，故名之曰“梁鸯”。盖列、庄之书尝所称引者，不必实有其人，每诡其名以见义，如梁鸯、毛邱园、无足满、苟得之类是也。俗云：“雄鸣曰鸳，雌鸣曰鸯。”《稽圣赋》曰：“雎鸠奚别，鸳鸯奚双。”一曰鹊好外反，鸳好内思。

【注释】

[1]《古今注》三卷，晋崔豹撰。是一部对古代和各类事物进行解说诠释的著作。

[2] 牧正：古官名。收官之长，主管畜牧。

【译文】

鸳鸯，是两两匹配的鸟，有相思之意。《说文》称它为“凤”，说的“鹳颡鸳思”就是这个意思。崔豹《古今注》里说：“鸳鸯是凫类。雄雌鸟从不离开，如果其中一只被人捉去，另一只便相思而死，所以叫作‘匹鸟’。”鸳鸯的品性如此，所以先王若要捉捕它们便非常谨慎小心。《鸳鸯》的诗篇有一章写到：“鸳鸯飞上天，罗网来捕捉。”说及它飞翔，然后“在它降落时用网兜住”，于是便不会毁坏其卵，也不会射落它的巢穴的原因。二章说：“鸳鸯相偎在鱼梁，喙儿插进左翅膀。”这是说我们与万物打交道要遵守一定的仪则，所以于彼所当止者，则得所其所止。“鸳鸯相偎在鱼梁”，明确地说喙儿插进左翅膀，大概是所有的鸟向左看就会发怒，向右看则生欢喜；向上飞则仰起左翼，向下飞则仰起右翼。所以今天鸷鸟向下方发起攻击时，都先倾斜左翅。又因为诗最初提到鸳鸯，用以教诲贤明君王处理万事万物的道法，而在最末说到驾车的马，用来使统治者明白服务于自己而且有品节的人。大概提及匹鸟、乘马虽然少得几乎没有，但古代的贤明君主遇到这样的人时，他们都会很快识别出他们，远大于提及此在文章中所占的篇幅比例。杨雄说：“在江河湖泊的崖边，潮起潮落形成的岛上，乘雁聚集一起，但没有很多；双凫比翼齐飞，数量不算少。”此话也是说双凫、乘雁数量不够多，认为其数量减少。《列子》中说：“周宣王的牧正有会驯养梁鸯的，能养野禽兽，即使是虎、狼、雕、鹗这样的猛禽，也没有不被驯服到温顺的。王命令毛邱园传这个人入朝。”这是一个寓言。被叫作“梁鸯”的，就是取的鸳鸯在梁上不惊不挠的意思，所以叫它“梁鸯”。大概是《列子》《庄子》这些书里曾经提及它们的名字作为引用，不必确实有这个人，每次假借这些名字来体现含义，如梁鸯、毛邱园、无足满、苟得之类都是这样。俗语说：“雄鸟鸣叫的声音为鸳，雌鸟鸣叫的声音为鸯。”《稽圣赋》说：“雎鸠奚别，鸳鸯奚双。”一种说法为鹊喜好向外攻击别物，鸳鸯喜好向内自我思考。

鹖[1]

鹖，似雉而大，黄黑色，故其名曰“褐”，而《鹖赋》[2]云：“杨玄黄之劲羽也。”有毛角，专场健斗，斗死不却，盖鸷鸟之暴疏者。每所攫撮，应爪摧碎。亦爱其党，郭璞《鹖赞》所谓“畴类被侵，虽死不避”。古者令武士冠之，实取诸猛，先儒所云“虎夫戴鹖”是也。《列子》曰：“黄帝战于阪泉之野，帅熊、罴、狼、豹、貙、虎为前驱，雕、鹖、鹰、鸢为旗帜，此以力使禽兽者也。尧使夔典乐，击石、拊石，百兽率舞，箫韶九成，凤皇来仪，此以声致禽兽者也。先王之于鸟兽，或以力使，或以声致如此，又况横目之民乎?”《字说》曰：“奚也，曷也，皆无知也。雞可畜焉，以放于死，奚物而无知者也；鹖善斗焉，以放于死，曷物而无知者也。”《禽经》曰：“鹖，毅鸟也；鸥，信鸟也。”

【注释】

[1] 鹖（hé）：一种像雉而善斗的鸟。

[2]《鹖赋》三国魏诗人曹植作。

【译文】

鹖，形体像雉但比雉更大一些，黄黑色，所以它的名字叫“褐”，而《鹖赋》这篇文章里说：“杨玄黄之劲羽也。”长有毛茸茸的角，善于争斗，哪怕斗死也不退却，大概是鸷鸟性子暴躁的通性吧。每当捕获到猎物，就用利爪将其撕碎。鹖也友爱团结自己的同伴，体现在郭璞《鹖赞》中所说的"同类被侵犯，即使死也不逃避"。古时总有选拔武艺最高强的人的竞技，其实最终选出的是最勇猛的人，先儒所说的"虎夫戴鹖"就是这样子。《列子》中说："黄帝与蚩尤战于阪泉之野，统率熊、罴、狼、豹、貙、虎为前锋，雕、鹖、鹰、鸢为旗帜，凭借它们的力量驭使禽兽。尧命令夔颁布制定礼乐，击打、拊石头，百兽共同起舞，箫、韶等九种乐音共同奏响，歌舞之音引来凤凰，共同用声音统御百兽。先王对于鸟兽，有时用武力驱使，有时用声音便可统御至此，更何况百姓呢?"《字说》里说："奚、曷，都是没有智慧的意思。雞可以畜养，以等到长成被宰杀，雞难道不是没有智慧吗？鹖善于打斗，哪怕死也不晓得回避，鹖难道不是没有智慧吗?"《禽经》里说："鹖，是勇毅的鸟；鸥，是诚信的鸟。"

鹭

鹭，一名"舂[1]锄"，步于浅水，好自低昂，故曰"舂锄"也。《方言》[2]"鹖鴠"谓之"独舂"，与此同意。鹖鴠亦其鸣声如舂。鹭色雪白，顶上有丝，毵毵然长尺余，欲取鱼，则弭之。《禽经》曰："鹭啄则丝偃，鹰捕则角弭。"藏杀机也。青脚喜翘，高尺七八寸，善蹙捕鱼。又其翔集，必舞而后下，故《诗》以况二王之后，曰："我客戾止，亦有斯容"也。楚威王时有赤鹭合沓飞翔而舞，旧鼓吹《朱鹭曲》是也。今鹭之集，每至水面数尺，则必低回少盘，其势与飞之时径起特异，盖其天性舞而后下，非朱鹭独然也。故《诗》于"鹭于下"曰"醉言舞"，"鹭于飞"曰"醉言归"也。《禽经》曰："山禽之咮多短，水禽之咮多长；山禽之尾多修，水禽之尾多促。"山禽尾修咮短，若鹊之类是也；水禽尾促咮长，若鹭之类是也。又曰："鹤好霜，鹭恶露。"字从露省以此。亦或谓之"白露"，今人畜之，极有驯扰者每至白露降日，则定飞杨而去，不可复畜矣。俗说雄雌相眄则产，《阴阳自然变化论》曰："鹭目成而受胎，鹳影接而怀卵，鸳鸯交颈，野鹊传枝，物固有是哉!"鹭，白鸟也，《淮南子》曰："的的[3]者获，提提者射。"故《诗》正言"王在灵囿，麀鹿攸伏；麀鹿濯濯，白鸟翯翯"[4]以美文王之德。

【注释】

[1] 鷩：音 chōng。

[2] 即《輶轩使者绝代语释别国方言》，简称《方言》。西汉杨雄著，今存13卷（见东晋郭璞《方言注》（涵芬楼四部丛刊本）共六百六十九条，一万一千九百多字。

[3] 的：是“旳”字之误。旳，间与“的”同，意为“明”。见《中庸》“的然而日亡”句。

[4] 即《诗经·大雅·文王之什》中的“灵台”篇，文中所引句大意为“君王在那大园林，母鹿懒懒伏树荫。母鹿肥壮毛皮好，白鸟羽翼真洁净。”

【译文】

鹭有一个名字叫“舂锄”，它常步于浅水，喜欢自行低下头，所以叫作“舂锄”。《方言》中说“鶝鶔”被叫作“独舂”，与上述所说是同一含义。鶝鶔也因为它鸣叫的声音像舂米的声音。鹭的颜色雪白，头顶上有丝，毛茸茸的有尺余长，当它想要捕鱼时，就用头顶上的毛当作诱饵。《禽经》里说：“鹭捕鱼时头顶上的丝会低伏，鹰捕食时角会消失。”这些都是它们捕食过程中暗藏杀机的表现。鹭的脚是青色的，喜欢翘起，高一尺又七八寸，擅长捕鱼。它们聚集在一起时，一定先共同起舞才落下，所以《诗》中来比喻二王的后人，说道：“我有嘉宾来助祭，也穿高洁白衣裳。”楚威王的时候有红色鹭鸟共翔翩翩起舞，旧时的击鼓与吹奏乐曲《朱鹭曲》的来源便是如此。今天群鹭共于一处时，每当飞至距离水面数尺的高度，就一定会低低回返、盘旋几圈，与它飞行时的路径、状态都大不相同，大概是它们天性便喜欢在空中起舞后再落下，并不只是朱鹭这样。所以《诗经》在“鹭于下”写到“醉言舞”，“鹭于飞”写到“醉言归”。《禽经》里说：“山禽的嘴一般较短，水禽的嘴一般较长；山禽的尾巴一般修长，水禽的尾巴一般较短促。”山禽尾巴长，嘴短，比如鹊之类就是这样；水禽尾巴短，嘴长，比如鹭之类就是这样。又有一种说法为：“鹴喜欢霜，鹭厌恶露。”鹭字从“露”音便来自于这里。或者叫作“白露”，今天人们畜养它，驯养的人每到白露这天便会发现鹭鸟必会飞走，之后不能再畜养。俗语里说雄鹭和雌鹭相对视而受孕，《阴阳自然变化论》里说："鹭目光相交而受孕，鹳影子相接而受孕，鸳鸯颈项相交，野鹊传递枝条，动物都是这样的啊！"鹭是白色的鸟，《淮南子》中说："明眼看得见的东西容易抓获，暴露明显的目标容易射中。"所以《诗经》正篇中言及"君王在那大园林，母鹿懒懒伏树荫。母鹿肥壮毛皮好，白鸟羽翼真洁净。君王在那大池沼，啊呀满池鱼窜蹦。"这是用来赞美周文王的美德。

埤雅·卷八

释鸟：燕、翚雉、鷮雉、黄鸟、鷟、斲木、鸒、鵅、鶻、隼、鵞、桃蟲、鶉、燕鸟、鸞、凤

燕

《九章算术》[1]曰："五雀六燕飞集于衡，衡迴[2]平。一雀一燕飞而易处，则雀重而燕轻。"[3]今其（疑此一字误）书已（己字上宜有戊字），其日皆土，故燕之往来，避社而嗛土，不以戊巳。籋口、布翅、枝尾，齐人呼"鳦"[4]，盖取其鸣自呼，故曰"鳦"也。一名"玄鸟"，盖取其色之玄，故曰"玄鸟"也。一名鷾鸸[5]，庄周所谓"鷾鸸"者也。鸟莫知于鷾鸸，目之所不宜处不给视，虽落其实，弃之而走。其畏人也，而袭诸人间，此燕安之道也，故其字又为"燕安"之"燕"。《诗》曰："凫鹥在泾，公尸来燕来宁。"[6]燕与凫鹥皆有安乐之义，故其《序》以为太平之君子能持盈守成[7]，神祇、祖考安乐之也。《诗》曰："天命玄鸟，降而生商。"[8]言天命玄鸟，下而生商，故简狄吞其卵而生契。《淮南子》曰："契生于卵。"此之谓也。又曰："燕燕于飞，差池其羽。""燕燕于飞，颉之颃之。""燕燕于飞，下上其音。"[9]"差池其羽"[10]，言其羽相与差池；"颉之颃之"，言其飞一上而一下；"下上其音"，言其鸣一下而一上。《禽经》曰："乌向啼[11]背栖，燕背飞向宿。"背飞，颉颃是也。《述异记》[12]曰："燕之千年生胡髯。"《天玄主物簿》云："戴玉之鹊巢于竹，与燕同群。"盖燕能识实[13]。《元官太仙书》云："《夏小正》曰：'玄鸟至。'至者，入人室屋也。"一曰衡为鹊，虚为燕。

【注释】

[1]《九章算术》是中国古代第一部数学专著，是《算经十书》中最重要的一种，成于公元一世纪左右。该书内容十分丰富，系统总结了战国、秦、汉时期的数学成就。同时，《九章算术》在数学上还有其独到的成就，不仅最早提到分数问题，也首先记录了盈不足等问题，《方程》章还在世界数学史上首次阐述了负数及其加减运算法则。它是一本综合性的历史著作，是当时世界上最简练有效的应用数学，它的出现标志中国古代数学形成了完整的体系。

[2]《珍本》作“适”。

[3] 出自《九章算术·方程》，五雀六燕常是用来比喻双方轻重相差不多。

[4] 孔颖达疏云：“《凫鹥》诗者，言保守成功不使失坠也。致太平之君子成王，能执持其盈满，守掌其成功，则神祇祖考皆安宁而爱乐之矣。故作此诗以歌其事也。”似未为探本之言。

[5] 鷾鸸（yì ér）：也是燕子的别称。

[6] 出自《诗经·大雅·凫鹥》，译为：野鸭沙鸥在河水，公侯之尸入宴心宽慰。

[7] 出自《诗·大雅·凫鹥序》。

[8] 出自《诗经·商颂·玄鸟》，郑玄笺说：“天使鳦下而生商者，谓鳦遗卵，娀氏之女简狄吞之而生契。”据说，帝喾的次妃简狄是有戎氏的女儿，与别人外出洗澡时看到一枚鸟蛋，简狄吞下去后，怀孕生下了契，契就是商人的始祖。“玄鸟”是古人对燕子的称呼，因燕子通体黑色，故名“玄鸟”。以貌取名，简单朴素。当时，玄鸟、凤都是指燕子。

[9] 出自《诗经·邶风·燕燕》。

[10] 指燕子参差不齐地轻轻摆动着它的翅膀。

[11]《五雅本》作“飞”。

[12]《述异记》由南朝祖冲之所著，主要记载了鬼异的事情。

[13]《五雅本》作“宝”。《珍本》同。疑《四库本》误。

【译文】

《九章算术》里说：“五只雀、六只燕停在衡上，衡是保持平衡。一只雀、一只燕向不同的方向飞走，则剩下的雀的重量大，燕的重量小。”今其(疑这个字有误）写作已（已字之前应该有戊字)，它归来的日子都是土，所以燕子每年往来的时间，避开社日，欠缺土日，不依据戊巳日。燕子生有状如镊子的嘴、布一样的翅、枝形的尾，齐地的人称呼他为“鳦”，大概是以它的叫声作为它的名字，所以叫作“鳦”。一个名字叫“玄鸟”，大概是取自它的颜色为玄色，所以叫作“玄鸟”。一个名字叫“鷾鸸”，也就是庄周所说的“鷾鸸”。鸟类中最难以捉摸的就是鷾鸸了，目光经过不合适的地方便不停留，虽然果实掉落，仍然放弃它离开。它畏惧人，却在人类之中生活，这是燕安之道，所以它的字又是“燕安”里的“燕”。《诗经》里说：“凫鹥在泾，公尸来燕来宁。”燕和凫鹥都有“安乐”的涵义，所以《序》里认为太平盛世的君子能够持盈守成，神祇和祖先都能够庇佑子孙安乐。《诗经》说：“天命玄鸟，降而生商。”说玄鸟承载着上天的使命，下降到人间诞生了商朝，所以简狄吞食了玄鸟之卵然后生了契。《淮南子》里说：“契生于卵。”就是说的这个。又有一种说法：“燕燕于飞，差池其羽。”“燕燕于飞，颉之颃之。”“燕燕于飞，下上其音。”“差池其羽”，说的是它们的翅和羽相互交错；“颉之颃之”，说的是它们飞行时忽上忽下；“下上其音”，说的是它们的鸣叫声时高时低。《禽经》里说：“乌相对啼叫，相背栖宿；燕相背飞行，相对栖宿。”相背而飞，就是“颉颃”了。《述异记》里说：“千年的燕子会生出胡髯。”《天玄主物簿》说：“戴玉的鹊在竹林中筑巢，与燕共同群居生活。”大概燕能够识别出它们。《元官太仙书》说：“《夏小正》说：‘玄鸟至。’至就是进入人家室屋的意思。”一种说法是衡为鹊，虚为燕。

翚 雉（huī zhì）

《释鸟》云：“伊洛而南，素质五采皆备成章，曰翚。”又云：“鹰隼丑，其飞也翚。”言其鼓翅翚翚然疾，故曰“翚”也。“翚雉”之“翚”生于翚，故《诗》曰“如鸟斯革”，以言其势之鶱杨；“如翚斯飞”[1]，以言其文之奂散。一曰“革”宜读如“希革”之“革”，言其覆之絜齐也。宫室之涮[2]，自其四中视之，则如跂斯翼；自其四角视之，则如矢斯棘；自其上视之，则如鸟斯革；自其下视之，则如翚斯飞。《左传》曰："五雉为五工正。"[3]翚，其一也。翚盖中央之雉，南方曰"翟"，东方曰"鶅"，北方曰"鵗"，西方曰"鷷"。

【注释】

[1] 出自《诗经·小雅·斯干》："如鸟斯革，如翚斯飞。"，朱熹集传："其栋宇峻起，如鸟之警而革也，其檐阿华采而轩翔，如翚之飞而矫其翼也，盖其堂之美如此。"革：鸟张翅；翚：羽毛五彩的野鸡。如同鸟儿张开双翼，野鸡展翅飞翔一般。旧时形容宫室华丽。

[2]《五雅本》作"制"。《珍本》同。

[3] 出自《左传·昭公十七年》："五雉为五工正，利器用，正度量，夷民者也。"杜预注："五雉，雉有五种。"孔颖达疏："雉声近夷，雉训夷，夷为平，故以雉名工正之官。"或以为五种雉鸟各表示某一工种。孔颖达疏引贾逵曰："西方曰鷷雉，攻木之工也；东方曰鶅雉，抟埴之工也；南方曰翟雉，攻金之工也；北方曰鵗雉，攻皮之工也；伊洛而南曰翚雉，设五色之工也。"北周庾信《周祀五帝歌·配帝舞》："司正五雉，歌庸九川。"

【译文】

《释鸟》中说："伊水和洛水的南面，白色质地和五彩颜色都完备成章，叫作翚。"又写道："鹰隼的模样丑陋，它们飞起来的样子也像翚。"是说它鼓动翅膀飞行的样子像翚而又速度更快，所以叫作"翚"。"翚雉"中的"翚"便出自翚，所以《诗经》中说："宽广犹似鸟展翅"，是说屋檐的势像鸟张开翅膀；"像翚那样飞行"，是说它花纹的分散。一种说法是"革"应当读作"希革"的"革"，是说它覆盖的整齐。宫室的制度，从它的四个方向中间观察，就好像虫子的翅膀；从四个角落观察，就好像密密麻麻荆棘般的箭矢；从上边观察，就好像鸟张开翅膀，从下边观察，就好像翚飞行那样。《左传》中说："五种雉可以代表五种工种。"翚，就是其中之一。翚是坐镇中央的雉，南方的叫作"翟"，东方的叫作"鶅"，北方的叫作"鵗"，西方的叫作"鷷"。

鷮（jiāo）雉

薛综[1]曰："雉之健者为鷮，尾长六尺。"《字说》曰："从乔，尾长而走且鸣，则其首尾乔如也。"鷮走且鸣，行止不能自舍，女有取节尔，故《诗》以为淑女之譬，而又与鷩冕之义异也。《诗》曰："依彼平林，有集维鷮。"[2]言王后无妬忌之行、险诐[3]之心，能庇其所赖而淑女从焉，则如平林之集鷮雉也。夫虽等雉也，类有不同，则其取以拟象亦因以异，若王后翚衣，夫人揄翟，公之服自鷩冕而下是也。鷮又下鷩一等，故此取况众妾。传曰："四足之美有麃，两足之美有鷮。"《说文》以为雉有十四种，字或从弟，以此故也。《禽经》曰："火为鷮，亢为鹤。"

【注释】

[1] 薛综（？—243）：字敬文，沛郡竹邑（今安徽濉溪）人，三国时期吴国名臣。少时避乱至交州，师从刘熙。薛综是当时名儒，著有诗赋难论数万言，集为《私载》，并著有《五宗图述》《二京解》。

[2] 出自《诗经·小雅·车舝》，译为：丛林茂密满平野，长尾锦鸡栖树上。

[3] 史书中多用形容人品卑劣，阴险狡诈之流。

【译文】

薛综说："雉中强健的叫作鷮，尾巴长六尺。"《字说》中说："从乔，尾巴长而走路的时候会鸣叫，那么它的首尾乔如。"鷮边走边鸣叫，停止走路时也不能舍弃，就好像女子受礼节，所以《诗经》中用来譬喻淑女，而又和鷩羽做的冠冕意义不同。《诗经》中说："丛林茂密满平野，长尾锦鸡栖树上。"是说王的皇后没有妒忌的行为，阴险的心思，能够庇护她所依赖的，那么淑女们都会顺从她，就好像整齐的森林会聚集鷮雉一样。虽然是说像雉，但类别又不同，那么用来比拟的象征也因此而不同，就好像王后穿翚羽的衣服，夫人穿揄翟的礼服，王公戴鷩羽做的冠冕而下边的人也是这样。鷮又比鷩低一等，所以用它来比拟许多小妾。传言道："漂亮的四足动物有麃，漂亮的两足动物有鸖。”《说文解字》中认为雉有十四种，字形有的从弟，是因为这个原因。《禽经》中说：“火为鸖，亢为鹤。”

黄鸟

黄栗留也，一名“仓庚”，一名“皇”，齐人谓之“搏黍”，亦或谓之“黄袍”。常葚熟时来，在桑间，故里语曰：“黄栗留看我，麦黄葚熟。”[1]亦是应节趋时之鸟也。凡《诗》言黄鸟者，兴也；言仓庚者，赋也。《诗》曰：“仓庚于飞，熠燿其羽。”[2]此赋男女之得以及时而已。盖仓庚鸣于仲春，其羽之鲜明在夏，则其鸣喈喈者，婚姻之时也，熠燿其羽，非婚姻之时矣，以言得及男女之时而已，故其《序》曰：“四章乐男女之得及时也。”[3]《诗》曰：“绵蛮黄鸟，止于丘阿。道之云远，我劳如何！”“绵蛮黄鸟，止于丘隅。岂敢惮行？畏不能趋。”“绵蛮黄鸟，止于丘侧。岂敢惮行？畏不能极。”[4]“我劳如何”，即所谓不忘微贱；“畏不能趋”“畏不能极”，则又以言其不遗微贱也。黄鸟亦名“黎黄”，其色黎黑而黄也。鸣则蚕生[5]，《诗》曰：“春日载阳，有鸣仓庚。女执懿筐，遵彼微行，爰求柔桑。”[6]盖为是也。《韩子》曰：“以鸟鸣春，以虫鸣秋。”[7]以鸟鸣春，若黄鸟之类，其善鸣者也，阴阳运祚推移，时至气动，不得不尔，故先王以候节令，仓庚鸣是也。盖立春之节，初五日，东风解冻；次五日，蛰虫始振；后五日，鱼上冰[8]。次雨水气，初五日，獭祭鱼；次五日，鸿雁来；后五日，草木萌动。次仲春惊蛰之节，初五日，小桃华；次五日，仓庚鸣；后五日，鹰化为鸠。次春分气，初五日，玄鸟至；次五日，雷乃发声，芍药荣；后五日，始电。次季春清明之节，初五日，桐始华；次五日，田鼠化为鴽[9]，牡丹华；后五日，虹始见。次谷雨气，初五日，萍始生；次五日，鸣鸠拂其羽；后五日，戴胜降于桑[10]。凡此六气一十八候，皆春阳布发生之令。立夏之节，初五日，蝼蝈鸣；次五日，蚯蚓出；后五日，赤箭[11]生。次小满气，初五日，吴葵[12]华；次五日，靡草[13]死；后五日，小暑至。次仲夏芒种之节，初五日，螗螂生；次五日，䴗[14]始鸣；后五日，反舌[15]无声。次夏至气，初五日，鹿角解；次五日，蜩始鸣；后五日，半夏生[16]。次季夏小暑之节，初五日，温风至；次五日，蟋蟀居壁[17]；后五日，鹰乃学习。次大暑气，初五日，腐草为萤[18]；次五日，土润溽暑[19]；后五日，大雨时行。凡此六气一十八候，皆夏气扬蕃秀[20]之令。立秋之节，初五日，凉风至；次五日，白露降；后五日，寒蝉鸣。次处暑气，初五日，鹰乃祭鸟；次五日，天地始肃；后五日，禾乃登[21]。次仲秋白露之节，初五日，鸿雁来；次五日，玄鸟归；后五日，群鸟养羞[22]。次秋分气，初五日，雷乃收声；次五日，蛰虫坯户[23]，景天华；后五日，水始涸。次季秋寒露之节，初五日，鸿雁来宾[24]；次五日，雀入大水为蛤；后五日，菊有黄华[25]。次霜降气，初五日，豺乃祭兽；次五日，草木黄落；后五日，蛰虫咸俯。凡此六气一十八候，皆秋气正收敛之令。立冬之节，初五日，水始冰；次五日，地始冻；后五日，雉入大水为蜃[26]。次小雪气，初五日，虹藏不见[27]；次五日，天气腾，地气降；后五日，闭塞而成冬。次仲冬大雪之节，初五日，鹖鴠[28]不鸣；次五日，虎始交；后五日，荔挺出。次冬至气，初五日，蚯蚓结；次五日，麋角解；后五日，水泉动。次季冬小寒之节，初五日，雁北乡；次五日，鹊始巢；后五日，雉始雊[29]。次大寒气，初五日，鸡始乳，欵冬华[30]；次五日，鸷鸟厉疾；后五日，水泽腹坚[31]。凡此六气一十八候，皆冬气正养藏之令。

【注释】

[1] 见《尔雅》邢《疏》及《毛诗正义 · 葛覃》孔《疏》所引。

[2] 出自《诗经 · 豳风 · 东山》，译为：黄莺正在飞翔，它的毛羽有辉光。

[3] 四章乐男女得以及时也，谓归士将行，新合昏礼。经言“仓庚于飞”，说其成妇之事，是得其及时也。周公之劳归士，所以殷勤如此者。

[4] 出自《诗经 · 小雅 · 緜蛮》，羽毛亮密小黄雀，停在弯弯山坡上。路途悠悠太遥远，跋涉劳苦累得慌；羽毛亮密小黄雀，停在山坡角落间。不是担心路途遥，只怕慢走路难赶；羽毛亮密小黄雀，停在山坡那一边。不是担心路途遥，只怕终点到达难。

[5] 黄鹂鸣叫和蚕的生长繁殖都在春天，指两者时间、季节相同。

[6] 出自《诗经 · 国风 · 豳风 · 七昊葵月》，译为：春天阳光暖融融，黄鹂婉转唱着歌。姑娘提着深竹筐，一路沿着小道走。

[7] 出自韩愈的《送孟东野序》，指春天让百鸟啁啾，秋天让虫声唧唧。

[8]《五雅本》作“水”。

[9] 鴽（rú）：古书上指鹌鹑类的小鸟。“田鼠化为鴽”的字面意思是田鼠变成了小鸟，实际是指过了清明节，田鼠就好像小鸟般多了起来。

[10] 戴胜，一名戴鵟。《尔雅》注曰：“头上有胜毛，此时恒在於桑。盖蚕将生之候矣；言降者，重之，若天而下，亦气使之然也。”这是说明二十四节气现象的话。当太阳到达黄经 30° 的时候，正是谷雨节气，第一候是萍始生（水中的浮萍开始生长），第二候是鸣鸠拂其羽（鸣叫着的斑鸠开始梳理自己的羽毛，第三候是戴胜降于桑（戴胜鸟开始降落在桑树上）。

[11] 赤箭是一种兰科植物，其根为天麻，味辛、性温、无毒。经肝，入厥阴经，治各种病。

[12] 吴葵是一种草药，主治小便淋痛、诸疮肿痛、酒赤鼻等。

[13] 草名。《礼记・月令》：“(孟夏之月）靡草死，麦秋至。”郑玄注：“旧说云靡草，荠、亭历之属。”孔颖达疏：“以其枝叶靡细，故云靡草。”

[14] 鶪（jú)：鸟名，和部分伯劳鸟一样有黑色眼枕，但不是伯劳鸟，和伯劳是两个科。背灰褐色，尾长，上嘴钩曲，捕食鱼虫小鸟等，是一种益鸟。《说文解字注》（鶪）伯劳也。夏小正作百鷯。月令注作博劳。诗笺作伯劳。古音同也。鶪夏小正、孟子作鴂。乃双声假借字。小正、月令皆云五月鸣。惟豳风曰。七月鸣鶪。左传曰。伯赵氏司至者也。从鸟。狊声。古阒切。十六部。

[15] 反舌：鸟名。即百舌鸟。《礼记・月令》：“〔仲夏之月〕小暑至，螳螂生，鶪始鸣，反舌无声。”孔颖达疏：“反舌鸟，春始鸣，至五月稍止，其声数转，故名反舌。”南朝梁沉约《反舌鸟赋》：“有反舌之微禽，亦班名於庶鸟。乏佳容之可翫，因繁声以自表。”清李渔《慎鸾交・心归》：“诗朋同游胜景，怎做得寒蝉僵鸟，反舌无声。”。

[16] 半夏：一种中草药名字。指半夏在生长之时，五月夏天已经过了一半。

[17] 蟋蟀：《礼记注》曰：“生土中。此时羽翼稍成，居穴之壁，至七月则远飞而在野矣。盖肃杀之气初生则在穴，感之深则在野而鬬（dòu)。”

[18] 腐草能化为萤火虫是中国古代的传统说法，古时误认为萤火虫是由腐烂的草变化而成。

[19] 溽暑：犹言暑湿之气，指盛夏。

[20] 蕃：茂也，盛也；秀：华也，美也。阳自春生，至夏洪盛，物生以长，故蕃秀也。

[21] 指到了处暑这一天，天上的老鹰会用捉到的鸟祭天（实际上是把猎物摆在面前慢慢地吃），天地景物开始肃杀（植物不再发新芽），禾谷开始成熟收割。

[22] 羞：粮食。指百鸟开始存储干果粮食以备过冬。

[23] 坯：昔培。坯户，培益其穴中之户窍而将蛰也。

[24] 来宾：动讯飞来旅宿的意思，出自《礼记 · 月令》：“季秋之月，鸿雁来宾。”

[25] 指寒露时节，鸿雁排成一字或人字形的队列大举南迁；深秋天寒，雀鸟都不见了，古人看到海边突然出现很多条纹及颜色与雀鸟很相似的蛤蜊，以为是雀鸟变成的；此时菊花已普遍开放。

[26] 雉：野鸡；郑康成、《淮南子》、高诱俱注蜃为大蛤。《玉篇》亦曰：蜃，大蛤也。指立冬之后像野鸡一样的大鸟不见了，但是海边还能见到外壳与野鸡颜色、线条相似的大蛤。所以古人误认为雉到立冬之后变成了大蛤。

[27] 出自《礼记 · 月令》，指再也看不到虹了。

[28] 鹖鴠（hé dàn）：可写作鹖旦，即寒号虫。

[29] 指雉鸣叫，泛称鸟鸣叫。

[30] 欵同“款”，款冬为菊科款冬的花蕾，性味辛温，具有润肺下气，化痰止嗽的作用。

[31] 指水域中的冰一直冻到水中央，且最结实、最厚。

【译文】

黄鸟即为“黄栗留”，一个名字叫作“仓庚”，一个名字叫作“皇”，齐地的人叫它“搏黍”，有的人也叫它“黄袍”。常在桑葚成熟之时飞来，在桑树间穿梭，所以民间流传的俚语里说：“黄栗留看我，麦黄葚熟。”由此观之，黄鸟也是应合时节的鸟。《诗经》里所有写到黄鸟的地方，都是用作借物起兴；写到“仓庚”的地方，是用作赋予寓意。《诗经》里说：“仓庚于飞，熠耀其羽。”这是用来借喻男女之事各环节的时间。大概仓庚在仲春时鸣叫，它的羽毛在夏季时鲜明，那么它鸣叫之时便是婚姻的时节，羽毛鲜亮美丽的时候，就不是婚姻的时节了，这首诗用来说明男女嫁娶之事的时间。所以《诗经》的《序》里说："四章乐男女之得及时也。"《诗经》里说："绵蛮黄鸟，止于丘阿。道之云远，我劳如何！""緜蛮黄鸟，止于丘隅。岂敢惮行？畏不能趋。""绵蛮黄鸟，止于丘侧。岂敢惮行？畏不能极。""我劳如何"，是后世作注者所说的、主人公所渴望的士大夫不忘微贱，给予帮助；"畏不能趋""畏不能极"，则又说到没有这样的士大夫对困苦中的黎民百姓给予帮助。黄鸟也叫"黎黄"，因为它的颜色既有黎黑又有黄色。黄鸟鸣叫则蚕生，《诗经》里说："春日载阳，有鸣仓庚。女执懿筐，遵彼微行，爰求柔桑。"大概说的就是这一点了。《韩子》说："以鸟鸣春，以虫鸣秋。"将鸟鸣视作春天的开始，比如黄鸟之类善于鸣叫的鸟，阴阳运祚推移，时节到了，气象便动，这些敏感的鸟类便不得不开始鸣叫，所以先王制定物候节令时，用黄鸟鸣叫为准。大概立春之节，最初五日时，东风将冰雪解冻；后五日，蛰虫开始复苏；再后五日，鱼来到冰面（水面）之上。雨水节气，最初五日，水獭捕鱼后将鱼陈列水边，如同陈列供品祭祀；后五日，鸿雁来；再后五日，草木萌动。仲春惊蛰节气，初五日，桃树开花；后五日，仓庚鸣；再后五日，鹰化为鸠。春分节气，初五日，玄鸟至；后五日，雷乃发声，芍药花盛放；再后五日，始电。季春清明节气，初五日，桐木开花；次五日，田鼠化为鴽，牡丹开花；后五日，虹开始出现。谷雨节气，初五日，萍开始生长；次五日，鸣鸠拂其羽；后五日，戴胜落在桑树上。这六个节气、十八种候，都是春回大地、万物复苏的时令。立夏节气，初五日，蝼蝈开始鸣叫；次五日，蚯蚓出土；后五日，赤箭生长。小满节气，初五日，吴葵开花；次五日，靡草死；后五日，小暑至。仲夏芒种节气，初五日，螗螂生；次五日，鵙开始鸣叫；后五日，反舌无声。夏至节气，初五日，鹿角脱落；次五日，蜩开始鸣叫；后五日，半夏开始生长。季夏小暑节气，初五日，温风至；次五日，蟋蟀在墙上筑巢；后五日，鹰开始学习。大暑节气，初五日，腐草化为萤火虫；次五日，土地变得湿润，暑气湿热；后五日，大雨常降。这六个节气、十八种候，都是夏日万物茂盛的节令。立秋节气，初五日，凉风至；次五日，白露降；后五日，寒蝉鸣。处暑节气，初五日，鹰捕获鸟后，将鸟陈列起来如同祭祀；次五日，天地之间开始肃杀；后五日，禾可收获。仲秋白露节气，初五日，鸿雁来；次五日，玄鸟归去；后五日，群鸟开始在巢穴中休养。次秋分节气，初五日，雷乃收声；次五日，蛰虫培益其穴中之户窍将要开始蛰伏，景天开花；后五日，水开始干涸。季秋寒露节气，初五日，鸿雁来宾；次五日，雀进入大海变为蛤；后五日，菊绽放黄花。霜降节气，初五日，豺捉捕猎物后陈列起来；次五日，草木黄落；后五日，蛰虫都藏起来。这六个节气、十八种物候，都是秋气已至、万物收敛的节令。立冬节气，初五日，水始冰；次五日，地始冻；后五日，雉进入大海变为蜃。小雪节气，初五日，虹藏不见；次五日，天气腾，地气降；后五日，闭塞而成冬。仲冬大雪节气，初五日，鹖鴠不鸣；次五日，虎开始交配；后五日，荔挺长出新芽。冬至节气，初五日，蚯蚓蜷缩身体；次五日，麋感受到阴气渐退而解角；后五日，水泉可以流动。季冬小寒节气，初五日，雁北飞还乡；次五日，鹊开始筑巢；后五日，雉开始变为雊。大寒节气，初五日，鸡始乳，款冬开花；次五日，鸷鸟厉疾；后五日，水泽中的冰冻到中央，且厚而坚硬。这六个节气、十八种物候，是冬气已至、万物养藏的节令。

鹙（qiū）

凫雁丑翁，鹙鹤丑鷩。鹙性贪恶，今俗呼“秃鹙”，一名“扶老”。状如鹤而大，长颈赤目，其毛辟水毒，头高八尺，善与人斗，好啗蛇。《诗》曰：“有鹙在梁，有鹤在林。”[1]言鹙宜在梁，鹤宜在林，各有所宜也。刘桢[2]《鲁都赋》曰：“绿鹢葱鹙。”鹙色，盖青也。

【注释】

[1] 出自《诗经 · 小雅 · 鱼藻之什》。

[2] 刘桢（186—217）：字公干，东平宁阳（今山东宁阳县）人，东汉名士，建安七子之一。其祖父刘梁，官至尚书令，其人博学有才，警悟辩捷，以文学见贵。

【译文】

皂雁丑翁，鹙鹤丑鷩。鹙生性贪恶，今天被俗称作“秃鹙”，有一个名字叫“扶老”。形状像鹤但比鹤大，脖颈长，目为红色，它的羽毛能辟水中的毒，头高八尺，善于与人相斗，喜好吃蛇。《诗经》说：“有鹙在梁，有鹤在林。”说鹙适合居于梁，鹤适合居于林，各自有适合的地方。刘桢《鲁都赋》里说：“绿鹈葱鹙。”鹙的颜色大概是青色。

斲（zhuó）木

《释鸟》云：“鴷，斲木。”[1]郭璞曰“口如锥，长数寸，常斲木食虫，因名云”者是也。《淮南子》曰：“貍头愈鼠，鸡头已瘘，寅散积血，斲木愈龋，此类之推者也。膏之杀鳖，鹊矢中猬，烂灰生蝇，漆见蟹而不干，此类之不推者也。”《说文》曰：“龋，齿蠹也。”以类相摄，故斲木愈之。俗言此鸟善为禁法，能曲爪画地为印，则穴之塞自开，飞輙以翼墁之。今鼠窃用其印，以发扃[2]钥。旧云鴷鸟取蠹于深，以舌铦[3]之，舌长于咮，杪有针刺。《异物志》[4]曰：“舌长五寸。”[5]此鸟有大有小，有褐有斑。褐者是雌，斑者是雄。又有青黑者，头上有红毛，生山中，土人呼为“山斲木”，大如鹊。《五姓祕要》[6]曰：“相山之法，欲如生蛇之渡水，又欲如斲木之飞翔。生蛇渡水，取其诘屈；斲木飞翔，取其一高一下。”

【注释】

[1] 斲木，鸟纲的一目。中型攀禽。嘴强如凿，适于凿木。翅有第5枚次级飞羽。尾为平尾或楔尾，羽轴坚硬而富有弹性，在攀树时起支架作用。脚短而强，呈对趾型，第二、三趾向前，第一、四趾向后。

[2] 扃（shǎng）：意思是门上环钮。

[3] 铦（tiǎn）：挑取。咮（zhòu）：鸟嘴。杪（miǎo）：一般指树枝的细稍，此处指啄木鸟的舌尖部位。

[4] 见“魦”条注［4］。

[5] 啄木鸟的舌很长，自头骨后绕过，从鼻孔达到喙尖，这种特化结构可使舌

伸出很长，并能伸缩，尖端列生短钩，适于钩食树木内蛀虫。

[6] 该书不详。

【译文】

《释鸟》里说："鴷，就是斵木鸟。"郭璞所说的"口如锥，长数寸，常斵木食虫，因名云"就是它。《淮南子》说："貍头可治鼠咬的疮，鸡头可治颈肿之疾，虻虫可消肿化淤，斵木鸟可治蛀齿，这其中的道理是可以推知的。而蛟咬可杀死鳖，鹊粪能软化猬的刺，油漆遇到蟹则溶化，这其中的道理是不可推知的。"《说文》说："齲，齿蠹也。"因前述类比中相互包含，所以啄木鸟斵木可治蛀齿。民间传说这种鸟善长使用禁法，能弯曲鸟爪画地为印，则地上画出的洞便自然打开，飞起来用翅膀将其用土填上。如今鼠盗用它的印，以用来打开门锁。旧时说法认为鴷鸟取蛀虫于深洞，用舌挑取，舌长于鸟嘴，舌尖有针刺。《异物志》说："舌长五寸。"这种鸟有大有小，有的为褐色，有的有斑点。褐色的是雌鸟，有斑点的是雄鸟。又有一种青黑色的，头上有红毛，生活在山里，山中人叫它"山斵木"，大小类似于鹊。《五姓祕要》说："相山之法，欲如生蛇之渡水，又欲如斵木之飞翔。生蛇渡水，取其诘屈；斵木飞翔，取其一高一下。"

鸒（yù）

《释鸟》云："鸒斯，鹎鶋[1]。"郭璞曰："雅乌也。小而多群，腹下白。"《小尔雅》云："不反哺者，谓之'雅乌'。"《诗》曰："弁彼鸒斯，归飞提提。"[2]言鸒斯，乌之不能反哺者，尚能归飞以从其类，而不失弁乐，今已曾反鸒之不如也。《法言》曰："频频之党，甚于鸒斯，亦贼夫粮食而已矣。"鸒斯贼夫粮食，以众故也。《方言》[3]曰："齐宋之间，凡物盛多谓之'寇'。"郭注曰："今江东有小凫，其多无数，俗谓之'寇凫'[4]。"《东都赋》[5]曰："鹎鶋秋栖，鹘鸠[6]春鸣。"今众鸟秋分多群集，非特乌也，然至春分，輒两两而翔，不复群矣，里俗谓之"分群"。《月令 · 仲秋》曰："群鸟养羞[7]。"岂谓是乎？

【注释】

[1] 鹎鶋（bēi jū）：动物名。一种鸟。大如鸽，百千为群，其形如乌，其声雅雅。

[2] 出自《小雅·小弁》，译为：那些雅乌多快活，安闲翻飞向巢窠。

[3]《輶轩使者绝代语释别国方言》，简称《方言》，作者扬雄（公元前53—公元18年）。《方言》是汉代训诂学一部重要的工具书，也是中国第一部汉语方言比较词汇集。它的问世表明中国古代的汉语方言研究已经由先前的萌芽状态而渐渐地发展起来。《方言》被誉为中国方言学史上第一部"悬之日月而不刊"的著作，在世界的方言学史上也具有重要的地位。

[4] 寇鳧：是野鸭的一种。

[5] 班固的《东都赋》与《西都赋》合称《两都赋》。此赋学习了司马相如的《子虚赋》《上林赋》的结构方式，合二为一，又相对独立成篇。内容划分清楚，结构较为合理。从主导思想上说，他不在规模和繁华的程度上贬西都而褒东都，而从礼法的角度，从制度上衡量此前赞美西都者所述西都的壮丽繁华实为奢淫过度，无益于天下。《西都赋》写长安，《东都赋》写洛阳，虽也写宫室、田猎的内容，但比较概括，而从礼法制度出发，宣扬"宫室光明，阙庭神丽，奢不可逾，俭不能侈"，"顺时节而蒐狩，简车徒以讲武，则必临之以王制，考之以风雅"。

[6] 鹘鸠（gú jiū）：鸟名。一种小鸠。似山鹊而小，短尾，青黑色，多声。

[7] 养羞：蓄食备冬。

【译文】

《释鸟》中说："鸒斯，就是鹎鶋。"郭璞说："一种很漂亮的鸟（雅乌），体型小而大多群居，腹部是白色。"《小尔雅》中说："不反哺的鸟类，叫作雅乌。"《诗经》中说："那些雅乌多快活，安闲翻飞向巢窠。"是说鸒斯是鸟中不能反哺的，却还能归去飞行来跟随它的同类，不失去快乐，现在反思鸒也是不如的。《法言》中说："祸乱的贼党，比鸒斯危害还大，鸒斯只是偷盗粮食的贼而已。"鸒斯是偷粮食的贼鸟，因为成群结队的原因。《方言》中说："齐宋之间的地方，凡是物品繁多的叫作'寇'。"郭璞的注道："现在江东有一种小鸟，数量很多，俗称作'寇鳧'。"《东都赋》中说："鹎鶋在秋天栖息，鹘鸠在春天鸣叫。”现在的鸟类秋分时大多聚集，不单独是乌鸟类，然而到了春分，就两两结伴飞翔，不再群聚，俗称作“分群”。《月令·仲秋》中说：“群鸟蓄食备冬。”说的不就是这吗？

鴳

鴳，鴽[1]属也。其品中膳羞[2]，《内则》所谓“雉兔鹑鴳”是也。《庄子》曰：“穷发之北有鸟焉，其名为鹏，抟扶摇羊角而上者九万里，然后图南，且适南冥也。斥鴳笑之曰：‘我腾跃而上，不过数仞而下，翱翔蓬蒿之间，此亦飞之至也。’”[3]此言大小虽殊，安于至足，则其于逍遥，一也，故虽斥鴳之卑，无羡云鹏而荣愿有余矣。盖周之书方祛羡欲之累，因言鹏翼弥大而所以笑之者愈小，故前曰“蜩与鷽鸠笑之”，后曰“斥鴳笑之”也。鴳不木处，安矣，故谓之“鴳然”，又不如燕之“燕”也。《白虎通》曰：“一谷不升，撤鹑鴳；二谷不升，撤凫鴈；三谷不升，撤雉兔。”《梦书》曰：“鹑鴳为斗，梦见鹑鴳，忧。”斗，辩也。一曰鴳亦雀属，所谓“鴳上有尺[4]”是也。

【注释】

[1] 鴳：音 yàn。鴽（rú）：古书上指鹌鹑类的小鸟。

[2] 膳羞：指鴳能够制作美味的食品。

[3] 出自《庄子·逍遥游》。

[4] “鴳上有尺”与“鴳上有赤”同，见“雉”条注［21］。

【译文】

鴳，是鴽属。能用来制作美味的食品，《内则》中所说“雉兔鹑鴳”就是这。《庄子》中说：“极北之地有种鸟，名字叫作鹏，旋转扶摇而上直冲九万里高空，然后往南飞，将要前往南方的大海。小灰雀笑它说：‘我腾跃而起，飞不过几丈高就落下来，在蓬蒿丛中飞来飞去，这也是飞翔中很得意的境界了！’”这是说大小虽然有差别，但安然于满足，那么它与逍遥境界，便是一致的了，虽然斥鴳卑微渺小，却不羡慕鹏鸟的荣光而心愿有余。大概是周代的作品想要驱除欲望的拖累，大鹏鸟觉得自己的翅膀很大，就笑话鴳的翅膀很小，所以前面说“蜩与鸠（飞得高远）就笑话鴳（飞得低近）”，后边又说“斥鴳笑话大鹏（何必飞那么高远呢?）”。鴳不居住在树木上，是觉得舒适的，所以叫作“鴳然”，又不像燕子的“燕”。《白虎通》中说：“一谷歉收时撤去鹑鴳；二谷歉收时撤去凫鴈；三谷歉收时撤去雉兔。”《梦书》中说：“鹑鴳是斗，梦见鹑鴳，令人忧愁。”斗，就是辩的意思，一种说法是鴳是雀属，就是所说的“鴳上有尺”的意思。

鹘

鹘拳[1]坚处大如弹丸，俯击鸠鸽食之，鸠鸽中其拳，随空中，即侧身自下承之，捷于鹰隼。传云：“击鸟先高，搏鸷之势也。”旧言鹘有义性，杜甫所赋“义鹘行”[2]是也。冬撮鸟[3]之盈握者，夜以燠其爪掌，左右易之，旦即纵之令去，其往东矣，则是日也不东向搏物，南北亦然。盖其义性有擒有纵如此，李邕《鹘赋》所谓“营全鸠以自暖，乃诘朝而见释”是也。段氏云：“鹘生三子，一为鴟。”《禽经》曰：“鹳生三子，一为鹤；鸠生三子，一为鹗。”《造化权舆》曰：“鹰鹗之子或为雕鹰，夏雀生鹑，楚鸠生鸮。”由是观之，以瞽瞍为父而有舜，以舜为兄而有象，岂足异哉!

【注释】

[1] 鹘拳：指鹘爪。

[2] 杜甫作《义鹘行》，是因为他认识到鸟类中尚且有义鹘，人类中不更应该有象义鹘那样见义勇为的义士吗！于是写了这篇《义鹘行》，用以激发壮士的肝胆。

[3] 冬撮鸟：现泛指傻子，脑子反应慢的笨蛋。

【译文】

鹘爪坚硬的地方大如弹丸，会俯击鸠鸽作为食物，鸠鸽被它的爪子击中，会被带到空中，鹘便会侧身往下接住猎物，比鹰隼还要迅捷。传言道：

“射鸟要登高，像搏击鸷的气势。”旧说道鹘有义理之性，杜甫写过“义鹘行”。大小能用手满满握住的冬撮鸟，晚上烧它的爪子，左右交换，白天就放飞它作为传令，它往东飞，则这一天就不会再向东方捕食，南北也是这样。大概是它有义性而被捉被放才这样，李邕在《鹘赋》中所说“捉来鸠鸟来取暖，到了白天再放生”就是这样。段氏说“鹘生有三子，一种叫作鵰。”《禽经》中说：“鸛生有三子，一种是鹤；鸠生有三子，一种是鹗。”《造化权舆》中说：“鹰鹞的后代有的是雕鹰，夏雀能生出鹑，楚鸠能生出鹗。”由此来看，瞽瞍为父亲才有了舜，舜为兄长才有了象，这难道很令人奇怪吗？

隼

《禽经》曰：“鹰好跱[1]，隼好翔，鳧好没，鸥好浮。”隼，鹞属也，一名“雀鹰”，盖迅疾之鸟。《诗》曰：“鴥彼飞隼，载飞载止。”[2]言隼于可飞则飞，于可止则止。又曰：“鴥彼飞隼，载飞载杨。”言隼无所定止也。又曰：“鴥彼飞隼，率彼中陵。”言中陵安静中正，此隼之所以率也。盖宣王无海之道，故诸侯有沔水之流纵；宣王无陵之德，故诸侯有隼之散扬、虎之搏噬。拟隼之搏噬，准，故准于文从水从隼。今鹰之搏噬不能无失，独隼为有准，故其每发必中，而古之制字者以此。《法言》曰；“麟之仪仪[3]，凤之师师，其至矣乎！螭虎桓桓，鹰隼䫻䫻，未至也。”言若鹰隼攫撮急疾，则是右武而已，非所以语至也。《司常》[4]曰：“鸟隼为旟[5]。”盖鸟，凤也，画凤以象其德，画隼以象其威。《化书》曰：“乌反哺，仁也；隼悯[6]胎，义也。”盖隼之击物，遇怀胎者輙释，不戮也。或曰隼，鸷鸟也，即今所呼为“鹘”者是。《字说》云：“鳶，屰上；鴟，氐取；隼，致一；鷉，与也；鴿，合也；䳤，黑白错；鷳，黑白间。”《禽经》曰：“鹰以膺之，鹘以搰之，隼以尹之。”

【注释】

[1] 跱（zhì）：指站立。

[2] 出自《小雅 · 沔水》，译为：天上游隼迅捷飞，时而飞翔时停留。

[3] 仪仪：指仪态整肃貌。

[4] 指《周礼·春官·司常》。

[5] 隼：音 sǔn，旟：音 yú。鸟隼为旟：指画有隼鸟的旗帜。

[6] 悯：指哀怜之意。

【译文】

《禽经》说："鹰喜欢站立，隼喜欢飞翔，凫喜欢沉入水中，鸥喜欢浮在水上。"隼为鹞属，一个名字叫"雀鹰"，是非常迅疾的鸟。《诗经》说："鴥彼飞隼，载飞载止。"说隼在可以飞的时候便飞，在可以停息的地方便停息。又说："鴥彼飞隼，载飞载杨。"说隼没有确定的停止之处。又说："鴥彼飞隼，率彼中陵。"说中陵山安静中正，所以隼沿着它飞。大概是宣王没有大海那般的王道，所以诸侯们像沔水之那样肆意流纵；宣王无没有山陵那样的品德，所以诸侯们像隼一样散扬、像虎一样互相搏噬。比拟隼的搏噬，是"准"字，所以"准"在字形上从水、从隼。今天鹰的搏噬不能没有失手，只有隼比较准确，所以它每次攻击必中，并且古时造字的人也凭借此来造字。《法言》说："麟的仪态整肃，凤的仪态庄严，这是完美的表现，而螭虎的样子威武，鹰隼的行动迅速，则并非如此。"说如果鹰隼行动迅疾且凶猛，那是它们的自卫行动而已，并不是书籍中说的那样。《司常》说："鸟隼为旟。"这里的"鸟"大概指的是凤，画凤以象征德行，画隼以象征威风。《化书》说："乌反哺，是有仁；隼悯胎，是有义。"大概是说隼攻击其他动物时，遇到怀胎者会将其释放，不再杀戮。有的人说隼就是鸷鸟，也就是今天所说的"鹘"。《字说》说："鳶，屰上；鴟，氐取；隼，致一；鷉，与也；鸽，合也；雝，黑白错；鵰，黑白间。"《禽经》说："鹰以膺之，鹘以搰之，隼以尹之。"

鹜

《释鸟》云："舒凫，鹜。"雕鹗丑善立，凫鹜丑善趋。《尸子》[1]曰："野鸭为凫，家鸭为鹜。"不能飞翔，如庶人守耕稼而已。《周官》："庶人执鹜，工商执鸡。”工商欲其知时，又上之所畜也，故执鸡；庶人虽亦上之所畜，欲其不散迁而已，故执鹜。郑玄曰：“鹜取其不飞迁。”《说苑》[2]曰：“鹜无佗[3]心，故庶人以为挚。”鹜一名“鸭”，盖自呼其名曰“鸭”也。或曰：“鸡可系，故谓之‘鸡’；鸭可押，故谓之‘鸭’。”徐锴[4]曰：“鸟之孚卵皆如其期，不失信也；亦鸟以爪覆蘐其卵，爱之诚至也。”今鸡、鹜孚卵，鸡二十日而化，鹜三十日而化，皆如其期也。《物类相感志》[5]云：“鸡、鹜伏卵忌磨，若闻砻磨之声，则不生矣。”《曲礼》[6]曰：“庶人之挚，匹。”匹，鹜也。鹜不散迁，而又乘匹不妬，故或谓之“匹”也。今雄鸡能鸣，其雌不能鸣；雌鹜能鸣，其雄不能鸣。盖类之不可推也。《广雅》曰：“鴾鴄[7]，鳧也。”鹜音“木”，质木故也。盖鹑性醇，鹜性木。

【注释】

[1]《尸子》为战国时期著名的政治家、道家等思想家尸佼所作，此书主要写了春秋战国时期各学坛对政治、经济、文化、学习等观点的看法。

[2]《说苑》：又名《新苑》，古代杂史小说集。刘向编。成书于鸿泰四年（前17）。原20卷，78。按各类记述春秋战国至汉代的遗闻轶事，每类之前列总说：事后加按语。其中以记述诸子言行为主，不少篇章中有关于治国安民、家国兴亡的哲理格言。主要体现了儒家的哲学思想、政治理想以及伦理观念。

[3] 汉字佗，是代词。通假字，与“它”通假，音 tā。动词，通“拕”，音 tuō。

[4] 徐锴（920—974）：南唐文字训诂学家，扬州广陵（今江苏扬州）人。平生著述甚多，今仅存《说文解字系传》40卷，《说文解字韵谱》10卷。

[5]《物类相感志》，见“鹊”条注［13］。

[6]《典礼》是《礼记》的一部分。

[7] 鴄：音 pǐ。

【译文】

《释鸟》说：“舒凫，鹜。”雕鹗善于站立，凫鹜善于追随。《尸子》说：“野鸭为凫，家鸭为鹜。”不能飞翔，帮助平民百姓守着农田庄稼而已。《周官》说："庶人执鹜，工商执鸡。"经营工商业的人想要知晓时辰，又因为向上级进献的是家畜，所以用鸡来进献；老百姓虽然也要有向上级进献的家畜，但老百姓只想要家庭和睦、不离散而已，所以用鹜来进献。郑玄说："鹜取其不飞迁。"《说苑》说："鹜没有别的心思，所以老百姓认为它安守本分。"鹜有一个名字叫"鸭"，大概是因为它的叫声而得名为"鸭"。有的人说："鸡可系，故谓之'鸡'；鸭可押，故谓之'鸭'。"徐锴说："鸟之孚卵皆如其期，不失信也；亦鸟以爪覆護其卵，爱之诚至也。"现在用鸡、鹜一起孚卵，鸡二十日孵化，鹜三十日孵化，都是符合它们的孵化时长。《物类相感志》说："鸡、鹜在孵卵时害怕听到磨转动的声音，假如听到砻磨的声音，则不会孵化出雏物来。"《曲礼》说："庶人之挚，匹。"匹就是鹜。鹜群不分散、不迁徙，一对鹜又无妒忌，所以有的人也称它为"匹"。如今雄鸡能打鸣，雌鸡不能打鸣；雌鹜能鸣叫，雄鹜却不能鸣叫。这大概便是一种物类的特点而不能推及其它物类。《广雅》说："鴇鴄，鳧也。"鹜字的发音近似于"木"，是它品质"木"的原因。大概鹑的品性醇，鹜的品性木。

桃 虫

《释鸟》云："桃虫，鷦；其雌，鴱。"陆玑曰："今鷦鷯[1]是也。"似黄雀而小，化而为雕，故俗语曰"鷦鷯生雕"。《说苑》[2]曰："鷦鷯巢于苇苕，系之以发。"鸠性拙，鷦性巧，故鷦俗呼"巧妇"，一名"工雀"，一名"女匠"。其喙尖利如锥，取茅秀为巢，巢至精密，以麻紩[3]之，如刺韈[4]然，故又一名"韈雀"。其化輙为雕鹗，盖鸟之始小终大者。《诗》曰："肇允彼桃虫，拚飞维鸟。"言成王惩管蔡之乱[5]，于是始信小物之能成大，不敢不毖也。

【注释】

[1] 鷦鷯：一种小型鸣禽，身长在10—17厘米之间。头部浅棕色，有黄色眉纹；上体连尾带栗棕色，布满黑色细斑；两翼覆羽尖端为白色。

[2] 鷦鷯：见"孔雀"条注［3］。

[3] 紩（zhì）：意为缝，用针线连缀。

[4] 韈（wā）：古同“袜”。

[5] 周武王驾崩之后，年仅 10 岁的周成王继位。因为成王年幼，周公旦（文王四子、武王四弟姬旦）便临时代为执政。管叔（文王三子姬鲜）、蔡叔（文王五子姬度）、霍叔（文王六子姬处）觉得周公旦代替成王执政是篡夺了周朝的正统，于是他们四处联络，纠集了纣王的儿子武庚和部分对周朝有不满情绪的东夷部落的武装，对周公旦兴兵声讨，发动了武装叛乱，史称管蔡之乱。后来，周公东征，平息了判乱。

【译文】

《释鸟》说：“桃虫就是鷦；雌的称为鴱。”陆玑说：“桃虫就是今天所说的鷦鷯。”形似黄雀而比黄雀小，能够变化成雕，所以俗语说“鷦鷯生雕”。《说苑》说：“鷦鷯在芦苇丛中筑巢，用茅秀编织作窝。”鸠品性笨拙，鷦品性灵巧，所以鷦俗称为“巧妇”，一个名字叫“工雀”，一个名字叫“女匠”。它的喙如同锥子一般尖利，取茅秀来筑巢，巢非常精密，用麻缝连，如同刺绣的韈的样子，所以又有一个名字叫“韈雀”。它可以化为雕鹗，大概是一种开始时形体小、最终形体大的鸟。《诗经》说：“如今才相信小小鷦鷯，转眼便化为凶恶大鸟。”这是说成王惩处管蔡之乱，才开始相信小事可以发展成大乱子，不敢不忌惮。

鹑

鹑无常居而有常匹，故《尸子》曰：“尧鹑居[1]。”《庄子》曰：“圣人鹑居而鷇食[2]。”《诗》曰：“鹑之奔奔，鹊之彊彊。”[3]奔奔，斗也；彊彊，刚也。言鹑不能乱其匹，鹊不能淫其匹，故《序》云：“卫人以为宣姜，鹑鹊之不若也。”[4]一章曰：“我以为兄。”兄，女兄也。二章曰：“我以为君。”君，女君也，故曰“刺宣姜”也。曰“兄”者，娣刺宣姜之词；曰“君”者，妾刺宣姜之词。《诗》曰：“不狩不猎，胡瞻尔庭有县鹑兮？”[5]鹑，小物也，以言在位贪鄙，小禽，尚公之如此。《庄子》曰：“吾未尝为牧而牂生于奥，未尝好田而鹑生于宎，若勿怪，何邪？”[6]俗言此鸟性淳惷[7]，不越横草，所遇小草横其前，即旋行避碍。名之曰“淳”，以此。亦其性淳，孱之易熟，故曰“鹑”也。《笔谈》[8]曰：“古人取象，不必大物，天文家朱鸟乃取象于鹑[9]，故南方朱鸟七宿曰‘鹑首’、‘鹑火’、‘鹑尾’是也。”[10]鹑有两种，有丹鹑，有白鹑。此丹鹑也，色赤黄而又锐上秃下，夏出秋藏，飞必附草，皆火类也。或有鱼所化者，鱼鳞虫龙类，火之所自生也。天文东方苍龙七宿，有角、有亢、有尾；南方朱鸟七宿，有喙、有嗉、有翼而无尾，此其取象于鹑欤？

【注释】

[1] 鹑居：指野居无常处。

[2] 鷇食：指小鸟刚生时，由母鸟哺育，不必亲自求食。比喻无心而自足。

[3] 出自《国风・鄘风・鹑之奔奔》，译为：鹌鹑双双共栖止，喜鹊对对齐飞翔。

[4] 鹑鹊之乱，鹌鹑与喜鹊的乱交，是指亲人之间的乱伦。《毛诗序》此说是讽刺卫宣姜之作，后人又将公子顽增衍其中，认为第一章刺顽，第二章刺宣姜，视全诗为刺宣姜与公子顽私通之事，鞭挞他们悖逆伦常、禽兽不如，作诗者当是公子顽之庶弟卫惠公朔或公子黔牟。

[5] 出自《诗经・国风・魏风・伐檀》，译为：不冬狩来不夜猎，为何见你庭院挂鹌鹑啊？

[6] 出自《庄子・杂篇・徐无鬼》，译为：我家不牧畜，院角却跑出一头母羊。我家不网鸟，墙隅却跑出一笼鹌鹑。你不觉得太奇怪吗？从哪里跑出来的呀？

[7] 淳：朴实；惷：愚蠢。

[8] 指《梦溪笔谈》，北宋科学家、政治家沈括（1031—1095）撰，是一部涉及古代中国自然科学、工艺技术及社会历史现象的综合性笔记体著作。该书在国际亦受重视，英国科学史家李约瑟评价为中国科学史上的里程碑。

[9] 根据动物的外形特征来命名天象方位，是中国传统天文学的一个重要特征。青龙、白虎、朱雀（鹑）、玄武又称四象，中国神话中的四方之神灵，分别代表东、西、南、北四个方向，源于中国远古的星宿信仰。二十八宿的南方七宿

(井、贵、柳、星、张、翼、轸)，其形象鸟，位于南方，属火，色赤，总称朱雀，亦名“朱鸟”。

[10] 出自《梦溪笑谈》卷七《象数一 · 朱雀取象》。

【译文】

鹑没有固定的居所但有固定的伴侣，所以《尸子》说：“尧鹑居。”《庄子》说：“圣人鹑居而鷇食。”《诗经》说：“鹌鹑双双共栖止，喜鹊对对齐飞翔。”奔奔、彊彊，都是形容鹑鹊居有常匹，飞则相随的样子。这是说鹑和鹊都不会随意更换伴侣，所以《序》说：“卫人觉得宣姜连鹑鹊都不如。”第一章说：“我以为兄。”兄，是女子所称呼的兄。第二章说：“我以为君。”君，是女子所称呼的君，所以说此诗为“刺宣姜”。称“兄”的那句，是娣刺宣姜之词；称“君”的那句，是妾刺宣姜之词。《诗经》说：“不冬狩来不夜猎，为何见你庭院挂鹌鹑啊？”鹑是一种小动物，用来代指在位贪鄙的人，尚公也是这样的“小禽”。《庄子》说：“我家不牧畜，院角却跑出一头母羊。我家不网鸟，墙隅却跑出一笼鹌鹑。你不觉得奇怪吗？从哪里跑出来的呀？”俗话说这种鸟生性朴实愚蠢，不越过横向伸展生长的草，每当遇到小草横在身前，便拐弯分过来避开它的阻碍。称作“淳”，就是因为这个。也因为它品性朴实，口头叫熟了，所以它的名字便叫作“鹑”了。《笔谈》说：“古人所取的形象不一定是大东西，天象上的朱鸟是取鹑的形象，所以南方朱鸟七宿称为‘鹑首’、‘鹑火’、‘鹑尾’。”鹑有两种，有丹鹑和白鹑。这里说的是丹鹑，颜色赤黄，并且头、嘴尖锐，下身羽毛稀少，没有尾巴，夏天行动，秋天藏起来，飞翔必须要停在草上，都是属于火类。有的是从鱼所变化而成的，鱼鳞虫龙之类，是从火中自生的。天文里说的东方苍龙七宿，有角、亢、尾三宿；南方的朱鸟七宿，有喙、有嗉、有翼却无尾，这大概是取象于鹑吧？

燕　乌

《释鸟》曰：“燕，白脰[1]乌。”《广雅》[2]云：“纯黑而反哺者，谓之

‘乌’；小而腹下白，不反哺者，谓之‘雅乌’；白项而群飞者，谓之‘燕乌’。”燕乌，白脰乌也；雅乌，鸒[3]也。

【注释】

[1] 脰（dòu）：指脖子、颈。

[2]《广雅》是我国最早的一部百科词典，收字18150个，是仿照《尔雅》体裁编纂的一部训诂学汇编，相当于《尔雅》的续篇，篇目也分为19类，各篇的名称、顺序，说解的方式，以致全书的体例，都和《尔雅》相同，甚至有些条目的顺序也与《尔雅》相同。

[3] 鸒（yù）：意为寒鸦。

【译文】

《释鸟》说：“燕，是脖颈白色的乌。”《广雅》说：“颜色纯黑并且反哺的，叫作‘乌’；形体小并且腹下白色，不反哺的，叫作‘雅乌’；白色脖颈并且成群飞行的，叫作‘燕乌’。”燕乌，是脖颈白色的乌；雅乌，是寒鸦。

鸾

《说文》云：“亦[1]神灵之精也。赤色，五采，鸡形，鸣中五音，颂声作则至。”一曰青鳯为鸾，孔颖达曰“燕雀有啁噍[2]之感，鸾鳯有歌舞之容”是也。鸾，雌曰“和”，雄曰“鸾”，《礼》云：“在舆则闻鸾和之音。”盖取诸此。乘车和在衡，鸾在轼[3]，而輶车置鸾于镳[4]，异于乘车者，驱逆之车，则尚轻疾故也。《庭燎》[5]之诗一章曰“鸾声将将”，二章曰“鸾声哕哕”。“将将”，大声，声大则近故也；“哕哕”，小声，声小则远故也。《郊特牲》[6]曰：“割刀之用而鸾刀之贵，贵其义也。”鸾刀，刀有鸾者也，以言割牲中节而和。盖《易》曰：“利者，义之和也。”[7]利物足以和义，先王寓之于礼，则刀之所以有鸾也。又曰：“君子黄中、通理、正位、居体。”[8]美在其中而畅于四支，发于事业，美之至也。先王寓之于礼，则瓒之所以有鬯也。鸾取和，鬯取畅，在《易》则为道，在《礼》则为器，其义一也。旧云鸾血作胶，可以续弓弩、琴瑟之弦。或曰：“鸾，凤之亚也。”鸾善歌，凤善舞，《山海经》曰：“鸾鸟自歌，凤鸟自舞。”鸾始生类凤，久则五采变易。当上古时鸾舆顺动，此鸟輙集车上，雄鸣于前，雌应于后，后世不能致，作和、鸾以象之，因谓之“鸾仗”。《葬书》[9]曰：“若龙若鸾，或骞或盘。”言山形若龙之盘伏、鸾之骞翔也。故曰：“玄武垂头，朱雀翔舞，青龙蜿蜒，白虎蹲踞。”

【注释】

[1] 原作“赤”，据《说文》改。

[2] 啁噍（zhōu jiào）：指鸟虫鸣声。

[3] 轼：古代车厢前面用作扶手的横木。

[4] 镳（biāo）：本义马嚼子，指马口中所衔铁具露出在外的两头部分。

[5] 这是《诗经 · 小雅 · 鸿雁之什》的一篇，描写宫廷早朝的景象，表现君王勤于政事。

[6] 指《礼记 · 郊特牲》，重在释礼义，即礼之所以为礼的意义所在。

[7] 利：利益；义：道义；之：的；和：统一。要得到利益，就要讲求与道义的统一。

[8] 黄中通理：比喻贤人才高德劭。黄中犹言内心美好。正位居体，正位，犹言忠于本份。居体，体借为礼，犹言守礼。

[9]《葬书》是东晋著名学者郭璞的著作，全文不到两千字，却系统地阐述了风水理论。

【译文】

《说文》说：“鸾是神灵的精华。赤色，五彩，鸡形，鸣叫声中五音俱全，颂声响起则便飞来。”一种说法是青凰为鸾，即孔颖达说的“燕雀有啁噍之感，鸾凰有歌舞之容”。鸾，雌鸟叫作“和”，雄鸟叫作“鸾”，《礼》说：“在舆则闻鸾和之音。”大概是取自这里。车架上的纹饰里，雌鸟在车衡，雄鸟在车前扶手横木，然而輶车将鸾饰于马嚼子两头，异于乘车者，驱逆之车，是车轻便迅疾的原因。《庭燎》之诗第一章说“鸾声将将”，第二章说“鸾声哕哕”。“将将”，形容大声，声音大则距离近；“哕哕”，形容小声，声小则距离远。《郊特牲》说：“割刀之用而鸾刀之贵，贵其义也。”鸾刀，是饰有鸾的刀，用来割牲中节然后致和。大概就是《易》里说的：“利者，义之和也。”对物有利便足以致和义，先王将其寓之于礼，所以祭祀宰割牺牲的刀上便饰了鸾。又有一种说法：“君子黄中、通理、正位、居体。”美在其中而顺畅流动于四肢，生发于事业之上，美便到达了。先王将其寓之于礼，所以礼器瓒便饰有鬯。鸾取和之义，鬯取畅之义，在《易》中为道，在《礼》中为器，都是同样的涵义。旧时有说法认为鸾的血可以作胶，可以用来续弓弩、琴瑟的弦。有的人说：“鸾，是凤的亚种。”鸾善于歌，鳳善于舞，《山海经》说：“鸾鸟自歌，凤鸟自舞。”鸾刚刚诞生之时相似凤，过一些时间，身上的五彩便开始变化。推测上古时鸾顺着车舆而动，鸾停在车上，雄鸟在车前鸣叫，雌鸟在车后响应，后世再遇不到这种景象，便在车上作和、鸾的纹饰来比拟，所以这种车被称作“鸾仗”。《葬书》说：“若龙若鸾，或翥或盘。”说山的形状像龙盘伏、鸾飞翔。所以说：“玄武垂头，朱雀翔舞，青龙蜿蜒，白虎蹲踞。”

凤

凤，神鸟也，俗呼“鸟王”，羽虫[1]三百六十，而凤为之长。鸿前麐后，蛇颈鱼尾，鹳颡[2]鸳思，龙文龟背，燕颔鸡喙，五色备举，出于东方君子之国，翱翔四海之外，过昆仑，饮砥柱，濯羽弱水[3]，莫宿风穴，见即天下大安宁。夫文凡鸟为凤，凤，总众鸟者也。古文作[illegible]，象形。盖四灵唯凤能鸠其类，故以为朋党之字。同门曰朋，其类不一，所从者一而已。首文曰“德”，翼文曰“礼”，背文曰“义”，膺文曰“仁”，肠文曰“信”[4]。王文公曰：“凤鸟有文。河图有画，非人为也。”旧云凤皇其翼若干，其声若箫[5]，不啄生虫，不折生草，不群居，不旅行，不罹罗网，非梧桐不栖，非竹实不食，非醴泉不饮。《诗》曰：“凤皇鸣矣，于彼高冈；梧桐生矣，于彼朝阳。”[6]此之谓也。一说东方曰“发明”，南方曰“焦明”，西方曰“鹔鷞”[7]，北方曰“幽昌”，中央曰“凤皇”。按：师旷《禽经》曰：“青凤谓之鹖，赤凤谓之鹑，黄凤谓之焉，白凤谓之鹔，紫凤谓之鷟。”[8]又曰：“干皐断舌则坐歌，孔雀拍尾则立舞，人胜之也；鸾入夜而歌，凤入朝而舞，天胜之也。”《尔雅》曰：“鶠，凤；其雌，皇。”凤，鸟之美者，能君其类而知时，雌则美而不大，故曰“其雌，皇”。又龙乘云，凤乘风，故谓之“鶠”。鶠，偃也，亦鸟偃服焉，传曰“凤鸟乘于风”是也。《地理新书》[9]曰：“状如猪鼠，勿取。”凤皇贵胸，鱼贵尾，龟贵头，鼍贵背，虎贵前，马贵脊，牛贵领。

【注释】

[1] 我国古代所称的“五虫”之一，特指身披羽毛的鸟类，在如《文始经》《春秋繁露》等多本古籍中均有记载。古代身体被羽毛的动物（即鸟类）称羽虫。

[2] 颡（sǎng）：指额头。

[3] 凤凰是会老的，每次老的羽毛不脱落，就无法自由飞翔。而每次换羽毛，都要将全身羽毛拔光，再等新的羽毛长出来，这段时间是无法飞，也没有吃的，非常的痛苦。

[4] 头上的花纹是“德”字的形状，翅膀上的花纹是“羲”字的形状，背部的花纹是“礼”字的形状，胸部的花纹是“仁”字的形状，腹部的花纹是“信”字的形状。

[5] 指凤的翅膀像盾牌一样，鸣声像洞箫悠扬。

[6] 出自《诗经 · 卷阿》，译为：凤凰在鸣叫，在那高高的山冈上；它们栖息的梧桐树生长起来了，在那向阳的山坡上。

[7] 鹔鷞（sù shuāng）：鸟名。雁的一种。颈长，羽绿。

[8] 五方之鸟并不都为凤。《人镜经》曰：“凡五方之鸟皆似凤，而非也。东方发明，全身总青。西方鹴鹔，全身总白。南方焦明，全身总赤。北方幽昌，亦曰退居，全身总黑。中央鸟名玉雀，亦曰凤凰，全身总黄。”

[9]《地理新书》作为宋元时期五音地理书的重要代表，是探讨宋元葬俗的重要参考文献。喻任何美好的未来是要通过自己不断的吃苦才能实现的。

【译文】

凤是一种神鸟，是民间所说的“鸟王”，身披羽毛的鸟类共三百六十种，凤是其中之首。它的前半身似鸿，后半身似麐，有蛇一样的颈和鱼一样的尾，鹳一样的额头，鸳一样的须，龙的花纹，龟背，像燕的颔和像鸡的喙，五色皆具，出于东方的君子国，翱翔至四海之外，飞过昆仑山，在砥柱之处休息饮水，在弱水中清洗羽毛，晚上宿在风穴之中，被人所见，天下便会非常安宁。有的文章里将所有的鸟写作凤，凤，是众鸟的总称。古文里写作[illegible]，是象形文字。大概四灵中只有凤能鸠其类的原因，所以将它作为朋党的代名词。同门叫作朋，群类不同，所跟随的领袖是同一人。头上的花纹是“德”字的形状，翅膀上的花纹是“羲”字的形状，背部的花纹是“礼”字的形状，胸部的花纹是“仁”字的形状，腹部的花纹是“信”字的形状。王文公说：“凤鸟有文。河图有画，非人为也。”旧时说法凤皇翅膀像盾牌一样，鸣声像洞箫悠扬。不啄食生虫，不折生草，不群居，不旅行，不会落入人所设的罗网之中，非梧桐树不栖落，非竹的果实不吃，非甘甜的泉水不饮。《诗经》说：“凤凰鸣叫示吉祥，停在那边高山冈。高冈上面生梧桐，面向东方迎朝阳。”就是说的这一事。一种说法说东方神鸟叫作“发明”，南方神鸟叫作“焦明”，西方神鸟叫作“鹔鹴”，北方神鸟叫作“幽昌”，中央神鸟叫作“凤皇”。按：师旷《禽经》里说：“青凤谓之鹖，赤凤谓之鹑，黄凤谓之焉，白凤谓之鹔，紫凤谓之鷟。”又说：“干皋断舌则坐歌，孔雀拍尾则立舞，人胜之也；鸾入夜而歌，凤入朝而舞，天胜之也。”《尔雅》说：“鶠，凤；其雌，皇。”凤，是非常美丽的鸟，能够统率群鸟并且知晓天时，雌鸟虽美但形体不大，所以说“其雌，皇”。又有说法说龙乘云，凤乘风，所以叫作“鶠”。鶠就是偃，是鸟偃服的意思，《传》里说的“凤鸟乘于风”便是。《地理新书》说：“状如猪鼠，勿取。”凤皇的胸部最珍贵，鱼的尾珍贵，龟的头珍贵，鼈的背珍贵，虎的前半身珍贵，马的脊珍贵，牛的颈珍贵。

埤雅·卷九

释鸟：溪鶒、鵙、枭、鸮、脊令、桑扈、鷩雉、鹊、杜鹃、雀、鸜鹆、鸨、戴胜、鷊

溪 鶒

溪鶒五色，尾有毛如船柂[1]，小于鸭，沈约《郊居赋》所谓“秋鹥寒鶒，修鹢短凫”[2]是也。性食短狐，在山泽中无复毒气，故《淮赋》[3]云：“溪鶒寻邪而逐害。”此鸟盖溪中之敕邪逐害者，故以名云。鳪之步纲[4]，鴽[5]之画印，溪鶒之敕，蜾蠃[6]之祝，皆物之有术智者也。陈昭裕《建州图经》[7]曰：“溪鶒于水渚宿，先少，若有敕令也。亦其浮游雄者左，雌者右，群伍皆有式度。”

【注释】

[1] 溪鶒（chì）：一名溪鸭，一名紫鸳鸯。柂（duò）：同“舵”。

[2] 南朝梁沈约《郊居赋》在思想主题上流露出晚年“仕”与“隐”的错综复杂的精神矛盾，更多的倾向于对生命本真的思考，赋作中有屈原式的“上下求索”，也有“托情鱼鸟”的感伤情怀；充满着内在的精神矛盾，也极力找寻全身隐退的最佳方式。鹢：音 yì。

[3] 隋·杜台卿撰。杜台卿，字少山，博陵曲阳人。生年不详，约卒于隋文帝开皇十七年。少好学，博览书记，解属文。仕齐为奉朝请，历官中书黄门侍郎。性儒素，每以雅道自居。

[4] 鴋：音 yǔ；步纲同“步罡”，有时也指罡法的一种。罡，原指北斗星的斗柄。步天纲又称“步天罡”“踏罡步斗”。按北斗七星的捧列而行的炼修法。以布匹在地上排成北斗的形状，布匹上画出七颗星及其连线。术者闭气、念咒，然后按一定顺序以足踏画在本布匹上的七星。

[5] 鴷（liè）：啄木鸟。

[6] 蜾蠃（guǒ luǒ）：又名土蜂、蠮螉、蒲卢、细腰蜂，是寄生蜂的一种。一种黑色的细腰土蜂，常捕捉螟蛉入巢，以养育其幼虫，古人误以为是代螟蛾哺养幼虫，故称养子为螟蛉义子。

[7] 此书信息不祥。

【译文】

溪鷘是一种五色的鸟类，它的尾巴上长有像船舵一样的尾毛，体型比鸭子小。沈约在《郊居赋》中说的“秋天有鷖鸟冬天有鷘鸟，鹢鸟修长凫鸟短小”就是这样。溪鷘以短狐为主要食物，在山野中不再有毒气，所以《淮赋》里说：“溪鷘会寻找罪恶的事情驱逐有害的事物。”这种鸟是溪水中可以驱除邪恶的鸟类，所以要用这个名字来命名。鴋鸟的步罡之法，鴷的花印之法，溪鷘的敕令，蜾蠃的祝贺，这都是动物中有才智和方法的。陈昭裕在《建州图经》中说：“溪鷘在水中陆地上栖息，祖先很少，像是有敕令一样。而且在行进的队伍中雄蜉蝣在左，雌蜉蝣在右，群体队伍都很有形式制度。”

鶪

鶪[1]，伯劳也。陈思王[2]《恶鸟论》曰：“伯劳以五月鸣，应阴气之动。”阳气为仁义，阴气为残贼，伯劳，贼害之鸟也。其声鶪鶪，故其音名云，《月令·仲夏》曰“鶪始鸣”是也。《释鸟》云：“鹊鶪丑，其飞也翪。”[3]言其飞不能翱翔，竦翅上下而已。许慎《说文》以为：“翪，敛足也。”[4]今鹊鶪丑飞亦皆敛足腹下。《诗》曰：“七月鸣鶪，八月载绩。”[5]盖仓庚知分[6]，鸣鶪知至，故阳气分而仓庚鸣，可蚕之候也；阴气至而鶪鸣，可绩之候也。旧云鶪善制蛇，鸣则蛇结。《类从》[7]曰：“鶪鸣在上，蛇盘不动；

鹊鸣在上，猬反不行。”或曰：“金得伯劳之血则昏，铁得鸊鷉[8]之膏则莹，石得鹊髓则化，银得雉粪则枯。”

【注释】

[1] 鶪（jú）：背灰褐色，尾长，上嘴钩曲，捕食鱼虫小鸟等，是一种益鸟。

[2] 曹植（192—232）的别称。曹植，字子建，沛国谯（今安徽省亳州市）人，出生于东阳武，是曹操与武宣卞皇后所生第三子，生前曾为陈王，去世后谥号“思”，因此又称陈思王。

[3] 翪（zōng）：扇动翅膀上下飞。

[4] 敛足（liǎn zú）：指敛步，收住脚步，不往前走。

[4] 出自《诗经·豳风·七月》，绩，纺织。

[6] 仓庚：黄莺，又名黄鹂。

[7] 此书暂无法考证。

[8] 鸊鷉（pì tī）：亦作“鷿鷉”“鷿鷈”，水鸟名。俗称油鸭，似鸭而小，善潜水。古人用其脂膏涂刀剑以防锈。鷉：《五雅本》作“鶙”。珍本作“鵜”。

【译文】

鶪，又称伯劳鸟。陈思王在《恶鸟论》里说：“伯劳鸟在五月鸣叫，适应阴气的流动。”阳气代表仁义正直，阴气代表残缺淫贼，所以说伯劳鸟，是有害的鸟类。它的叫声像“鶪鶪”，所以它被叫作这个名字，《月令·仲夏》中说：“鶪开始鸣叫”，就是这样。《释鸟》中提到：“鹊鶪长的很丑，飞起来时扇动翅膀上下飞行。”就是说它飞起来不能灵活翱翔，只是鼓动翅膀上下飞罢了。许慎在《说文》中认为：“翪，鸟收敛起足。”现在鹊鶪飞的很丑但也收敛起足放于腹下。”《诗经》里说：“七月里伯劳在鸣叫，八月开始绩麻。”大概黄鹂知道春、秋分，鸣鶪知道夏、冬至，所以阳气来了黄鹂就鸣叫，到了养蚕的季节；阴气到了鶪就鸣叫，到了绩麻的时候。旧时说云鶪善于制服蛇类，它一鸣叫蛇就会盘起来。《类从》说：“鶪在天上鸣叫，蛇盘起来不敢动弹，喜鹊在天上鸣叫，刺猬不敢行走。”有的人说：“金子跟伯劳鸟的血混在一起会变得昏暗，铁跟鸊鷉的脂肪混在一起会变得晶莹，石头遇到喜鹊的骨髓会化掉，银子遇到雉鸡的粪便会枯坏。”

枭

枭食母，《说文》云：“不孝鸟也。”故日至[1]捕。枭磔之字从鸟头在木上。古者天子以春解祠黄帝，用一枭、破獍[2]。说者以为枭名食母，破獍食父。破獍，如貙者而虎眼，一曰“獍”，如虎豹而小，始生还食其母，故曰“枭獍”。黄帝欲絶其类”，使百司用之，故后世于岁始祓除凶灾，取以解祠黄帝。汉使东郡送枭，五月五日作羹，以赐百官，此遗象也。旧说枭性食母始飞。《北山录》[3]曰：“乌反哺，枭反噬，盖顺逆之习也。”《听声考详篇》[4]云：“鹤声宜学仙，雉声宜习武，乌声宜习医，雁声宜习卜筮，鹊声宜习工巧，枭声宜习符呪[5]。”《释鸟》曰：“枭鸱[5]，土枭也。”《西方之书》[6]曰：“如土枭等附块为儿。”名之曰“土枭”，盖取诸此。传曰：“甑瓦可以令枭寂。”又曰：“枭避星名，鹊违岁子。”

【注释】

[1] 日至：即夏至。

[2] 獍（jìng）：又称破獍、破镜，状如虎豹而小。由于枭为恶鸟，生而食母；獍为恶兽，生而食父。因此古人常将枭和獍相提并论，合称枭獍或枭镜，比喻大逆不道凶残不孝之人或狠戾忘恩之人。

[3] 《北山录》是我国佛教史上一部颇具影响的文献典籍，著者释神清为唐代著名的义学高僧。

[4] 此书暂无法考证。

[5] 呪（zhòu）：同“咒”。

[6] 枭鸱（xiāo chī）：即猫头鹰。旧时以为恶鸟，因亦喻恶人。

[7] 此书暂无法考证。

【译文】

枭鸟会吃掉自己的母亲，《说文》里说：“这是一种不孝顺的鸟”。所以到了夏至就会被捕捉。枭字的由来是鸟在木上。远古的时候天子用春解礼仪祭祀黄帝，就是用一只枭、一只獍。说的人认为枭会吃掉自己的母亲，破獍会吃掉自己的父亲。破獍，像貙并长着老虎的眼睛，一种说法是叫它獍，像虎豹但比它们小，刚刚出生就会吃掉自己的母亲，所以被称为枭獍。黄帝想要把它们灭绝掉，让官员们使用它们，所以后世在年初会驱除灾害凶险，取枭来祭祀皇帝。汉朝使东郡送来枭鸟，五月五日把它做成羹，来赏赐百官，这种现象被遗留了下来。以前人说枭鸟吃了自己的母亲才会飞翔。《北山录》说："乌鸦反哺，枭鸟反而吞噬亲人，这是好坏的习性。"《听声考详篇》说："听到仙鹤的声音适合学习仙道，听到雉鸡的声音适合习武，听到乌鸦的声音适合学医，听到雁鸟的声音适合学习占卜，听到喜鹊的声音适合学习技工巧将之术，听到枭的声音适合学习符咒。"《释鸟》有言："枭鸱，就是土枭。"《西方之书》说："枭把土当成儿子孵化。"其名"土枭"，大概是取了这个意思。传言道："蒸饭的碗可以使枭安静。"又说："枭鸟躲避星星的运转，喜鹊违反年代的更迭。"

鸮

鸮，大如斑鸠，绿色，所鸣其民有祸证，俗云："鸮，祸鸟也。"今谓之"画乌"，盖声之误也。《草木疏》[1]曰："恶声之鸟也。"入人家，凶，贾谊所赋"鵩鸟"[2]是也。其肉甚美，可为羹臛，又可为炙，故《庄子》曰"见卵而求时夜，见弹而求鸮炙[3]"也。《诗》曰："翩彼飞鸮，集于泮林，食我桑黮，怀我好音。"[4]言鸮食桑黮则变而美其色，好其音，以况德义能革小人之非如此。及其食梅，则不足以革其容色，变其声音，故《诗》曰："墓门有梅，有鸮萃止。"[5]以刺陈佗无良师傅也。《北山录》[6]曰："黄鹂亦食桑黮而音美。"一曰："鵩似鸮。"则鸮又非鵩矣。《异物志》[7]曰："鸟如小鸡，体有文色，异俗谓之'鵩'，不能远飞行，不出域。"贾公彦曰："鸮、鵩二鸟，夜为恶鸣者也。"[8]传曰："夏雀生鹑，楚鸠生鸮。"《广志》[9]曰："鸮，楚鸠所生。如驴巨虚，种类不孳乳也。"《玉堂闲话》[10]云："驴、马驹随母行，有在前者，有与母并者，有随后者，此由生时尔。月初生者在前，月半生者处中，月末生者居后。”尝验问数辈，亦不谬尔，始知含灵之类皆禀四时五行之气也。今科斗月大尽先生前两足，小尽先生后两足。

【注释】

[1] 西晋陆机所作，是一部解释植物的著作。

[2] 贾谊《鹏鸟赋》为贾谊谪居长沙时所作。此赋借与鹏鸟问答以抒发了自己忧愤不平的情绪，并以老庄的齐生死、等祸福的思想以自我解脱。鹏：音 fú。

[3] 见《庄子·齐物论》，原文为：“见鲲而求时夜，见弹而求鸮炙。”

[4] 出自《诗经·鲁颂·泮水》，是一首赞美鲁公战胜淮夷以后，在泮宫祝捷庆功，宴请宾客的诗。

[5] 出自《诗经·陈风·墓门》，为先秦时代陈地汉族民歌。诗歌讽刺一个品行恶劣的统治者。梅，梅树。一说梅即棘，梅古文作“楳”，与棘形近，遂致误。

[6] 出自《北山录》，凡十卷。唐代梓州慧义寺沙门神清撰，北宋慧宝注。

[7]《异物志》是汉唐间一类专门记载周边地区及国家新异物产的典籍。它产生于汉末，繁盛于魏晋南北朝，至唐开始衰变，宋以后消亡。今见于史志著录和他书征引的《异物志》，共有二十二种之多。这些著作已全部亡佚，后人辑本也只有有限的几种。

[8] 出自贾公彦《周礼注疏》。

[9]《广志》：晋·郭义恭撰。

[10]《玉堂闲话》：五代王仁裕所撰，内容主要涉及唐末五代时期中原、秦陇和陇蜀地域的史事和社会传闻，多数为王仁裕亲身经历或来自于同时期当事人叙述的记录，具有很高的文学价值和史料价值。

【译文】

鸮鸟，像斑鸠那么大，绿色的。它鸣叫的地方，居民会有灾祸。俗话说：“鸮，是带来灾祸的鸟。”现今把它叫作“画鸟”，大概是读音错了。《草木疏》上说：“声音难听的鸟”。到人家里去，会带来灾祸。贾谊所做的《鹏鸟赋》说的就是它。它的肉很好吃，可以煮汤，也可以用来烧烤。所以《庄子》上说：“见卵而求时夜，见弹而求鸮炙”。《诗经》说：“翩彼飞鸮，集于泮林，食我桑黮，怀我好音。”就是说鸮鸟吃了桑葚，它的声音就会变好听，颜色也会变好看，用来比喻道德礼义能够改变小人到这种程度。那么当它吃梅子的时候，就不会改变声音和颜色，所以《诗经》又说：“墓门有梅，有鸮萃止。”用来讽刺陈佗没有好的师傅。《北山录》说：“黄鹂也是吃了桑葚声音才好听。”有一种说法是：“鵩长得像鸮。”这样鵩和鸮又是两种动物了。《异物志》说：“鸟像小鸡那么大，身上有彩色花纹，俗话叫作‘鵩’，飞的不远，飞不出国境。”贾公彦说：“鸮、鵩二鸟，夜里的叫声令人厌恶。”传说：“夏雀生鹑，楚鸠生鸮。”《广志》说：“鸮鸟是由楚鸠所生，它的外形像驴、巨虚（一种马），这种鸟不能自我繁殖。”《玉堂闲话》说：“驴、小马驹在生活中都跟随妈妈行动，有的习惯性地走在前面，有的习惯性地与妈妈并排行走，有的跟随在妈妈后面走，之所以如此，这是由它出生的时间来决定的，月初出生的会走在前面，月半出生的会并行，月末出生的会跟随在后面。”曾经试着问过好多人，的确不错，才知道这类生物都是顺从四时五行来运行的。现在的蝌蚪，大月份的都是先长前两脚，小月份的都是先长后两脚。

脊令

《释鸟》云：“鹏鸰，雝渠。”盖雀之属，飞则鸣，行则摇，大如鷃，长脚，尾腹下白，颈下黑如连钱，故杜阳人谓之“连钱”。《诗》曰：“脊令在原，兄弟急难。”[1]脊令，水鸟，首尾相应，和之至也，今反在原，则失其所矣，故以取况兄弟急难。其首尾相应如此。《义训》[2]曰：“鹏鸰，钱母，其颈如钱文。”《诗》曰：“题彼脊令，载飞载鸣。”[3]说者以为脊令不能自舍，君子有取节尔。其鸣自呼。或曰：“首尾相应，飞且鸣者，故谓之‘雝渠’。渠之言勤也。”《物类相感志》[4]曰：“俗呼雪姑，其色苍白似雪，鸣则天当大雪，极为验矣。”

【注释】

[1] 出自《诗 · 小雅 · 常棣》，是一首申述兄弟应该互相友爱的诗。

[2] 见“驼”条注 [1]。

[3]《诗经・小雅・小宛》是周王一位同姓者讽刺幽王，并劝诫兄弟如何在乱世免祸的诗。

[4] 见“鹊”条注 [13]。

【译文】

《释鸟》说：“鵰鸰，雝渠。”大概是雀鸟类，飞的时候就叫，走的时候就摇晃，像鴳那么大，长脚，尾巴和肚子下面都是白色的，脖子下面黑黑的像一串连着的钱币，所以杜阳人叫它“连钱”。《诗经》说：“脊令在原，兄弟急难。”脊令，是一种水鸟，它的头和尾巴相互应和，是最和谐的鸟，现在反而出现在原上，这就是失去了原本的居所，所以用来指代兄弟遇到急事。它的头尾相互应和就像这样。《义训》说：“鵰鸰，钱母，其颈如钱文。”《诗经》说：“题彼脊令，载飞载鸣。”说这话的人认为鹡鸰不能够自己取舍，君子要懂得取舍。它的叫声就是在叫自己的名字，有的人说：“首尾相应，边飞边鸣叫，所以称之为‘雝渠’，渠是说它勤劳。”《物类相感志》说：“俗语称呼它为雪姑，它尾巴和肚子下面都是白色，像雪一样，它鸣叫时天就要下雪，非常灵验。”

桑扈

《淮南子》曰：“马不食脂，桑扈[1]不啄粟，非廉也。”桑扈，盖一名而二种，若鲁有两曾参也。《释鸟》云：“桑扈，窃脂；鳭鷯，剖苇。”[2]此桑扈之一种也。“桑扈，窃脂；棘扈，窃丹[3]。”此桑扈之一种也。盖对剖苇言之，则窃脂者所谓“青质，觜曲食肉，好盗脂膏者”是也；对窃丹者言之，则窃脂者所谓“素质，其翅与领皆莺然而有文章者”是也。《左传》曰：“九扈为九农正，扈民无淫者也。”[4]贾逵、樊光以为春扈趣民耕种；夏扈趣民耘耔；秋扈趣民收敛；冬扈趣民盖藏；棘扈为果驱鸟；桑扈为蚕驱雀；行扈唶唶，昼为民驱鸟；宵扈啧啧，夜为农驱兽；老扈鷃鷃，则趣民刈麦，令起，不得晏者也。说者非之，以为入林为果驱鸟，入室为蚕驱雀，昼驱鸟、夜驱兽，穷日通宵常在田野，非先王所以建官之意。则亦以误矣。盖九扈，农桑候鸟，扈民无淫者也，故先王名官以主农桑之事，取其意云尔，非谓依此诸扈使之动作也。盖如棘扈则主园事尔，桑扈则主蚕事尔，驱鸟、驱雀，非所以为难也。然则所谓“交交桑扈，率场啄粟”[5]者，正以其性之窃脂者言之也，故以啄粟为失其性；“交交桑扈，有莺其羽”[6]者，正以其色之窃脂者言之也，故其《序》曰：“君臣上下，动无礼文焉。”盖君子素以为质，而文之者，礼也。《释兽》曰：“虎窃毛，谓之虦猫[7]。”“魋，如小熊，窃毛而黄。”窃毛皆谓浅毛。则“夏扈，窃玄”，言浅黑；“秋扈，窃蓝”，言浅青；“冬扈，窃黄”，言浅黄；“棘扈，窃丹”，言浅赤；“桑扈，窃脂”，言浅白。固其理也。且《尔雅》主《诗》言之，而《小雅·桑扈》所取者有两窃脂，故《尔雅》亦两解也，犹之《无羊》云“九十其犉”[8]、《良耜》云“杀时犉牡”，《尔雅》有“黑唇，犉”，又有“牛七尺为犉”是也。

【注释】

[1] 桑扈：即青雀。又名窃脂。

[2] 窃脂：浅白，指这种小鸟的羽毛之色；有人认为是古代汉族传说中的一种鸟名，另有人认为指这种鸟好盗脂膏。鳭鷯（diāo liáo）：好剖苇皮，食其中虫。

[3] 窃丹：浅赤。

[4] 出自《左传·昭公十七年》，九扈：相传为少皞时主管农事的官名。杜预注：“扈有九种也……以九扈为九农之号，各随其宜以教民事。”

[5] 出自《诗经·小雅·小宛》。

[6] 出自《诗经·小雅·桑扈》。

[7] 虦猫（zhàn māo）：浅毛虎。

[8] 指《诗经·小雅·无羊》，犉（chún），黄毛黑唇的黄牛或指七尺牛。

【译文】

《淮南子》说：“马不吃肉，桑扈不啄食粟，这并不是它们廉洁。”桑扈，大概是一个名字有两个对应物种，就像鲁国有两个曾参一样。《释鸟》说：“桑扈，窃脂；鳭鷯，剖苇。”这是桑扈的一种。“桑扈，窃脂；棘扈，窃丹。”这是桑扈的另一种。大概对于剖苇来说，是窃脂者所说的“青质，觜曲食肉，好盗脂膏者”；对于窃丹者来说，是窃脂者所说的“素质，其翅与领皆莺然而有文章者”。《左传》说：“九扈是九位司掌农事的官，扈民都是良民。”贾逵、樊光认为春扈驱使人们播种；夏扈驱使人们耕耘；秋扈驱使人们收获；冬扈驱使人们休养生息；棘扈为果子驱逐鸟；桑扈为蚕驱逐雀；行扈白天为民驱逐鸟；宵扈晚上为农人驱逐兽；老扈驱使百姓收割麦子，此诏令刚刚开始实行，大家纷纷忙碌、不得安息。有谏者议论它，认为进入山林为果驱逐鸟，进入屋室为蚕驱逐雀，白天驱鸟、夜间驱兽，整整一天通宵达旦都在田野，这不是先王最初设立这些官职的本意。其实这种推测便是错误的。大概九扈是常见于农桑的候鸟，扈民们与它和睦相处，所以先王用它命名官职来主管农桑之事，取自这种鸟的意义，不是那些人所说的依据诸位扈使的行为。大概像棘扈主要负责园中农事，桑扈主要负责养蚕的事，驱逐鸟、雀，是顺便做的事。然而所说的“交交桑扈，率场啄粟”，正因为它偷脂的习性所说的，所以将啄食粟视作丢失其本性；“交交桑扈，有莺其羽”，正以其色之窃脂者言之也，所以《序》说：“君臣上下，动无礼文焉。”大概君子素来认为既有率真之性又有文气，就是礼。《释兽》说：“虎窃毛，谓之虦猫。”“魋，如小熊，窃毛而黄。”窃毛就是浅毛。那么“夏扈，窃玄”，说的就是浅黑；“秋扈，窃蓝”，说的就是浅青；“冬扈，窃黄”，说的就是浅黄；“棘扈，窃丹”，说的就是浅赤；“桑扈，窃脂”，说的就是浅白。都是一样的原理。并且《尔雅》主要以《诗》为依据，又因为《小雅·桑扈》所写到的有两种窃脂，所以《尔雅》也有两种解释，就像《无羊》所说的“九十其犉”、《良耜》说的“杀时犉牡”，《尔雅》里既有“黑唇，犉”，又有“牛七尺为犉”。

鷩　雉[1]

鷩似山鸡而小，冠背毛黄，项上绿色鲜明，胸腹洞赤，《西山经》[2]所谓“赤鷩可以御火”者也。赋性悍戾憝害，飞走如风之猋，故潘岳云“山鷩悍害，猋迅已甚”[3]也。盖其耿介甚于佗雉，故《周官》三公服鷩冕，与王后三翟[4]之服异也。刘熙《释名》云："鷩冕，鷩雉之憋恶者，山鸡也。"鷩，憋也，性急憋，不可生服，必自杀，故画其形于衣，以象人执耿介之节。《博物志》[5]曰："山鸡有美毛采，自爱其色，终日映水，目眩则溺。"翟雉长尾，雨雪降，惜其尾，栖树杪，不敢下食，往往饿死，盖文之溺物也如此。然则士之涉世，不能忘己之美，而至于以文灭质者，亦已惑矣。羽物之色，莫美于鷩，以其美毙焉；互[6]物之味，莫美于鳖，以其美毙焉。是以物恶有其美也。《禽经》曰："霜传强枝，鸟以武生者，少；雪封枯原，鸟以文死者，多。"

【注释】

[1] 鷩雉（bì zhì）：鸟名。锦鸡，似山鸡而小，冠羽优美。为雉科动物。

[2]《山海经》山经第二卷，《西山经》是一本介绍西山的经书。

[3] 出自《文选 · 潘岳〈射雉赋〉》，形容山鷩的速度如暴风之迅疾。猋：音 biāo。

[4] 三翟：古代王后、命女的三种祭服，即袆衣、褕翟、阙翟（狄）。因服上分别以翚翟、摇翚图形为饰，故名。

[5]《博物志》由西晋张华编撰，为中国第一部博物学著作。《博物志》共十卷，分类记载了山川地理、飞禽走兽、人物传记、神话古史、神仙方术等。实为继《山海经》后，我国又一部包罗万象的奇书，填补了我国自古无博物类书籍的空白。

[6] 互：《五雅本》作"五"。

【译文】

鷩长得像山鸡但比山鸡小，冠背面的毛是黄色的，脖子上绿色鲜明，胸、腹为赤色，就是《西山经》所说的"赤鷩可以御火"。生性凶悍暴戾，飞起来像大风疾刮，所以潘岳说"山鷩悍害，猋迅已甚"。大概它的耿直不屈强于佗雉，所以《周官》里规定三公穿戴鷩图案的冕，与王后三翟图案的服饰不同。刘熙《释名》说："鷩冕，鷩雉之憋恶者，山鸡也。"鷩，就是"憋"，生性急躁，不会活着向他者屈服，一定会自杀，所以将它画在衣服上，用来象征人耿直不屈的品节。《博物志》说："山鸡有美丽多彩的羽毛，它非常喜爱自己的羽毛，整日在水里映照，眼睛看得昏花便掉落进水里。”翟雉长有长尾巴，雨雪天气时，它爱惜自己的尾巴，栖在树枝上，不敢下来觅食，往往饿死，大概文章里所说的沉溺于物便是这样吧。然而士人在世间所行，不能忘记自己的美好，甚至于太过讲究风度而抹杀掉本真的人，也是被自己所迷惑。羽毛之类外物的颜色，没有比鷩更美丽的，但它因美而死；食物的味道，没有比鳖更美妙的了，它也是因此丧命。所以有些事物憎恶拥有太多的美好。《禽经》说：“冰霜来袭时，鸟凭借自己的本事存活的少；大雪封原时，鸟因为爱惜自己的羽毛而死的多。”

鹄

鸿鹄一举千里，故《周官》“木路，前樊鹄缨”[1]，盖取诸此。又曰：“革路、龙勒、条缨。”[2]“龙勒”，犹此所谓“鹄缨”。盖行天莫如龙，行地莫如马，而《瘦人》[3]“八尺以上为龙，六尺以上为马”，马以龙名，其来尚矣。《司裘》[4]：“王大射，则共虎侯、熊侯、豹侯，设其鹄。”[5]设其鹄者，栖鹄于侯中，以为的者也，若今所射红心是也。谓之“鹄”者，取名于鹄，鸿鹄一举千里，射者难中，是以中之为隽也。《梓人》云：“张皮侯而栖鹄。”“皮侯”所谓“三侯”是也。先儒申郑以为其鹄还以虎熊豹麋之皮为之。按：鹄取名于鸟，则或画或刻，或以其毛为之，虽不可知，然知其不以虎熊豹麋之皮为之明矣。今鹄善步，scala善趋，鹰善立，《禽经》曰：“乌鸣哑哑，鸾鸣噰噰，鳳鸣喈喈，皇鸣啾啾，雉鸣鷕鷕，鸡鸣咿咿，莺鸣嘤嘤，鹊鸣唶唶，鸭鸣呷呷，鹄鸣哠哠，鵙鸣嗅嗅。”《字说》云：“鹄远举难中，中之则可以告。故射侯栖鹄，中则告胜焉。”

【注释】

[1] 出自《周礼·春官·巾车》，鹄缨：白色的革带。

[2] 革路：亦作“革辂”，五路之一。古代帝王所乘的一种兵车。覆之以革，无他饰，用于作战或巡视诸侯国土或四境。龙勒：黑白杂色的马络头。条缨：丝制的带子。饰于驾车的马或结于冠。条，通“绦”。

[3] 指《周官·夏官·瘦人》。

[4] 指《周礼·天官·司裘》。

[5] 大射：为祭祀择士而举行的射礼。虎侯：边缘以虎皮为饰的箭靶。熊侯：古代饰以熊皮的箭靶。豹侯：箭靶的一种，因画豹为饰，故名。

【译文】

鸿鹄一飞千里，所以《周官》里说的“木路，前樊鹄缨”，大概是取自这里。又说：“革路、龙勒、条缨。”“龙勒”，类似于所说的“鹄缨”。大概在天空飞行龙是最好，在地行进马是最好，《瘦人》里说“八尺以上为龙，六尺以上为马”，马和龙齐名，来源悠久。《司裘》里写到：“王大射，则共虎侯、熊侯、豹侯，设其鹄。”设置所射的“鹄”，将歇息的鹄放置在侯的中央，射到鹄的人便为射中，就像今天射的红心那样。将它叫作“鹄”，取名于鹄，鸿鹄一飞千里，很难射中，所以能够射中的人便为极佳。《梓人》说：“张皮侯而栖鹄。”“皮侯”就是所说的“三侯”。先前的儒者申郑认为“鹄”是用虎、熊、豹、麋的皮制作而成的。按：鹄取名于鸟，则或者绘制、或者雕刻，或者用它的羽毛制作，虽然不能知晓，但已经知道它不是用虎、熊、豹、麋的皮做的。今天我们知道鹄善于步行，鳧善于趋行，鹰善于站立，《禽经》说：“乌的叫声是哑哑，鸾的叫声是雝雝，鳳的叫声是喈喈，皇的叫声是啾啾，雉的叫声是鷕鷕，鸡的叫声是咿咿，莺的叫声是嘤嘤，鹊的叫声是唶唶，鸭的叫声是呷呷，鹄的叫声是哠哠，鶗的叫声是嗅嗅。”《字说》说：“鸿鹄飞的高远难以射中，射中者则可告之于众。所以大射之礼所用的以兽皮为饰的箭靶中间绘制有鸽的图案，射中则可以宣告胜利。”

杜 鹃

杜鹃，一名“子规”，苦啼，啼血不止。一名怨鸟，夜啼达旦，血渍草木。凡始鸣，皆北向，啼苦则倒悬于树，《说文》所谓“蜀王望帝，化为子巂”[1]，今谓之“子规”是也。至今寄巢生子，百鸟为哺其雏，尚如君臣云。《尔雅》曰“巂周”，即此鸟也。《临海异物志》[2]曰：“䳏鴂[3]一名杜鹃，至三月鸣，昼夜不止。”按：《楚辞》曰：“恐鶗鴂之先鸣兮，使夫百草为之不芳。”则杜鹃似非鶗鴂。服虔[4]曰：“鶗鴂一名鵙。”此言是也。盖阴气至而鵙鸣，故百草为之芳歇。或曰：“鶗鴂春分鸣则众芳生，秋分鸣则众芳歇。”[5]所未详也。

【注释】

[1] 嶲（guī）：同“巂”，鸟名，即“子规”。相传战国时蜀王杜宇称帝，号望帝，为蜀治水有功，后禅位臣子，退隐西山，死后化为杜鹃鸟，啼声凄切，后常指悲哀凄惨的啼哭。

[2]《临海异物志》，三国时期吴沈莹撰。

[3] 鶗鴂：音 tí jué。

[4] 服虔，东汉经学家。尝入太学受业，举孝廉，官至尚书侍郎、高平令，中平末，迁九江太守，因故免官，遭世乱，病卒。其经学尤为当世推重，著《春秋左氏解谊》三十一卷，《春秋左氏音》一卷，《通俗文》一卷，《汉书音训》一卷。

[5] 出自《广韵》，全称《大宋重修广韵》，五卷，是我国北宋时代官修的一部韵书，宋真宗大中祥符元年（1008 年），由陈彭年、丘雍等奉旨在前代韵书的基础上编修而成，是我国历史上完整保存至今并广为流传的最重要的一部韵书，是我国宋以前的韵书集大成者。原是为增广《切韵》而作，除增字加注外，部目也略有增订。

【译文】

杜鹃，也叫“子规”，叫的很痛苦，会叫出血来。又叫作怨鸟，从晚上可以叫到早上，流出来的血都溅在草木上。只要它开始叫，都是面朝北的，痛苦的叫的时候就倒挂在树上，《说文》所说：“蜀王望帝，化为子巂”就是现在叫的“子规”。杜鹃到现在为止都是借巢生子，其他的鸟为它哺育幼鸟，还像是君主和臣下一样。《尔雅》说：“巂周”说的就是这个鸟。《临海异物志》说：“鶗鴂一名杜鹃，至三月鸣，昼夜不止。”按：《楚辞》说：“恐怕鶗鴂先春分而鸣，使百草华英摧落，芬芳不得成。”那么杜鹃好像又不是鶗鴂。服虔说：“鶗鴂一名鵙。”这句话说的对啊。大概阴气出现鵙鸟时才会鸣叫，所以百草才会凋零。有人说："鶗鴂春分鸣则众芳生，秋分鸣则众芳歇。"这是没有说详细。

雀

《雀赋》曰："头如颗蒜，目如擘椒。"[1]雀，物之淫者；鼠，物之贪窃者。故《诗》言："雀角鼠牙"[2]，以譬强暴。《西方之书》以为"淫人受果，其报雀鸽鸳鸯"。雀，固物之淫者也。今鸽喜合，凡鸟皆雄乘雌鸣，此鸟雌乘雄。又雀四时有子，鸽逐月有子。周蒙续崔豹《古今注》曰："九月雀人水，不则多淫泆。"酒善使人淫泆，故一升曰"爵"。爵，所以戒也，亦取其鸣节足，所以戒荒淫之饮。舟以戒沈湎，爵以戒淫泆，其义一也。先儒图礼以为爵漆赤中，其下刻为雀形。盖爵之制其上如斛，下为雀形，故汉《律历志》称"斛"，以为"其状似爵，以縻爵禄"也。爵散之爵，出于爵；燕飨之燕，出于燕。一则以为法，一则以为戒，先王之禁劝有在于是，故孔子欲学者之多识也。或曰："爵状似斛，不为雀形。"按：《说文》解"爵"曰："礼器也，象爵之形，中有鬯酒，又持之也。"则爵为雀形明矣。《西方之书》曰："雀浴沙受卵。"师旷《禽经》曰："雀交不一，雉交不再。"又曰："雀以猜瞿。"今雀俛而啄，仰而四顾，所谓"瞿"[3]也。《说文》以为鹰隼之视，误矣。《太玄》[4]曰："明珠弹肉，费不当也。"[5]言所用者重，所要者轻。《朝野佥载》[6]曰："叱雀官仓，犹是向公，故书之。所贵者，意也。"旧说鸟雀尾翠上有肉，高有穴者名脂缾[7]，鸟雀每引嘴取脂以涂翅，毛衣则悦泽，雨露不能濡。又云雀争燕巢，衔艾置巢中，燕不复顾也。

【注释】

[1]《雀赋》：宋·吴淑撰。吴淑（947—1002），字正仪，润州丹阳（今江苏）人，幼年随父文正迁蕲州（今湖北）定居。幼俊爽敏捷，为韩熙载、潘佑所器重。仕南唐，以校书郎直内史。入宋，试学士院，授大理评事，预修《太平御览》《太平广记》《文苑英华》等书。擘，此处音 bò，义为大拇指。

[2] 雀、鼠：比喻强暴者。原指强逼女子成婚而引起的争讼。后泛指狱讼，

争吵。

[3] 瞿：猛禽注视的样子。

[4]《太玄经》：古代汉族哲学著作。汉扬雄撰，也称《扬子太玄经》，简称《太玄》《玄经》。扬雄将源于老子之道的玄作为最高范畴，并在构筑宇宙生成图式、探索事物发展规律时，以玄为中心思想。是汉朝道家思想的继承和发展者。《四库全书》为避康熙皇帝玄烨之名讳，改为《太元经》。

[5] 比喻得不偿失或使用不当。

[6] 唐·张鷟撰，六卷。唐代笔记小说集。此书记载朝野佚闻，尤多武后朝事，记隋唐两代朝野遗闻。

[7] 鉼：《珍本》作“鉼”。

【译文】

《雀赋》说：“头如颗蒜，目如擘椒。”雀是淫荡的动物；老鼠是贪婪和偷窃的动物。所以《诗经》说：“雀角鼠牙”，用来比喻强暴的人。《西方之书》认为“淫人受果，其报雀鸽鸳鸯”。雀，本来就是淫荡的动物。现在鸽子喜好交合，大多数鸟交配的时候都是雄鸟在雌鸟的上面鸣叫，只有这种鸟是雌鸟在雄鸟上面。又说雀四季都能生子，鸽子是每个月生子。周蒙续崔豹的《古今注》说：“九月雀入水，不则多淫泆。”酒能够使人乱性，所以一升叫作“爵”。爵，就是戒，也取它鸣叫的声音来节制，用来戒除无度饮酒。用舟来戒除沉迷，用爵来戒除放荡，这是它的其中一个含义。过去儒者图礼认为爵的中间涂有红色的漆，它的下半部分刻成了雀形。大概爵的形制是它的上半部像斛，下半部是雀形，所以汉朝《律历志》称“斛”，认为“其状似爵，以縻爵禄”。“爵散”的“爵”，出自爵；“燕飨”的“燕”，出自燕。一是当作法则，一个是当作戒，先王的禁止和劝导，都在这里了，所以孔子想要学者见多识广。有的人说：“爵状似斛，不为雀形。”按：《说文》解释“爵”说：“礼器也，象爵之形，中有鬯酒，又持之也。”那么就明确了爵是雀形。《西方之书》说：“雀浴沙受卵。”师旷《禽经》说：“雀交不一，雉交不再。”又说：“雀以猜瞿。”现在雀低下头啄，仰起头四处看，就是所说的“瞿”。《说文解字》认为是鹰隼之视，错啦。《太玄》说：“明珠弹肉，费不当也。”就是说所付出的多而所得到的少。《朝野佥载》说：“叱雀官仓，犹是向公，故书之。所贵者，意也。”过去说鸟雀尾巴的翠毛上有肉，高高的有个小洞洞的叫作脂缾，鸟雀经常用嘴取脂来涂抹翅膀，羽毛就有光泽，下雨也不会湿。又说雀争燕巢，衔来艾草放置在巢中，燕子就再也不回来了。

鹦鹉

鹦鹉，人舌能言，青羽赤喙，其状如鸮，《鷦鷯赋》[1]所谓“苍鹰鸷而受绁，鹦鹉慧而入笼”者也。《曲礼》曰：“鹦鹉能言，不离飞鸟；猩猩能言，不离禽兽。”旧说众鸟足趾前三后一，其目下睑眨上，唯鹦鹉四趾齐分，两睑俱动，如人目。南方又有鸜鹆[2]者，里儿[3]剔其舌端，教以语言，甚慧，《禽经》曰“鹦鹉摩其背而瘖，鸜鹆剪其舌而语”是也。或曰：“鹤以声交而孕，鹊以意交而孕，鵁鶄[4]以睛交而孕，鸜鹆以足交而孕。”旧说鸜鹆不逾济[5]，又穴居，故《春秋》“夏，有鸜鹆来巢”，以异书也。鸟似鵙而有帻，《禽经》曰：“冠鸟性勇，带鸟性仁，缨鸟性乐。”冠鸟，若鹰是也；带鸟，若练鹊是也；缨鸟，若绶鸟是也。绶鸟一名“鷊”，亦或谓之“吐绶”，咽下有囊如小绶，五色彪炳，吐有时，风不吐，雨不吐，有惊惧之虞亦不吐。《诗》曰：“中唐有甓，邛有防鷊。”[6]言不戕贼之，故“中唐有甓”；不惊惧之，故“邛有旨鷊”也。一名“避株”，盖行必远草木，虑触其嗉。亦曰“真珠鸡”，体有真珠点文，食之甚美，《诗》谓之“旨”以此。或剖其嗉，不复有绶彩矣。《字说》曰：“婴不能言已，而能言母，从人而后能言。”

【注释】

[1]《鷦鷯赋》：西晋·张华撰。是古代文学作品中赋的名篇之一。

[2] 鸜鹆（qú yù）：学名为鸲鹆，别名有许多，如鹦鸲、寒皋、华华、鸜鸲等。俗名八哥。

[3] 里儿：指乡里儿童。

[4] 鵁鶄（jiāo jīng）：一种水鸟，即“赤头鹭”。嘴长，脚高，体长约50厘米。入夏，雄的头、颈及羽冠呈栗红色。分布于中国南方及印度等地。

[5] 出自《考工记》。作者不详，是中国春秋时期记述官营手工业各工种规范和制造工艺的文献。

[6] 唐：古时朝堂前或宗庙门内的大路。中唐：中庭的道路。甓（pì）：用泥做成的烧瓦，一说为砖。鷊（yì）：本作“虉（yì）”，绶草。亦称“草芦”，因其五色，作绶文，故曰绶草。夏季开花，多生于水湿处，嫩株为优良的饲料，秆供编织或作造纸的原料。《毛序》说：“《防有鹊巢》，忧谗贼也。宣公多信谗，君子忧惧焉。”今人说，这只是一首男女之间相爱后，担心第三者插足或苦恼他人从中离间的忧愁诗。

【译文】

鹦鹉，舌头像人的舌头，会说话，青色的羽毛，红色的嘴，它的形状好像是鸮鸟，《鶺鸰赋》所说的“苍鹰因勇猛而被捕，鹦鹉因辩惠而入笼”就是这样。《曲礼》说：“鹦鹉虽能学人言语，但不能摆脱飞鸟之性；猩猩虽能学人说话，但不能摆脱禽兽之属。”过去说众多的鸟的脚趾都是前面三个后面一个，它们的眼睑都是长在眼睛下面；只有鹦鹉是四个脚趾平齐的，两个眼睑都长在眼睛上面，像人的眼睛一样。南方又有叫作鸜鹆的，当地的儿童割破它舌头的前端，教他说话，非常聪明，《禽经》所说的“鹦鹉摩其背而瘖，鸜鹆剪其舌而语”就是这样。有的人说：“鹤以声交而孕，鹊以意交而孕，鵁鶄以睛交而孕，鸜鹆以足交而孕。”过去说鸜鹆不过河，又居住在洞穴里，所以《春秋》说：“夏，有鸜鹆来巢”，把这当作怪异的事情来书写。鸟长得像鵙鸟而有冠子，《禽经》说：“冠鸟的性情勇猛，带鸟的性情仁慈，缨鸟的性情好乐。”冠鸟，长得像鹰那样；带鸟，长得像练鹊那样；缨鸟，长得像绶鸟那样。绶鸟也叫作“鷊”，也有叫它“吐绶”的，它的咽喉下面有个小袋，五彩缤纷的，按照时节吐出来，刮风不吐，下雨不吐，有令他害怕的事情也不吐。《诗经》说：“中唐有甓，邛有防鷊。”说它不伤害不抢夺，所以说“中唐有甓”；不感到害怕，所以说“邛有旨鷊”。它又叫作“避株”，因为它走动一定会远离草木，害怕碰到了它的嗉袋。它也叫“真珠鸡”，身上有像珍珠一样的点状花纹，它的肉很好吃，因此《诗经》叫它“旨”。有人剖开它的嗉袋，就再也没有彩色了。《字说》说：“婴不能言已，而能言母，从人而后能言。”

鸨

郭璞曰：“鸨[1]似雁，无后指，毛有豹文。”一名“独豹”，遇鸷鸟能激粪御之，著其毛，悉脱。《说文》曰：“肉出尺胾[2]。”焦赣《易林》[3]曰：“文山鸿豹，肥腯多脂。”盖言此也。闽谚曰：“鸨无舌，兔无脾。”盖鸨无舌，连蹄，性不木止。《诗》曰：“肃肃鸨羽，集于苞栩。”“肃肃鸨翼，集于苞棘。”“肃肃鸨行，集于苞桑。”[4]言鸨无舌，性不木止，又其飞肃肃，劳苦然，其于苞栩、苞棘、苞桑也，尚得以其类集，聚众羽而成翼，聚众翼而成行，今君子无所于愬[5]，下从征役，又不得养其父母，则鸨之不如也。《说文》曰：“𠤏，相次也，从匕从十。”盖鸨性群居如雁，自然而有行列，故从𠤏，《诗》曰“鸨行”，以此故也。段氏云：“鸨鸭亦齝[6]。”

【注释】

[1] 鸨（bǎo）：鸟类的一属，比雁略大，头小颈长。鸨科中型和大型狩猎鸟类，与鹤形目的鹤和秧鸡有亲缘关系，比雁略大，背上有黄褐色和黑色斑纹，不善于飞，而善于走。

[2] 胾：《五雅本》作“胾”，音 zì，释义为切成的大块肉。

[3]《易林》的作者问题，有四种说法：(一）作者是焦延寿（为前汉昭帝、宣帝时人)。(二）作者是崔篆（王莽时人，东汉光武帝时还在)。(三）作者是许峻（东汉后期人)。(四）作者是东汉以后人（顾炎武如是说)。

[4] 出自《诗经 · 唐风 · 鸨羽》。抒写了农民对繁重而无休止的王室徭役的抗议和怨恨。表达了人们渴望家人团聚安居乐业的稳定生活。

[5] 愬（sù)：恐惧貌。

[6] 齝（chī)：牛反刍。

【译文】

郭璞说：“鸨长得像雁，没有后指，羽毛有豹纹。”一个名字叫“独豹”，遇到鸷鸟能用激粪抵御，碰到对方的毛能使毛脱落。《说文》说："肉出尺𠤏。"焦赣《易林》说："文山鸿豹，肥腯多脂。"大概说的便是这个。闽地的谚语里说："鸨没有舌，兔没有脾。"大概鸨没有舌，连蹄，生性不在树木上停息。《诗经》说："肃肃鸨羽，集于苞栩。""肃肃鸨翼，集于苞棘。""肃肃鸨行，集于苞桑。"说鸨没有舌，生性不在树木上停息，不停地飞翔，非常劳苦的样子，它们在苞栩、苞棘、苞桑可以成群聚集起来，众多鸟儿集羽成翼、集翼成行，如今君子无处倾诉，服从征役，又不能赡养自己的父母，便做的不如鸨。《说文》说："𠤏，相次也，从七从十。"大概鸨生性喜爱像雁那样群居，自然飞起来成行列，所以一一跟随，《诗经》里说的"鸨行"，也是因为这个缘由。段氏说："鸨鸭也是反刍动物。"

戴胜

《释鸟》云："鵖鴔，戴鵀[1]。"郭璞曰："鵀即头上胜也，今亦呼为'戴胜'。"戴胜，一名"戴鵀"，头上有毛花成胜，故曰"戴胜"也。《通典》曰："上古衣毛帽皮，后代圣人见鸟兽冠角，乃作冠缨。"而今[2]此鸟头上戴胜，则又冠角之别也。三月，飞在桑间，盖蚕生之候，《月令》所谓"戴胜降于桑"是也。《方言》[3]曰："鳲鸠自关而东谓之'戴鵀'。"似误。盖鳲鸠，布谷也。按：今男事兴而布谷鸣，女功兴而戴鵀鸣，则鳲鸠与戴胜异，雄之言非。蔡邕《月令》云："鳲鸠[4]，鹘鸠也。鸠先是时鸣，故称'鸣拂'，犹搏也，阳气所感，故搏羽。戴胜降于桑，以勤民事也。"《春秋传》[5]曰："鹘鸠氏，司事也。见鸠拂羽、戴胜降桑，则具筐筥[6]。"《诗》云："女执懿筐，遵彼微行，爰求柔桑。"[7]

【注释】

[1] 鵖鴔：音 bī fú。鵀：音 rén。

[2] 今：原作"吟"，据《珍本》《五雅本》改。

[3]《方言》：全称《輶轩使者绝代语释别国方言》，作者扬雄（公元前 53—公元 18 年）。《方言》是汉代训诂学一部重要的工具书，也是中国第一部汉语方言比较

词汇集。

[4] 鳲鸠：《珍本》作“鸣鸠”。

[5]《春秋传》：胡安国撰。《春秋传》是对《春秋》的进一步研究分析解说注释，是对《春秋》精髓的延伸。

[6] 筐筥：筐与筥的并称。方形为筐，圆形为筥。亦泛指竹器。

[7] 出自《诗经·豳风·七月》 第二章，写妇女们的采桑劳动。

【译文】

《释鸟》说：“鵖鴔就是戴鵀。”郭璞说：“鵀就是头上的胜，今天也叫‘戴胜’。”戴胜，一个名字叫“戴鵀”，头上有毛花成胜，所以叫“戴胜”。《通典》说：“上古衣毛帽皮，后代圣人见鸟兽冠角，乃作冠缨。”这种鸟头上戴胜，与冠角又有区别。三月，飞翔在桑林间，大约是蚕生时候，就是《月令》里所说的“戴胜降于桑”。《方言》说：“鳲鸠自关而东谓之‘戴鵀’。”应该是错误的。鳲鸠应该是布谷鸟。按：今天男子之事业兴盛布谷便鸣叫，女工之事兴盛戴鵀便鸣叫，所以鳲鸠和戴胜不同，《方言》里的说法是错误的。蔡邕《月令》说：“鳲鸠，就是鹘鸠。鸠鸟在谷雨节气到来之前便开始鸣叫，所以称为‘鸣拂’，鸣叫时犹如跳舞一般，这是为阳气感应而动，所以会抖动羽毛。戴胜鸟降落在桑树上，便是提醒人们开始农事了。”《春秋传》说：“鹘鸠氏，是主管农事的官员，看见鸠鸟拂动羽毛、戴胜鸟降落在桑树上，则要提醒人们开始播种了。”《诗经》说：“姑娘提着深竹筐，一路沿着小道走，伸手采摘嫩桑叶。”

鹬

鹬，一名“述”，似燕绀色，知天将雨之鸟也，故传曰：“知天者冠述，”而《庄子》曰：“皮弁鹬冠，以约其外。”[1]字从矞，矞，述也，鹬知天时而述之者也。《义训》曰：“鹬，绀燕，知风则啼；商羊一足，雨则舞。”[2]然则鹬之为鸟，非独知雨，又亦知风也。苏子所谓“蚌鹬相持”[3]者：鹬曰：“今日不两，明日不两，必有死蚌。”蚌曰：“今日不出，明日不出，必有死鹬。”“两”谓辟口，一本作雨，非是。《异物志》[4]曰：“翠鸟，先高作巢，及生子，爱之恐堕，稍下作巢。子生毛羽，复益爱之，又更下巢也。亦自衔其毛羽，日浴澄澜泗渊之间，鲜缛可爱，或谓之‘翡翠’，名前为‘翡’，名后为‘翠’。旧云雄赤曰‘翡’，雌青曰‘翠’，其小者谓之‘翠碧’。”一名“鱼虎”，一名“鱼师”，性善捕鱼，故曰“鱼师”“鱼虎”也。荆王以其羽毛饰被，《左氏传》所谓“翠被豹舄”[5]是也。今花工亦取以为妇人面饰。俗说翡翠各处溪曲以居，以自藏匿，犹雉之分畿，虽飞，不越分域也。《素问》[6]曰：“青如翠羽者生，黑如乌羽者生，赤如鸡冠者生，黄如蟹腹者生，白如豕膏者生。此五色之见生也。”

【注释】

[1] 原文为：“且夫趣舍声色以柴其内，皮弁鹬冠笏绅修以约其外。”

[2] 商羊：传说中的鸟名。

[3] 出自《战国策·燕策二》

[4]《异物志》：东汉·杨孚著，它是汉唐间一类专门记载周边地区及国家新异物产的典籍。它产生于汉末，繁盛于魏晋南北朝，至唐开始衰变，宋以后消亡。

[5] 以翡翠羽为背帔，以豹皮为履。指生活奢侈。被，同“帔”。

[6]《黄帝内经素问》简称《素问》，古代中医学著作之一，也是现存最早的中医理论著作，相传为黄帝创作，大约成书于春秋战国时期。原来9卷，后经唐王冰订补，改编为24卷，计81篇，定名为《黄帝内经素问》，所论内容十分丰富，以人与自然统一观、阴阳学说、五行说、脏腑经络学为主线，论述摄生、脏腑、经络、病因、病机、治则、药物以及养生防病等各方面的关系，集医理、医论、医方于一体，保存了《五色》《脉变》《上经》《下经》《太始天元册》等20多种古代医籍，突出阐发了古代的哲学思想，强调了人体内外统一的整体观念，从而成为中医基本理论的渊源。

【译文】

鹬，一个名字叫“述”，像燕，绀色，是一种知道天将降雨的鸟，所以《传》说：“知天者冠述，”《庄子》说：“皮弁鹬冠，以约其外。”字形从“矞”

旁，矞，就是“述”，鹬知晓天时并可以述说出来。《义训》说：“鹬，绀燕，知风则啼；商羊一足，雨则舞。”然而鹬这种鸟，并不是只能知晓何时降雨，也能知晓何时起风。苏子所说的“蚌鹬相持”：鹬说：“今日不两，明日不两，必有死蚌。”蚌说：“今日不出，明日不出，必有死鹬。”“两”是代用字，一种说法是本来为“雨”，不是现在这个字。《异物志》说：“翠鸟，先在高处作巢，到了生子的时候，爱惜自己的幼雏，怕它们摔下，向稍微靠下的地方作巢。幼鸟生出羽毛，成鸟便更加珍爱，又向更靠下的地方作巢。也自己衔着毛羽，每天在澄澜泗渊之间沐浴，颜色鲜亮，惹人喜爱，有的人叫它‘翡翠’，名前为‘翡’，名后为‘翠’。旧时说法里雄鸟赤色叫作‘翡’，雌鸟青色叫作‘翠’，幼鸟叫作‘翠碧’。”一个名字叫“鱼虎”，一个名字叫“鱼师”，生性善于捕鱼，所以叫“鱼师”“鱼虎”。荆王用它的羽毛装饰被子，就是《左氏传》里所说的“翠被豹舄”。如今花工也取用它的羽毛用作妇人的面部饰物。民间俗说翡翠在各地溪流弯曲的地方居住，自行藏匿起来，就像雉的分布有区域划分，虽然飞翔，不越过自己的区域。《素问》说：“面部颜色青得像翠鸟的羽毛一样，是生色；红得像鸡冠一样，是生色；黄得像螃蟹的肚皮一样，是生色；白得像猪油一样，是生色；黑得像乌鸦的羽毛一样，是生色。这五种颜色可以判断人的身体健康状况。”

埤雅·卷十

释虫：蚁、蝇、蟏蛸、蠋、蜂、螽、螣蛇、蛇、虺、蚺蛇、蝍蛆、萤、蟋蟀、蛣蜣、阜螽、蟦蛴、蛾、蠁、蝶、莎鸡

螘[1]

《庄子》曰："[道] 在蝼蚁。[2]" 蚁有君臣之义，故其字从豈，亦或从义。善斗[3]，力举等身铁，斗辄酣战不解，有行列队伍。《化书》[4]曰："蝼蚁之有君也，一拳之宫与众处之，一粒之食与众蓄之，一罪无疑与众戮之。"《书》[5]曰："王麻冕黼裳，卿士、邦君麻冕蚁裳。"[6]"黼裳"，明王于此断恩，而"蚁裳"则言以申君臣之义也。《诗》曰："鹳鸣于垤。"[7]垤，蚁冢也。蚁将雨则出而壅土成峰，鹳鸟见之，长鸣而喜，《方言》曰："其场谓之坻，亦或谓之垤。"垤从至，以蚁之微而能为垤，用其至故也。今蚁取小虫入穴，辄坏垤窒穴，盖防其逸，亦以窒雨，《易占》[8]所谓"蚁封其穴，大雨将至"是也。一名"蚁封"，传曰："蚁封盘马[9]。"《孟子》曰："泰山之于丘垤。"赵岐[10]曰："垤，蚁封也。"今朔地蚁封，其高大有如冢者，所谓"蚁"，盖出于此。《庄子》曰："于蚁弃知，于鱼得计，于羊弃意。"[11]言慕人与使人慕之，皆不可为也。故至人之计在于物我兼忘，其藏也，不厌深眇而已矣。又曰："尧非有人，非见有于人也。"故曰："得时则蚁行，失时则鹊起。"蚁行逶迟有序，需而不速，故君子之得时，其廉于进如此。《夏小正》曰："玄蚼贲。"[12]"玄蚼"也者，蚁也。《方言》曰："梁益之闲谓之玄蚼[13]。"《符子》[14]曰："鳌之冠山，蚁之戴粒，其于逍遥，一也。"此即《南华》鹏鴳之

义，言大小虽殊，而理各至足，岂容胜负于其闲哉！

【注释】

[1] 螘（yǐ）：同“蚁”。

[2] 出自《庄子 · 知北游》。

[3] 斗：音 dòu。

[4]《化书》：道家著作，唐末五代谭峭撰。“其说多本黄老道德之旨，文笔简劲奥质”。内涵物理、化学、生物、医药等科学知识。

[5] 即《尚书》，称《书》或《书经》，是中国民族第一部古典文集和最早的历史文献，以记言为主，记载了自尧舜到夏商周两千多年的历史。

[6] 麻冕：古代用缁布做的一种礼冠。黼裳：绣有黑白斧形的下裳，王的祭服。蚁裳：概述玄色之裳。

[7] 出自《诗 · 豳风 · 东山》，诉说的是韬光养晦的问题。这是一首自叹自怨的山歌，描写的是周文王的事迹，或许是周文王自己所作，或许是他的后人伪托而作。鹳鸣：谓天将雨。“鹳鸣于垤，妇叹于室”后用为典故，谓思妇因天将雨而为其征夫担忧。

[8] 1993 年王家台 15 号墓地出土了大批秦代竹简，其中包括以前从未见过的《易占》。该书体例都均以易卦开头，随后是卦名及解说之辞。卦画都是以“一”表示阳爻、以“六”或“八”表示阴爻。可辨识的卦画约 50 余个，其中有部分重复的卦画和卦名，所见卦名大多与今本《易》之卦名相同，如人、旅、兑、师等。也有部分卦名与今本《易》不同。如“离”简作“丽”“颐”简作“臣”等。解说之辞与今本《易》的象、爻辞都不相同，多采用古史中的占筮之例。其中涉及的古史人物有黄帝、炎帝、穆天子、共王、武王、夸王、界等，还有羿射日、武王伐殷之事。由于这部分竹简残缺较多，还要进一步整理后，才能了解其全貌，就已知的部分内容来看，它是一部过去从未见过的“易占”。（参见：刘德银，江陵王家台 15 号秦墓地，文物，1995 年第 1 期。）王宁认为，江陵王家台 15 号秦墓所出土的《易占》即是《归藏》之《郑母经》等篇所引据的易占类古书（参见：王宁，考古与文物，秦墓《易占》与《归藏》之关系，2000 年第 1 期）。

[9] 蚁封：蚂蚁洞外隆起的小土堆；盘马：驰马盘旋。比喻在很小的天地里施展

才能。

[10] 赵岐（？—201）：字邠卿，京兆长陵县（今陕西咸阳）人。最初名嘉，字台卿，后因避难而改名。汉桓帝时因得罪宦官而被孙嵩救至家中，后被赦出。延熹九年（166），应司徒胡广辟命。后拜并州刺史，又因党锢遭禁十余年。光和七年（184），拜议郎，又被张温请为长史。大将军何进举荐赵岐为敦煌太守，途中遭劫持，辗转返回长安。汉献帝迁都长安时，再拜赵岐为议郎，不久迁任太仆。李傕、郭汜掌权时，命赵岐出使关东。献帝东迁时，赵岐留在荆州，朝廷就地拜赵岐为太常。赵岐善画，唐张彦远《历代名画记》提及他曾自画四贤像于自己的墓中。《十三经注疏》中《孟子注疏》的注本即是赵岐所作。

[11] 原文为“是以神人恶众至，众至则不比，不比则不利也。故无所甚亲，无所甚疏，抱德炀和，以顺天下，此谓真人。于蚁弃知，于鱼得计，于羊弃意。”讲述了庄子所认为的“真人”。

[12] 賁：走于地中。

[13] 玄蚼：大蚂蚁。

[14]《符子》：作者（前秦）符朗，著名的氐族文学家、思想家。深受《老子》《庄子》思想的熏陶，创作出《符子》，集中体现无为、无欲、让王、赞扬隐士、推崇贫寒之士、非议圣人、歌颂贤良等思想。

【译文】

《庄子》中说：“道存在于蝼蚁。”蚁恪守如同君臣般的礼义，所以字形从豈，或是从义。善于搏斗，力量能够举起和自己一样重的铁，一搏斗起来就沉迷不能停止，行进时会排好行列队伍。《化书》中说：“蝼蚁有它们的君主，一个拳头那么狭窄的地方也会和众蚁共处，一粒饭那么小的食物也会和众蚁共同储存，一点微小的罪过也会与众蚁共同讨伐。”《尚书》中说：“君王戴着缁布礼冠，穿着绣有黑白斧形的祭服，臣子戴着缁布礼冠，穿着玄色的衣裳。”“黼裳”，开明的君王以此来判断恩仇，而“蚁裳”则是用来申明君臣之间的义理。《诗经》中说：“（天将雨）白鹳在丘上轻叫唤。”垤，就是蚁的巢穴。将要下雨时蚁将会离开巢穴，将土垒高，鹳鸟见到后会喜悦的高声鸣叫，《方言》中说：“蚁穴称作坻，或者叫作垤。”垤的字形从至，凭借蚁的微小却能建成垤，是因为其努力到了极致的原因。现在蚁捉小虫到巢穴中，就堵上闭塞巢穴，防止小虫逃跑，也用来防止雨水冲刷，就是《易占》中所说的“蚁封住它们的巢穴，说明大雨将要到来。”别名叫“蚁封”，传言道：“蚁建起小土堆，奔马飞驰盘旋（形容在很小的天地施展才能）。”《孟子》中说：“泰山与小土丘相比。”赵岐曾说：“垤，就是蚁垒起的小土包。”现在朔北地方的蚁封，高大的有像坟那么高，所谓“蚁冢”，大概就是因为这。《庄子》中说：“（所谓真人）使蚁放弃求知，使鱼获得计谋，使羊放弃思考。”是说倾慕他人与被人倾慕，都是不能主观做到的。所以圣人的道理在于物我两忘，隐藏起来，不厌倦所有深奥敬畏的道理而已。又说：“烝不算有才的人，但比一般的人有才。”所以说：“得势时会像蚁般缓慢前进，失势时会像鹊鸟般奋起。”蚁行进时弯曲缓慢有序，有迫切需求时也不会加速，所以君子得势时，他的廉洁也应当如此。《夏小正》中说：“大蚂蚁在地里走。”“玄蚼”，就是大蚂蚁。《方言》中说：“蜀地的闲人叫它做玄蚼。”《符子》中说：“鳌背负着山，蚁背负着米粒，它们的逍遥程度是一样的。”这就是《南华》中所写的鹏与鴳的道理，是说虽然大小不同，而各有都有充足的道理，哪里会让胜负影响它们的闲适呢！

蝇

蝇好交其前足，有绞绳之象，故绳之为字，从蝇省。准生于隼，绳生于蝇，其义一也。亦好交其后足，摇翅自扇，故《尔雅》曰：“蝇丑，扇也。”段氏云：“苍蝇声雄壮，青蝇声清聒，其声皆在翼。”又曰：“青蝇粪尤能败物，虽玉，犹不免，所谓‘蝇粪点玉’[1]是也。”盖青蝇善乱色，苍蝇善乱声，故《诗》以《青蝇》刺谗，而《鸡鸣》曰“匪鸡则鸣，苍蝇之声”也。一章曰“苍蝇之声”，言耳闻疑而起也；二章曰“月出之光”，言目见似而起也。青蝇首赤如火，背若负金。苍蝇，又其大者，肌色正苍，今俗谓之“麻蝇”。传曰：“以冰致蝇。”[2]蝇，逐臭者，怀蛆萦利，常喜暖而恶寒，故遇冰辄侧翅远引，所谓“夏虫不可与语冰”[3]者也。《类从》曰：“蝇生于灰。”盖蝇值水溺死，以置灰中，须臾即活，《淮南子》以为“烂灰生蝇”，正此谓也[4]。张敞书曰：“苍蝇之飞不过十步，托于骐骥之发，则致千里。”[5]此言附善之益有如此也。

【注释】

[1] 点：斑点，引伸为污辱、玷污。苍蝇粪玷污了美玉。比喻坏人诬陷好人。

[2] 致：招引。用冰块引苍蝇。比喻事情必难实现。

[3] 出自庄子《秋水》。

[4]《珍本》作“正谓此也”。

[5] 出自张敞《全汉文·卷三十·书》。原文为：“故苍蝇之飞，不过十步，自托其骐骥之发，乃腾千里之路。（艺文类聚九十七）”张敞，《全汉文》载：敞字子高。河东平阳人。居茂陵。昭帝初以乡有秩补郡卒史。察廉为甘泉仓长。元凤中迁太仆丞。宣帝即位。擢豫州刺史。征为太中大夫平尚书事。出为函谷关都尉。徙山阳太守。征拜胶东相。元康中守京兆尹。神爵初即真。甘露末免为庶人。召拜冀州刺史。黄龙初为太原太守。元帝即位。征为左冯翊。未拜卒。有集一卷。

【译文】

蝇喜欢交叉它的前足，有绞绳的样子，所以绳的造字，从蝇的字形。准的字形来自于隼，绳的字形来自于蝇，意思是一样的。蝇也喜欢交叉它的后足，摇着翅膀给自己扇风，所以《尔雅》中说：“蝇的样子丑，翅膀常扇动。”段氏说：“苍蝇的声音雄壮，青蝇的额声音清脆聒噪，它们的声音都是由翅膀发出。”又说：“青蝇的粪便尤其能毁坏事物，即使是玉石，也不能幸免，就是所说的‘蝇的粪便能坏玉’。”大概是因为青蝇常常迷乱欲色，苍蝇常常发出纷乱的声音，所以《诗经》中有《青蝇》篇讽刺谗臣，而《鸡鸣》篇中写“这不是鸡在打鸣，而是苍蝇在嗡嗡叫”。一句写“苍蝇的声音”，是说耳朵听到怀疑是鸡鸣的声音所以起身；二句写“月亮出来的光芒”，是说眼睛看到像是月光的光芒所以起身。青蝇的头部赤红的像火，背上就好像背负着金色。苍蝇是蝇中体型大的，身体的颜色为深苍青色，现在俗称作“麻蝇”。《传》道：“用冰块引苍蝇。”蝇，追逐臭味所在的地方，与蛆共存，围绕着利益生存，常常喜欢温暖的地方而讨厌寒冷的地方，所以蝇遇到冰便会侧过翅膀向远处飞，就是所说的："不可以与夏天的虫子谈论冰块。"《类从》中说："蝇从灰土中出生。"大概是因为蝇放入水中便会溺死，放置在灰土中，过不久便会活过来，《淮南子》中认为"腐烂的灰土中生出蝇"，就是这么说的。张敞写道："苍蝇飞行，不过十步的距离，托付在骐骥身上出发，则会到达千里之远"。这是说依附于优秀者会取得如此良好的收益。

蟏蛸

《释虫》云："蟏蛸[1]，长踦。"萧梢，长踦之貌，因以名云。郭璞曰："今小蜘蛛长股者，俗呼喜子。"亦如蜘蛛布网垂丝，著人衣，当有亲客至。荆州、河内之人谓之"喜母"。《陆子》[2]曰："干鹊噪而行人至，蜘蛛集而百事喜。"盖谓是也。《诗》曰："蟏蛸在户。"[3]

【注释】

[1] 蟏蛸（xiāo shāo）：蜘蛛的一种，脚很长。通称蟢子。

[2] 陆云撰，西晋文学家，与其兄陆机合称"二陆"。

[3] 出自《诗经·唐风·蟋蟀》，这首诗主要写诗人感物伤时，劝诫自己和别人勤勉，或说有劝人及时行乐之意。

【译文】

《释虫》中说："蟏蛸，脚很长。"萧梢，是脚很长的样子，所以如此起名。郭璞说："现在的小蜘蛛有长腿的，俗称叫作喜子。"就好像蜘蛛，当有亲人客人到来的时候吐网结丝，像穿上人的衣服。荆州、河内的人们称它作"喜母"。《陆子》中说："鹊鸟鸣叫说明行人到来，蜘蛛聚集说明百事顺遂。"就是如此。《诗经》中说："蟏蛸出现在家里。"

蠋

大虫[1]如指，似蚕，一名厄。《诗》曰："鞗革金厄。"[2]"金"取其坚，

“厄”取其完也。又曰：“蜎蜎者蠋，烝在桑野。”[3]言蠋以丝自裹，又久在桑野，虽独而已，然其自营也，完矣，故《诗》以此托况，《序》曰：“一章言其完也。”《韩非子》曰：“蟺似蛇，蚕似蠋。”人见蛇则惊骇，见蠋则毛起，然妇人拾蚕而渔者握蟺，故利之所在，皆为贲育。《庄子》曰：“奔蜂不能化藿蠋。”[4]以言材之有大小。故孟公绰为赵、魏老则优，不可以为滕、薛大夫。[5]《管子》曰：“夫龙欲小，则化为蚕蠋。”此言龙化为蠋而已。然《抱朴子》[6]以为有蛇蠋化成之龙，意者天下有自然之龙，有蛇蠋化成之龙乎？故曰：“或生而知之，或学而知之，及其成功，一也。”

【注释】

[1] 大虫：《五雅本》作“蠋虫”。

[2] 出自《诗·大雅·韩奕》，是一位诗人歌颂韩侯的诗。

[3] 出自《诗经·豳风·东山》，诉说的是韬光养晦的问题。这是一首自叹自怨的山歌，描写的是周文王的事迹，或许是周文王自己所作，或许是他的后人伪托而作。

[4] 奔蜂：指小蜂，也叫土蜂。藿蠋：指生长在豆类植物上的毛虫。

[5] 公绰：鲁大夫。赵魏，晋卿之家。老，家臣之长。大家势重，而无诸侯之事；家老望尊，而无官守之责。优，有余也。滕薛，二国名。大夫，任国政者。滕薛国小政繁，大夫位高责重。然则公绰盖廉静寡欲，而短于才者也。

[6] 见“蟾蜍”条注［10］。

【译文】

大的蠋虫有手指那么大，样子像蚕，别名叫作厄。《诗经》中说：“鞗头挽具闪金光。”“金”是取它的坚硬，“厄”是取它死去保留的完好。又说：“野蚕蜷蜷树上爬，田野桑林是它的家。”是说蠋用丝把自己包裹起来，虽然是独居，但是会自己经营，直到死去，所以《诗经》用此来介绍这种情况。《序》中说：“一章的话说完了。”《韩非子》中说：“蟺的样子像蛇，蚕的样子像蠋。”正常人见到蛇会受到惊吓，见到蠋则会汗毛炸起。然而妇人却敢拾蚕，打渔为生的渔夫却敢手握蠋，所以说人见到利益所在，都会变成勇士。《庄子》中说："土蜂不能打败植物上的毛虫。"是说才能有大小。所以孟公绰在赵、魏做家臣之长是出色的，却不能做滕、薛地的大夫。《管子》中说："龙想要变小，便会变成蚕蠋。"这是说龙变成蠋便会停止。然而《抱朴子》中认为有蛇和蠋变成的龙，意思是天下有自然长成的龙，有蛇和蠋变成的龙吗？所以说："或者生下来就知道，或者通过学习才知道，最终达到的成功，却是一样的。"

蜂

蜂有两衙，应潮，其主之所在，众蜂为之旋绕如卫，诛罚征令绝严，有君臣之义，《化书》[1]曰："蜂有君礼也。"其毒在尾，垂颖如锋，故谓之"蜂"，传曰："蜂虿垂芒"。此之谓也。《诗》曰："莫予荓蜂，自求辛螫。"[2]荓，使也；荓蜂，使人为辛螫之譬也。言蜂善辛螫，藏精育毒，虽小，不可不慎。采取百芳酿蜜，其房如脾，今谓之"蜜脾"。其王之所居，叠积如台，语曰"蜂台蚁楼"，言蜂居如台，蚁居如楼也。一名蜡蜂，蜡生于蜜，而天下之味莫甘于蜜，莫淡于蜡，盖厚于此者必薄于彼，理之固然也。《西方之书》曰："味如嚼蜡。"旧说蜂之化蜜，必取匽猪之水，注之蜡房，而后蜜成，故谓之"蜡"者，蜜之跖也。《方言》曰："其大而蜜，谓之壶蜂。"即今黑蜂，盖亦酿蜜，《楚辞》所谓"赤蚁若象，玄蜂若壶"者也。黄蜂亦其一种，尢蜜，纤长，其窠仰缀于屋，衔漆以固其蒂。阴阳在尾，喜合，末端有岐者牝，锐者牡也。《尔雅》曰："蜂丑螸螸，垂腴也。"[3]一名"万"，其字象形，盖蜂类众多，动以万计，故借为万亿之"万"。旧说数人以千，数物以万，《庄子》所谓"号物之数谓之万"也。《抱朴子》曰："鸡有专栖之雄，雉有擅泽之骄，蚁有兼弱之智，蜂有攻寡之计。"援理观之，人之强弱相制，众寡相役，何以异此？是故齐与魏閧而庄周以为战于蜗角也。束皙《发蒙记》[4]曰："蝇生积灰，蜂出蜘蛛。"《自然论》[5]曰："蜂无王而尽死。"

【注释】

[1] 见"龟"条注［23］。

[2] 出自《诗经·周颂·小毖》，是一首周成王自我规诫、自我戒勉的诗。荓(píng) 蜂：小草和细蜂，牵引扶助的意思。螫（shì）：赦的假借字，勤劳。

[3] 螸（yú）：腹部膏腴下垂。

[4] 西晋时期束皙著，民间志怪集。

[5] 蜂群中要有蜂王，但它并不领导蜂群，在蜂群中的作用就是繁衍后代，蜂群中大部分的蜜蜂都是它的后代。

【译文】

蜂居住的地方有两间，洞穴有起有落，是蜂群之主居住的地方。众蜂围绕着洞穴像保卫一样，蜂之间杀戮惩罚征伐的命令十分严格，有君臣之间关系的意思，《化书》中说："蜂群之间有像君臣之间的礼节"。它的毒液存在尾巴上，垂下的尾刺像针锋一样，所以叫作"蜂"，传言道："蜂的尾刺如同下垂的针芒。"说的就是这样。《诗经》中说："不再轻忽细蜂，受毒被螫才知是自寻烦恼。"荓，就是使的意思；荓蜂，被人用作有毒的螫的比喻。是说蜂擅长用毒针螫人，身体里藏育着精华毒液，虽然身体小，却也不能不慎重。蜂采取百种花来酿蜜，它体内的房像人体内的脾，现在称坐"蜜脾"。蜂王居住的地方，会堆积起一个高台，叫作"蜂台蚁楼"，是说蜂居住的地方像高台，蚁居住的地方像楼房一样。别名叫作蜡蜂，蜡从蜜中产出，而天下所有的味道没有比蜜更甜的，没有比蜡更淡的，大概是擅长一方面的必定会缺乏另一方面的能力，道理本应就是这样。《西方之书》中于说："味道像嚼蜡一样。"旧时有说蜂生产蜂蜜，必定会取污水注入蜡房，而后蜜才会形成，所以称作"蜡"的原因，是因为它是未成的蜜。《方言》中说："蜂中体型大产蜜多的，叫作壶蜂。"就是现在俗称的黑蜂，也会酿蜜，《楚辞》中说："红色的蚂蚁大的像巨象，黑色的蜂大的像葫芦。"黄蜂也是蜂的一种，不产蜜，体型纤长，它的巢会安置于屋子的顶角，衔着漆来固定巢。它的交配处在尾巴，喜欢交配，尾巴末端有分歧的是雌性，尾巴末端尖锐的是雄性。《尔雅》中说："蜂的腹部排泄处膏腴下垂，是垂下的蜜膏。"别名叫作"万"，是因为此字形状像蜂，大概是蜂的种类众多，行动时以万来计数，所以借用万亿的"万"来描述。旧时有说数人的数量用千计数，数物的数量用万计数，即是《庄子》所说的“动物的数量用万来计数”。《抱朴子》中说：“鸡有在专门栖息地称雄的，雉有在水泽居住骄傲的，蚁有吞并弱者的智慧，蜂有进攻单独猎物的计策。”按道理推而观之，人的强弱互相制约，数量众和寡是相制衡的，为什么会有这种差异呢？所以齐国与魏国斗争而庄周认为它们像在蜗牛壳中作战。束皙在《发蒙记》中说：“蝇从积蓄的灰土中出生，蜂从蜘蛛洞穴中出现。”《自然论》中说：“蜂群失去蜂王后会全部死去。”

螽

螽斯[1]，虫之不妬忌，一母百子者也，故《诗》以为子孙众多之况。《鹊巢》[2]言夫人德如鳲鸠，能均养七子而已，是诗乃称后妃之子孙众多如此者。盖太姒则百斯男，文王之所以圣也。文王之所以圣者，天道也。《召南》则人道而已，何足以与此？华封人曰：“祝圣人多男子。”尧曰：“辞。多男子则多惧。”华封人曰：“始也，我以汝为圣人邪，今然君子也。”[3]螽斯一名“春黍”，亦或谓之“春箕”，《草木疏》[4]云：“蝗类，青色、长角、长股，股鸣者也。”或曰似蝗而小，股黑有文，五月中以两股相切作声，闻数步者是也。《诗》曰：“五月斯螽动股。”[5]言螽斯股成而奋迅之也。《尔雅》曰：“螽丑奋。”盖于是时股成而奋迅之，则方春尚弱也。故《列子》以为臣[6]力折春螽之股，堪秋蝉之翼。蔡邕《月令》曰：“其类乳于土中，深埋其卵，江东谓之蚱蜢，善害田稚。”《公羊》曰：“蝝。何以书？记灾也；蜮，何以书？记异也。”字盖从冬。冬，终也，至冬而终，故谓之“螽”。鲁十月而有螽，孔子曰：“火伏而后蛰者毕。”[7]今火犹[8]西流再失，闰也。

【注释】

[1] 螽（zhōng）斯：虫名，蝗类，即蚱蜢、蚂蚱。

[2]《鹊巢》一诗，古人说是赞美“夫人之德”，嫁与国君迎娶的盛事，以鸠居鹊巢比喻女居男室。近代学者认为《鹊巢》讽刺诸侯新娶，废弃原配。鹊巢鸠占就源于此。

[3] 出自《庄子·天地》，华：古地名。封：疆界。后有成语“华封三祝”，是

华州人对上古贤者唐尧的三个美好祝愿。

[4]《草木疏》：西晋·陆机所作，是一部解释植物的著作。

[5] 出自《诗经·豳风·七月》。

[6]《五雅本》作“吾”。

[7] 出自《孔子家语》，汉族儒家类著作。原书二十七卷，今本为十卷，共四十四篇。是一部记录孔子及孔门弟子思想言行的著作。今传本《孔子家语》共十卷四十四篇，魏王肃注，书后附有王肃序和《后序》。

[8]《五雅本》作“维”。

【译文】

螽斯，是昆虫中性格不妒忌的一种虫，一只雌性能繁殖百只后代，所以《诗经》中用来描述子孙众多的盛况。《鹊巢》篇中说夫人德行如同尸鸠一般，也只能养育七个孩子而已，此诗是为了称赞后妃的子孙众多。文王的妃子太姒能生育百名后代，是文王之所以成为圣君的原因。文王之所以成为圣君，是上天的命令。《召南》篇中说人的道行有限，哪里足以达到这个地步呢？华封人说：“希望圣明的人有多个男性后代。”尧说：“算了，多男性后代就会多担心忧惧。”华封人说：“君王，我把您当作圣人，现在看您也是君子。”螽斯别名叫作“春黍”，或者叫作“春箕”，《草木疏》中说：“（螽斯）属于蝗虫类，身体青色，有长触角，长长的腿，双腿能够发出鸣声。”有的人说螽斯样子像蝗虫而体型小，双腿黑色而有花纹。五月时会用双腿相互摩擦发出声音，能够使几步之内都听得见。《诗经》中说：“五月时螽斯活动双腿。”是说螽斯双腿长成而快速移动。《尔雅》中说：“螽斯模样丑而行动努力。”大概是这时双腿长成而快速移动，而春天的时候力量还比较弱小。所以《列子》中认为文臣的力量能折断春天螽斯的腿，堪比秋天的蝉翼一样薄弱。蔡邕在《月令》中说：“螽斯这类昆虫在土中繁殖，深深埋下虫卵，江东一带的人称其为蚱蜢，经常祸害秧苗。”《公羊》中说：“（螺）如何记载？记叙灾祸的到来；蜮，记载什么意思？记叙异事的到来。”字形大概从冬。冬，就是终，螽斯到了冬天生命便会结束，所以叫作“螽”。鲁地十月份才会出现螽，孔子说：“螽斯在大火隐没时会潜伏起来。”现在的大火如同西流再失，便是闰了。

螣 蛇

螣蛇，龙类也。雄鸣于上风、雌鸣于下风而风化，能兴云雾而游其中。《慎子》[1]曰："螣蛇游雾，飞龙乘云。云罢雾除，与蚯蚓同，失其所乘故也。"螣蛇能腾，虫之自胜者也。《荀子》曰："螣蛇无足而飞，梧鼠五技[2]而穷。"言梧鼠之技虽多，不如螣蛇结于一也。《鬼谷子》[3]曰："分威法伏熊，实意法螣蛇。""实意"，言致一也。螣蛇一名"神蛇"，亦曰"灵蛇"。《墨子》曰："灵龟近灼，神蛇近暴。"[4]传曰："灵蛇弃鳞，神龙解角。"以言至人达士超世拔俗，委蜕万物之上。《抱朴子》曰："兔不牝牡，螣蛇不交，不可谓贞。"今孔雀以影相接而孕，又雌见雄舞而有子，皆物性自然也。《阴阳自然变化论》曰："螣蛇听而有孕，白鹭视而有胎。"

【注释】

[1]《慎子》：战国时期法家代表慎到等人所著，书中表现出来的思想具有明显的道家和法家的特点。现存《慎子》只有七篇，即《威德》《因循》《民杂》《德立》《君人》《知忠》《君臣》，本书的佚失情况相当严重，大多已经失传。

[2] 原作"枝"，据《荀子》原文校改。

[3]《鬼谷子》：战国著名道家，纵横家鼻祖"鬼谷子"王诩的著作。《鬼谷子》，又名《捭阖策》。据传是由鬼谷先生后学者根据先生言论整理而成。该书侧重于权谋策略及言谈辩论技巧。《鬼谷子》共有十四篇，其中第十三、十四篇（转丸、胠乱）失传。（一说二十一篇，一说十七篇）

[4] 原文为："是以甘井近竭，招木近伐，灵龟近灼，神蛇近暴。"灼：烧，古人用火烧龟甲，依其裂纹占卜。暴：同"曝"，曝晒。

【译文】

螣蛇属于龙类。雄性在上风鸣叫，雌性在下风鸣叫，由风化成，能引起云雾而在其中游走。《慎子》中说："螣蛇在雨雾中游走，飞龙能乘云雾而行。云雾消散后，它们会变得像蚯蚓一样，是因为失去了它们的凭借。”螣蛇能腾云驾雾，是虫类中有能力的。《荀子》中说：“螣蛇没有脚却会飞，鼫鼠有五肢却不能行太远。”是说鼫鼠的肢体虽多，却不如螣蛇总结于一身。《鬼谷子》中说：“分威要效法行将偷袭的熊，实意要效法腾飞的螣蛇。”“实意”，是说达到成功。螣蛇别名“神蛇”，也叫作“灵蛇”。《墨子》中说：“灵龟会招来火烧占卜，神蛇会招来日光曝晒。”传言道：“灵蛇会放弃它的鳞片，神龙会褪下它的犄角。”这是说圣人名士超越世俗，超脱自然所生的躯壳之上。《抱朴子》中说：“兔不交配，螣蛇不交配，不能算是贞洁的。”现在的孔雀因为影子相接而怀孕，雌性见到雄性起舞而产子，都是生物天性自然。《阴阳自然变化论》中说：“螣蛇倾听而怀孕，白鹭被看而怀胎。”

蛇

鱼属连行，蛇属纡行，《诗》曰：“委蛇”，盖取诸此。《左传》曰：“‘退食自公，委蛇委蛇’[1]，谓从者也。衡而委蛇，必折。”故《序》以言正直。《洪范》[2]三德，一曰“正直”，中德也，其行委蛇，是以其德在刚柔之中。大史曰：“大直若屈，道固委蛇。有是哉！”[3]此之谓也。旧说蛇盘常向壬地。壬，北方也。《周官》曰：“龟蛇为旐[4]。”先儒以为龟蛇象其捍难避害。龟，甲者也；而蛇击前则尾应，击后则首应，自腰击之则首尾俱应，有兵之象，故龟蛇合体，谓之“玄武”。《易》曰：“一阴一阳之谓道。”而玄、朔者，道之所在，阴阳之理具焉。故物有玄龟纆蛇，脏有左肾右命，方有朔有北，器有准有绳。其为卦也，名之曰“习坎”[5]。习，犹重也。旧说牛以鼻听，蛇以眼听，语曰：“蛇聋虎䶂[6]。”其以此乎？《庄子》曰：“蛇怜风，风怜目，目怜心。”[7]其言盖展转轻妙。《述异记》[8]曰：“凡珠有龙珠，龙所吐也；蛇珠，蛇所吐也。”语曰：“蛇珠千枚，不如一玫瑰。”[9]言蛇珠贱也。《变化·序》曰：“鹄之为猿，蛇之为鳖。”一曰：“麋鹿易蹄，蛇类易皮，鳖类易壳。”《稽圣赋》曰：“蛇晓方药，鸩善禁呪。”[10]盖鸩能禁呪大石使起，取蛇食之。其禁石时举翅行前，却如道士禹步，则石起也。按：十二子辰为龙，巳为蛇。巳，六阳具，不为龙而为蛇者，龙至此而亢故也，宜为蛇而已。故曰："亢之为言也，知进而不知退，知存而不知亡，知得而不知丧。"[11]

【注释】

[1] 出自《诗经 · 召南 · 羔羊》："退食自公，委蛇委蛇。"退食自公意为减膳以示节俭，指操守廉洁。委蛇指雍容自得的样子。

[2]《洪范》是《尚书》中的一篇，是商代贵族政权总结出来的统治经验。"洪"的意思是"大"，"范"的意思是"法"。"洪范"即统治大法。旧传为箕子向周武王陈述的"天地之大法"，提出了帝王治理国家必须遵守的九种根本大法，即"洪范九畴"。主张天子建立"皇极"，实行赏罚，使臣民顺服。又提出"正直""刚克""柔克"三种治民方法。今人或认为系战国后期儒者所作，或认为作于春秋。

[3] 出自《史记 · 叔孙通列传》，司马迁称赞叔孙通："大直若诎，道固委蛇，盖谓是也。"意思是说，最正直的人外表反似委曲随和，事理本来就是曲折向前的。

[4] 旐（zhào）：古代的一种旗子，上面画着龟蛇。

[5]《易 · 坎》：《彖》曰：习坎，重险也。高亨注：本卦乃二坎相重，是为"习坎"。习，重也；坎，险也。故曰："习坎，重险也。"后因称险阻为习坎。

[6] 齆（wèng）：因鼻孔堵塞而发音不清。

[7] 出自《庄子 · 秋水》"夔怜蚿，蚿怜蛇，蛇怜风，风怜目，目怜心。"怜指羡慕喜欢。独脚的夔（kuí）羡慕多脚的蚿，多脚的蚿羡慕无脚的蛇，无脚的蛇羡慕无形的风，无形的风羡慕明察外物的眼睛，明察外物的眼睛羡慕内在的心灵。

[8]《述异记》由南朝祖冲之所著，主要记载了鬼异的事情。

[9]"玫瑰"也是一种珍珠的名称。

[10]《稽圣赋》：颜之推作。颜之推，中国古代文学家，教育家，生活年代在南北朝至隋朝期间。著有《颜氏家训》，在家庭教育发展史上有重要的影响。《稽圣赋》是具有一定名物考释和博物志性质的学术著作。禁呪：亦作"禁祝"。亦作"禁咒"。相传以真气、符咒等治病邪、克异物、禳灾害的一种法术。亦谓施行禁咒之术。

[11] 出自《易经》，原文为"亢之为言也，知进而不知退，知存而不知亡，知得而不知丧。其唯圣人乎？知进退存亡而不失其正者，其唯圣人乎！"

【译文】

鱼相连成行前进，蛇则曲折而行，《诗经》中说："委蛇"，大概就是从这里取得。《左传》中说："'减膳以示节俭，雍容自得'。是说从容的样子。蛮衡而委蛇的，必定会受挫折。"所以《序》中用它来表示正直。《洪范》中的三种品德，一是"正直"，是中等的品德，行事雍容自得，所以他的德行寄在刚柔之中。司马迁说："最正直的人外表反似委曲随和，事理本来就是曲折向前的，是这样的！"就是如此。旧时说蛇的盘绕常常指向壬的方向。壬，就是北方。《周官》中说："在旗上画龟与蛇的花纹。"过去的儒生认为龟蛇象征着抵御灾难避开祸害。龟，就是甲；而蛇身前被攻击时尾巴会呼应反击，后边被攻击时蛇头会呼应反击，腰部被攻击时头尾会共同呼应反击，有用兵的道理，所以龟蛇合并为一体，成为"玄武"。《周易》中说："阴与阳合称为道。"而玄和朔，是道理存在的地方，阴阳的道理都具备。所以动物里有玄龟和纁蛇，五脏里有左肾和右命，方向有朔方有北方，器物有标准有准绳。用卦象来表示，称作"习坎"。习，就是重的意思。旧时说牛用鼻倾听，蛇用眼倾听，常言道："蛇是聋的而虎因鼻孔堵塞而发音不清。"大概就是因为这吧。《庄子》中说："无脚的蛇羡慕无形的风，无形的风羡慕明察外物的眼睛，明察外物的眼睛羡慕内在的心灵。"这句话说出了辗转羡慕的轻快美妙。《述异记》中说："所有的珠中有龙珠，是龙所吐出的；蛇珠，是蛇所吐出的。"常言道："几千枚蛇珠，也比不上一颗玫瑰珍珠。"是说蛇珠的不值钱。《变化·序》中说："鹄能变成猿，蛇能变成鳖。"有人说："麋鹿会更褪蹄子，蛇类会更褪外皮，鳖类会更褪甲壳。"《稽圣赋》中说："蛇通晓药学，鸩善于禁咒。"大概是鸩能施禁咒使大石头抬起，抓去蛇作为食物。它施行禁咒抬起石头时会扇动翅膀前进，如同道士的禹步一样，大石头便会抬起。按：十二支中辰位为龙，巳位为蛇。巳，六阳汇聚，之所以不是龙而是蛇的原因，是因为龙到这个方位会变得高傲的原因，只适合蛇的存在。所以说："亢用语言来解释，就是只知前进而不知后退，只知生存却忽略死亡，只知索取而不知丢弃。"

虺

虺[1]，状似蛇而小，《铭》曰："为虺弗摧，为蛇奈何？"[2]以此故也。《正月》[3]之诗曰："哀今之人，胡为虺蜴？"虺，一名"蝮"，博三寸，首大如擘。旧说蝮蛇怒时毒在头尾，螫手则断手，螫足则断足，蛇之尤毒烈者也。一曰蝮与虺异，虺如土色，所在有之；蝮蛇鼻反，其上有针，锦文，众蛇之中，此独胎产[4]，生辄坼副母腹，亦有与地同色者。段氏[5]云："凡禽兽必藏形匿影，同于物类，是以蛇色逐地，茅兔必赤，鹰色随木。"《字说》曰："蛇螫人也，而亦逃人也，是为有它。蝮，触之则复，其害人也，人亦复焉。"旧云鸩食此类，鸟似鹰而紫，黑喙，长七八寸，作铜色，食蛇，蛇入口即烂，屎溺着石，石亦为之烂。其转巨石作法，亦如鹳鸟禹步，然羽翮有毒，以栎酒，饮之杀人，惟犀角可以解，故有鸩处必有犀也。

【注释】

[1] 虺（huǐ）：古书上说的一种毒蛇。

[2]《铭》一般指武王铭，但武王铭无此内容，后世引用此多称其为先秦谚语。此句意为：当它是小蜥蜴时不予消灭，等他长成巨大的鳄鱼时就无可奈何了。

[3] 即《诗经·小雅·节南山之什》中的"正月"篇，文中所引句大意为：令我悲哀今世人，为何像蛇毒牙尖！

[4] 准确地讲，蝮蛇是卵胎生。卵胎生，又称伪胎生，是指动物的卵在体内受精、体内发育的一种生殖形式。

[5] 指唐代段成式，文中所引句出自其《酉阳杂俎》，该书为唐代小说集，有前卷20卷，续集10卷。

【译文】

虺，模样像蛇但体型小，《铭》中记载："当它是小蜥蜴时不予消灭，等他长成巨大的鳄鱼时就无可奈何了。"就是这个意思。《诗经》中的《正月》诗中写："令我悲哀今世人，为何像蛇毒牙尖！"虺，别名叫作"蝮"，身长三寸，脑袋大如人的拇指。旧时有说蝮蛇愤怒时毒液聚集在头部和尾部，被螫到手就必须要砍断手，被螫到脚就必须要砍断手，是蛇中毒性格外猛烈的。一种说法是蝮和虺是两种不同的蛇，虺的身体呈土色，皮肤上有之状花纹；蝮蛇的鼻子反向长，鼻上有针，斑斓花纹，是所有的蛇类中唯一胎生繁殖的，生下时便会撕开母亲的腹部，也有与土地相同颜色的。段成式说道："凡是动物都会藏匿身形，与同类居住在一起，所以蛇的颜色与地面相近，生长在草丛中的兔颜色为赤色，鹰的毛色像树木的颜色。"《字说》中说："蛇会螫人，也会躲避人，所以有它。蝮，触碰它后会反复进攻，是祸害人的动物，人也是会反复进攻的生物。"就说发到鸩会吃这类蛇，鸩是一种像鹰而毛色呈紫色的鸟，有黑色的嘴，长七八寸，呈古铜色，以蛇为食，蛇一旦进入它的嘴便会被咬烂，它的排泄物落在石头上，石头也会被腐蚀。它会移动巨石作咒术，就好像鹳鸟迈着道士的禹步，它的羽毛也有毒，用羽毛来泡酒，饮下便会死去，只有犀角可以解鸩羽的毒，所以有鸩生活的地方必定会有犀的出没。

蚺　蛇[1]

大蛇，可食，尾圆无鳞，身有斑文，如故暗锦缬。难死似鼍，行地常俯其首。胆随日转，上旬近头，中旬在心，下旬近尾。南人云：俗取其胆以充药材，即以线合其疮纵之，后遇捕者，辄自见金疮以明无胆，亦其知也。《南越志》[2]曰："蚺蛇牙有长五六寸者，土人重之，云辟邪，利远行也。"一云蚺蛇之胆取而还生。又云巴蛇吞象，蚺蛇吞鹿。

【注释】

[1] 亦作"蚦（rán）蛇"。一类体型巨大的蛇。

[2] 南朝宋沈怀远撰，共八卷。原本已佚。今据《说郛》辑本。

【译文】

蚺蛇是一种体型巨大的蛇，可以食用，尾巴为圆形，体表没有鳞片，身上有斑状花纹，行进时常常低伏着脑袋。蛇胆会随着时间在体内移动，上旬时靠近脑袋，中旬时处于心脏，下旬时则靠近尾巴。南方人说：平常取蚺蛇的胆充当药材，用线缝好取胆时留下的伤口就会放走它，之后捕捉蚺蛇的人，看到蛇身上的刀口便会明白它已经被取走胆了，便能知道。《南越志》中说："蚺蛇的牙有长到五六寸的，土著人很看重它，说这样可以辟邪，是有利于远行的象征。"一种说法是蚺蛇的胆被取走后还会再长出，又说巴蛇能够吞下大象，蚺蛇能够吞下鹿。

蝍 蛆

《尔雅》曰："蒺藜，蝍蛆[1]。"《广雅》曰："蝍蛆，蜈蚣，性能制蛇，卒见大蛇，便缘而啖其脑。"《庄子》曰"蝍蛆甘带"[2]是也。今俗谓之"百足"。《鲁连子》[3]曰："百足之虫，三断不蹶，则其所持者众也。"故曰诸侯有争臣五人，虽无道，不失其国。一名"蚿"。《方言》曰："马蚿，北燕谓之蛆蟝，其大者谓之马陆。"《庄子》曰："夔怜蚿，蚿怜蛇。"言夔以少而羡多，蚿以有而羡无。此非造极之言，盖蛇无足亦足，夔一足亦足，蚿百足亦足，岂容歆羡于其间哉！一名"商距"。《庄子》曰："使蚉负山，商距驰河。"[4]《三教珠英》[5]曰："蜈蚣见蛇，能以气禁之。"盖土胜水，故蝍蛆搏蛇。旧说蟾蜍食蝍蛆，蝍蛆食蛇，蛇食蟾蜍，三物相值，莫敢先动。是亦骑虎之义，不得下也。

【注释】

[1] 蒺藜：音 jí lí。蝍蛆（jí jū）：即蜈蚣。

[2] 蜈蚣爱吃蛇眼，此谓美恶没有定准。

[3] 鲁连子即鲁仲连，《汉书 · 艺文志》著录《鲁仲连子》十四篇，《隋书 · 经籍志》《新唐书 · 经籍志》《旧唐书 · 经籍志》亦有著录。今原书已亡佚。

[4] 蚉：通"蚊"。此句大意：以蚊虫的力量能背山，让商距徒步下海开凿河道。比喻做事难以胜任。

[5] 唐代圣历二年（699），武后诏学士四十七人修《三教珠英》。全书

一千三百卷，目录十三卷，开成初（836）改名《海内珠英》，宋时仅存三卷，今已全佚，《唐书·艺文志》入类书类。

【译文】

《尔雅》中说："蒺藜，就是蝍蛆。"《广雅》中说："蝍蛆，就是蜈蚣，天生能制约蛇类，看到比它大的蛇，便会爬过去吃掉它的脑袋。"就是《庄子》中说的"蜈蚣爱吃蛇眼"。现在俗称叫作"百足"。《鲁连子》中说："百足这种虫子，多次断掉脚也不会停止前进，是因为它有许多脚。"所以说诸侯有五名能直言谏君的臣子，虽然不是正确的方式治国，却也没有丧失国家。别名叫作"蛟"。《方言》中说："马蛟，北方燕地的人称作蛆蝶，体型较大的称为马陆。"《庄子》中说："夔羡慕蛟，蛟羡慕蛇。"是说夔因为腿脚数量少而羡慕数量多的蛟，蛟则因为有太多的的腿脚而羡慕没有腿脚的蛇。这不是达到极高境界的话，蛇没有脚也能行进，夔一只脚也能行进，蛟百只脚也能行进，在它们之间哪里有什么值得羡慕的呢！它还有一个别名叫作"商距"。《庄子》中说："让蚊背负大山，让商距去开凿河道。"《三教珠英》中说："蜈蚣见到蛇，能用气势压得蛇不敢动。"大概是因为五行中土克制水，所以蝍蛆能战胜蛇。旧时有说蟾蜍以蝍蛆为食，蝍蛆以蛇为食，蛇以蟾蜍为食，三种生物相生相克，没有敢先发动攻击的。这就是骑虎难下的意思。

萤

夜飞，腹下有火，故字从荧省。荧，小火也。《月令·季夏》曰："腐草为萤。"[1]不言化者，不复为腐草也。后世屠者餍于藜藿[2]，而市扇者常苦暍，传曰"萤戴火而寒"，有是哉！秋阴数雨，萤火夜飞之时。一名"挟火"，一名"据火"，一名"熠耀"。《诗》[3]曰："熠耀宵行。"今西北多萤，大者如枣，行而有光，正曰"宵行"，以此故也。《毛诗传》曰："熠耀，磷也；磷，萤火也。"先儒以为老槐生火，久血为磷，磷非萤火，误矣。盖磷者，火之微名，故此两者通谓之"磷"。《尔雅》曰："萤火，即照磷也。"《古今注》亦以为“萤食蚊蚋，一名夜光，一名宵烛，一名磷”，然则磷亦萤火明矣。《崇有论》[4]曰：“鸟无胃[5]而生，萤无胃而育。”一说萤非熠耀，熠耀，行虫尔，今卑湿处有虫如蚕，蠋尾，后载火行而有光，俗谓之“熠耀”。

【注释】

[1] 出自《礼记 · 月令》，崔豹《古今注》：“萤火，腐草为之。”为民间俗说，腐草变成萤火虫缺乏科学依据。其实萤火虫是产卵在水边的草根，多半潜伏土中，次年草蛹化为成虫，这就是萤火虫。因萤火虫在夏季多就水草产卵，幼虫入土化蛹，次年春变成虫。故古人误以为萤火虫是由腐草本身变化而成。

[2] 餍（yàn）：本意是指吃饱。藜藿（lí huò）：藜和藿分别是二种野菜的名字，藜藿用在一起一般是指粗劣的饭菜。

[3] 即《诗经 · 国风 · 豳风》中的“东山”篇，文中所引句大意为“磷火闪闪夜间流”。

[4] 西晋著名哲学家裴頠撰，《崇有论》全文共一千三百六十八个字。

[5] 按现在的动物学研究，鸟类有胃，分为腺胃和肌胃。腺胃比较小，可以分泌胃蛋白酶，主要消化在肌胃中进行。肌胃可以机械性研磨食物并进行酶和酸的水解。

【译文】

萤在夜晚飞行，腹部下方有像火一样的光点，所以字形从荧。荧，就是小火苗的意思。《月令 · 季夏》中说：“腐烂的草会变成萤火虫。”不说变化，也不再是腐烂的草了。后世的屠夫靠吃粗劣饭菜吃饱，而市集上卖扇的人常常会苦苦吆喝叫卖，传言道“萤身上有火苗，身体却是寒性”，这是对的！秋天阴雨时是萤火虫夜晚飞行的好时候。它有别名叫作“挟火”“据火”还有别名“熠耀”。《诗经》中说：“萤火虫在晚上飞行。”现在的西北地区多萤火虫，体型大的像枣子，飞行时有光芒闪耀，叫作“宵行”，就是这个原因。《毛诗传》中说：“熠耀，就是磷；磷，就是萤火。”过去的儒生认为老槐树会生出火苗，树的汁液很久才会产生磷，而磷却不是萤火，所以说错了。磷，就是微小火苗的名字，所以这两者统称为“磷”。《尔雅》中说：

“萤火，就是照明用的磷。”《古今注》中也认为“萤以蚊蚋为食，别名叫作夜光，或者叫宵烛，或者叫磷”，然而很明显磷就是萤火。《崇有论》中说：“鸟生来就没有胃，萤长成也没有胃。”一种说法是萤不是熠耀，熠耀，是另一种飞虫，现在污秽潮湿的地方有种虫模样像蚕，尾巴像蠋，身体后部像载着火苗飞行而有光芒，俗称叫作“熠耀。”

蟋蟀

阴阳率万物以出入，至于悉蟹。帅之为悉，蟋蟹，能帅阴阳之悉者也。似蝗而小，善跳，正黑，有光泽如漆，一名“蛬”，一名“促织”。语曰：“促织鸣，懒妇惊。”啬奢而苟，唐俭以勤，故《诗》一以蜉蝣、一以蟋蟀刺之。《诗》[1]曰：“蟋蟀在堂，岁聿其莫。”蟋蟀在堂，九月之时也。九月建戌，于文禾千为年，步戌为岁，盖年取禾之一熟，而岁骑两稔，故步戌至戌谓之“岁”也。一章曰：“职思其居”，言于行思其居也；二章曰：“职思其外”，言于内思其外也；三章曰：“职思其忧”，言于乐思其忧也。《诗·序》所谓“忧深思远、有尧之遗风者”，此也。《诗》[2]曰：“十月蟋蟀入我床下。”言蟋蟀，微物也，犹知随时，可以人而不如乎？故曰：“物有微而志信，人有贱而言忠也。”传曰：“蟋蟀之虫，随阴迎阳。”一名“吟蛬”，秋初生，得寒乃鸣。《诗义问》[3]曰：“蟋蟀食蝇而化。”

【注释】

[1] 即《诗经·国风·唐风》中的“蟋蟀”篇，文中所引句大意为“天寒蟋蟀进堂屋，一年匆匆临岁暮。”

[2] 即《诗经·国风·豳风》中的“七月”篇，文中所引句大意为“到十月蟋蟀就跑到床下”。

[3]《诗义问》：此书暂无考证。

【译文】

阴阳统率万物的出入，达到全部整体。统率全部，蟋蟀，就是能统率全部阴阳变化的虫子。模样像蝗而体型小，善于跳跃，颜色深黑，有像黑漆般的光泽，别名叫作“蛬（qióng）”，另有一个别名叫作“促织”。俗语道：“促织鸣叫时，懒惰的妇人会惊醒。”沉迷奢华便会懒惰，崇尚节俭便会勤劳，所以《诗经》中分别用蜉蝣和蟋蟀讽刺这两种现象。《诗经》中说：“蟋蟀出现在堂屋，一年将要结束。”蟋蟀出现在堂屋，时间在九月。九月处于建戌，写作禾千为年，步戌为岁，大概是一年庄稼熟以此，一岁跨过两稔，所以步戌到戌称作一岁。第一章中说：“本职要承担”，是说行事时要承担本职责任；第二章说：“其他要兼顾”，是说内心要思考兼顾外物；第三章说：“多思考忧患”，是说处在安乐境地时也要多思考忧患。《诗经 · 序》中所说的“忧患思考深远、有圣君尧遗留下的风范。”说的就是这样。《诗经》中说：“十月时蟋蟀跑到我的床下。”说蟋蟀是微小的事物，也知道顺应时节行事，难道人还不如蟋蟀吗？所以说：“动物里有渺小却志向忠信的，人有处于贫贱却坚守忠义的。”传言道：“蟋蟀这种虫子，随着阴处迎向阳处。”别名叫作“吟蛬”，秋天时出生，感到寒冷便会鸣叫。《诗义问》中说：“蟋蟀食用蝇后便会死去。”

蛣蜣

蛣蜣[1]，一名“蜣蜋”，《尔雅》所谓“蛣蜣，蜣蜋”是也。《冲波传》[2]曰：“蛣蜣尢鼻而闻香，黑甲，翅在甲下，五六月之间经营穇场之下，车走粪丸，一前挽之，一后推之，若仆人转车，久之辄羽化，如尸解仙去也。”《庄子》曰：“蛣蜣之知在于转丸[3]。”夫以蜘蛛、蛣蜣之知，而犹能布网转丸，则万物付之自然，各有能矣。此列、庄之徒所以欲攦工倕之指也。《淮南子》曰：“周鼎着倕，使衔其指，以明大巧之不可为。”正为是尔。《抱朴子》曰：“玄蝉洁饥，不羡蜣蜋穇饱。”故回之箪瓢，有以轻猗顿之富也。《古今注》[4]曰：“一名弄丸。”

【注释】

[1] 蛣蜣（jié qiāng）：即蜣螂。昆虫。全体黑色，背有坚甲，胸部和脚有黑褐色

的长毛，会飞，吃粪屎和动物的尸体，常把粪滚成球形，产卵其中。俗称屎壳郎、坌屎虫。

[2] 不见史志和书目著录，历代引用不录撰人。多记孔子及其弟子的怪异故事。

[3] 转丸：灵活，婉转。

[4]《古今注》三卷，晋·崔豹撰。今有《四部丛刊三编》影印的芝秀堂本和《顾氏文房小说》影印本。

【译文】

蛣蜣，别名叫作“蜣蜋”。《尔雅》中所说的“蛣蜣，就是蜣蜋”。《冲波传》中说：“蛣蜣没有鼻子却能闻到香气，身上有黑色的甲壳，翅膀藏在甲壳下边，五六月时会在污秽的场所‘经营’，像推车一样滚动粪球，一只在前面扶着，一只在后边推着，就好像两个仆人推车，久而久之便会羽化死去，就好像尸体被分解而死去。”《庄子》中说：“蛣蜣的智慧在于灵活婉转。”所以凭借蜘蛛、蛣蜣的智慧，仍然能布置蛛网滚动粪球，是因为万物各有自然运行规律，各有各的才能。这是列子、庄子等人之所以想要折断手艺最好的工匠的手指的原因。《淮南子》中说：“周朝命令巧匠建鼎，折断它的手指，来说明过于精巧的事物没有办法完成。”正是这样。《抱朴子》中说：“玄蝉保持整洁却饿肚子，也不羡慕蜣蜋食污秽的东西来填饱肚子。”所以颜回的箪食瓢饮，也足以轻视大商人猗顿的富有。《古今注》中说：“蛣蜣，别名也叫作弄丸。”

阜　螽[1]

今谓之“蚱蜢[2]”。亦跳亦飞[3]，飞不能远，青色。《尔雅》曰：“蛗螽，蠜；草虫，负蠜。”盖草虫鸣，阜螽跃而从之，故“阜螽”曰“蠜”，“草虫”谓之“负蠜”也。《诗》[4]曰：“喓喓草虫，趯趯阜螽。”言大夫妻求而往，疾于听从如此。《杕杜》之诗亦云者，盖言：“赫赫南仲，薄伐西戎。”[5]故从役之大夫，婚姻得以及时，如《召南》之世也。夫岂特大夫而已，盖其下者归亦以时，得及婚姻、祭祀、耕蚕之事，故曰“春日迟迟，卉木萋萋。仓庚喈喈，采蘩祁祁。赫赫南仲，玁狁于夷”[6]也。一曰蚯蚓即负螽也，亦以离应，草虫鸣于上风、负螽鸣于下风而风化。《博物志》云：“蜾蠃亦取阜螽子，呪而成已子。”

【注释】

[1] 阜螽（fù zhōng）：蝗的幼虫，同蚱蜢。

[2] 蛗螽：音 bō zōng。

[3] “亦”原作“示”，据《珍本》《五雅木》改。

[4] 即《诗经 · 国风 · 召南》中的“草虫”篇，文中所引句大意为“草虫喓喓在鸣叫，蚱蜢四处在蹦跳。”

[5] 见《诗经 · 小雅 · 鹿鸣之什》中的“出车”篇，文中所引大意为“。威风凛凛南仲，将那西戎打跑。”

[6] 见《诗经 · 小雅 · 鹿鸣之什》中的“出车”篇，文中所引大意为“春日缓行天宇，花木丰茂葱郁。黄鹂唧唧歌唱，女子采蒿群聚。押着俘虏审讯，高高兴兴回去。威风凛凛南仲，玁狁全被驱除。”原诗为：春日迟迟，卉木萋萋。仓庚喈喈，采蘩祁祁。执讯获丑，薄言还归。赫赫南仲，玁狁于夷。

【译文】

阜螽现在叫作蛗螽。会跳也会飞，飞行不能飞很远，身体呈青色。《尔雅》中说：“阜螽，叫作蠜；草虫，叫作负蠜。”大概是草虫常鸣叫，阜螽会跳跃跟从，所以“阜螽”也叫“蠜”，“草虫”叫作“负蠜”。《诗经》中说：“草虫喓喓在鸣叫，蚱蜢四处在蹦跳。”是说大夫的妻子思念丈夫，只能去梦中相见。《杕杜》诗中也写过，说：“威风凛凛的南仲，将那西戎给打跑。”所以服役的男子，婚姻能得到及时操办，就好像《召南》中所写的时代。然而岂只有大官员而已，地位更低的服役人也能按时归家，得以顾及婚姻、祭祀和耕种采桑的家事，所以说“日缓行天宇，花木丰茂葱郁。黄鹂唧唧歌唱，女子采蒿群聚。押着俘虏审讯，高高兴兴回去。威风凛凛南仲，玁狁全被驱除。”一种说法是蚯蚓就是负螽，也以鸣叫作为回应，草虫在上风鸣叫、负螽在下风鸣叫而不经交配生子。《博物志》中说："蜾蠃会取得阜螽的后代，咒而使其变成自己的后代。"

蟦 蛴

《尔雅》曰："蟦蛴[1]，螬；蝤蛴，蝎。"盖蟦蛴一名螬，蝤蛴一名蝎。《本草》亦曰"一名蟦蛴"。旧说蝤蛴生于木中，内外洁白，《符子》[2]所谓"石生金，木生蝎"是也。蟦蛴在粪草中，外黄内黑，亦或谓之"蛴螬"，《列子》所谓"乌足之根为蛴螬"是也。蛴螬大者如足大指，以背行，乃駚于脚，《造化权舆》[3]云："蛇豸腹窜，蛴螬背行。"今俗谓之"蟦螬"。《方言》曰："蟦螬谓之蟦，自关而东谓之蝤螬。"旧云蛴螬化为复育，复育转而为蝉。盖蝉之去复育、龟之解甲、蛇之脱皮，可谓尸解矣。《三教珠英》曰："蒿成蛴螬。"

【注释】

[1] 蟦蛴（bēn qí）：金龟子的幼虫。

[2]《符子》是一部东晋时代的道家著作，著者是北方前秦苻坚家族中的苻朗，然而在他投降晋朝以后才写成书。此书从北宋以后，就亡佚了。

[3] 见"螨"条注［10］。

【译文】

《尔雅》中说："蟦蛴，是螬；蝤蛴，是蝎。"大概是蟦蛴的别名叫作螬，蝤蛴的别名叫作蝎。《本草》中也写到"别名叫作蟦蛴。"旧时有说蝤蛴生于木中，身体内外都是洁白的，就是《符子》中所说的"石中生金，金中生蝎。"蟦蛴生活在粪草中，身体外黄而内黑，也可以叫作"蛴螬"，《列子》中所说的"乌足的根部生出蛴螬"就是这样。蛴螬体型大的就像人脚的大拇指，用背前行，用脚快速前进，《造化权舆》中说："蛇与豸用腹部逃窜，蛴螬用背部前行。"现在俗话称其为"蟦螬"。《方言》中说："蟦螬叫作蟦，关东称其为蝤螬。"旧时有说蝤螬能变成蝉的幼虫，蝉的幼虫变成蝉。大概是蝉从幼虫长大、龟解下甲壳、蛇褪去皮，都可叫作弃肉体而仙去。《三教珠英》中说："蒿中长成蛴螬。"

蛾

茧生蛾，蛾生卵，《博物志》曰："食桑者有绪而蛾。"蛾类者先孕而后交，盖蛹者蚕之所化，蛾者蛹之所化，《荀子》曰："蛹以为母，蛾以为父"是也。蛹一名"魄"，蛾一名"罗"，孙炎《尔雅正义》[1]以为魄即是雄，蛹即是雌，罗即是雄，蛾即是雌。蛾似黄蝶而小，其眉句曲如画，故《诗》以譬庄姜，《硕人》[2]曰："螓首蛾眉。"今一种善拂灯火夜飞，谓之"飞蛾"，一名"慕光"。《符子》曰："不安其昧而乐其明，是犹文蛾去暗赴灯而死，亦其类也。"与䗪而为牝牡。䗪[3]，一名"过街"，言逢申日则过街，殆与鹠忌庚申、燕避戊己无异[4]。周人设官覆夭鸟之巢，以方书十日之号、十有二辰之号、十有二月之号、十有二岁之号、二十有八星之号悬其巢上，则去之。言夭鸟见此五者而去，良有以也。《变化论》[5]曰："蝙蝠夜值，庚申乃伏。"

【注释】

[1] 三国时孙炎有《尔雅音义》，最早使用反切。文中《尔雅正义》疑为《尔雅音义》之误。该书今已亡佚。

[2] 出自《诗经·国风·卫风》中的"硕人"篇，文中所引句大意为"前额方正眉细弯"。

[3] 䗪：音 zhè。

[4] 申日：中国天干地支纪日法中的其中一天，每十二天出现一次，如今天是申日，十二天后又是申日。庚申、戊巳：干支纪年以十天干和十二地支按照顺序组合起来的一种纪年。

[5]《变化论》即东晋干宝的《五气变化论》，出自《搜神记》。《搜神记》原本已散，今本系后人缀辑增益而成，20 卷，共有大小故事 454 个。

【译文】

茧中生出蛾，蛾而又产卵，《博物志》中说："以桑为食的昆虫有须的叫蛾。"蛾类昆虫先怀孕而后交配，大概是因为蛹是蚕所化成，蛾是蛹所化成，《荀子》中说："蛹是母亲，蛾是父亲。"蛹别名叫"螝"，蛾别名叫"罗"，孙炎在《尔雅正义》中认为螝就是雄性，蛹就是雌性。蛾的样子像黄蝶而体型小，它的眉弯曲如同勾画，所以《诗经》中用来形容庄姜的美丽，《硕人》中说："额头如蠓般广而宽，眉毛如蛾般秀美。"现在一种善于绕着灯火夜晚飞行的，叫作"飞蛾"，也叫作"慕光"。《符子》中说："不安于蒙昧而追求开明，就好像有花纹的蛾从暗处飞向灯火而死，也是一个意思。"蛾与蠯互为雌雄。蠯，别名"过街"，是说这种昆虫每到申日便会飞过街道，大概与鷵避开庚申日出现、燕避开戊己日出现没有区别。周人曾设置毁坏妖鸟巢穴的官员，用特殊方法写十日之号、十有二辰之号、十有二月之号、十有二岁之号、二十有八星之号在它的巢上，它见到便会离去。这是说妖鸟见到这五种标志便会离去，是有道理的。《变化论》中说："蝙蝠夜间出没，庚申日会潜伏起来。"

蠁

《尔雅》曰："国貉虫，蠁[1]。"郭璞云："今呼蛹虫为蠁。"《广雅》曰："土蛹，蠁虫也。"蠁，盖虫之知声者也，字从响省。或曰蠁善令人不迷，故从向也。《类从》云"带蠁醒迷，绕祠解惑"是也。《说文》亦云，司马说蠁从向。旧说蝇于蚕身乳子，既茧，化而成蛆，俗呼"蠁子"，入土为蝇。《韩诗外传》[2]曰："齿如编蠁。"非此所谓"蠁虫"也。

【注释】

[1] 蠁（xiǎng）：即土蛹，一些昆虫的蛹，比蚕蛹大，埋在土里。即称知声虫。

[2]《韩诗外传》：汉代韩婴撰，共十卷。是一部由360条轶事、道德说教、伦理规范以及实际忠告等不同内容的杂编。一般每条都以一句恰当的《诗经》引文作结论，以支持政事或论辩中的观点。

【译文】

《尔雅》中说："国貉虫，就是蠁。"郭璞说："现在成蛹虫叫作蠁。"《广雅》中说："土蛹，就是蠁虫。"蠁，是昆虫中能识别声音的，字形从响。有的说蠁会令人不会迷失方向，所以字形从向。《类从》中说："带着蠁会从迷失中清醒，绕着祠堂能够解惑。"《说文解字》中也这么说，司马迁说蠁的字形从向。旧时有说蝇会在蚕身上产子，结茧之后，便会变成蛆，俗称"蠁子"，生于土壤便成为蝇。《韩诗外传》中说："牙齿像编蠁一样整齐。"不是我们这里所说的"蠁虫"。

蝶

蛱蝶粉翅有须，一名"胡蝶"。《列子》曰："乌足之根为蛴螬，其叶为胡蝶。"胡蝶，胥也，尝见园蔬其叶有为蝶者，三分二已蝶矣，其一尚叶也。干宝云："稻成蛬，麦成蛱蝶。"岂虚语哉？《续古今注》[1]曰："龟鳖之类无雄，蜂蝶之类无雌。"一说蜂蝶丑皆以须嗅，须盖其鼻也。杜甫诗曰"花蘂[2]上蜂须"以此。今络纬、螠蠰之类亦以其须当鼻尔。

【注释】

[1] 晋 · 崔豹有《古今注》，《续古今注》不知何书。

[2] 蘂：同"蕊"。

【译文】

蛱蝶的粉翅上有触须，别名叫作"胡蝶"。《列子》中说："乌足的根部生出蛴螬，叶部则生出胡蝶。"胡蝶，就是胥，曾经见到园子中的蔬菜叶中有蝴蝶，三分之二是蝶而只有三分之一是蔬菜叶。干宝说："稻中生出蛬，麦中生出蛱蝶。"难道是假话吗？《续古今注》中说："龟鳖这类生物没有雄性，蜂蝶这类生物没有雌性。"一种说法是蜂蝶嗅觉全靠触须，触须代替了鼻子。杜甫的诗中写"花蕊上有蜂的触须"就是因为这。现在的络纬、螠蠰之类的昆虫都用触须代替了鼻子的功能。

莎　鸡

小虫，黑身赤首，一名“莎鸡[1]”，一名“樗鸡”，一名“天鸡”。《尔雅》曰：“翰[2]，天鸡。”盖其鸣以时，故有鸡之号。《诗》曰：“六月莎鸡振羽[3]。”言于是时莎鸡羽成而振迅之也。《尔雅》曰：“螽[4]丑，奋。”《草木疏》[5]云：“如蝗，斑色，毛翅数重，其翅正赤。六月中飞而振羽，索索作声，幽州人谓之蒲错。”《古今注》[6]曰：“莎鸡一名络纬，谓其鸣如纺纬也；促织一名投机，谓其声如急织也。”俗云络纬雄鸣于上风、雌鸣于下风而风化[7]。

【注释】

[1] 莎鸡：虫名。又名络纬。俗称纺织娘、络丝娘。

[2] 翰：音 hàn。

[3] 出自《诗经·七月》。

[4] 螽（zhōng）：虫名，蝗类的总名。

[5]《草木疏》：西晋陆机所作，是一部解释植物的著作。

[6]《古今注》：晋崔豹撰。此书是一部对古代和当时各类事物进行解说诠释的著作。

[7] 指某些虫鸟不经直接交配而生育。

【译文】

莎鸡是一种小虫，黑色的身体赤色的头部，一个名字是“莎鸡”，别名叫“樗鸡”，也可叫作“天鸡”。《尔雅》中说：“翰，就是天鸡。”大概是因为它因时而鸣叫，所以名字中有鸡。《诗经》中说：“六月时莎鸡会震动翅膀。”是说这时莎鸡的翅膀长成而振动飞起。《尔雅》中说：“螽模样丑陋而善于奋飞。”《草木疏》中说：“（莎鸡）模样像蝗，身上有斑点，体表绒毛与翅膀都有好几层，翅膀是标准的赤色。六月时会震动翅膀起飞，发出索索的声音，幽州的人们称其为蒲错。”《古今注》中说：“莎鸡别名络纬，是说它的鸣叫声像纺织的声音一样；促织的别名叫作投机，是说它的鸣叫声很像快速纺织的声音。”俗话说络纬雄性的在上风鸣叫，雌性的在下风鸣叫而不经直接交配生子。

埤雅·卷十一

释虫：蚕、蜘蛛、蚇蠖、螳蜋、蜉蝣、蝤蛴、蠓、螟、蝗、寒蜩、蟪蛄、蜮、蛜蝛、蚯蚓、果蠃、蝼蛄、蜻蜓、蚊、鼠、易

蚕

蚕，阳物[1]也，恶水，食而不饮，《淮南子》曰："蚕食而不饮，蝉饮而不食，蜉蝣不食不饮。"再蚕谓之"原蚕"，一名"魏蚕"，今以晚叶养之，先王之法禁焉。《淮南子》曰："原蚕再登，非不利也，然王者之法禁之，为其残桑也。"郑云："蚕为龙精，月直大火则浴其种，是蚕与马同气。物莫能两大，禁原蚕者，为害马欤？"然则原蚕有禁，非特欲以护桑，又以害马故也。[2]今蚕负马迹，亦其验欤？里俗谓之"夏蚕"，亦曰"热蚕"，亦曰"晚蚕"。自世衰道微，先王之禁不行，而民间一岁至有三蚕者矣，是以桑弱而马耗也。《蚕书》曰："饲蚕勿用雨露湿叶。"盖蚕性恶湿，故《礼》云："桑于公桑，风戾[3]以食之"也。今俗饲蚕以叶，洒之欲其匀厚，故古者王亲耕，三推而止；王后亲蚕，三洒而止。旧云蚕之所吐为忽[4]，十忽为丝，五丝为繻，十丝为升，二十丝为緎，四十丝为纪，八十丝为总。《诗》曰："素丝五緎。"又曰"五总"。其丝之数盖如此。《太玄》[5]曰："红蚕缘于枯桑，其茧不黄。"盖蚕足于叶，三俯三起，二十七日而蚕已老则红，故谓之"红蚕"。红蚕以茧自衣，亦或谓之"室"，《易林》[6]曰"饥蚕作室"是也。《尔雅·释虫》曰："蟓，桑茧；雔由，樗茧、棘茧、栾茧；蚢，萧茧。"

【注释】

[1] 阳物：即属于阳性的事物。

[2] 国家禁止民间饲养夏秋蚕，是因为多养蚕要影响到桑树的生长发育，从而对明年春叶不利。据近年台湾学者邹景衡的说法，古代桑叶是马的精饲料，如夏秋期桑叶被蚕吃去，将影响大量马的冬饲料供应。所以说“蚕害马”。

[3] 风戾：风吹干。孔颖达《五经正义》疏：“戾，乾也。凌早采桑必带露而湿，蚕性恶湿，故乾而食之。”

[4] 忽：计量单位名称。下文的丝、防、升、緎、纪、总都指计量单位。

[5]《太玄》即《太玄经》，哲学著作，汉 · 扬雄撰，也称《扬子太玄经》，简称《太玄》《玄经》。

[6]《焦氏易林》又名《易林》，十六卷，西汉焦延寿撰。

【译文】

蚕，是属于阳性的动物，讨厌水，只进食而不饮水，《淮南子》中说：“蚕只进食而不饮水，蝉只饮水而不进食，蜉蝣不进食也不饮水。”另外蚕叫作“原蚕”，也叫“魏蚕”，现在用老树叶来喂养它，是先代君王留下的法令。《淮南子》中说：“原蚕再次喂养，不是不合适，然而君王的法令禁止，所以只能喂给它残余的桑叶。”郑玄说：“蚕是龙的精华，正值大火之月蚕种便会浴火，所以蚕与马属于相同气息。事物不能两头兼顾，禁止喂养原蚕，是因为它吃掉桑叶会影响马吗？”然而喂养原蚕下了禁令，并不是特别要保护桑叶，而是因为它影响喂马的原因。现在蚕的行动像马移动的痕迹，难道不是应验吗？俗话叫它为“夏蚕”，也叫“热蚕”，也叫“晚蚕”。自从世道衰微以来，先代君王的禁令不再推新，而民间一年甚至喂养三轮桑蚕，所以桑树叶大量消耗而马也受到损耗。《蚕书》中说：“饲养蚕不要用被雨露打湿的桑叶。”大概是蚕生性讨厌潮湿，所以《礼》中说：“凌晨采到的带露水的桑叶，必须要风干后才能用来喂养蚕”。现在民间用桑叶饲养蚕，扬洒是为了它们生长均匀，所以古代君王亲自耕种，三次推犁后停止；王后亲自饲蚕，三次抛洒桑叶后停止。旧时有说蚕吐出的丝叫作忽，十忽为一丝，五丝为一緉，十丝为一升，二十丝为一緎，四十丝为一纪，八十丝为一总。《诗经》中说："白色丝带做纽扣。"又说"五总"，大概是所用的丝的数量是这些。《太玄》中说："红蚕在枯萎的桑树上爬过，它的茧不是黄色。"大概是蚕足在树叶上三次俯下又三次起身，二十七天后蚕会老去而变成红色，所以叫作"红蚕"。红蚕用茧当作外衣，或者叫作"室"，《易林》中说："饥饿的蚕会结成室"。《尔雅·释虫》中说："蟓，结桑茧；雠由，结樗茧、棘茧、栾茧；蚢，结萧茧。"

蜘　蛛

《论衡》曰："蜘蛛结丝以网飞虫，人之用计安能过之？"亦扫其网置衣领中，令人知巧辟忘[1]。世云蜘蛛布网如罾，其丝右绕[2]，令磨旋蔓生，皆循右而转，亦自然之理也。《易》曰："作结绳而为网罟，以佃以渔，盖取诸离。[3]""重门击柝，以待暴客，盖取诸豫。"说者又以谓："放蜘蛛而结网，法螺蚌而闭户，则古之知者创物，其兼取愽矣。盖昔者圣人之作《易》也。既曰"仰观于天，俯察于地"，而又观鸟兽之文与地之宜，则所谓取才于物，虽非所以先者，然亦岂可少哉！《字说》曰："设一面之网，物触而后诛之，知诛义者也。"

【注释】

[1] 先民看到蜘蛛能织出形状规则的丝网，认为其智力过人，希望从蜘蛛身上学到这种本领，以应付复杂的人生。故古代常有以蜘蛛乞巧的习俗，《乾淳岁时记》记南宋临安："以小蜘蛛贮盒内，以候结网之疏密，为得巧之多久。"

[2] 古人认为蜘蛛织丝从外向内右绕。赵以德《金匮方论衍义》谓："蜘蛛布网取物，其丝右绕，从外而内，大风不坏，得千金旋转之义……"

[3] 盖取诸离：重离的卦象与网的形象很相似，所以这里说"盖取诸离"。

【译文】

《论衡》中说："蜘蛛会结丝网来捕捉飞虫，人用计谋能够度过吗？"先民取蛛网放在衣领中，希望从蜘蛛身上学到本领，以应付复杂的人生。古人认为蜘蛛结的网像渔网，织丝从外向内右绕，让盘旋的藤蔓生长都顺着右侧旋转生长，也是自然的道理。《周易》中说："结绳子而做渔网，来耕种打渔，重离的卦象与网的形象很相似。""建了重重门户，夜晚进行巡更，来等待将上门的恶客，重豫的卦象与网的形象很相似。"有人又说："学习蜘蛛结网，效法螺蚌居壳内而关闭门户，那么古人识别动物而创造事物，是兼取各方而博大的。"过去圣人创作《周易》。既说："仰观天象，俯测地理"，而又观察鸟兽的纹理与地理适宜，那么所说的从事物中获取灵感，虽然不是首创，难道就能否认吗！《字说》中说："设置一面捕网，动物触碰而后诛杀它，才知道诛灭义理。"

蚇　蠖

蚇蠖[1]，屈伸虫也，一名"蝍蛾"，又呼"步屈"，《方言》曰"蝍蛾谓之蚇蠖。"赋曰："龙伸蠖屈。""蠖屈"，盖将以求伸也。《易》曰："尺蠖之屈，以求信也。"言以屈道致伸。《汉志》曰："尺者，蒦也。"蠖之义盖取诸尺，蚓之义盖取诸引。引者，伸也。蒦于尺，伸于引。今人布指求尺，一缩一伸，如蠖之步，谓之"尺蠖"，岂放是乎？《亢桑子》[2]曰："夫俗随国政之方圆，犹蚇蠖之于叶也，食黄则身黄，食苍则身苍。"蚇蠖似蚕食叶，老亦吐丝作室。旧说蚇蠖之茧化而为蝶，此犹蛹之变蛾尔。赋曰："蟭螟飞而生风，蚇蠖动而成响。"言屋之空旷深静，易以生风荅响如此，《诗》曰："哙哙其正，哕哕其冥"[3]是也。

【注释】

[1] 蚇蠖（chǐ huò）：同"尺蠖"，尺蠖蛾的幼虫，虫体细长，生长在树上颜色像树皮色，行动时身体一屈一伸地前进，是害虫，有的种类危害树木。北方称步曲，南方称造桥虫。

[2]《洞灵真经》即《庚桑子》，或称《亢仓子》《亢桑子》。唐玄宗于天宝元年（742）诏封庚桑子为洞灵真人，尊《庚桑子》一书为《洞灵真经》。道教奉为"四子"真经之一。关于庚桑子其人，《庄子 · 庚桑楚》称庚桑子，为老聃之弟子，"偏

得老聃之道”。

[3] 意为正殿大厅宽又亮，殿后幽室也光明。哙哙（kuài kuài）：宽敞明亮貌。哙，通“快”。哕哕（huì huì）：有节奏的铃声。

【译文】

蚇蠖，是一种能弯曲伸张的虫子，别名“蝍（虫就）”，又叫作“步屈”，《方言》中说：“蝍（虫就）称作蚇蠖”，说道：“像龙一样伸展而像蠖一样弯曲。”“蠖屈”，就是这样来求得伸张。《周易》中说：“尺蠖的弯曲，是为了求得信义。”是说暂时委屈以求伸张。《汉志》中说：“尺，就是蒦。”蠖的字义大概取自尺字，蚓的字义大概取自引字。引，就是伸。蒦便是尺，伸便是引。现在的人用手指测量尺寸，一缩一伸，就好像蠖的步伐，称作“尺蠖”，难道不是这个原因吗？《亢桑子》中说：“俗习锁着国家政治的好坏变动，就好像尺蠖颜色随着树叶颜色变化，吃黄色的树叶身体会变黄，吃苍色的树叶身体会变成苍色。蚇蠖像蚕吃树叶一样，衰老后也会吐丝结室。旧时有说蚇蠖的茧会变成蝴蝶，就好像蛹变成蛾一样。有赋写道：“蟭螟飞过产生风，蚇蠖行动而发出响声。”是说屋子的空旷寂静，容易产生风和发出响声，《诗经》中说：“正殿大厅宽又亮，殿后幽室也光明。”

螳　蜋

螳蜋，有斧虫也，兖人谓之“拒斧”，其臂如斧，奋之当辙不避，《庄子》所谓：“犹螳蜋之怒臂以当车辙”者也。一名“不过”，以此。《尔雅》曰：“不过，蟷蠰，其子，蜱蛸。”捕蝉而食，执木叶以自蔽，蝉将去而未飞，为之一前一却，《庄子》曰：“螳蜋执翳而搏之，见得而忘其形。”盖谓是也。世云螳蜋所执之翳可以蔽形。《类从》曰：“螳蜋之气，含之生火；蚯蚓之尘，背洒起雾。”未知其审？《月令》曰：“螳蜋生。”[1]盖是月升阴始起，杀虫应而生焉，孙炎《尔雅正义》[2]云“螳蜋深秋乳子，至夏之初乃生”是也。亦生百子，如螽斯云。

【注释】

[1]《礼记·月令》有"小暑至，螳蜋生。"之语。

[2] 三国时孙炎有《尔雅音义》，最早使用反切。文中《尔雅正义》疑为《尔雅音义》之误。该书今已亡佚。

【译文】

螳蜋，是一种有斧一样手臂的昆虫，兖地的人称其为"拒斧"，它的手臂像斧，奋勇时遇到车轮碾过也不躲避，《庄子》中所说的："就好像愤怒的螳螂，用手臂来阻挡车轮碾过"。别名叫作"不过"，就是因为这。《尔雅》中说："不过，就是螗蠰，它的后代叫作蜱蛸。"螳蜋捕杀蝉作为食物，抓着树叶来隐蔽自身，蝉将要离去而还没有起飞，便形成一前一后的局势，《庄子》中说："螳蜋抓着隐蔽物来与猎物搏斗，一旦有所获得便会得意忘形。"就是这样。世人都说螳蜋所持的遮蔽物可以隐匿身形。《类从》中说："螳蜋的气息，含住而能生出火焰；蚯蚓的尘息，从背面洒水便能起雾。"不知道依据是什么？《月令》中说："螳蜋出生。"大概是月亮升起时是阴气扩散的开始，喜好杀戮的昆虫应此而产生，孙炎在《尔雅正义》中说："螳蜋在深秋季节开始繁育后代，到了夏初才会产子。"螳蜋能够繁殖百只后代，就好像螽斯一样。

蜉　蝣[1]

虫似天牛而小，有甲，角长三四寸[2]，黄黑色，甲下有翅能飞，烧而啖之，美于蝉也。翕然生覆水上，寻死随流，梁宋之间曰"渠略"。丛生郁栖中，朝生暮殒，有浮游之义，故曰"蜉蝣"也。《诗》曰："蜉蝣掘阅，麻衣如雪。"[3]"如雪"以刺其奢，而"掘阅"言掘土使解阅也。《管子》曰："掘阅得玉。"盖言羔裘如膏，则其好洁可知矣；"麻衣如雪"则其好奢可知矣。子曰："麻冕，礼也；今也纯，俭。"《夏小正》云："蜉蝣有殷。""殷"，众也，蜉蝣殷之时也；言"有"，有见也。

【注释】

[1] 蜉蝣：亦作“蜉蝤”，幼虫生活在水中，成虫褐绿色，有四翅，生存期极短。

[2] 宋元时期，一般长度单位和现代的长度单位换算关系如下：1 丈 =10 尺，1 尺 =10 寸，1 寸 =10 分（1 尺 =30.7 厘米）。据此，1 分约等于 0.3 厘米。

[3] 蜉蝣始生时穿穴而出，像穿着礼服洁白如雪。郑玄笺：“掘阅，掘地解阅，谓其始生时也。”

【译文】

蜉蝣的样子像天牛而体型小，有甲壳，触角长约三四寸，身体呈黄黑色，甲壳下有翅膀，能飞行，将它烧一烧食用，味道比蝉还要好。它安定地生活在水上，死去便会随着水流飘荡，梁宋之间的人们称它作“渠略”。它成群生活在粪壤中，有浮游的意思，所以叫作“蜉蝣”。《诗经》中说：“蜉蝣始生时穿穴而出，像穿着礼服洁白如雪。”“如雪”用来讽刺官员的奢华，而“掘阅”是说掘开土壤来穿出巢穴。《管子》中说：“掘开蜉蝣的巢穴后能得到玉。”是说美好的羔皮裘有膏一样的色泽，那么它的优质洁白就可以知道了；“麻衣如雪”就可以知道它的豪华奢靡程度。孔子说：“麻布冠冕，是礼节；现在也是淳朴的、节俭的。”《夏小正》中说：“蜉蝣有很多。”“殷”，就是众多的意思，蜉蝣众多的时候；说“有”，是可以见到的意思。

蝤　蛴[1]

《尔雅》曰：“蝎，蛣蝠。”又曰：“蝤蛴，蝎。”盖蝎一名“蝤蛴”一名“蛣蝠”。佶屈，曲貌，以形举也。《方言》曰：“关东谓之蝤蛴，梁益之间谓之蝎。”《诗》曰：“领如蝤蛴”，盖蝤蛴之体有丰洁且白者，故《诗》以况庄姜之领[2]，《七辩》[3]曰：“蝤蛴之领，阿那宜顾”是也。《化书》[4]曰：“燥湿相育，不母而生蝤蛴。”此即木中蠹虫，亦曰“桑蠹”故古者“谮从中起”谓之“蝎谮”。曹植《籍田论》[5]曰：“昔三苗、共工、讙兜[6]，非尧之蝎欤？齐之诸田、晋之六卿、鲁之三桓，非诸侯之蝎欤？”

【注释】

[1] 蝤蛴：天牛的幼虫。天牛科。黄白色，身长足短，呈圆筒形。蛀食树木枝干，是森林、桑树和果树的主要害虫。

[2] 蝤蛴色白身长，多比喻美女之颈。下文中“蝤蛴之领，阿那宜顾”亦为此意。

[3]《七辩》：东汉张衡著，是其晚年作品。

[4]《化书》道家著作，唐末五代谭峭撰。共六卷，分道、术、德、仁、食、俭六化，110 篇。

[5]《籍田论》：曹植作品，亦作《籍田说》，用种地作比喻，主张除去权臣。

[6] 讙兜（huān dōu）：人名。

【译文】

《尔雅》中说：“蝎，就是蛣蝠。”又写道：“蝤蛴，就是蝎。”大概是蝎的别名一个叫“蝤蛴”，一个叫“蛣蝠”。佶屈，是弯曲的样子，是按照形状而提出。《方言》中说：“关东之地的人称它为蝤蛴，梁益两地之间的人称它为蝎。”《诗经》中说：“美女的脖颈像蝤蛴一样洁白”，大概是蝤蛴的身体有丰满洁白的，所以《诗经》中用它来比喻庄姜的脖颈，《七辩》中说：“蝤蛴一般雪白丰满的脖颈，柔美的令人忍不住回顾。”《化书》中说：“在干燥潮湿的地方都可繁育，不需要雌性便能繁殖蝤蛴。”这就是木中的害虫，也叫“桑蠹”，所以古人说“谮言从其中兴起”叫作“蝎谮”。曹植在《籍田论》中说：“当初三苗、共工、讙兜，难道不是尧麾下的害蝎吗？齐国的田氏、晋国的六卿、鲁国的三桓，难道不是诸侯中的害蝎吗？”

蠓[1]

小虫，似蜹，乱飞者也，一名“醯鸡”。《列子》曰：“醯鸡生乎酒[2]。”又曰：“食醯颐辂，生乎食醯黄轵。”“食醯颐辂”，即“蠓”是也。孔子曰：“人之于道也，其犹醯鸡与？微夫子之发吾覆也，吾不知天地之大全。”制字从蒙，音谓之“懵”，以此。《尔雅》曰：“蠓，蠛蠓。”孙炎注云：“蠛蠓，此虫微细群飞。"郭璞亦曰："蠓飞硙则天风，舂则天雨。"此言蠛蠓将风则旋飞如硙[3]，一上一下如舂，则雨矣。然其《图赞》[4]又曰："风舂雨硙"二说不同也。

【注释】

[1] 蠓：昆虫的一科，比蚊子小，褐色或黑色。雌蠓吸人畜的血。能传染疾病。

[2] 即蠓，古人以为是酒醋上的白霉变成，故讲"生乎酒"。

[3] 硙（wèi）：石磨。

[4] 即《尔雅图赞》晋·郭璞撰，《隋志》注"梁有《尔雅图赞》二卷，郭璞撰，亡。"《旧唐书·艺文志》复有著录，宋以后不见著录。

【译文】

蠓，是一种像蜹的小虫，经常乱飞，别名叫"酰鸡"。《列子》中说："酰鸡由酒醋上的白霉变成。"又说："食酰颐辂，从食酰黄轨中产生。""食酰颐辂"，就是"蠓"。孔子说："人的处世之道，不就像酰鸡一样吗？夫子揭除我的屏障，否则我不会知道天地间的所有事物。"蠓的造字从蒙，音读作"懵"，就是因为这。《尔雅》中说："蠓，就是蠛蠓。"孙炎的注写道："蠛蠓，这种昆虫体型微小而成群飞行。"郭璞也说："蠓飞过石磨则天会像刮起大风一样，飞过米舂则天会像下起大雨一样。"这是说蠛蠓带动风，旋转飞舞像石磨磨谷壳一样，一上一下就好像舂谷壳一样，便如同下雨。然而《图赞》中又写道："像风一样捣谷壳，像雨一样磨掉谷壳。"两种说法是不同的。

螟[1]

食心曰"螟"，食叶曰"蟘"，食节曰"贼"，食根曰"蟊"，《尔雅》所谓"食苗心，螟；食叶，蟘；食节，贼；食根，蟊"。许慎《说文》以为吏冥冥犯法即生螟，乞贷则生蟘，抵冒取民财则生蟊。然则灵芝、朱草、秠秬之钟其美与螟蟘之钟其恶虽不同，其系王者之政，一也。《淮南子》曰："枉法令，即多虫螟。”其以此乎？蟦则蝗也，蝗字从皇，今其首腹皆有王字，未烛厥理也。或曰：“蝗即鱼卵所化。”《列子》曰：“鱼卵之为虫”，盖谓是也。俗云春鱼遗子如粟，埋于泥中，明年水及故岸，则皆化而为鱼；如遇旱干水缩，不及故岸，则其子久阁为日所暴，乃生飞蝗[2]，故《诗》曰：“众维鱼矣，实维丰年。”[3]说者以为阴阳和则鱼众多矣。故丰年梦鱼，理或然也。《诗》曰：“去其螟螣，及其蟊贼，无害我田稺。”苗而未秀为稺，《韩诗》曰：“稺，幼稼也。”盖蟊、贼、螟、蟦尤为稺禾之害。《字说》云：“蟦食苗叶，无伤于实，若蟦[4]，可贷也；贼食苗节，贼苗；蟊食根，如句[5]所植；螟食心，不可见。”

【注释】

[1] 螟虫：螟蛾的幼虫。主要生活在稻茎中，吃其髓部，危害很大。

[2] 这种鱼卵化为蝗虫或蝗虫卵化为鱼的说法，以今天的科学眼光来看，这种类型的生物变异是不存在的，缺乏科学依据，鱼卵是不会长成蝗虫的，因为其中含的是鱼的 DNA，至于先涝后洪蝗虫多是因为蝗虫在湿润条件下易于繁殖卵，在干旱条件下因为它孵化须要温度高，温度高容易孵化，会变多。

[3] 众：指蝗虫，此句意为蝗虫化鱼是吉兆，预示来年丰收。

[4] 蟦：此句是指蟦只食苗的叶子，对果实危害较小，因此可以宽恕，不需专门除害。

[5] 句：草木出土时，弯的叫“句”，直的叫“萌”。

【译文】

吃植物的心的虫子叫作“螟”，吃植物叶子的虫子叫作“蟦”，吃植物枝节的虫子叫作“贼”，吃植物根部的虫子叫作“蟊”。《尔雅》中所说“吃植物心的虫子叫作螟，吃植物叶子的虫子叫作蟦，吃植物枝节的虫子叫作贼，吃植物根部的虫子叫作蟊。”许慎《说文解字》中认为官吏昏昧触犯法令，螟虫就会出现，求讨财物，蟦虫就会出现，触犯人民财物，蟊虫便会出现。然而灵芝、朱草、秠秬等代表美好与螟蟦代表丑恶虽然不同，然而联系到君王施政方面，却是一致的。《淮南子》中说：“枉顾法令，便会多生螟虫。”大概就是因为这吧。蟦就是蝗，蝗的字形从皇，现在的蝗头部和腹部都有王形花纹，还没有明白它的道理。有人说：“蝗是鱼卵所长成。”《列子》中说：“鱼卵是一种虫”，大概就是这样。俗话说春天的鱼产卵像粟米一样多，深埋在泥土中，第二年水漫河岸，就都会变成鱼；如果遇到干旱水位下贱，水位不能漫过旧河岸，那么鱼卵长时间被太阳暴晒，就会变成飞蝗。所以《诗经》中说：“蝗虫化鱼是吉兆，预示来年丰收。”我们认为阴阳和合则鱼和蝗的数量会多。所以丰收年会梦到鱼，是合理的。《诗经》中说：“除去螟螣，驱赶蟊贼，不要毁坏我的庄稼幼苗。”庄稼未长成的幼苗叫作稺，《韩诗》中说：“稺，是未长成的庄稼。”大概是蟊、贼、螟、蟦都是庄稼幼苗的祸害。《字说》中说：“蟦只食苗的叶子，对果实危害较小，因此可以宽恕，不需专门除害；贼却吃苗的枝节，破坏幼苗；蟊吃苗的根部，会使种植的幼苗变弯曲；螟吃苗的心，从外边是无法发现的。”

螗

螗[1]，一名“蝘”，其首方广，有冠，《夏小正》曰：“蜋蜩者五采具。”螗蜩者，蝘是也，俗呼“胡蝉”，似蝉而小，鸣声清亮者江南谓之“螗蛦”。诗曰：“如蜩如螗，如沸如羹。”言天下讙哗沸腾，不安如此，此《序》所谓“无纲纪文章”者也，又曰：“菀彼柳斯，鸣蜩嘒嘒。”言蜩与柳异类，今蜩托荫其上，鸣声嘒嘒，则王之于己[2]，不如菀柳之余亦芘其蜩也。邹阳《柳赋》[3]以为“蜩螗厉响，蜘蛛吐丝”，盖蝉得美荫，则其鸣声尤清厉。《方言》曰：“楚谓之蜩，宋卫之闲谓之螗蜩，陈郑之闲谓之蜋蜩。”按：《诗》云：“如蜩如螗”，则蜩与螗异，实非一物。盖蜩亦蝉之一种，形大而黑，昔人啖之，《礼》有“雀鷃蜩范”是也。一名蝉，为其变蜕而禅，故曰“蝉”，亦其通名。蝉舍卑秽趋高洁[4]，其禅足道也。《盐铁论》曰：“以所不覩而不信，若蝉不知雪也。又况道常无所而不可覩者乎？是故闻而不笑者，寡矣，故曰‘道无问’。无问问之，是责空也。”旧说朽木化为蝉，坏裙化为蝶，腐菌化为蜂。又曰：蚕二十日而化，蝉三十日而化。

【注释】

[1] 一种形体较小的蝉，背表绿色，头有花冠，喜鸣，声清亮。

[2] “菀彼柳斯，鸣蜩嘒嘒，有漼者渊，萑苇淠淠。譬彼舟流，不知所届。”出自《诗经 · 小雅 · 小弁》，此处所讲“王之于已”是指蝉栖息于茂密的柳树下鸣叫，（蝉）像漂流的小舟，不知漂流到哪里，忘记了自己。

[3] 查邹阳无《柳赋》，而枚乘《柳赋》有“蜩螗厉响，蜘蛛吐丝”句，疑其将《柳赋》作者误记为邹阳。

[4] 高洁：高尚纯洁。此处是指蝉虽然身体卑小丑陋，但其鸣声尤清厉。

【译文】

螗，别名叫作“蝘”，它的头部方形宽广，有虫冠，《夏小正》中说：“蜋蜩的身体有五彩色。”蜋蜩，就是蝘，俗话叫胡蝉，模样像蝉而体型小，鸣叫声清脆响亮的在江南称作“螗”。有诗写道：“百姓悲叹如蝉鸣，恰如落进沸水汤。”是说天下的喧哗沸腾，不安的样子，这就是《序》中所说的“没有纲纪的文章”。又说：“株株柳树真茂密，上面蝉鸣声声急。”是说蝉与柳树不是同一类事物，蝉栖息于茂密的柳树下鸣叫，（蝉）像漂流的小舟，不知漂流到哪里，忘记了自己，不如茂盛的柳树暇余处庇护蝉。邹阳在《柳赋》中认为“蜩螗发出高亢的鸣叫，蜘蛛吐出丝网”，大概是蝉得到了美好的树荫，所以鸣叫声格外清脆高亢。《方言》中说：“楚地一带的人叫它做蜩，宋卫地的闲人称其为螗蜩，陈郑地的闲人称其为蜋蜩。”按照《诗经》中所说：“像蜩又像螗。”蜩与螗实际上是不同的，实际上并不是一种生物。蜩是蝉的一种，体型大而呈黑色，古人曾吃过它，《礼》中记载有“雀、鷃和蝉、蜂。”别名叫作蝉，是因为它褪壳而禅变，所以叫作“蝉”，也是它最通用的名字。蝉虽然身体卑小丑陋，但其鸣声尤清厉，它的禅道是值得一提的。《盐铁论》中说：“没有见到的就不会相信，就好像蝉不知道有雪的存在。况且道理不是无所不在却看不见的吗？所以听说了也不去嘲笑的，是孤陋寡闻的，所以叫作‘道理不需要问’。道理不需要问却去问，便是求取空洞的东西了。”旧时有说腐朽的木头会变成蝉，损坏的裙子会变成蝴蝶，腐烂的菌菇会变成蜂。又说：蚕出生二十天后便会死去，蝉出生三十天后也会死去。

寒 蜩

寒蜩似蝉而小，青赤，一名“蜺”，一名“寒蝉”，蔡邕《月令》云：“鸣则天凉，故谓之寒蝉。”其生坼裂母背，故《释虫》云：“翥丑，罅。”[1]盖蝉善飞翥，故谓之“翥丑”。《论衡》曰：“蝉生于复育，开背而出。”《方言》曰：“黑而赤者谓之蜺。”又曰：“蟪谓之寒蜩。寒蜩，瘖蜩。”郭氏云：“按《尔雅》以‘蜺’为“寒蜩”，《月令》亦曰‘寒蝉鸣’则知寒蜩非‘瘖’者也。寒蜩即今哑蝉，哑蝉初瘖，及得寒露冷风乃鸣，故《蒭荛论》[2]云：‘秋风至而寒蝉吟。’正谓此也。”然则《方言》原其始，故谓之“瘖蝉”[3]。今雌蝉亦哑，陶隐居所谓：“哑蝉，雌蝉也，不能鸣者。”然与寒蜩初瘖又异矣。又一种似蝉而小，绿色，北人谓之“螓”，額广且深，即诗所谓“螓首蛾眉”是也。

【注释】

[1] 翥（zhù）：飞也。丑，类也。虫类能飞翥者谓蝉属，皆剖坼母背以为孔罅而生。螽蝗之类好奋迅作声而飞，强坼之类好以脚自摩捋，蜂类好垂其腴以休息。

[2]《蒭荛论》：据《永乐大典・卷之一万二千十六・太平御览》，作者为汉代钟会（225—264），字士季，颍川长社（今河南长葛东）人，魏太傅钟繇之幼子、青州刺史钟毓之弟。

[3] 瘖蝉：又称暗蝉。蝉的一种。指初不发音，及得寒露冷风乃鸣的蝉。明・李时珍《本草纲目・虫三・蚱蝉》：“未得秋风，则瘖不能鸣，谓之哑蝉，亦曰瘖蝉。”

【译文】

寒蜩的样子像蝉而体型小，呈青赤色，别名“蜺”，也叫作“寒蝉”，蔡邕在《月令》中说：“当它鸣叫时说明天气凉了，所以叫作寒蝉。”它出生时会撕裂母亲的后背，所以《释虫》中说：“虫类能飞的都是蝉属。”大概是蝉善于飞行，所以叫作“翥丑”。《论衡》中说：“蝉由复育生出，撕裂母亲背部生出。”《方言》中说：“体色呈黑色或赤色的称作蜺。”又说：“蟪叫作寒蜩。寒蜩，就是瘖蜩。”郭璞说：“按照《尔雅》中‘蜺’就是‘寒蜩’，《月令》中也说‘寒蝉鸣叫’就可以知道寒蜩并不是‘瘖’。寒蜩就是今天的哑蝉，哑蝉刚出生不会发音，长到寒露刮起冷风时才鸣叫，所以《篘荛论》中说‘秋风吹起而寒蝉鸣叫。’就是如此。”然而《方言》追溯原始，所以叫作“瘖蝉”。现在的雌性蝉也不会鸣叫，陶渊明说：“哑蝉，就是雌性的蝉，不会鸣叫。”然而和寒蜩最初不会鸣叫也是不同的。还有一种模样像蝉而体型小的，呈绿色，北方人称其为“蠀”，前额广阔宽厚，就是《诗经》中所说的“蠀一样宽广的额头和蛾一样秀美的眉毛”。

蟪　蛄

《广雅》云：“蟪蛄[1]，螃蟧。”《庄子》曰：“朝菌不知晦朔，蟪蛄不知春秋。”蟪蛄，夏蝉也，是故不知春秋。按：《离骚》曰：“蟪蛄鸣兮啾啾，岁暮兮不自聊。”则蟪蛄亦秋蝉矣。一曰春生者死于夏，夏生者死于秋，故曰“不知春秋”也。《方言》曰：“齐谓之螇螰，楚谓之蟪蛄。”《释虫》云：“蜓蚞，螇螰。”即此是也。《庄子音义》[2]以为此即《楚辞》所谓“寒螿”者也。按：《风土记》[3]曰：“蟪蛄鸣于朝，寒螿鸣于夕。”则寒螿、蟪蛄又为两物。孔子曰：“违山十里，蟪蛄之声犹在于耳，故政事莫如应之。”言政事恶哗而善肃，以静应之而已。《稽圣赋》[4]曰：“蛴螬行以其背，蟪蛄鸣非其口。”按：《山海经》有兽以其尾飞，有鸟以其须飞，则覆载之间，负类反伦，何所不有，可胜言哉！

【注释】

[1] 蟪蛄：一种蝉科动物，吻长，体短，黄绿色、有黑色条纹，翅有黑斑。

[2]《庄子音义》为唐 · 陆德明撰，30卷，是一部音义书。隋唐五代时以抄本流传，后周时刻板雕印。

[3]《风土记》为西晋 · 周处撰，是一部地方风物志。该书大部分今已散佚。

[4]《稽圣赋》：北齐颜之推著，《隋书》和《旧唐书》的《经籍志》皆不载。《颜

鲁公集》附唐令狐峘撰墓志铭称其著有《稽圣赋》“藏在书府，历代传之”。可见《稽圣赋》在唐代有流传，宋代《崇文总目》与《新唐书·经籍志》《通志》均有著录。《稽圣赋》在宋代以后亡佚。今存颜之推《稽圣赋》为辑佚所得。

【译文】

《广雅》中说：“蟪蛄，就是蟧蛁。”《庄子》中说：“朝生夕死的菌菇不知有月末和月初，活不过冬的蟪蛄不知道有春天和秋天。”蟪蛄就是夏天的蝉，所以不知道春天和秋天。注：《离骚》中说：“满耳夏蝉哀鸣声声急，转眼岁末心中烦乱啊。”那么蟪蛄便是秋蝉了。一种说法是蟪蛄春天出生则会死于夏季，夏天出生则会死于秋季，所以说“不知道有春天和秋天。”《方言》中说：“齐地的人称其为螇螰，楚地的人称其为蟪蛄。”《释虫》中说：“蜓蚞，就是螇螰。”就是这样。《庄子音义》认为这就是《楚辞》中所说的“寒螀”。按：《风土记》中说：“蟪蛄在早上鸣叫，寒螀在傍晚鸣叫。”那么寒螀、蟪蛄就是两种不同的生物。孔子说：“离开山十里外，蟪蛄的声音好像还在耳边鸣叫，所以处理政事不能如此相应。”是说处理政事不能喧哗而要庄正严肃，应当以安静来处理。《稽圣赋》中说：“蛴螬用背部前进，蟪蛄鸣叫声不是从口中发出。”按：《山海经》中有种野兽用尾巴飞行，有种鸟类用触须飞行，那么天地之间，和同类事物所具有的特性相悖逆的，无所不有，哪里能全部说完呢！

蜮

蜮[1]，短狐也，似鳖，三足，含水射人，一曰“含沙”。射人之影，其疮如疥，《稽圣赋》所谓“蛷旋于影，蜮射于光”是也。一名“射工”，一名“溪毒”。有长角横在口前，如弩檐临其角端，曲如上弩，以气为矢，因水势以射人，故俗呼“水弩”，《春秋》曰：“秋有蜮。”即此是也。然畏鹅，鹅能食之，《禽经》[2]所谓：鹅飞则蜮沉，鵙鸣则蛇结。”《诗》曰：“为鬼为蜮，则不可得。”言鬼无形而蜮性阴害，射人之影，则皆莫可究矣。《五行传》[3]曰：“南越淫惑之气生蜮。”蜮之犹言“惑”也。《字说》曰：“蜮不可得也，故或之。”今蛷螋溺人之影，亦是类尔。《造化权舆》[4]曰：“短狐射气，蛷螋遗溺，中影则疾，人气数感之故也。”《周官》曰：“凡隙屋，除其狸虫。”狸虫，䗪、蛷螋之属。蛷螋言搜而去之也，亦言求而去之也。

【注释】

[1] 蜮是一种食禾苗的害虫。在汉族传说中它是一种在水里暗中害人的怪物，口含沙粒射人或射人的影子被射中的就要生疮，被射中影子的也要生病。

[2]《禽经》一卷，旧本题师旷撰。晋·张华注。汉、隋、唐诸志及宋《崇文总日》皆不著录。其引用自陆佃《埤雅》始，其称师旷亦自佃始。

[3] 即《洪范五行传》，成书于汉代，有说伏生所作；有说刘向所作，因《汉书·艺文志》有刘向《五行传》十一卷，即《洪范五行传》。亦有说夏侯胜的前辈夏侯始昌所作，刘向以此为基础推演成十一篇耳。全书现已失传。

[4] 见“蟹”条注［10］。

【译文】

蜮，又叫短狐，模样像鳖，有三只角，会含住水而后喷射向敌人，所以又叫“含沙”。蜮喷水射中人的影子，会使人身体生出疥疮，就是《稽圣赋》中所说的“蛷随着影子旋转，蜮顺着光线喷射毒水”。别名也叫“射工”，或叫“溪毒”。有一根长角长在嘴巴前边，就好像弩檐一样靠近角端，弯曲如同弓弩，以空气为箭矢，裹挟着水势来射击人类，所以俗称作“水弩”，《春秋》中说：“秋天有蜮出现。”就是这样。然而蜮害怕鹅，因为鹅能吃掉它，《禽经》所说：“鹅飞起而蜮躲藏，鵙鸣叫而蛇逃跑。”《诗经》中说：“鬼和蜮，都是不可取得的。”是说鬼没有影子而蜮性情阴狠有害，常射击人的影子使人生病，都是没有办法追究到的。《五行传》中说：“南越有淫乱迷惑的气息，所以生出蜮。”蜮也可以用来说“惑”。《字说》中说：“蜮没有办法抓到，所以字形从或。”现在的蛷螋藏匿在人的影子里，也是一个道理。《造化权舆》中说：“短狐射出气息，蛷螋遗漏沉迷不悟的人，人被射中影子便会生病，是因为人的气息能感应到的原因。”《周官》中说：“凡是有缝隙的屋子，要除去缝隙中的害虫。”狸虫，就是䗪、蛷螋之类。蛷螋是说搜捕而驱除它们，也是说求取然后驱除它们。

蛜　蝛[1]

《诗》曰："伊威在室。"伊威，瓮器底虫，形似白鱼而大。《尔雅》曰："伊威，委黍。"一名"鼠妇"，食之令人善淫术[2]，曰"鼠妇"，"淫妇"是也。亦曰"鼠负"，陶隐居云："鼠在坎，中背则负之。今作'鼠妇'，如似乖理"，误矣。盖鼠妇一名"鼠姑"，亦或谓之"鼠粘"。"鼠妇"犹"鼠姑"也，"鼠粘"犹"鼠负"也，因湿化生，今俗谓之"湿生"。

【注释】

[1] 虫名，鼠妇的别名。鼠妇的种类较多，它们身体大多呈长卵形，成体长9—15毫米，背腹扁平十分显著，呈灰褐色、灰蓝色；常能卷曲成团，是草食的陆栖类群，口器是咀嚼式口器。

[2] 鼠妇对治疗女性闭经具有一定的疗效。

【译文】

《诗经》中说："伊威出现在屋子里。"伊威，就是一种生存在容器底部的昆虫，形貌像白鱼而体型更大。《尔雅》中说："伊威，又叫委黍。"别名"鼠妇"，吃下能治疗女性闭经，所以叫作"鼠妇""淫妇"。也叫作"鼠负"，陶渊明说："鼠处于坎位，中背则负之。现在叫作'鼠妇'，如似乖理"，其实错了。大概是鼠妇别名"鼠姑"，或者叫作"鼠粘"。"鼠妇"就是"鼠姑"，"鼠粘"就是"鼠负"，在潮湿的地方出生死亡，俗话叫作"湿生"。

蚯　蚓

《考工记》注云："却行，螾属。"蚓，土精也，其为物不息引而后伸。蝝，善缘；蚓，善引；蛤，介合；蠏，介解；蚓或从寅，志曰"引"，达于"寅"。一名"蜿蟺"，一名"曲蟺"，一名"土龙"。善长吟于地中，江东谓之“歌女”[1]，亦曰“鸣砌”。《孟子》曰：“若仲子者，蚓而后充其操者也？”言若仲子之操，则蚓而后可，不可以入仁义之域。《月令》云：“蚯蚓结。”言蚯蚓穴居，首阳下向，阳动则穴而上首，故其身结而屈也。传曰：“鱼无耳，蝉无口，蛇无足，蚓无筋。”旧说蚯蚓土精，无心之虫[2]，与蛗螽交。有一种白项，是其老者也。

【注释】

[1] 古代，很多人认为蚯蚓能发出声音。晋 · 崔豹《古今注》云：“蚯蚓一名曲蟮，善长吟于地下，江东人谓之歌女。”明 · 李时珍亦要信崔豹之说，称蚯蚓“孟夏始出，仲冬蛰结；雨则先出，晴则夜鸣”。但宋人俞琰《席上腐谈》却质疑此说，谓崔豹之说“谬矣”。他从《礼记 · 月令》“蝼蝈鸣，蚯蚓出”一语引申开去，认为蚯蚓“盖与蝼蝈同处，鸣者蝼蝈，非蚯蚓也”，会发声的并非蚯蚓，而是蝼蝈。现代生物解剖学的研究表明，蝼蝈身体内并无发声的器官，因此，宋人俞琰的认识是正确的。

[2] 现在的动物学研究表明，蚯蚓是有心脏的，但它的心脏和我们平时所理解的心脏外观上有很大差异，蚯蚓的心脏呈环状，形如膨大的血管，所以也有称环血管的。环状心脏的背面接自后向前的背血管，腹面接自前向后的腹血管，腹血管还有分支连通着自前向后的神经下血管。

【译文】

《考工记》注道：“却行，属于蚓的一种。”蚓，是土中的精奇生物，它是一种不会被切断而会引伸的生物。蝝，善于攀爬；蚓，善于引伸；蛤，会开合外壳；蠏，善于分解；蚓的字形或许从寅，记作“引”，达到“寅”。别名“蜿蟺”，也叫作“曲蟺”，或者叫“土龙”。善于在土地中长声低吟，江东地区的人称其为“歌女”，也叫作“鸣砌”。《孟子》中说：“像仲子这样的人，能只有做到像蚓一样然后说忠实他廉洁的操守吗？”这是说像仲子这样的人，只有做到像蚓一样，然后才能说秉持他所谓的廉洁，否则，不可以说是进入了仁义的境界。《月令》中说：“蚯蚓蜷缩着身体。”是说蚯蚓在土中居住，头部朝向阳气所在的下部，阳气运动则头部随着阳气向上，所以它的身体蜷缩弯曲。传言道："鱼没有耳朵，蝉没有嘴巴，蛇没有脚，蚓没有筋骨。"旧时有说蚯蚓是土中的精奇生物，是没有心脏的昆虫，能与螽螽交配。有一种白色脖颈的蚓，是蚓中年纪大的老者。

果　蠃[1]

即今细腰土蠭，好禁蜘蛛，《说文》云：天地之性，细腰纯雄，无子。"《列子》曰："纯雄，其名稺蜂。"盖其类也。摙[2]泥作房，如并竹管，取桑虫负之，七日而化为子，其祝声可听。《法言》曰："祝之曰：'类我'"盖其音云也。《庄子》曰："细要者化。"今呼"大蠭"，啖子，地中作房者，亦曰"土蠭"，非此细腰土蠭也。果蠃一名"螠螉"，一名"蒲卢"。《中庸》曰："政也者，蒲卢也。"《化书》曰："婴儿似乳母，斯不远矣。"

【注释】

[1] 细腰蜂的书名叫蜾蠃。蜾蠃主要捕食稻螟蛉、玉米螟、棉红蛉等多种鳞翅目昆虫的幼虫。喜独栖，一般长 2.5 厘米以上。因其腹部前端呈杆状，故名细腰蜂。捕捉昆虫和蜘蛛时，先用针螯，再用钳状上腭揉捏其颈部使之麻痹，将之封入泥室，并在其体内产一卵。泥蜂族多为黑色，腹部有部分橙色或黄色，在洞穴中筑巢，为幼虫贮备毛虫。

[2] 摙（liǎn）：运。

【译文】

果蠃，就是今天的细腰土蠭，喜欢攻击蜘蛛，《说文解字》中说："天地间所有生物的性别，细腰的都是雄性，没有后代。"《列子》中说："纯粹的雄性，有一种名字叫作稺蜂。"大概也是它的同类。果蠃取泥造房，样子像并起来的竹管，抓来桑虫背负着，七天后化为幼子，鸣声可以听到。《法言》中说："祝之说：'类我。'大概是读音相像。《庄子》中说'细腰蜜蜂会自化而生'。"现在称其为"大蠭"，会吃它的孩子，在泥土中造房的，也叫作"土蠭"，与这种细腰土蠭不是一种。果蠃一个别名叫"螠螉"，一个别名叫“蒲卢”。《中庸》中说：“政治，就像蒲卢一样。”《化书》中说：“婴儿像他的乳母，相差必定不会很大。”

蝼蛄

蝼蛄[1]，臭虫，一名“螜[2]”，一名“天蝼”《夏小正》曰：“螜则鸣。”螜，天蝼也。孙炎《尔雅正义》以为：“螜，是雄者喜鸣善飞，雌者腹大羽小，不能飞翔。食风与土，要以前甚涩，要以后甚利。”《类从》[3]曰：“磨铁致蛄，汗鞯引兔，蜄灰除蠹，蛤阴去伏。”言物之相关感，有如此者。《法言》曰：“狐狸、蝼螾不膢腊也与？”言若牛羊之用，人则蝼螾不膢，狐狸不腊矣。《方言》云：“蝼螲谓之蝼蛄。”《周官》曰：“马黑脊而般臂，蝼。”先儒云：“蝼蛄，臭也。”传所谓“腥蝼而不可飧，膻恶而不可亲”盖出于此。一曰“蝼”宜读如“蝼蚁”之“蝼”。《吕子》曰：“流水不腐，户枢不蝼。”蝼者，蚁也。《医经》[4]以为狐狸、蝼蚁之余勿食，食之令人生瘘，岂近是乎？《广志·小学篇》[5]曰：蝼蛄，会稽谓之[illegible]蛄。”

【注释】

[1] 蝼蛄：大型土栖。触角短于体长，前足开掘式，缺产卵器。是多种地栖性节肢动物门昆虫纲直翅目蝼蛄科昆虫的总称。体长圆形，淡黄褐色或暗褐色，全身密被短小软毛。雌虫体长约 3 厘米余，雄虫略小。蝼蛄的翅膀短而坚硬，能长距离飞行。

[2] 螜：音 hú。

[3]《感应类从志》旧本题晋·张华撰。隋、唐以来经籍、艺文诸志皆所不载，诸家书目亦不著录。浙江巡抚采进本。

[4] 中医学术古典著作、古代四种“方技之书”之一。章学诚《校雠通义·汉志方技》：“方技之书，大要有四：经、脉、方、药而已。经阐其道，脉运其术，方致其功，药辨其性。四者备，而方技之事备矣。”

[5]《广志》晋·郭义恭撰，《隋书·经籍志》《新唐书·艺文志》《通志》均有著录，宋代之后亡佚。

【译文】

蝼蛄，是一种臭虫，别名“[illegible]”，或者叫“天蝼”。《夏小正》中说：“螜虫鸣叫。”螜，就是天蝼。孙炎在《尔雅正义》中认为：“螜，雄性喜欢鸣叫善于飞行，雌性腹部大而翅膀小，不能飞。以风和土为食，腰部往前不平缓，腰部往后十分尖锐。”《感应类从志》中说：“磨尖铁器会招致蝼蛄，有汗液的鞍鞯能引来兔子，蜄的灰能除去蠹害，蛤的阳性能够防止中暑。”是说事物之间互相关联有这么一些例子。《法言》中说：“狐狸、蝼螾不用来进行祭祀?”是说有了牛羊的食用，人们不用蝼螾进行膢祭，也不用狐狸来进行腊祭。《方言》中说：“蝼螲也叫作蝼蛄。”《周官》中说：“马的脊背发黑而臂上出现花纹，是身上有蝼。”过去的儒生曾说：“蝼蛄，有恶臭。”传言所说的“腥臭的蝼不能用来宴客，奸恶的人不可以亲近”大概就是出自这里。一种说法是“蝼”应当读作“蝼蚁”的“蝼”。《吕子》中说：“流动的水不会发臭，经常转动的门轴不会被虫蛀。”蝼，就是蚁。《医经》中认为狐狸、蝼蚁的残余不能食用，食用便会使人身体生瘘，难道意思不相近吗?《广志·小学篇》中说：“蝼蛄，会稽就是蟉蛄。”

蜻　蛉

蜻蛉饮露，六足四翼，其翅轻薄如蝉，昼取蚊寅食之，遇雨即多，好集水上欵飞，尾端亭午则亭，名之曰“蛉”，以此。字或作“蜓”，廷亦直也。一名“蜻蛉”，《方言》曰：“蜻蛉谓之蝍蛉，淮南又呼防蚲，亦曰蟌也。”《造化权舆》曰：“水虿为蟌。”《字说》云：“蛉，蜻蜓也，动止常廷，故又谓之蛉，令出于廷者也。”《古今注》[1]曰：“蜻蛉一曰青亭，色青而大者是也。”赋云：“涂青蚨而还钱，埋蜻蛉而变珠。”说者以为五月五日取其首，正中门埋之，皆成青珠，故《类从》曰：“青蛉之首，瘗[2]而为珠也。”

【注释】

[1]《古今注》三卷，晋·崔豹撰。是一部对古代和各类事物进行解说诠释的著作。

[2] 瘞（yì）：掩埋，埋葬。

【译文】

蜻蜓饮露水，有六只脚四只翅膀，它的翅膀轻薄如同蝉翼，白天捕食蚊虫，遇到下雨天气出现的数量就会变多，喜欢成群结队在水面上款款飞行，身体尾端如正午般端正，所以叫作“蜓”，就是这个原因。字形有的也写作“蜓”，廷就是直的意思。别名“蜻蛉”，《方言》中说：“蜻蛉又叫蝍蛉，淮南地方又叫作防蚗，也叫作蟌。”《造化权舆》中说：“水虿便是蟌。”《字说》中说：“蛉，就是蜻蜓，行动或者停止时都直立着，所以又叫蛉，字形中的令就是出自廷的意思。”《古今注》中说：“蜻蛉一种说法叫青亭，颜色青色而体型大的就是。”赋道：“捉来青蚨，用母血涂抹钱币，再取子虫的血涂抹另外的钱币，将涂了子血的钱币放在家中，花掉涂了母血的钱币，不久后这些花掉的钱币又会飞回来，反之亦然；埋下蜻蛉几日后取出，便会得到珍珠。”谈论的人认为五月五日时取蜻蜓的头部，在正中的门下埋入土中，都会化成青色珍珠，所以《类从》中说：“青蛉的头部，埋入土中便会化作珍珠。”

蚊

《说文》云：“啮人飞虫，从防，民声。”亦或从昏，以昏时出也。俗云蚊有昏市，盖蝇成市于朝，蚊成市于暮。传曰“聚蟁成雷”，谓其市之时也。蟁，民虫；虻，吡虫，田牧者病焉。一曰虻盲，故谓之“虻”。扬子：“或问货殖，曰蚊。”盖蚊之取利虽小，然而善挠，令人通夕不寐，故雄以此托况。《说文》曰：“秦晋谓之蜹，楚谓之蚊。”盖蜹喜乱飞，似蚊而小，望之如雾，《荀子》所谓：“醯酸而蜹聚”者也。因雨而生，与蚊实异。一名“瞀芮”，《列子》曰：“瞀芮生乎腐蠸。”蠸即黄甲小虫，一名“舆父”，一名“守瓜”，《尔雅》云：“蠸，舆父，守瓜。”《鹖冠子》[1]曰：“一蜹噆[2]肤，不寐至旦；半糠入目，四方弗治。”言物苟为害，不必在大，盖亦不在多也。蚊性恶烟，以艾熏之则溃。长喙如针，善螫。

【注释】

[1]《鹖冠子》：先秦道家著作，作者为战国时期楚国人，因为他平常总爱戴着一顶用鹖的羽毛装饰着的帽子，大家就给他取了一个别号叫“鹖冠子”。其说大抵本于黄老而杂以刑名。

[2] 噆（zǎn）：叮咬。

【译文】

《说文解字》中说：“（蚊）是咬啮人的飞虫，字形从防，读作民的声音。”或者字形从昏，是因为它黄昏时才会出现。俗话说蚊黄昏时会成群，蝇成群时在早上，而蚊成群时在傍晚。传言道“聚在一起的蚊声如同打雷”，是说聚集的数量达到了极点。蟁，就是民虫；虻，就是吡虫，是农民牧人的祸害。一种说法是虻盲，所以叫作“虻”。扬雄说：“有时候称呼商人，称作蚊。”大概是蚊虽然获取的利益少，但它善于扰乱，让人整晚不能安睡，所以扬雄以此来形容商人之况。《说文解字》中说：“秦晋之地的人称其为蜹，楚地的人称其为蚊。”大概是蜹喜欢乱飞，模样像蚊而体型小，看上去像雾一样看不清楚，《荀子》中所说“醋酸味散发而蜹会汇聚过来”。蜹在雨天出生，与蚊实际上是不一样的。别名“瞀芮”，《列子》中说：“瞀芮由腐蠸生出。”蠸就是一种黄色甲壳的小昆虫，别名叫“舆父”，也叫作“守瓜”，《尔雅》中说：“蠸，别名舆父，也叫守瓜。”《鹖冠子》中说：“一只蜹叮咬肌肤，能让人一夜不能安睡直到早晨；半粒糠进入眼睛，什么办法也治不了。”是说事物形成的祸害不必太大，也不需要太多。蚊生性害怕烟雾，用艾草点燃熏它们便会溃散。蚊有像针一样的长嘴，善于螫人。

鼠

《说文》曰：“鼠，穴虫之总名也。象形。”《行露》[1]之诗一章曰“谁谓雀无角”，二章曰“谁谓鼠无牙”，说者以为雀角以无为有，鼠牙似是而非。按：雀角、鼠牙皆言以无为有，似是而非也。盖雀有味而无角，鼠有齿而无牙。传曰：“不思物变而推其类，雀之穿屋似有角者。”又曰：“视墉[2]之穿推其类，可谓鼠有牙。”明鼠无牙者也。夫雀之为物依人，又昼动而无角在其首，且所穿者屋，事之易察也；鼠之为物畏人，又夜动而无牙在其口，且所穿者墉，事之难知也。《召南》之初，事之易察者，至于狱而后明，及其久也，衰乱之俗已微，贞信之教已兴，则虽事之难知者，不待狱而明矣，故于“雀”言“狱”，“鼠”言“讼”也。鼠一名“鼪”，南阳呼鼠为“鼪”，《广雅》曰：“鼪，鼠”是也。今一种鼠见人则交其前足而拱，谓之“礼鼠”，亦或谓之“拱鼠”。《诗》曰：“相鼠有体，人而无礼。”其或取诸此乎？传曰：“穷鼠啮狸。”盖鼠穷则斗也，故兵法曰：“归师勿遏，围师必阙。”鼷鼠，有螫毒者。甘口，啮人及鸟兽，皆不痛，《春秋》所书“食郊牛之角”者也，《博物志》[3]云：“鼠之最小者，或云甘鼠”是也。《庄子》曰：“载鼷以车马，乐鴳以钟鼓。”鼷，小鼠也；鴳，小雀也。传曰：“稷蜂不熏，社鼷不灌。”[4]盖其所托，有如此者。鼫鼠兔首，似鼠而大，能人立，交前两足而舞，害稼者，一名“雀鼠”，《广雅》云“鼩鼠，鼫鼠”是也。《易》曰：“晋如鼫鼠。”盖晋，进也，顺而丽乎大明，柔进而上行。今九以刚进，处四失顺，而又丽乎阴，则拂晋之道矣，故曰：“进如鼫鼠，无所守焉。”贪而畏人，又比乎阴，九四之象也。硕，大也，《诗·序》所谓“贪而畏人，若大鼠也。”且五之所以审锡而康[5]，四之所以贪窃而惧者，亦岂有他哉！五以柔进，顺而丽乎明；四以刚进，悖而丽乎暗故也。鼬鼠健于捕鼠，似貂，赤黄色，大尾，今俗谓之“鼠狼”，《广雅》曰“鼠狼，鼬”是也。一名“鼪”，《庄子》所谓“骐骥骅骝，捕鼠不如狸狌”。今栗鼠似之，苍黑而小，取其毫于尾，可以制笔，世所谓“鼠须栗尾”者也，其锋乃健于兔。栗鼠，若今竹防之类，盖鼠食竹，故曰“竹鼦”。《燕山录》[6]曰：“煮羊以鼦，煮鳖以蚊。”言其性类相感，省火易熟，有如此者。鼩鼠，一名“鼱鼩”，一名“鼨鼩”似鼠而小，东方朔曰“譬犹鼱鼩之袭狗”者也。鼯鼠，《尔雅》所谓：“鼯鼠，夷由”，状如小狐，肉翅，翅、尾、项、胁毛皆紫赤色，脚短爪长，飞且乳者，亦或谓之“飞生”。或曰一名“飞蝙[7]”，其状如兔而鼠首，以其髯飞，性食火烟，能从高赴下，不能从下升高。《禽经》曰：“鶇鸟不登山，鷮鸟不踏土。”鶇鸟不能从下上高，然则鷮之制字从高，鶇之从夷，其义可知也。《荀子》曰：“鼯鼠五技而穷。”即此是也。马融曰：“猨蜼昼吟，鼯鼠夜叫。”

旧说鼠性疑，出穴多不果，故持两端谓之“首鼠”。《韩子》曰：“狐鼠进退。”又鼠类最寿，俗谓之“老鼠”是也。若老鹳、老鸱、老乌之类，以老称，亦如此。《尔雅》曰：“东方有比目鱼焉，不比不行，其名谓之鲽；南方有比翼鸟焉，不比不飞，其名谓之鹣鹣；西方有比肩兽焉，与邛邛岠虚比，为邛邛岠虚啮甘草，即有难，邛邛岠虚负而走，其名谓之蟨；北方有比肩民焉，迭食而迭望；中有枳[8]首蛇焉。此四方，中国之异气也。”按：蟨，鼠前而兔后，趋则顿，走则颠。今契丹北境有跳兔，前足才寸许，后足幾一尺，行则用足跳，一跃数尺，止则蹶然仆地，即所谓“蟨”。又有鸟鼠同穴者，与鸟为雌雄，似鼠而短尾，鼠在内，鸟在外。杜甫诗曰：“水落鱼龙夜，山空鸟鼠秋。”[9]鱼龙，水名；鸟鼠，山名。亦鸟鼠秋而鱼龙夜，是诗两句而含三事也。

【注释】

[1] 出自《诗经·国风·召南》中的“行露”篇，“雀无角”即麻雀没有嘴。

[2] 墉：指高墙。

[3]《博物志》：西晋·张华编撰，共十卷。神话志怪小说集，分类记载异境奇物、古代琐闻杂事及神仙方术等。

[4] 不用烟熏谷神庙里的马蜂，不用水灌土地庙里的老鼠。马蜂、老鼠利用人们对神庙的敬重来求得生存之安。后来人们多用“稷蜂社鼠”这一成语来形容仗势作恶手的人。

[5]《周易》晋卦讲“康侯用锡马蕃庶”，晋格人如果被康民安国的人重用，就会像得到众多马那样贵重奖品的赏赐。“锡”用同赐，古代赐多借用锡。马及车是古代重赐。“蕃庶”是蕃息而众多。“锡马蕃庶”，是说赏赐许多马。

[6]《燕山录》：不知何书，彭大翼撰《山堂肆考》中有“鸣岐野鼍应于泉韦氏《燕山录》煮羊以防，煮鼍以蚊”句。

[7] 鸓（lěi）：一种飞鼠，像鼯鼠而较小，前后肢之间有薄膜，能从树上滑翔。

[8] 王敏红点校本作“积”，疑误，当为“枳”，“枳”通“枝”，“枳首蛇”亦称“双头蛇”。

[9] 出自杜甫《秦州杂诗》之一。

【译文】

《说文解字》中说："鼠，是穴居的昆虫的总称，是象形字。"《诗经·行露》诗中第一句说"谁说麻雀没有嘴巴"，第二句说"谁说老鼠没有牙齿"，我认为雀的嘴巴好像没有却也有，老鼠有牙齿好像是对的却也不对。按：雀的嘴巴、数的牙齿都说好像没有却也有，好像是对的却也不对。大概是雀有喙而没有嘴巴，鼠有齿却没有牙。传言道："不考虑事物的变化却去推理它的同类，就好像雀穿过房屋而好像有嘴一样。"又说："看到穿过高墙来推理同类，就可以说鼠是有牙的。"但很明显鼠是没有牙的。雀作为一种依靠人的动物，白天活动而没有嘴巴在脑袋上，况且它穿过房屋，是容易观察到的；鼠是畏惧人的动物，晚上行动而没有牙在它的嘴上，况且它穿过高墙，是难以知道的。《召南》诗一开始，写若要使道理容易明白，到有了刑狱才能够真正使人了解，过了很久，衰乱的民俗已经很微弱了，忠贞诚信的教化兴起，那么虽然道理难以明白，但不必借用刑狱惩罚便也能够使人了解，所以借"雀"来说"狱"，借"鼠"来说"讼"。鼠的别名叫"鼫"，南阳地方的人称其为"鼫"，《广雅》中说："鼫，就是鼠"。现在有一种鼠见到人就会交叉前脚打拱，称作"礼鼠"，也叫作"拱鼠"。《诗经》中说："看老鼠都懂得大体，人却没有礼节。"大概就是取自这里吧？传言道："困窘的鼠会去攻击狸。"大概是鼠处于困窘时便会奋力搏斗，所以兵法中说："归国的军队不要阻止，被围困的军队一定会奋战到底。"鼷鼠，咬人是有毒的。有嘴巴甜的，咬人或是鸟兽，都不会感到疼痛，就是《春秋》中所写的"吃郊野的牛角"的，《博物志》中说："鼠中体型最小的，有的叫作甘鼠"。《庄子》中说："用车马载着小鼠，用钟鼓来娱乐小雀。"鼷，就是小鼠；鴳，就是小雀。传言道："不用烟熏谷神庙里的马蜂，不用水灌土地庙里的老鼠。"大概是它们有这样的寄托。鼫鼠有兔子一样的脑袋，模样像鼠而体型大，能像人一样直立，交叉两只前脚跳舞，会迫害庄稼，别名叫"雀鼠"，就是《广雅》中所说的"鼩鼠，就是鼫鼠。"《周易》中说："前进如同鼫鼠。"晋，就是进的意思，顺利则前途光明，缓慢前进而向上行进。现在九是刚进，处于四便是失去顺利。而又比阴要好，那么就是适当前进的道理了，所以说："前进如同鼫鼠一般，就没有什么可以守御了。"贪婪而畏惧人类，又处于阴位，九四的卦象。硕，就是大，《诗经·序》所说“贪婪而畏惧人类，就像大鼠一样。”况且五之所以会像得到众多马那样贵重奖品的赏赐，四之所以贪婪窃微而惊惧，哪里有别的原因呢！是因为五是和缓的前进，顺利而前途光明；四是过刚的前进，背逆而前途不顺的原因。鼬鼠擅长捕鼠，模样像貂，毛色呈赤黄色，有一条大尾巴，现在俗称作“鼠狼”，《广雅》中说“鼠狼，就是鼬”。别名“鼪”，《庄子》中写“骐骥骅骝这类名马，捕鼠还比不上狸狌。”现在有一种栗鼠模样像它，毛色苍黑色而体型小，取它尾巴上的软毛，可以用来做笔，就是世人所说的“鼠的胡须和栗鼠的尾巴”，它的笔锋要好于兔毫。栗鼠，就像今天的竹防，大概是因为鼠吃竹子，所以叫作“竹鼦”。《燕山录》中说：“用鼦来煮羊，用蚊来煮鳖。”是说它们的性质种类互相感应，能节省火力容易煮熟。鼩鼠，别名“鼱鼩”，或者叫“鼸鼩”，模样像鼠而体型小，东方朔说：“就好像鼱鼩袭击狗一样”。鼯鼠，《尔雅》中写：“鼯鼠，就是夷由”，形貌像小狐狸，有肉翅膀，翅膀。尾巴、脖子、胁毛都是紫赤色，脚短而爪子长，是会飞的哺乳动物，别名叫作“飞生”。或者叫作“飞蝠”，它的形貌像兔子而有鼠一样的脑袋，用它的髯飞行，生性能食火和烟，能从高处飞到低处，却不能从低处飞到高处。《禽经》中说：“鹈鸟不会登山，鷎鸟不会践踏土地。”鹈鸟不能从低处飞到高处，那么鷎的造字从高、鹈的造字从夷的原因，就可以知道了。《荀子》中说：“鼯鼠除了五种技能外就没有别的能力了。”就是这样。马融说：“猨蜼白天低吟，鼯鼠晚上鸣叫。”旧时有说鼠生性多疑，离开洞穴时大多不果断，所以常常左右顾盼，叫作“首鼠”。《韩子》中说：“狐和鼠一样的进退。”又说鼠类的寿命最长，俗称作“老鼠”。就好像老鹳、老鸱、老乌这类动物，都用老字来称呼，也是一样的道理。《尔雅》中说：“东方有一种比目鱼，不比附同类便不会前行，名字叫作鲽；南方有一种比翼鸟，不比附同类就不会飞行，名字叫作鹣鹣；西方有种比肩兽，与邛邛岠虚共同前行，为邛邛岠虚咬出最甘美的草，有危难时，掩护邛邛岠虚逃跑，名字叫作蟨；北方有种比肩民，一边吃一边看；中央有双头蛇。这四方是中国大地的奇异之气。”按：蟨，在鼠的前面和兔的后面，快走时会停顿，走路时会颠簸。现在契丹北方有一种跳兔，前脚只有几寸长，后脚却有几乎一尺，行进时用脚跳，一跳就能跳好几尺远，停止时便会扑倒在地，就是所说的“魇”。又有鸟和鼠共住一个洞穴的动物，与鸟互为雄雌，模样像鼠而尾巴短，鼠住里面，鸟住外边。杜甫的诗写道：“落水的河道，空旷的山谷都笼罩在萧瑟，凋蔽的气氛中。”鱼龙，是河的名字；鸟鼠，是山的名字。也是说鸟鼠山的秋天和鱼龙河的夜晚，这句诗两句话却含有三件事。

易

《说文》曰：“蜥易，蝘蜓，守宫也。象形。”《博物志》云：“以朱饲之，其体尽赤，捣之万杵，以点女人，终身不灭如赤志。偶则落，故曰‘守宫’也。”《周易》之义疑出于此，取其阴阳构合而易。一曰蜥易日十二时变色，故曰“易”也。旧说蜥易呕雹，盖龙善变，蜥易善易，故乾以龙况爻，其书谓之“易爻”者，言乎其变也。“象”之义出于象，“彖”之义出于豕，“易”之义出于易，皆取诸物也。《周官 · 太卜》：“掌三易之法，夏曰《连山》，殷曰《归藏》，周曰《周易》。”《连山》始于艮，故曰‘连山’，《易》曰“兼山，艮”是也。先儒以为象云气之出于山，连连不绝，非是。归藏始于坤，故曰‘归藏’；《周易》始于乾，故曰‘周易’。乾始万物，坤终万物，艮者终始万物，故三代之“易”，各首一焉。《易》曰：“终万物、始万物者莫盛乎艮。”蜥易一名“蛇医”，《字林》[1]所谓“蝾螈，蛇医”是也。旧说蛇体有伤，此辄衔草傅之，故有“医”之号也。东方朔曰：“是非‘守宫’。”则蜥蜴如此，守宫乃蝘蜓也。今俗谓之“蝎虎”，喜缘篱壁者是。按：《尔雅》云：“蝾螈，蜥易。蜥易，蝘蜓。蝘蜓，守宫。”《本草》亦曰：“一名蜥蜴，一名守宫。”则蝾螈、蜥蜴、蝘蜓、守宫，异名而通者也。《方言》[2]曰：“守宫，秦晋、西夏谓之守宫，或谓之蠦蝘，或谓之刺易。其在泽中者，谓之易蜥。南楚[3]谓之蛇医，或谓之蝾螈。东齐海岱之间谓之螔蜗。北燕谓之祝蜓。”《考工记》注云：“脰鸣，鼃黾属；注鸣，精列属；旁鸣，蜩蜺属；翼鸣，发皇属；股鸣，蚣蝑属；胷鸣，荣螈属。”马融《周官》作“以胃鸣”，干宝《周官》[4]作“以骨鸣”，说者以为三字相近，虽容有误，而马、郑与干皆前世名儒，或所授师说不同。按：《说文》：“蠵，大龟也，以胃鸣者。”则马本作“以胃鸣”当谓蠵属。《三教珠英》云：“守宫，鳞色如蛇而四足，亦与鱼合。”[5]

【注释】

[1]《字林》：古代字书，晋吕忱著，收字12842个，按《说文解字》540部首排列，已佚。《隋书·经籍志》题晋弦令吕忱撰，七卷。

[2] 即《輶轩使者绝代语释别国方言》，简称《方言》。西汉杨雄著，今存13卷（见东晋郭璞《方言注》（涵芬楼四部丛刊本））共六百六十九条，一万一千九百多字。

[3] 南楚：五代十国时期南方十国之一，历史上唯一以湖南为中心建立的王朝，史称马楚，又称南楚、楚朝。

[4] 即干宝《周官礼注》，东晋·干宝撰，现有清代王谟辑本，即清嘉庆三年本。

[5]《三教珠英》：唐代圣历二年（699年），武后诏学士四十七人修《三教珠英》。全书一千三百卷，目录十三卷，开成初（936）改名《海内珠英》，宋时仅存三卷，今已全佚。蠵（xī）：大龟，身体长约1米，四肢呈桨状，吃鱼虾等，卵可食，龟甲可以入药。

【译文】

《说文解字》中说：“蜥易，蝘蜓和守宫，都是象形字。”《博物志》中说：“用朱砂饲养它，它的体色会变成全赤色，用杵捣许多下后，点在女人身上，会形成一辈子不消失的赤色痣。求偶后便会消失，所以叫作‘守宫’。”《周易》的意思也是出于此，取它阴阳构合而变易之意。一种说法是蜥易每天十二个时辰都在变色，所以叫作“易”。旧时有说蜥易能吐出冰雹，龙擅长变化，蜥擅长变易，所以乾卦中用龙来描述爻，书中称作“易爻”的。是说它的变化。“象”的意思取自“象”，“象”的意思出自“豕”，“易”的意思出自“易”，都是取自于动物。《周官·太卜》中说：“掌握三次变易的方法，夏朝的叫作《连山》，殷朝的叫作《归藏》，周朝的叫作《周易》。”《连山》开始于艮，所以叫作‘连山’，《周易》中说“兼连山峰，是艮。”过去的儒生认为像云的气息出自深山，连绵不绝，并不是。《归藏》开始于坤，所以叫作‘归藏’；《周易》开始于乾，所以叫作‘周易’。乾是万物的开始，坤是万物的结束，艮是万物的终始，所以三代的“易”，各自的开始是一样的。《周易》中说：“终结万物开始万物的没有比艮更强盛的了。”蜥易别名“蛇医”，《字林》中所说的“蝾螈，就是蛇医”。旧说蛇的身体受伤，蜥易就会衔着草叶保护蛇，所以有“医”的名号。东方朔说：“不是‘守宫’。”蜥蜴是这样，守宫其实是蝘蜓。现在俗称作“蝎虎”，喜欢攀爬篱笆墙壁。按：《尔雅》中说“蝾螈，就是蜥易。蜥易，就是蝘蜓。蝘蜓，就是守宫。”蝾螈、蜥蜴、蝘蜓、守宫，名字虽不同，但所指均为一种动物。《本草》中也写道：“守宫，秦晋、西夏的人们称其为守宫，有的叫它做蠦蝘，或者叫作刺易。生活在水泽中的，叫作易蜥。南楚地的人称其为蛇，或者叫作蝾螈。东齐海岱之地的人称其为螔蝾。北燕的人叫它祝蜓。”《考工记》中注道：“用脖子发声的，属于鼃黽；用躯干发声的，属于精列；用左右两侧发声的，属于蜩蜺；用翅膀发声的，属于发皇；用大腿发声的，属于蚣蝑；用胸腔发声的，属于荣螈。”马融注《周官》中写作“用胃发声”，干宝注《周官》中写作“用骨发声”，我认为三个字是相近的，虽然容许有错误，但马融、郑玄与干宝都是前代的著名儒生，或者是所教授的老师的说法不同。按：《说文解字》：“蠵，是一种大龟，用胃发声。”马融原本亦写作“用胃发声”，应当是说蠵类。《三教珠英》中说：“守宫的鳞片颜色像蛇而有四只脚，也与鱼相合。”

埤雅·卷十二

释马：马、[illegible]、骐、駻、骆、白颠、驖、騵、黄、駽、骃、驳、騋、驹、駴

马

《说文》[1]云："马，怒也，武也[2]。象马头、髦尾[3]、四足之形。"石建曰"书马者与尾而五，今四，不具"[4]是也。然则《纬书》[5]以为"王者驾马，故字以王为马"，误矣，且王无驾马之制。盖古者天子乘龙，诸侯乘马，故《易》以龙叙乾，以马明坤[6]，而天子乘龙驾六，诸侯乘马驾四，《白虎通》[7]曰："天子驾六者，示有事于天地四方也。"《汉书》曰："乾文[8]车，坤六马。"[9]《列子》亦云："六辔[10]不乱，而二十四蹄所投无差。"[11]则古有驾六之制者矣，故《书》曰："懔乎，若朽索之驭六马。"[12]今文以竹策龙为笼，以竹策马为笃，盖良马见鞭影而行，则鞭策之；于龙，是以笼之，非以笃之也。《列子》曰："圣人以知笼群愚。"[13]盖笼之道如此。旧说相马肝欲得小，耳小则肝小；肺[14]欲得大，鼻大则肺大；脾欲得小，肷小则脾小；心欲得大，目大则心大。[15]又曰：眼欲得有紫艳；口欲得有红光，上唇欲得缓；下唇欲得急[16]；上齿欲钩[17]，钩则寿；下齿欲锯[18]，锯则怒[19]，脊欲大而抗[20]；颔欲方而平；喉欲曲而深；胸欲直而出；兔间欲开；虎口欲开；升肉欲大而明；辅肉欲大而明；耳欲如劈竹；睛欲如悬铃；头欲高如剥兔；项欲起如飞龙。又曰：人眼、鸟目、麞背、麟腹、虎胸、龟尾，擎头如鹰，垂尾如彗。又曰：望之大、就之小，筋马[21]也；望之小、就之大，

肉马也；前视见目，旁视见腹，后视见足，骏马也；毛束皮，皮束筋，筋束肉，肉束骨，五者兼备，天下之马也。又曰：口中红白间色者寿；鼻中红色如朱点书者寿；眼中赤色如字形者寿。《易》曰："贲如皤如，白马翰如。"[22]言未受饰于物也。《诗》[23]曰："皎皎白驹，贲然来思。"[24]"贲然来思"则言受饰于物矣。受饰于物，则与"在彼空谷，生刍一束"[25]者异矣，故戒之以"爰日毋为优游"[26]，于此勉之，以遁思也。《曲礼》曰："立视五巂[27]，式视马尾。"小俛为式，盖立视视车之衡，则平；视马之尾，则俯矣，故平视或谓之衡视。郑云："巂谓轮转之度。"[28]盖当谓其径也，言乘车之轮六尺有六寸，五六三十，积尺为三丈，积寸为三尺，则五巂之袤三丈三尺。《荀子》曰："立视前六尺而大之，六六三十六，三丈六尺。"[29]即此是也。又曰："坐视膝，立视足。"言坐则视膝，立则视足也。又曰："应对言语，视面。"言应对言语，则无上于面，亦不下于带也。《曲礼》曰："天子视不上于袷[30]，不下于带；国君绥视[31]；大夫衡视[32]；士视五步。"此即言语应对视面高下之度，国君绥视，大夫衡视，相备也。绥视则言俯不下于带，衡视则言仰不上于面。盖国马之衡高八尺有七寸，田马之衡高七尺有七寸，驽马之衡高六尺有七寸。以中言之，衡高七尺七寸，人长七尺，则高与人目略平，故曰："前有错衡，所以养目也。"[33]又曰："执天子之器，则上衡。"上衡谓齐首矣。国君则平衡，平衡谓齐眉矣；大夫则绥之，谓当心矣；士则提之，谓当带矣。《礼》曰："提者当带。"[34]而国君绥视不下于带，则"绥之当心[35]，提之当带"明矣。或曰："凡物有当提者，有当捧者，今以贵贱之等而令当提者捧，当捧者提，可乎？"[36]曰："是礼也，非是之谓也！盖曰执天子之器上衡，国君平衡，则正为执器者言之而已，非谓当提之器使捧，当捧之器使提也。"《荀子》又曰："平衡曰拜，下衡曰稽首，至地曰稽颡。"盖亦准车之衡言之。《朝野佥载》[37]曰："伯乐令其子执《马经》以求马，经年无有似者，归以告父，更令求之。"出见大虾蟆，谓其父曰：'得一马，略与相同而不能具。'伯乐曰：'何也？'对曰：'其马隆颡跌目，但蹄不如累曲尔。'伯乐笑曰：'此马好跳踯，不堪御也。'括母曰括徒能读其父书，不知合变，亦近之尔！

【注释】

[1] 即《说文解字》，东汉许慎著，它是世界上最早的字典之一，是我国第一部按部首编排的字典，对文字影响深远。

[2]《隋书·五行志下》："马者，武也，言为武也。"

[3] 马鬃和马尾。《后汉书·舆服志上》："白马者，朱其髦尾为朱鬣云。"

[4]《汉书·石奋传》载石建为太仆，奏事下，自读之，惊恐曰："误书'马'者与尾而五，今乃四，不足一。上谴，死矣！"

[5]《纬书》相当于汉代的经书。

[6] 王弼《文言注》曰："夫易者，象也。象之所生，生于义也，有斯义然后明之以其物，以龙叙乾，以马明坤，随事义而取象也。"

[7] 见"龟"条注［9］。

[8] 文：《五雅本》作"六"。《汉书》原文："干文车，坤六马。""文"应作"六"。

[9] 出自《汉书·王莽传中》，指饰有天文图像的车辆。

[10] 驾驭牲口的嚼子和缰绳。

[11] 出自《列子·汤问》

[12] 出自《尚书·五子之歌》："予临兆民，懔乎若朽索之驭六马。"形容形势危急。

[13] 出自《列子·皇帝篇》。

[14]"肺"字，金抄、明抄均讹作"肺"。按"柿"，音肺，指木片。唐玄应《一切经音义》卷十《般若灯论》："今江南谓斫削木片为肺。"现在江、浙口语中还称刨花为"木柿"，就是这个字。

[15] 出自《齐民要术》卷六，从内外一致的原则解释马的良莠。

[16]"急"：紧的意思，马的采食主要依靠下唇的拨动，"下唇欲得急"是说下唇要紧密、灵活、有力，这样对采食就有利。

[17]"钩"指切齿齿弓的咬合角度，宁向内微倚而不向外倾斜。一般在年青马齿弓弓曲度大，齿的咬合接近直角，随着马龄的增长，而逐渐向外倾斜，成为"长板牙"，则表现为衰老。

[18]"锯"是形容锐利。一说："锯"是"踞"字之误，存参。

[19]“怒”精神充沛，强悍奋猛，有不可遏止之势。

[20]“背欲短而方，脊欲大而抗”，背椎及腰椎部，通称背脊，要求短而平广，而脊椎要大，则自强抗有力。无论骑乘、挽用，都是必要条件。

[21]筋骨强健而不过于肥壮的马。

[22]出自《易经》六十四卦中的第二十二卦贲卦，原文：贲如皤如，白马翰如，匪寇婚媾。贲，借为奔。皤（pó婆），郑玄本作燔，焚烧，这里指太阳当头晒。翰，黄颖注：“马举头高昂也。”马头高举即飞奔之状。

[23]今人郭彧先生将此卦译为：那是大腹母在奔跑的样子，白马跑起来如同飞快的山鸡一样。不是盗寇，是一对男女在幽会。

[24]出自《诗经·白驹》。皎皎：毛色洁白貌。贲（bì）然：文饰，装饰得很好。

[25]出自《诗经·白驹》。

[26]出自《诗经·白驹》。

[27]嶲：即“规”，规是车轮的周长，一规为一丈九尺八寸，则五规为九十九尺。

[28]出自郑玄《礼记注》。

[29]出自《荀子·大略》原文为：坐视膝，立视足，应对言语视面。立视前六尺而大之，六六三十六，三丈六尺。文貌情用，相为内外表里，礼之中焉。

[30]“袷”：古代交叠于胸前的衣领。

[31]郑玄注：“绥，读为妥。妥视，谓视上於袷。”孔颖达疏：“妥，下也。若臣视君，目不得取看於面，当视面下袷上。”

[32]衡：平也。

[33]出自《荀子·礼论》。

[34]孔氏：“奉之者，谓仰手当心，捧持其物。提之者，谓屈臂当带，而挈其物。”带：衣带。

[35]孔颖达疏：“奉之者谓仰手当心奉持其物。”

[36]出处不详。

[37]唐·张鷟撰。唐代笔记小说集，六卷。此书记载朝野佚闻，尤多武后朝事，对武则天时期的朝政颇多讥评，有的为《资治通鉴》所取材。

【译文】

《说文解字》中说："马，有愤怒、尚武的性格。字形像马头、马鬃和马尾、四只蹄的样子。"石建说："书写马的人写作五条尾巴，现在却只有四条尾巴，不是正确的"。然而《纬书》中则认为"称王的人乘马，所以造字时以王字造马"，错了，况且君王没有乘马的仪制。大概是古代天子骑乘龙，诸侯骑乘马，所以《周易》中用龙来描述乾，用马来说明坤，而天子骑乘龙有六驾，诸侯骑乘马有四驾，《白虎通》中说："天子骑乘龙有六驾，是为了表示掌管天地四个方向。"《汉书》中说："乘着饰有天文图象的车辆，驾着六匹骏马。"《列子》中也写道："六匹马的嚼子和缰绳不会搅乱，二十四只蹄子的行进脚步丝毫不差。"古代已经有了驾六匹马的仪制，所以《书》中说："形势危急，就好像用朽坏的缰绳驾驭六匹骏马。"现在说用竹鞭驾驭龙，叫作笼，用竹鞭驾驭马，叫作笃，大概是好马见到竹鞭的影子便会前进，那么就用竹鞭策动它；对于龙，则要用竹鞭笼，而不是笃。《列子》中说："圣人用智慧笼罩所有愚笨的人。"笼的道理就是这样。旧时有说观察马匹的好坏时，马肝要小，马的耳朵小那么肝就小；马肺要大，马的鼻子大那么肺就大；马脾要小，马的肷小那么脾就小；马心要大，马的眼睛大那么心就大。又说：(好马）眼睛要有紫色的亮光；嘴巴里要有红光闪烁，上唇要松缓，下唇要紧密有力；上齿要向内微倚而不向外倾斜，这样的马长寿；下齿要锐利，锐利便会精神充沛、强悍奋猛；脊椎要大才强抗有力；额头要方正平摊；喉咙要弯曲而深；胸部要笔直而外出；兔间要张开；虎口也要张开；主肉要大而明显；辅肉也要大而明显；耳朵要像劈开的竹子一样锐利；眼睛要像悬挂的铃铛一样硕大有神；头部要高昂的如同跳跃的兔子；脖颈要抬起如同飞起的巨龙。又说：(好马要有）人一样的眼睛、鸟一样的目光、麋一样的脊背、麟一样的的肚腹、虎一样的胸部、龟一样的尾巴，昂起脑袋像鹰，垂下尾巴像扫帚。又说：看上去大，骑上去小，是筋骨强健而不过于肥壮的马；看上去小，骑上去大，是筋骨较弱而过于肥壮的马；从前边看能看见眼睛，从旁边看能看见腹部，从后边看能看见蹄子的，是骏马；毛紧束着皮，皮紧束着肉，肉紧束着骨，五种条件都具备的，是天下的名马。又说：(马）口中颜色红白相间的长寿；鼻中颜色红的像红颜料一样的长寿；眼中有赤色如同字形一样的长寿。《周易》中说："奔跑起来像太阳当头晒，白马举头飞奔而来。"是说没有接受外物的修饰。《诗经》中说："马驹毛色白如雪，风驰电掣飘然至。""风驰电掣飘然而至"是说受到了外物的修饰。受到外物的修饰，就和"空旷深谷留身影，喂马一束青青草"不一样了，所以用"热爱生活便不要整日悠游"来警戒自己，用这来勉励自己，退隐。《曲礼》中说："站立时能看到五规那么长，俯身能看到马尾。"稍微俯身叫作式，大概是站立着看车的平衡，是平的；看马的尾巴，便要俯身了，所以平视也叫作衡视。郑玄说："巂就是车轮转动的度量。"大概是就是说距离了，说所驾乘的车的轮子长六尺又六寸，五六得三十，尺数相加为二丈，寸数相加为三尺，所以五巂的长度是三丈三尺。《荀子》中说："站立着看前六尺而计算，六六得三十六，共计三丈六尺。"就是这样。又说："坐着看膝，站着看脚。"是说坐着时要看膝盖，站着时要看脚部。又说："回答别人的话时，要看着对方的脸。"是说回答对方的话的时候，目光不要高于对方的脸，不要低于对方的腰带。《曲礼》中说："天子对视目光不能高于衣领，不能低于衣带；国君要在衣领下低视，而大夫则要平视；士只能在五步外看。"这是说与对方交流时视线高下的尺度，国君低视，大夫平视，是互相符合的。绥视是说俯视对方但目光不能低于衣带，衡视是说仰视对方但目光不能高于面颊。国家的御马平均高八尺七寸，田野的野马平均高七尺七寸，劣质的马平均高六尺七寸。取平均的中间量，就是高七尺七寸，人的身高是七尺，所以高度和人的眼睛大概相持平，所以说："前边有官吏所乘的车，所以能让眼睛歇一歇了。"又说："手执天子的信物，就要向上看。"向上看就要与头顶齐平了。国君则要平衡，平衡便是与眉毛一般高；大夫要低举放在心口，叫作当心；士要用手提系物品放在衣带之下，叫作当带。《礼》中说："士要用手提系物品放在衣带之下。"而国君低视不能低于衣带，所以"大夫要低举放在心口，士要用手提系物品放在衣带之下"就可以明确了。有人说："凡是物品，有应当用手提系的，有应当用手捧起的，现在按照贵贱的等级却令应当提系的人捧起物品，应当捧起的人却提系物品，这可以吗？"答道："是礼节，但不是这么说的！应该说拿着天子的礼器向上看，国君平视，是对于拿着礼器的人而言的，而不是说应当提系的捧起物品，应当捧起的却提系物品。"《荀子》中有写道："平视叫作拜，下视叫作稽首，到了地面的叫作稽颡。"大概是用车轮的标准来说的。《朝野佥载》中说："伯乐让他的孩子拿着《马经》去求取好马，好多年都没有找到与书上相似的好马，回家告诉他的父亲，又让他出去继续求取。"出门后看到一只大蛤蟆，对他的父亲说：'找到一匹好马，大致相同而具体能力不相似。'伯乐说：'为什么呢？'回答道：'这匹马有高脖子大眼睛，但蹄子不够大。'伯乐笑道：'这匹马喜欢跳跃，没有办法驾驭。'赵括的母亲说赵括只能读他父亲的兵书，却不知变通，意思也是相近的吧！

鴇

今之乌骢也。《尔雅》曰"骊白[1]、杂毛，鴇。"[2]盖取诸鸨也。今鴇其色骊白。《诗》曰"乘乘马""乘乘黄""乘乘鴇"[3]，六尺已上为马；黄，纯色；鴇，杂色。古者大夫乘驹，乘马则僭诸侯之礼矣。盖乱生于衣服车马之间而已，"大叔于田，乘乘马。"[4]而沃之大夫，"素衣朱襮"[5]，此晋郑之所由乱也。骓亦鴇类，取鵻[6]之色。一曰"苍白，杂毛，骓"[7]；一曰"苍黑，杂毛，骓"[8]。今鵻色在青黑之间，亦在青白之间。《诗》曰："毳衣如菼。"[9]传曰："菼，鵻也。"[10]然则色在青白之间。

【注释】

[1] 骊：指黑。骊白：黑白。

[2]《尔雅・释畜》："骊白杂毛，鴇。"郭璞注："今之乌骢。""鴇"指毛色黑白相杂的马。鴇：音 bǎo。

[3] 出自《诗经・国风・郑风》。

[4] 出自《诗经・国风・郑风》。

[5] 出自《诗经・唐风・扬之水》，"素衣朱襮（bó），从子于沃。"素衣指白色的衣服，朱襮指刺着斧形花纹的红领。

[6] 鵻：古书上指鹁鸪（一种天将雨或刚晴时常在树上咕咕叫的鸟）。

[7] 出自《尔雅・释畜》，邢昺疏：苍，浅青也，毛有浅青及白，兼杂毛者，

名骓。

[8]《说文解字 · 马部》记载："骓，马苍黑杂毛也。"

[9] 毳衣："毳"喻比多毛或如毛状物的依附。"毳衣"相当于毛在外的衣或蓑衣。菼：炎热天的草木。喻比繁多、繁茂等。

[10]"菼"为初生的荻，色在青白之间。

【译文】

鴇，就是今天说的乌骢。《尔雅》中说："毛色呈黑白色，有杂毛的，叫作鴇。"字形大概是取自鸨。现在的鴇毛色黑白。《诗经》中写"乘着四匹马拉的大车奔跑""拉车的四匹大马毛色金黄""拉车的四匹马儿斑驳色彩"，体高六尺往上的是马；黄，是纯色；鴇，是杂色。古代的大夫骑乘驹，乘马便是僭越诸侯的礼节。大概是乱事都出自衣服车马这类事情之间，"尊贵的大叔出门围猎，乘着四匹马拉的大车奔跑。"而沃城的大夫都穿着"白色衣服和刺着斧形花纹的红领"，这就是晋国郑国之所以混乱的原因。骓也是鴇的同类，取鹁鸪的颜色。一种说法是"苍白色，有杂毛，叫骓"；另一种说法是"苍黑色，有杂毛，叫骓"。现在的雕颜色在青黑色之间，也在青白色之间。《诗经》中说："青色毛毡做车篷。"传言道："菼，就是雕。"然而毛色却在青白色之间。

骐

《毛诗传》曰："青黑曰骐。"盖骐苍艾色[1]。一曰马青，骊文如博棊也。[2]《诗》曰："其带伊丝，其弁伊骐。"弁，皮弁也[3]。《司服》曰："凡兵事，韦弁服；视朝，则皮弁服。"[4]韦弁以韎韦[5]为之，故曰"韦弁"，一名"爵弁"，其色则象爵故也；皮弁以鹿皮为之，故曰"皮弁"，一名"骐弁"，其文则象骐故也，亦或谓之"綦弁"。郑氏以为"爵弁似冕，又谓'韦弁'，韎韦为弁，又以为其衣裳。"又曰："韦弁盖韎布为衣而素裳。"皆误矣。按：士冠礼爵弁，服纁裳、纯衣、缁带；韎韐则韦弁，服纯衣、纁裳矣。凡弁，爵弁为上，皮弁次之，故《司服》初一曰"韦弁服"，次二曰"皮弁服”，次三曰“冠弁服”，次四曰“服弁服”，次五曰“弁绖服”。[6]盖冠弁、服弁、皮弁，服也，弁绖则服皮弁而加绖，故其序如此。《丧服小记》曰：“诸侯吊，必皮弁锡衰。”[7]《服问》曰：“公为卿大夫锡衰当事，则弁绖。”足相参证也。《左传》曰：“卫献公戒孙文子、宁惠子食，而射鸿于圃，二子从之，不释皮冠而与之言。”[8]皮冠，弁也，说者以为田猎之冠。则凡甸事，冠弁服即皮弁又明矣。《诗》曰：“骐骝是中，騧骊是骖。”[9]盖骐骝中驷，騧骊上驷，故服以骐骝，骖以騧骊。《淮南子》曰：“骖欲驰，服欲步。”[10]宣王之诗北伐举四骊，南征举四骐者，言方是时马政愈修，其所以执驹、纲马、教駣、攻特，臧仆讲驭夫之法滋广，故虽骐亦闲习任为用矣，非独四骊也。

【注释】

[1] 苍：浅青色。艾，绿色。

[2]《说文解字》卷十一马部：骐，马青骊，文如綦也。各本作如博綦，不通。骐、綦文也。鲁颂传曰：苍骐曰骐。苍骐即苍綦，谓苍文如綦也。

[3] 弁：古时的一种官帽，通常配礼服用。以皮革为冠衣，冠上当有饰物，一般是皮革缝隙之间缀有珠玉宝石。皮弁为军戎田猎的服饰首服。赤黑色布做叫爵弁，是文冠；白鹿皮做的叫皮弁，是武冠。后泛指帽子。《郑笺》：“骐当作琪，以玉为之。”

[4]《周礼・春官宗伯第三・司服》：“凡兵事，韦弁服；眡朝，则皮弁服。”皮弁为天子视朝、诸侯告朔之服，而非兵事之服。天子与其臣，玄冕以视朔，皮弁以日视朝。诸侯与其臣，皮弁以视朔，朝服以日视朝。

[5] 贾公彦疏：“韎是旧染谓赤色也，以赤色韦为弁。”韎：音 mèi；弁：音 biàn。

[6]《周礼・春官宗伯第三・司服》：“凡兵事，韦弁服。眡朝，则皮弁服。凡甸，冠弁服。凡凶事，服弁服。凡吊事，弁绖服。”郑玄注：“弁绖者，如爵弁而素，加环绖。”孔颖达疏：“今言‘环绖’……谓以麻为体，又以一股麻为体，纠而横缠之，如环然，故谓之‘环绖’；加于素弁之上，故言‘加环绖’也。”《礼记・杂记上》：“大夫之哭，大夫弁绖，大夫与殡亦弁绖。”郑玄注：“弁绖者，大夫锡衰相吊之服也。”《晋书・礼志中》：“王为三公六卿锡衰，为大夫士疑衰，首服弁绖。”

[7] 出自《礼记》。

[8] 见《左传 · 襄公十四年》，原文为：卫献公戒孙文子、甯惠子食，皆服而朝，日旰不召，而射鸿于囿。二子从之，不释皮冠而与之言。

[9] 出自《诗经 · 秦风 · 小戎》。骝：赤身黑鬣的马，即枣骝马。騧：黄马黑嘴。骊：黑马。骖：车辕外侧二马称骖。

[10] 出自《淮南子》卷二十《泰族训》，原文为："水火金木土谷，异物而皆任；规矩权衡准绳，异形而皆施；丹青胶漆，不同而皆用，各有所适，物各有宜。轮圆舆方，辕从衡横，势施便也；骖欲驰，服欲步，带不厌新，钩不厌故，处地宜也。"

【译文】

《毛诗传》中说："毛色青黑色的叫作骐。"骐的毛色呈浅青色和绿色。一种说法叫马青，花纹如同博石一样。《诗经》中说："他的腰带白丝镶边，玉饰皮帽花色新鲜。"弁，就是皮弁。《司服》中说："凡是处理战争的事情，要穿韦弁服；上朝，则要穿皮弁服。"韦弁是赤黄色的韦做成的弁，所以叫"韦弁"，别名"爵弁"，是因为它的颜色像象角爵杯的原因；皮弁是鹿皮做的，所以叫作"皮弁"。别名"骐弁"，是因为花纹像骐的花纹的原因，也可以叫作"綦弁"。郑玄认为"爵弁像冠冕，又叫'韦弁'，是赤色的韦做成的弁，又用它做衣服。"又说："用韦弁盖赤黄色的布做成衣服而穿着素裳。"都是错的。按：士行冠礼时穿着爵弁服，穿浅绛色的衣裳、纯色里衣和黑色腰带；赤黄色的蔽膝就是韦弁一部分，穿纯色的衣裳、浅绛色的里衣。凡是弁服，爵弁为最高等级，皮弁其次，所以《司服》第一说韦弁服，第二说皮弁服，第三说冠弁服，第四说服弁服，第五说弁绖服。大概是冠弁、服弁、皮弁，都是衣服，弁绖就是穿皮弁而加上绖，所以次序是这样。《丧服小记》中说："诸侯凭吊时，必定会穿戴皮弁和细麻布所制的丧服。"《服问》中说："人做卿大夫时丧事便要穿细麻布所制的丧服，服戴弁绖。"足够互相参考证明。《左传》中说："卫献公让孙文子、宁惠子不吃早饭便去上朝，而自己在花园中打猎，两人听从了，（相见时）卫献公穿着猎装（皮冠）与他们打招呼。"皮冠，就是弁，我认为就是在田野打猎时所戴的冠。而凡是郊野之事，冠弁服就是皮弁就很明显了。《诗经》中说："青马红马在中间，黄马和黑马在两旁。”大概是青马和红马是中等马，黄马和黑马是上等马，所以车前的马是青马红马，车旁的马是黄马黑马。《淮南子》中说：“两旁的马想要奔驰，车前的马想要缓步前进。”宣王的诗中写向北进攻驾着四匹黑马，向北征伐架着四匹青马，这是当时马的管理制度很完备，而如何牵马、编制马、教化马、阉割公马、役夫驭马的方法有很多，所以说虽然青马闲暇时也要被任用，不单独只是四匹黑马。

馵

《尔雅》曰：“后右足白，骧；左白，馵。”《易》曰：“震为馵足。”[1]盖取其躁。以躁，故二绊其足。作足言纵之而动也，馵足言制之而动也。今字馽从马，一绊其足；馵从马，二绊其足；䮉从马，□其足[2]。《诗》曰：“絷之维之。”□者，维之也。《淮南子》曰：“是犹两绊骐骥而求其致千里也。”[3]两绊言馵其足。《诗》曰：“驾我骐馵。”王肃谓：“驾两马者。”下云“骐骝是中，騧骊是骖”，明此驾两者也。盖古者庶人驾一，士驾二，大夫驾三，诸侯驾四，天子驾六。《说文》曰：“骈，驾二马也。”《尚书大传》[4]曰：“命于其君，然后得乘骈马。”骖，驾三马也；驷，驾四马也。《诗》曰：“载骖载驷。”骖以言大夫，驷以言诸侯。《马政论》[5]曰：“后足偏白者，凶。”若馵之类是也，此士之所以驾也欤！

【注释】

[1] 出自《易·说卦》，原文为：震为雷，为龙，为玄黄，为旉，为大途，为长子，为决躁，为苍筤竹，为萑苇。其于马也，为善鸣，为馵足，为作足，为的颡。高亨注：“震为雷，雷之动迅速，此四种马行亦迅速，故曰。”后因以“震象”喻指骏马。馵：音 zhù。

[2]《康熙字典》引陆佃释馵云：馵足盖取其躁，故二绊其足，言制之而动。今字书馽从馬，一绊其足。馵，二绊其足。䮉，口其足。

[3]《淮南·俶真训》：“身蹈于浊世之中，而责道之行也，是犹两绊骐骥而求其致千里也。”

[4]《尚书大传》是对《尚书》的解释性著作，作者和成书时间均无法完全确定。目前只有后人辑本传世，以皮锡瑞本最佳。

[5]《马政论》：明 · 赵时春撰。

【译文】

《尔雅》中说："右后腿是白色的，是骧；左后腿是白色的，是馵。"《周易》中说："震位是馵的腿。"大概是取自馵的急躁。因为它的急躁，所以两次绊住它的行动。作足，是纵容其随意行动，馵足则是指制约它的行动。现在的馽字形从马，有一处绊在它的腿上；馵的字形从马，有两处绊在它的腿上；馽字形从马，是绑缚住它的腿。《诗经》中说："绊住马足拴缰绳。"□，就是拴住的意思。《淮南子》中说："两处绊住骏马却要求它达到千里之远。"两绊是说绊住馵的腿部。《诗经》中说："花马驾车白蹄扬。"王肃说："驾驭两种马。"下文说"青马红马在中间，黄马和黑马在两旁"，是说明驾驭这两种马。大概是古代平民驾乘一匹马，士人驾乘两匹马，大夫驾乘三匹马，诸侯驾乘四匹马，天子驾乘六匹马。《说文解字》中说："骈，就是驾乘两匹马。"《尚书大传》中说："得到国君的命令，然后才能驾乘两匹马。"骖，就是驾乘三匹马；驷，就是驾乘四匹马。《诗经》中说："三马四马驾大车。"驾三匹马说的是大夫，驾四匹马说的是诸侯。《马政论》中说："后腿偏白色的，是闵。"就是馵的同类，这就是士人之所以驾乘的原因吧！

骆

《尔雅》曰："白马黑鬣[1]，骆。"《广雅》曰："白马朱鬣，骆。"今呼黄马尾鬣一道通黑如界者为"骆"。盖马无分于黄白，皆谓之"骆"，若今衣脊络缝，故曰"骆"也。《明堂位》曰："夏后氏骆马黑鬣。"[2]此以别白马朱鬣之骆也。《月令》曰："孟秋驾白骆。"[3]此以别黄马黑鬣之骆也。俗云骆马善奈劳苦，《诗》曰"啴啴骆马"[4]，言骆性善劳，而今取息不平如此，则以甚劳故也。古者天子之卿纯驷[5]，故《诗》曰："驾彼四骆。"又曰："乘其四骆。"若诸侯之卿，则不能具纯驷矣。《诗》曰："驾我骐馵。"[6]

盖言秦之士也。又曰："骐骝是中，騧骊是骖。"[7]盖言秦之卿也。

【注释】

[1] 鬣（liè）：指兽类颈上的毛。

[2] 出自《礼记·明堂位》，原文为："夏后氏骆马，黑鬣。殷人白马，黑首，周人黄马，蕃鬣。夏后氏，牲尚黑，殷白牡，周骍刚。"指夏后氏尚黑，殷人尚白，周人尚赤。

[3] 出自《礼记·月令》，原文为："（孟秋之月）天子居总章左个，乘戎路，驾白骆，载白旂，衣白衣。"孟月指阴历七月。

[4] 出自"四牡騑騑，啴啴骆马，岂不怀归？王事靡盬，不遑启处。"，指慰劳使臣勤于王事。一说使臣自咏之辞。

[5] 天子之卿指代诸侯，诸侯驾纯驷。驷指驾四匹马。

[6]《诗·秦风·小戎》："文茵畅毂，驾我骐馵。"毛传："骐，骐文也。左足白曰馵。"孔颖达疏："色之青黑者名为綦。马名为骐，知其色作綦文。"

[7] 出自《诗经·秦风·小戎》。骝：赤身黑鬣的马，即枣骝马。騧：黄马黑嘴。骊：黑马。骖：车辕外侧二马称骖。

【译文】

《尔雅》中说："白色毛皮黑色颈毛的马，是骆。"《广雅》中说："白色毛皮红色颈毛的马，是骆。"现在称呼黄色马的尾巴鬣毛有一道如同分界的黑色线的叫作"骆"。这种马不分黄色或白色，都叫作"骆"，就好像现在的衣服中间有一条缝隙，所以叫作"骆"。《明堂位》中说："夏朝的后人骑乘黑色颈毛的骆马。"这与白色毛皮红色颈毛的毛相区别。《月令》中说："孟秋之月天子骑乘白色的骆。"这就与黄色毛皮黑色颈毛的骆相区别。俗话说骆马善于忍耐辛劳痛苦，《诗经》中说："黑鬃白马直喘气"，是说骆生性能忍受辛劳，而它现在喘息如此不平，是由于过度的劳动的原因。古代的诸侯骑乘四匹纯色的马，所以《诗经》中说："驾着四匹黑鬃白马。"又说："乘坐着四匹黑鬃白马。"若是诸侯的客卿，便不能骑乘纯色的四匹马了。《诗经》中说："花马驾车白蹄扬。"是说秦地的士人。又说："青马红马在中间，黄马和黑马在两旁。”也是说秦地的客卿。

白颠

《尔雅》曰：“的颡[1]，白颠[2]。”今之戴星马也[3]。《诗》曰：“有车邻邻，有马白颠。”邻邻，众比貌。于车言其众，于马言其特，相备也。《觐礼》曰：“奉束帛、匹马，卓[4]上，九马[5]随之。”说者以为“卓”即的颡，故以为上列，而九马随其后。《庄子》曰：“齐之以月题。”[6]盖月题，额上当颅如月者，所以象颠之白。然则马之贵的颡也，可知矣。《易》曰：“其于马也，为的颡。”[7]盖震二阴在上，故为的颡。夫文入二为白。白，阴色也；二，阴数也。《马政论》曰：“颡有白毛，谓之的卢。”又曰：“准上有旋毛及白毛者，谓之的吻，凶。”俗云[8]“的颅”非也。

【注释】

[1] 白额。《易 · 说卦》：“（震）其於马也为善鸣，为馵足，为作足，为的颡。”孔颖达疏：“白额为的颡。”

[2] 颠者：顶也，即头顶。

[3] 额有白毛。《诗 · 秦风 · 车邻》：“有车邻邻，有马白颠。”孔颖达疏：“额有白毛，今之戴星马也。”朱熹注：“白颠，额有白毛，今谓之的颡。”清蒲松龄《聊斋志异 · 考城隍》：“一日，病卧，见吏人持牒，牵白颠马来。”

[4] 卓：指白额的马。

[5] 九马：汉文帝有九匹良马，泛指御马。

[6]《庄子 · 马蹄》：夫加之以衡扼，齐之以月题。释文引司马崔云：“月题，马额上当颅如月形者也。”

[7] 出自《易 · 说卦》，原文为：震为雷，为龙，为玄黄，为旉，为大途，为长子，为决躁，为苍筤竹，为萑苇。其于马也，为善鸣，为馵足，为作足，为的颡。高亨注：“震为雷，雷之动迅速，此四种马行亦迅速，故曰。”后因以“震象”喻指骏马。

[8] 云：《五雅本》做“曰”。

【译文】

《尔雅》中说："的颡，又叫白颠。"就是今天所说的戴星马。《诗经》中说："大车奔驰响邻邻，马儿白毛生额顶。"邻邻，是相互排比的样子。对于车是说它的数量多，对于马是说它的稀有特别，是相互对应的。《觐礼》中说："奉上捆束的布帛和一匹马，白额马（卓）在前，御马们都会跟着它。"我认为"卓"就是的颡，所以认为它走在前列，而所有御马都跟在他后边。《庄子》中说："在马额上放配饰来整齐它们。"月题，就是马额上月亮形状的配饰，所以象征着头顶的白色。那么马中贵重的是的颡，就可以知道了。《周易》中说："对于马，便是的颡。"大概是震的二阴都在上部，所以是的颡。写文章时以二为白。白，属于阴色；二，属于阴数。《马政论》中说："颡的额头上有白毛，叫作的卢。"又说："鼻子上有螺旋状的毛发以及白色毛发的，叫作的吻，是凶马。"俗话说"的颅"是有邪气的马。

驖

《说文》曰："马深黑色，骊；马赤黑色，驖。"先儒云：取其马色如铁。非特有取于色，盖亦取其坚壮如铁，故曰"驖"也。《月令·孟冬》："乘铁骊。"[1]即此是也。《诗》曰："驷驖孔阜，六辔在手。"[2]以美襄公田狩之事。盖马之族不一，而騂马[3]则喜前，驽马则喜后，故古之御者驽马以鞭为主，騂马以辔为主。驖性坚騂，则疑于难御，而有繁手之劳矣。今其六辔在手而已，则是无事于辔，故《诗》以美之也。《陆子》[4]曰："三皇垂策，五帝繁手，唐虞按辔[5]，禹汤驰辕。"

【注释】

[1] 原文为：（孟冬之月）天子居玄堂左个，乘玄路，驾铁骊，载玄旗，衣黑衣，服玄玉，食黍与彘，其器闳以奄。

[2] 驖（tiě）：孔，指甚，很。阜，指肥大。辔，指马缰绳。六辔，《孔疏》："每马有二辔，四马当八辔矣。言六辔者，以骖马内辔之于觖，故在手者，惟六辔耳。"

[3] 騑马：指凶悍的马。

[4] 汉 · 陆贾（约前240—前170）撰，《陆子》又名《楚汉春秋》，《汉书 · 艺文志》著录为二十七篇，与今本十二篇不同，又据《史记 · 郦生陆贾列传》亦记为十二篇，可知今本非是残本，盖《汉志》所记，兼有他论之篇。

[5] 按辔（àn pèi）：扣紧马缰使马缓行或停止。

【译文】

《说文解字》中说："马的毛色为深黑色，是骊；马的毛色为赤黑色，是驖。"过去的儒生认为：取来这种马毛色如铁，不是特别取它的颜色，而是取它的坚忍壮实像铁一样，所以叫作"驖"。《月令 · 孟冬》中说："骑乘着铁一样毛色的骊马。"就是这样。《诗经》中说："四马壮健毛色黑，缰绳六根手上垂。"来赞美襄公打猎的事情。大概是马的族类不相同，而騑马喜欢跑在前边，驽马喜欢跑在后边，所以古代御马的人驾驭驽马用马鞭为主，驾驭騑马用嚼子和缰绳为主。驖的性格坚忍凶悍，怀疑难以驾驭，而有变换复杂手法的困难。现在只有六根缰绳在手里，则是不太需要使用缰绳，所以《诗经》中赞美这样。《陆子》中说："三皇垂下马鞭驭马，五帝变换手法驭马，唐和虞扣紧马缰使马缓行停止，禹和汤则驾着马车飞驰。"

騵

骊马[1]白跨，驈[2]；骝马[3]白腹，騵[4]。騵从縓省[5]。《礼》曰："练而縓。"縓，浅赤也。一染谓之縓，再染谓之赪，三染谓之纁。周人尚赤，戎事乘騵。赤马白腹曰"騵"，言上周下殷也。[6]《诗》曰："驷騵[7]彭彭[8]。"此言尚父之乘。然则戎事乘騵，盖特其长而已。或曰："'方叔率止，乘其四骐'，则于'戎事乘騵'之说害矣。"曰："序《诗》者曰：'宣王南征，则蛮荆之事正之而已。'故言兵则非伐人之兵也，言车则非戎车也，言马则非戎马也。"

【注释】

[1] 骊马：指纯黑色的马。

[2] 驈：指股间白色的黑马。

[3] 骝马：指黑鬣、黑尾的红马。

[4] 騵：赤毛白腹的马。毛传："骍马白腹曰騵。

[5] 縓：音 quán。

[6] 殷人尚白，周人尚赤。

[7] 驷騵（sì yuán）：驾一车之四匹赤毛白腹马。

[8] 彭彭：强壮有力的样子。

【译文】

纯黑色的马股间是白色，叫作驈；黑鬣黑尾的红马腹部是白色，叫作騵。騵的字形从縓。《礼》中说："丝帛呈浅赤色。"縓，就是浅赤色的意思。染一次叫作縓，再染一次叫作赪，染三次后叫作纁。周朝人喜欢赤色，打仗时常骑乘騵。红马而腹部白色的叫作"騵"，是说殷人尚白而周人尚赤。《诗经》中说："驾车驷马健壮真雄骏。"这是说尚父的骑乘。然而打仗时骑乘騵，是为了发挥它的特长而已。有人说："'方叔率领军队停止前进，骑乘四匹青马'，那么对于'打仗时要骑乘騵'的说法就是矛盾的了。"说："《诗经》的序中说'宣王向南征伐，那么控制蛮荆地方的事情便是正事了。'所以说兵事不是征伐他人的兵事，说车也不是进攻的车，说马也不是打仗用的马。"

黄

黄骍曰黄[1]。黄亦马之上色，故《駉颂》[2]首章曰"有骊有黄"也。《列子》曰："牝而黄、牡而骊。马至，果天下之马也。"[3]《有駜》曰"乘黄"[4]矣，然后乃言"乘牡"，卒言青骊之"駽"，则黄牝、骊牡，刚柔之质具矣。《明堂位》[5]曰："周人黄马蕃鬣。"[6]言吉事乘此，《诗》曰"四黄既驾，两骖不猗"[7]是也。至于戎事则乘騵，《檀弓》[8]曰："周人尚赤，戎事乘騵。"

或曰天子之马盛则驾六，常则驾四。《诗》曰：“四黄既驾，两骖不猗。”此驾六之证也。穆王命八骏之乘，右服华骝而左绿耳，右骖赤骥而左白义；次车之乘，右服渠黄而左逾轮，左骖盗骊而右山子。[9]此驾四之证也。

【注释】

[1] 朱熹集传：“纯黑曰骊，黄骍曰黄。”指黄马和黑马。后以黄骊泛指马。

[2]《诗经 · 鲁颂 · 駉》，共四章，是歌颂鲁僖公养马众多，注意国家长远利益的诗。

[3] 见《列子 · 说符》，原文为：秦穆公谓伯乐曰：“子之年长矣，子姓有可使求马者乎？”伯乐对曰：“良马可形容筋骨相也。天下之马者，若灭若没，若亡若失，若此者绝尘弥辙。臣之子皆下才也，可告以良马，不可告以天下之马也。臣有所与共担纆薪菜者有九方皋，此其于马，非臣之下也。请见之。”穆公见之，使行求马。三月而反报曰：“已得之矣，在沙丘。”穆公曰：“何马也？”对曰：“牝而黄。”使人往取之，牡而骊。穆公不说。召伯乐而谓之曰：“败矣！子所使求马者，色物、牝牡尚弗能知，又何马之能知也？”伯乐喟然太息曰：“一至于此乎！是乃其所以千万臣而无数者也。若皋之所观，天机也。得其精而忘其粗，在其内而忘其外。见其所见，不见其所不见；视其所视，而遗其所不视。若皋之相马，乃有贵乎马者也。”马至，果天下之马也。

[4] 乘黄：四匹黄马。

[5] 指《礼记 · 明堂位》

[6] 原文为：“夏后氏骆马，黑鬣。殷人白马，黑首。周人黄马，蕃鬣。夏后氏，牲尚黑，殷白牡，周骍刚。”

[7] 两骖：古用四匹马驾车，两旁的两匹叫作骖马。猗，应作倚，偏斜的意思。

[8] 指《礼记 · 檀弓》。

[9]《穆天子传》载云：“（穆）天子之骏，赤骥、盗骊、白义、逾轮、山子、渠黄、华骝、绿耳。”

【译文】

黄骍便是黄马。黄色是马中的上等颜色，所以《駉颂》的第一句说

“有纯黑色的马有黄色的马。”《列子》中说：“雌性的马是黄色，雄性的马是纯黑色。寻来马，果然是天下的名马。”《有駜》中说：“骑乘黄马”，然后才说“骑乘雄马”，最后说骑乘青黑色马的“駽”，那么黄色雌马，黑色雄马，刚柔的特质都具备了。《明堂位》中说：“周人骑乘的黄马有黑色的鬣毛。”是说遇到好事时会骑乘它，《诗经》中说：“四匹黄马已起驾，两旁骖马无偏差。”就是如此。到了征伐时才骑乘騵，《檀弓》中说：“周人崇尚赤色，征伐时骑乘騵。”或者说天子的马多时驾乘六匹，平常则驾乘四匹。《诗经》中说：“四匹黄马已起驾，两旁骖马无偏差。”这是驾乘六匹马的证据。穆王命令骑乘的八匹骏马，右车厢旁是华骝那左边就是绿耳，右车辕旁是赤骥那么左边就是白㵒；其次的车乘，右车厢旁是渠黄那么左边就是逾轮，左车辕旁是盗骊那么右边就是山子。这是骑乘四匹骏马的证据。

駽

青骊曰“駽”[1]，今之“䮷驄”也。《诗》曰“駜彼乘黄”“駜彼乘牡”“駜彼乘駽”，言臣有柔顺之德、刚健之材，又被文以成之，则臣之道备矣。于“乘黄”曰“在公明明”，于“乘牡”曰“在公饮酒”，于“乘駽”曰“在公载燕”。[2]“在公明明”，则礼所谓“在明明德”也。“夙夜在公，在公明明”，于是饮酒以载燕，则亦以有道故也。《鹿鸣》[3]之道，和乐而已，非君臣之道也，故《六月》[4]之序至言“四牡”，然后曰“君臣”，缺矣。今言“在公饮酒”“在公载燕”，而更以为颂君臣之有道者。盖“夙夜在公，在公饮酒”，则臣有余敬，君有余惠。臣有余敬、君有余惠，则非特若《鹿鸣》正言宾主之道而已，是乃所以为君臣有道也。

【注释】

[1] 駽：铁青色的马。

[2] 选自《诗·鲁颂·有駜》，是描写鲁国公室宴饮歌舞盛况的乐歌，叙写鲁僖公君臣在祈年以后的宴饮活动。全诗三章，每章九句，都以惊叹马的肥壮开篇。

[3]《诗经·小雅·鹿鸣》是先秦时代汉族宫廷乐歌。此诗主题，历来有争论，

大致有美诗和刺诗两种意见。全诗共三章，每章八句，开头皆以鹿鸣起兴，自始至终洋溢着欢快的气氛，体现了殿堂上嘉宾的琴瑟歌咏以及宾主之间的互敬互融之情状。

[4]《六月》，宣王北伐也。从此至《无羊》十四篇，是宣王之变小雅。《鹿鸣》废，则和乐缺矣。乐音洛，篇末注同。缺，苦悦反。《四牡》废，则君臣缺矣。

【译文】

铁青色的骊马叫作“騢”，就是今天说的“驖驄”。《诗经》中说：“拉车四匹马毛色为黄”“拉车的四匹是公马”“拉车的四匹铁骢健壮”，是说臣子中有顺从的德行、刚硬健壮的才能，又学习知识塑造其人才，那么臣子的道理就具备了。对于“骑乘黄马”说“在官府办事多繁忙”；对于“骑乘公马”说“在官府饮酒喜交加”，对于“骑乘铁骢”说“在官府里设酒宴”。“在官府办事繁忙”，是礼中所说的“在于弘扬光明正大的品德”。“早晚都在官府里，在那办事多繁忙”，于是设置酒宴招待客人，也是有道理的。《鹿鸣》中的道理，安和快乐而已，不是君臣的道理，所以《六月》篇的序中说“四匹雄马”，然后说“君主和臣子”，是有缺憾的。现在说“在官府饮酒”“在官府设置酒宴”，是能进一步歌颂君臣中有合适道理的。大概是“早晚都在官府里，在官府里饮酒”，那么臣子会有多余的敬意，君主会有多余的恩惠。臣子有多余的敬意，君主有多余的恩惠，那么不只有像《鹿鸣》这首诗说了宾客与主人之间的道理，这可以成为君臣之间相处的道理。

骃

《尔雅》曰：“黄白杂毛，駓[1]；阴白杂毛，骃[2]。”駓，今之桃花马；骃，今之泥驄也。《诗》曰“我马维驹”“我马维骐”“我马维骆”“我马维骃”[3]，其先后与《駉》之序合，则骃不如骆，骆不如骐矣。[4]然是诗乃卒言骃者，以明马虽弥劣，所以御之滋善。

【注释】

[1] 駓（pī）：毛色黄白相杂的马。亦称“桃花马”。

[2] 骃：浅黑杂白的马。

[3] 出自《诗经·小雅·皇皇者华》，这是使臣出外访贤求策，在途中自咏之作。

[4]《駉》原文顺序为：“有骍有骐，以车伾伾”“有驒有骆，有駵有雒”“有骃有騢，有驔有鱼”。

【译文】

《尔雅》中的：“毛色黄白交杂的马，叫作駓；浅黑杂白的马，叫作骃。”駓，就是现在说的桃花马；骃就是今天说的泥驄。《诗经》中说：“驾车有少壮的驹马”“驾车有青黑色的骐马”“驾车有白身黑鬣的骆马”“驾车有杂色的騆马”，它的先后顺序和《駉》中的次序是相合的，那么骃马就不如骆马，骆马就不如骐马。然而诗中最后说骃马的原因，是说明骐马虽然质量差，但驾驭起来还是很好的。

驳

駵[1]白，驳[2]。徐铉曰：“疑象驳文。”[3]晋侯乘驳，乳虎见之而伏，则象驳之文，理或然也。驳亦马之上色，故古者国君乘之。文王曰：“昔者寡人梦见良人黑色而頿，乘驳马而偏朱蹄。”诸大夫蹵然曰：“先君王也。”[4]《诗》曰：“皇驳其马”[5]。亦言“皇驳”者，士婚礼摄盛故也。《尔雅》所谓“駮[6]如马，倨牙，食虎豹”，《诗》所谓“隰有六驳”[7]者，字从交作。《字说》[8]曰：“駮类马食虎而虎食马，凡类已也而能除害己者，在所交也。”则“駮”非此“驳”也。

【注释】

[1] 駵（liú）：古同“骝”。

[2] 毛色黑白相杂的马叫驳。毛传：黄白曰皇，駵白曰驳。

[3]《说文》“駁。馬色不純。”徐铉曰：“爻非聲。疑象駁文。”駁发音勃。徐铉的意思是爻不是这个字的声符，所以怀疑爻是駁马身上的斑纹。

[4] 出自《庄子·田子方》。

[5] 皇：亦作“騜”，黄白色的马。驳，红白色的马。皆指迎亲所用的马。

[6] 駮：传说中的猛兽名。形如马，白身黑尾，一角，牙如锯齿，食虎豹。

[7] 即《诗经·秦风·晨风》。隰（xí）：低洼湿地。

[8]《字说》：汉族文字学书。此书为北宋王安石所撰，共二十卷（王安石《进〈字说〉表》称“二十四卷”）。

【译文】

駵白，就是驳。徐铉说：“爻不是这个字的声符，所以怀疑爻是駁马身上的斑纹。”晋侯骑乘着驳，幼虎见到他就会臣服，那么爻是駁马身上的斑纹，道理就是这样了。驳是马中极好的颜色，所以古代的国君才骑乘它。文王说：“过去我梦见到有个出色的人，肤色黑而有胡须，骑乘着驳马有偏红色的蹄子。”诸位大夫惊惭不安地说：“这是先代君王。”《诗经》中说：“迎亲骏马白透黄”。也用“黄白花纹的马”，是因为士人婚礼车服常制超越一等，以示贵盛的原因。《尔雅》所说的：“駮身上有驳马一样的花纹，有锯齿一样的牙齿，能吃虎豹。”《诗经》所说的“隰有六駮”，字形从交。《字说》中说：“駮类的马吃虎而虎又吃马，凡是类别与自己相似而也能除去伤害自己的对方的，是有交集的。”那么这里的“駮”便不是上文的“驳”了。

騋

马善騋[1]牝[2]骊[3]牡。《尔雅》曰：“騋牝骊牡，以罕称也。”騋之字从来，言进于马矣，宜有来而无往。《易》曰：“知进而不知退，亢龙也。”[4]凡马，六尺以上为马，七尺以上为騋，八尺以上为龙。《诗》曰：“騋牝三千。”[5]三千，言多；騋牝，取其大也。盖騲马常小，今俗谓之小马以此。凡马，宗庙用龙，戎事用駥，田事用騋。騋，田马也。《考工记》[6]曰：“国马之辀，深四尺有七寸；田马之辀，深四尺。”郑云：“国马高八尺，衡高八尺有七寸，除马之高，则余七寸，为衡颈之间也。田马高七尺，衡高七尺有七寸，除马之高，则余七寸，为衡颈之间也。”《校人》曰：“邦国六闲，马四种；家四闲，马二种。”[7]大夫曰家，其种又自田马而下，则所谓国马者，无大夫之马矣。盖诸侯有良马，有戎马，无齐道；大夫有田马，有驽马，无种戎。或曰：“正言国马者，非特以别大夫，亦以约天下之马也。”伯乐曰：“良马可以形容筋骨相也。天下之马，若灭若没，若亡若失。”良马，即国马也。故《駉》颂以为诸侯有良马、有戎马、有田马、有驽马。变种曰良者，以此也欤！《庾人》[8]曰：“八尺以上为龙，此种马也，岂所谓天下之马者耶?”盖马八尺以上则疑于龙矣，是故谓之“龙”也。坤之上六称龙，与此同义。《駉》之颂一章曰“有驈有皇，有骊有黄”，二章曰“有骓有駓，有骍有骐”，三章曰“有驒有骆，有骝有雒”，四章曰“有骃有騢，有驔有鱼”。按：骊马白跨曰驈，黄白曰皇，纯黑曰骊，黄骍曰黄，苍白杂毛曰骓，黄白杂毛曰駓，赤黄曰骍，青黑曰骐，青骊驎曰驒，白马黑鬣曰骆，赤身黑鬣曰骝，黑身白鬣曰雒，阴白杂毛曰骃，彤白杂毛曰騢，豪骭曰驔，二目白曰鱼。鱼今谓之“环眼马”，马之最下者也。言“有骊有黄”于前，言“有驔有鱼”于后，每章愈下，则以言僖公至诚，成物有加而无已。《庄子》曰：“百里奚爵禄不入于心，故饭牛而牛肥。”[9]“思无邪，思马斯徂。”[10]殆此之谓也。

【注释】

[1] 騋：高七尺以上的马。

[2] 牝：指雌性。

[3] 骊：指纯黑色的马。

[4] 原文为：“知进而不知退，亢龙有悔。”

[5] 选自《诗经·鄘风·定之风中》毛传：“马七尺曰騋，騋马与牝马也。”后泛指马。

[6] 出自《周礼·考工记》，“橘逾淮而北为枳，鸜鹆不逾济，貉逾汶则死，此地气然也。”“接地气”就是接地中之气，或者说要适应特定的地域环境。引而申之，也就是说，在自然界，只有地气和天气上下相接，才有春暖花开，才会出现生机蓬勃的状态。

[7] 出自《周礼注疏》卷三十三。

[8] 出自《周礼·夏官·庾人》。

[9] 出自《庄子·外篇·田子方》“百里奚爵禄不入于心，故饭牛而牛肥，使秦穆公忘其贱，与之政也。有虞氏死生不如于心，故足以动人。”

[10] 出自《诗经·鲁颂·駉》。

【译文】

马中身高七尺的纯黑色的马。《尔雅》中说：“马中身高七尺的纯黑色的马，以罕见著称。”騋的字形从来，是说从马群中挑出，适合有来而无往。《周易》中说：“只知前进而不知后退的，是亢龙。”所有的马中，身高六尺以上的叫马，七尺以上的叫騋，八尺以上的叫龙。《诗经》中说：“良马三千多如云。”三千，是说数量多；騋牝，是取其中体型大的。大概是騲马常常体型小，现在俗称的小马就是这。所有的马中，宗庙祭祀用龙，战争之事用駥，田猎之事用騋。騋，是田野中的马匹。《考工记》中说：“国君用马所拉车的车辕，深四尺七寸；田猎用马所拉车的车辕，深四尺。”郑玄说：“国君用马身高八尺，所拉车的横梁高八尺七寸，除去马的身高，只剩七寸，就是横梁与马脖颈之间的距离。田猎用马身高七尺，横梁高七尺七寸，除去马的身高，剩下七寸，是横梁与马脖颈之间的距离。”《校人》中说：“邦国有六处马厩，马有四种；家庭有四处马厩，马有两种。”大夫称作家，他们的马质量比田猎的马要差，那么所说的国君用马，不是大夫所能用的马。诸侯有好马，有征伐用的马，没有统一的使用方法；大夫有田猎用马，有劣质马，没有胆量装备军队。有人说：“说国君的用马，不是特别用来区别于大夫，而是为了约束天下的马匹。”伯乐说：“良马，可以从它的形体、状貌和筋骨上看出来。千里马，若隐若现，若有若无。”良马，就是国君用的马。所以《駉》中认为诸侯有良马、征伐用马、田猎用马、有劣质马。变种的马叫作好马，大概是这个原因吧！《庾人》中说：“八尺以上的叫作笼，这种马，难道不是所说的千里马吗？”大概是马身高八尺以上就怀疑是龙了，所以叫作“龙”。坤卦上六称为龙，和这是一个意思。《駉》的诗第一句说“有黑身白胯有白底带黄，有一色纯黑有黄中带赤”，第二句说“有黄白色为骓有灰白色为駓，有青黑色为骍有赤黄色为骐”，第三句说“驔马青色骆马白色，駵马火赤雒马黑色”，第四句说“红色为骃灰白色为騢，黄背为驔白眼的为鱼”。按：骊马白跨的叫作驈，黄白色的叫作皇，纯黑色的叫作骊，黄骍的颜色是黄色，有苍白杂毛的叫作骓，有黄白杂毛的叫作駓，赤黄色的叫作骍，青黑色的叫作骐，青骊驎叫作驔，白马黑鬣的叫作骆，赤身黑鬣的叫作骝，黑身白鬣的叫作雒，阴白杂毛的叫作骃，彤白杂毛的交租騢，豪骭的叫作驔，二目白叫作鱼。鱼现在叫作“环眼马”，是马中质量最差的。写“有白底带黄的马”在最前，写“有黄背为驔白眼的为鱼”在最后，每一句写的马质量会越来越差，用来说僖公的十分真诚，对待事物诚实有加，却不私心为己。《庄子》中说：“百里奚不将爵禄不放在心上（一心只为养好牛），所以养的牛都很肥壮。”“鲁公思考周密，马儿如飞跑向远方。”说的就是这个道理吧。

驹

马二岁曰“驹”，三岁曰“駣”，八岁曰“馬八”。马八岁一变，故从八也。语曰：“七騘八白。”言马至八岁，騘变而白矣。传曰：“大夫乘驹。”盖驹血气未定，则有蹄啮之虞，故大夫乘之。《荀子》曰：“大路之马，必倍至于教顺，然后乘之，所以养安也。”[1]倍言年长以倍。今群牧选马，十六岁以上乃以进御，此遗象也。《曲礼》曰：“齿路马，有诛。”[2]路马之齿高矣，故“齿路马，有诛”，所以广敬也。《诗》曰“我马维驹，六辔如濡”，而后言“维骐维骆，维骃则骐”也。骆也、骃也，蒙上之文，宜皆为驹。大夫乘驹驾三，今曰六辔者，上大夫卿奉使故也。《礼》曰：“上大夫，卿”。卿与诸侯驾四。[3]《说文》从句字，音“拘”，则以驹血气未定，宜拘执之焉尔。《诗》曰：“絷之维之。”[4]义盖取此。一章曰：“皎皎白驹，食我场苗。絷之维之，以永今朝。所谓伊人，于焉逍遥。”二章曰：“皎皎白驹，食我场藿。絷之维之，以永今夕。所谓伊人，于焉嘉客。”古者朝食曰饔，夕食曰飧。飧，薄食也，故是诗于“苗”曰“以永今朝”，于“藿”曰“以永今夕”。“逍遥”，以道言之也；“嘉客[5]”，以礼言之也。《清人》曰：“二矛重英，河上乎翱翔。二矛重乔，河上乎逍遥。”[6]“翱翔”，礼之事也；“逍遥”，道之事也。河上非所宜，然因以微切其上，故序者曰“公子素恶高克进之不以礼，文公退之不以道”[7]也。旧说系马曰维，系牛曰缕，《公羊》曰：“牛马维缕。”[8]

【注释】

[1] 见《荀子 · 礼论篇》，原文为：故大路之马，必倍至教顺，然后乘之，所以养安也。

[2] 孔颖达疏：“若论量君马岁数，亦为不敬，亦被责罚。”后用“齿马之嫌”指议论宫廷内部事务的嫌疑。

[3] 骖以言大夫，驷以言诸侯。

[4] 出自《诗经 · 小雅 · 白驹》，縶，用绳绊住马脚。维，栓住马缰绳。

[5] 嘉客：佳客，贵宾。

[6] 出自《诗经 · 郑风 · 清人》，英，毛制的璎珞。重英，两层璎珞，古时每辆战车上都树两支矛，一支用它攻打敌人，一支备用。翱翔：指驾着战车遨游。乔，亦作鷮，长尾野鸡，此指以鷮尾为矛璎。

[7]《诗序》有曰：“公子素恶高克进之不以礼，文公退之不以道，危国亡师之本，故作是诗也”。

[8]《公羊传 · 昭公二十五年》：“且夫牛马维娄，委已者也，而柔焉。”何休注：“系马曰维，系牛曰娄。”

【译文】

马长到两岁叫作“驹”，三岁叫作“駣”，八岁叫作“馴”。马每长八岁就会发生一次变化，所以字形从八。常言道：“七岁的青白相间的騘马长到八岁就会变成白马。”传言道：“大夫骑乘驹。”大概是驹的血气还未长到旺盛，会有互相倾轧的危险，所以大夫骑乘它。《荀子》中说：“走大路的马匹，必须要等到它年长，教化它使其顺服，然后骑乘它，才能保持安全。”倍是说等到马年长后叫作倍。现在的牧人选择马匹，十六岁往上的才用它进献御前，这是前代传下的方式。《曲礼》中说：“讨论君王所驾乘马匹的年龄，应当被诛杀”，君主所驾乘马匹岁数自然高，所以“讨论君王所驾乘马匹的年龄，应当被诛杀。”君之马应得到广泛的尊敬。《诗经》中说：“驾车有少壮的驹马，六辔润泽鲜妍。”而后写“系上骐系上骆，系上骃和骐”。骆和骃，根据上边的文字，应当都是驹。大夫骑乘驹车驾有三匹，现在称作六辔的，是大官员上奉的原因。《礼》中说：“上大夫，就是卿”。卿与诸侯驾乘四匹马。《说文解字》中字形从句，读音“拘”，是因为驹的血气还未旺盛，应当拘束控制它的原因。《诗经》中说：“用绳绊住马脚，拴住马缰绳。”意思大概就是取自这里。第一句说：“光亮皎洁小白马，吃我园中嫩豆苗。拴好缰绳绊住脚，就在我家过今朝。所说那位贤德人，请在这儿尽逍遥。”第二句说：“光亮皎洁小白马，吃我园中嫩豆叶。拴好缰绳绊住脚，就在我家过今夜。所说那位贤德人，在此做客心意惬。”古人早上吃饭叫作饔，傍晚吃饭叫作飧。飧，就是吃粗劣的事物，所以这首诗描述“苗”时说“就在我家过今朝”，描述“藿”时说“就在我家过今夜”。“逍遥”，是按道理来说；“贵宾”，是按礼节来说。《清人》中说：“两支矛装饰重重红缨络，在河边来去翱翔多欢畅。两支矛装饰重重野雉毛，在河边来回闲逛真逍遥。”“翱翔”是说礼节的事情；“逍遥”，是说道理的事情。河上不是合适的地方，然而却在河上防御，所以《诗序》中说“公子讨厌清高只顾前进而不按礼节的，文公隐退却不按常理来”。旧时有说拴住马缰绳叫作维，拴住牛缰绳叫作缕，《公羊》中说：“系牛马叫作维缕。”

駥

《周官》：“马八尺以上为龙。”[1]戎马之高，盖亦准此，故《尔雅》曰“马八尺为駥”也。駥即戎马，故其字指事。而戎事齐力尚强，故《尔雅》又曰“绝有力，駥”[2]也。《校人》云：“种马一物，戎马一物。”[3]“戎马”，即“駥”是也；“种马”，即“龙”是也。史言良马谓之“龙种”，盖出于此。

【注释】

[1] 见《周礼·庾人》，原文为：马八尺以上为龙，七尺以上为騋，六尺以上

为马。

[2] 马绝有力者名駥。郭云“即马高八尺者”。

[3] 辨六马之属：种马一物，戎马一物，齐马一物，道马一物，田马一物，驽马一物。

【译文】

《周官》中说：“马身高八尺以上的叫作龙。”征伐用马的身高，大概也是以此为标准，所以“尔雅”中说“马身高八尺的叫作駥”。駥就是征伐用的马，所以它的字指代戎事（征伐之事）。而征伐之事需要团结一致崇尚强力，所以《尔雅》中又写道“马中十分有力量的，叫作駥”。《校人》中说：“种马是一种马，戎马是另一种马。”“戎马”，就是“駥”；“种马”，就是“龙”。过去说良马叫作“龙种”，大概就是出自这里。

埤雅·卷十三

释木：桃、甘棠、梅、李、枫、槐、枣、棘、木瓜、谷、杨、柚、橘、唐棣、常棣

桃

桃，有华之盛者，其性早华，又华于仲春[1]，故《周南》以兴女之年时俱当。谚曰："白头种桃。"又曰："桃三李四，梅子十二。"言桃生三岁便放华果，早于梅李，故首虽已白，其华子之利可待也。然皮束茎干颇急，四年以上宜以刀劚其皮，不然皮急则死，故《周南》复取少桃以兴，所谓"桃之夭夭"是也。一章曰"灼灼其华"，灼灼者，其华之红而丽也，言女以盛时而嫁。二章曰"有蕡其实"，蕡，大貌。盖桃性更七八年便老，老则子细，此言少桃，故曰"有蕡其实"，言非但有华色，又嫁而有子，夫妇之道成焉。三章曰："其叶蓁蓁"，蓁蓁，盛也，言能成其家，又以芘其所赖也。且桃性华叶齐生，至于"有蕡其实"，然后"其叶蓁蓁"，故其序如此。抑阴青繁合，休息者赖之，又在夏之时也。《魏》之诗曰："园有桃，其实之殽；园有棘，其实之食。"[2]言国君有一国以为养，今也资园桃以为殽，赖园棘以为食，而园之外莫理焉，则徒俭以啬，而不能用其民可知也。《礼》曰："王吊，则巫祝以桃茢[3]前王。"桃，鬼所恶，而茢以祓除不祥，所以异于生也。《本草》[4]云："桃枭主杀百鬼精物。"桃枭，木干如枭，磔[5]首木上，故曰"枭"也。《典术》[6]曰："桃者五木之精，故能厌伏邪气。服其华，令人好色。"盖仙木也。赋曰："桃华靧面。"《家语》[7]曰："六果桃为下，祭

祀不用，不登郊庙。”此言祭祀不用而已，《周官·馈食之笾》曰：“其实枣、栗、桃，乾；藤、榛，实。”则桃用其干尔。枣、栗、桃言干，藤、榛言实，则先儒谓“藤，干梅也”非是，藤为梅而已。《汉武帝故事》[8]云：“海上有蟠桃，三千霜乃孰，一千年开华，一千年结子。东方朔尝三盗此桃矣。”按：仙家日月长，其果之华实自然久也。《南华真经》[9]曰：“北冥有鱼，其名为鲲，化而为鸟，其名为鹏。鲲鹏之大，不知其几千里也。”郭象以为此岂好奇哉，直以大物必自生于大处，大处亦必自生此大物。

【注释】

[1] 花：作名词同“花”，例如：花如橘。作动词意为开花，例如：桃李始花。

[2] 出自《诗经·国风·魏风》中的“园有桃”篇，文中所引大意为“园中桃树壮，结下桃子鲜可尝。”“园中枣树直，结下枣子甜可食。”

[3] 桃茢：桃杖与扫帚。古代用以辟邪除秽。

[4]《本草》即《神农本草经》，简称《本经》，是现存最早的中药学专著，作者不详，约成书于秦汉时期。原书早已佚失。南朝陶弘景为《神农本草经》做注，并补充《名医别录》，编定《本草经集注》共七卷。清朝孙星衍将《神农本草经》考订辑复，成为现在通行本。

[5] 磔（zhé）：古代祭祀时分裂牲畜肢体。

[6]《典术》：不知何书，李昉《太平御览》中引此书，做王建平《典术》，疑为王建平所作，但王建平不知何人。从所引文字中推测，可能为博物类著作。

[7] 即《孔子家语》，又名《孔氏家语》，或简称《家语》，为孔子门人所撰。原书二十七卷，今本为十卷，共四十四篇。是一部记录孔子及孔门弟子思想言行的著作。

[8] 又名《汉武故事》，共一卷，是一篇杂史杂传类志怪小说，作者不详，成书年代不早于魏晋。《古今说海》《古今逸史》《说郛》等，均收有本书。今以鲁迅《古小说钩沉》所辑本较为精备。

[9] 即《庄子》，庄周在唐玄宗时，被追号“南华真人”，所撰著的《庄子》一书，也被尊为《南华真经》。《汉书·艺文志》著录《庄子》五十二篇，但留下来的只有三十三篇。其中内篇七篇，一般定为庄子著；外篇杂篇可能掺杂有他的门人和

后来道家的作品。

【译文】

桃，是花开得最好的一种树，它的属性是开花较早，又在仲春开花。所以《周南》用女儿出嫁的年纪来对应。有谚语说“白头老人种桃树，也能赶得上吃”。又说“从栽种到结果，桃子三年，李子四年，梅子十二年。”意思是桃树种下三年就能开花结果，比梅、李要早许多。所以虽然头发已经全白，还有时间可以等待桃树的花果。然而桃树生长地很快，种植四年以上的桃树最好用刀划它的树皮，否则皮急就会死掉。《周南》又用幼年的桃树来比兴，说的就是“桃花盛开的样子”。第一章说“花开得红灿灿”，红灿灿的，它的花朵明艳靓丽，意思是女子在最好的年纪出嫁。第二章说“桃树果实累累”，蕡是多而大的样子。桃树的属性大概七八年就变老，衰老之后就少有果实，这说的是少年时的桃树。所以说“桃树果实累累”。说的是女子非但有花一样艳丽的容颜，又嫁人育有子女，已成夫妻之道。第三章说“桃树绿叶茂盛”，蓁蓁是茂盛的样子，意思是说女子成家，又能荫庇自己所依赖的东西。而且桃树的花叶一齐生长开放，先是“有蕡其实”，然后“其叶蓁蓁”，所以顺序就是这样。等到桃树郁郁青青，树荫可以供行人休息的时候，就是夏天的时候了。《魏风》有诗说：“园中桃树壮，结下桃子鲜可尝。园中枣树直，结下枣子甜可食。”意思是国君有一整个国家需要供养，现在用园里的桃子作为佳肴，用园里的枣子作为食物，而院子外面就不再管理，则节俭而吝啬，可知所得不能用在民众身上。《礼记》记载：“国王去吊唁臣子时，要让巫祝卜史执桃枝来扫除不祥。”桃树是百鬼所厌恶的东西，作成扫帚来祓除不详，这是跟活着的人不同的地方。《本草》说“桃枭能杀百鬼之精”，桃枭，它的枝干像枭，好似头长在木头上，所以叫“枭”。《典术》说：“桃树是五种树木的精华，所以能压住邪气。服用它的花朵，能让人面生华容。”这是带有仙气的草木。有赋云“用桃花洗脸”。《孔子家语》说“六种果子中桃是最低下的，不用于祭祀，不能登上庙堂。”这是说祭祀不用而已。《周官·馈食之笾》说：“果实中枣、栗、桃是果干，藤、榛是鲜果。”则桃用的是果干。枣、栗、桃叫果干，藤、榛叫果实，先儒说“藤是干梅。”并不是这样，只是藤是梅而已。《汉武帝故事》说：“海上生长有蟠桃树，三千年才成熟，一千年开花，一千年结果。东方朔曾经多次偷这些桃子。”按：仙界日子比人间更长更慢，桃子的果实成熟时间自然也更久。《南华经》说：“北方的大海里有一条鱼，它的名字叫作鲲。变化成鸟，它的名字叫作鹏。鲲鹏的脊背之大，不知道长到几千里。”郭象认为这是神奇的现象，是因为宏大的东西自然一定生于宏大的地方，宏大的地方也必然生长出宏大的东西。

甘 棠

《释木》云：“杜，甘棠。”甘棠，今之杜梨也。又曰：“杜，赤棠；白者，棠。”樊光云：“赤者为杜，白者为棠。”陆玑《草木虫鱼疏》[1]以为赤棠与白棠同尔，但子有赤白美恶，子白色为白棠，甘棠也；赤棠子涩而酢，无味，俗语曰“涩如杜”是也。《字说》[2]云：“《诗》言‘蔽芾甘棠’，以杜之美；言‘有杕之杜’，以棠之恶。说诗者以意逆志，乃能得之。”《甘棠》之诗一章曰“勿翦勿伐”，二章曰“勿翦勿败”，三章曰“勿翦勿拜”。伐，将以绝之也；败，残之而已；拜，屈之而已。于公所茇，戒以勿伐；所憩，戒以勿败；所说，戒以勿拜。言人思召公之德，久而弥深，爱其棠弥至也。孔子曰：“吾于《甘棠》见宗庙之敬也。”刘歆《庙议》[3]以为：“思其人尚爱其木，况宗其道而毁其庙乎？”故曰：“苟有功德则宗之，不可预为设数。”故于殷，太甲为太宗，太戊曰中宗，武丁曰高宗。由是言之，宗无数也。然则所以劝帝者之功德博矣。

【注释】

[1]《草木虫鱼疏》：即三国时吴陆玑所著《毛诗草木鸟兽虫鱼疏》，共两卷，是一部专门针对《诗经》中提到的动植物进行注解的著作。

[2]《字说》：北宋王安石所撰，共二十卷（王安石《进〈字说〉表》称“二十四卷”）。后来新政既罢，此书遭禁而湮没不传。今人张宗祥、胡双宝各有辑本。

[3] 刘歆《庙议》："庙议"是西汉时关于"五庙"与"七庙"之礼为中心的争论，刘歆当时亦有建言，此处当指此。

【译文】

《释木》说："杜是甘棠"，甘棠就是现在的杜梨。又说："杜是赤棠，白色的叫棠"。樊光说："赤色的是杜，白色的是棠"。陆玑《草木虫鱼疏》认为赤棠和甘棠是一样的，但是果实有赤白好坏之分。白色果实的是白棠，就是甘棠。赤棠果实干涩，食之无味。俗语说"像杜一样苦涩"就是这个意思。《字说》中说："《诗经》说'梨棠枝繁叶又茂，'说的是杜的美好。说'有一株高大孤立的甘棠树，'说的是棠梨之恶。"解说诗的人要通过自己读作品的感受去推测诗人的本意，这样才能真正读懂诗。《甘棠》诗的第一章说："不要修剪莫砍伐"，第二章说："不要修剪莫损毁"，第三章说："不要修剪莫拔掉"。伐，是将它砍尽，败，是使它残缺而已，拜，是折它的枝叶而已，因为召伯曾经在树下居住，所以告诫后人不要砍伐。因为召伯曾在树下休息，所以告诫后人不要损毁。因为召伯曾经在树下欢娱，所以告诫后人不要折损它的枝叶。说的是人思念召公的高尚品德，越久而越深切，对他的棠梨额热爱也就越深切。孔子说："我从《甘棠》中见到了对宗庙的敬意。"刘歆《庙议》认为："思念一个人尚且爱护他的根本，更何况是遵循他的道理却毁掉他的宗庙呢?"所以说："我们尊重怀念有功德的人，不可以预先设定。"所以在殷朝，太甲叫太宗，太戊叫中宗，武丁叫高宗。这样看来，有无数个宗。因此劝帝王要功德广博。

梅

梅，一名"柟"，杏类也。其实酢，子赤者材坚，子白者材脆，华在果子华中尤香，俗云"梅华优于香，桃华优于色"，故天下之美，有不得而兼者多矣，若荔枝无好华，牡丹无美实，亦其类也。《记》[1]曰："夔其穷与?"梅先桃李而华，女失婚姻之时，则感己之不如。亦梅华虽先桃李，然其着实乃更在后，则婚姻之年或未慊[2]也，故诗人以兴焉。《诗》曰："摽有梅，其实七兮。”“摽有梅，其实三兮。”“摽有梅，顷筐塈[3]之。”言梅盛极而落，存者十七已；而十三，则已失婚姻之时矣；顷筐塈之，则婚姻尤晚矣。得及男女之时而已。盖始于季秋、终于仲春者，婚姻之时也；三十而娶，二十而嫁者，男女之时也。《周南》婚姻以时，《召南》则男女得以及时而已。且及者，汲汲之词，此其所以浅迫而为《召南》。然则鲁、卫之政，兄弟也，《周》《召》之化，其父子欤？《诗》曰：“墓门有梅，有鸮萃止。”言墓门之隧既非梅之所宜生，而鸮之为物，食葚而甘之以自美，非梅之所能养而美之者也，犹之陈佗[4]无良师傅养成其质，以至于不义。且鸮所鸣，民有祸，则恶加于万民之譬也。今江湘二浙四、五月之间梅欲黄落，则水润土溽，础壁皆汗，蒸郁成雨，其霏如雾，谓之“梅雨”，沾衣服皆败黦。故自江以南，三月雨谓之“迎梅”，五月雨谓之“送梅”，转淮而北，则否。亦梅至北方多变而成杏，故人有不识梅者，地气使然也。传曰：“五月有落梅风，江淮以为信风。亦华信风之类。”贾思勰曰：按梅华早而白，杏华晚而红；梅实小而酸，杏实大而甜；梅可以调鼎，杏则不任此用。世人或不能辨，言梅、杏为一物，此则北人不识梅也。”《诗》曰：终南何有？有条有梅，君子至止，锦衣狐裘。”条，柚也。盖柚渡淮而为枳，梅变而成杏，今终南之所生，有条有梅而材实成焉，则山之所以美化，乃在乎此，以譬，则人君之道化也。《书》曰：“若作酒醴，尔惟曲糵；若作和羹；尔惟盐梅。”[5]盖造而始之者，曲糵[6]也；调而成之者，盐梅也。高宗之于傅说，始命之曰“用汝作砺”，言命汝作此而已，所谓“格则庸之”者也；终命之曰“尔惟曲糵”“尔惟盐梅”，则其所以待之厚矣。盖“曲糵”所以作酒故也，盐梅所以作和羹故也。《七命》[7]云：“燀以秋橙，酤以春梅。”正言“春梅”者，春实尚青，味酢故也。《淮南子》注曰：“一梅不足为百人酸。”喻少不能有所胜，故曰：“金重于羽者，岂谓一钩金与一舆羽之谓哉？”[8]旧说大庾岭上，梅南枝落，北枝始华。故文二人向阳为从，向阴为比。士之趋向，不可不慎也。

【注释】

[1] 即《礼记》，西汉戴圣对秦汉以前汉族礼仪著作加以辑录，编纂而成，共49篇。为十三经之一。

[2] 慊（qiàn）：不满足的样子。

[3] 摽（biao）：落下，坠落。有：助词，没有实义。塈（xì）：取。

[4] 陈佗：为春秋诸侯国陈国君主之一，是陈文公的儿子。公元前 707 年正月，在兄长陈桓公（妫鲍）病重期间，杀死桓公太子妫免，担任该国君主。一年后（前 706 年）八月为蔡人所杀。

[5]《书》即《尚书》，约成书于战国时期，是中国古代最早的一部历史文献汇编。流传至今的《尚书》包括《今文尚书》和《古文尚书》两部分。《今文尚书》共二十八篇，《古文尚书》共二十五篇。醴（lǐ）：甜洒。蘖（niè）：酿酒的曲子。此句大意为：我如果要酿酒，你就是酒曲，我要做肉羹，你就是调味的盐和梅子。

[6]“麴蘖”亦作“麴孽”，亦作“麯糵”：指酒曲。

[7]《七命》西晋张协撰，《隋书·经籍志》录张协有集四卷。

[8] 出自《孟子·告子下》。

【译文】

梅，有个名字叫“柟”属于杏类，它的果实是酸的、红色果子的较坚硬，白色果子的较清脆。它的花在结果的花中尤其香。俗话说“梅花的香味更好，桃花的颜色更好”，所以文下的美好之处，不可得兼的太多了 . 比如荔枝没有好的花朵，牡丹没有美好的果实，也是这样的。《礼记》，说：“夔这个人是不是只懂得乐而对礼却一窍不通？" 梅比桃李先开花，女子婚姻失败时，就感到自己不如（桃李）但梅虽然比桃李先开花，但它的果实却远在其后，到了该婚配的年纪没有满足，所以诗人借以起兴。《诗经》说：“梅子纷纷落地，树上还剩七成。”“梅子纷纷落地，树上还剩三成”，“梅子纷纷落地，收拾要用筐子”。说的是梅开到极盛时凋落，存留有十分之七。而剩到十分之三的时候，就是失掉婚姻大好时机的时候。用筐子拾捡，那婚姻就更晚了，始于季秋、终于仲春的，是婚姻的好时候；三十娶妻，二十嫁人，是男女的好时候。《周南》说婚姻要按时，《召南》则说男女婚姻要及时。及的意思，是急切之语，这就是为什么作《召南》的原因。然而鲁国、卫国的政治如同兄弟，《周》《召》的教化，难道是父子吗？《诗经》说：“你家墓道门前长满酸枣枝，有群夜猫子栖落在枝头叫。”说的是墓门过道前不是适宜梅树生长的地方，而对于鸮来说，吃甜的桑葚就很好，不是用梅养育就可以变好的，就像陈佗没有好的师傅教养让它成材，以至于到达不仁义的境界。况且鸮鸣叫，象征人民有祸事，比喻万民有难。现在江、湘的二月。浙的四、五月之间梅子变黄要落下，则水土都变得湿润，土做的墙壁都渗出水，水蒸气变成雨，像雾一样，叫作“梅雨”，沾到衣服上就消失了。所以长江以南的三月雨叫作“迎梅”，五月雨叫作“送梅”，淮水以北则没有。也因为梅到北方多变成邪，所以人们有不认识梅的，是地域性质的缘故。传记载：“五月风称‘落梅风’，江淮一带会刮起信风，也就是花信风之类的。”贾思勰说：“梅花开放早而白，杏花晚而红；梅的果实小而酸，杏的果实大而甜；梅可以焚香，杏则不能有这个用途。世人或有不能分辨的，说梅、杏是同一种东西，这就是北方人不认识梅了。”《诗经》说：“终南山上有什么？有山楸来有梅树。有位君子到此地，锦绣衣衫狐裘服。”条，是柚树。柚渡过淮水而变成枳，梅变成杏，现在终南山所生长的，有条和梅而成材，山也因此得到美化，用这个来比喻人君的教化之道。《尚书》说：“我如果要酿酒，你就是酒曲，我要做肉羹，你就是调味的盐和梅子。”酿酒的开始用的是酒曲；调和而成用的是盐梅。高宗对于傅说，才开始说“用他作重臣”，说的是命令他做这件事而已，就是“亲自尝试就平庸了”；最终说“你就是酒曲”“你就是调味的盐和梅子”，就是为什么亲厚对待他的原因。这就是“曲糵”用来制作酒的缘故，盐梅用来制作肉羹的缘故。《七命》说：“用秋天的橙子燃烧，用春天的梅子酿酒。”说的是“春梅”，春天的果实还是青色，味道很酸的缘故。

《淮南子》注曰：“一棵梅子不会让一百个人觉得酸。”比喻少数则不会胜利，所以说：“金比羽毛重，难道是说三钱多重的金子比一大车的羽毛还重吗？”旧时说在大庾岭上，梅南边的枝叶落下，北边的才开始开花，所以在写字的时候两个向阳的人就是从，两个向阴的人就是比。士人的趋向，不可以不慎重。

李

《素问》[1]曰："李、韭皆酸。"李，东方之果，木子也，故其字从木从子。性颇难老，老虽枝枯，子亦不细，其品处桃上，故果属有六，桃最为下。孔子饭黍，不以雪桃。而《诗》曰："投我以桃，报之以李。"又曰："丘中有麻，彼留子嗟。""丘中有麦，彼留子国。""丘中有李，彼留之子。"言麻以衣之，麦以食之，又有李焉，且皆丘中植之，则留子之政修矣，此人之所以思之。《法言》[2]曰："男子亩，妇人桑之谓思。"《吕子》[3]曰："子产相郑，桃李之垂于術[4]者，莫之援也。"然则丘中有李，又能使人不盗也。《尔雅》曰："桃曰胆之，枣、李曰疐之。"盖枣、李之脐去疐而已。旧云桃、李种法大率欲方两步一根，密则阴，辄相扇，不惟子细，味亦不佳也。《论语》曰："朋友数斯疏矣，有是哉！"《化书》[5]曰："李接桃而本强者，其实毛；梅接杏而本强者，其实甘。"此明造化之权有以知巧而移矣。《庄子》曰："接子[6]之'或使'。"此之谓也。《尔雅》曰："休，无实李。"言可休息而已，无实可食也。

【注释】

[1] 即《黄帝内经素问》简称《素问》，古代中医学著作之一，相传为黄帝创作，大约成书于春秋战国时期。原来9卷，后经唐王冰订补，改编为24卷，计81篇，定名为《黄帝内经素问》。

[2] 西汉·杨雄撰，史称《法言》为扬雄模仿《论语》而作，《法言》形式上类似语录，全书共13卷。《法言》的注释有晋代李轨《扬子法言注》，宋代司马光《法言集注》清嘉庆聚文堂本，清代汪荣宝《法言义疏》1933年排印本。

[3] 即《吕氏春秋》，战国末年吕不韦组织属下门客们集体编撰的杂家著作，又名《吕览》，有八览、六论、十二纪，共二十多万言。

[4] "術"" 当为"街"之误。五雅本作"街"，《经训堂丛书·吕氏春秋》（清乾隆毕沅校刻本）作"行"，通"街"。根据原文意为：子产在郑国为相国，他去见壶丘子林，就跟他的学生们坐在一起，而且一定是按年龄来安排座次。子产这是把

自己相国的尊贵地位放在一边，而不是凭借自己的地位去居上座。作为一个身为万乘大国的相国，而能丢掉自己相国的架子，去与其他人一起谈论思想，议论品行，真心实意地与他人一起探索，大概也只有子产能这样做吧。他在郑国做了十八年的相国，仅处罚过三个人，处死两个人。那时候的郑国，桃李下垂到路上，也没有谁去摘。“行”的本义为道路、街道。

[5]《化书》：道教著作，唐末五代谭峭撰。共六卷，分道、术、德、仁、食、俭六化，一百一十篇。

[6] 接子：战国时期齐国稷下学宫学者，曹姓，接氏，真名失考。

【译文】

《素问》说：“李、韭的味道都是酸的”。李，是东方之果，木子，所以它的字从木从子。树性很难老去，衰老之后枝叶虽然枯了，果实也不会变小。它的品质在桃之上，果类有六种，桃为最下。孔子吃饭时先吃黍，而不用它来擦洗桃子。而《诗经》说：“他把桃子送给我，我以李子回赠他。”又曰：“土坡上一片大麻，有郎的深情留下。”“土坡上一片麦田，有郎的爱意缠绵。”“土坡上一片李林，有郎的真情爱心。”说的是麻用来穿，麦用来吃。又有李子，且都在山丘上种植，则留子政治清明，这是后人所以思念他的原因。《法言》说：“男子躬耕，女子种桑，叫作秩序。”《吕子》说：“子产在郑国作宰相，桃李果实从树上垂下来，也没有人去摘。”然而山坡上有李子树，又能使过路行人不偷盗。《尔雅》说：“桃叫作胆，枣、李叫作疐。”大概是把枣、李表面的蒂去掉而已。旧时说桃、李的种植方法，大部分人都是两步种一棵，种的浓密则不透光，动不动就互相侵袭。不光果实细小，味道也不好。《论语》说：“劝谏朋友太多，就会被疏远，就是这样的！”《化书》说：“李嫁接到桃树上而原本的树木强壮的，它的果实小；梅嫁接到杏树上而原本的树木强壮的，它的果实甜。”这说明自然造化万物会权衡事物的不同性质，以此性之长补彼性之短而实现不同事物之间的优化组合。《庄子》说：“接子认为‘万物之动或有某种力量使之然’”，说的就是这个。《尔雅》说：“休不结果的李树下用来休息。”说的是李树可以用来休息而已，没有果实可以吃。

枫

《释木》云："枫，欇欇[1]。"枫似白杨，有脂而香，今之香枫是也。木厚叶弱，枝善摇，故字从风作，音从风也。叶作三脊，霜后色丹，所谓"丹枫"。其材可以为式，《兵法》曰："枫天枣地，置之槽则马骇，置之辙则车覆"[2]是也。旧说枫之有瘿[3]者，风神居之，夜遇暴雷骤雨，则暗长数尺，谓之"枫"。人天旱以泥封之，即雨，故造式者以为盖；又以大霆击枣木载之，所谓"枫天枣地"。盖其风雷之灵在焉，故能使马骇车覆也。枫尊枣卑，故式覆以风枫，载以雷枣。古者王禁被以枫槐，外朝之位树九棘[4]焉。赋曰："兰若充庭，槐枫被宸。"此之谓也。

【注释】

[1] 欇：音 shè。

[2] 枫天枣地：明代谢肇淛《五杂俎》中称："枫、枣二木皆能通神灵，卜卦者多取为式盘。式局以枫木为上，枣心为下，所谓枫天枣地是也。"

[3] 瘿（yǐng）：树木外部隆起如瘤者。

[4] 根据《周礼》中的规定，古代群臣外朝之位，通常树九棘为标识，以区分等级。郑玄认为："树棘以为立者，取其赤心而外刺，象以赤心三刺也。"后以九棘为九卿的代称。

【译文】

《释木》记载："枫，欇欇"。枫树就像白杨，有树脂并且很香，就是现在的香枫。木质厚重，枝叶柔弱，树枝常常摇摆，所以枫字以"风"做偏旁，读作"枫"。树叶有三条叶脉，秋天下霜之后颜色变成丹红，就叫作"丹枫"。它的木材可以做成式盘，《兵法》说："枫天枣地，放在马槽中则马很害怕，放在车辙上则会翻车"。以前说树上有像瘤子一样隆起的枫，是风神居住在那里，夜里遇上雷声大作，狂风骤雨，就暗暗地长高几尺，把这个叫作"枫"。人们遇上大旱天气用泥土封住它，就会下雨，所以制作式盘的人用它作盖子；又用雷击的枣木做底，这就是所说的“枫天枣地”。因为风雷之神的灵气在其中，所以会使马惊车翻。枫树尊贵，枣树卑微，所以式盘用枫树作为盖子，枣树作为底座。古时宫禁（帝王所居之所）周围种植枫树和槐树，群臣外朝之位种植棘树。景福殿赋中说：“兰草杜若种满庭院，槐树枫树围绕王宫”。说得正是此意。

槐

《春秋说》[1]曰：“槐者，虚星之精。”槐性畅茂，上棘，《尔雅》所谓：“如槐曰茂”，又曰：“槐、棘丑乔；桑、柳丑条”是也。《周官》：“外朝之法：左九棘，孤卿、大夫位焉……右九棘，公、侯、伯、子、男位焉……面三槐，三公位焉。”盖槐取黄中外怀，又其华黄，其成实玄故也；棘取赤中外刺，又其花白，其成实赤故也。盖圣人取义简博，植一物而众善举，故曰“礼乐法而不说”。《诗》曰：“驷騵[2]彭彭。”传云：“骍马白腹曰騵。”言上周下殷也。《西方之书》[3]以莲华取义，盖以如此。莲华有白、有青、有赤，其所表示则白，净也；青，善也；赤，觉也。能随众缘应时开，敷悦可众心而非实也，然实亦因此，是之谓“妙莲华”。旧云弱槐初生，不能自立，即于槐下种麻，胁槐令长，既植移而莳[4]之，亭亭若一，所谓“蓬生麻中，不扶自直”者也。所以君子居必择乡，游必就士。《天玄主物簿》[5]曰：“槐木生丹，不复凋残也。木身润滑，常有香气，如焚松风。”由是观之，内丹之益，岂虚言哉！

【注释】

[1]《春秋说》，即《春秋说题辞》。该书是《春秋纬》之一，又名《春秋说题》《春秋纬说题辞》，旧有魏宋均注，自《七录》以来不见著录，亡佚已久。今有清代黄奭辑本，不分卷。

[2] 驷騵：驾一车之四匹赤毛白腹马。

[3] 应泛指西方佛经，“莲华取义”，《法华经》以莲华比喻正法的经典。

[4] 莳（shì）：栽种。

[5]《天玄主物簿》，作者、内容不详。

【译文】

《春秋说》记载："槐，是虚星的精华。"槐树的性质茂密，上有荆棘，《尔雅》所说的："像槐树一样叫作茂盛"，又说："槐、棘的乔木丑；桑、柳的树枝丑"。《周官》记载："外朝的官位：左边是九棘，有孤卿、大夫……右边是九棘，有公、侯、伯、子、男……对面是三槐，是三公的位置。"盖槐取黄中外怀，因为它的花是黄色，长成的果实是黑色的缘故；棘取赤中外刺，又因为它的花是白色，长成的果实是红色的缘故。因此圣人所取的意义简明而内涵广博，种植一物而代表众多善举，所以说"礼乐有规矩而不可说"。《诗经》说："驾车驷马健壮雄骏。"传云："白色肚子的骊马叫作騵。"说的是上周下殷。《西方之书》取莲花之义，认为就是这样。莲花有白、有青、有赤，它们所表示的意思是：白，是洁净；青，是向善；赤，是悟道。它能随着众人的缘分应时而开，它吐郁芬芳能让人心生欢喜，虽然并非真的如此，然而确实是这个原因，所以叫"妙莲花"。旧时说弱小的槐树最初生长时，不能自立，所在于槐树下种麻，帮助槐树令其长大，等到移走而插入土中，亭亭植立，就是所谓的"蓬昔日长在大麻田里，不用扶持，自然挺直。"所以君子居住一定要选择好的乡居，交游一定要接近读书人。《天玄主物簿》说："槐木长出丹，就不会再凋残了。木头自身润滑，常有香气，就像风里焚烧了松香。"由此可见，内丹的功效，难道是虚妄之言吗？

枣

棘大者，枣；小者，棘。盖若酸枣，所谓"棘"也。于文重朿为枣，并朿为棘。一曰棘实曰"枣"。盖枣性重乔，棘则低矣，故其制字如此。《诗》曰："八月剥枣，十月获稻。"剥，击也。枣实未孰，虽击不落，已孰则烂，不击自堕。盖收枣，击而落之，故《齐民要术》所谓："全赤即收，收法撼而落之为上"是也。且枣全赤即收，故干则红皱，复無[1]乌鸟之费；半赤而收者肉未充满；干复黄皱将赤，味亦不佳，故于全赤之时剥而落之。《夏小正》[2]曰："剥枣栗零。"剥也者，取也；零也者，降也。零而后取之。今采华药亦各有时，《笔谈》[3]云："如紫草未华时采，则根色鲜泽；华过而采，则根色黯恶。故用叶者取叶初长足时采，用华者取华初敷时采，用实者取成实时采。缘土气有早晚，天时有愆伏[4]，如平地三月华[5]者，深山中则四月华"是也。《孟子》曰："今夫麰麦播种而耰之[6]，其地同，树之时又同，浡然而生，至于日至[7]之时，皆熟矣。虽有不同，则地有肥硗，雨露之养、人事之不齐也。"世云啗枣令人齿黄。《养生论》[8]曰："齿居晋而黄。"晋齿食此故也。[9]

【注释】

[1] 無：五雅本作"為"。据文中意思，"為"字当误。

[2] 为《大戴礼记》中的第四十七篇，撰者无考。通常认为此书成于战国时期。《夏小正》由"经"和"传"两部分组成，全文共四百多字。

[3] 即《梦溪笔谈》，共 30 卷，其中《笔谈》26 卷，《补笔谈》3 卷，《续笔谈》1 卷。北宋科学家、政治家沈括撰，是一部涉及古代汉族自然科学、工艺技术及社会历史现象的综合性笔记体著作。

[4] 愆：音 qiān。伏：多指气候失常。

[5] 华：作动词，开花。

[6] 麰（móu）麦：大麦。耰（yōu）：指播种后翻土、盖土。

[7] 日至：指夏至或冬至。此处指夏至。

[8]《养生论》：三国嵇康作，是我国古代养生论著中较早的名篇。本文论述了养生的必要性与重要性。现存《嵇中散集》《昭明文选》等书中。

[9] 陆佃和《养生论》的作者都认为，山西人喜欢吃枣，所以牙齿都黄。根据现代医学的研究，这种观点有失偏颇，吉林大学地方病研究所李广生认为，嵇康所提到的这件事，可能是人类对氟斑牙最早的文字记录。自古以来山西就是高氟区，氟对人的牙釉质、牙本质和牙骨质都会造成损害，对牙釉质的损害形成氟斑牙。氟通过阻碍牙釉质的发育和正常矿化过程，使釉柱松散、排列紊乱、间隙扩大，牙齿表面失去光泽，牙面出现白垩斑点，严重则出现黄色、褐色斑点，甚至脱落，是地方性氟中毒最早最明显的身体特征之一。

【译文】

棘子大的，叫作枣；小的，叫作棘。像酸枣，就是所说的“棘”。从纹理上来说，重叠的是枣，并列的是棘。一种说法是棘的果实叫“枣”。枣的性质偏重乔木，棘则低矮一些，所以造字就有了这样的形状。《诗经》说：“八月收获枣子，十月收获稻子。”剥，就是击打。枣子的果实没有成熟的时候，即使击打也不会掉落，完全熟透就会烂掉，不用击打自己就会掉落。所以收枣子，要打击使它掉落，所以《齐民要术》说：“全部变红则可以收获，收枣子的方法以摇落为佳。”况且枣全红时就收获，则晒干后就变皱，也没有乌鹊鸟类啄食浪费。半红而收获的枣肉尚且没有长满，干了以后黄色的部分也会变红变皱，味道也不好，所以在枣子全红的时候击打它来收获。《夏小正》说：“击打枣和栗子使它们掉落下来。”剥就是取，零就是使它们降落。落下后取用。现在采花也要遵守时间，《笔谈》说：“如果在紫草没有开花的时候采摘，则根部色泽鲜艳有光泽；开过花之后再采摘，则根部变质，品质下降。所以需要用叶子的在叶子最初长成时采摘，需要用花的在花初开时采摘，用果实的在果实成熟后采摘。因为土地的灵气有早晚之分，天气有寒暑之别，比如平原地区三月开花的，在深山中则要四月才开花。《孟子》说：“现在把䴵麦播撒后耕种，种植它们的土地相同，时间也相同，勃然生长，等到秋天的时候都会成熟。即使会有不同，也就是土地的肥沃与贫瘠、雨水是否丰沛、人力是否尽心的区别。”世人说吃枣子使人牙齿发黄。《养生论》说：“在晋地生活而牙齿变黄”，是因为晋地的人常吃枣子的缘故。

棘

棘性坚强，费风之长养者，其心之生更难于干，故《诗》曰：“凯风自南，吹彼棘心”以言七子不令，费母之长养如此。《四时纂要》[1]云：“四月棘叶生，凯风之时也。”盖母虽失道，负罪引慝[2]，自谓不令，念其母之劳而忘其过者，孝子之道也，故序者曰：“《凯风》，美孝子也。”且其负罪引慝，自谓不令，念其母之劳而忘其过者，亦所以微切以感其母。公孙丑曰：“《凯风》何以不怨？”孟子曰：“《凯风》，亲之过小者也，亲之过小而怨，是不可矶也。”[3]盖微切以激之之谓“矶”。据此，丑闻《小弁》之义，则《凯风》之不怨自可推而得，今复云云者，亦异乎商、赐之言《诗》矣。《魏风》[4]一章曰：“园有桃”，二章曰：“园有棘”。棘，酸枣也，于果为下，以言昭公之节弥苦。传曰：“豫章以木称郡，酸枣以棘名邦。”旧云鹊巢中必有棘，盖棘性煖。今人养华之法，初春以棘数枝置华丛上，可以辟霜，护其华牙也。

【注释】

[1]《四时纂要》：约成书于唐末，或五代初。原书在中国早已佚失。1960年在日本发现了明万历十八年（1590）朝鲜重刻本，且为硕果仅存的本子。

[2] 引慝（yǐn tè）：意即承认罪恶。

[3] 矶：作动词本义为水冲击岩石，此处引申为激发、触犯。引句原文为：《凯风》，亲之过小者也；《小弁》，亲之过大者也。亲之过大而不怨，是愈疏也。亲之过小而怨，是不可矶也。根据下文“丑闻《小弁》之义”推之，原文引用当漏“《小弁》，亲之过大者也。亲之过大而不怨，是愈疏也”句是也。

[4] 即《诗经 · 国风 · 魏风》中《园有桃》篇，全诗二章，每章十二句，以桃园起兴，然后转入主题。

【译文】

棘的树性坚强，在风中长大，树心的生长比树干生长更困难。所以《诗经》说：“和风煦煦自南方，吹在枣树嫩芽上”，用来比喻七个儿子不肖，令母亲养育他们如此辛劳。《四时纂要》记载：“四月里枣的叶子开始生长，是温暖的南风开始吹拂的时候。”所以母亲虽然有失妇道，承认罪过，但儿子们说自己不肖，心中感念母亲的辛劳而忘记她的过错，这就是孝子之道。所以序中说：“《凯风》，是赞美孝子的诗。”况且他们承认过错，自己承认不肖，心中感念母亲的辛劳而忘记她的过错，也是用微小的细节来感动母亲。公孙丑说：“《凯风》哪里没有怨恨之情呢？”孟子说：“《凯风》，母亲的过错是小的，如果怨恨母亲的小过错，是不可矶（大石激水、水边突出的岩石或石滩）。”语言中激之切叫作“矶”。据此来看，联想《小弁》的意义，则

《凯风》没有怨恨之义就可以推想来，现在还坚持那种观点的，也和亦商、赐所说的《诗经》意义相去甚远。《魏风》的第一章说："园中有桃木"，第二章曰："园中有酸枣木"。棘，就是酸枣，在果子中为下品，用来表示昭公坚持气节非常艰涩困苦。传记载："豫章以它的木头材质优良而闻名郡县，酸枣以它的特有的刺闻名邦国。"旧时说乌鹊的巢中一定有棘，因为棘的树性暖。现在人养花的方法，在初春的时候用几枝棘放在花丛上，可以躲避严霜，保护花朵新发的嫩芽。

木　瓜[1]

《释木》云："楙[2]，木瓜。"木瓜叶似柰[3]，实如小瓜，其枝可为数号，一尺百有二十节，味酢[4]，善疗筋转，陶隐居云："如转筋[5]时，但呼其名及书上作'木瓜'字，辄愈。"盖梅望之而蠲[6]渴，楙书之而缓筋，理有相感，不可得而详也。谚曰："梨百损一益，楙百益一损。"投人之道宜有以益之，而报人则欲其坚久，故《诗》曰："投我以木瓜，报之以琼玖[7]"也。江左[8]故老视其实如小瓜而有鼻，食之津润不木者，谓之"木瓜"；圆而小于木瓜，食之酢涩而木者，谓之"木桃"。木李大于木桃，似木瓜而无鼻，其品又下木桃，亦或谓之"木梨"，"梨"盖声之误也。鼻即瓜之脱华处，里俗呼之为"咮[9]"，其着华处乃脐也。按：《鱼龙河图》[10]曰："瓜有两蒂两鼻者杀人。"[11]则鼻与蒂异矣。木瓜性脆，木李性坚，今人以蜂饴[12]渍之者取木瓜，煎之者取木李。且六果桃最为下。其诗一章曰"木瓜"，二章曰"木桃"，三章曰"木李"，以言投我弥薄而报之弥厚，则不应先桃后李如此。今木瓜或于孰时，镂纸作华粘之，以沈啰其上，得露日之气乃红，其文如生云。

【注释】

[1] 木瓜：别名榠楂、木李。是木瓜树结出的果实，可食用，也可药用，用途广泛。

[2] 楙（máo）：一种木桃。

[3] 柰（nài）：苹果的一种，通称“柰子”；亦称“花红”“沙果”。本句意指木瓜叶子的外形椭圆，像似花红或沙果。

[4] 酢（cù）：酸味。

[5] 转筋：俗名“抽筋”，多指腓肠肌挛急。由阴血气血衰少，风冷外袭或血分有热所致。发于小腿肚，甚则牵连腹部拘急。

[6] 蠲（juān）：除去、驱出、去掉。

[7] 琼玖（qióng jiǔ）：泛指美玉。

[8] 江左：地理名词，即江东。因长江在安徽境内向东北方向斜流，而以此段江为标准确定东西和左右。大致范围包括今苏南、皖南、赣东北。古人习惯以东为左，以西为右。东西与左右常可互相替代。魏禧《目录杂说》云：“江东称江左，江西称江右，自江北论之，江东在左，江西在右耳。”

[9] 咮（zhòu）：形声。字从口，从朱，朱亦声。“朱”意为“成年”。“口”为“喙”省。“口”与“朱”联合起来表示“成鸟之喙”。本义：成鸟之喙。《说文》：咮，鸟口也。从口，朱声。

[10] 河图是上古时代神话传说中伏羲通过黄河中浮出龙马身上的图案，与自己的观察，画出的“八卦”，而龙马身上的图案就叫作“河图”。

[11] 此句意为：长有两蒂两鼻奇异形状的瓜有毒性，食之对人体有害。

[12] 饴（yí）：用麦芽制成的糖。

【译文】

《释木》说：“楙木，就是木瓜”。木瓜的叶子像柰，果实像小瓜。它的枝节很多，一尺上有一百二十余节，味道酸，对治疗筋转之症很有效果。陶隐居说：如果转筋之症发作时，只要呼叫木瓜的名字，在书上写木瓜两个字，就痊愈了。望梅止渴，书楙则缓筋，道理只可感悟，无法详细叙述。谚语说：“梨百损而有一益，木瓜百益而有一损。”送人东西要对接收者有益，而回报别人要求长久。所以《诗经》说：“赠送我木瓜，我以琼玖回报。”江左的老人把果实长得像小瓜而有鼻，吃起来汁水津润的瓜叫“木瓜”，形状是圆的小于木瓜，吃起来酸涩的，叫作“木桃”。木李比木桃大，像木瓜而没有鼻，品质又在木桃之下，叫作“木梨”。“梨”是读音的错误。鼻就是花从瓜上脱落的地方，俗称“咮”，生长花的地方是脐。按：《鱼龙河图》说：“长有两蒂两鼻奇异形状的瓜有毒性，食之对人体有害。则鼻与蒂不同，木瓜清脆，木李坚硬。现在人们用蜂糖腌渍食用则取木瓜，煎食则取木李，且六果之中桃为最下品。这首诗第一章叫作“木瓜”，第二章叫作“木桃”，第三章叫作“木李”，说的是给予我越来越少而我回报越来越多，不应该这样先桃后李，现在木瓜成熟时，剪纸做成花粘上，以沈喋其上，得到露水、太阳的气息就会变红，纹理如同云。

谷

谷[1]，恶木也，而取名于“谷”者，谷，善也，恶木谓之“谷”，则甘草谓之“大苦”之类也。《诗》曰：“乐彼之园，爰有树檀，其下维箨[2]。乐彼之园，爰有树檀，其下维谷。”盖檀坚厚，箨脆薄，其别之易也；谷则恶木也而疑于美，散木也而疑于才，其别之则难矣。故一章言尚其树檀而下其箨，二章言尚其树檀而下其谷，以诲宣王分别善恶，有隆于后。且箴规者，友道也；诲诱者，师道也。《记》曰：“能博喻，然后能为师。”故《衡门》[3]三章，章四句，《鹤鸣》二章，章九句，皆比而不赋，则以诲诱故也。然僖公愿而无立志，故作《衡门》者以诱掖之；宣王则高才之主，特不能以有终尔，非愿而无立志者也，故《鹤鸣》一二以晓教之，又与诱掖[4]之诗异。《本草》曰：“楮，一名谷。”陶氏云：“即今构木。”误矣。先贤以为皮斑者是“楮”，皮白者是“谷”，有瓣者曰“楮”，无瓣者曰“构”。按：此非一种，《物类相感志》[5]云“其胶可以团丹砂，语曰：‘构胶为金石之漆’。”是也。《列子》[6]曰：“宋人有为其君以玉为楮叶者，三年而成，乱之楮叶中，不可别也。遂以巧，食宋国。列子闻之曰：‘使天地之生物三年而成一叶，则物之有叶者寡矣。’”[7]故圣人恃道化而不恃知巧，老子曰：“辅万物之自然而不敢为。”此之谓也。

【注释】

[1] 构树：落叶乔木，叶子卵形，叶子和茎上有硬毛，花淡绿色，雌雄异株。

亦称“构”“楮”。

[2] 箨（tuò）: 形声字。从竹，择声。本义: 竹笋外层一片一片地皮、笋壳。

[3] 即《诗经 · 国风 · 陈风》中《衡门》篇，全诗三章，每章四句。

[4] 诱掖: 引导扶植。

[5]《四库提要》载曰:《物类相感志》，旧本题东坡先生撰，然苏轼不闻有此书。又题僧赞宁编次。按晁公武《读书志》及郑樵《通志 · 艺文略》皆载《物类相感志》十卷，僧赞宁撰。是书分十八卷，既不相符。

[6]《列子》又名《冲虚经》，是道家重要典籍。相传为列子所撰。列子，生卒不详，名御寇，战国时期郑国人。《列子》共八卷，《汉书 · 艺文志》有著录，今本已非原书。《列子》有晋人张湛作注。唐天宝年间诏号为《冲虚真经》。北宋景德年间加封“至德”，号曰《冲虚至德真经》，列为道教重要经典之一。

[7] 此句概意为：宋国有一个替国君用玉石做楮树叶的人，耗费三年才做成。将它混在楮树叶中无法分辨出来。这个人从此就凭借这种手艺在宋国生活。列子先生听说这件事，说：“假如天下的生物，在三年里才长成一片叶子，那么树木有叶子的就太少了！作者以此喻说圣贤凭借的是道德教化而不是智慧机巧。”

【译文】

谷是不好的木头，而取名于“谷”，谷，代表善，不好的木头叫作“谷”，则甘草叫作“大苦”之类。《诗经 · 小雅》说：“在那园中真快乐，檀树高高有浓荫，下面灌木叶凋零。在那园中真快乐，檀树高高枝叶密，下面楮树矮又细。”檀木坚厚，箨叶脆薄，区别起来很容易；谷是不好的木材而人们会疑心它的美，散落的木头人们会疑心它的用处，好坏区别起来就很难了。因此第一章讲述要爱护檀木而去枯枝落叶，第二章讲述要爱护檀木而去楮树。用来隐晦地告诉宣王分别善恶，以彰后世。用箴言规劝的，是朋友之道；用道理隐晦诱导的，是师之道。《学记》说：“对各种知识能广泛而深入地理解，然后才有能力作老师。”所以《衡门》三章，每章四句，鹤鸣二章，每章九句，都是比而不赋，是因为要起到隐晦诱导的作用。然僖公愿意奋发而没有志气，所以作《衡门》来诱导他；宣王则是拥有高超才能的君主，特不能以有终尔，不是有意愿而无志气的人，所以《鹤鸣》一二章来使他通晓，又与隐晦诱导的诗不一样。《本草》记载：“楮，又名叫谷。”陶氏说：“就是现在的构木。”这是错误的。先贤以为树皮上有斑的是“楮”，白色树皮的是“谷”，有瓣的叫作“楮”，没有瓣的叫作“构”。按：楮和谷不是一种东西。《物类相感志》记载“它的胶可以黏合丹砂，注解说‘构木的胶可以做金石之漆’”就是这样。《列子》说：“宋国有一个替国君用玉石做楮树叶的人，耗费三年才做成。支干的粗细逼真，毛刺的各种色泽乱真，将它混在楮树叶中无法分辨得出真假。这个人从此就靠这种技巧在宋国生活。列子先生听说这件事，说：“假如天下的生物，在三年里才长成一片叶子，那么树木有叶子的就太少了！所以圣贤凭借的是道德教化而不是智慧机巧。”老子说：“圣人保持万物的自然状态而不会有所作为。”说的就是这个道理。

杨

《尔雅》曰：“杨，蒲柳。”所谓“董泽之蒲”[1]是也。今有黄、白、青、赤四种，白杨叶圆，青杨叶长，赤杨霜降则叶赤，材理亦赤，黄杨木性坚致难长，俗云岁长一寸，闰年倒长一寸。世重黄杨，以其无火，或曰：“以水试之，沉则无火。”取此木，必于阴晦夜，无一星，则伐之，为枕不裂。杨之孚甲[2]，早于众木，婚姻失时，则曾木之不如也，故《诗》曰：“东门之杨，其叶牂牂。”牂牂，盛也。“东门之杨，其叶肺肺。”肺肺，衰也，以言嫁娶之暮如此。《庄子》曰：“大声不入于里耳，《折杨》《皇华》，则嗑然而笑。”《折杨》，逸诗；《皇华》，即《诗》所谓“皇皇者华”是也。盖送之以礼乐，言远而有光华，则其即人情也，近矣。《诗》之近于人情，非其至者也。《记》曰：“清庙之瑟，朱弦而疏越，一倡而三叹，有遗音者矣。”若此者《诗》之至也。《中庸》曰：“上天之载，无声无臭，至矣。”《易》曰：“枯杨生华。”“枯杨生稊[3]。”盖杨性坚劲，虽生栋，不挠。《齐民要术》曰：“白杨性劲直，堪为屋材，宁折，终不曲挠。榆性儒软，久无不曲，比之白杨，不如远矣。”正言“枯杨”，义取诸此。《彖》曰：“大过。栋桡，本末弱也。”[4]

【注释】

[1] 杜预注："闻喜东北有畷川（今闻喜县境内），即董泽也，舜封董父之国矣。"董泽盛产蒲柳。

[2] 孚甲：指草木种子分裂发芽。

[3] 稊（tí）：草名。形似稗，结实如小米。

[4] 见《周易 · 大过》，原文为：《象》曰："大过，大者过也。栋挠，本末弱也。"

【译文】

《尔雅》说："杨就是蒲柳。"是所说的"生长在董泽的蒲柳"。现在的杨树有黄、白、青、赤四种颜色的种类，白杨的叶子是圆形，青杨的叶子细长，赤杨到霜降时树叶就变红，木材的纹理也是红色，黄杨木质坚硬，难以生长，俗语说黄杨每年长一寸，闰年倒长一寸。世人爱种黄杨，因为它没有火气，有人说："用水来测试它，如果沉下去则证明没有火。"取一段杨木，一定要在天空没有星星的阴晦的夜里，这时候砍伐，木头不会裂开。杨树发芽的时间比其他的树木早，婚姻不适时，不如杨树的木材，所以《诗经》说："东门之杨，其叶牂牂。"牂牂，是茂盛的样子。"东门之杨，其叶肺肺。"肺肺，是衰败的样子，用来比喻嫁娶之礼丧失。《庄子》说："高雅的音乐不被世俗欣赏，而《折杨》《皇华》之类的通俗歌曲，人们听了便大笑。"《折杨》，就是这首诗；《皇华》，就是《诗经》中"皇皇者华"那一篇。所以用礼乐的规矩相送，虽然离生活较远却有光华，这就是人情，近矣。《诗》近于人情的程度，还没有达到极致。《记》记载："清宗庙的管弦琴瑟，朱弦而疏越，音乐简单质朴，婉转而含义深刻，有余音绕梁。"像这样的就是《诗经》的极致了。《中庸》说："天创生万物，没有声音和气味，这是对大德最确切的描述。"《易经》说："枯萎的杨树重新开花。""枯萎的杨树又长出嫩芽。"杨树的树性坚韧刚劲，即使变成承重的栋梁，也不会弯曲。《齐民要术》说："白杨的树性坚韧挺直，可以作建造房屋的栋梁，最终即使折断也不会弯曲。榆树的树性懦软，时间久了没有不弯曲的，与白杨相比差的很远。"所说的"枯杨"，意义取于此处。《象》说："（大过）木头的承重大于自身的能力。将栋梁涂上层层彩绘，栋梁的主体就不会衰败。”

柚

《吕氏春秋》曰：“果之美者，有云梦[1]之柚。”柚似橙而大于橘，故两同。《书》曰：“执锡分银，操橙证柚。”一名“条”，《秦风》所谓“有条”者，即此是也。碧干丹实，出于江南，《列子》曰：“吴楚之国有大木焉，其名为柚。食其皮汁，已愤厥之疾。齐州珍之，渡淮而北，而化为枳焉。故曰：‘橘柚有乡，萑蒲有丛。’”又曰：“橘柚凋于北徙，若榴郁于东移也。”《晏子》[2]曰：“赐人主前，瓜桃不削，橘柚不剖。”此亦《曲礼》怀核之义。然自其大者观之，虽若末务，然而循循唯谨，杜灭僭窃[3]之萌远矣。后世法亡道散，始以细谨为不足顾也，于是礼义大坏，而《八佾》[4]舞于庭，三家者以《雍》[5]彻，天子至下堂而见诸侯矣。由是言之，夫礼之曲，岂可废哉！《诗》曰：“肇允[6]彼桃虫，拚飞维鸟。”不可不慎也。《药语》[7]曰：“《本草》云‘橘皮味苦，柚皮味甘’，此误也。柚皮极苦，不可向口；皮甘者，乃橙尔。”橙，可登而成之；柚视其外油然者也。

【注释】

[1] 云梦：古时属荆州之城，周为云梦荆州泽，春秋时属郧国，战国时属楚国。自秦至魏、晋、南北朝，一直属安陆县。

[2]《晏子》又名《晏子春秋》，共八卷。是记载春秋时期齐国政治家晏婴言行的一种历史典籍，用史料和民间传说汇编而成。《晏子春秋》经过刘向的整理，共有内、外八篇，二百一十五章。注释书籍有清末苏舆的《晏子春秋校注》、张纯一《晏子春秋校注》，近代有吴则虞《晏子春秋集释》。

[3] 僭窃（jiàn qiè）：越分窃取。

[4] 即《论语·八佾》篇，《八佾》是儒家典籍《论语》的第三篇。本篇重点讨论如何维护“礼”的问题。

[5] 是《诗经·周颂·臣工之什》的一篇，全诗一章，十六句。

[6] 郑玄笺：“肇，始；允，信也。”后遂以“肇允”为始信之意。

[7] 不知为何书，沈括《梦溪笔谈·药议》载“《本草注》‘橘皮味苦，柚皮味甘’。此误也。柚皮极苦，不可向口，皮甘者乃橙耳。”疑《药语》为《药议》之误。

【译文】

《吕氏春秋》记载：“比较好的果子，有云梦大泽的柚。”柚长得像橙而比橘稍大，所以两者是相同的。《书》说：“执锡分银，操橙证柚。”柚又名“条”，《秦风》所说的“有条”，就是这个东西。碧绿的树干，丹红的果实，出自于江南。《列子》曰：“吴国和楚国有一种大树，它的名字叫作柚，吃它的皮和汁，可以治愈气逆的疾病。中原人珍爱它，然而移植到淮河以北，便成了枳。所以说：‘橘柚有自己的故乡，萑蒲有自己的丛林。’”又说：“橘柚北迁而凋零，就像榴东移后枯死。”《晏子》说：“如果赏赐在大王面前，瓜和桃不能削皮，橘子和柚子不能剖开。”这也是《曲礼》“怀核”的意思。然而从大的方面来看，虽说是末流事物，然而认真地遵守谨小慎微的规矩，能有效的杜绝僭越、窃取的萌芽。后来的世道法律规矩佚散，细枝末节不再被重视，于是礼崩乐坏，所以《八佾》的乐舞在大夫的家中上演，《雍》诗中赋颂的内容，用在三家之堂的祭祀仪式上出现，天子要下堂才能见诸侯。这样说来，礼乐的规矩，怎么可以废止呢？《诗经》说：“不能听信小巧柔顺的鹪鹩，转眼便化为凶恶大鸟。”不可以不慎重。《药语》说：“《本草》记载‘橘子皮是苦的，柚子皮是甜的’，这是错误的。柚皮极苦，不能入口；表皮甜的是橙子。”橙的意思是登而成之；柚观其外表则油然光滑。

橘

橘如柚而小，白花赤实，盖亦渡淮而变，《考工记》[1]所谓“橘逾淮而北为枳，此地气然也。”《书》曰：“厥包橘、柚，锡贡。”言锡，明不常贡也。崔寔《正论》[2]曰：“橘柚之实，尧舜所不常御。”盖知是矣。旧说橘宜见尸则多子，故《类从》以为“橘覩尸而实繁，榴得骸而叶茂”也橙亦橘属，若柚而香，《物类相感志》曰：“叶有两刻缺者”是也。《淮南子》曰：“故橘树之江北，化而为枳。是故桓公以管仲则治，以易牙[3]则乱，可不戒哉！”《楚辞》云：“斩伐橘柚，列树苦桃。”此亦退贤进不肖之喻也，世传伊尹为汤说至味，云：“肉之美者，猩唇、燕髀、豹胎、象节；鱼之美者，洞庭之鱄，东海之鲕[4]；菜之美者，昆仑之苹、具区[5]之菁；和之美者，阳濮之姜，招摇之桂；饭之美者，玄山之禾、不周之粟；果之美者，江浦之橘、云梦之柚。非为天子，不可得而具。已成而天子成，天子成则至味具矣。”

【注释】

[1]《考工记》是中国先秦时期手工艺专著。原未注明作者及成书年代，一般认为它是春秋战国时代经齐人之手完成的。西汉时《周官》（即《周礼》）缺《冬官》篇而以此补入，得以流传至今。

[2]《正论》汉·崔寔撰。严可均认为：“《隋志》法家《正论》五卷，汉大尚书崔寔撰。《旧唐志》：《政论》五卷。《意林》亦五卷。《新唐志》作六卷。各书引见或作《政论》，或作《正论》，又作《本论》，止是一书。”其本北宋时已佚失，故《崇文总目》不著录，《郡斋读书志》，《直斋书录解题》亦无之。《通志略》载有六卷，虚列书名，不足据。

[3] 易牙：齐国彭城（今天的江苏徐州），亦称狄牙，是第一个运用调和之事操作烹饪的庖厨，好调味，很善于做菜。因为他是厨师出身，烹饪技艺很高，他又是第一个开私人饭馆的人，所以他被厨师们称作祖师。易牙为讨桓公“尝遍天下美味，唯独未食人肉”的戏语之言，亲手杀死自己四岁的儿子做人肉汤献给主公，深得桓公宠爱。易牙这种“杀子以适君”的行为引起人们的激烈批评。故《淮南子》评曰：“以易牙则乱”。

[4] 鱄：一种淡水鱼；鲕：小鱼。

[5] 具区：太湖之古称。

【译文】

橘的形状像柚但比柚稍小，白花红果，橘渡过淮水就会发生改变，《考工记》所说的：“橘到了淮北就变成枳，这是阴阳之气的交感变化使之如此”。《尚书》记载：“进贡的东西，有祭祀专用的一捆捆的茅草，还有橘、柚这类水果，用来赏赐、供奉。”提到赏赐，意思是这种东西是平时不常供奉的。崔寔《正论》说：“橘柚的果实，连尧舜也不经常吃到。”说的也是这个意思。旧时说橘适宜见到，这样尸体果子就会结的多。所以《类从》认为“橘靠近尸体而果实繁多，榴靠近骸骨则枝繁叶茂”，橙也属于橘类，像柚子一样香。《物类相感志》说：“叶子有两个缺口”就是这样。《淮南子》说：“所以橘树到了江北，就变化成枳。因此齐桓公重用管仲则励精图治，重用易牙则国家危乱，怎可不引以为戒！”《楚辞》说：“橘柚佳树被斩伐，却一排排栽种苦桃恶木。”这也是远离贤人，重用小人的比喻。传说伊尹讲述最好喝的汤，说：“美味的肉：有猩唇、燕髀、豹胎、象节；美味的鱼，有洞庭湖的鱄，东海的鲕；美味的菜：有昆仑之苹、具区之菁；味道好的调料：有四川阳朴的姜、桂阳招摇山的桂；美味的粮食：有玄山的禾、不周山的粟；美味的果子：有江浦的橘、云梦的柚。若不是天子，便不可都吃到。各种美味都能吃到，也就成为了天子，等到做了天子，则各种味道都具备了。

唐 棣

唐棣[1]，一名“移”，其华反而后合。《诗》曰：“唐棣之华，偏其反而[2]。岂不尔思，室是远而。”子曰：“未之思也，夫何无数之有？”此《诗》三百所以无此篇欤？然则孔子删诗，盖若此类。凡木之华，皆先合而后开，惟此华先开而后合。《诗》曰：“山有苞棣，隰有树檖。”苞棣，以况可与权之臣；树檖，以况可与立之臣。可与权者在上，可与立者在下，穆公之业也。又曰：“何彼秾矣？唐棣之华。”“何彼秾矣，华如桃李。”盖棣华偏而后合，桃李则皆有华之盛者，故诗以况王姬下嫁，其衣之秾如此。且偏然反，故车服不系其夫，下王后一等。《尔雅》曰：“唐棣，移。”郭璞云：“似白杨，江东呼夫移。”偏然反，夫之事也。《竹林》曰：“邲之战偏然反，何也？”[3]曰：“春秋无通辞，从变而移。今晋变而为夷狄，楚变而为君子，故移在其辞以从其事。”陆玑疏云：“唐棣，奥李也，一名雀梅，亦曰车下李。其华或赤或白，六月中孰，大如李子，可食。”《华品序》[4]云：“洛阳亦有芍药、绯桃、碧桃、千叶李、红郁李之类，皆不减它出者，而洛阳人不甚惜，谓之果子华，曰某华。至牡丹则名。”直曰华，其意谓天下真华独牡丹，其名之著，不假曰牡丹而自可知也。其爱重之如此。

【注释】

[1] 唐棣：又称“扶移”“红枸子”。蔷薇科。落叶小乔木。

[2] 朱子注曰：偏，晋书作翩。然则反亦当与翻同，言华之摇动也。

[3] 即《春秋繁露》卷第二·竹林第三，有 17 卷，82 篇，是后人辑录董仲舒遗文而成书，书名为辑录者所加。邲之战，又称“两棠之役”，是春秋中期的一次著名会战，是当时两个最强大的诸侯国——晋、楚争霸中原的第二次重大较量。公元前 597 年，楚庄王派遣楚国大军围攻郑国，晋国派军救郑，双方对垒于邲，从而爆发了邲之战。

[4] 未见此书，欧阳修《洛阳牡丹记》花品叙第一载：“洛阳亦有黄芍药、绯桃、瑞莲、千叶李、红郁李之类，皆不减他出者。而洛阳人不甚惜，谓之果子花，曰某花，云云。至牡丹则不名，直曰花，其意谓天下真花独牡丹，其名之著，不假曰牡丹而可知也。其爱重之如此。”疑《华品序》为“花品叙”之误。

【译文】

唐棣，一名叫作“移”，先开花再合成花苞。《诗经》说：“唐棣的花朵啊，翩翩地摇摆。我岂能不想念你吗？只是由于家住的地方太远了。”孔子说：“还是没有真的想念，如果真的想念，有什么遥远呢？”这是《诗》三百所以没有这篇的原因吗？孔子删掉的诗，大概都是此类。凡是树木的花朵，都是先有花苞再盛开，只有这种花先开放再合成花苞。《诗经》说：“高高的山上有茂密的唐棣（苞棣），洼地里生长着如云的山梨（树檖）。”苞棣，根据情况可以给与掌权之臣；树檖，根据情况可以给予正直的臣子。给予权臣在上，给予正直的臣子在下，这是穆公的基业。又说：“为什么这么艳丽？棠梨花叫人心悸”。“为何他如此绮旎，华丽如芬芳桃李。”唐棣先开花后合苞，桃李则都有花盛开的时候，因此诗用来比喻王姬下嫁，她的嫁衣如此秾丽。且偏然反，因此她的车未与夫家相连，比王后低一等。《尔雅》记载：“唐棣是栘。”郭璞说：“唐棣长得像白杨，江东一带的人叫它夫移。”先开花，再反而合成花苞，此是人修养返归本性之事。《竹林》说："郯之战，力量强大的晋国军队为什么反而败给力量相对弱小的楚国军队，这是什么原因呢?"曰："《春秋》没有一致的、一成不变的训解。现在晋国变成夷狄，楚国变成君子，要改换名称才能做与之相当的事情。"陆玑的书记载说："唐棣，就是奥李，一名叫作雀梅，也叫车下李。它的花是红色或白色，六月中成熟，有李子那么大，可以吃。"《华品序》说："洛阳也有芍药、绯桃、碧桃、千叶李、红郁李之类，果子不会覆灭花朵，然而洛阳人不是特别珍惜，以果子名命名花，叫某华。到牡丹才有名字。"直接叫花名，他们的意思是天下真正的花朵只有牡丹。牡丹显著的声名，不叫出它的名字也能知道。世人对牡丹竟如此爱重。

常　棣[1]

如李而小，子如樱桃，正白，华萼[2]上承下覆，甚相亲尔，《采薇》所谓"彼尔维何，维常之华"是也。唐棣之华，反而后合，《诗》以譬权，则此华上承下覆，甚相亲尔者，常而已矣，故曰"常棣"也。移从移，棣从隶。隶言华萼相承，辉荣相隶也。隶，仁也；移，义也。兄弟尚亲，亲亲，仁也，故《常棣》以燕兄弟。《诗》曰："常棣之华，鄂不韡韡[3]。凡今之人，莫如兄弟。"传曰："闻《常棣》之言，为今也。"闻《常棣》之言为今，则管、蔡之所以失道者，以不闻乎此而已。故《序》曰："闵管、蔡之失道，故作《常棣》焉"，《鸱鸮》[4]曰"公乃为诗以遗王，名之曰《鸱鸮》"，而是诗云"故作《常棣》焉"，变为言作者，盖周公之于诗，其道在《鸱鸮》而其事在《常棣》故也。《孟子》曰："诗云：'迨天之未阴雨，彻彼桑土，绸缪牖户。今此下民，或敢侮予?'孔子曰：'为此诗者，其知道乎！'"此以道乃为《鸱鸮》之证也。《左传》曰："周公吊二叔之不咸，纠合宗族于成周而作诗，曰：'常棣之华，鄂不韡韡。凡今之人，莫如兄弟。'"此以事故作《常棣》之证也。然则道在《鸱鸮》，事在《常棣》，周公也；志在《春秋》，行在《孝经》孔子也。蓁子曰："作人当如常棣，灼然光发。"

【注释】

[1] 常棣：木名。也叫郁李，花或红或白。果实像李子而较小。花两三朵为一缀，茎长而花下垂。

[2] 华萼：即花萼，是植物花冠外面的绿色被片，它在花朵尚未开放时，起着保护花蕾的作用。花开后，则退化至花的下方，花萼是花的组成部分之一，由若干萼片组成，包在花瓣外面，花开时托着花冠。花萼是一朵花中所有萼片的总称，包被在花的最外层。

[3] 韡韡（wěi wěi）：明艳，光明华美的样子。

[4] 即《诗经·国风·豳风》中的鸱鸮篇，全诗四章，每章五句。是一篇用动物寓言故事以寄寓人生感慨或哲理的诗歌。

【译文】

常棣长得像李而稍小，果实像樱桃，它是白色的，花叶相辅相成，甚是亲密。《采薇》所说的“什么花开得繁华，那都是常棣的花”就是这种植物。唐棣的花，开完花之后再合成花苞，《诗经》用来象征权谋，而常棣的花上承下覆，两者甚是亲密，是一种常态，所以叫作“常棣”。栘字从移旁，棣字从隶旁。隶的意思是花萼相承接，辉荣与共。隶，就是仁；移，就是义。兄弟互相尊敬，爱自己的父母，就是仁义，因此《常棣》用来比喻兄弟手足之情。《诗经》说：“常棣花儿朵朵，花儿光灿鲜明。试看如今世上人，无人相亲如兄弟。”相传说：“听闻《常棣》中的言语，描述的就是现在的场景。”听到《常棣》的诗句描述的就是如今的场景，是管、蔡遭到镇压后，没有听到而已。所以《序》说：“管、蔡二叔作乱遭镇压以后，才写了《常棣》一诗”，《鸱鸮》说“周公就作诗来献给周王，起名叫作《鸱鸮》”，而这首诗说“因此写《常棣》这首诗”，对于作者来说，周公对于这首诗，是他所揭示的道理在《鸱鸮》，而他写的事情在《常棣》的原因。《孟子》记载：“诗经说：‘我趁着天未阴雨，啄取那桑皮桑根，将窗扇门户缚紧。现在你们树下的人，还有谁敢将我欺凌？’孔子说：‘写这首诗的人，是懂得道理的！’”这是因为他所以写《鸱鸮》的证明。《左传》说：“周公意识到二叔（管叔、蔡叔）的叛乱与不贤，在成周召集宗族而作此诗，曰：‘常棣花开朵朵，花儿光灿鲜明。试看如今世上人，无人相亲如兄弟。'”这是因为这件事所以写《常棣》的证明。然而道理却在《鸱鸮》中体现，事情则在《常棣》中体现，这就是周公；志向在《春秋》中体现，行为在《孝经》中体现，这就是孔子。蓁子说：“作人应该像常棣一样，目光灼灼，容神焕发。”

埤雅·卷十四

释木：栗、柳、楸、樱桃、柏、梧、桐、柘、椒、梓、榛、榴、檖、桂、枌、椇

栗

栗，味醎[1]，北方之果也，有莍[2]猬自裹，故先贤云："皂[3]者，柞栗之属；膏者，杨柳之属；核者，李梅之属。"《国语》曰："妇摰不过枣、栗，以告虔也。"[4]先儒以为"枣"取"早敬"，"栗"取"恂栗"。《东观书》曰："栗骇蓬转。"[5]盖今栗房秋孰罅发，其实惊跃如爆，去根干甚远，所谓"栗骇"，其以此欤？《诗》曰："山有枢，隰有榆。""山有栲，隰有杻。""山有漆，隰有栗。"[6]言国君有财而不能用，犹之山、隰不能自用其材，故人卒取之以为用也。然则《秦诗》曰"阪有漆，隰有栗"，何以为美？曰："是诗也，非是之谓也。秦仲既见君子有礼乐之好，故道此以为戒，言宜并坐鼓簧。今不能及时以自虞乐，则壮者其耋[7]，老者其亡矣，此其所以为美也。"耋之为言跌也。《易》曰："日昃之离，不鼓缶而歌，则大耋之嗟，凶。"与此同义。传曰："其言一也，言者异，则人心变矣。"[8]自母言之，则为贤母；自妻言之，则未免为妬妻；盖言之异有如此者。《相法》[9]曰："白如截肪，黄如烝栗。"今黄玉谓之"栗玉"，义盖取此。《内则》[10]曰："枣曰新之，栗曰撰之。"按：《仪礼》曰："枣烝栗择。"盖烝之之谓"新"，撰之之谓"择"。

【注释】

[1] 醎：同“咸”。味不淡，特指像盐的味道。

[2] 莍（qiú）：果实外皮密生疣状突起的腺体。

[3] 皂：黑色，如紫地皂花。

[4]《左传 · 庄公二十四年》：“男贽，大者玉帛，小者禽鸟，以章物也。女贽，不过榛栗枣修，以告虔也。”孔颖达疏：“枣，取其早起也；修，取其自修也。”

[5] 栗骇：原误作票骇，《四库全书》聚珍本尚不误，今据改正。高士奇天禄识余云：东观书曰‘栗骇蓬转’，言栗房秋熟，惊跃而出也。

[6] 这是一首讽刺嘲笑守财奴的诗。枢，《鲁诗》作“蓲”，都是“櫙 ōu”的借字，有刺的榆树，亦名刺榆。隰，低洼的地。栲，树名，常绿高大乔木，木质坚密，皮可制栲胶或染鱼网。杻（niǔ），亦名檍，梓一类的树。胡承龚：“檍，《说文》作橿，梓属。大者可为棺椁。小者可为弓材。”朱熹集传：“叶似杏而尖，白色，皮正赤，其理多曲少直，材可为弓弩干者也。”漆，漆树。

[7] 耋（dié）：衰老。八十岁为耋。

[8] 出自《战国策 · 赵策 · 楼缓虞卿论秦》。

[9] 即《相法十六篇》，汉 · 许负撰。

[10]《内则》是《礼记》的一部分，主要内容是记载男女居室事父母、舅姑之法。即是指家庭主要遵循的礼则。

【译文】

栗，味道咸，是北方的果子，外表有刺猬状的突起包裹。所以先贤说：“皂物，是柞、栗之类，膏物，是杨、柳之类；核物，是李、梅之类。”《国语》说：“妇人进献的礼物是枣、栗之类，以表示自己的诚心。”先贤儒者将“枣”取“早敬”的意思，“栗”取“恂栗”的意思。《东观书》说：“栗房秋熟，惊跃而出”。如今秋天栗子成熟，它的果实掉落下来像爆竹一样响，离开树干非常远，所以叫作“栗骇”，就是这种原因吗？《诗经》说：“山上长着刺榆树，榆树长在洼地中。”“栲树生长在山上，杻树长在洼地中。”“漆树生长在山上，栗树长在洼地中。”说的是国君有财富而不使用，就像山、洼地不能用自己的木材一样，所以世人也不取而用之。然而《秦风》说“君子门前高坡上栽着漆树，洼地里生长着茂盛的板栗”，什么是美？说：“这是诗，但并没说出美的义含。秦仲看到君子喜爱礼乐，所以说这样的话引以为戒，说适宜并排坐下演奏簧乐。现在如果不能及时自娱自乐，那么壮年的人老去，老去的人死亡，认为这样是美的。”耋的读音是跌。《易经》说：“太阳西斜附在天边，不久将落。不能敲着瓦盆唱歌，否则就会发出垂老之人的哀叹，有凶祸。”与此同义。相传：“同样的话，由于说话的人不同，那么人们心中的看法就变化了。”如果他的母亲说出这样的话，就是贤良的母亲。如果是妻子说出这样的话，则不免被认为是嫉妒的妇人。不同的人说同样的话竟有如此差异。《相法》说：“白色像脂肪，黄色像蒸出的栗子。”现在黄玉称作“栗玉”，意义大概取于此处。《礼记·内则》记载：“枣曰新之，栗曰撰之。”按：《仪礼》说：“枣烝栗择。”所以烝之叫作“新”，撰之叫作“择”。

柳

柳，柔脆易生之木，与杨同类，虽纵横颠倒植之，皆生，然使十人植之，一人摇之，则无生柳矣。立贤之道，何以异此？又况植之之人寡而摇之之人众乎！松柏丑茂，桑柳丑菀，《诗》曰“菀彼桑柔”[1]，又曰“菀彼柳斯”是也。盖凡物发而成畅茂，积而成菀结，故桑柳丑条而其诗谓之“菀”也。《菀柳》[2]曰：“有菀者柳，不尚息焉？”言柳之菀非若松柏之茂，未几而衰矣，然人尚庶几息焉，以言幽王之不可朝事，曾菀柳之不如也。《东方朔集》曰：“首阳为拙，柳下为工。”[3]一作“柱下为工”。柱下，老子；柳下，展禽也。二说皆通。《大戴礼》曰：“正月柳梯。”梯者，发乎也[4]。《本草》曰：“柳华一名絮。”《抱朴子》[5]曰：“柳柞速朽，燎以为炭，则亿载不败，此言养生之经有益如此，故广成子以谓我修身千二百岁矣，而吾形未尝衰也。”《中朝故事》[6]云：“天街两畔槐木俗号为槐衙，曲江池畔多柳，亦号为柳衙。”意谓其成行列如排衙也。今言宫腰细瘦，谓之“柳腰”。

【注释】

[1] 出自《诗经·大雅·桑柔》，全诗十六章，前八章，每章八句，后八章。每章六句。相传为周大夫芮伯责因周厉王用小人，行暴政，招外侮，祸人民的罪行，陈述救国之道所作。菀：茂貌的样子。

[2]《菀柳》是一首揭露王者暴虐无常，诸侯皆不敢朝见的诗。《毛诗序》谓“刺幽王也。暴虐无亲，而刑罚不中，诸侯皆不欲朝，言王者之不可朝事也”，说亦不为误。

[3] 此句典故内容：据《史记·伯夷列传》，伯夷、叔齐，是殷朝孤竹君的两个儿子，二人投奔周后，反对周武王伐商，武王灭商后，二人逃往首阳山，在首阳山以采薇为生。后有人对夷、齐说，这些薇也是周朝所有。夷、齐闻此话后，连薇也不食用，七日饿死于首阳山。此处表示宁可饿死，也要坚守操洁。在这里结合自己的政治失意认为伯夷、叔齐的处世方式伤害了自身是愚笨的，即“拙”，而柳下惠的处世哲学才是聪明的，即“工”。唐颜师古注引东汉应劭语：“老子为周柱下史，朝隐，故终身无患，是为工也。”

[4] 梯者：发叶也。

[5]《抱朴子》：晋·葛洪撰。抱朴是一个道教术语。源见于《老子》“见素抱朴，少私寡欲”。抱朴子内外篇凡八卷，内篇论神仙吐纳符篆勉治之术，纯为道家之言；外篇则论时政得失，人事臧否，词旨辨博，饶有名理，要皆以黄老为宗，世以为道书之一。

[6]《中朝故事》：作者（南唐）尉迟偓，中朝者，即南唐对长安之称呼。书中记唐宣、懿、昭、哀四朝故事，上卷以君臣事迹及朝廷制度为主，下卷则杂录神异怪幻之事，事有不足征信者，但仍不失其参考价值。

【译文】

柳，是柔脆易生长的木头，与杨树同类，即使是纵横颠倒着栽种，也都能存活生长，然而使十个人种植，一人摇晃，便无法生长了。立贤之道，又与此有什么区别呢？更何况是种植的人少而摇落的人那样多！松柏茂盛，桑柳茂密。《诗经》说“桑树柔嫩生长旺”，又说“池边垂柳如烟是那样浓绿”。凡是植物生长茂密，堆积而成菀结，所以桑柳的相同的枝条在这首诗中称作“菀”。《菀柳》说：“一株柳树很茂盛，尚未有人依靠它去休息。”说柳树的茂盛不是松柏之类的茂盛，不久便会衰败了。然而人还未曾好好休息，用来比喻周幽王不理会朝事，连茂密的柳树都不如。《东方朔集》说：“首阳为拙，柳下为工。”也写作“柱下为工”。柱下，就是老子；柳下，就是展禽。两种说法都能讲通。《大戴礼》记载：“正月柳树发芽。”梯，就是生发萌芽。《本草》记载：“柳树的花又叫絮。”《抱朴子》说：“柳树枯朽得很快，烧成炭一亿年也不衰败，这是说养生的方法如此有益处，所以广成子说我修身养性一千二百余年，而我的身形却并没有衰老。”《中朝故事》说：“天街两边种植槐木，俗称为槐衙，曲江池畔多种植柳，也叫作柳衙。”意思是树木排列成行就像衙门中排列一样。现在说宫中女子的腰又细又瘦，称作“柳腰”。

楸

《释木》云：“大而皵[1]，楸；小而皵，榎[2]。”楸梧早脱，故楸谓之“秋”。楸，美木也，故曰：“山居千章之楸，其人与千户侯等。”[3]董子[4]曰：“木名三时，草命一岁。”若椿从春，楸从秋，榎从夏，所谓“木名三时”。芓从子，寅从寅，茆从卯，莤从酉，荄从亥，艼从丁，茂从戊，苉从巳，莘从辛，葵从癸之类。命以一岁支干，故曰“草命一岁”也。《梦书》[5]曰：“榆为人君，杨为使者，楸为赞谒。”今柳谓之“丝”，楸谓之“线”。按：楸有行列，茎干乔耸凌云，华高可爱，至秋垂条如线，俗谓之“楸线”。《述异记》[6]云：“越人多橘柚园，岁出橘税，谓之橙橘户。中山又有楸户，著名楸籍者也。”

【注释】

[1] 皵（què）：树皮粗糙坼裂。

[2] 榎（jiǎ）：古同“槚”。

[3] 出自《史记·货殖传》“淮北常山巴南河济之闲，千树萩，其人与千户侯等。”

[4] 董子即董仲舒。

[5] 中国古代《梦书》有多种版本，此处所引梦书不详。比较常见的有《敦煌本梦书》。

[6]《述异记》：南朝任昉（460—508）编著，2卷；另有南齐祖冲之著《述异记》。

【译文】

《释木》说："大而皵的是楸；小而皵的是榎。"楸梧的叶子很早脱落，所以楸叫作"秋"。楸，是美好的木材，所以说："山中有数千株楸树，那么人数和千户侯相等。"董子说："木命名三个季节，草命名一年。"就像椿从春，楸从秋，榎从夏，这就是"木名三时"。芓从子，藅从寅，茆从卯，莤从酉，荄从亥，苧从丁，茂从戊，芑从巳，莘从辛，葵从癸之类。名字对应一年的支干，所以说"草命一岁"。《梦书》说："榆树是人君，杨树是使者，楸树是拜谒之人。"现在柳叫作"丝"，楸叫作"线"。按：楸有行列，树干高耸入云，华美可爱，到秋天垂下来像线一样，俗称"楸线"。《述异记》记载："越人有许多种植橘柚的园子，年末用橘交税，叫作橙橘户。中山又有楸户，是著名的种植楸树的人。"

樱　桃

樱桃为木多荫，其果先熟，一名"荆桃"[1]，一名"含桃"。许慎曰："莺之所含食，故曰含桃也。谓之莺桃，则亦以莺之所含食，故谓之莺桃也。"《月令》："仲夏之月，天子羞以含桃。"[2]言荐新也。其颗大者或如弹丸，小者如珠玑，南人语其小者，谓之"樱珠"。《字说》[3]云："樱主实么稺[4]柔，泽如婴者；栲主材成就坚，久如考者。"

【注释】

[1]《尔雅 · 释木》云："楔，荆桃。"

[2]《礼记 · 月令》："是月（仲夏之月）也，天子乃以雏尝黍，羞以含桃先荐

寝庙。”

[3]《字说》，汉族文字学书。此书为北宋王安石所撰，共二十卷（王安石《进〈字说〉表》称“二十四卷”）。

[4] 穉：同“稚”。

【译文】

樱桃树的树荫很大，它的果实先成熟，一名“荆桃”，又名“含桃”。许慎说：“这是黄莺所含在嘴吃的东西，所以叫含桃。叫它莺桃，也是因为黄莺含在嘴里吃，所以叫莺桃”。《月令》记载：“仲夏的时节，天子用樱桃来祭祀宗庙”。说的是给先祖最新的祭品。颗粒大的樱桃像弹丸，小的如珠玑，南方人形容它小，叫它“樱珠”。《字说》说：“樱桃稚嫩柔软，色泽像婴儿肌肤；栲木材质坚硬，如同火烧制过。”

柏

柏，一名“椈”，《杂记》所谓“畅臼[1]以椈”者是也。柏性坚致，有脂而香，故古人破为畅臼，用以捣郁。《诗》曰：“泛彼柏舟，在彼中河。”[2]言柏非不可以为舟，特非柏之所宜，故共姜[3]守义，引以自况也。共姜守义，所以自誓如此，则欲夺而嫁之者，特牵于天性之爱而已，故曰“母也天只，不谅人只!”传云：“天，谓父也。”盖毛读序者所谓“父母欲夺而嫁之”之误也。且女子从母而已，故称母焉，何必言父，然后如序？王文公曰：“槐黄中，其华又黄，怀其美以时发者也，故公位焉。”[4]松华犹槐也，而实亦玄，然华以春，非公所以事上之道。柏视松也，犹伯视公[5]，伯用诎，所执躬圭者以此；公用直，所执桓圭者以此。[6]桧，柏叶松身，则叶与身皆曲；枞，松叶柏身，则叶与身皆直。枞以直而从之，桧以曲而会之。世云柏之指西，犹磁之指南也。

【注释】

[1] 畅臼：捣鬯所用的臼。畅，通“鬯”。

[2]《国风 · 鄘风 · 柏舟》：这是一首少女要求婚姻自由，公开向“父母之命”抗争的诗。

[3] 共姜：共伯之妻。衛世子共伯蚤死，其妻守义，父母欲夺而嫁之，誓而弗许。

[4] 自唐代开始，科举考试关乎读书士子的功名利禄、荣华富贵，借此阶梯而上，博得三公之位，是他们的最高理想。因此，常以槐指代科考，考试的年头称槐秋，举子赴考称踏槐，考试的月份称槐黄。

[5]《字说》释“松柏”有：“松，华犹槐也，而实亦玄，然华以春，非公所以事上之道。柏视松也，犹伯视公。”松柏同是常青树，经冬不凋，所以古代常“松柏”连用，王安石把“松柏”关系类比为“公伯”。

[6]《文献通考》载：“公用桓圭，侯用信圭，伯用躬圭，子用璧，男用蒲璧。”

【译文】

柏，一名叫“椈”，是《杂记》中所说的“捣碎来获得香料”的东西。柏的性质坚韧紧致，带有有香味的脂，所以古人放在臼捣碎用来制作香料。《诗》曰：“柏木小船在漂荡，漂泊荡漾河中央。”说的是柏并非不可以制作舟，只是不是非常适宜，所以共姜守义，用来比喻自己。共姜守义，所以自己立下这样的誓言，那么那些想要夺来嫁娶的人，是牵绊于天性之爱而已，所以说“我的天啊我的娘！不相信人家的心哪！”传说：“天，说的是父。”这是因为写毛诗序的人所谓“父母想要夺来嫁人”的错误。且女子顺从母亲而已，所以称母亲，何必说父亲，然后如此写序？王文公说：“槐的中间是黄色，它的花朵又是黄色，怀有美好而按时萌发，所以有公的位置。”松的花像槐，而果实是黑色，然而春天开花，不是公用来侍奉君上的合适时间。柏看松，就像伯看公一样。伯要屈服，这就是他所以拿着躬圭的原因；公要正直，这就是他所以拿着桓圭的原因。桧木，有柏的叶子和松的树身，则树叶与树身都是弯曲的；枞木，有松的叶子和柏的树身，则树叶与树身都是直的。枞因为挺直而丛生，桧因为弯曲而单独生长。世人说柏永远指向西方，就像磁永远指向南方一样。

梧

梧，一名“榇”，即梧桐也。今人以其皮青，号曰“青桐”。华净妍雅，极为可爱，故多近斋合种之。梧櫜[1]鄂皆五焉，其子似乳，缀其櫜鄂生，多或五六，少或二三，故飞鸟喜巢其中，《庄子》所谓“空穴来风，桐乳致巢”是也。今亦谓之“梧子”。《诗》曰：“凤皇鸣矣，于彼高冈。梧桐生矣，子彼朝阳。”[2]盖梧桐以譬才之柔令，朝阳以譬德之温厚。《庄子》曰：“师旷之枝策也，惠子之据梧也。”[3]此言精大用则竭，神大用则弊，故二子疲或枝策而立，昏或据梧而瞑也。

【注释】

[1] 櫜：音 gāo。

[2] 出自《诗·大雅·卷阿》，这是周王出游卷阿，诗人陈诗答王的歌。写了君臣出游，群臣献诗的盛况。郑玄笺：“喻贤者待礼乃行，翔而后集……凤皇之性，非梧桐不栖，非竹实不食。”孔颖达疏：“诸书传之论凤事，皆云食竹栖梧。”

[3] 支策据梧：指昭文弹琴、师旷持杖击节、惠子倚在梧桐树下辩论，三人的技艺几乎都算得上登峰造极，所以载誉于晚年。后形容用心劳神。出自语本《庄子·齐物论》：“昭文之鼓琴也，师旷之枝策也，惠子之据梧也，三子之知，几乎皆其盛者也，故载之末年。”

【译文】

梧，一名“榇”，就是梧桐。今人因为它的树皮是青色的，称它为“青桐”。美好雅致，极为可爱，因此在靠近住宅的地方多有种植。梧桐树的花萼都有五瓣，它的果实像乳，缀在櫜鄂上生长，数量多则有五六个，少则二三个，因此飞鸟喜爱筑巢其中，就是《庄子》所说的“洞开的门户难免有风袭来，挂着籽粒的桐叶容易招来鸟儿筑巢”。现在也叫作“梧子”。《诗经》说“凤凰鸣叫示吉祥，停在那边高山冈。高冈上面生梧桐，面向东方迎朝阳。”所以用梧桐来比喻才华横溢，用朝阳来比喻德行之温厚。《庄子》说：

“师旷持杖击节，惠子倚在梧桐树下辩论”。这说的是神思精力使用过度则劳心劳神，所以此二子疲惫便持杖而立，黄昏则倚着梧桐树小憩。

桐

此即白桐，华而不实，贾思勰[1]曰：“白桐无子，冬结似子者，乃是明年之华房。”《尔雅》曰：“荣桐木。”即此是也。桐木华而不实，故曰“荣桐木”也。今亦谓之“华桐”，华则以其华而不实。贾思勰曰：“桐叶华而不实者曰山桐，实而皮青者曰梧桐。”今炒其实，噉[2]之味似菱芡。桐有三辈，青白之外，复有罔桐，即油桐也，生于高冈，今亦谓之“冈梧”。盖梧性便湿，不生于冈，故此桐有“冈”之号。《毛诗传》曰：“梧桐不生山冈，太平而后生朝阳。”陶氏云：“桐有四种：青桐叶皮青，似梧而无子；梧桐色白，叶似青桐而有子；白桐与冈桐无异，唯有华子尔；罔桐无子，是作琴瑟者。”[3]皆不足据。按：青桐即今梧桐，白桐又与冈桐全异。白桐无子，才中琴瑟[4]，罔桐子大有油，与陶氏之说正反。《诗》曰：“湛湛露斯，在彼杞棘。恺悌君子，莫不令德。其桐其椅，其实离离。恺悌[5]君子，莫不令仪。”[6]杞棘，刚木，故《诗》以况令德。椅桐，柔木，故诗以况令仪。[7]《淮南子》曰：“梧桐断角，马牦截玉。”[8]言柔弱之胜刚强如此。《论衡》曰：“枫桐速长，故其皮肌不能坚也。”[9]《老子》曰“大器晚成”，岂不信哉！《孟子》曰：“岂爱身不若桐梓哉？”又曰：“舍其梧槚，养其樲棘，则为贱场师焉。”[10]梧虽桐辈也，而梧下桐上；槚虽梓辈也，而槚下梓上。故桐梓者，爱身之譬也。梧槚以况肩背[11]而已。蔡邕《月令》云：“桐始华。”桐，木名，木之后华者也，穉[12]之，故曰“始”。《易纬》[13]曰：“桐枝濡毳而又空中，难成易伤，须成气而后华。”[14]《淮南子》曰：“桐木成云。”言其升气可以造云云。《遁甲》曰：“梧桐不生，则九州异。”名之曰桐，似本于此。桐，柔木也，而虚其心，若能同者。父丧杖竹，母丧杖桐。竹有节，父道也；桐能同，母道也，母从子者也。旧说梧桐以知日月，正闰生十二叶，一边有六叶，从下敷，一叶为一月；有闰则生十三叶，视叶小者，则知闰何月。不生，则九州岛异君。

【注释】

[1] 贾思勰：中国北朝北魏农学家，生于北魏齐郡益都县（今山东省寿光市西南）。贾思勰精通农业科学，传世有《齐民要术》一书。

[2] 噉（dàn）：同“啖”，此处指吃或尝。

[3] 出自晋陶弘景《本草集注》

[4] 据文献记载，伏羲发明琴瑟。琴与瑟均由梧桐木制成，带有空腔，丝绳为弦。

[5] 亦作“岂弟”，或作“恺弟”。和乐平易。

[6] 出自《诗经·小雅·湛露》，是周王宴饮诸侯的诗。

[7] 杞棘：指枸杞和酸枣树。桐：桐有多种，古多指梧桐。椅：山桐子木，梓树中有美丽花纹者。

[8] 出自《淮南子·说山训》，比喻刚柔之理。

[9] 见《论衡·状留篇》，原文为：枫桐之树，生而速长，故其皮肤不能坚刚。

[10] 此两句出自《孟子·告子上》檟：即楸树，也是一种木质很好的树。樲（èr）：酸枣。棘：荆棘。朱子注曰：“樲棘，小枣，非美材也。”

[11] 眉背：《五雅本》作“肩背”。“眉背”疑“肩背”之误。“肩背”是肩与背的合称，意指人体枢要部分，《孟子·告子上》：“养其一指，而失其肩背而不知也，则为狼疾人也。”亦喻指前人的事迹与声望，如“肩背相望”“肩背难望”。

[12] 穉（zhì）：同“稚”。

[13] 纬与经相对，指从另一角度诠释《易》，《易纬》是发挥易学哲理的杂著，计有八种（通称“八纬”），十二卷，《四库全书》作为经部易类书的“附录”予以收录，依次是《乾坤凿度》二卷，《周易乾凿度》二卷，《易纬稽览图》二卷，《易纬辨终备》一卷，《易纬通卦验》二卷，《易纬乾元序制记》一卷，《易纬是类谋》一卷，《易纬坤灵图》一卷。由东汉郑玄作注。各书今本均为辑佚，残缺不全。

[14] 濡毳：湿润的兽毛。《易纬》的描述有着深刻的神秘性思维扩散，将儒家思想所注重的“气”注入了梧桐原型。

【译文】

桐就是白桐，只开花而不结果。贾思勰说：“白桐没有果实，冬天会结出类似于果实一样的东西，是第二年的花房。”《尔雅》说：“好看的是桐木”。就是这样，桐木只开花不结果，所以说：“荣桐木”。现在也叫作“华桐”，“华”就就是因为它只开花而没有果实。贾思勰说：“只开花不结果的桐木叫白桐，有果实且皮是青色的叫梧桐”。用火炒它的果实，品尝它的味道像菱芡。桐的种类有三，除了青桐、白桐之外，还有罔桐，就是油桐，生长在高高的山坡上，现在也称“冈梧”。因为梧桐性喜湿，不在山坡上生长，所以这种桐有“冈”的名字。《毛诗传》说：“梧桐不长在山冈上，生长在东方向着朝阳。”陶氏说：“桐有四种：青桐的叶子和树皮是青色，像梧但没有果实。梧桐是白色的，叶子长得像青桐而有果实。白桐与冈桐没有区别，只是花和果实不同。罔桐没有果实，是用来制作琴瑟的。”这些都没有足够的证据。按：青桐就是现在的梧桐，白桐又与冈桐完全不同。白桐没有果实，用来做琴瑟。罔桐果实大且有油，这与陶氏的说法刚好相反。《诗经》说：“早晨的露珠浓重，洒在枸杞和酸枣丛。光明磊落的君子，个个都有好名声。高大的椅树和梧桐，结的果实一重重。和乐宽厚的君子，处处表现好仪容。”杞棘，是刚强的木头，所以《诗经》用它来比喻德行。椅桐，是柔弱的木头，所以《诗经》用来比喻仪容。《淮南子》说：“梧桐能截断犀牛角，马和牦牛能截断玉料。说的是柔弱战胜刚强竟能有如此程度。《论衡》说：“枫、桐的生长速度快，所以它的树皮不坚韧”。《老子》说“大器晚成”，难道不是这样吗！《孟子》里说：“难道爱自己还不及爱桐树、梓树吗？”又说：“放弃梧桐、楸树，却去培养酸枣、荆棘，那就是位很坏的园艺家。”蔡邕《月令》说：“桐开始开花”。桐，是树木名，木之后开花的，是‘稚”，所以说是“开始。《易纬》说：“梧桐枝像濡湿的兽毛而又中空，难以长成又容易受伤。”《淮南子》说：桐木可以变成云”，说桐木升起的气可以造出云。《遁甲》说：“梧桐不生长，则九州各不相同。须有气充实后才能开花。”名字叫作桐，可能是来源于此。桐，是柔弱的树木。而中心空虚，像没有差异一样。父亲去世的丧礼用竹做手杖，母亲去世的丧礼用桐做手杖。竹有竹节，是父道。桐能无差异，是母道，是母跟随子。旧时说梧桐知晓日月变化，正月非闰年时长十二片叶子，一边有六片叶子，从下方开始，一叶就是一月；闰年则长十三片叶子，看小的那片叶子，就知道闰月是哪个月了。不生长叶子，则九州岛异君。

柘

柘宜山石，柞宜山阜，楮宜涧谷，柳宜下田，竹宜高平之地。[1]崔豹《古今注》[2]曰："杼实曰橡，棘实曰枣，桑实曰葚，柘实曰佳。"佳言佳鸟性所食也。《考工记》[3]曰："弓人取材，柘为上，檍次之，檿桑[4]次之，橘次之，木瓜次之，荆次之，竹为下。"盖弓材莫良于檿，尤良于柘，故《皇矣》[5]先其檿，后其柘也。《蚕书》[6]曰："柘叶饲蚕，其丝作琴瑟弦，清鸣响亮，胜于凡丝远矣。"

【注释】

[1] 柘（zhè）：黄桑。柞（zuò）：栎属的乔木或灌木。

[2]《古今注》三卷，晋崔豹撰。崔豹，字正熊，一作正能，惠帝时官至太傅。此书是一部对古代和当时各类事物进行解说诠释的著作。其具体内容，可以从它的八个分类略知大概。卷上：舆服一，都邑二；卷中：音乐三，鸟兽四，鱼虫五；卷下：草木六，杂注七，问答释义八。

[3]《考工记》是春秋末期齐国的工艺官书。书中记载了六门工艺的三十个工种（缺二种）的技术规则，是中国古代科学技术重要文献。

[4] 檿桑（yǎn sāng）：即山桑。叶可饲蚕。木坚劲，古代多用以制弓和车辕。

[5]《诗经·大雅·皇矣》："启之辟之，其柽其椐。攘之剔之，其檿其柘。"。

[6]《蚕书》，秦观著，是中国宋代有关养蚕制丝技术的专著。主要总结宋代以前兖州地区的养蚕和缫丝的经验，尤其对缫丝工艺技术和缫车的结构型制进行了论述。全书分种变、时食、制居、化治、钱眼、锁星、添梯、缫车、祷神和戎治等10个部分。此书流传的版本较多，有《说郛》《夷门广牍》《百陵学山》《知不足斋丛书》《龙威秘书》《艺苑捃华》《农学丛书》《丛书集成》本等。

【译文】

柘适宜种在山石边，柞适宜种在山阜上，楮适宜种在涧谷种，柳适宜种在下田里，竹适宜种在高平的地方。崔豹《古今注》说："杼树的果实叫作橡，棘的果实叫作枣，桑树的果实叫作葚，柘树的果实叫作隹。"隹说的是隹鸟所喜爱吃的东西。《考工记》说："制作弓的匠人取用木材，柘木为上，檍次之，檿桑次之，橘次之，木瓜次之，荆次之，竹为下。"所以制作弓的木材最好的是檿，柘木尤其好，所以《皇矣》说制弓先用檿，后用柘。《蚕书》说："用柘树的叶子饲养蚕，蚕丝用来制作琴瑟的弦，声音清鸣响亮，比普通的丝线好上许多。"

椒

椒似茱萸而小，赤色，内含黑子如点，今谓"椒目"。木有针刺，叶坚而滑泽，《尔雅》曰："椒椴丑，莍；桃李丑，核。"[1]言桃李属皆内核，椒椴属皆外莍也。《酉阳杂俎》[2]曰："椒可以来水银。"茱萸气好上，椒气好下，盖椒气性不上达，故《诗》以譬沃也，言沃盛强，能修其政，然其馨香下达而已。《诗》曰："椒聊之实，蕃衍盈升。""椒聊之实，蕃衍盈匊[3]。"沃以支子受邑，其后遂将盛大，则犹之椒也，其实蕃衍而至于盈升、盈匊也。先盈升，后盈匊，则古者匊大而升小，升之所容，不足以盈匊故也。或曰：《广雅》以为两手谓之匊。匊，一升也，故是诗先言"升"后言"匊"，相备而已。《庄子》曰："韦以衰椒，虽逾絺绤[4]，然久则臭椒。"故天下之理有初虽若佳，后更为害，不可不察也。

【注释】

[1] 王逸注："椴：音 shā，茱萸也，似椒而非。"莍，果实外皮密生疣状突起的腺体。

[2]《酉阳杂俎》唐代小说，作者是段成式。前卷 20 卷，续集 10 卷。在记叙志怪故事的同时，《酉阳杂俎》还为后人保存了唐朝大量的珍贵历史资料、遗闻逸事和民间风情。有《津逮秘书》《学津讨原》《湖北先正遗书》《四部丛刊》影印明刊本等，均为 30 卷。

[3] 蕃衍（fán yǎn）：繁盛众多。盈匊，亦作"盈掬"。满捧。两手合捧曰匊。

[4] 絺绤（zī xī）：葛布的统称。葛之细者曰絺，粗者曰绤。

【译文】

椒长得像茱萸而比较小，红色，里面有点点黑子，现在叫作“椒目”。木头有针刺，叶子坚硬而顺滑有光泽，《尔雅》记载：“椒椴丑，莍；桃李丑，核。”意思是桃李类的植物都是内核，椒椴类的植物都是外莍。《酉阳杂俎》说：“椒可以用来作水银。”茱萸的气味向上，椒的气味向下，所以椒的气性不向上走，所以《诗经》用来比喻沃，意思是广茂强盛，能严明政治，而它的馨香又能向下传达。《诗经》说：“花椒树上果实累累香满园，繁衍丰茂采来可把升装满。”“花椒树上果实累累香满园，繁衍丰茂两手采来一捧满。”沃以旁支的身份接受分封，他的后代逐渐强盛，就像椒一样，它的果实生长繁多而至于盛满升、盛满匊。先盛满升，后盛满匊，可以看出古时候的匊较大而升较小，升所容纳的东西，不足以盛满匊。有人说：《广雅》认为两只手叫作匊。匊，就是一升，所以这首诗先说“升”再说“匊”，互相呼应而已。《庄子》曰：“韦以裒椒，虽逾絺绤，然久则臭椒。”所以天下的事情有的最初看起来极佳，发展到后期却很有危害，不可不仔细体察。

梓

传曰：“桥者，父道也；梓者，子道也。”[1]旧说椅即是梓，梓即是楸[2]。盖楸之疏理而白色者为梓，梓实桐皮曰椅，其实两木大类同而小别也。今呼牡丹谓之“华王”，梓为“木王”，盖木莫良于梓，故《书》以“梓材”名篇，《礼》以“梓人”名匠也。《书》曰：“若作梓材，既勤朴斲，惟其涂丹雘。”[3]言王者造始，作为典则，以授诸侯，则“既勤朴斲”之譬也；诸侯致饰，嗣其功而终之，则“惟其涂丹雘”之譬也。《诗》曰：“树之榛栗，椅桐梓漆。”言其宫中所植，皆能预备礼乐之用。语曰：“一年之计，莫如种谷；十年之计，莫如种木。”故文公于初作宫室之时，早计如此。又曰：“维桑与梓，必恭敬止。”[4]言桑、梓，父之所植，尚或敬之也。《礼》曰：“见君之几杖则起。”其类是乎？《尸子》[5]曰：“荆有长松文梓。”

【注释】

[1] 出自《尚书 · 大传》。

[2]《说文》释“梓，楸也”。

[3] 朴斲（piáo zhuó）：砍斫，削治。丹雘（wò）：可供涂饰的红色颜料。

[4] 古代常在家屋旁栽种桑树和梓树。又说家乡的桑树和梓树是父母种的，要对它表示敬意。后人用“桑梓”比喻故乡。

[5]《尸子》为战国时期著名的政治家、道家等思想家尸佼所作，此书主要写了春秋战国时期各学坛对政治、经济、文化、学习等观点的看法。

【译文】

传记载：“桥，是父道；梓，是子道。”旧时说椅就是梓，梓就是楸。楸的纹理是白色的就是梓，梓实桐皮叫作椅，其实两种木材基本相同，只是小有区别而已。现在把牡丹叫作“花王”，把梓叫作“木王”，木材没有比梓更优良的，所以《尚书》用“梓材”来做篇名，《礼记》用“梓人”来命名匠人。《尚书》说：“若作梓材，既勤朴斲，惟其涂丹雘。(好比制作梓木器具，既已勤劳地剥皮砍削，就应当考虑完成彩饰的工作。)”说作君王的开辟始终，作为典则，来教授诸侯，就是“既勤朴斲”的比喻；诸侯装饰它，继承它的功业而善终，就是“惟其涂丹雘”的比喻。《诗经》说：“栽种榛树和栗树，还有梓漆与椅桐。”说的是宫中所种植的树木，都能为礼乐之用做准备。有句话说：“一年之计，不如种谷子；十年之计，不如种树木。”所以文公在当初建造宫室的时候，就是这样计划的。又说：“对于桑树和梓树，一定要它们恭恭敬敬。”意思是桑、梓，是父亲种下的树，一定要尊敬。《礼记》说：“见到君王的手杖就起身朝拜”，是这样的吗？《尸子》说：“楚国有高大秀美的松树梓树。”

榛

榛似梓，实如小栗，栗属也。先王以为女挚，《诗》曰“营营青蝇，止于樊”“止于棘”“止于榛”[1]者，言圃有樊，园有棘，山有榛，明欲远而止之弥远也。又曰“鸤鸠在桑，其子在梅”“其子在棘”“其子在榛”者，盖先实者梅，后实者棘，先实者棘，后实者榛，故其序如此。亦其榛卑小于棘，棘卑小于梅。《诗》以刺之，故每况愈下也。赋云：“榛栗罅发。”[2]江南有小栗，谓之“茅栗”，此读“芧”[3]为“茅”之误也。《庄子》曰：“狙公赋芧，朝三而暮四，众狙皆怒。”芧，小栗也。

【注释】

[1] 出自《诗经·小雅·青蝇》，是一首指责谗人害人祸国的诗。是规劝正人君子不要听信小人的谗言的诗篇。诗人把搬弄是非、颠倒黑白的小人，比作青蝇。

[2] 出自西晋左思《三都赋》，《三都赋》分别为《魏都赋》《吴都赋》《蜀都赋》，曾名噪一时，至今仍被人传诵。其中描写蜀都“榛栗罅发”。

[3] 芧：音 xù。

【译文】

榛像梓，果实像小栗子，是栗类的植物。先王将它当成妇人进献表示诚心的礼物，《诗经》里说“苍蝇嗡嗡乱飞，飞上篱笆把身停”“飞上酸枣树上停”“飞上榛树枝上停”，说的是圃中有樊，园中有棘，山中有榛，明明想远处让它停止却离目的更远。又说“布谷鸟在桑林筑巢，小鸟在梅树枝间嬉戏”“小鸟在酸枣树上嬉戏”“小鸟在榛树上嬉戏”，先结果的是梅，后结果的是棘，先结果的是棘，后结果的是榛，它的顺序就是这样。也是榛比棘卑微弱小，棘比梅卑微弱小。《诗经》用以讽刺，所以每况愈下。赋记载：“榛子、栗子成熟的时候。”江南有小的栗子，叫作“茅栗”，这里是读“芧”为“茅”的错误。《庄子》说：“养猴人给猴子分栗子，早上分给三升，晚上分给四升。猴子们听了非常愤怒。”芧，就是小的栗子。

椔

木卧死，为翳；立死，椔[1]。《荀子》曰：“周公之状，身如断菑[2]；皋陶之状，色如削瓜。”[3]以此非相盖不足以非之。《诗》曰：“作之屏之，其菑其翳；修之平之，其灌其栵；启之辟之，其柽其椐；攘之剔之，其檿其柘。”[4]言周公之新民刊除林木，以治田作室，其始“作之屏之”者，椔、翳而已；既又就者，众民无所居焉，则其“修之平之”也，及于灌、栵[5]；其“启之辟之”也，及于柽、椐；至其尤众也，无以处之，则“攘之剔之”，至于檿、柘。檿、柘，材之美者，人之所恃以蚕也。盖论道则木以不材生，议政则木以不材死，故《莊子》言：“散樗以不材终其天年。”[6]而是诗又言刊除材木，始于椔、翳，不得已而去之，然后及于檿、柘，此古之人所以处乎？才与不才之间，犹曰似之而非也。

【注释】

[1] 椔（zī）：直立着的枯木。

[2] 菑（zì）：枯死而未倒的树。

[3] 引自《荀子 · 非相》，作者指出，相面是古代所没有、学者所不齿的方术，它与人的吉凶无关，作者以大量的实例证明了相面术的虚妄。

[4]《诗经 · 大雅 · 皇矣》：周部族多篇开国史诗之一。全诗八章，章十二句。内容丰富，气魄宏大。引文选自第二章，具体描述了太王在周原开辟与经营的情景。连用四组排比语句，选用八个动词，罗列了八种植物，极其生动形象地表现太王创业的艰辛和气魄的豪迈。

[6]《庄子 · 山木》：“此木以不材得终其天年。”散樗（chū）：指栎树和樗木，古人认为这两种树的质地都不好，不能成材。后遂以“散樗”等比喻无用之人。

【译文】

卧倒而死的枯木是翳；直立而死的枯木是椔。《荀子》说：“周公旦的形状，身体好像一棵折断的枯树；皋陶的形状，脸色就像削去了皮的青瓜。”不列举这些先贤的实例来不足以证明相面术的虚妄。《诗》曰：“砍伐山林清理杂树，去掉直立横卧枯木；将它修齐将它剪平，灌木丛丛枝杈簇簇；将它挖去将它芟去，柽木棵棵椐木株株；将它排除将它剔除，山桑黄桑杂生四处。”说的是周公带领人民剪除林木，开辟平原，用来耕种居住，开始写“砍伐山林清理杂树”，是椔和翳；完成之后，人民无处可居，则“将它修齐将它剪平”，这就到了灌、栵；后面“将它挖去将它芟去”，说的是柽、椐；等到这些植物日益茂盛，没有地方让其生长时，则“将它排除将它剔除”，就是檿、柘。檿、柘，都是美好的木材，人们小心地取用。所以从出世方面讲，则木头不成材才得以生存。从入世从政方面讲，则木头不成材而无法生存，所以《庄子》说：“树因为不能长成大树而能长久的活下去，不被砍伐。”而这首诗又说剪除木材，从椔、翳，不得已才剪除。然后是檿、柘，这是古代人的处世之道吗？成才与不成才之间，还是似是而非的关系。

檖

《释木》云：“檖[1]，罗。”檖，一名“罗”，其文细密如罗，故曰“罗”也。又有白者。赤罗文楝，白罗文缓，虽皆所谓文木，然而赤罗为上，故穆公植之。《秦诗》初曰“晨风”、卒曰“树檖”者[2]，言人君所以用贤之道，始于能致之，终于能立之。楝谓之“绫”，杉谓之“纱”，檖谓之“罗”。罗亦有华者，俗谓之“罗锦”[3]，罗锦犹言杉锦楝绫也。罗锦明，杉锦暗，今外域[4]有楝绫[5]器，其文如绫绮状，又下于杉锦矣。《尔雅》曰：“桋，赤楝；白者，楝。”[6]

【注释】

[1] 檖（suì）：一名赤罗，一名山梨。其果实较一般梨子为小。

[2] 出自《诗经 · 秦风 · 晨风》。

[3] 罗锦：有花纹的丝绸。亦泛指精美的丝织品。杉锦，杉木纹理细密而美者之称。后亦指纹理如杉木的丝织物。

[4] 外域：《五雅本》作“虏人”。《珍本》同。

[5] 楝绫：纹理美丽如绫的楝木。亦指如楝木纹理之美的绫子。

[6] 桋：音 yí。

【译文】

《尔雅 · 释木》说：“檖就是罗”。檖，一个名字叫作“罗”，它的纹理像罗一样细致紧密，所以叫“罗”。也有白色的品种。赤罗的纹理突出，白罗纹理松弛，虽然都叫作有纹理的树木，然而赤罗为上品，所以穆公曾经种植它。《秦风·晨风》开头说“晨风”、结句说“树檖”，说的是人君用贤人的方法，开始于能够招引贤才，终于能够使贤人立足。楝树叫作“绫”，杉树叫作“纱”，檖树叫作“罗”。罗也有花纹，俗称叫作“罗锦”。罗锦说的就是杉锦楝绫。罗锦明亮，杉锦暗沉。现在外国有纹理美丽如绫的楝木做成的木器，它的纹理像绫绮的形状，又在杉锦之下。《尔雅》说：“梀是赤楝；白色的是楝”。

桂

苏秦曰：“楚国食贵于玉，薪贵于桂，谒者难见于鬼，王难见于帝。”[1]盖桂，药之长也。凡木，叶皆一脊，惟桂三脊。桂之辈三，一曰菌桂，叶似柿叶而尖滑鲜净，《蜀都赋》所谓“菌桂临崖”者，即此桂也。二曰牡桂，叶似枇杷而大，《尔雅》所谓“梫[2]，木桂”者，即此桂也。菌桂无骨，正圆如竹，故此云木桂也。三曰桂，旧云“叶如柏叶”[3]者，即此桂也。皆生南海山谷间，冬夏常青，故桂林、桂岭，皆以“桂”为名也。《本草》言“桂宣导百药，无所畏。”又云[4]菌桂为诸药先聘通使，故《说文》以为百药之长也。《庄子》曰：“桂可食，故伐之；漆可用，故割之。”言此皆以其能苦其生者也。桂犹圭也，久服通神，若服以祀，宣道诸药，为之先聘[5]；若执以使，又谓之梫，能侵他木毙之。《谈苑》[6]记江南后主患清暑阁前草生，徐锴令以桂屑布砖缝，中宿，草尽死。《吕氏春秋》云：“桂枝之下无杂木。”盖桂味辛螫故也。然桂之杀草木，自是其性，不为辛螫也。《雷公炮炙论》[7]云：“以桂为丁，以钉木中，其木即死。”一丁至微，未必能螫大木，自其性相制尔。《越绝书》[8]曰：“人固不同，慧种生圣，痴种生狂。”桂实生桂，桐实生桐，以鲧生禹考之，殆不然矣。《异书》云：“月中有桂，下有一人常斫[9]之，木疮随合。”

【注释】

[1] 选自《战国策·苏秦之楚》，以桂的珍贵来衬托柴薪的贵重。

[2] 梫（qǐn）：指肉桂。“梫，木桂”，学者多解释为“能侵害它木”。

[3] 晋嵇含《南方草木状》卷中：“桂有三种：叶如柏叶，皮赤者为丹桂。”

[4] 云：《五雅本》作“曰”。

[5] 作者认为“桂”为百药之长，地位尊贵如圭而得名。另有学者认为“桂”叶心有两纹，形如圭制而得名。

[6]《谈苑》又名《孔氏谈苑》，四卷，旧题宋孔平仲撰。本书是一部以记载北宋及前朝政事典章、人物轶闻为主的史料笔记，同时间涉社会风俗和动植物知识，为宋代笔记小说中较有名的一种。孔平仲，字义甫，清江（今属江西）人。

[7]《雷公炮炙论》三卷，刘宋雷敩约撰于公元五世纪。古代中医学经典著作。此书为我国最早的中药炮制学专著，原载药物300种，每药先述药材性状及与易混品种区别要点，别其真伪优劣，是中药鉴定学之重要文献。

[8]《越绝书》是记载古代吴越地方史的杂史，又名《越绝记》，全书一共十五卷。该书杂记春秋战国时期吴越两国的史实，上溯夏禹，下迄两汉，旁及诸侯列国，对这一历史时期吴越地区的政治、经济、军事、天文、地理、历法、语言等多有所涉及，被誉为“地方志鼻祖”。

[9] 斫（zhuó）：大锄，引申为用刀、斧等砍。

【译文】

苏秦说：“楚国的粮食比宝玉还贵，楚国的柴禾比桂树还贵，见禀报人员像见鬼一样难，拜见大王像见天帝一样难”。桂树是百药之长。普通的树木，树叶上都是只有一道叶脉，只有桂树有三道。桂的种类有三种，一种叫菌桂，树叶像柿树的叶子，形状尖，光滑鲜净，《蜀都赋》所说的“长在悬崖上的菌桂”，就是这种桂树。二种叫牡桂，叶子像枇杷而较大，《尔雅》所说的“肉桂就是木桂”，就是这种桂树。菌桂没有骨，形状正圆像竹子，所以这种叫作木桂。三种叫桂，旧时说“叶子像柏叶”的，就是这种桂。都生长在南海的山谷之间，冬夏四季常青，所以桂林、桂岭等地，都以“桂”为名字。《本草》说“桂疏通引导百药，无所畏惧”又说菌桂是各种药的药引子，所以《说文》把桂当作百药之长。《庄子》说："桂树因为可以吃，所以被人砍伐；漆树因为可以用，所以被人割皮。"说的都是因为有用处而活得艰难辛苦的例子。桂就像圭，长久服用则能通晓神灵。若用来祭祀，则能疏通引导百药，作药物的引子。若使用在木材上，又叫作梫，能侵袭其他树木致其枯亡。《谈苑》记载江南国主李后主不喜清暑阁前杂草丛生，徐锴令人将桂屑撒入砖缝，一夜之间杂草枯死除尽。《吕氏春秋》云："桂树枝叶下没有别的草木"，是由于桂树气性辛辣致害的缘故。然而桂树能杀死其它草木就是它的本性，不是由于辛辣所致。《雷公炮炙论》说："以桂作钉子，钉到木材上，木材便枯死。"一个钉子很小，未必能够毒害高大的树木，是它自身的性质决定的。《越绝书》曰："人与人是不同的，慧种生出圣人，痴种生出狂人。"桂的果实生出桂，桐的果实生出桐。用鲧生禹的例子来参考，则不是这样。《异书》里说："传说月亮上有桂树，树下有一个人一直在砍它，每一次刚砍下，树的创口就马上愈合。"

枌

枌，白榆，先敷叶，后着荚。榆性扇地[1]，所扇各与木等，故其阴下五谷不植，而古之人就以息焉。《东门之枌》[2]一章曰："东门之枌，宛邱之栩。子仲之子，婆娑其下。"言风化之所行，大夫氏之子道舞也。二章曰："谷旦于差，南方之原，不绩其麻，市也婆娑。"言风化之所行，大夫氏之女市舞也。男子道舞，尚非所宜；女子市舞，尤非所宜矣。且东门，人所出入；宛丘之道，人所往来。国之交会也，于是有枌栩之阴焉，则人之所趋而聚也。《管子》曰："桓公之时，而[3]衢之民桑麻不种，茧缕不治，衣多弊，屦多穿。管仲请沐途旁之枝，使无尺寸之阴，为是故也。"[4]《内则》[5]曰："堇、荁、枌、榆，免薧，滫瀡以滑之。"[6]免，新生者；薧，其干也。堇、荁、枌、榆初生，其叶盖象兔目，故谓之"兔"也。《淮南子》曰："槐之生也，五日而兔目[7]，十日而鼠耳。"《字说》曰："榆沈滑，故谓之俞。茎[8]，俞而有刺，所以为至；枌，俞而已安，可长也。以俞为合，乃卒乎分。夫很如羒，俞如枌，皆分之道。"

【注释】

[1] 扇地：侵削地力。

[2]《东门之枌》描写陈国男女在歌舞聚会中的恋爱故事，描绘了他们相识相知的过程，最后相互慕悦，赠物定情，其中“不绩其麻”和“越以鬷迈”的描述，尤能见出热恋中的男女特点，也能见出陈国的特定风气。第一章是同欢共舞在大树下的画面：“东门之枌”，“子仲之子，婆娑其下”。第二章是集市相聚来共舞的画面：“谷旦于差”，“市也婆娑”。第三章是赠送情物表心情的画面：“谷旦于逝”，“贻我握椒”。

[3] 而：《五雅本》作“五”。《珍本》同。

[4]《管子・轻重丁》里的《剪枝富民》，管子为使人民富裕建议桓公剪去路旁树上的枝条，没有树荫为人民提供娱乐场地，使人们务本业从事生产。

[5]《内则》是《礼记》的一部分，主要内容是记载男女居室事父母、舅姑之法。即是指家庭主要遵循的礼则。

[6] 堇：堇草也。《说文》释曰：根如荠，叶如细柳，蒸食之甘。苣，堇菜科堇菜属的植物，又名黄堇、白三百棒（云南种子植物名录）、筋骨七、鸡心七（秦岭植物志）。薧（kǎo）：干的食品。滫瀡（xiǔ suǐ）：淘米水。

[7] 兔目和鼠耳，分别是槐树长到五日和十日后叶子形状的拟指。

[8] 茎（chí）：刺榆，一种小枝有坚硬枝刺的落叶小乔木。

【译文】

枌树是白榆，先长叶子后结果实。榆树侵削地力，所侵削的面积与其树木相等，所以它的树荫下不种植五谷，而古人就用来休息。《诗经・东门之枌》第一章写道：“东门有白榆，宛丘有栎树，子仲家的姑娘，在树下面翩翩起舞。”说的是特殊的风俗，大夫门下的孩子在道旁起舞。第二章写道：“选了个好日子，城南门外的广场上真热闹，漂亮的姑娘放下织麻的工作，在集市上跳起了欢快的舞蹈。”说的是特殊的风俗，大夫门下的孩子在市集中起舞。男子在道旁起舞，尚且不合时宜，女子在道旁起舞，就更加不合时宜了。且城东门和宛丘是人来人往的地方，国家交会的边界。所以有枌栩的树荫的地方，就是人们趋向聚会游乐的地方。《管子》记载：“齐桓公在位时，五方的百姓很穷，五谷不播种，桑麻不种植，丝线也无人纺织。衣敝而鞋破。管仲请桓公下令把路旁树枝剪去，要使它没有尺寸的树荫，就是这个原因”。《内则》记载：“用堇、荁、枌、榆的新生乾藁加淀粉拌匀，使其柔软爽滑”。兔，指堇、荁、枌、榆的新叶子，藁，指晒干的叶子。堇、荁、枌、榆新生的叶子，其形状像兔目，所以称为“兔。”《淮南子》记载：“槐树叶的生长，五天就有兔的眼睛那么大，十天就有鼠的耳朵那么大”。《字说》记载：“榆树光滑，所以叫作俞。荎，是带刺的俞，所以叫作至；枌，俞而已安，可以生长。以俞为合，最终会分。这很像羒（一种白色的公羊），都是分的道理。”

椇

木高大，似白杨，多枝而曲，飞鸟喜巢其上，赋曰“枳句来巢”[1]是也。子依房生，着枝端，大如指，长数寸，状如珊瑚，噉之甘美如饴，今俗谓之“枅栱”[2]。《古今注》曰：“一名树蜜，一名木饧。”[3]实形卷曲，核在实外。以其木为屋，近酒，能令酒味薄。《曲礼》曰：“妇人之挚，椇榛、脯修、枣栗。”椇取卷曲，榛言至，枣言早，栗言恂栗，故曰：“以告虔也。”

【注释】

[1] 引自战国时期楚国人宋玉的《风赋》，其中有“枳句来巢，空穴来风”的句子。

[2] 栱枅（gǒng jī）：柱上横木，借指屋宇。

[3] 晋 · 崔豹《古今注》卷下“草木”：“枳椇子，一名树蜜，一名木饧。实形拳曲，核在实外，味甜美如饧蜜。一名白石，一名白实，一名木石，一名木实，一名枳椇。”

【译文】

椇木高大，长得像白杨，枝叶繁多且弯曲，飞鸟最喜在树上筑巢。赋中说的“因为枳树弯曲，树枝上常招引鸟儿筑巢”就是这样。它的果实靠着房子生长，长在树枝的末端，有手指那么大，长几寸，形状像珊瑚，吃起来甜美得像饴糖，是现在俗称“枅栱”的东西。《古今注》说：“椇的一个名字叫树蜜，一个名字叫木餳”。果实形状卷曲，果核在果实之外，以其木为屋，放在酒中，能让酒味变淡。《曲礼》说：“妇人进献的礼物，是拐枣、榛、肉干、枣、栗”。椇取卷曲之义，榛取“至”之义，枣说的是“早”，栗代表“恂栗”，所以说：“以表示自己的诚心。”

埤雅·卷十五

释草：竹、蓬、蒿、蘩、荇、苹、藻、海藻、萧、菱、虞蓼、卷耳、萑、芥、芡

竹

竹，物之有筋节者也，故苍史制字，筋节皆从竹。《尔雅》曰：“东南之美者，有会稽之竹箭焉。”今竹性亦喜东南引生，故古之种法云：“斸[1]取东南引根，于园角西北种之，久之自当满园。”语曰：“西家种竹，东家治地。”言其滋引而生来也。《易》曰：“方以类聚。”竹引东南，则以卦推之，巽为竹矣。[2]震，东方也，故震为苍筤[3]竹而已。苍筤，幼竹也。今人穿沐丛竹，芟其繁乱，不使分其势，然后枝干茂擢，俗谓之洗。[4]洗竹第如洗华例，非用水也。传曰：“淇卫箘簬。”[5]又曰：“淇卫之箭。”又曰：“下淇园之竹以为楗[6]。”又曰：“伐淇园之竹以为矢。”盖淇之产竹，土地所宜，故风人以此美武公之德也。[7]《诗》曰：“瞻彼淇奥[8]，绿竹猗猗。”“瞻彼淇奥，绿竹青青。”竹之初生，其色绿，长则绿转而青矣，故是诗如此。然其卒章又曰：“如箦如箦。”[9]言盛也。且曰：“如箦”，则又以明其为竹矣。《礼器》曰：“礼器是故大备。”大备，盛德也，其在人也，如竹箭之有筠[10]，盖曰：“如切如瑳，如琢如磨。”则礼至于器矣，礼器是故大备。大备，盛德也，故《诗》曰：“有匪君子，终不可谖兮。”[11]道盛德至，善民之不能忘也。《国语》曰：“及其没也，谓之睿圣武公。”然则武公其殆圣矣乎？《尔雅》曰：“如竹箭曰苞，如松柏曰茂。”苞言其本，茂言其末。竹性丛生，行鞭深远，故曰

“苞”。《诗》曰：“秩秩斯干，幽幽南山。如竹苞矣，如松茂矣。”“干”言原流之长也，“山”言基址之固也，“竹”言根本丛致，“松”言枝叶繁衍。盖不如是，虽有室，岂足乐哉？故考室之诗首章如此。《竹谱》曰：“北方寒冰，至冬地冻，竹根类浅，故不能植，为是故也。”《尔雅》又曰：“莽，数节；桃枝，四寸有节；粼，坚中；簢，篻中。”凡此皆竹之类，一疏一数，一虚一实。《尔雅》又曰：“簜，竹。”孙炎以为阔节为“簜”。按：《仪礼》：“簜在建鼓之间。”簜盖箫属明，非数节者也。旧说竹率六十年根輙一易，即华实而枯死，实落于土复生，六年成疃。《稽圣赋》[12]曰：“竹布实而根枯，蕉舒花而株槁。”《礼》：“斩衰杖竹，齐衰杖桐。”[13]说者以为竹圆效天，桐方法地。又曰：“竹者，蹙也；桐者，痛也。竹外节，桐内节，丧礼以压于父，故为母朞则其节有不得达于外矣。”且桐削杖，亦以明其眚[14]礼。夫父不可亢也，然母亦岂可略哉？故齐衰杖桐，削之使勿充而已。《檀弓》曰：“竹不成用，瓦不成味，木不成斲。”[15]竹言用，瓦言味，木言斲，相备也。竹曰“不成用”，主其质言之；木曰“不成斲”主其文言之；其曰“瓦不成味[16]”，则言以受饮食，又不足以成味也。《荀子》曰：“木器不成斲，陶器不成物，薄器不成内。”变味言物，变用言内，其义一也。《说文》云：“竹，冬生艸也，象形，下垂者箬箬也。”[17]盖竹从倒艸。竹，艸也，而冬不死，故从倒艸。一曰竹倒种，故从倒艸。其萌曰筍，筍从勹从日，勹之日为筍，解之日为竹。一曰从旬，旬内为筍，旬外为竹。今俗呼竹为“妬母草”[18]，言筍旬有六日而齐母。

【注释】

[1] 斸（zhǔ）：挖。

[2]《易·说卦》中讲：“巽为木，为风。”

[3] 苍筤：青色。多指竹。《易·说卦》：“为苍筤竹。”孔颖达疏：“竹初生之时，色苍筤，取其春生之美也。”

[4] 芟（shān）：除草，刈除。擢（zhuó）：提拔。

[5] 箘簬：亦作“箘露”。美竹；箭竹。高诱注：“淇衞箘簵，箭之所出也。”刘文典《集解》引王念孙曰：“淇与棋同，淇衞、箘簵对文，皆箭竹之名也。”

[6] 淇园：卫国园林名。产竹。在今河南省淇县西北楗。楗：堵塞决水口所下的竹木草石。

[7] 武公：即卫武公，卫康叔的九世孙，卫釐侯的儿子，名字叫姬和。卫武公作卫国国君 55 年，一直到 96 岁去世，德高望重，高风亮节，有旷世奇才，中国历史上道德卓著的名君。他去世后，卫国人感念他的道德文章，传诵诗歌《淇奥》（即《诗经 · 卫风 · 淇奥》）颂扬他的高风大德。文中以竹喻武公，即后文“瞻彼淇奥，绿竹猗猗。”“瞻彼淇奥，绿竹青青。”

[8] 奥（yù）：通“澳”，水边深曲之处。

[9] 箦（zé）：竹编床席。

[10] 此句出自《礼记 · 礼器》篇，竹箭，即筱，细竹。筠，坚韧的竹皮。

[11] 匪：同“斐”，有文采。谖，忘也。

[12]《稽圣赋》：北齐颜之推的作品，《隋书》和《旧唐书》的《经籍志》皆不载。《稽圣赋》在唐代有流传。到了宋代，书目中也有著录，有作一卷者，有作三卷者。

[13] 丧服名。衰通“缞”（cuī）。斩衰，“五服”中最重的丧服。用最粗的生麻布制作，断处外露不缉边，丧服上衣叫“衰”，因称“斩衰”。齐衰，服用粗麻布制成，以其缉边缝齐，故称“齐衰”。

[14] 朱子《孟子集注》卷二释曰：“蹙：聚也。人忧戚则聚其额。”此处当为此意。眚（hěng）：谓减省吉礼之数。眚，通“省”。

[15]《檀弓》：《礼记》中的一篇。斲（zhuó）：古同“斫”

[16]《正义》言，成犹善也，竹不可善用，谓边无縢（téng，绳索）。“味”当作“沬”。沬，靧（huì，洗脸）也。这句话的意思是：送给死者以竹器、陶器和木器，以表示“生”的意义，但这些东西又不精致，竹器无提绳，陶器无亮光，木器不雕饰，故何胤说：有器不成，是不死不生也。

[17] 艸：通“草”。箁箬：冬生之草。

[18] 妬（dù）：同“妒”。

【译文】

竹，就是一种有筋节的植物，所以苍史制字时，筋节的字形皆从竹字头。《尔雅》里说："东方出产的精美之物，有辽东医巫闾山的玉石珣玗琪，东南方出产的精美之物，有山阴县会稽山的细竹竹箭。"今天竹子亦喜欢在东南一带的土地上引生，所以古代关于竹子的载种方法这样说："在东南一带挖取竹子的引根，在园子西北角栽种，时间长了园子就长满了竹子。"《国语》里说："在院落的西边种竹子，则要院落的东边治好土壤。"这是说竹子在土里会滋生很长的根。《易经》里说："指同类事物相聚一处。"竹子引自东南，以卦相来推定，巽卦为竹。震卦，代表东方，所以震只不过是苍筤竹而已。苍筤就是幼竹。今天人们穿沐在竹林之中，削去丛竹的繁枝，不让枝丫分离其向上的长势，然后枝干就会长得挺拔，俗称为洗。洗竹并不是用水洗。《易传》时说："淇卫之箘簬。"又说："淇卫之箭。"还说："卫国的下淇园竹林产生的竹子可以用来堵塞决水口。"又说："伐淇园的竹子可制弓射的箭。"这说明淇地盛产竹子，其土壤适宜竹子的生长，所以采集民歌风俗等以观民风的官员以此来赞美武公的德性。《诗经》里说："看那淇水弯弯岸，碧绿竹林片片连。"又说："看那淇水弯弯岸，绿竹袅娜连一片。"竹子开始生长的时候，它的颜色是绿色的，随着慢慢长大就变成青色的了，所以诗这样说。然而篇章的最后一章又说："就像竹编的床席，就像竹编的床席。"这是形容竹子长的多。而且说"像竹编著的床席"，则又表明它是竹子。《礼器》里说："以礼为器，就可导致'大顺'的局面。"这种局面就是盛大德性的表现，在人来说，就像竹箭有青皮一样，说"如切如磋，如琢如磨。"则礼至于器来讲，礼器可导致'大顺'的局面。这种局面，亦是盛大德性的表现，所以《诗经》里说："具有光明盛大德性的君子，永远不会被人忘记。"具有盛大德行的人，人民永远不会忘记的。《国语》里说："至于让人民没世不忘的人，那是德智超凡的武公。"然而武公能及至圣人吗？《尔雅》里说："树木长出的像竹箭一样的芽叫苞，长出像松柏一样的枝叶叫茂。"苞是说其本，茂是说其末。竹非常容易生长，底部的根系能伸长很远，所以说"苞"。《诗经》里说："涧水清清流不停，南山深幽多清静。有那密集的竹丛，有那茂盛的松林。""干"是水的源流之长，"山"是说竹生的土壤牢固，"竹"是说是竹子长得茂密，"松"是说竹的枝叶繁茂。如果不是如此，虽有室，又怎么能足够的快乐呢？所考辨室的首章即是如此。《竹谱》里说："北方寒冷如冰，冬天土壤会结冻，竹根类浅，所以不能栽种，其原因即是如此。”《尔雅》里又说：“莽蛇有数节之长；桃枝有四寸之节；鳞片中间结实；簢竹中间有空。”凡是这些都具有竹子的属性。一疏一数，一虚一实。《尔雅》里又说：“簜，一种大的竹子。”孙炎认为竹节距离大的竹子叫“簜”。按:《仪礼》里记载说：“簜在建鼓之间。”簜就是笙箫类的乐器，属性明，节数不多。旧时说这种大竹子六十年根则才生一次，即是说花实枯死之后，落到地上再重新生长，六年成疃。《稽圣赋》里说：“竹子之间距离太近根系就会枯亡，蕉花之间距离远则株就会枯死。”《礼记》里说：“斩衰之礼用以竹子为杖，齐衰之礼用桐木为杖。”之所以这样说是竹形圆效征天，桐木方效法地。又说：“竹，代表忧蹙；桐，代表悲伤。竹子是外面有节，桐木则是里面有节，丧礼中父重于母，所以为母的丧礼所用的杖其节不能显露在外面。”母丧之礼用桐削杖，亦可以知晓其减省吉礼之数。父不可抗拒，而母又岂能忽略呢？所以齐衰之礼（母丧）所用拄杖以桐木制作，就是将它的枝丫削掉而不要将桐木中间的空心处填充而已。《檀弓》里说：“竹不成用，瓦不成味，木不成斵。”竹言用，瓦言味，木言斵，意义相互完备。竹子言“不成用”是以其质地光滑来说的；木说“不成斵”是以其外面不用雕饰来说的；其中说“瓦不成味”则是说这种陶器不能装粮食，又不能有明鲜的亮光。《荀子》里说：“木器不加雕饰，陶器只有简单的形状，但不能用，竹编的器物也只是略具其形而不能用。”变味言物，变用言内，其意义是一样的。《说文》里讲：“竹，是一种冬天还会生的草，象形，下垂的一种冬天生长的青草。”竹从倒艸。竹，是一种艸，冬天不死，仍会生长，所以从倒艸。一种说法是要倒季节栽种，所以从倒艸。它的萌生称为筍，筍从勹从日，勹之日为筍，解之日为竹。一曰从旬，旬内为筍，旬外为竹。今日俗呼竹为“妬母草”，这是筍生 16 天就能长到和老竹子差不多一样高了。

蓬[1]

《释草》云：“啮，雕蓬；荐，黍蓬。”《诗》曰：“首如飞蓬。”蓬蒿属，草之不理者也，其叶散生如蓬，末大于本，故遇风輙拔而旋。《说苑》[2]曰：

“秋蓬恶于根本而美于枝叶，秋风一起，根且拔矣，是以君子务本也。”《驺虞》[3]一章曰：“彼茁者葭。”二章曰：“彼茁者蓬。”葭，泽草也，蓬，陆草也。故诗以言庶类蕃殖。《书》曰：“畴若予上下草木鸟兽?”《庄子》曰：“夫子犹有蓬之心也。”夫蓬，善转旋，非直达者也。《商子》[4]曰：“飞蓬遇飘风而行千里，乘风之势也。”盖蓬有利转之象，故古者观浮木而知为舟，观转蓬而知为车。然蓬虽转徙无常，其相遇往往而有也，故其制字从逢。《东观汉记》[5]曰：“栗骇[6]蓬转，因遇际会。”《管子》曰：“无仪法程序，蜚摇而无所定，谓之蜚蓬之问。”蜚蓬之问，明主不听也，故《诗》曰：“匪先民是程，匪大猷是经。”[7]大夫以刺幽王。

【注释】

[1] 亦称“飞蓬”，多年生草本植物，花白色，中心黄色，叶似柳叶，子实有毛。

[2]《说苑》：又名《新苑》，古代汉族杂史小说集。刘向编。成书于鸿泰四年(前17)。

原20卷（原二十卷，后仅存五卷，大部分已经散佚，后经宋曾巩搜辑，复为二十卷）784章。按各类记述春秋战国至汉代的遗闻轶事，每类之前列总说，事后加按语。

[3] 即《诗经·国风·召南》的“驺虞”篇。

[4] 即《商君书》也称《商子》，现存24篇。(共26篇，其中第16篇存目无文，第21篇有录无文，故实存24篇。）对于《商君书》的作者，学术界颇有争论。《汉书·艺文志》著录《商君》二十九篇。

[5] 记载东汉历史的纪传体断代史，全书由班固、刘珍、蔡邕、杨彪等人编撰。《隋书·经籍志》所录《东观汉记》有一百四十三卷，经唐宋至元朝逐渐散佚(《旧唐书·经籍志》著录为一百二十七卷，可见唐代官方收藏本已减少十六卷。《宋史·艺文志》著录为八卷，已散佚殆尽)，今天所见为清代及现代人辑本。

[6] 栗骇（lì hài）：指栗子成熟后，栗果从刺苞中迸出。喻转机。

[7] 即《诗经·小雅·节南山之什》的《小旻》篇。“匪大猷是经”亦作“匪大犹是经”。此句是意为“古圣先贤不效法，常规大道不遵从。”

【译文】

《释草》中说："啮，是雕蓬；荐，是黍蓬。"《诗经》中说："头部像飞扬的蓬草。"属于蓬蒿类，是草中不起眼的，它的叶子分散生长像蓬，末端大于本端，所以遇到大风便会被拔起而旋转。《说苑》中说："秋天的蓬草根本丑陋而枝叶漂亮，秋风一刮起，便会被连根拔起，所以君子要注重本源。"《驺虞》中有一句写道："茁壮的叫作葭。"第二句写："茁壮的叫作蓬。"葭，是生长在水泽中的草，蓬，是生长在陆地上的草。所以诗中用来描述繁殖。《尚书》中说："谁适宜替我担任掌管山林川泽鸟兽的官职呢？"《庄子》中说："先生的心窍还是被蓬草堵塞了吧！（不通通达事理）"蓬，善于旋转，不能直接到达目的地。《商子》中说："飞起的蓬草遇到风便会飘行千里，是借助风的力量。"大概是蓬草有善于旋转的表象，所以古人观察漂浮的木头便知道是船，看到转动的蓬便知道是车。然而蓬草虽然迁徙没有规律，却经常能相遇到，所以它造字的字形从逢。《东观汉记》中说："栗钻出蓬飞转，转机出现。"《管子》中说："没有礼仪法律程序，便会飘摇无所安定，就叫作蜚蓬之问。"蜚蓬之问，开明的君主也不听取，所以《诗经》中说："古圣先贤不效法，常规大道不遵从。"大夫用此来讽刺幽王。

蒿

《晏子》曰："蒿[1]，草之高者也。"《尔雅》曰："蘩之丑，秋为蒿。"盖蘩之类至秋则高大矣，故通呼为"蒿"也。又曰："蒿，菣[2]；蔚，牡菣。"今人呼青蒿香中炙啖者为"菣"。青蒿，蒿背之不白者也。《诗》曰："蓼蓼者莪，匪莪伊蒿。""蓼蓼者莪，匪莪伊蔚。"[3]以言忧思乱其精神，故目视昏[4]华，视莪以为蒿、蔚也。蔚大于蒿，故前曰"蒿"，后曰"蔚"也。《莊子》所谓"蒿目"，放于此乎？《说文》："耄，从蒿省。"盖五十象艾，六十象蓍，七十象蒿。艾，治也；蒿，乱也。《庄子》曰："是其于辩也，将妄凿垣墙而殖蓬蒿也。"蓬蒿以言秽乱。《管子》曰："今凤皇、麒麟不来，嘉谷不生，而蓬蒿藜莠茂，鸱枭数至。"蒿之类至多，如青蒿一类，自有两种，有黄色者，有青色者，《本草》谓之"青蒿"，亦恐有别也。陕西绥银之间有青蒿，在蒿丛之间，时有一两株迥然青色，土人谓之“香蒿”，茎叶与常蒿悉同，但比常蒿色青翠，一如松桧之色。至深秋，余蒿并黄，此蒿犹青，气稍芬香。恐古人所用，以此为胜。

【注释】

[1] 亦称“青蒿”“香蒿”，二年生草本植物，叶如丝状，有特殊的气味，开黄绿色小花，可入药。

[2] 菣（qìn）：青蒿，茎叶可入药。亦称“香蒿”。

[3] 即《诗经·小雅·谷风之什》的“蓼莪”篇。

[4] 昬（hūn）：同“昏”。

【译文】

《晏子》说：“蒿，是草中长得比较高的。”《尔雅》说：“长得丑的蘩，到了秋天就是蒿。”蘩之类的植物到了秋天就变得高大，所以都叫作“蒿”。又说：“蒿，就是菣；蔚，就是牡菣。”现在的人把青蒿中香气浓烈的叫作“菣”。青蒿的蒿背不是白色的。《诗经》说：“看那莪蒿长得高，却非莪蒿是散蒿。”“看那莪蒿相依偎，却非莪蒿只是蔚。”说的是因为忧愁幽思而扰乱精神，所以眼神昏暗不清，把莪看成是蒿、蔚。蔚比蒿要高大，所以前面说“蒿”，后面说“蔚”。《庄子》所说的“蒿目”，就是这样吗？《说文》：“薹，从蒿省。”五十的卦象是艾，六十的卦象是蓍，七十的卦象是蒿。艾，是有秩序井然；蒿，是杂乱无章。《庄子》说：“按照尧舜定的是非标准办事，等于推垮院墙，捣毁家园，长满庭的荒草。”蓬蒿用来比喻秽乱。《管子》说：“如今凤凰、麒麟不降临，好的谷物不生长，而蓬蒿藜莠长得茂盛，鸱枭尽数而至。”蒿的种类非常多，比如青蒿这一种类，也分成两种，有黄色的，有青色的，《本草》都叫作“青蒿”，恐怕也是有区别的。陕西绥银之间生长有青蒿，在蒿丛之间，偶尔有一两株与青色不同，本地人叫作“香蒿”，茎叶与平常的蒿都相同，但比普通的蒿颜色更加青翠，就像松桧树的颜色。到了深秋时节，其他的蒿都变成黄色，这种蒿还是青色的，味道还有些芬芳。恐怕古人所用的蒿，这是最好的。

蘩[1]

蒿青而高，蘩白而繁。《尔雅》曰：“蘩，皤[2]蒿”，白蒿也。叶粗于青蒿，从初生至枯，白于众蒿，欲似细艾者所在有之，故曰“皤蒿”也。今俗谓之“蓬蒿”。可以为菹[3]，《笺》[4]云“豆荐，蘩菹”是也。一曰“由胡”，《广雅》曰：“由胡，白蒿也。”北海谓之“旁勃”，《夏小正》曰：“蘩，由胡。由胡，旁勃也。”《诗》曰：“于以采蘩？于沼于沚。”蘩，所以祭也。于沼，于水之外也；于沚[5]，于水之内也。荇，采之左右；蘩，采之内外；苹藻，采之上下。则其位弥下者，其事亦弥繁故也。传曰：“夫人执蘩菜以助祭，神飨德与信，不求备焉。”王后，则荇菜也。”《国语》曰：“王后亲织玄紞，公侯之夫人加以纮、綎[6]，卿之内子为大带，命妇成祭服，列士之妻加之以朝服，自庶士以下，皆衣其夫。”与此同意，《七月》之诗曰：“春日迟迟，采蘩祁祁。”《传》曰：“采蘩，所以生蚕也。”盖农功有早晚，蚕事有先后，故言求桑于前，以箸蚕之早者；采蘩于后，以箸蚕之晚者。今覆蚕种，尚用蒿。《云仙经》[7]曰：“白蒿，白兔食之，仙。”《尔雅》曰：“蘩，菟奚。”岂谓是欤？《采蘩》先言“于沼于沚”，后言“于涧之中”，言夫人于事有进而无退。《采苹》言“涧”在前，《采蘩》言“涧”在后，夫人嫌于事不勤，大夫妻嫌于德不劭也。

【注释】

[1] 蘩（fán）：即白蒿。

[2] 皤（pó）：形容白色。

[3] 菹（zū）：腌菜。

[4]《笺》指汉郑玄为《毛诗》作的笺注。

[5] 沚：形声。从水，止声。本义：水中的小洲，水中的小陆地。

[6] 紞（dǎn）：古时冠冕上用来系瑱（tiàn）的带子或缝在被单用以区别上下的丝带。古代有皇后亲织玄紞之事，后因以玄紞指女红。纮（hóng）：冠冕两旁的带子，下系于颔，上结于吕纮，冠卷也。綎（tīng）：古代佩玉上的丝绶带。

[7] 据王家葵《〈仙经〉考略》讲：《仙经》是一部亡佚已久的重要道教典籍，成书于三国，作者为左慈，实为魏晋以前道教经籍的综录。

【译文】

蒿是青色，长得高，蘩是白色，长得茂盛。《尔雅》曰："蘩，是皤蒿"，就是白蒿。它的叶子比青蒿，从最初生长直到枯萎，比一般的蒿要白，长得像细艾的也有，所以叫"皤蒿"。现在的俗称叫作"蓬蒿"。蒿可以做成腌菜，《毛诗笺注》说"豆荐，就是蘩做成的腌菜"。一说叫作"由胡"，《广雅》说："由胡，是白蒿。"北海叫作"旁勃"，《夏小正》说："蘩，就是由胡。由胡，是旁勃。"《诗经》说："什么地方采白蘩，沼泽旁边沙洲上。"蘩，是用来祭祀的。在沼泽中，是在水的外部；在沚，是在水的内部。荇，从左到右去采摘；蘩，由内向外去采摘；苹藻，从上到下去采摘。所以这也就是位置越是往下的，它的事情也就越繁多的原因。传言道："夫人拿着蘩菜来祭祀，神向慕德行与信义，不求俱备。"王后则用荇菜。"《国语》说："王后亲自编织冠冕上用来系镇的黑色丝带，公侯的夫人还要编织系于颌的帽带子以及覆盖帽子的装饰品。卿的妻子做腰带，所有贵妇人都要亲自做祭祀服装。各种士人的妻子，还要做朝服。普通百姓，都要给丈夫做衣服穿。"和这个说法意义相同，《七月》诗里说："伸手采摘嫩桑叶，春来日子渐渐长。"《传》说："采蘩，是用来描写生蚕时候的。"农田中的事情有早晚，养蚕也分先后，所以说先种桑树，用来喂养早期的蚕，后采蘩，用来喂养晚期的蚕。现在覆盖蚕种，还会用到蒿。《云仙经》里说："白蒿，白兔吃了以后便成仙。"《尔雅》里说："蘩，就是菟蒵。"说的不就是这个吗？《采蘩》先说"沼泽旁边沙洲上"，再说"采来白蘩在溪中"，说的是这个人做事情只知道进而不知道退。《采苹》说"涧"在前，《采蘩》说"涧"在后，是说此人做事不勤奋，他的妻子德行有失。

荇[1]

《尔雅》曰："莕，接余。其叶，荇。"盖荇一名"接余"，亦或谓之

“凫葵”。丛生水中，茎如钗股，叶在茎端，随水浅深。《诗》曰：“参差荇菜，左右流之。”[2]三相糸为参，两相差为差，“参差”言其出之无类，“左右”言其求之无方。王文公曰：“萎余，《诗》虽以比淑女，然后妃所求皆同德者，则萎余惟后妃可比焉。其德行如此，可以妾余艸矣。若蘩、苹、藻，所谓余艸。”旧说藻华白，荇华黄，《颜氏家训》云：“今荇菜，是水悉有之，黄华似莼”是也。夫后祭荇，夫人祭蘩，大夫妻祭苹、藻，而《诗》之言“荇”，止于“芼[3]之”而已，“蘩”则曰“于以用之”，“苹”“藻”则至于“盛之”“湘之”“奠之”，无所不为焉。亦其位弥高者，其事亦弥略之证也。又后妃言“河”，夫人、大夫妻言“涧”；后妃言“洲”，夫人言“沼”、言“沚”，大夫妻言“濒”、言“潦”，亦言之杀也。且苹、蘩、薀、藻，溪、涧、沼、沚之毛也，而荇则异矣，故后妃采荇。《诗传》[4]以为“夫人执蘩菜以助祭，神飨德与信，不求备焉，沼、沚、溪、涧之草，犹可以荐。后妃，则荇菜也”。据此，荇菜厚于苹、蘩，故曰后妃有《关雎》之德，乃能共荇菜，备庶物，以事宗庙。荇之言行也，苹言宾，藻言澡，蘩言盛，然则荇菜言“采”言“芼”，是亦共之而已。故教成之祭，芼用苹、藻，以成妇顺。《易》曰：“德言盛，礼言恭。”又曰：“君子以成德为行。”然则后妃采荇，夫人采蘩，大夫妻采苹、藻，固有次第哉！且后妃、夫人采一，大夫妻采二，二而足，非其至也。许大夫妻者，不一而足。

【注释】

[1] 荇菜：一种多年生水生草本，具心形叶和香蕉似簇生块茎。茎细长，节上生根，沉没水中。叶对生，漂浮水面。夏秋开黄花。嫩茎可食，全草入药。

[2] 出自《诗经 · 国风 · 周南》的“关雎”篇，《毛诗传》认为此诗反映了文王对理想妻子的追求，“言后妃有关雎之德，是幽闲贞专之善女，宜为君子之好匹。”诗中的“参差荇菜”也被认为“萎余（荇菜）惟后妃可比。”

[3] 芼（mào）：用手指或指尖采摘。“参差荇菜，左右芼之”。

[4]《诗传》是毛亨所作。作者生卒年不详，战国末年鲁国（今山东曲阜）人。

【译文】

《尔雅》说："莕，就是接余。它的叶子叫作荇。"荇（莕）的一个名字叫作"接余"，有时也叫"凫葵"。它在水中长成丛，茎像钗股，叶子长在茎的末端，随着水波深浅而流动。《诗经》说："参差不齐的荇菜，忽左忽右把它摘取。"三个萧管高低不齐叫作参，两个萧管高低不齐叫作差，"参差"说的是它生长的没有规律，"左右"说的是采取它没有方法可循。王文公说："萎余，《诗经》虽然用来与淑女作比，然而后妃所求的都是同样的德行，所以萎余只能用后妃来作比。她的德行如此高尚，便可以高出以妾许多。像蘩、苹、藻，叫作余艸。"旧时说藻的花是白色，荇的花是黄色，《颜氏家训》说："现在的荇菜，水里都会生长，黄色的花朵像莼"。王后祭祀用荇，夫人祭祀用蘩，大夫的妻子祭祀用苹、藻，而《诗经》里说到的"荇"止于"挑选择取"而已，"蘩"则说"采来做什么用"，"苹""藻"则至于"盛之""湘之""奠之"，有各种用处。也是位置越高的人，他需要做的事情也就越少的证明。提到后妃说"河"，夫人、大夫妻说"涧"；后妃说"洲"，夫人说"沼"和"沚"，大夫妻说"濒"和"潦"，也是言语之间的规矩。况且苹、蘩、蕰、藻，是在溪、涧、沼、沚上生长的草，而荇就不一样，所以后妃采荇。《诗传》以为"夫人拿着蘩菜用来帮助祭祀，神向慕德与信，不求俱备，沼、沚、溪、涧生长的草木，也可以用来祭祀。后妃，则用的是荇菜"。根据这种说法，荇菜比苹、蘩更加敦厚贵重，所以说后妃有《关雎》的德行，才能准备荇菜和各种物品，来侍奉宗庙。荇说的是德行，苹说的是宾，藻说的是澡，蘩说的是盛，然而荇菜说"采"和"芼"，只是写在一起而已。所以正式的祭祀，芼用苹、藻，来成全妇人的诚心。《易经》说："我们本身的德行，是越盛大越好。在外面所表现出来对人的礼仪，是越恭顺谦逊越好。"又曰："君子把修炼德行作为自已行为的追求。"然而后妃采荇，夫人采蘩，大夫妻采苹、藻，是有固定顺序的！况且后妃、夫人采一，大夫妻采二，二便足够，没有到极端。许多大夫的妻子，不是一事一物可以满足的。

苹[1]

《婚义》[2]曰："教成祭之牲用鱼，芼[3]之以苹、藻，所以成妇顺也。"苹之言宾也，藻之言澡也，鱼亦柔异隐伏，故此三者，《婚礼》以成妇顺。《韩诗》[4]曰："沈者曰苹，浮者曰藻。"盖藻，萍类也，似槐叶而连生，生道旁浅水中，与萍杂，至秋则紫，今俗谓之"马薸"，亦呼"紫薸"，故曰："于以采藻，于彼行潦。"[5]而传云："藻，聚藻也。"《吕览》曰："菜之美者，昆仑之苹。"高诱谓："苹，大苹，水藻也。"据此，苹即所谓"藻"，水深絜[6]处乃有，故曰"于以采苹，南涧之滨"[7]也。先言"于以采苹，南涧之滨"，后言"于以采藻，于彼行潦"，亦言大夫妻之德有隆而无杀[8]。《左传》曰："潢污行潦之水，苹蘩薀藻之菜，可荐于鬼神，可羞于王公。"[9]《淮南子》曰："容华生蔈，蔈生萍藻，萍藻生浮草。"谓是欤？盖非蒲藻之藻。萍藻之藻浮，蒲藻之藻沈。《草木疏》[10]以为："叶似蓬蒿，茎如钗股而大，谓之聚藻。"类矣。按：《颜氏家训》[11]云："莙，牛藻也。"即玑所谓"如蓬者"也，郭璞注《三苍》[12]，亦云"薀藻之类"，则明非薀藻。薀藻，一名"聚藻"。薀，聚也。藻出乎水之上，苹出乎水之下，故大夫妻采之。然而《采蘩》曰可以奉祭祀，而《采苹》言共者，盖曰"于以用之，公侯之宫"[13]，则所谓奉也；"于以奠之，宗室牖下"[14]，则是共之而已。若然"谁其尸之？有齐季女"[15]者，祭主也，盖非大夫妻。《春秋传》曰："济泽之阿，行潦[16]之苹藻，置诸宗室，季兰尸之，敬也。"说者以为季兰，季女[17]佩兰者也。然则大夫之妻教成之祭共苹藻为[18]，于是使女之季者佩兰，主而奉之。故传以为："季女，微主也。"

【注释】

[1] 亦称"大萍""田字草"。多年生水生蕨类植物，茎横卧在浅水的泥中，叶柄长，顶端集生四片小叶，全草可入药，亦作猪饲料。

[2]《婚义》是《礼记》第四十四篇，因该篇论述士婚礼的意义，故名。

[3] 见上文注 [3]。

[4] 韩诗：指汉初燕人韩婴所传授的《诗经》。西汉时与鲁诗、齐诗并称三家诗。

[5] 出自《诗经 · 国风 · 召南》中的采苹篇。此句意为“哪儿可以去采藻？就在积水那浅沼。”

[6] 同“洁”，干净。

[7] 出处同 [5]，意为“哪儿可以去采苹？就在南面涧水滨。”

[8]《诗经 · 国风 · 召南》中的采蘋篇描述了女子采摘蘋草、水藻等活动，真实记载了当时女子出嫁前庄重严肃地准备祭品和祭祀的情况。故说“夫妻之德有隆而无杀”。

[9] 薀藻：藻草之聚积者。苹、蘩、薀藻为三种植物。此句大意为“低洼处沟渠中的水，苹、蘩、薀藻等水草，都可以供奉鬼神，献给王公为食。”

[10] 即三国时吴陆玑所著《毛诗草木鸟兽虫鱼疏》，共两卷，是一部专门针对《诗经》中提到的动植物进行注解的著作。

[11]《颜氏家训》：南北朝时期颜之推撰，是颜之推记述个人经历、思想、学识以告诫子孙的著作。共有七卷，二十篇。

[12]《三苍》：指秦李斯《苍颉》七章、赵高《爰历》六章、胡毋敬《博学》七章。是秦统一文字之后，介绍小篆楷范的字书。汉代合此三书为一，断六十字为一章，统称为《苍颉篇》。

[13] 出自《诗经 · 国风 · 召南》中的采蘩篇，大意为“白蒿采来做什么？公侯宗庙祭祀用。”

[14] 出自《诗经 · 国风 · 召南》中的采苹篇，大意为“安置祭品在哪里？祠堂那边窗户底。”

[15] 出自《诗经 · 国风 · 召南》中的采苹篇，大意为“今儿谁是主祭人？少女恭敬又虔诚。”此处“尸”意为“主管，执掌”。王安石《老子》“盖生者尸之于自然，非人力之所得预矣。”

[16] 行潦：沟中的流水。《诗 · 召南 · 采苹》：“于以采藻？于彼行潦。”毛传：“行潦，流潦也。”

[17] 季女：古代女子称谓，谓指少女。

[18]“为”之繁体“為”，五雅本作“焉”，根据句意，当为“焉”，相当于“于

之”“于此”。由于形近，疑为传抄过程出现错误。在古代社会里，妇女在出嫁前要接受婚前教育，由女师教以妇德、妇言、妇容、妇功。教成以后，要举行教成之祭，这是向祖先察告，婚前教育已经完成。祭时用鱼作俎实，用蘋、藻这两种水草作羹菜，这些祭品都属于阴性一类，所以用来造成妇人的顺从。此句中的“共”作“供奉”意。

【译文】

《昏义》说：“祭祀的牲要用鱼，采摘苹、藻，用来成全妇人的诚心。”苹的意思是宾，藻的意思是澡，鱼代表柔异隐伏，所以这三样东西，《昏礼》描写用来成就妇人的诚心。《韩诗》说：“沉下去的是苹，浮起来的是藻。”藻，属于萍类，像槐叶一样而相连生长，长在道旁的浅水中，和萍混杂在一起，到了秋天就变成紫色，现在俗名叫作“马藻”，也叫“紫藻”，所以说：“哪儿可以去采藻？就在积水那浅沼。”而《传》记载：“藻，就是聚藻。”《吕览》说：“美好的菜，有昆仑山的苹。”高诱说：“苹中的大苹，就是水藻。”根据此语，苹就是所说的“藻”，生长在干净的深水处，所以说“哪儿可以去采苹？就在南面涧水滨。”先说“哪儿可以去采苹？就在南面涧水滨。”，后言“哪儿可以去采藻？就在积水那浅沼”，说的也是大夫之妻有德行而不失职。《左传》说：“潢污行潦的水，苹蘩蕰藻等菜，可以祭祀鬼神，可以供王公食用。”《淮南子》说：“容华生长出蔈，蔈长出萍藻，萍藻生长出浮草。”说的就是这个吗？并不是蒲藻。萍藻的藻是浮起来的，蒲藻的藻是沉下去的。《草木疏》认为：“叶子像蓬蒿，茎像钗股但比较大，叫作聚藻。”和这很类似。按：《颜氏家训》说：“莙，是牛藻。”就是陆机所说的“像蓬一样的东西”，郭璞注《三苍》，也说“蕰藻是一类”，所以明非蕰藻。蕰藻，一名叫作“聚藻”。蕰，就是聚。藻生长在水上，苹生长在水下，所以大夫的妻子采摘它。然而《采蘩》说可以用来祭祀，而《采苹》说的是准备祭祀，所以说“白蒿采来做什么？公侯宗庙祭祀用，说的是侍奉宗庙；“安置祭品在哪里？祠堂那边窗户底。”则是共之而已。就像“今儿谁是主祭人？少女恭敬又虔诚。”祭祀的主人不是大夫之妻。《春秋传》说：“济泽的河畔，行潦流水中的苹藻，献给宗室，季兰主持，表示尊敬。”作者认为季兰就是佩戴兰草的少女。然而大夫之妻婚前教育完成的祭祀也用萍藻，所以让佩戴兰草的少女主持祭祀。所以《传》认为："少女是最小的主持。"

藻

藻，水草之有文者，出乎水下，而不能出水之上。其字从澡，言自洁如澡也。《书》曰："藻、火、粉米。"[1]藻取其清，火取其明也。《周官》希冕四章，自藻而下，其章不足道也，故谓之"希冕"[2]。希冕，言其数也。玄冕二章，自黼而下，其数不足道也，故谓之"玄冕"[3]。玄冕，言其色也。先儒以为希冕三章，玄冕一章，非是也。孔子曰："黼衣、黻裳者不茹荤，非不能食也，服使然也。"盖玄冕绘黼于衣，绣黻于裳，大祭则王服以齐，故曰"不茹荤[4]"也。中祭而下，则服玄端[5]。然则《礼》曰："齐之玄也，以幽阴思也。"玄冕亦尔，非特玄端而已，《礼》曰："玄冕齐戒。"《诗》曰："又何予之？玄衮及黼。"黼，玄冕也。以衮举上，以黼举下，盖言之法也。由此观之，玄冕两章，则希冕四章明矣。盖子男之服，毳冕五章，则人君所服尽于此矣。人君所服尽于毳冕，则希冕而下，臣服也，故《礼》自毳冕而上，章数皆以奇；自希冕而下，章数皆以偶。奇，阳也；偶，阴也。孔子曰："管仲镂簋而朱纮，山节而藻棁，贤大夫也，而难为上也。"[6]说者以为藻取其文。盖藻非特为取其文，亦以禳火，今屋上覆橑，谓之"藻井"，取象于此。亦曰"绮井"，又谓之"覆海"，亦或谓之"罳（sī）"。《风俗通》[7]曰："殿堂、宫室象东井，形刻作荷菱。"荷菱，水草也，所以厌火，与此同义。《诗》曰："鱼在在藻，有颁其首。王在在镐，岂乐饮酒。鱼在在藻，有莘其尾。王在在镐，饮酒乐岂。"盖鱼性食藻，王者德至渊泉，则藻茂而鱼肥，故以颁首、莘尾，为得其性。《庄子》曰："在之也者，恐天下之淫其性也。"故三章皆曰"鱼在在藻""王在在镐"也。且周之兴也，忧勤在丰，其岂乐在镐；岂乐在镐，其嘉乐在洛。故是诗正言乐岂，盖忧释而为乐，怒释而为岂。《尚书大传》曰："《周书》自《泰誓》就《召诰》，而盛于《洛诰》。"传曰："士卒凫藻。"言其和睦欢悦，如凫之戏于水藻也。或言鱼藻，亦以其如此。

【注释】

[1] 出自《尚书 · 益稷》，粉米，孔颖达疏引郑玄曰："粉米，白米也。""藻、火、粉米"都是古代贵族礼服上纹饰。

[2] 希冕：即希衣之冕。古代帝王祭社稷、五祀时所戴的与希衣相配的礼冠。《周礼》中讲"冕服九章……初一曰龙，次二曰山，次三曰华虫，次四曰火，次五曰宗彝，皆画以为绘。次六曰藻，次七曰粉米，次八曰黼，次九曰黻，皆絺以为绣。"

[3] 玄冕：天子祭群小祀的冕服，大夫助祭亦服玄冕。与中单、玄衣、纁裳配套，衣不加章饰，裳绣黻一章花纹。

[4] 茹荤：本指吃葱韭等辛辣的蔬菜。后指吃鱼肉等。

[5] 玄端是古代中国的黑色礼服。玄端为上衣下裳制，玄衣用布十五升，每幅布都是正方形，端直方正，故称端。又因玄端服无章彩纹饰，也暗合了正直端方的内涵，所以这种服制称为"玄端"。

[6] 出自《孔子家语》，原文为："管仲镂簋而朱纮，旅树而反坫，山节藻棁。贤大夫也，而难为上。"文中所引疑脱"旅树而反坫"句。

[7]《风俗通义》，汉唐人多引作《风俗通》，东汉泰山太守应劭著。汉代汉族民俗著作。原书三十卷、附录一卷，今仅存十卷。该书考论典礼类《白虎通》，纠正流俗类《论衡》，记录了大量的神话异闻，但作者加上了自己的评议，从而成为研究古代汉民族风俗和鬼神崇拜的重要文献。

【译文】

藻，是水草中有花纹的一种，生长在水下，而不能长到水上。它的字形从澡，说的是它清洁如澡。《尚书》记载："藻、火、粉米。"藻取它的清，火取它的明。《周官》中写与希衣相配的礼冠的四章，从藻往下，是微不足道的，所以叫作"希冕"。希冕，说的是它的数量。描写天子祭群小祀的冕服的两章，自黼而下，它的数量是微不足道的，所以叫作"玄冕"。玄冕，说的是它的颜色。先儒认为希冕有三章，玄冕有一章，不是这样的。孔子曰："穿各种礼服、礼裙的人不吃荤腥，不是不能吃，是因为穿了这样衣服的原因。"玄冕在衣服上绘制黼，在裙子山绣黻，大型祭祀王就全部穿戴整齐，所以说“不吃荤腥”。中等以下的祭祀，穿着黑色的衣服。然而《礼记》说：“齐国的礼服是黑色，因为需要幽静的思考。”玄冕也是这样，不只是玄端而已，《礼记》说：“穿戴玄冕前要沐浴戒欲。”《诗经》说：“还用什么将他赠？龙袍绣衣已制成。”黼，就是玄冕。用衮比喻上级，用黼比喻下级，这是说话的礼则。这样来看，玄冕两章，希冕四章就很清楚了。男子的衣服的是毳冕，有五章，则君王的衣服到这里就讲得完备了。君王的衣服止于毳冕，所以希冕以下，是臣子的服装，所以《礼记》从毳冕以上的章节，都是奇数章；自希冕往下的章节，都是偶数章。奇，代表阳；偶，代表阴。孔子说：“管仲镂簋而朱纮，山节而藻棁，贤大夫也，而难为上也。”有人认为用藻是为了取它的花纹。然而藻并不是只为了花纹，也用来解除火灾，现在屋顶上有椽，叫作“藻井”，形象就取于此处。也叫“绮井”，又叫作“覆海”，或者叫作“罳项”。《风俗通》说：“殿堂、宫室中的井，刻成荷花、菱角的形状。”荷、菱都是水草，所以克火，和这个意义相同。《诗经》说：“鱼在哪儿在水藻，肥肥大大头儿摆。王在哪儿在京镐，欢饮美酒真自在。鱼在哪儿在水藻，悠悠长长尾巴摇。王在哪儿在京镐，欢饮美酒真逍遥。”鱼的习性食用藻，君王的德行到达泉水深渊，则藻类生长茂盛，鱼儿肥美，所以是肥头、长尾，为了刻画它的样子。《庄子》说：“听任天下自在地发展，是因为担忧人们超越了原本的真性。”所以这三章都说“鱼在哪儿在水藻”“王在哪儿在京镐”。况且周朝的兴盛，忧勤在丰，岂乐在镐；岂乐在镐，嘉乐在洛。这首诗正面描写欢乐，忧解释成乐，怒解释成岂。《尚书大传》说：“《周书》从《泰誓》开始就是《召诰》，而比《洛诰》盛大。”传记载：“士卒凫藻。”说的是他们的关系和睦欢悦，就像凫在水藻中嬉戏。或者说在鱼藻中嬉戏，也是因为这样。

海藻

《尔雅》曰：“薚，海藻。”如水藻而大，似，黑色，生深海中，陈藏器《本草》[1]以为：“《尔雅》所谓‘纶似纶，组似组，东海有之’[2]，正为二藻也。”善疗瘤瘿。夫颈处险而瘿，今汝、洛间多焉，而浙右、闽广山岭重阻，人鲜病之者。按：《本草》："海藻、昆布、青苔、紫菜，皆疗瘤瘿结气。"被海之邦食此，故能疗之也。

【注释】

[1] 即《本草拾遗》，唐代中药学家陈藏器汇集前人遗漏的药物撰，共10卷，今已亡佚。

[2] 第一个"纶"指"海藻"，第二个"纶"指"较粗的线"；第一个"组"指"海带"，第二个"组"指"阔带"。

【译文】

《尔雅》中说："薚，就是海藻。"模样像水藻而比水藻大，像头发，是黑色，生长在深海中，陈藏器的《本草》中认为："《尔雅》中所说的'海藻像较粗的线，海带像阔带'，便是两种藻类。"能够治疗瘤瘿疾病。人脖颈处长瘤瘿，现在汝、洛的地方多发，而浙右、闽广的山区山岭重重阻隔，人很少得这种病。按：《本草》中说："海藻、昆布、青苔、紫菜，都能治疗瘤瘿气息郁结。"临海的地方人民吃它，便能治疗。

萧[1]

萧可以祭，故其字从肃。亦秋风之过，萧意象肃然，故萧一名"荻"，其字从肃也。《尔雅》曰："萧，荻。"萧似白蒿，茎粗，科生，有香气，故祭祀以脂爇[2]之。《诗》曰："取萧祭脂。"凡祭，灌鬯[3]求诸阴，焫[4]萧求诸阳，奏乐求诸阴阳之间，故《礼》曰："声音之号，所以告诏于天地之间也。"又曰："见以萧光以报气也。加以郁鬯[5]以报魄也。"凡祭，言鬯常先于萧，今《祭义》言鬯更在萧后，则以言商礼故也。盖周人先求诸阴，故先灌鬯，焫萧在后；商人先求诸阳，故先焫萧，灌鬯在后。且周祭肺，商祭肝，故《祭义》言商礼先举肝，所谓"羞，肝、肺、首、心"是也。《郊特牲》言周礼先举肺，所谓"祭，肺、肝、心"是也。《诗》曰："洌彼下泉，浸彼苞萧。"民者，上之所恃，以事宗庙社稷，萧之象也。又曰："蓼彼萧斯，零露湑兮。”[6]萧，微物也，而其香能上达，故《诗》亦以况四海之诸侯。萧，今俗谓之“牛尾蒿”。

【注释】

[1] 萧：即“艾草”，多年生草本或略成半灌木状，植株有浓烈香气。

[2] 爇（ruò）：《说文》：“爇，烧也。”

[3]“灌鬯（chàng）”亦作“灌畅”。古代祭祀的一种仪式。把黑黍和郁金草酿成的香酒浇在地上，求神降临。

[4] 焫（ruò）：同“爇”。

[5] 郁鬯：香酒。用鬯酒调和郁金之汁而成，古代用于祭祀或待宾。《周礼·春官·郁人》：“郁人掌祼器，凡祭祀宾客之祼事和郁鬯以实彝而陈之。”郑玄注：“筑郁金煮之以和鬯酒。

[6] 出自《诗经·小雅·南有嘉鱼之什》的蓼萧篇，大意为“又高又长艾蒿，露珠滴滴凝聚。”

【译文】

萧可以用来祭祀，所以它的字形从肃。也是秋风过境，萧代表萧瑟肃然，所以萧又名“荻”，它的字形从肃。《尔雅》说：“萧，就是荻。”萧的形状像白蒿，茎粗，科生，有香气，所以祭祀时用脂来燃烧。《诗经》说：“香蒿牛脂燃芬芳。”凡是祭祀，把黑黍和郁金草酿成的香酒浇在地上以求阴，燃烧萧以求阳，奏乐以求阴阳之间，所以《礼记》说：“声音的名号，是用来昭告天下的。”又说：“用萧来祭祀气。加上香酒用来祭祀魂魄。”凡是祭祀，常是先说酒再说萧，现在《祭义》说鬯在萧后，是因为说的是商朝的礼法的缘故。周人先求阴，所以先用酒，燃烧萧在后；商人先求阳，所以先燃烧萧，用酒在后。周祭用肺，商祭用肝，所以《祭义》说商礼先用肝，说的是“羞，肝、肺、首、心”。《郊特牲》说周礼先用肺，说的是“祭，肺、肝、心”。《诗经》说：“寒凉的泉水在下汩汩流动，一丛丛狗尾草浸在寒泉中。”百姓，是君主所依靠的力量，以为国家服务的，是萧的象征。又说：“又高又长艾蒿，露珠滴滴凝聚。”萧，是微小的植物，而它的香味能传很远。所以《诗经》也用来比喻四海的诸侯。萧，现在俗名叫作“牛尾蒿”。

蔆[1]

《尔雅》曰：“蔆，蕨攗[2]。”其叶似荇，白华，实有紫角刺人，可食，一名“芰”，“屈到嗜芰”，即此是也。亦名“薢茩”。《说文》云：“楚谓之芰，秦谓之薢茩。”今俗但言“蔆芰”，诸草木书亦不分别，惟《武陵记》云：“四角、三角曰芰，两角曰蔆。”其花紫色，昼合宵炕，随月转移，犹葵之随日也。旧说镜谓之蔆华，以其面平，光影所成如此，庾信《镜赋》[3]云：“照壁而蔆华自生”是也。

【注释】

[1] 蔆：一年生水生草本，叶子略呈三角形，叶柄有气囊，夏天开花，白色。果实有硬壳、有角，可供食用。

[2] 蕨攗（jué méi）：即菱角。又名芰。《尔雅·释草》：“蔆，蕨攗。”郭璞注：“今水中芰。”按，攗，当作“攈”。参阅清·钱大昕《潜研堂集·答问七》。

[3]《镜赋》：南北朝时庾信作。

【译文】

《尔雅》中说：“蔆，便是蕨攗。”它的叶子像荇，有白色光泽，实际上有紫色的角能刺伤人，可以食用，别名叫作“芰”，“屈到嗜芰”说的就是这样。也叫作薢茩。《说文解字》中说：“楚地称其为芰，秦地称其为薢茩。”现在俗话叫作“蔆芰”，书中也不进行分别，只有《武陵记》中说：“四角、三角的叫作芰，两角的叫作蔆。”它的花呈紫色，白天闭合晚上张开，随着月亮发生转移，就好像葵花朝向太阳一样。旧说镜叫作蔆华，是因为它的面平坦，光影能够形成，庾信在《镜赋》中说：“照镜子而蔆华出现”就是这样。

虞蓼[1]

此即蓼之生水泽者也，似蓼，茎赤味辛，一名“蔷”，《尔雅》曰：“蔷，虞蓼”是也。《诗》曰：“其鎛斯赵，以薅荼蓼。”[2]荼，陆草也；蓼，水草也。“以薅[3]荼蓼”，则高下无所不治，且因暑雨化之，则草不复生而地美。盖非特去草之害，亦以醲其田畴，故“荼蓼朽止”，于是“黍稷茂止”也。《月令·季夏》：“烧薙[4]、行水，利以杀草，如以热汤，可以粪田畴，可以美土疆。”此之谓也。《诗》曰：“未堪家多难，予又集于蓼。”成王初惑管、蔡而疑周公，四国之乱防毁王室，则尝集于蓼矣。悟而毖后患，故曰：“未堪家多难，予又集于蓼。”“予又集于蓼”言辛苦也。《离骚》曰：“蓼虫不能从乎葵藿。”则葵藿甘而蓼苦故也。《吴越春秋》[5]曰：“越王念复吴怨，卧则切之以蓼，冬则抱冰，夏则附火。”言其刻志如此。

【注释】

[1] 虞蓼：即水蓼、泽蓼。气味（茎、叶）辛、无毒。可治疗蛇咬伤、脚气肿痛成疮等。

[2] 出自《诗经·周颂·闵予小子之什》的良耜篇，大意为“手持锄头来翻土，除草田畦得清理”。鎛：音 tuán。

[3] 薅（hāo）：去掉。

[4] 薙：同“剃”，除草。

[5]《吴越春秋》，东汉赵晔撰，是一部记述春秋时期吴、越两国史事为主的史学著作。《吴越春秋》著录于《隋书·经籍志》和《唐书·经籍志》，皆云赵晔撰，十二卷。然而今本只有十卷。

【译文】

这就是生长在水中的蓼，像蓼，茎是红色的，味道辛辣，一名叫“蔷”，《尔雅》说：“蔷，就是虞蓼”。《诗经》说：“手持锄头来翻土，除草田畦得清理。”荼，是陆地上的草木；蓼，是水草。“除草田畦得清理”，则没有什么是不能治理的，又因为夏天的雨，则杂草不再生长而土地丰美。不只是特地除去杂草，也让田地更加肥沃，所以“野草腐烂作肥料。”所以“庄稼生长真茂密。”《月令·季夏》说：“烧掉割下晒干的野草，灌上雨水，太阳一晒，就象用开水煮一样，这样有利于杀死野草。而且可以用它们肥田，改良土壤。”说的就是这样。《诗经》说：“国家多难已不堪重负，我又陷入苦涩的丛草！”成王最被管叔、蔡叔迷惑而疑心周公，四国之乱毁掉王室，就像蓼一样苦涩。体悟之后杜绝后患，所以说：“国家多难已不堪重负，我又陷入苦涩的丛草！”“我又陷入苦涩的丛草”说的是他的辛苦。《离骚》说：“吃惯了蓼的虫子已经不感到蓼是辣的了。”因为葵藿是甜的而蓼是苦的缘故。《吴越春秋》说：“越王想要向吴国复仇，睡在切开的蓼上，冬天寒冷却要抱冰，夏天炎热却要握火。”说他深远的志向已经到了如此地步。

卷　耳[1]

《尔雅》曰：“菤耳，苓耳。”《广雅》曰：“即枲耳也。”幽州人谓之“爵耳”。或曰形似鼠耳，故有“耳”之号也；或曰白华细茎，子如妇人耳珰[2]，故名云。《荆楚记》[3]曰：“卷耳一名珰草，亦云苍耳，丛生如盘，今人以叶覆麦作黄衣者，所在有之。”《诗》曰：“采采卷耳，不盈顷筐。嗟我怀人，寘彼周行。”[4]言后妃持是器、采是物而不满焉，则以志在彼，不在此也。问者曰：“后妃，贵矣，今曰采卷耳，何也？”曰：“是诗也，非是之谓也，诗人借此以写后妃之志焉耳。”故曰：“说诗者不以文害词，不以词害意。以意逆志，是为得之。”[5]《荀子》曰：“顷筐易满也，卷耳易得也，然而不可以贰周行。”[6]昔秦穆公谓伯乐曰：“子姓有可使求马者乎？”伯乐对曰：“良马可形容筋骨相也，天下之马若灭若没，若亡若失。有九方皋，此其于马，非臣之下也。”穆公使行，求马三月而反，报曰：“已得之矣。”穆公曰：“何马也？”对曰：“牝而黄。”使人往取之，牡而骊。穆公不说，召伯乐而谓之曰：“败矣，子所使求马者！物色、牝牡尚弗能知，又何马之能知也？”伯乐喟然太息曰：“一至于此乎！是乃其所以千万臣而无数者也。若皋之所观，天机也。得其精而忘其粗，在其内而忘其外。若皋之相者，乃有贵乎马者也。”

马至，果天下之马。然则善读书者若九方皋之相马，可也。[7]旧说千岁之龟巢于莲叶，游于卷耳之上。

【注释】

[1] 卷耳：又称“苍耳”或“枲耳”，一年生草本，高可达1米。全株都有其毒，以果实、特别是种子毒性较大。

[2] 耳珰是戴在耳垂上的饰物，相当于耳坠、耳钉、耳环之类。

[3]《荆楚记》：即《荆楚岁时记》，南北朝梁宗懔撰，1卷，凡37篇。记录中国古代楚地（以江汉为中心的地区）的汉族岁时节令风物故事的笔记体文集。

[4] 出自《诗经·国风·周南》中的卷耳篇，大意为“采呀采呀采卷耳，半天不满一小筐。我啊想念心上人，菜筐弃在大路旁。”寘：音 zhì。

[5] 出自《孟子·万章句上》。

[6] 出自《荀子·解蔽》。

[7] 文中引九方皋相马的故事是为了说明前文的“以志在彼，不在此也”，九方皋相马不为表面现象所迷惑，而是看见其内在的素质，发现它的精髓而忽略其他方面。

【译文】

《尔雅》说：“菤耳，就是苓耳。”《广雅》说：“卷耳就是枲耳。”幽州人叫作“爵耳”。有人说它的形状像鼠耳，所以有“耳”的称号；有人说它花白茎细，果实像妇人的耳环，所以叫这个名字。《荆楚记》说：“卷耳一名珰草，也叫苍耳，丛生若盘状，现在的人有用它的叶子覆盖麦田作黄衣，也是有的。”《诗经》说：“采呀采呀采卷耳，半天不满一小筐。我啊想念心上人，菜筐弃在大路旁。”说后妃拿着这样的器皿、采这样的植物而采不满，它的意志在彼，而不在此。有人问道：“后妃，是尊贵的人，现在说采卷耳，是为什么呢？”回答说：“这首诗，并不就是确切所指。”诗人借此来写后妃的意志而已。所以说：“所以解说诗的人，不要拘于文字而误解词句，也不要拘于文字而误解原意。用自己的体会去推测作者的本意，这就对了。”《荀子》说：“筐子容易采满，卷耳容易获得，然而周礼不可更改。”秦国国君穆公对伯乐说："你的家族有能相马的人吗?"伯乐回答说："良马可以从它的形体相貌筋骨看出来。天下最好的马，若隐若现，似有似无，要相那种无法看见其扬起的尘埃和足迹的马，有一个叫九方皋的，这个人在相马方面不比我差。您召见他吧。"穆公召见了他，让他出去找马，三个月后他回来说："已经找到了。"穆公说："什么样的马?"回答说："黄色的母马。"（穆公）派人去取那匹马，是黑色的公马。穆公很不高兴，召见伯乐并对他说："扫兴，您推荐的相马的人啊！连颜色公母都分不清，还能知道什么马啊?"伯乐喟然叹息道："已经到了如此的境界啊！这就是千万个我也无法比的啊。像九方皋他所看见的，是内在素质啊，发现它的精髓而不管其它，关注它的内在而忘记了它的外表；关注他该关注的，不去注意不该注意的，看见应该看的方面，所以疏忽了他不在意的方面。像九方皋这样的相马人，比再好的马还要宝贵啊。"马到了后，果然是天下最好的马。如果善于读书的人能达到九方皋相马的境界，就可以了。旧时说千岁的乌龟在莲叶中作巢，在卷耳上嬉游。

萑

《尔雅》曰："萑[1]，蓷。"荒蔚也。叶形似荏，方茎白华，华生节间，如鸡冠，子黑色，细长，三棱，一名"蔚臭"，刘歆云"萑，臭秽"是也。一名"益母"，故曾子见益母而悲也。一名"蓷"，《诗》曰："中谷有蓷，暵其干矣。"[2]旱干曰暵，蓷者，能暵之草，今曰"暵其干矣"则非一日之亢也，故《序》以为凶年饥馑，室家相弃尔。

【注释】

[1] 萑（huán）：芦类植物。初生名"菼"（tǎn），幼小时叫"蒹"，长成后称"萑"。

[2] 出自《诗经 · 国风 · 王风》中的"中谷有蓷"篇，大意为"山谷中的益母草，天旱无雨将枯槁。"暵（hàn）：晒干。

【译文】

《尔雅》中说："萑，就是蓷。"就是荒蔚。叶子的形状像荏，方形的茎有白色的光泽，光泽生于枝节之间，就好像鸡冠一样，种子是黑色，形状细长，有三道棱，一个名字叫作"蔚臭"，刘歆说"萑，是臭秽"就是这样。别名叫"益母"，所以曾子见到益母感到悲伤。还有别名叫作"蓷"，《诗经》中说："山谷中的益母草，天旱无雨将枯槁。"干旱叫作暵，蓷，是干旱的草，所以今天说"晒干旱"不是一天内形成，所以《序》中认为逢凶年饥荒，家人互相背弃。

芥

芥[1]，似菘而有毛，其子如粟，传曰："磁石引针，琥珀拾芥。"[2]即此是也。或曰："草谓之芥，琥珀所胁谓草尔。"故《类从》[3]以为："琥珀，胁草也。"《方言》曰："苏，芥草也。江淮、南楚[4]之间曰苏，自关而西或曰草，或曰芥。"《孟子》曰："君之视臣如手足，则臣视君如腹心，君之视臣如土芥，则臣视君如寇仇。"手足，有之也；土芥，曼之也。芥，辛菜也，今人望梅生津，食芥堕泪，此五液之自外至也。慕而涎，垂愧而汗发，此五液之自内至也。《化书》曰："琥珀不能呼腐芥。"盖芥腐矣，虽琥珀，不能呼也。故同气相求，乾之二五利焉，二五皆龙德故也。《本草经》曰："寻万物之性，皆有离合：虎啸风生，龙吟云起，磁石引针，琥珀拾芥；漆得蟹而散，麻得漆而涌，桂得葱而软，树得桂而枯；戎盐累卵，獭胆分杯。其气爽有相关感，多如此类，其理不可得而思也。"

【注释】

[1] 芥：一年或二年生草本植物，种子黄色，味辛辣，磨成粉末，称"芥末"，作调味品。

[2] 出自《周易·乾》，比喻事物之间的相互感应。

[3]《感应类从志》旧本题晋张华撰。隋、唐以来经籍、艺文诸志皆所不载，诸家书目亦不著录。今为浙江巡抚采进本。

[4] 古地区名。春秋战国时，楚国在中原南面，后世称南楚，为三楚之一。北起淮汉，南至江南，约包括今安徽中部、西南部，河南东南部，湖南、湖北东部及江西等地区。

【译文】

芥，长得像菘而有毛，它的果实像粟，《周易》记载："磁石引针，琥珀拾芥。"就是比喻事物这样的互相感应。有人说："草叫作芥，琥珀所包裹的东西叫作草。"所以《类从》认为："琥珀就是胁草。"《方言》说："苏，是芥草。江淮、南楚之间的地区叫作苏，从关向西的地方叫作草，或者叫作芥。"《孟子》说："君王把臣子看作手足，则臣子把君王看作腹心。君王把臣子看作草芥，则臣子把君王看作寇雠。"手足，心里装着臣子；土芥，轻视怠慢。芥，就是芥菜，现在的人看到梅子就分泌唾液，食用芥末流下眼泪，这五种液体是自体外来的。羡慕而流下口水，惭愧则生汗，这五种液体是自体内生发的。《化书》说："琥珀不能叫作腐芥。"芥腐烂之后，虽然变成琥珀，但不能这样叫。所以同气相和，乾卦的第二卦和第五卦是吉利的，二和五都是龙德的缘故。《本草经》说："世间万物的性质，都有离合：虎啸则风生，龙吟而云起，磁石引针，琥珀拾芥；漆靠近蟹而散落，麻靠近漆而翻涌，桂和葱一起则变软，树靠近桂就枯死；戎盐能摞起鸡蛋，獭的胆能把酒分开。它们的气性相关相感，它们其中的道理我们很难想明白。

芡

芡，叶似荷而大，其上有数十蹙衄，如沸梂，[1]生而有芒刺，其中有米，可以济饥。传云莲、芡之属有橐韬[2]。一名"鸡头"，盖其蓬鐏似鸡首，故曰"鸡头"。一名"鸡壅"，《庄子》曰："药也：其实，堇也、桔梗也、鸡壅也、豕零也，是时为帝者也。"此言贵贱更事也，当其所须，则贵；虽用而缓，则贱，岂有常也哉！俗云荷华日舒夜敛，芡华昼合宵炕，此阴阳之异也。《方言》曰："北燕谓之葰，青徐、淮泗[3]之间谓之芡，南楚、江淮之间谓之鸡头。"或谓之"雁头"状盖似禽鸟之首，故博以名之。《周官 · 笾人》："加笾之实，菱、芡、㮚、脯。"菱、芡取之水，㮚、脯取之陆。所谓"笾豆之实，水陆之品"也。

【注释】

[1] 芡：一年生水生植物，茎叶都有刺。果实叫芡实，亦称"鸡头"。衄：音nǜ。

[2] 槖韬（tuó tāo）：莲芡之实也。

[3] 青徐：青州和徐州的并称。《后汉书 · 齐武王演传》："今赤眉青徐，众数十万。"淮泗，淮河下游第一大支流，位于山东省中部。

【译文】

芡，叶子像荷叶而更大，上边有数十个锋棱，就好像沸球一样，长有芒刺，其中有米粒状物，可以用来救济贫民。传言道，莲芡之类有果实。别名"鸡头"，大概是因为蓬底处像鸡的脑袋，所以叫作鸡头。别名叫作鸡壅，《庄子》中说："可入药的植物果实，堇、桔梗、鸡壅、豕零，是这时的珍贵之物。"这是说不同事物的贵贱，顺应需要，便是贵重的，有用却不急迫的，便是低贱的，这难道不是常理吗！俗话说荷花白天舒展晚上收敛，芡花白天闭合晚上开放，这就是阴阳之气运行的异常。《方言》中说："北燕之地的人称它作莅，青徐、淮泗之间的人称它作芡，南楚、江淮之间的人称它作鸡头。"或者叫它"雁头"是因为它的形状像禽鸟的头部，所以取象来如此命名。《周官 · 笾人》中说："厚于平时的燕享之礼所用的食物，有菱、芡、㮚、脯。"菱、芡取自水中，㮚、脯取自陆地。就是所说的"举办礼仪活动所用的食品，取自于水里和陆地上生长的植物。"

埤雅·卷十六

释草：韭、䪥、菘、蘁、瓠、匏、蒲卢、瓜、[illegible]、长楚、蔏蒌、蘪芜、苹、芣苢、蓍、苇、葵

韭

《说文》曰："一种而久者，故谓之韭。象形，在一之上。一，地也。"《论衡》[1]曰："地性生草，山性生木。故地种葵韭，山种枣栗，名曰'美园茂林'也。"韭者，久也，一种永生，故《礼》祭宗庙。韭曰"丰本"，且其本丰则末杀瘦矣。盖䪥[2]之美在白，韭之美在黄，皆恶其末之盛也。《齐民要术》[3]曰："韭高三寸便翦。"其以此乎？又曰："翦如葱法，一岁之中不过五翦，凡翦不用日中。"故谚曰"触露不掐葵，日中不翦韭"也。韭性内生，根喜上跳，故种与葵同法而畦[4]欲极深。《诗》曰："献羔祭韭。"[5]开冰[6]，春祭也，故"献羔祭韭"，《礼》曰"春行羔豚"，又曰"春荐韭"[7]是也。《内则》曰："脍春用葱，秋用芥；豚春用韭，秋用蓼。"[8]葱与芥，阴物也；韭与蓼，阳物也。传曰："政道得，则阴物变为阳物。"郑玄云："若葱为韭是也。"[9]

【注释】

[1] 见"狸"条注［1］。

[2] 䪥（xiè）：一种菜名，即藠头。《尔雅·释草》："䪥，鸿荟。"邢昺疏："䪥，叶似韭之菜也，一名鸿荟。《本草》谓之菜芝是也。"

[3] 见“羊”条注［3］。

[4] 畦（qí）：田园中分成的小区。

[5] 出自《诗经·豳风·七月》，生动地描写了奴隶在一年中的劳动与生活，真实地反映也这一历史时期的阶级矛盾。“二之日凿冰冲冲，三之日纳于凌阻。四之日其蚤，献羔祭韭。”“献羔祭韭”指祭祀献上韭菜和小羊，古代藏冰和取冰都要祭祀。

[6] 氷：同“冰”。

[7]《礼记月令》：“春行羔豚，膳膏香”。《礼记·王制》：“庶人春荐韭，夏荐麦，秋荐黍，冬荐稻。”

[8]《礼记·内则》，解释了四时煎和之宜与四时调和饮食之法。葱韭味酸而芥蓼味辛实应了所谓“凡和春多酸夏多苦秋多辛冬多咸”的饮食经验总结。

[9] 出自《易纬稽览图》，《易纬》一书融道家、大易、数术于一体，对宇宙发生多有所解释，融合道家太易、太极、太始、太索等哲学概念，认为“有形始于弗形，有法始于弗法”。通过卦气的征验，阐述天象与人事的相应关系，特别是自然现象同万物成长、政治兴衰、人体疾病等等关系。《易纬》既为汉代流行的纬书之一，故郑氏为之作注。此书今本均为辑佚，故多有残缺，其内容包括《易纬乾坤凿度》《易纬乾凿度》《易纬稽览图》《易纬辨终备》《易纬通卦验》《易纬乾之序制记》《易纬是类谋》《易纬灵坤图》等。易纬稽览图二卷（永乐大典本）。

【译文】

《说文》说：“种一次而能生长很久，所以叫韭。是象形字，在一的上面。一，代表地。”《论衡》说：“地性宜于生长草，山性宜于生长木。所以地上种葵和韭，山中种枣和栗，名字叫作‘美好的园林和茂密的树林’。”韭，代表久，种一次而永远生长，所以《礼》祭祀宗庙。韭叫作“丰本”，并且它的身体丰满而末端细瘦。韰的美好之处在于白，韭的美好之处在于黄，都恶于末端的茂盛。《齐民要术》说：“韭长到三寸高就要剪。”是因为这个缘故吗？又说：“像剪葱的方法一样，一年之中不能剪超过五次，每次剪要在中午之前。”所以谚语说“接触了露水不种植葵，中午之后不剪韭”。韭的性质在内生长，根部向上，所以种植的方法和葵相同但是畦挖得极其深。《诗经》说："献上韭菜和羊羔。"开冰是春祭，所以"献上韭菜和羊羔"，《礼记》说"春天祭祀用羊和猪"，又说"春天献上韭"。《内则》说："春天做菜用葱，秋天用芥；春天做猪肉用韭，秋天用蓼。"葱和芥，是阴性植物；韭和蓼，是阳性植物。传说："如果政事得道畅通，则阴性的物品会变成阳性。"郑玄说："就像葱是韭那样。"

䪥

䪥[1]宜白软良地，一本率七八支，谚曰："葱三䪥四。"[2]言种葱者三支一科，䪥即四之也。支多者，科輙圆大，故以七八为率。《尔雅》曰："䪥，鸿荟。"即此是也。《内则》曰："脂用葱，膏用䪥。"葱亦䪥属，然荤菜也。传曰："五荤鍊形，葱者其一也。"[3]《齐民要术》以为"种葱良地三翦，薄地再翦；八月止，不止则葱无袍而损白。"盖葱肉曰"白"，其青谓之"袍"。《尔雅》曰："青谓之葱。"《诗》曰："有玱葱珩。"[4]葱，窃青也。《淮南子》曰："君子之于善也，犹采薪者见青葱则拔之。"言无所不取矣。崔寔[5]曰："三月别[6]小葱，六月别大葱。"夏葱曰小，冬葱曰大。今其袍皆中虚，故脉如葱叶，谓之"浮"。其字从悤。今俗米篘[7]谓之"葱"，则亦以達气故也。传曰："郁郁葱葱，佳哉气也！"郁郁，塞也；葱葱，通也。

【注释】

[1] 䪥：音 xiè。

[2] 一般葱为三支一束，䪥为四支一丛。

[3]《本草纲目 · 菜部》"蒜"："五荤即五辛，为其辛臭昏神伐性也。炼形家以小蒜、大蒜、韭、芸薹、胡荽为五荤；道家以韭、薤、蒜、芸薹、胡荽为五荤；佛家以大蒜、小蒜、兴渠、慈葱、茖葱为五荤。"

[4] 出自《诗经 · 小雅 · 采芑》"朱芾斯皇，有玱葱珩"。葱珩，爵位高的人用的饰物，绿色。

[5] 崔寔（约 103—约 170）东汉后期政论家。字子真，又名台，字元始，涿郡安平（今河北安平）人。曾任郎、五原太守等职，并曾参与撰述本朝史书《东观

汉记》。

[6] 别：指分种。

[7] 葱：《五雅本》作“葱”。

【译文】

韰适宜种在柔软肥沃的白土地上，种法一本率七八支，谚语说：“一般葱为三支一束，韰为四支一丛。”说的是种葱的三支为一束，种韰则四支为一丛。支多的植物，科皲圆大，故以七八为率。《尔雅》说：“韰是鸿荟。”说的就是这个。《内则》说：“荤菜的佐料用葱，素菜的佐料用韰。”葱也是韰类的，但是却属于荤菜了。传说：“有五种荤的形状，葱就是其中之一。”《齐民要术》认为“种葱的好土地要剪三次，贫瘠的土地要剪两次，到八月即停止，不停止则葱没有外皮且损伤葱白。”所以葱肉叫作“白”，它青色的部分叫作“袍”。《尔雅》说：“青色的部分叫作葱。”《诗经》说：“身上的青苍佩玉朗朗脆响。”葱，是青色。《淮南子》说：“行善对于君子来说，就像砍柴的人见到青色的葱就会拔起来。”说的是只要见到就没有不求取的。崔寔说：“三月种小葱，六月种大葱。”夏天的葱叫小葱，冬天的葱叫大葱。葱青色的部分中间都是空虚的，所以像葱叶一样的脉象叫作“浮”。它的字形从忽。现在米葱俗称为葱，也是因为它能够通达气脉的缘故。传言说：“郁郁葱葱，是很好的气息！”郁郁，是堵塞的样子；葱葱，是畅通的样子。

菘

菘性陵冬不雕，四时长见，有松之操，故其字会意，而《本草》以为“交耐霜雪”也。旧说菘菜北种，初年半为芜菁，二年菘种都绝；芜菁南种亦然。盖菘之不生北土，犹橘柚之变于淮北矣。芜菁似菘而小，有台，一名“葑”，一名“湏”[1]。《尔雅》曰：“湏，葑苁[2]也。”今俗谓之“台菜”。《方言》[3]曰：“陈、楚之间谓之丰，赵、魏之郊谓之大芥。其紫华者谓之芦菔，一名来菔，所谓温菘[4]是也。”[5]“来菔”言来麰[6]之所服也。

【注释】

[1] 湏（xū）：同“须”。《诗 · 谷风》云：采葑采菲。毛苌注：葑，须也。孙炎云：须，一名葑苁。

[2] 薞芜：即“酸模”，一种草本植物，嫩茎可食，全草入药。

[3]《輶轩使者绝代语释别国方言》，简称《方言》，作者扬雄（公元前53—公元18年）。见“�”条注［3］。

[4] 温菘：萝卜的别名。

[5] 即葑、须、芜菁、蔓荆、芜、荛、芥，七者为一物。

[6] 麰（móu）：来麰，亦作“来牟”，古时大小麦的统称。

【译文】

菘的习性经历冬天也不凋零，四季都能见到，有松树的品格，所以它的字形会意，而《本草》中认为“能耐受霜雪”。旧时有说菘菜在北方种植，最初半年为芜菁，来年连菘种都没有了；芜菁在南方种植也是这样。大概是菘不生长在北方的土地，就好像橘柚在淮北生长便会变质一样。芜菁的样子似菘而更小，有台，一个别名叫作“葑”，一个别名叫作“湏”。《尔雅》中说：“湏，就是薞芜。”现在俗称作“台菜”。《方言》中说：“陈、楚之间的人称之为丰，赵、魏之郊的人称之为大芥。其中有紫色光泽的部分叫作芦菔，别名来菔，就是所说的温菘。”“来菔”就是大小麦所顺服的。

壶

似匏而圆曰壶。壶，圜器也，故谓之“壶”，亦曰“壶卢”。《古今注》曰：“壶卢，瓠之无柄者也。”玄蜂若壶[1]，盖取诸此。壶性善浮，要之可以涉水，南人谓之“要舟”[2]。《鹖冠子》[3]曰：“贱生于无所用，中流失船，一壶千金。”[4]以此故也。《诗》曰：“八月断壶。”壶性蔓生，披蔓斩之，故曰“断”也。今其收法，八月冷露降，輙先断其根，令其余蔓饮之，已日乃收，尤为坚成可用。《庄子》曰：“今子有五石之瓠，何不虑以为大樽而浮乎江湖？”壶之为樽[5]，其来尚矣。《春秋传》[6]曰：“樽以鲁壶。”《司尊彝》曰：

“秋尝、冬烝，祼用斝彝[7]、黄彝，其朝献用两箸尊，其馈献用两壶尊。”[8]壶尊、箸尊，皆以质为贵者。《记》曰：“器用陶匏，贵其质也。”[9]盖壶与用匏同义，而箸尊、箸地，无足反本之象；玄冬、素秋，质略之时，故其用尊如此。又曰：“凡六彝、六尊之酌，郁齐献酌，醴齐缩酌，盎齐涗酌，凡酒修酌。”[10]盖曰“凡酒，修酌”，言凡以殊之，则非蒙上之文矣。然则六彝，郁尊[11]也；其礿祠、朝践用两献尊，醴齐之尊也；再献用两象尊，盎齐之尊也。烝、尝朝献用两箸尊，亦醴齐之尊也；馈献用两壶尊，亦盎齐之尊也。凡四时之间祀，醴齐在两大尊，盎齐在两山尊，凡六尊。由是观之，灌用郁齐，朝用醴齐，馈用盎齐，献之正也。《礼运》曰：“醴醆[12]以献。”盖朝事之时也，故曰：“然后退而合亨[13]，体其犬、豕、牛、羊。”此当馈食之节矣。其余三齐，陈之以祭而已，《诗》曰“清酒以祭”是也。郑氏谓：“唯大事于大庙，备五齐、三酒。”[14]误矣。盖酒正曰“凡”，祭祀以法，共五齐三酒以实八尊，谓之“凡”。祭祀共五齐三酒，则岂特大事于大庙而已？

【注释】

[1]《楚辞·招魂》：玄蜂若壶些。王逸注：言旷野之中，有飞蜂腹大如壶，有毒，能杀人也。

[2]《本草纲目》菜部“壶卢”曰：“为要舟可以浮水，为笙可以奏乐。”

[3]《鹖冠子》：先秦道家著作。其说大抵本于黄老而杂以刑名。传为战国时期楚国隐士鹖冠子所作。原著不分篇，后世因内容而分篇，最终定为十九篇。《鹖冠子》一书大多阐述道家思想，也有天学、宇宙论等方面的内容。《汉书·艺文志》着录一篇，列之于道家清人王人俊辑《鹖冠子佚文》一卷。

[4] 此句说明贵与贱本无一定标准，不过时机使它这样罢了。

[5] 樽：古代盛酒的器具。

[6]《春秋传》：宋·胡安国撰，此书作于宋室南渡之际，完成并表进于南渡之后，《朱子语录》谓“胡氏《春秋传》，有牵强处，然议论有开合精神”。此论被《四库全书总目》称作“千古之定评也”。书成以后，除深为当世所重外，亦对后世产生了很大的影响。入元，被奉为科学官方定本；明初定科学之制。传本较多，宋刊

本今较罕见，明代有湖广两地刻本，崇道堂刻本，明正统十二年（1447）刊《六经》本，内府刊《六经》本等，清有《四库全书》本。

[7] 斝彝（jiǎ yí）：古代祭祀用的有禾稼饰纹的酒器。

[8] 见《周礼 · 司尊彝》，原文为：秋尝、冬烝，裸用斝彝、黄彝，皆有舟。其朝献用两著尊，其馈献用壶尊，皆有罍。

[9]《礼记 · 郊特牲》：扫地而祭，于其质也，器用陶匏，以象天地之性也。

[10] 六尊：牺尊、象尊、著尊、壶尊、大尊、山尊；六彝：鸡彝、鸟彝、斝彝、黄彝、虎彝、蜼彝。郁齐，即郁鬯，用鬯酒调和郁金之汁而成，古代用于祭祀或待宾。郑司农云：献，读为仪。仪酌有威仪多也。醴齐，醴酒，甜酒。《礼记 · 郊特牲》：缩酌用茅，明酌也。郑玄注：缩，去滓也。盎齐，一种白色的酒。郑玄注引郑司农曰：涚酌者，捝拭勺而酌也。孙诒让正义引段玉裁曰：司农读涚为"捝"，捝拭犹拂拭也。

[11] 郁尊：盛郁鬯酒的酒器。

[12] 醴醆（lǐ zhǎn）：甜酒和白酒。

[13] 亨：通"烹"。

[14]"五齐"是指酒的五种形态，即主要因发酵程度不同而形成的五种酒。指"泛齐""醴齐""盎齐""缇齐""沈齐"。三酒：事酒、昔酒、清酒。

【译文】

长得像匏而比较圆的植物叫作壶。壶，是圆形的器物，所以叫作"壶"，也叫"壶卢"。《古今注》说："壶卢，是没有柄的瓠。"飞蜂腹大如壶，可能是出自这里。壶的性质善于漂浮，拦腰切断可以涉水，南方人叫作"要舟"。《鹖冠子》曰："贵与贱本无一定标准，如果渡河到一半失掉了船，那么一壶可以值得上千金。"所以如此就是因为这样的缘故。《诗经》说："八月断壶。"壶的性质呈蔓状生长，拨开藤蔓斩断，所以叫"断"。现在它收获的方法，是八月露水降下来后，先斩断它的根，让它剩下的藤蔓吸收露水，隔天收割，尤其坚固，可以使用。《庄子》说："现在你有五石容量的葫芦，为什么就不想到把它作为腰舟而浮游于江湖之上？"壶用来做酒樽由来已久。《春秋传》说："用鲁地的壶做酒樽。"《司尊彝》说："秋尝、冬烝，裸礼用有禾稼饰纹的酒器、黄色酒器，其朝献用两箸尊，其馈献用两壶尊。”壶尊、箸尊，都是名贵的材质。《记》说：“用陶匏制作器物，贵在它的材质。”原来壶和用匏意义相同，而箸尊、箸地，无足反本之象；玄冬、素秋，质略之时，故其用尊如此。又说：“凡是用六彝、六尊倒酒供奉，郁齐直接供奉，醴齐用白茅草过滤过后供奉，盎齐拂拭后供奉，凡酒用清水过滤后供奉。”所以说“凡酒，用清水过滤后供奉”，是说一般的情况来表达特殊，与上文不同。然而六彝，有盛郁鬯酒的酒器；祭祀宗祠，早晨祭祀用两献尊，是盛醴齐酒的酒樽；再次供献用两象尊，是盛盎齐酒的酒樽。烹煮和品尝用两箸尊，也是盛醴齐酒的酒樽；馈赠和供献用两壶尊，也是盛盎齐的酒樽尊。凡是四季之间的祭祀，醴齐盛在两大尊中，盎齐盛在两山尊中，一共有六个酒樽。从这里来看，以酒浇地的礼节用郁齐酒，朝拜用醴齐酒，馈赠分享用盎齐酒，这是供献的正道。《礼运》说：“甜酒和白酒用来供献。”是在早晨祭祀的时候，所以说：“然后退下来一起烹饪，有狗、猪、牛、羊。”这是分享食物的时候。其余的三样东西，陈列出来用来祭祀而已，就是《诗经》说的“祭坛上满杯清酒倾倒”。郑氏说：“只有宗庙的大事，才准备五齐和三酒。”这是错误的。酒倒满叫作“凡”，祭祀要依据法度，一共用五齐三酒来填满八尊，叫作“凡”。祭祀一共有五齐三酒，即“泛齐”“醴齐”“盎齐”“缇齐”“沈齐”和事酒、昔酒、清酒。那么哪里只有对于宗庙来说的大事是这样的呢？

瓠

瓠状要类于首，尾类于要[1]，微锐，缘蔓而生。《诗》曰：“南有樛木[2]，甘瓠累之。”言樛木下逮，故甘瓠得以累之，则贤者以贵下贱之况也。《序》曰：“《南有嘉鱼》，废则贤者不安下，不得其所矣。”以此故也。传曰：“苦匏不材于人。”[3]“苦匏不材于人”，则明此甘瓠譬其材也。《记》曰：“取贤敛材。”则贤进于材矣，故此贤者在上，材者在下。又曰：“幡幡瓠叶，采之亨之。”[4]瓠叶，庶人之菜也。菜无防于瓠叶，肉无薄于兔首，故《诗》以箸古人不以微薄废礼如此。《相马经》曰：“头欲少肉，如剥兔首。"《尔雅》曰："瓠，栖瓣。"[5]《诗》曰："齿如瓠犀。"犀，瓠瓣也。[6]相法齿瓣白如瓠犀、青如榴子者贵，故《诗》主言之。《风俗通》[7]曰："八月，秋穰可以杀瓠，取其色泽而坚。"《类从》以为"瓠死烧穰，瓜亡焚漆[8]"，即此是也。今俗蓄瓠之家不烧穰，种瓜之家不焚漆。《物类相感志》[9]曰："牛踏蔓上则苦。"乘者以瓠盛酒，冬即暖，夏即冷。

【注释】

[1] 要（yāo）：腰的古字。

[2] 樛（jiū）：木，弯曲的树。

[3] 指具体的一种葫芦，苦而不可食，又称苦瓠、苦匏。

[4]《瓠叶》言其宴席上菜肴的粗陋和简约，瓠叶味苦，则所食非美味佳肴可知，但主人并没有以微薄而废礼，而是情真意挚地"采之亨之"，并取酒相待，请客人一同品尝。

[5] 今曰瓜子仁。

[6] 犀：瓠子的籽实。传曰：瓠犀，瓠瓣也。因排列整齐，色泽洁白，所以常用来比喻美人的牙齿。也作瓠栖。

[7] 见"藻"条注［7］。

[8] 焚漆释放的化学成份对瓜的生长有很大影响。

[9] 旧本题东坡先生撰，然苏轼不闻有此书。又题僧赞宁编次。按晁公武《读书志》及郑樵《通志·艺文略》皆载《物类相感志》十卷，僧赞宁撰。是书分十八卷。

【译文】

瓠的形状，它的腰像头，尾像腰，略微尖锐，呈藤蔓状生长。《诗经》说："南方有树枝条弯，葫芦藤蔓紧相缠。"说的是樛木向下生长，所以甜的甘瓠可以生长，是贤者尊重下贱者的情况。《序》说："《南有嘉鱼》一篇，是天下不安则贤者无法安抚下面的民众，不能在自己的位置上发挥作用。"因为这样的缘故。传记载："苦匏不可以做材料"。"苦匏不可以做材料为人使用"，则说明甜的瓠可以做材料。《记》说："收取贤才。"则贤比材更进一步，所以贤者地位在上，材的地位在下。又说：“瓠叶翩舞瓠瓜香，采来做菜又煮汤。”瓠的叶子，是庶人食用的菜。菜没有比瓠叶更不好的，肉没有比兔头更薄的，所以《诗经》用来描写古人不用来破坏礼数到了如此地步。《相马经》说：“头上的肉越少越好，就像剥皮的兔子头。”《尔雅》说：“瓠，像瓜子仁。”《诗经》说：“齿若瓠子最齐整。”犀，像瓜子仁。相面之法说牙齿像瓠犀一样白、像榴子一样青则最珍贵，所以《诗经》主要说这两种。《风俗通》说：“八月，秋天可以择取瓠，因为它的颜色鲜艳且坚固。”《类从》认为“瓠死于烧穰，瓜死于责漆释放的成分”，就是这样的。现在俗话说储存瓠的家里不焚烧穰，种瓜的家里不焚烧漆。《物类相感志》说：“牛踩在瓠藤蔓上，它的味道就会变苦。”用瓠来盛酒，冬暖夏凉。

匏

长而瘦上曰“瓠”，短颈大腹曰“匏”。传曰：“匏谓之瓠。”误矣。盖匏苦瓠甘，复有长短之殊，定非一物也。子曰：“吾岂匏瓜也哉？焉能系而不食？”[1]系而不食，以苦故也。《诗》曰：“匏有苦叶，济有深涉。”[2]匏，记时也，言“匏有苦叶”，则“济有深涉”矣。《庄子》以谓“秋水时至，百川灌河”，秋水，涨之时也；冬水，缩之时也。匏亦正以济水，故《诗》以记济有深涉之时，《国语》曰：“穆子曰：‘豹之业，及《匏有苦叶》矣。’叔向[3]曰：‘苦匏不材于人，共济而已。鲁叔孙赋《匏有苦叶》必将涉矣。’”[4]是也。《诗》曰：“酌之用匏。”[5]“酌之用匏”，言其质也。言其质如此，则亦厚于民故也。《郊特牲》曰：“器用陶匏[6]，以象天地之性。”陶匏，盖取其质。《古今注》[7]曰：“匏之有柄者曰悬瓠，可用为笙，用则漆其里。”[8]

【注释】

[1] 出自《论语·阳货》，比喻怀才而莫展，一如匏瓜中看而不可吃用。

[2] 苦：一说苦味，一说枯。意指葫芦八月叶枯成熟，可以挖空作渡水工具。

[3] 叔向（出生年不详，约卒于公元前528年或稍后）：姬姓，羊舌氏，名肸，字叔向，又字叔誉，因被封于杨（今山西洪洞县），以邑为氏，别为杨氏，又称叔

肸、杨肸。春秋后期晋国贤臣，政治家、外交家。

[4] 见《国语 · 鲁语下》，原文为：穆子曰："豹之业，及《匏有苦叶》矣。"叔向退，召舟虞与司马，曰："夫苦匏不材与人，共济而已。鲁叔孙赋《匏有苦叶》，必将涉矣。具舟除隧，不共有法。"

[5] 葫芦成熟后，掏空里面的籽瓤，即可当容器使用。

[6] 陶匏：陶制的尊、簋、俎豆和壶等器皿。

[7]《古今注》，晋崔豹撰。此书是一部对古代和当时各类事物进行解说诠释的著作。

[8] 长柄葫芦可以加工成乐器——笙，其中以曲沃的葫芦最佳。曲沃葫芦因为有这一价值，被后人誉为"河汾之宝"。

【译文】

长而瘦的叫作"瓠"，颈短肚子大的叫作"匏"。传言道："匏就是瓠。"这是错误的。因为匏是苦的而瓠是甜的，并且有长短的差别，一定不是一种东西。孔子说："我难道是匏瓜吗？哪里能够只是被悬挂着而不给人吃食呢？"挂在那里不吃，是因为味道苦的缘故。《诗经》说："葫芦有叶叶味苦，济水深深也能渡。"匏，是记录时间的，说"葫芦有叶叶味苦"，则"济水深深也能渡"。《庄子》里说："秋天里山洪按照时令汹涌而至，众多大川的水流汇入黄河"，秋水，是水涨的时候；冬水，是水退的时候。匏也是正要渡过河，所以《诗经》用来记录济水有可以渡过的时候。《国语》说："穆子说：'我的事，就是诵读《匏有苦叶》，不懂得其他还有什么。'叔向告辞后，召来管理船只和军政的官员，说：'苦匏不能被人食用，只能有派渡河的用处。鲁国的叔孙穆子诵读《匏有苦叶》，一定是打算过河了。'"《诗经》说："用瓢儿酌美酒。""用瓢儿酌美酒"，说的是它的材质。说它的材质是这样，也是因为厚待民生的缘故。《郊特牲》曰："器物用陶制的尊、簋、俎豆和壶等器皿，用来象征天地的德性。"陶匏，就是用了它的材质。《古今注》说："长柄葫芦可以加工成乐器，用的时候要把里面涂上漆。"

蒲 卢

细要曰“蒲”，一曰“蒲卢”。细要土蜂谓之“蒲卢”[1]，义取诸此。《中庸》曰：“夫政也者，蒲卢也。”[2]亦或谓之“果蠃”[3]，今蒲其根箸[4]在土而浮，蔓常缘于木，故亦或谓之“果蠃”也。传曰：“在地为蓏，在木为果。”《诗》曰：“不流束蒲。”[5]蒲性轻扬善浮，故此亦或谓之“蒲”。蒲，亦善浮故也。《淮南子》曰：“百人抗浮。”说者曰：“蒲一名浮。”盖是矣。《本草》云：“瓠类，小者名瓢。”瓢取诸薸[6]，蒲取诸蒲，其义一也。

【注释】

[1] 郑玄认为：“蒲卢，蜾蠃，谓土蜂也。

[2] 指国家政务就像蒲卢的道理一样。

[3] 蠃：植物名。即栝楼，为葫芦科栝楼属，多年生攀缘草本。

[4] 箸（zhù）：通“著”，作动词，意为显明、显露之意。《荀子·王霸》：“致忠信，箸仁义。”

[5] 蒲：解释为“蒲柳”。

[6] 薸（piáo）：多年生浮水草本。

【译文】

细腰的叫作“蒲”，别名叫“蒲卢”。细腰的土蜂叫作“蒲卢”，意思就是取自这里。《中庸》中说：“政治，就像蒲卢一样。”或者叫作“果蠃”，现在的蒲根生在土中而不深，藤蔓常常比树木翠绿，所以叫作“果蠃”。传言道：“长在地上的是蓏，长在树木上的是果。”《诗经》中说：“飘不起成捆的蒲。”蒲的质地轻薄而能漂浮，所以大概因此叫作“蒲”。蒲，是因为能漂浮的原因。《淮南子》中说：“百人能抗浮。”有人说：“蒲别名浮。”大概就是这样。《本草》中说：“瓠类，小的叫作瓢。”瓢取自薸，蒲取自于蒲，意思是一样的。

瓜

瓜性恶香，尤忌闻麝，麝气触之，乃至一蒂不收。制字象其实在须蔓之间。《诗》曰："绵绵瓜瓞[1]。"大曰瓜，小曰瓞。《尔雅》曰："其绍[2]，瓞。"盖瓜之继本为绍，今验近本之瓜，常小，末则复大，故曰："其绍，瓞"也。《诗》曰："中田有庐，疆场有瓜。""庐"言于天无露者，"瓜"言于地无旷者。且田之大界曰疆，其小者，场也，"场"言至此而易主矣。至此易主，今种瓜于其上者，以明百姓亲睦，利与同井共之也。盖古之人礼有让畔、义有灌瓜[3]者，由是而已。《尔雅》曰："瓜曰华之，桃曰胆之。"[4]"华"，取譬于华；"胆"，取譬于胆。《礼》："为天子削瓜，副之，巾以絺；为国君削瓜，华之，巾以绤。"[5]盖华若草木之华，然副绝而不属，华析而不绝也。《郊特牲》曰："天子树瓜华，不敛藏之种也。"瓜曰"华之"，故谓之"瓜华"[6]，而瓜性少延輒腐，故《礼》以戒诸侯畜藏。又曰："瓜祭上环。"[7]旧说其忖谓之"环"，环，瓜之脱华处也；其当谓之"蒂"，蒂，瓜系蔓处也。蒂味小苦，《墨子》曰："甘瓜苦蒂，天下物无全美也。"《稽圣赋》[8]曰："瓜寒于曝，油冷于煎。"

【注释】

[1] 瓞（dié）：小瓜。

[2] 绍：《说文解字》解释为"继也"。

[3] 指"灌瓜之义"，传说古代梁国与楚国边境都种了很多瓜，楚人忌妒梁人瓜种得好，乘天黑把梁人的瓜全都毁了。梁人没有报复，在县令宋的带领下，夜间去给楚人浇瓜，楚人的瓜长得一天比一天好。楚王听说后，以重金相谢，并表示以后长期修好。

[4] 华：从当中剖开，"华之"是为国君削瓜之礼。胆：通"掸"，揩擦。"掸之"，擦拭去毛。

[5] 见《礼记 · 曲礼上》，原文为："为天子削瓜，副之，巾以絺；为国君削瓜，华之，巾以绤。"

[6] 瓜华：泛指瓜与果。

[7] 瓜祭：古人食瓜，吃之前，必先祭祖。

[8] 见“鼋”条注 [2]。

【译文】

瓜的性质不能靠近香料，尤其忌讳靠近麝，碰到麝的气味，竟会导致整个藤蔓没有收获。它的造字形状就像它的果实生长在须蔓之间。《诗经》说：“如同一根连绵不断的藤上结了许多大大小小的瓜一样。”大的叫作瓜，小的叫作瓞。《尔雅》说：“它的绍叫作瓞。”生长在根部附近的瓜叫绍，通过观察验证发现靠近根部结的瓜一般小，而离根部远的藤蔓末尾结的瓜反而大。故曰：“它的绍叫作瓞。”《诗经》说：“大田中间有居住房屋（庐），田埂边长着瓜果菜蔬。”“庐”是对于天来说没有不裸露在外的，“瓜”对于地来说没有空旷的。况且田的大边界叫作疆，小的边界叫作场，“场”说到这里而换了主人，换了主人之后，现在在上面种瓜，来说明百姓的亲近和睦，同甘共苦。原来古人有谦让的礼节和灌瓜之义，就是这样的缘故而已。《尔雅》说：“瓜应该从中剖开，桃应该擦拭它。”“华”的比喻取自于花，“胆”的比喻取自于胆。《礼记》记载：“为天子切瓜的时候，要先削去瓜皮，然后把瓜纵向切成四瓣；为国君切瓜的时候，要先剖开再切。”瓜的花就像草木的花，然而却副绝而不属花析而不绝。《郊特牲》说：“天子种瓜花，不收藏种子。”瓜叫作“华之”，所以叫它“瓜果”，而瓜的性质容易腐烂，故《礼记》用来禁止诸侯储藏。又说：“在吃瓜之前要先祭祀。”旧时的说法忖度什么叫作“环”，环，是瓜的花脱落的地方；它的另一端叫“蒂”，蒂，是瓜系在藤蔓上的地方。蒂的味道有点苦，《墨子》说：“甜的瓜却有苦的蒂，天下的东西没有十全十美的。”《稽圣赋》说：“瓜因为曝晒而变成寒性，油因为煎过而变冷。”

茏

茏，红草[1]也，《尔雅》曰：“红，茏古。其大者，蘬[2]。”一名“马蓼”[3]，茎大而赤，生水泽中，高丈余。《诗》曰：“山有扶苏，隰有荷华。”“山有桥松，隰有游龙[4]。”盖山性宜木，隰性宜草，而扶苏、荷华、桥松、游龙，皆山隰之所養，以自美者也。桥，高也；游，纵也。以纵，故谓之“龙”。上耸曰“桥”，《山海经》曰：“其上多橋木。”而郑读曰“槁”，误矣。传曰：“扶苏，扶胥木也；荷华，扶渠也，其华菡萏。”是诗先言木，扶胥于上；草，扶渠于下。后言木，桥耸于上；草，游纵于下。则山隰之所养，以自美者至矣。今忽不见子都，乃见狂且；不见子充[5]，乃见狡童，则曾是之不如也。《孟子》曰：“子都，天下莫不知其姣也。”又曰：“充实之谓美。”

【注释】

[1] 王敏红点校本将“红”和“草”断句，根据句意，不宜断开，故改为“红草”。

[2] 蘬（guī）：葵菜。

[3] 一年生或多年生草本。初夏开花成穗，略带红色。又称大蓼。

[4] 龙：即“茏”。

[5] 子充：人名，不可考。

【译文】

茏，是红草，《尔雅》说：“红，茏古。其中长得大的是蘬。”一名叫“马蓼”，根茎大而赤红，长在水中，有一丈多高。《诗经》说：“山上有茂盛的扶苏，池里有娇美的荷花。”“山上有挺拔的青松，池里有丛生水荭。”因为山的性质适宜木的生长，低湿洼地的性质适宜草的生长，而扶苏、荷华、桥松、游龙，都是山水所养育的，用来装饰使自己更加美丽的草木。桥是高大的样子；游，是游动的样子。因为游动，所以叫作“龙”。向上高耸叫作“桥”，《山海经》说：“它上面生长了很多高大的橋木。”而郑氏的解读读作“槁”，这是错误的。传记载：“扶苏，是扶胥木；荷华，就是扶渠，它的花是菡萏。”这首诗先说到木，扶胥在上面；说到草，扶渠在下面。后来说到木，桥在上面高耸；说到草，游在下面游动。则山水所养育的草木，是让自身变得非常美丽的。现在突然没见到子都美男子，偏遇见轻狂之人；没见到子充好男儿，偏遇见狡狯少年，则不如预期那样美好。《孟子》说："子都，天下人没有不知道他面容娇好的。"又说："充实叫作美。"

长　楚

《尔雅》曰："长楚，铫芅[1]。"今羊桃也。白华，子如小麦，其叶与实皆似桃，故有"桃"之号也。《诗》曰"隰有苌楚，猗傩[2]其枝""猗傩其华""猗傩其实"[3]，猗，倚也；傩，节也。苌楚柔弱，又生下隰，然其枝、其华、其实有倚以立，故虽卑湿而不滛[4]；有节以生，故虽柔弱而不恣。国人疾其君之淫恣，曾是之不如，曰"乐子之无知""无家""无室"也。人含阴阳之情，岂可以"无知"？"无知"，非所宜乐也。又况于"无家"，"无家"，非所宜乐也。又况于"无室"。乐"无知""无家""无室"，则甚疾其君之淫恣也。孔子曰："疾之已甚，乱也。"[5]今其诗如此而不嫌已甚，则更以疾乱故也。一曰有两羊桃，一种华实皆连理，故诗以刺滛恣。

【注释】

[1] 铫（diào）：煮开水熬东西用的器具。芅（yì）：古书上说的一种植物，即猕猴桃。

[2] 猗傩（yī nuó）：同"婀娜"，柔美的样子。

[3] 出自《诗经·桧风·隰有苌楚》，是一位没落贵族悲观厌世的诗，表达了羡慕羊桃生机盎然，无思虑、无室家之累的想法。《毛诗序》点评"疾恣也。国人疾其君之淫恣，而思无情欲者也"。

[4] 滛（yín）："淫"的讹字。

[5] 原文为：子曰："好勇疾贫，乱也；人而不仁，疾之已甚，乱也。"疾：厌恶。指对不仁的人恨得太过分，也是祸乱。

【译文】

《尔雅》中说："长楚，就是铫芅。"即现在所说的羊桃。有白色光泽，种子像小麦，叶子和果实都像桃，所以有“桃”的称号。《诗经》中说“洼地有羊桃，枝头迎风摆”“花艳枝婀娜”“果随枝儿摇”，猗，就是倚；傩，就是节。长楚质地柔弱，生长于洼地，然而它的枝节、光泽、果实都能直立，所以身处卑微潮湿的地方也没有受污染；有枝节生长，所以虽然柔弱却不恣意。国人痛恨国君的好淫恣意，真是连长楚都不如，说“乐于无知”“无家”“无室”。人是阴阳之气化合而成的灵性生命，哪里能够“无知”？“无知”，是不合适的。更何况“无家”，“无家”也是不合适的。更何况“无室”。乐于“无知”“无家”“无室”，那么就是十分痛恨国君的好淫恣意了。孔子说：“对不仁的人痛恨太过分也是祸乱。”现在诗中如此说却不反思自己的过分，那么便更因为痛恨而引起祸乱。一种说法说有两羊桃，一种叶和果实都相连，所以诗中用来讽刺好淫恣意。

蔏 蒌

蔏蒌[1]，一名“购”，茎高丈余，蒿属也。其叶似艾，白色，初生可啖，江东采以羹鱼。《诗》曰：“翘翘错薪，言刈其蒌。之子于归，言秣其驹。”[2]言文王之化行乎江汉之域，昏姻能以礼行，而男子廉，妇人贞，虽蒭荛[3]者，以错薪相让，言刈其蒌而已，即《序》所谓美化者也。盖《关雎》之化，行始于雉兔，终于蒭荛之卑，可谓至矣，故是诗言刈楚蒌者。《汝坟》[4]一章曰“伐其条枚”，二章曰“伐其条肄”也。一曰：“蒌”言微者之犹有才，“驹”言寠者之犹有礼也。《管子》曰：“叶下于蘮，蘮下于苋，苋下于蒲，蒲下于苇，苇下于雚，雚下于蒌，蒌下于荓，荓下于萧，萧下于薜，薜下于萑，萑下于茅。凡彼草物，有十二衰。”[5]

【注释】

[1] 蔏蒌（shāng lóu）：水生白蒿。

[2] 错薪：杂乱的柴草。魏源《诗古微》认为：三百篇言娶妻者，皆以析薪取兴。盖古者嫁娶必以燎炬为烛。

[3] 蒭荛（chú ráo）：指割草打柴的人。

[4] 出自《诗经·国风》。

[5] 列举十二种植物，讲述草木之道各有所归。

【译文】

蔏蒌，别名叫作“购”，茎长有几丈，属于蒿类。它的叶子像艾，白色，刚长出时可以吃，江东地区采来煮鱼。《诗经》中说：“柴草丛丛错杂生，用刀割取那蒌蒿。姑娘就要出嫁了，赶快喂饱小马驹。”是说文王的教化推行于江汉地区，婚姻能按礼节进行，男子清廉，妇人贞洁，虽然是割草打柴的人，也能让开错杂的柴草，只割蒌蒿，就是《序》所说的美化者。《关雎》之化（关，是水鸟的叫声，雎，就是水鸟。用来形容男子追求女子，同时依礼而行，具有美好的品德），推行美好的德行从野鸡和兔子的开始，终于打柴割草的百姓，就是可以是达到极至的，所以诗里说到楚蒌的人。《汝坟》一句说“采伐山楸那枝条”，第二句说“采伐山楸那余枝”。一种说法是：“蒌”是说微小的事物也有能力，“驹”是说蹇者也遵守礼节。《管子》中说：“只有叶的海生植物比菱的生长地域低，菱比水葱的生长地域低，水葱比蒲的生长地域低，蒲比芦苇的生长地域低，芦苇比虇的生长地域低，虇比蒌蒿的生长地域低，蒌蒿比马帚的生长地域低，马帚比艾蒿的生长地域低，艾蒿比薜荔的生长地域低，薜荔比益母草的生长地域低，益母草比白茅的生长地域低。那些草类，一共有十二个等次，它们都是各有所归的。”

蘪　芜

《尔雅》曰：“蕲茝[1]，蘪芜。”一名“江蓠”。今似蛇床而香，叶如小萎状，盖楚谓之“蓠”，晋谓之“虈”[2]，齐谓之“茝”。《氾论》[3]曰：“夫乱人者，若芎防之与藁本，蛇床之与蘪芜是也。使人相去也，若玉之与石也，葵之与苋也，则论人易矣。故曰：大圣之与大佞，难知也。是故周公忠勤而被流言，王莽折节以致虚誉。”《字说》曰：“茝可以养鼻[4]，又可以养体。茝者，养也。”

【注释】

[1] 蘄茝：音 qí chǎi。

[2] 藒（xiāo）：白芷。

[3]《汜论》：即《汜论训》。《四库存全书·集部·古论元箸》中指出："战国至唐、宋之文，多窜易篇名，强题曰论。如庄子之《齐物论》本以物论二字相属，乃摘取加以论名，尚可曰沿刘勰之误。至淮南子《汜论训》亦割去训字，题曰《汜论》。"

[4]《荀子·正论》："侧载睪芷以养鼻。"睪芷：亦作"睪茝"。香草名。睪，通"泽"。杨倞注："睪芷，香草也。"

【译文】

《尔雅》中说："蘄茝，就是蘪芜。"别名江蓠。现在样子就像蛇床而有香味，叶子呈小而萎缩状，楚地的人称其为"蓠"，晋地的人称之为"藒"，齐地的人称之为"茝"。《汜论》中说："作乱的人，就好像芎防对于藁本，蛇床对于蘪芜。使人远离奸佞小人，就好像玉对于石头，葵对于苋，然而对人来说则并非很难。所以说：大圣之人与大佞之人，难以分辨。所以周公忠诚勤奋而被流言重伤，王莽折节行仁却招致虚誉。"《字说》中说："茝可以治疗鼻病，又可以养身体。臣，就是养的意思。"

苹

苹，一名"蓱"[1]，无根而浮，常与水平，故曰"苹"也。江东谓之"薸"[2]，言无定性，漂流随风而已。《周官》"萍氏掌水禁"[3]郑氏云："以不沉溺取名，盖使之几酒、谨酒[4]也。"《诗》曰："呦呦鹿鸣，食野之苹。"[5]则饮且食也，《序》曰："既饮食之，又实币帛筐篚以将其厚意。"又实币帛以将其厚意，则"承筐是将"也。《月令·季春》曰："萍始生。"旧说萍善滋生，一夜七子。一曰萍浮于流水则不生，于止水则一夕生九子，故谓之"九子萍"也。《淮南子》曰："夫萍树根于水，木树根于土，天地之性也。"故萍飘聚，根反日暴则死矣。苹之殖[6]根，以水为地也。世说杨华入水，化为浮萍。

【注释】

[1] 薲：音 píng。

[2] 薸：音 piáo。

[3] 见《周礼·秋官》，原文为：萍氏：掌国之水禁。几酒，谨酒。禁川游者。

[4] 几酒、谨酒：指监察人们饮酒，节制人们饮酒。

[5]《毛传》训“苹”为“薲”，为水草。鹿不食水中浮萍。此“苹”非彼“薲”。

[6] 殖：《五雅本》作“植”。

【译文】

苹，别名“薲”，没有根而能漂浮，常常与水面保持齐平，所以叫作“苹”。江东地区的人称其为“薸”，是说它没有稳定的性质，只能随风漂流而已。《周官》“萍氏掌管国中水禁”，郑氏说：“使人不沉溺于饮酒而求取名声，大概是要监察人们饮酒，节制人们饮酒。”《诗经》中说：“阳光下鹿群呦呦欢鸣，悠然自得啃食在绿坡。”一边饮水一边啃食，《序》中说：“既饮食，又用财物来报答厚意。”又用财物来报答厚意，这就是“捧筐献礼礼周到”。《月令·季春》中说：“薲开始生长。”旧时有说萍善于滋生，一夜就能生出七个。一种说法是萍在流水中便不生长，在静止的水中便一晚上生出九个后代，所以叫作“九子萍”。《淮南子》中说：“萍根植于水中，树木根植于土中，这是天地的本性。”所以萍飘散聚合，根部反受暴晒便会死去。苹的种植，要以水为土。世人传说杨花进入水中，便会化作浮萍。

芣苢

芣苢[1]，一名“马舄[2]”，一名“车前”，一名“当道”。大叶长穗，好生牛马迹中，故曰“马舄”“车前”“当道”也。《神仙服食法》曰：“车前之实，雷之精也。”善疗孕妇难产及令人有子[3]，故《诗》曰“采之”“有之”“掇之”“捋之”[4]，“袺之”“襭之”[5]，而序者以为和平则妇人乐有子也。按：《本草》云：“生平泽、丘陵、阪道中。”然则一名“胜舄”，亦或谓之“陵舄”以此。《列子》曰：“若蛙为鹑，得水为继，得水土之际，则为蛙蠙之衣。生于陵屯[6]，则为陵舄。”陵舄，车前也，故或谓之“虾蟆衣”。《韩诗传》[7]曰：“直曰车前，瞿曰芣苢。”盖生于两旁谓之“瞿”。芣从艹从不，苢从艹从目。芣苢，乐有子者，所以和平，然后妇人乐有子，则芣苢或不或目。按：草最易生，然他草所在或无，唯车前、苍耳所至有之，故《芣苢》《卷耳》之诗正言此二物。盖不如是，不足以箸志不在焉与乐有子也。

【注释】

[1] 芣苢：音“fú yǐ。

[2] 舄：音 xì。

[3] 姜宏芝、魏惠珍在《车前子纠正胎儿臀位的疗效观察》（《中国中西医结合杂志》1999 第 3 期，第 186 页）指出，车前草对治疗胎儿臀位异常所导致的难产疗效十分显著。

[4] “掇之”“捋之”：《五雅本》作“捋之”“掇之”。

[5] 出自《诗经 · 周南 · 芣苢》，是妇女采集车前子时唱的歌。后世多认为《芣苢》折射出和平时期妇女对生育的重视。襭（xié）：用衣兜兜起来。

[6] 丘阜：《列子 · 天瑞》：“生于陵屯，则为陵舄。”张湛注：“陵屯，高洁处也。”

[7] 汉 · 韩婴撰。

【译文】

芣苢，一名叫“马舄”，一名叫“车前”，一名叫“当道”。叶子大，穗长，经常生长在牛马的车辙中，所以叫“马舄”“车前”“当道”。《神仙服食法》说：“车前的果实，是雷的精华。”善于治疗孕妇难产且可以让人有孩子，所以《诗经》说“采之”“有之”“掇之”“捋之”，“袺之”“襭之”，而写序的人认为这是和平的景象而妇人在为有孩子而感到快乐。按：《本草》说：“生长在平原沼泽、丘陵、道路中间。”然而一名叫“胜舄”，或者叫作

"陵舄"就是因为这个缘故。《列子》说："比如青蛙变为鹌鹑，得水时变为泽泻，生于水土之际，变为菁苔，长在高冈，变为车前草。"陵舄就是车前草，所以有人叫作"虾蟆衣"。《韩诗传》说："长在路中间的叫车前，长在路两边的叫芣苢。"所以长在路两边的叫作"瞿"。芣的字形从艹从不，苢的字形从艹从目。芣苢，是为有孩子而快乐，所以有和平的景象，然后妇人为有孩子而快乐，所以芣苢或是不，或是目。按：草最容易生长，然而别的草木或许没有（这样的生长能力），但是只有车前、苍耳所到之处都能生长，所以《诗经》中的《芣苢》《卷耳》两首诗就是说这两种东西。大概如果不是这样写，不足以说明诗中的志向不是为有孩子而快乐。

蓍

蓍，蒿属也，从耆，草之寿者也。六十曰"耆"，卦之别六十有四，蓍数穷于此，且蓍所指，非极数也。[1]《博物志》[2]曰："以老故知吉凶，生千岁，三百茎同本，其上常有黄云覆之。"《易》以为数，天子蓍长九尺，诸侯七尺，大夫五尺，士三尺。亦有美恶如龟焉，故《周官·簭人》"上春，相簭"[3]也。《易》曰："蓍之德圆而神，卦之德方以知。"[4]又曰："神以知来，知以藏往，其孰能与此哉？古之聪明叡知，神武而不杀者夫。"[5]古之聪明叡知，神武而不杀者，盖主文王言之。文王重《易》，六爻故系辞主意如此尔。说者以为泛论圣人，误矣。文王以文治，所谓"神武而不杀者"也。或曰："重卦，伏羲尔，今曰'文王重卦'[6]，奈何？"曰："伏羲卦重，重三画于前；文王重卦，重六爻于后。何用知伏羲重卦[7]，重三画于前？以《书》曰'卜五占用二：曰贞、曰悔'，《周官》曰：'大卜掌三《易》之法，其经卦皆八，其别皆六十有四'[8]知之也。故曰：'八卦成列，象在其中矣。因而重之爻在其中矣。'[9]"何用知文王重卦，重六爻于后？以司马迁曰'伏羲至纯厚，作《易》八卦。盖西伯拘而演《易》'，扬雄曰'《易》始八卦而文王六十四'知之也。故曰：'《易》之兴也，其当殷之末世、周之盛德耶？当文王与纣之事耶？'"按：《乾凿度》曰："垂皇策者，羲。"[10]伏羲用蓍，则卦固已重矣，然而世质民淳，占法惟用七八，六十四卦皆不动，若干止于干，坤止于坤，不能变也。夏商因之皆以七八为占，《连山》《归藏》[11]是已。后至文王，世益浇薄，占法始用九六，盖不如此，不足应天下之变也，今《易》是已。[12]六十四卦皆动，若干六爻皆九，初九可变而之《姤》[13]，九二可变而之《同人》[14]；坤六爻皆六，初六可变而之《复》[15]，六二可变而之《临》。所谓重卦，于是为至。《左传》[16]曰："《周易》有之，在《干》之《姤》，曰'潜龙勿用'，其《同人》曰'见龙在田'。"又曰"遇艮之八，是谓'艮之随'。"[17]传曰"《周易》以变者为占"是也。然则伏羲重七八，文王重九六，由是观之，伏羲亦重卦。而马迁、扬雄但言伏羲作《易》八卦，文王六十四，盖各以其盛者言之也。

【注释】

[1] 古人用蓍草占卜。

[2]《博物志》由西晋张华编撰。为中国第一部博物学著作。共十卷，分类记载了山川地理、飞禽走兽、人物传记、神话古史、神仙方术等。实为继《山海经》后，我国又一部包罗万象的奇书，填补了我国自古无博物类书籍的空白。

[3] 相簭：选择蓍草占卦。

[4] 蓍草的中心是圆的，很圆、很硬、中间有孔。其中心空灵代表了"无思""无为"。所以说它的品德是圆而神的。"卦之德方以知"，德包括德性与德行，德性是讲本性、品性、性质，"方以知"就是卦的德性、品德，方直、方正，而且有智慧、能知道。卦是方直、方正的，一就是一，二是二。

[5] 孔颖达疏："夫《易》道深远，以吉凶祸福威服万物，故古之聪明睿知神武之君，谓伏牺等用此《易》道能威服天下，而不用刑杀而畏服之也。"

[6] 文王重卦说。见《史记 · 日者列传》"伏羲作八卦，周文王演三百八十四爻"。流行于夏朝的"三易"之一《连山》已具备了六十四卦之端貌。据《周礼 · 春官 · 太卜》讲："三易之法，一曰连山，二曰归藏，三曰周易，其经卦皆八，其别皆六十有四。"可见六十四卦在夏朝时就已完成。周文王可能对《易经》有订补编撰之功，而实非有重卦之功，文王重卦之说不可信。另有一种说法，"文王重卦"，不是说文王发明了六十四卦，而是说《周易》六十四卦与《归藏》《连山》的六十四卦的重卦方式、逻辑结构都不同。

[7] 王弼认为伏羲重卦。

[8] 见《周礼·春官》，原文为：（太卜）掌三易之法：一曰《连山》，二曰《归藏》，三《周易》，其经卦皆八，其别皆六十有四。

[9] 出自宋·罗泌《路史》卷三十九重卦伏羲。

[10] 皇策指《周易》中的八卦。

[11]《归藏》《连山》《周易》统称为《三易》。夏商因之皆以七八为占，据唐孔颖达《正义》云："然周世之卦，杂用《连山》《归藏》《周易》也。《周易》之爻，唯有九六，此筮乃言遇艮之八，二《易》皆以七八为占。故此筮遇八，谓艮之第二爻不变者，是八也。揲蓍求爻，《系辞》有法。其揲所得，有七八九六。说者谓七为少阳，八为少阴，其爻不变也。九为老阳，六为老阴，其爻皆变也。《周易》以变为占，占九六之爻，传之诸筮，皆是占变爻也。其《连山》《归藏》以不变为占，占七八之爻。"宋代李纲云："《连山》《归藏》以静为占，故爻称七八，七八者，少阴、少阳之数也。阴阳之少，虚而未盈，故静而不变。"

[12] 郑谔曰："《周易》以九六为占，而《连山》《归藏》以七八为占，《周易》占其变者，《连山》《归藏》占其不变者。"

[13] 姤卦是易经六十四卦第44卦。天风姤（姤卦）天下有风。这个卦是异卦（下巽上乾）相叠。乾为天，巽为风。天下有风，吹遍大地，阴阳交合，万物茂盛。

[14]《同人》与处于旷野之地道德文明缺失的人们同道同德，亨通顺利。即使在江河大川中跋涉前行也是顺利的。有利于君子修身进德。

[15] 改过自新，回归正道，是通达顺利的。这样，进进出出就没有忧患了，朋友也回来了，没有祸害了。返回复归到正道，正常的状态就重新回来了。这样就有利于前往行事。

[16]《左传》：《珍本》作"左氏"。

[17] 见《左传·襄公九年》，原文为：（穆姜）始往而筮之，遇艮之八。史曰："是谓艮之随。随，其出也，君必速出。"

【译文】

蓍，蒿属，字从耆，是一种生命期很长的草本植物。通常六十说是"耆"，《易经》卦有六十四卦之分别，即是蓍的生命能长至如此，而蓍所代表的这个数，并非极数。《博物志》里说："蓍草生长的寿命长达2000年，能分蘖出三百根，其上常有黄云似的花朵覆盖，因为它的寿命很长，所以能知晓吉凶。"《易经》里以此作占卜之用，天子所用蓍草长九尺，诸侯七尺，大夫五尺，士三尺。亦有美恶之德如龟，所以《周官·簭人》里记载："上春时节，选用蓍草占卜。"《易经》里说："因此蓍占的所得在于效法天之圆故能神妙，易卦的所得在于效法地之方故能隐藏智慧。"又说："神妙所以知未来，知晓过去所隐匿的真相，非神妙之物有什么能如此呢？古代的圣贤聪明睿知，有极高的武功却不杀人。"古代的圣贤聪明睿知，有极高的武功却不杀人是说文王之德如此。文王重易之六爻，系辞对六爻意义的解释就是如此。说者以为此只是泛泛而论圣人，这是错误的看法。文王以文治天下，所谓"武功极高却不杀人"说的正是如此。"谓重迭八卦以成六十四卦，是伏羲所为，今日所说'文王重卦'是为什么呢？"原因是："伏羲的卦重，是将两个三画卦相重在前；而文王重卦，是将六爻放在每卦之后。我们怎么知道伏羲重卦是重三画卦于前呢？以《尚书》里记载的'卜五占用二：曰贞、曰悔'，《周官》记载的'大卜掌三《易》之法，其经卦皆八，其别皆六十四'就可以知晓。所以说：'八卦成列，象在其矣。因而重之爻在其中矣。'如何知道是文王重卦，将六爻放在每卦之后呢？以司马迁'伏羲至纯厚，作《易》八卦。盖西伯拘而演《易》'，扬雄说'《易》始八卦而文王六十四'等记载可以知晓。所以说：'《易》之兴也，其当殷之末世、周之盛德耶？'"《乾凿度》里说："垂皇策者，羲。"伏羲用蓍草来占卜，则卦已经有重了，但世风质朴，民情淳厚，占卜之法只用《连山》《归藏》二易以静或曰不变为占，占七八之爻。六四卦都不能变化，如乾卦就止于乾卦，坤卦就止于坤卦，不能变化。夏商二代所使用的《连山》《归藏》二易就是以不变为占。后来到了文王治理天下的时代，社会风气浮薄，民风不够淳朴敦厚，占卜之法开始使九六之数，如果不这样，则不足以应天下之变化，这就是今天使用的《周易》。六十四卦皆是以动为占，如乾六爻是老阳之数九，初九之卦可变为九二之《姤》卦，九二可变为十三之《同人》卦；坤卦六爻皆老阴之数六，初六之卦可变为二四之《复》卦，六二可变为一九之《临》卦。所谓重卦，就是两个八卦相重衍生为六十四卦。《左传》里说："《周易》有之，在《乾》

之《姤》，曰‘潜龙勿用’，其《同人》曰‘见龙在田。’”又曰：“遇艮之八，是谓‘艮之随’。”传所说的“《周易》以变者为占”正是如此。然而伏羲重七八，文王重九六，由此来看，伏羲亦是重卦。而司马迁、杨雄只是说伏羲作《易》之八卦，文王创六十卦，大概是以其盛者来说的。

苇

《尔雅》曰：“苇丑，芀[1]。”言其华皆有芀秀。今风輙吹扬如雪，其聚于地，如絮也。《淮南子》曰：“蔏[2]苗类絮而不可以为絮。”苇即今之芦，一名“葭”。葭，苇之未秀者也。萑[3]，即今之荻，一名“蒹”。蒹，萑之未秀者也。葭，一名“华”；蒹，一名“薕”。薕高数尺，今人以为帘箔，因此为名也。至秋坚成，谓之“萑苇”。《诗》曰：“八月萑苇。”[4]《庄子》曰：“欲恶之孽，为性萑苇、蒹葭，始萌以扶吾形，寻擢吾性。”[5]则明此幼曰“蒹葭”，长曰“萑苇”矣。先儒以为萑如苇而细。按：《礼》曰：“土鼓、蒉桴、苇钥，伊祁氏之乐也。”[6]苇管中钥，则萑小而苇大矣，是故谓之“伟”。其字从韦，则韦缓故也。《荀子》曰：“柔从若蒲苇，非怯慑也。”[7]苇可纬，为簿席。萑亦可纬，唯完，而用不如芦之或析也，故音“完”。旧云鸡羽焚而清飚起，芦灰缺而月晕移。说者以为取芦草灰随牖下月光中，令圆，画缺其一面，则月晕亦缺于上也。《诗》曰：“蒹葭苍苍，白露为霜。”“蒹葭凄凄，白露未晞。”“蒹葭采采，白露未已。”露，敷施以生之；霜，刻制以成之。霜露所以譬礼之成，礼至于周而成故也。“厌浥行露”[8]，言贞信之教兴；则“白露为霜”，象礼之成矣。“采采”，言其色鲜而未凄；“凄凄”，言其色惨而未苍。“蒹葭凄凄，白露未晞”“蒹葭采采，白露未已”，则未能用周礼，将无以固其国之譬也。《郊局赋》[9]曰：“编霜菼，葺寒茅。”[9]盖茅、菼丑霜降收缩，万物然后坚成可用，故诗取况如此。

【注释】

[1] 芀（tiáo）：芦苇的花穗。

[2] 蔏（shāng）：一种水生蒿草，即“白蒿”。

[3] 萑（huán）：指芦苇一类的植物。

[4] 指在八月收割芦苇。

[5] 见《庄子 · 则阳篇》，原文为：故卤莽其性者，欲恶之孽，为性萑苇蒹葭，始萌以扶吾形，寻擢吾性。

[6] 土鼓：亦作“土鼔”。古乐器名。鼓的一种。蒉桴（kuài fú）：用草和土抟成的鼓槌。苇籥（wěi yuè）：古代用芦苇做成的管乐器。

[7] 杨倞注：“蒲苇所以为席，可卷者也。”

[8] 出自《诗经 · 召南 · 行露》，厌浥：形容露水潮湿的样子。行（háng），道路。《毛诗序》说“《行露》，召伯听讼也。衰乱之俗微，贞信之教兴。强暴之男，不能侵凌贞女也。”

[9] 南朝梁 · 沈约《郊居赋》：尔乃傍穷野，抵荒郊；编霜菼，葺寒茅。

【译文】

《尔雅》说：“苇的相貌像艻。”说它的花都有艻的秀丽。现在风一吹就像雪一样四处飘荡，聚集在地下，像柳絮一样。《淮南子》说：“白蒿的苗像絮但不可以当成絮。”苇就是现在说的芦，一名叫“葭”。葭是还没有开花的苇。萑，就是现在的荻，一名叫“蒹”。蒹是还未开花的萑。葭，一个名叫“华”；蒹，一个名叫“薕”。薕有数尺高，今人用来制作帘箔，所以叫这个名字。到秋天完全长成，叫作“萑苇”。《诗经》说：“八月收割芦苇。”《庄子》说：“不认真对待自己的本性，乃是欲念至于邪恶的根由；修养性情不认真，像萑苇、蒹葭蔽遮禾黍那样华而不实，那只会在刚开始时似乎能够让人表现得更好一些，但随即就会让人失去本性。”则说明这种植物年幼时叫“蒹葭”，长大后叫“萑苇”。先儒认为萑长得像苇而比较细。按：《礼记》说：“土鼓、蒉桴、苇钥，是伊祁氏人民的乐器。”苇的管中空，则萑比较小而苇比较大，所以叫他“伟”。它的字形从韦，是韦比较舒缓的缘故。《荀子》说：“像蒲苇一样柔弱，并不是怯弱害怕。”苇可以编织成簿席。萑也可以编织，只是编制完以后用起来没有芦有条理，所以读作“完”。旧时说焚烧鸡的羽毛焚会随风扬起，缺少芦灰而月晕会移动。说的人以为取芦草灰放在月光下，让它变圆，画出它缺少的部分，那么月晕也在上面有缺少的部分。《诗经》里说："河边芦苇青苍苍，秋深露水结成霜。""河边芦苇密又繁，清晨露水未曾干。""河边芦苇密稠稠，早晨露水未全收。"露，是水蒸气遇冷凝结而成；霜，是水蒸气遇零度以下的低温凝结而成。霜露用来比喻礼之成，礼到了周而成熟的缘故。"道上露水湿漉漉"，说的是贞信的兴起；那么"秋深露水结成霜"，象征礼仪的成熟。"芦苇密稠稠"，说它的颜色鲜艳而不凄凉；"芦苇密又繁"，说它的颜色惨淡而不沧桑。"河边芦苇密又繁，清晨露水未曾干""河边芦苇密稠稠，早晨露水未全收"，是说将它用来比喻如果不用周礼，则没有什么能巩固国家。《郊居赋》说："编霜菼，葺寒茅。"茅、菼在霜降后成熟收缩，然后万物生长坚固可以使用，所以诗中取用这种意象。

菼

《广雅》云："萑，荻也。"荻之初生曰"菼"，"蒹"，其未秀者也。《说文》曰："萑之初生，一曰薍[1]，一曰鵻。"按：《释言》曰："菼，骓也；菼，薍也。"则萑之初生一曰"薍"、一曰"鵻"是矣。《诗》曰："葭菼揭揭。"[2]盖葭菼上擢则鳣鲔依焉，而为罛之患，《诗》以譬妾之上僭。又曰："大车槛槛，毳衣如菼。""大车啍啍，毳衣如璊。"[3]大车，听讼者之车也；毳衣，听讼者之服也。"槛槛"，言槛而收制之也，故曰"畏子不敢"；"啍啍"，言讯而诰戒之也，故曰"畏子不奔"。《说文》曰："緂，骓帛也。"引此"毳衣如菼"。又曰："以毳为璊，色如虋[4]，故谓之璊。"虋，禾之赤苗也，引此"毳衣如璊"，明非毳冕[5]矣。且毳冕作绘宗彝，非所以听讼，又其衣不得如菼青璊赤。如《说文》之义，是或一服也，盖青者如菼，故谓之緂，其赤者如璊，故谓之䊵。故緂从菼省，䊵从璊省。一曰：菼，玄色，言其衣如之；璊，纁色，言其裳如之。大夫玄冕，今曰"毳冕"者，盖《礼》所谓上大夫卿也。传曰："菼，骓也。芦之初生。"芦，黑也，鵻在青黑之间。今按：郭璞注以为："蒹，似萑而细者。"又曰："似苇而小，实中为菼。"则蒹菼又芦之一种也。盖蒹，萑之小者；菼，苇之小者。故其丑似萑而细与如苇而小者，亦或谓之"蒹菼"。《尔雅》曰："蕇，葶，荼，猋，藨，芀。"[6]萑苕，谓之“荼”；苇苕，谓之“艻”。《诗》曰：“予所捋荼。”[7]传曰：“荼萑，苕也。”今女匠亦以萑荼絮巢，其色白，故传曰：“望而视之，欲其荼白也。”又曰：“旗旆皆赤，望之如日；旗旆皆白，望之如荼。”《字说》曰：“芦谓之葭，其小曰萑；荻谓之蒹，其小曰苇；其始生曰菼，又谓之薍。荻强而葭弱，荻高而葭下，故谓之荻；菼中赤，始生末黑，黑已而赤，故谓之菼。其根旁行，牵揉盘互，其行无辨矣，而又强焉，故又谓之薍。薍之始生，常以无辨，唯其强也，乃能为乱。”

【注释】

[1] 薍：音 wàn。

[2] 出自《诗经 · 卫风 · 硕人》，是卫人赞美卫庄公夫人庄姜的诗。“北流活活。施罛濊濊，鳣鲔发发，葭菼揭揭。庶姜孽孽，庶士有朅。”诗中以河之流喻齐国之盛大，以施罟喻庄公求昏于齐，以鳣鲔喻庄姜来归于卫。

[3] 出自《诗经 . 王风 . 大车》。原诗：大车槛槛，，毳衣如菼。岂不尔思？畏子不敢。大车啍啍，，毳衣如璊。岂不尔思？畏子不奔。是一首女子热恋情人的诗。璊，赤色的玉。

[4] 虋（mén）：即“赤粱粟”，粟的一种。

[5] 毳衣和冕。古代天子祭祀四望山川时所用礼服。与中单、玄衣、纁裳配套，衣绘宗彝、藻、粉米三章花纹，裳绣黼、黻二章花纹，共五章。

[6] 藨（biāo）：白茅的花穗。荂（fū）：白茅的花。荼：指茅草的白花。猋（biāo）：古书上说的一种草。藨（biāo）：芦苇的花穗。

[7] 出自《诗 · 豳风 · 鸱鸮》指采芦苇的花来筑巢。后以“捋荼”喻辛苦劳碌。

【译文】

《广雅》说：“萑，是荻。”荻最初生长的时候叫“菼”或“蒹”，说的是还没有长成的时候。《说文》说：“萑最初生长的时候，一个名叫薍，一个名叫鵻。”按：《释言》说：“菼是騅；菼是薍。”所以萑最初生长的时候，一个名叫“薍”、一个名叫“鵻”。《诗经》说：“葭菼长得长。”所以葭菼向上生长则有鳣鲔来依附它，而变成罛的祸患，《诗经》用来比喻妾的僭越。又说："大车行走声槛槛，青色毛衣像嫩菼。""大车前行声啍啍，红色毛衣色如璊。"大车，是听理诉讼的人的车子；毳衣，是听理诉讼的人的衣服。"槛槛"，说的是被收监管制，所以说"相爱就怕你不敢"；"前行声啍啍"，说的是审讯和告诫，所以说"怕你不跟我私奔"。《说文》说："繳，是骓帛。"引用在此是"青色毛衣像嫩菼"。又说："用毳制作繝，颜色像赤粱粟，所以叫毯。"虋，是幼时的禾苗，引用在此是"红色毛衣色如璊"，说明不是古代天子祭祀四望山川时所用礼服。且毳冕用来作为宗庙礼器的图案，不是用来听理诉讼的，他的衣服不可以像菼一样是青色，像璊一样是红色。就像《说文》解释的意义，或者是一件衣服，像菼一样的青色，所以叫作繳，像璊一样的红色，所以叫作毯。所以繳的字形从菼，毯的字形从璊。一种说法是：菼，是玄，说它的衣服就像这样；璊，是纁色，说衣裳就像这样。大夫戴玄色的帽子，现在说"毳冕"的，大概是《礼记》所说的上大夫和卿。传说："菼，是骓。是芦最初生长的样子。"芦，是黑，骓的颜色在青和黑。今按：郭璞的注认为："蒹，是长的像萑而更细的植物。"又说："长得像苇而较小，且是实心的是菼。"则蒹菼又是芦的一种。所以蒹是小的萑；菼，是小的苇。所以它的样子长得像萑，且像苇一样细但更小，或者叫它作"蒹菼"。《尔雅》说："蘽，莕，茶，猋，藨，芀。"萑苕，叫作"茶"；苇苕，叫作"芀"。《诗经》说："采捋茅草花。"传说："茶萑是苕。"现在女匠人也用萑茶铺垫巢穴，它的颜色是白色，所以说道："看它是茶白色。"又说："旗和旆都是红色。看起来像太阳；旗和旆都是白色，看起来像苦菜。"《字说》说："芦叫作葭，小的叫作萑；荻叫作蒹，小的叫作苇；它最初生长的时候叫菼，又叫作薍。荻强壮而葭弱小，荻的地位高而葭在下，所以叫作荻；菼的中心是红色的，最初生长的时候末端是黑色，黑变成红色，所以叫菼。它的根盘根错节，无法判断准确的形状，而又很强壮，所以叫作薍。薍最初生长的时候，常常无法辨别，只有它强大了，才能变得杂乱。"

埤雅·卷十七

释草：荷、菡萏、藕、茶、葵、蓝、莪、芹、蘜、蒺藜、木槿、苋、茹芦、台、艾、藟

荷

荷，总名也。华、叶等名，具众义，故以不知为问，谓之“荷”也。昔人正名百物，有是哉！故曰：“万物有成理而不说”。郭璞以为“芙渠一名芙蓉”。按：《说文》：“未发为菡萏[1]，已发为芙蓉。”芙蓉，华之号也。盖亦通曰“芙蕖”，《毛诗传》云：“荷，芙蕖也，其华菡萏。”许慎以为其华曰“芙蓉”其秀曰“菡萏”，其实曰“莲”，莲之茂者曰“华”。今其的中有青，为薏，皆倒生两牙，一成芰荷，一蕅荷也，又生一牙为华。蕅荷帖水生蕅者也。芰荷无蕅，卷荷也，与华偶生，出乎水上，亭亭如伞者，是亦或谓之“距荷”。蕅荷一本，其支旁行为蕅，节生，一华一叶，《诗》曰：“有蒲与荷。”盖荷善倾欹[2]，蒲无骨干而柔从。《字说》曰：“蕅藏于水，其自处卑，无所加焉，其所与污，洁白自若，中有空焉，不偶不生，若此可以偶物矣。茄无枝附，泥不能污，水不能没，挺出而立，若此可以加物矣。莲既有以自日，又会而属焉，若此可以连物矣。菡萏实若臽，随昏昕阖辟焉[3]。蕸假根以立，而不如蕅之有所偶；假茎以出，而不如茄之有所加；假华以生，而不如莲之有所连。菡萏之有菡也，若此可谓遐矣。夫菡物者终于吐，连物者终于散，偶物者或析之，加物亦不可为常，故遐在此，不在彼也。蔤退藏于无用，而可用可见者本焉，若此可谓蔤矣。合此众美，则可以何物，可以

为夫，可以为渠，故曰：'荷，芙蕖也。'荷以何物为义，故通于负荷之字。"

【注释】

[1] 菡萏：音 hàn dàn。《中国植物志》释曰：菡萏，荷花的别称，古人称未开的荷花为菡萏，即花苞。又称莲花、水芝、水华、水芙、水旦、水芙蓉、泽芝、芙蕖、玉环、六月春、中国莲。属睡莲科多年生水生草本植物。

[2] 攲：通"倚"。斜倚，斜靠。

[3]《仪礼·士昏礼》中讲"凡行事必用昬昕"，郑玄注曰"用昕，使者。用昬，壻也。"昬，通"昏"，天刚黑的时候；昕，太阳将要出来的时候。此句是说莲花随着日出日落而开放闭合。

【译文】

荷，是一个总体概括的名称。花、叶等名字，具有普遍意义，因为不知道所以才要问，叫作"荷"。古人辨正各种事物的名称，正是如此！所以说，"万物的变化有现成的规定而不需要议论"。郭璞认为"芙蕖又名芙蓉"，按：《说文解字》："没有开花的叫菡萏，已经开花的叫芙蓉。"芙蓉，是花的名字。也和"芙蕖"这个名字一样。《毛诗传》说："荷花是芙蕖，它的花是菡萏"。许慎把它的花叫作"芙蓉"，把它的秀叫作"菡萏"，把它的果实叫作"莲"，茂盛的莲叫作"花"。现在其中有青色的，是薏，都有两牙倒着生长，一只变成芰荷，一只变成藕荷，又生出一牙是它的花。藕荷就是紧贴水面会生出藕的。芰荷不生藕，是卷荷，和花朵双生，长在水面之上，亭亭玉立像伞一样，也有人叫它"距荷"。藕和荷同本，它的一支从旁边生长为藕，节生，一花一叶，《诗经》说："有蒲草和荷花。"荷花总是倾斜倚靠，蒲柔若无骨。《字说》说："藕的生长藏于水下，它自己在卑微的地方，不能添加什么，虽然身边是污秽，但自身保持洁白，身体中空，成双成对才能生长。茄没有枝干可以依附，不能被泥污染，不能被水淹没，挺身而立，像这样可以加上物品。莲花既能向日而发、晨开暮闭，又能彼此之间相互连属，倘若如此则可以连结它物。菡萏的果实像臼，随着日出日落而开放闭合。蕸借助根而站立，而不如藕成对生长；借助茎生长，而不如茄能够有所增加；借助花来生长，而不如莲能够相连。菡萏生长有菌，像这样可以说长久了。含物的菡终究要吐出来，相连的莲根最终要分开，成对的会分开，增加的也不可以长久，所以长久在这里，而不在那里。藕藏在无用之处，而可以用到见到的都是根本，像这样可以说茂密了。把这些美好的都合起来，可以变成任何东西，可以是夫，可以是渠，所以说：‘荷，就是芙蕖。’荷的意思是“什么东西”，所以与负荷一字通用。”

菡 萏[1]

《尔雅》曰：“其华，菡萏；其实，莲。”盖荂曰“芙蓉”，秀曰“菡萏”畅茂曰“华”。《古今注》[2]曰：“芙蓉一名荷华，华之最秀异者也。大者华至百叶。”然则华亦谓之“芙蓉”，《楚辞》所谓“搴芙蓉兮木末”，盖言此也。凡物皆先华而后实，独此华果齐生，故西域之书多言此。《诗》曰：“有蒲与荷”“有蒲与蕳”“有蒲菡萏”，“荷”言其质之柔，“蕳”言其气之芳，“菡萏”言其色之美。《拾遗记》[3]曰：“昆流素莲，一房百子，凌冬而茂。”王文公曰：“莲华有色有香，得日光乃开敷，生卑湿淤泥，不生高原陆地。虽生于水，水不能没；虽在淤泥，泥不能污。即华时有实，然华事始则实隐，华事已则实现。实始于黄，终于玄，而茎叶绿。叶始生也，乃有微赤。实既能生根，根又能生实。实，一而已，根则无量。一与无量，互相生起。其根曰蕅，常偶而生，其中为本，华、实所出。蕅白有空，食之心欢。本实有黑，然其生起为绿、为黄、为玄、为白、为青、为赤，而无有黑。无见无用而有见有用，皆因以出其名。曰蔤，退藏于密故也。”

【注释】

[1]《仪礼 · 士昏礼》中讲“凡行事必用昬昕”，郑玄注曰“用昕，使者。用昬，壻也。”昬，通“昏”，天刚黑的时候；昕，太阳将要出来的时候。此句是说莲花随着日出日落而开放闭合。

[2] 见“鳣”条注 [3]。

[3]《拾遗记》：又名《拾遗录》《王子年拾遗记》，东晋王嘉撰，是一部志怪小

说集。

【译文】

《尔雅》说“它的花是菡萏；它的果实是莲。”荂叫作“芙蓉”，秀叫作“菡萏”，畅茂叫作“华”。《古今注》说：“芙蓉一名荷华，是花中最秀丽又不同的，其中大的花有百叶。”然而花也叫“芙蓉”，《楚辞》所说的“在树枝末端摘取芙蓉”，说的就是这个。凡是植物都先开花后结果，只有它的花果一起生长。所以许多西域的书都提到这点。《诗经》说：“有蒲草和荷花”“有蒲草与兰花”“有蒲草与荷花”，“荷”说的是它的本质温柔，“蕑（兰花）”说的是它气味芬芳，“菡萏（荷花）”说的是它颜色美好。《拾遗记》说：“昆水上有莲花，一个花房有上百子实，凌冬依然茂盛。”王文公说：“莲花有色有香，有日光则盛开，生在卑微潮湿的淤泥中，而不长在高原和陆地。虽然生在水中，而水不能把它淹没。虽然生在泥中，然而泥不能将它污染。刚开花时便结果实，开花的时候果实便隐去，花期结束后果实就出现。果实始于黄色，终于黑色，而茎叶是绿色。叶子刚生长时，有微微的红色。果实能生出根，根又能生出果实。果实只有一个，根则没有定量。一个与无量，互相生起。它的根叫作藕，常成对而生，它的中间是根本，是花和果实生出的地方。藕是白色，中有空隙，食用它可使心情愉悦。果实有黑色，然而它初生为绿色，然后为黄、黑、白、青、红，而没有黑。无见无用而有见有用，都因为来自它的名字，叫作密，是因为它退藏在茂密之处的缘故。”

藕

《尔雅》曰：“其本，蔤；其根，藕。”盖茎下白，蒻在泥中者曰“蔤”。藕偶生，又善耕泥引长，故藕之文从耦，名之亦曰“藕”。今江左[1]穿池取汲，不欲种藕，以藕善耕泥坏池也。俗云藕生应月，月生一节，闰輙益一。今芋有十二子为卫，里俗以为应月之数。《说文》曰：“大叶，实根骇人，故谓之芋。”旧说赤箭根有十二为卫，如芋，有风不动，无风自摇，亦其类也。赵辟公《杂记》[2]曰：“藕能移，鲤能飞，龟能守。”凡芙蕖行藕，如竹之行鞭尔。节生，一叶一华，华叶常偶生，故谓之“藕”。又华初著子，首顾在下，久之其房倒垂，首更在上也。

【注释】

[1] 江左：地理名词，即江东。因长江在安徽境内向东北方向斜流，而以此段江为标准确定东西和左右。

[2]《宋史 · 艺文志》载“赵辟公《杂说》一卷”，《本草纲目》引文作“赵辟公《杂录》”。

【译文】

《尔雅》中说：“它的本，叫蔤；它的根，叫作藕。”茎的下部为白色，生在泥中的叫作“蔤”。藕成对生长，又善于耕理泥地生长，所以藕的字形从耦，名字也叫作“藕”。现在的江左地区修筑池塘汲水，不想种藕，是因为藕善于耕理泥地而破坏池塘。俗话说藕顺应月份生长，每月生长一节，闰月就增加一节。现在的芋有十二个子拱卫，民俗认为它是顺应月份的数量。《说文解字》中说：“芋有很大的叶子，厚实的根很骇人。所以叫作芋。”旧时有说赤箭根有十二护卫，就好像芋一样，有风吹也不会摇动，没有风却会自己摇晃，也是这一类。赵辟公在《杂记》中说：“藕能摇动，鲤能飞翔，龟能守御。”凡是芙蕖和藕，就像竹子的鞭节一样。枝节生长，一叶对应一花，花和叶常常对偶生长，所以叫作“藕”。又因为开花之初就落子，所以首部在下，时间久了子房便会倒垂，首部便会在上了。

荼

荼[1]，苦菜也。苦菜生于寒秋，经冬历春，至夏乃秀，《月令 · 孟夏》：“苦菜秀。”即此是也。此草凌冬不雕，故一名“游冬”。凡此则以四时制名也。《颜氏家训》曰：“荼叶似苦苣而细，断之有白汁，花黄似菊。”《诗》曰：“出其东门，有女如云。”“出其闉阇[2]，有女如荼。”“云”盖言盛，“荼”盖言繁也。传曰：“秦网密于秋荼。”《诗》曰：“堇荼如饴。”堇毒荼苦，故言

"如饴"，以着风土之善。《国语》曰："寘[3]鸩于酒，寘堇于肉。"《诗》曰："谁谓荼苦，其甘如荠。"盖言其事又苦也。《礼》曰："婚姻之礼废，则夫妇之道苦，而淫辟之罪多矣。"其此之谓欤？

【注释】

[1] 古同"涂"，原意指古书上说的一种苦菜和茅草的白花。

[2] 闉阇（yīn dū）：古代城门外瓮城的重门。

[3] 寘（zhì）：安排，放置。

【译文】

荼，就是苦菜。苦菜生长于寒冷的秋天，经历冬天和春天，到了夏天才生长茂盛，《月令·孟夏》中说："苦菜生长茂盛。"说的就是这。这种草经历冬天也不会凋谢，所以别名"游冬"。凡是这种草会以四季来命名。《颜氏家训》中说："荼的叶子像苦苣而羹纤细，折断会有白色汁液，花瓣呈黄色像菊花。"《诗经》中说："漫步城门外，美女多如云。""漫步城门外，美女多如荼。""云"是说茂盛，"荼"是说繁多。传言道："秦地的网比秋天的荼还要密。"《诗经》中说："象堇荼这样的苦菜也长得像糖那样甜。"堇有毒，荼花苦，所以说"像糖一样甜"，来说明风土的美好。《国语》中说："用鸩羽泡酒，将堇放在肉里。"《诗经》中说："谁说荼菜味最苦，在我看来甜如荠。"大概是说婚姻的悲苦。《礼》中说："婚姻的礼节废除，那么夫妇之道就会艰苦，而淫乱的罪过就多了。"大概说的就是这吧？

葵[1]

《齐民要术》曰："今世葵有紫茎、白茎二种，春必畦种[2]水浇，而冬种者有雪，勿令从风飞去。"每雪輙一劳之，雪令地保泽，叶又不虫。掐必待露解，收必待霜降，伤晚则黄烂，伤早则黑涩也。"《诗》曰："七月烹葵及菽。"即此是也。《左传》曰："鲍庄子之知不及葵。"葵犹能卫其足，今葵心随日光所转，輙低覆其根似知。孔子曰："禾生垂穗向根，不忘本也。"盖禾之向根，仁也；葵之卫足，知也。仁所以守之，知所以揆之，故葵，揆也。《字说》曰："草也，能揆日向焉，故又训揆。"《本草》曰："葵为百菜之主。"岂亦以此乎？《尔雅》曰："菟葵，蘩露。"菟葵一名"蘩露"，此又葵之一种也。蔓生，叶圆而厚，故《周官》曰："大圭长三尺，杼上终葵首。"义取诸此也。《说文》云："齐谓之终葵。"终葵谓于杼上，圆广其首，说者以为即"珽"是也。按：《礼》曰："天子搢珽[3]，方正于天下。"盖与大圭终葵首全异。《相玉书》[4]曰："珽玉六寸，明自照。"今大圭长三尺，知非珽矣。《周官》曰："王搢大圭，执镇圭。"又曰："执冒四寸，以朝诸侯。"盖王执镇圭则搢大圭，天子执冒则搢珽，故镇圭尺有二寸，大圭长三尺，冒圭四寸，珽六寸也。大圭圆而仁，故于镇搢之，镇，义故也；珽方以义，故于冒搢之，冒，仁故也。

【注释】

[1] 葵：二年生草本，又名冬葵，民间称冬苋菜或滑菜。属锦葵科植物，非向日葵。

[2] 畦（qí）：田间整理为可用来种植农作物的土床，表面平整。畦种：指在畦内种植作物的方式。

[3] 搢珽（jìn tǐng）：犹缙笏。《礼记 · 玉藻》："天子搢珽，方正于天下也。"郑玄注："此亦笏也。谓之珽，珽之言珽然无所屈也。"

[4]《相玉书》：今已亡佚，汉代王逸注《楚辞章句》引此书，郑玄《周礼注》亦引此书，可见此书汉代尚存，但以后史籍未见记载，文中所引，疑转引郑玄。

【译文】

《齐民要术》说："现在世上的葵有紫茎、白茎两种，春天一定要以畦种好然后浇水，冬天种植则有雪，不要让它被风吹走。"每当下雪就劳作一次，雪能让地保持湿润，叶子又不生虫。掐一定要等到露水消退，收获要等到霜降，如果太晚则发黄变烂，如果太早就发黑发涩。"《诗经》说："七月烹煮葵菜烧大豆。"说的就是这个。《左传》说："鲍庄子的智慧不如葵菜。"葵菜的叶子还能保护其根，现在葵心跟随日光转动，好像有意识一样覆盖住它的根。孔子说："禾苗生长时它的穗向根部下垂，这是不忘它的根本。"禾苗向根生长，是仁义；葵的叶子保护它的足，是智慧。因为仁义所以能守，因为智慧所以能保护，所以葵就是揆。《字说》说："葵就是一种草本植物，能跟随日光的方向转动，所以又叫训揆。"《本草》说："葵是百菜之主。"难道也是因为这个吗?《尔雅》说："蔠葵，就是蘩露。"蔠葵一名叫"蘩露"，这又是葵的一种。依附藤蔓生长，叶子圆而厚，所以《周官》说："大圭有三尺长，杼上刻着葵首。"它的意义取于此处。《说文》说："齐叫作终葵。"终葵放在杼上，让它的顶端圆而广，说的人以为这就是"珽"。按：《礼记》说："天子佩戴珽，向天下传递方正之义。"这与大圭终葵的顶端完全不同。《相玉书》说："珽玉长六寸，光彩照人。"现在的大圭长三尺，就可以知道这不是珽了。《周官》说："王佩戴大圭，手执镇圭。"又说："手拿四寸长的冒，来接受诸侯朝拜。"所以王手执镇圭，佩戴大圭，天子手执冒，佩戴珽，所以镇圭尺有二寸长，大圭有三尺长，冒圭长四寸，珽长六寸。大圭是圆形，代表仁，所以于镇搢之，镇，是义的缘故；珽是方形，代表义，所以在冒搢之，冒，是仁的缘故。

蓝[1]

《尔雅》曰："葴马蓝，染草也。"即今大叶冬蓝为淀者是。《月令·仲夏》："令民无艾蓝以染。"郑氏云："为伤长气。"然则艾蓝于夏，先王之法禁焉[2]。制字从监，以此故也。由是观之，先贤所云藏冰所以无雹[3]，而原蚕恶，其害马，岂虚言也哉!《齐民要术》以为种蓝一同葵法。蓝三叶，浇之，薅[4]治令净，五月中新雨后即拔栽之，故《夏小正》："五月蓄兰，灌沐蓝蓼。"灌，浇灌也；沐，剝沐也。《诗》曰："终朝采绿，不盈一匊。""终朝采蓝，不盈一襜。"[5]蓝、绿，易得之物，今以忧思贰之，故虽终朝采掇而绿不盈一匊，蓝不盈一襜也。蓝大于绿，又其畦植如鳞，则其采之盈襜易矣，故《诗》以为后。绿可以染黄，蓝可以染青，则皆妇人致饰之物，故《诗》正言之。《荀子》曰："青，出之蓝而青于蓝；冰，水为之而寒于水。"说者以为冰、蓝皆喻学则才过其本性，明学不可以已也。《汉记》曰："欲以素丝之质附近朱、蓝。”盖亦明就士之多益。《脉要精微论》[6]曰：“赤欲如白裹朱，不欲如赭；青欲如苍璧之泽，不欲如蓝。”《齐民要术》曰：“蓼中之虫，岂知蓝之甘乎？”人之域于一方，何以异此？故河伯谓北海若曰“吾非至于子之门则殆矣，吾长见笑于大方之家”是也。

【注释】

[1] 蓝：可提取染料靛蓝的几种植物的统称。文中所指当为“马蓝”，草本，多年生一次性结实，茎直立或基部外倾。

[2] 《礼记 · 月令》中讯“令民毋艾蓝以染。”郑玄注曰“为伤长气也。”

[3] 藏冰所以无雹：《左传》中称“圣人在上，无雹，虽有，不为灾。古者，日在北陆而藏冰；西陆，朝觌而出之。其藏冰也，深山穷谷，固阴冱寒，于是乎取之。”就是讲“圣人在上面，没有冰雹。即使有也不成灾。在古代，太阳在虚宿和危宿的位置上就藏冰，昴宿和毕宿在早晨出现就把冰取出来。当藏冰的时候，深山穷谷，凝聚着阴寒之气，就在这里凿取。”也就是顺应天时（的藏冰），则冰雹不成灾。

[4] 薅（hāo）：拔除。

[5] 出自《诗经 · 小雅 · 鱼藻之什》的“采绿”篇，意思分别为“整个早上采王刍，王刍不满两只手。”和“整个早上去采蓝，兜起前裳盛不满。”襜（chān）：意思是指系在衣前的围裙。

[6] 出自《黄帝内经》的《素问》部分的第十七篇。

【译文】

《尔雅》说：“葴马蓝，是用来染色的草。”就是现在的大叶冬蓝。《月令 · 仲夏》记载：“禁止民众用艾蓝染色。”郑氏说：“因为会伤及长久的气脉。”而艾蓝在夏朝，是被先王的法令所禁止的。造字时字形从监，是因为这个缘故。这样来看，先贤所说的顺应天时的藏冰，则冰雹不成灾，而说养蚕是不好的，会对养马有害（蚕吃桑叶，桑叶亦是喂马的饲料，这样会影响马的喂养，不利于国家的马政）。这难道是虚妄的言语吗！《齐民要术》认为种蓝的方法和种葵相同。蓝有三叶，浇水，拔出使它干净，五月中旬新雨过后立即拔出栽种，所以《夏小正》说：“五月蓄兰而沐浴，浇灌蓝蓼。”灌，是浇灌；沐，是剃沐。《诗经》说：“整个早上采王刍，王刍不满两只手。”“整个早上去采蓝，兜起前裳盛不满。”蓝、绿，是容易获得的东西，现在因为心怀忧思而不专一采摘，所以整个早上采掇而刍不满两只手，蓝盛不满前裳。蓝比绿体积大，又因为它以畦种植紧密如鳞，所以很容易采满衣襟，所以《诗经》将它放在王刍的后面。绿可以染黄色，蓝可以染青色，都是妇人用来装饰的东西，所以《诗经》正面描写它。《荀子》说：“染料靛青是从蓝草中提炼取得到的，但比蓝草更青。冰是由水所结成，可是比水更寒冷。”说者认为冰、蓝都是比喻学习后的才能比原来更强大，说明学习不可以停止。《汉记》说：“想用白色丝绢般的质地来附配、贴近朱色、蓝色”，所以贤明之士都朝着有益的人靠近。《脉要精微论》记载：“赤想要像白色裹住朱色那样，不如靠近赫色；青色如果想有苍璧的的泽色，不如靠近蓝色。”《齐民要术》说：“蓼中的虫子，哪里知道蓝的甘美呢？”人如果只困在一个地方，和这又有什么区别呢？所以河伯对北海说“如果我不是来到你的门前就危险了，我必定会长久地被得大道的人耻笑”。

莪

莪[1]亦曰“藁蒿”，藁之为言高也。莪生泽国渐洳[2]之地，叶似斜蒿而细，科生可食，宿根[3]，先于百草，一名“萝蒿”，一名“角蒿”。《诗》曰：“菁菁者莪，在彼中阿。”[4]阿，大陵也；莪，微草也。言君子之长育人材，犹大陵之长育微草也。菁菁，盛貌，盖草之初生，其色玄，盛则乃青，霜死而后黄落，故菁之文从青。《诗》曰“何草不玄”，以言其生；“何草不黄”，以言其死也。盖君子有三乐，而王天下不与存焉，世方太平，至诚乐与贤者共之，一乐也；能得贤者以为邦家，立太平之基，二乐也；得天下之人才而教育之，三乐也。故序《诗》者曰“南有嘉鱼”，乐与贤也；“南山有台”乐得贤也；“菁菁者莪”，乐育材也。《尔雅·释虫》曰：“蛩，罗也。”《释草》又曰：“莪，萝也。”盖蛾所以生蚕，莪亦所以覆而出之，此义亦谓之“罗”欤？《字说》曰：“莪以科生而俄。”《诗》曰：“匪莪伊蒿。”“匪莪伊蔚。”莪俄而蒿直，蔚粗而莪细，“育材”之诗正言“莪”者，以此。

【注释】

[1] 莪：多年生草本植物，生水边，叶像针，开黄绿小花，叶嫩时可食。

[2] 洳（rù）：指低湿的地方，或水名。

[3] 宿根：指个体寿命超过两年，可持续生长，多次开花、结果，且地下根系或地下茎形态正常，不发生变态的一类多年生草本花卉。

[4] 出自《诗经·小雅·南有嘉鱼之什》中的“菁菁者莪”篇，文中大意为“莪蒿葱茏真繁茂，从丛生长在山坳。”

【译文】

莪也叫“藘蒿”，藘说的是它的高度。莪生长在地势低的沼泽之地，叶子像斜着的蒿但细一些，科生（丛生）可以食用，多年生草本花卉，先于百草生长，一名叫“萝蒿”，一名叫“角蒿”。《诗经》说：“莪蒿葱茏真繁茂，从丛生长在山坳。”阿，是大山坡；莪，是小草。说君子养育英才，就像大山坡养育小草。菁菁，是盛开的样子，草最初生长的时候，它的颜色是黑的，茂盛之后变成青色，经霜枯死后变成黄色然后凋落，所以菁的字形写法从青。《诗经》说“什么草儿不黑腐”，用来说草的生长；“什么草儿不枯黄”，用来说草的枯死。君子有三件乐事，是连称王拥有天下也比不上的，世间太平，与贤人分享诚恳的快乐，这是第一件乐事；能得到贤者为国家效力，打下太平的基础，这是第二件乐事；得到天下的人才教育他们，这是第三件乐事。所以为《诗经》写序的人说“南方出产鲜美鱼”，是与贤人相处之乐；“南山生柔莎”是得到贤人之乐；“莪蒿葱茏真繁茂”，是培育贤才之乐。《尔雅·释虫》说：“蛾，是罗。”《释草》又说：“莪，是萝。”因为蛾生出蚕，莪覆盖在上面，这就是被叫作“罗”的原因吗？《字说》说：“莪因为科生而弯曲。”《诗经》说：“却非莪蒿是散蒿。”“却非莪蒿只是蔚。”莪是弯曲的而蒿是直的，蔚粗而莪细，“育材”的诗写道“莪”，这就是原因。

芹

《诗》曰："觱[1]沸槛泉，言采其芹。"芹，水菜也，一名"水英"，《尔雅》谓之"楚葵"。《泮宫》曰："思乐泮水，薄采其芹。"二章曰："薄采其藻。"三章曰："薄采其茆。"芹取有香，藻取有文，茆取有味。盖士之于学也，揽其芳臭而至，则采芹之譬也；既至矣，于是学文，则采藻之譬也；及其久也，知道之味，又嗜而学焉，则采茆之譬也。茆，莼[2]也，叶如荇菜而紫茎，大如箸，柔滑可羹。芹，洁白而有节，其气芬芳，而味不如莼之美，故《列子》以为"客有献芹者，乡豪取而尝之，蜇于口，惨于腹"也。《齐民要术》云："莼性易生，种以深浅为候，水深则茎肥而叶少，水浅则叶多而茎瘦，亦逐水而性滑，故谓之淳菜。"

【注释】

[1] 觱（bì）：古代的一种管乐器，形似喇叭，以芦苇作嘴，以竹做管，吹出的声音悲凄。

[2] 莼：一种水生植物，飘浮叶的上面呈橄榄绿色，下面红色，所有水下部分都有一层凝结胶质覆盖。

【译文】

《诗经》中说："翻腾喷涌泉水边，我去采下水中芹。"芹，是一种水中的菜，别名"水英"，《尔雅》称其为"楚葵"。《泮宫》中说："泮水令人真愉快。来此采摘水芹菜。"第二句写："来此采摘水中藻。"第三句写："来此采摘水中觱。"取芹有香味，取藻有花纹，取茆有美味。士人治学，包揽所有好的不好的，就好像采撷芹的比喻；既是这样，于是求学，就好像采撷藻的比喻；时间久了，才知道味道，则又嗜好学习，就好像采撷茆的比喻。茆，就是莼，叶子像荇菜而又呈紫色的茎，大的像筷子，口感柔滑可以做汤。芹，颜色洁白而有分节，气味芬芳，味道不如莼菜好，所以《列子》认为"客人有献上芹菜的，乡人豪族取来尝试，像是蛰了嘴巴，刺痛了腹部"。

《齐民要术》中说："莼的习性容易存活，种植要按照深浅而区别对待，水深时茎粗而叶子少，水浅时叶子多而茎细，大概是因为随水而生习性润滑，所以叫作淳菜。"

蘜[1]

《尔雅》曰："蘜，治蘠。"今之秋华鞠也。鞠艸有华，至此而穷焉，故谓之"鞠"。一曰鞠如聚金，鞠而不落，故名"鞠"。盖鞠不落华，蕉不落叶，亦蕉一叶舒则一叶焦而不落，故谓之"蕉"也。《月令·季秋》云："鞠有黄华。"曰"有"者，非其有之时也。《春秋传》曰："有者，不宜有也。"《周官》："后蚕服鞠衣。"鞠衣，色黄象鞠，鞠盖华于阴中，其华则又中之色也，后帅内外命妇而蚕，则使天下之嫔妇取中焉，其所服如此。王后六服，袆翟取翚，揄狄[2]取榆，鞠衣又取诸鞠，故鸟兽草木之名，孔子欲学者之多识，而记《礼》者以为衣服在身而不知其名为罔也。郑氏解《周官》，以为王后六服：翚狄玄，揄狄青，阙狄赤，鞠衣黄，展衣白，褖衣黑。若所谓翚狄玄，揄狄青，鞠衣黄，其说是矣；所谓阙狄赤，展衣白，褖衣黑，其说非也。按：《毛诗传》言："展衣以丹縠为之。"则展衣赤矣，赤则宣布箸尽，有诚信之道焉，故谓之"展"，又或谓之"襢"也，《礼记》曰："内子以襢衣。"亦通帛为"旜"。旜，绛帛也，与此同义。鞠衣黄，展衣赤，则褖衣白矣。难者曰："褖衣，吉服也。纯白非妇人吉服所宜。"曰："盖不知褖衣之有纁袡[3]也，《周官》'绿衣'是已。"阙狄一名屈狄，则视揄狄之制有屈焉尔，刻而不画是也，其色宜亦如揄狄也。

【注释】

[1] 蘜：古同"菊"。

[2] 揄狄（yú dí）：采画雉形为饰之服。古代王后从王祭先公之服。

[3] 纁袡：纁色衣缘。袡：衣边。也有作蔽膝理解，但先秦女子礼服中没有明确记录关于蔽膝的配件，作为衣缘理解更为普遍。

【译文】

《尔雅》说："蘜，是治蘠。"就是现在秋天的华鞠。鞠和艸有花，到这里就没有了，所以叫作"鞠"。一说鞠像金汇聚，汇聚而不落，所以叫作"鞠"。鞠不落花，蕉不落叶，也是因为蕉有一叶舒展则一叶焦黄而不落下，所以叫作"蕉"。《月令·季秋》说："鞠有黄色花朵。"说它"有"，不是有的时候。《春秋传》说："本是不当有而有。"《周官》记载："王后的蚕服是鞠衣。"鞠衣，颜色黄而像鞠，鞠在阴处开花，它的花是中间的颜色，王后率领内外命妇桑蚕，而使天下仆妇取中间，所以她的衣服是这样。王后有六服，袆翟取自翚，揄狄取自榆，鞠衣又自鞠，所以鸟兽草木的名字，孔子想要学者博闻多识，而记述《礼记》的人认为如果不知道衣服的名字，穿在身上也没有用处。郑氏解读《周官》，认为王后有六服：翚狄黑色，揄狄青色，阙狄红色，鞠衣黄色，展衣白色，褖衣黑色。如果说翚狄黑丝，揄狄青色，鞠衣黄色，这个说法正确；如果说阙狄红色，展衣白色，褖衣黑色，这个说法错误。按：《毛诗传》说："展衣用红色细绢做成。"所以展衣是红色，赤的意义是宣布用尽，有诚信的道理，所以叫作"展"，又或者叫"襢"，《礼记》说："内子用襢衣。"帛与"旜"也通用。旜，是绛色的帛，和这个意义相同。鞠衣黄色，展衣赤色，则褖衣是白色。难者说："褖衣，是吉服。纯白色不是妇人的吉服可以用的。"说："原不知道褖衣有纁色衣缘，就是《周官》记载的'缘衣'。"阙狄一名叫屈狄，因为是揄狄的形制而有屈辱，所以刻而不画，它的颜色也像揄狄一样。

蒺　蔾

蒺蔾[1]布地蔓生，子有三角，刺人，状如菱而小。蒺之言疾也。一名"茨"，可以茨墙，故谓之"茨"。《墙有茨》序曰："国人疾之而不可道也。"[2]正言蒺蔾以此。《诗》曰："墙有茨，不可埽也。"言欲埽去之，反伤墙也，以刺秽碍。《易》曰："据于蒺蔾。"六三以柔乘刚，故曰"据于蒺蔾"。据于蒺蔾，非所据而据焉者也。今兵家乃铸铁为之，以梗敌路，亦呼"蒺蔾"。《韩诗外传》[3]以为"春殖桃李，夏得阴其下，秋得食其实；春殖蒺蔾，夏不得采其叶，秋得其刺焉。故君子慎所立也。”师旷曰：“岁欲苦，苦草先生。”苦草，亭苈也。“岁欲旱，旱草先生。”旱草，蒺藜也。

【注释】

[1] 蒺藜：一年生或多年生草本，全株密被灰白色柔毛。

[2]《墙有茨》是《诗经》中的一篇。

[3] 见“蠒”条注［2］。

【译文】

蒺藜布满地方蔓延生长，种子有三个棱角，能刺伤人，形状像菱而小。蒺可以说疾病。别名“茨”，可以刺墙，所以叫作“茨”。《墙有茨》的序说：“国人痛恨他而又不能说出。”正是因此而说蒺藜。《诗经》说：“墙上有刺，不能够扫去。”是说想要扫去它，反而会损伤墙，因为刺是污秽物有阻碍。《易经》说：“据于蒺藜。”六三以柔克刚，所以叫作“据于蒺藜。”依据蒺藜，不是所依据而依据。现在兵家铸铁做蒺藜，来堵塞敌人的道路，也叫作“蒺藜”。《韩诗外传》说“春天种植桃李，夏天能在树下得到阴凉，秋天能食用它的果实；春天种植蒺藜，夏天不能采摘它的树叶，秋天还会被刺伤，所以君子要谨慎立世。”师旷说：“苦年将要到来，苦草先会生长。”苦草，就是亭苈。“一年将要大旱，旱草先会生长。”旱草，就是蒺藜。

木 槿[1]

《释草》曰：“椵，木槿；榇，木槿。”似李，五月始华，《月令》“木槿荣”是也。华如葵，朝生夕陨。一名“舜”，盖瞬之义取诸此。《诗》曰：“颜如舜华。”又曰：“颜如舜英。”“颜如舜华”，则言不可与久也；“颜如舜英”，则愈不可与久矣。盖荣而不实者谓之“英”。《人物志》[2]曰：“草之精秀者为英，兽之将群者为雄。”张良是英，韩信是雄。《笃论》曰：“日给之华，似柰。”柰实而日给虚，虚伪之与真实相似也。羲之《法帖》曰：“来禽，青李。”来禽，柰属也，言果以美而来禽。

【注释】

[1] 亦作“木堇”。落叶灌木或小乔木。叶卵形，互生；夏秋开花，花钟形，单生，有白、红、紫等色，朝开暮落。栽培供观赏兼作绿篱。树皮和花可入药，茎的纤维可造纸。

[2]《人物志》三国魏·刘劭所作，南北朝时西凉刘炳曾为之作注。全书共三卷十八篇，讲述识鉴人才之术、量能用人之方及对人性的剖析。该书是一部系统品鉴人物才性的玄学著作，也是一部研究魏晋学术思想的重要参考书。

【译文】

《释草》说：“椵，叫作木槿；榇，也叫作木槿。”样子像李，五月才开花，《月令》中写“木槿茂盛”。花的样子像葵花，白天生长晚上陨落。别名叫“舜”，大概是取自瞬间的意思。《诗经》说：“姑娘的脸好像木槿花开放。”又说：“姑娘的脸像木槿花水灵灵。”“姑娘的脸好像木槿花开放”，是说美好的容颜不会存在太久；“姑娘的脸像木槿花水灵灵”，则是愈发强调美好的容颜不会存在太久。大概是茂盛而不实在的叫作“英”。《人物志》说：“草中美好的叫作英，兽中带领群兽的叫作雄。”张良是英，韩信是雄。《笃论》说：“太阳给予的光华，像柰。”柰真实而日光是虚的，是说虚伪与真实是相似的。王羲之的《法帖》说：“招来飞禽走兽，青青生长的李子。”来禽，属于柰，是说果实美好而招来飞禽走兽。

苋[1]

苋有红苋、白苋、紫苋三色。《尔雅》曰：“蒉，赤苋。”即今“红苋”是也。茎叶皆高大而见，故其字从见，指事也。《易》曰：“苋陆夬夬。”苋谓上六，盖兑见也，而又乘五刚，柔脆易除，苋之象也。九五，刚得尊位，大中，高大以平，而柔生于上。苋，陆之象也。《列子》曰：“老韭之为苋也，老羭之为猿也。”言物以老故，变有如此者。故《易》以九六为老，盖老则变矣。传曰：“青泥杀鳖，得苋复生。”今人食鳖忌苋，其以此乎？《字说》曰：“茵除眩；苋除瞖；蓫逐水，亦逐蛊。”

【注释】

[1] 苋：一年生草本植物，茎细长，叶椭圆形，开绿白色或黄绿色小花，茎和叶可食。

【译文】

苋有红苋、白苋、紫苋三中颜色。《尔雅》说："蒉，是红苋。"就是现在的"红苋"。茎叶都长得高大，所以它的字形从见，字形就是指征字代表的意义。《易经》说："像斩除苋陆草一样清除小人。"苋是上六，是主要的爻，而又在这一卦五个阳爻的最上方，柔脆易拔除，是苋的卦象。九五，刚得尊位，大中，高大以平，而柔生于上。苋，陆之象也。《列子》说："老去的韭变成苋，老去的羭变成猿。"意思是物因为衰老的缘故，有如此大的变化。所以《易经》以九六为老，因为老则发生变化。传言道："青泥能杀掉鳖，而苋能使它死而复生。"现在人们食用鳖的时候忌食用苋，是因为这个缘故吗？《字说》说："菌能治晕眩；苋治眼疾；商陆能退水，也能驱逐蛊。"

茹藘[1]

《尔雅》曰："茹芦，茅搜。"盖茹藘一名"茅搜"，其叶似茅蒐，可以染绛。《说文》曰："人血所生，故搜从艸从鬼。"齐人谓之"茜"。陶隐居以为东方诸处乃有而少，不如西多。夫文西草为茜，其或又以此乎？《诗》曰："东门之墠，茹芦在阪。"言男女之际以礼则近而易，如"东门之墠"；以色则远而险，如"茹芦在阪"也。又曰："缟衣茹藘，聊可与娱。"茹芦茅搜之染女服也，言国人多丧，思得室家吉服以相保也。盖"缟衣"言物而非麻，"茹藘"言色而非素，明吉服矣。《周官》："庶氏掌除蛊毒[2]，以嘉草[3]攻之。""嘉草"，若茜之类是也。《春秋传》曰："皿虫为蛊。"《篆髓》[4]以为："皿，器也；虫，诸虫也。指事。"《律说》："造畜蛊毒谓集合诸虫，置于一器之内，久而相食，诸虫皆尽，若独蛇在，即为蛇蛊之类。"故其字指事如此。传曰："千亩栀茜，千畦姜韭，其人皆与千户侯等。"然则栀茜之利可谓博矣，此小人之所以学圃也。

【注释】

[1] 茹藘：即茜草，其根可作绛红色染料。多年生攀援草本，生于山坡路旁、沟沿、田边、灌丛及林缘，春、秋季采挖。

[2] 蛊毒：指以神秘方式配制的巫化了的毒物。

[3] 嘉草：蘘荷的别名，亦名覆菹。根辛、温、有小毒。叶苦、甘、寒、无毒。

[4]《篆髓》：今已亡佚，宋代苏轼《苏轼集》称“荥阳郑惇方，字希道，作《篆髓》六卷”。郑樵《通志·二十略》亦载“《篆髓》，六卷（郑惇方）”。

【译文】

《尔雅》说：“茹芦，是茅搜。”所以茹藘一名叫“茅搜”，它的叶子长得像茅蒐，可作绛红色染料。《说文》说：“茹藘是人血所生，所以蒐的字形从艸从鬼。”齐人称它为“茜”。陶隐居认为东方各地有这种东西的很少，不如西方多。文章中说西方的草是茜，或许是因为这个缘故吗？《诗经》说：“东门附近有广场，茜草沿着山坡长。”说的是男女之间以礼相待则容易接近，如“东门附近有广场”；以色则远而险，如“茜草沿着山坡长”。又说：“唯此素衣红佩巾（缟衣茹藘），可娱可相爱。”用茹芦茅搜来染女子的衣服，意思是说国人多有丧事，想要室家吉服来祈求保全自身。“缟衣”说的是植物而不是麻，“茹藘”说的是有颜色而不是素色，说明是吉服。《周官》记载：“庶氏掌管蛊毒，用嘉草来控制。”“嘉草”，是像茜一类的植物。《春秋传》说：“皿中养的虫子是蛊。”《篆髓》认为：“皿，是容器；虫，是各种虫子。是指事字。”《律说》：“制造蛊毒是集合各种虫，放在一个容器内，久而相食，诸虫皆尽，若独蛇在，即为蛇蛊之类。”所以这个字所指的就是它的意思。传记载：“一千亩栀茜，一千畦姜韭，拥有他的人和千户侯是一样的。”栀茜的用处是非常广博的，这就是小人之所以学习园圃的原因。

台[1]

台，夫须。夫须，莎草也，可以为笠，又可以为蓑，疏而无温，故莎从沙，与《内司服》[2]所谓“沙”同意。《诗》曰：“台笠缁撮。”又曰：“南山有台，北山有莱。”“南山有桑，北山有杨。”“南山有杞，北山有李。”“南山有栲，北山有杻。”[3]山，君象也，南以象明君，北以象暗君。盖太平之君子至诚，乐与贤者共之，是为与贤之道而已，未有以得之也。未有以得之则道合，则服从，不合则去矣。惟其子孙虽有昏乱，而先君之旧臣不忍去之，以自献于先王者，此得贤之道也，故此言“南山”又言“北山”。莱可食，桑可衣，台可覆，杨可载，贤者之类也。台、莱，草也，其生也在物下，其成也在物先，有基之象，故曰：“乐只君子，邦家之基。”养草以致木，养小以致大，至有郁彼之杨，沃若之桑，以贲乎山，则有光之象，故曰：“乐只君子，邦家之光。”基，所以安也；光，所以荣也。《孟子》曰：“尧以不得舜为己忧，舜以不得禹、皋陶为己忧。”此言其大者也。小不遗台、莱，大不弃桑、杨，若杞、李者犹在所收，此言其悉者也。桑、杨之于山，虽大而不能高，虽坚而不能久，得贤之盛，若栲、杻，枸、楰高大以不朽，成乎山则至矣，故于南山曰“有杞”“有栲”，北山曰“有李”“有杻”也。李可果，杞可茹，有养之道，故曰“民之父母”。杻可为弓干，栲可为车辐，有久之道，故曰“遐不眉寿”。且台可覆，桑可衣，以象庇下之臣；杞可茹，以象养下之臣；栲可以为车辐，以象任重之臣，故言之于南山，此明君所赖以治者也。莱可食，舟可载，以象济难之臣；李可果，以象治宾客之臣；杻可为弓干，以象治军旅之臣，故言之于北山，此暗君所赖以存者也。孔子曰：“卫灵公之无道，仲叔圉治宾客，祝鮀治宗庙，王孙贾治军旅，奚其丧？”此北山有莱、有杨、有李之意也。“德音不已”，言有继也；“德音是茂”，言有承也；“保艾尔后”，又言燕及子孙。称其寿之如其上，犹以为未足也，更以言其德；称其今之如其上，犹以为未足也，更以言其后。夫寿考之福，筭至于无期，境至于无疆者，又非特颂愿之而已。盖古者有道之贤，省事以清君之心，备物以适君之体。心清则生净，体适则生乐，此君之所以寿也，故初曰“万寿无期”，次曰“万寿无疆”。君之遇其臣也，何独不然？言听谏从，膏泽下于民，使其优为之，不迫于祸患者，此近寿之道也，故始曰“遐不眉寿”终曰“遐不黄耇”。

【注释】

[1] 即莎草，多年生草本植物。多生于潮湿地区或河边沙地。茎直立，三棱形。叶细长，深绿色，质硬有光泽。夏季开穗状小花，赤褐色。地下有细长的匍匐茎，并有褐色膨大块茎。

[2] 周官中的一篇，《周礼》谓天官所属有内司服，设奄一人、女御二人、奚八人，为宫中裁缝官之长。

[3] 出自《诗经·小雅·南台之什》中的"南山有台"篇，大意为"南山生柔莎，北山长嫩藜。""南山生绿桑，北山长白杨。""南山生枸杞，北山长李树。""南山生鸭椿，北山长苦提。"。

【译文】

台，是夫须。夫须就是莎草，可以做斗笠，又可以做蓑衣，稀疏而没有温度，所以莎的字形从沙，与《内司服》所说的"沙"意义相同。《诗经》说："头戴草笠丝带飘。"又说："南山生柔莎，北山长嫩藜。""南山生绿桑，北山长白杨。""南山生枸杞，北山长李树。""南山生鸭椿，北山长苦提。"山，是君王的象征，南象征明君，北象征昏君。太平盛世君子至诚，愿意与贤者共事，是为了与贤者之道相处，不为得到什么。不为得到什么则相合，就互相顺从，不合便离开。然而他的子孙虽有昏庸，然而先王的旧臣不忍心离开，因为曾将自己奉献给先王，这就是得到贤者的方法，所以先说"南山"又说"北山"。莱可以食用，桑可以制衣，台可以盛覆，杨可以装载，都是贤者一类。台、莱，都是草木，生长在万物之下，成熟也在万物之前，有基础的象征，所以说："君子很快乐，为国立根基"。养草用来得到木，养小用来得到大，至于有郁彼之杨，沃若之桑，用来装饰山，则有光荣的景象，所以说："君子真快乐，是国家的光荣。"基，是用来安定国家的；光，是作为荣誉的。《孟子》说："尧把得不到舜作为自己的忧虑，舜把得不到禹、皋陶作为自己的忧虑。"这说的是大的方面。从小处说，不丢弃台、莱，从大处说，不丢弃桑、杨，像杞、李还要收割，这些话都很明白了。桑、杨对于山来说，虽然大却不高，虽然坚固却不长久，得到贤人，像栲、杻，枸、楰高大而不朽，可以成就一座山，所以对南山说"有杞""有栲"，北山说“有李”“有杻”。李可结果，杞可结茹，有供养之道，所以说“人民好父母”。杻可以做弓的躯干，栲可以做车辐，有长久之道，所以说“高年寿眉齐”。并且台可以覆盖，桑可以制衣，用来象征能庇护国家的臣子；杞可以结茹，用来象征供养天下的臣子；栲可以做车辐，用来象征可以担当重任的臣子，所以说到南山，这是明君赖以治理国家的缘故。莱可以食用，舟可以载人，用来比喻能一起度过危难的臣子；李可以结果，用来比喻招揽宾客的臣子；杻可以做弓干，用来比喻治理军旅的臣子，所以说到北山，这是昏君赖以生存的缘故。孔子曰：“卫灵公昏乱，有仲叔圉接待宾客，祝鮀管理祭祀，王孙贾统率军队，像这样怎么会败亡？”这就是北山有莱、有杨、有李的意思。“美名必永驻”，说的是可以继续；“美德充天地”，说的是可以传承；“子孙天保佑”，又说可以荫蔽子子孙孙。寿数像上面这样，还觉得不满足，还要说他的德行。现在像上面这样，还觉得不满足，还要说他的后代。寿考的福分，万寿无疆的人，也不是特意许愿就可以实现的。古代得道的贤人，简省事务来使君王内心清净，准备东西来让君王身体舒适。心中清明则生出干净，身体舒适则生出快乐，这是君王长寿的原因，所以先说“万年寿无期”，再说“万年寿无疆”。君王与臣子相遇，不也是这样吗？听臣子的进谏，恩泽施与万民，使优渥的人做事，不逼迫有祸患的人，这是长寿之道，所以先说“高年寿眉齐”后说“那能不长寿”。

艾

《尔雅》曰：“艾，冰台。”其字从乂，草之可以乂病者也。一名“灸草”。《诗》曰“彼采萧兮，一日不见，如三秋兮。彼采艾兮，一日不见，如三岁兮。”[1]萧所以共祭，艾所以疗疾，以言所将滋大，其惧谗亦滋甚也。《曲礼》[2]曰：“十年曰幼，学。”幼者，十年之名；学者，其事也。“二十曰弱，冠。”弱者，二十之名，冠者，其事也。“三十曰壮，有室。”壮者，三十之名，有室者，其事也。“四十曰强，而仕。”强者，四十之名；仕者，其事也。壮，反幼之词；强，反弱之词。壮则能立矣，强则能行矣。盖能有所立，然后能行；能有所行，然后能历；能有所历，然后能至。故五十曰

“艾”，六十曰“耆”。艾，历也；耆，至也。夫以幼，故学；以弱，故冠；以壮，故有室。凡此，皆子道也。及其十年，而德又一进也，则非苟知之，又能行之矣，则于是出而仕焉，故曰“强而仕”。仕，士也。其德又十年而一进，则可以为大夫矣，故曰：“艾，服官政。”《内则》[3]曰：“五十命为大夫，服官政。”其德又十年而一进，则可以为卿矣，故曰：“耆，指使。”卿，指使人者也，且历而至之矣，然后可以指而使之也。其德又十年而一进，则可以为公矣，故曰：“七十曰老，而传。”《周官》“三公”谓之“卿老”。既老矣，则又十年而耋；既耋矣，则又十年而耄。故八十曰“耋”，九十曰“耄”。耆者，艾之至也；耋者，老之至也。夫文老至为耋，如此而已。耄，惛忘也，《春秋传》曰：“谓老将知而耄，及之百年，则人之大期在”是也，当致养而已，故百年曰“期颐”。《博物志》曰：“削冰令圆，举以向日，以艾承其影，则得火。”艾曰“冰台”，其以此乎？旧说燕薵恶艾，《字说》曰：“艾可乂疾，久而弥善。故《尔雅》曰：‘艾，长也。’‘艾，历也。’叟以乂灾为名，艾以乂疾为义，皆以所历长、所阅众故也。”医用艾灸，“一灼”谓之“一壮”者，以壮人为法，其言“若干壮”，谓壮人当依此数，老防羸弱，量力减之。

【注释】

[1] 此句出自《诗经·国风·王风》中的“采葛”篇。大意为：“那个采葛的姑娘啊。一日不见她，好像三个整月长啊。那个采蒿的姑娘啊。一日不见她，好像三个秋季长啊。那个采艾的姑娘啊。一日不见她，好像三个周年长啊。”

[2]《曲礼》是组成《礼记》的一部分。“曲礼”是指具体细小的礼仪规范。

[3]《内则》是《礼记》的一部分，主要内容是记载男女居室事父母、舅姑之法。即是指家庭主要遵循的礼则。

【译文】

《尔雅》说：“艾，就是冰台。”它的字形从乂，意思是可以治病的草。一名叫“灸草”。《诗经》说“那个采葛的姑娘，一日不见她，好像三个整月长！那个采蒿的姑娘，一日不见她，好像三个秋季长啊！那个采艾的姑娘，一日不见她，好像三个周年长啊！”萧是用来祭祀的，艾是用来治病的，用来表示将要发展壮大的事情，他所惧怕的谗言也在发展。《曲礼》说：“男子长到十岁叫作幼，这时候该出外上学了。”幼，是对长到十岁的称呼，上学，是他要做的事情。“二十岁叫作弱，这时候就该加冠了。”弱，是对长到二十岁的称呼，加冠，是他要做的事情。“三十岁叫作壮，这时候就该娶妻了。”壮，是对长到三十岁的称呼，娶妻，是他要做的事情。“四十岁叫作强，这时候就该做官了。”强，是对长到四十岁的称呼，做官，是他要做的事情。壮，是幼的反义词；强，是弱的反义词。壮就能独立，强就能远行。先能独立，然后能远行，能有所远行，然后能有阅历；能有阅历，就能达到一种境界。所以五十叫作“艾”，六十叫作“耆”。艾，就是经历；耆，就是到达。因为在幼时，所以要上学；因为在弱时，所以要加冠；因为在壮时，所以要娶妻。凡此种种，都是人生的道理。等到又过十年，而德行又有进益，便博学而能远行，于是就去做官，所以说“强而仕”。做官，就是成为士人。他的德行过十年又有进益，就可以做大夫了，所以说：“五十岁，做官从政。”《内则》说：“五十岁做大夫，做官从政。”他的德行过十年又有进益，就可以做卿了，所以说：“耆，指使。”卿，是指使别人的，因为经历且达到，所以便可以指挥他人。他的德行过十年又有进益，就可以做公了，所以说：“七十叫作老，而传。”《周官》中的“三公”称为“乡老”。等到老了，再过十年就到了耋；到了耋的年纪，再过十年就到了耄。所以八十叫作“耋”，九十叫作“耄”。耆，是艾的极致；耋，是老的极致。文章中写老去叫作耋，就是这样而已。耄，是惛忘，《春秋传》说：“谓老将知而耄，等到一百岁，则人的大限将至”，当致养而已，所以活到百年叫“期颐”。《博物志》说：“把冰削圆，对着太阳举起来，用艾接住它的影子，就得到火。”艾叫作“冰台”，是因为这个缘故吗？旧时说燕蓐草不喜艾，《字说》说：“艾可以治病，越久越好。所以《尔雅》说：‘艾，是生长。’‘艾，是经历。’叟以除灾为名，艾以治病为义，都是因为经历的多、阅历丰富的缘故。”医生用艾灸烤，“一灼”就是“一壮”，用壮年之人为参照，叫作“若干壮”，说壮年之人应当依照这个数量，防止老去之后变得羸弱，量力而减。

虉

小草，五色似绶，故名“绶草”。《诗》曰：“邛[1]有旨鷊。”[2]言欲有文采具备以成条理之臣如虉者，不戕贼[3]之而后得焉。或曰：“鷊，绶鸟也，故虉[4]有杂色似绶，其字从鷊。”《释草》曰：“虉，绶也。”是诗始曰“防有鹊巢”者，言以不惊惧之故，防有鹊巢也。卒曰“邛有防鷊”者，言以不戕贼之，故邛有防鷊也。且鹊善相其地而累巢，安则致其功用，有惊惧之忧，则不累[5]也；鷊善相其天而吐绶，乐则见其文采，有戕贼之疑，则不吐也。传曰：“虞氏之恩被于动植，故乌鹊之巢可俯而窥。”今绶鸟大如鸜鹆，头颊似雉，有时吐物，长数寸，食必蓄嗉[5]，臆前大如斗，虑触其嗉[6]，行每远草木。《古今注》云：“吐绶鸟，一名功曹，今俗谓之锦囊。”盖鹊性多惧，就利违害，《庄子》所谓“瞿鹊子”者，义取诸此，故曰：“吾闻诸夫子，圣人不从事于务，不就利，不违害。”周书又有“意而子”者，意而，燕也，与鹊反矣。盖燕袭诸人间，无所猜惧，故问道乎许由，而许由曰：“尧既已黥汝以仁义，劓汝以是非矣，汝将何以游夫遥荡恣睢转徙之涂乎？”

【注释】

[1] 邛（qióng）：“邛”的讹字，中国古州名。汉置临邛县，南朝梁改置邛州。唐初治所在今邛崃东南的依政，显庆中移治临邛（今邛崃）。在今四川省成都市西南。

[2] 出自《诗经·国风·陈风》中的“防有鹊巢”篇，意为“绶草栽入丘上土”。

[3] 戕（qiāng）贼：戕，残杀，杀害；贼，残害。意为“摧残，破坏”。

[4] 虉（yì）：古称“绶草”，禾本科虉草属植物，多年生草本植物。生于林下、潮湿草地或水湿处。

[5] 累：拖累；使受害。

[6] 嗉：鸟或昆虫的储存食物的袋形器官，是消化器官的一部分。

【译文】

虉是一种小草，像五色绶带，所以叫“绶草”。《诗经》说：“绶草栽入丘上土。”说的是想要有像虉一样好看的花纹和条理的，不受摧残之后才得到。有人说：“鹝，就是绶鸟，所以虉有像绶一样的颜色，它的字形从鹝。”《释草》说：“虉，是绶。”这首诗才说“防有鹊巢”，说的是因为没有惊惧的缘故，才有鹊巢。最后说“绶草栽入丘上土”是不去摧残它，所以绶草栽入丘上土。鹊善于挑选地点而筑巢，如果平安则能发挥它的作用，有惊惧的忧虑，就不受拖累了；鹝善于看天而吐出绶，欢乐时能见到上面的花纹，有被摧残的嫌疑时，就不会吐了。传言说：“虞氏之恩被于动植，故乌鹊之巢可俯而窥。”现在绶鸟像鸜鹆一样大，头和颊像雉，有时候吐出东西有几寸长，进食后都储蓄在嗉中，臆胸前像斗一样大，因为会碰到它的嗉，所以行走时远离草木。《古今注》说：“吐绶鸟，一名叫功曹，现在俗名称作锦囊。”鹊的个性多恐惧，趋利避害，《庄子》中提到的“瞿鹊子”一节，意义就取于此处。所以说：“我和孔夫子聊天时，有这样一句话，说圣人不从事琐细的事务，不追逐私利，不回避灾害。”周书又有“意而子”，意而，就是燕子，和鹊是相反的。因为燕子在人间无所猜疑和畏惧，所以向许由问道，而许由说：“尧已经把‘仁义’刻在你的额上，又用‘是非’把你的鼻子割下来了，你还能凭借什么游荡在逍遥不羁、放浪形骸、辗转多变的境界呢？”

埤雅·卷十八

释草：薇、蕨、菟丝、蕙、茅、苓、莫、兰、郁、鬯、蒲、葛、谖草、刍、白华、芍药

薇

《尔雅》曰："薇，垂水。"好生水边，故曰"垂水"。似藿菜之微者也，故《礼》"芼豕以薇"，《记》曰"铏芼、牛藿、羊苦、豕薇"[1]是也。《诗》曰："采薇采薇，薇亦作止。""采薇采薇，薇亦柔止。""采薇采薇，薇亦刚止。"[2]"作止"[3]，未可食之时也；"柔止"[4]，则可食之时；"刚止"[5]，则不可食矣。"采薇采薇，薇亦刚止。曰归曰归，岁亦阳止。"然犹戍役焉未已，则所以甚言其苦也。传曰："君子能尽人之情，故人忘其死。"此之谓也。《诗》曰："山有蕨薇，隰有杞桋。君子作歌，维以告哀。"[6]蕨薇，所以祭也。下国构祸，怨乱并兴，则孝子有不得飨其亲者矣，故《诗》所以告哀也。孔子曰："吾于四月见孝子之思祭也。"[7]其为是欤？《字说》曰："葱，疏关节，达气液，忽也。所谓葱珩，其色如此，繱亦如此。薇，礼豕用焉，然微者所食，故《诗》以《采薇》言戍役之苦，而草虫[8]序于蕨后，喻求取之薄。薑[9]，疆也，疆我者也，于毒邪、臭腥、寒热皆足以御之。芥，介也，界我者也，汗能发之，气能散之。"

【注释】

[1] 出自《仪礼·公食大夫礼》，原文为：铏芼，牛藿，羊苦，豕薇，皆有滑。

铏芼：铏羹所用之菜。羹、芼、菹、醢四物，肉汁谓之羹，蔬菜谓之苇。肉酱谓之醢，腌菜谓之菹。菹、醢为生的。芼则用肉羹汁烹，和羹相从，放在铏中。牛藿，用牛肉杂以豆叶做成的羹。苦：苦荼。滑：堇荁之属。堇（jǐn）荁（huán），古人用以调味。翻译为：盛羹的小鼎中放的菜，牛肉羹放豆叶，羊肉羹放苦荼，猪肉羹放薇菜，都有调味的佐料。

[2] 出自《诗经·小雅·采薇》，是一位久戍之卒在归途中的追忆唱叹之作。

[3] 作：生出。止：语助词。

[4] 柔，肥嫩。

[5] 刚：指薇菜由嫩而老，变得粗硬。

[6] 出自《诗经·小雅·四月》，这是一首小官吏诉说行役之苦和忧世之情的述怀诗。蕨薇：两种野菜。杞：枸杞。桋（yí）：赤楝。君子，作者自称。告哀，诉说悲哀。

[7] 出自《孔从子·记义》

[8] 指《诗经·召南·草虫》，抒写一位妇人在丈夫远出在外时的忧念及丈夫归来时的喜悦。

[9] 薑：指“姜”。

【译文】

《尔雅》说：“薇，垂在水边。”薇喜生水边，所以叫“垂水”。长得像藿菜的末端，所以《礼记》“野菜猪肉羹放薇菜”，《记》记载“盛羹的小鼎中放的菜，牛肉羹放豆叶，羊肉羹放苦荼，猪肉羹放薇菜”。《诗经》说：“豆苗采了又采，薇菜刚刚冒出地面。”“豆苗采了又采，薇菜柔嫩的样子。”“豆苗采了又采，薇菜的茎叶变老了。”“作止”，是还不可食用的时候；“柔止”，则是可以食用的时候；“刚止”，就是不可食用的时候。“豆苗采了又采，薇菜的茎叶变老了。说回家了回家了，又到了十月小阳春。”然而戍役没有休止，所以说他非常辛苦。传言说：“君子能尽人之情，所以人能忘记他的死亡。”说的就是这样。《诗经》说：“高高的山上生长蕨菜薇菜，低洼的湿地生长枸杞赤楝。不知何以自处的我写此诗，渲泄我心中的悲苦与哀怜。”蕨薇，是用来祭祀的东西。诗人被构陷放逐，埋怨和乱的情感一起生发，则孝子有不能侍奉自己双亲的情况，所以《诗经》用来表达哀伤之情。孔子说："我曾在四月见到孝子的思念和祭拜。"就是这样吗？《字说》说："葱，能防止关节发炎，通达气液。所谓葱珩，它的颜色是这样，繱也是这样。薇，是周礼中猪肉羹所用，然而真正吃它的人很少，所以《诗经》用《采薇》来表达戍役的苦，而《草虫》一篇写于蕨的后面，比喻其求取之薄。姜，就是疆，疆对于我们来说，足以抵御毒邪、臭腥、寒热的东西。芥，就是介，界对于我们来说，能发汗，能散气。"

蕨

《尔雅》曰："蕨，虌。"初生无叶，可食，状如大雀拳足，又如其足之蹷也，故谓之"蕨"。周秦曰"蕨"，齐鲁曰"虌"。俗云初生[1]亦类鳖脚，故曰"虌"也。《诗》曰："陟彼南山，言采其蕨。""陟彼南山，言采其薇。"蕨，所以祭也。盖大夫妻之祭，于其将嫁，则以苹藻[2]；于其既嫁，则以蕨薇。神飨德与信，不求备焉，然而能循采苹法度，则其用蕨薇可以承先祖、共祭祀矣。草虫，大夫妻之德也；采苹，大夫妻之本也。[3]《草木疏》[4]云："汉时官园种薇，以共宗庙祭祀。"然则祭用蕨薇，先王之礼旧矣。一章曰"忧心忡忡"[5]，继之以"我心则降"；二章曰"忧心惙惙"，继之以"我心则说"。盖"降"，所以反"忡忡"[6]；"说"[7]，所以反"惙惙"[8]。"忡忡"，言中而不下也；"惙惙"言缀而不解也。降，下也；说，解也。故《说文》又借为"解车曰说"之"说"。

【注释】

[1] 生：《珍本》无。

[2]《诗经·采苹》，古代女子出嫁前以萍藻为祭。

[3]《草虫》：大夫妻能以礼自防也。《采苹》，大夫妻能循法度也。

[4]《草木疏》：西晋陆机所作，是一部解释植物的著作。

[5] 出自《诗经·召南·草虫》。

[6] 忡忡：心神不安的样子。

[7] 说：即悦，欢喜。

[8] 惙惙：心慌气短的样子。

【译文】

《尔雅》说："蕨，就是虌。"刚开始生长的时候没有叶子，可以食用，形状像大的雀的拳足，又像它脚上的蹷，所以叫它"蕨"。周秦之地的人叫它"蕨"，齐鲁之地的人叫它"虌"。俗话说初生的时候也像鳖脚，所以叫"虌"。《诗经》说："登上高高南山头，采摘鲜嫩蕨菜叶。""登上高高南山顶，采摘鲜嫩薇菜苗。"蕨，是用来祭祀的东西。大夫的妻子去祭祀，在没有出嫁以前，用的是苹藻；在出嫁以后，则用蕨薇。神明要供奉的是德行与信义，不求皆备，然而遵循采苹的法度，则她们用蕨薇可以承先祖、共祭祀。草虫，说的是大夫妻的德行；采苹，是大夫妻的本分。《草木疏》说："汉代的时候官府的园中种薇，用来准备宗庙祭祀。"然而祭祀用蕨薇，是先王对旧规矩的尊重。第一章说"我心忧愁又焦躁。"继而说"我的心中愁全消。"第二章说"我心忧思真凄切。"继而说"我的心中多喜悦。"所以"平静"，消解"忡忡"；"欢喜"，消解"惙惙"。"忡忡"，说的是忧愁的情绪不得缓解；"惙惙"，说的是凄切的情绪不得缓解。降，意思是下；说，意思是解。所以《说文解字》又将其借为"解车曰说"的"说"。

菟　丝

在木为女萝[1]，在草为菟丝。旧说上有菟丝，下必有伏菟之根。无此[2]菟在下，则丝不得生乎上。然其实不属也。《淮南子》曰："下有茯苓，上有菟丝。"《诗》曰："茑与女萝，施于松栢。"[3]言茑之为物寄生，而女萝浮蔓，尚得施于松栢，可以人而不如乎？且姓同本而生，族同支而出，则与寄生、浮蔓者异矣，故《诗》以此驳王。菟丝一名"唐"，一名"蒙"，一名玉女[4]。《尔雅》曰："唐、蒙，女萝。女萝，菟丝。"又曰"唐，玉女"[5]是也。《诗》曰："爰采唐矣，沫之鄉矣。""爰采麦矣，沫之北矣。""爰采葑矣，沫之东矣。"[6]唐生于山，麦生于野，葑生于圃。北，幽之地也；东，显之地也。言北以见期于幽远，言东则非特期于幽远，又至于明显且近矣。此《序》所谓政散民流而不可止者也。《淮南子》曰："菟丝无根而生，蛇无足而行，鱼无耳而听，蝉无口而鸣，皆自然者也。"

【注释】

[1] 女萝：地衣类植物，全体为无数细枝，状如线，长数尺，靠依附他物生长。旧说或以女萝与菟丝系一物而异名，实误。

[2] 此：原作"比"，据《五雅本》改。

[3] 出自《诗经·小雅·頍弁》，是周王宴请兄弟亲戚的诗，诗中以寄生草依附于松柏，比喻贵族依赖于周王。

[4] 玉女：《珍本》，《五雅本》均作"王女"。

[5]《尔雅·释草》："蒙，王女。"孙炎曰："蒙，唐也。"

[6] 出自《诗经·墉风·桑中》，是一首情诗。分歧只在于是暴露世族贵族男女淫乱成风之作，还是青年男女的相悦之词。

【译文】

长在木头上的是女萝，长在草上的诗菟丝。旧时说上有菟丝，下面必伏有菟的根茎。没有菟的根茎在下，则丝不能在上面生长。然而其实不是这样的。《淮南子》说："下方生长有茯苓，上面生长有菟丝。"《诗经》说："爬藤茑草与女萝，攀援松柏才生长。"说茑是寄生的植物，而女萝浮在藤蔓上，还可以攀缘松柏，然而人尚且不及此吗？况且姓氏同本，家族同支，就与寄生、浮蔓的植物不一样了，所以《诗经》用来反驳王上。菟丝一个名叫作"唐"，一个名叫作"蒙"，一个名叫作玉女。《尔雅》说："唐、蒙，是女萝。女萝是菟丝。"又说"唐就是玉女"。《诗经》说："到哪儿去采女萝？到那卫国的沫乡。""到哪儿去采麦穗？到那卫国沫乡北。""到哪儿去采蔓菁？到那卫国沫乡东。"唐长在山上，麦长在原野，葑长在园圃。北方是幽暗的地方；东方是明亮的地方。说北方以幽远闻名，东方则不然，是明显且近的地方。这个《序》所说的是政权涣散人民流落而不可禁止。《淮南子》说："菟丝没有根却能生长，蛇没有脚而能行走，鱼没有耳朵却能听，蝉没有口而能鸣叫，这些都是天地造化自然如此。

蕙

蕙，香草也，或谓之“熏”，《左传》曰“所谓一熏一莸者”[1]是也。凡气熏则惠和，暴则酷烈，故于文惠艸为蕙。诗曰：“南风之熏兮，可以解吾民之愠兮。”[2]熏，惠和也，故可以解民之愠。《庄子》曰：“熏然慈仁，谓之君子。”[3]盖取诸此。今“惠”亦通于“蕙”，扬雄曰“蹂惠圃，践兰唐”[4]是也。传曰：“天子鬯，诸侯熏，大大兰、芝，士萧，庶人艾。”[5]大夫并言“兰”“芝”者，上大夫“兰”，下大夫“芝”也。盖凡挚[6]，诸侯圭，大夫羔雁，士雉，庶人鹜，此见生者之挚也。天子以鬯，诸侯薰，大夫兰、芝，士萧，庶人艾，此见死者之挚也。《礼》曰：“凡挚，天子鬯，诸侯圭，卿羔，大夫雁，士雉，庶人匹，此相备也。”[7]天子言鬯，诸侯而下言见生者之挚，盖言之法也。先儒以为“诸侯薰”谓未得圭瓒之赐，以此和酒，则于《王制》资鬯之说[8]害矣。且此诸草类皆烧以降神云尔，盖非煮以和酒，故《博雅》[9]曰：“天子祭以鬯，诸侯以薰。”而汉之隐君子以为“薰以香自烧，膏以明自销”[10]也。香草之类大率多异名，所谓“兰荪、荪”，今“菖蒲”是也；“蕙”，今“零陵香”是也；“茝”，今“白芷”是也；“芸”，今“七里香”是也。叶类豌豆，作小丛生，其花极芬香，秋则叶间微白如粉污，辟蠹殊验。

【注释】

[1] 出自《左传·僖公四年》：一薰一莸，十年尚犹有臭。薰：香草，比喻善类；莸：臭草，比喻恶物。薰莸混在一起，只闻到臭闻不到香。比喻善常被恶所掩盖。

[2]《南风》诗曰：“南风之薰兮，可以解吾民之愠兮。南风之时兮，可以阜吾民之财兮。”熏风，即“南风之薰”，指和风；愠，恼怒怨恨。温和的风可以消除心中的烦恼，使人心情舒畅。

[3] 出自《庄子·天下》。

[4] 出自（西汉）扬雄《羽猎赋》。

[5] 鬯（chàng）：古时祭祀用的酒，用郁金草酿黑黍而成。薰，古书上说的一种香草，又泛指花草的香气。萧，古时是艾草别称。艾，草名即艾蒿。一种菊科的多年生草本植物，叶制成艾绒，供针灸用。

[6] 挚：握持也，指见面的礼品。

[7] 出自《礼记·曲礼下》。

[8] 出自《礼记·王制》：天子赐诸侯乐，则以柷将之，赐伯子男乐，则以鼗将之。诸侯赐弓矢，然后征，赐鈇钺，然后杀，赐圭瓒，然后为鬯。未赐圭瓒，则资鬯于天子。圭瓒，古代的一种玉制酒器，形状如勺，以圭为柄，用于祭祀。

[9] 即《广雅》，因避隋炀帝杨广讳而改。《广雅》，三国魏时张揖撰，是仿照《尔雅》体裁编纂的一部训诂学汇编。

[10] 出自《汉书·龚胜传》谓薰草因有香气而招致焚烧，膏火因能照明而招致销毁。后多以"膏明"喻人因有所为而自招其祸。

【译文】

蕙，是香草，有人叫作"熏"，就是《左传》所说的"薰莸混在一起"。凡是和缓的气味都令人感觉惠和，强大而突然则会酷烈，所以文字中惠加艸组成蕙。诗曰："南风清凉阵阵吹啊，可以解除万民的愁苦。"熏，就是惠和的意思，所以能解除万民的愁苦。《庄子》说："温和慈爱，称作君子。"它的意义大概取于此处。现在"惠"也通"蕙"，扬雄说"进入惠圃，踩踏兰唐"。传记载："天子祭祀用鬯，诸侯祭祀用熏，大夫祭祀用兰、芝，士祭祀用萧，庶人祭祀用艾。"大夫都是说"兰""芝"的人，上大夫用"兰"，下大夫用"芝"也。凡是见面礼，诸侯用圭，大夫用小羊雁，士人用野鸡，庶人用鸭，这是见到活着的人的礼节。天子用鬯，诸侯用薰，大夫用兰、芝，士人用萧，庶人用艾，这是见到死去的人的礼节。《礼记》说："凡是见面礼，天子用鬯，诸侯用圭，卿用小羊，大夫用雁，士人用野鸡，庶人用鸭，这是完备的。"天子叫作鬯，诸侯往下说见到活着的人的礼节，都是应遵循的仪则。先贤儒者用"诸侯薰"来代称没有得到圭瓒的赏赐，用它来酿酒祭祀，则是对于《王制》用酒要取于天子这一礼制的违背。且这类草木都是用火烧来祈求神明降临的，并不是烹煮来酿酒。所以《博雅》说：“天子用鬯祭祀，诸侯用薰祭祀。”而汉代的隐者君子认为“薰草因有香气而招致焚烧，膏火因能照明而招致销毁”。香草之类大多名字不同，所说的“兰荪、荪”，就是现在的“菖蒲”；“蕙”，就是现在的“零陵香”；“茝”，就是现在的“白芷”；“芸”，就是现在的“七里香”。芸的叶子长得像豌豆，呈小丛状生长，它的花极其芬芳，到了秋天它的叶子微微发白，像敷上白粉，可以用来防治虫蠹。

茅

孔子曰：“茅之为物，薄而用可重也。”[1]茅体柔而理直，又洁白，故先王用之以藉，亦以缩酒。《易》曰：“藉用白茅，无咎。象曰：‘藉用白茅，柔在下也。’”[2]盖巽，柔者也，其于色也为白，而又在下焉，藉用白茅之象也。《礼》曰：“缩酌用茅，明酌也。”[3]茅，明也。故“缩酌用茅”谓之“明酌”。《司尊彝》曰：“郁齐献酌，醴齐缩酌，盎齐涚酌。”[4]缩酌以茅，缩而后酌；涚酌以水，涚而后酌。郁齐，不缩也，献之而已；醴齐，不涚也，缩之而已；盎齐，不修也，涚之而已。㡆氏以涚水沤其丝。《记》曰：“明水涚齐，贵新也。”则盎齐以水涚矣。又曰：“醆酒涚于清，汁献涚于醆酒。”汁献，郁齐也；醆酒，醴齐也。醴齐涚于清酒，今曰“醴齐不涚，缩之而已”，言不以明水涚之也。《易》曰：“拔茅茹。”茅之为物，拔其根而牵茹者，君子以类出处之象。《管子》曰：“农趋时就功，首戴蒲茅，身衣袯襫。”[5]蒲茅，簦[6]笠也。盖尊者草服台笠，而卑者蒲茅。《诗》曰：“昼尔于茅，宵尔索绹。”[7]言谷人日力不足取茅于昼，而夜以继之，故以谓丝事方息而麻事寻兴，野功既讫而宫功随至。藏蔬于其秋，以助不给之冬；索绹于其夜，以补不足之昼。《列子》曰：“因以为茅靡，因以为波流。”[8]言其转徙无定如此。茅靡，一作“弟靡”。“弟”读如“稊”。稊，茅之始生也。《诗》曰：“手如柔荑。”[9]荑、稊，一也。又曰：“自牧归荑，洵美且异。”[10]荑生于牧，言卫君无牧之道，夫人无荑之德。《相经》曰：“筋不束体，血不华色。手无春荑之柔，发有寒蓬之悴，盖形之下也。”

【注释】

[1] 孔子说："苟错诸地而可矣。藉之用茅，何咎之有？慎之至也。夫茅之为物薄而用可重也，慎斯术也以往，其无所失矣。"白茅为祭祀时用以包覆祭品之用，表示慎重其事。

[2] 大过，是《周易》六十四卦中第二十八卦。这个卦是异卦（下巽上兑）相叠。兑为泽、为悦，巽为木、为顺，泽水淹舟，遂成大错。阴阳爻相反，阳大阴小，行动非常，有过度形象，内刚外柔。译为：初六：恭敬地用白茅垫着祭品，可以无灾祸。《象辞》说："恭敬地用白茅垫着祭品"，柔软之物铺垫在下面，正像初六阴爻居一卦之下位。

[3] 郑玄注：缩，去滓也。明酌，祭祀用的清酒。

[4] 出自《周礼注疏》，原文为：凡六彝、六尊之酌。郁齐献酌，醴齐缩酌，盎齐涚酌。凡酒修酌。郁齐，即郁鬯，用鬯酒调和郁金之汁而成，古代用于祭祀或待宾。醴齐，醴酒，甜酒。盎齐，一种白色的酒。郑玄注引郑司农曰：涚酌者，捝拭勺而酌也。孙诒让正义引段玉裁曰：司农读说为"捝"，捝拭犹拂拭也。周朝时酿酒，渣与汁同饮，故曰齐，分五等，盎齐是第三等。盎齐用来祭祀，不能混浊，必须加工，加水（有说酒）过滤澄清。

[5] 袯襫（bō shì）：蓑蘖（niè），蓑衣之类的防雨衣。

[6] 簦（dēng）：有柄的笠。

[7] 出自《诗经·豳风·七月》，此诗反映了周代早期的农业生产情况和农民的日常生活情况，不仅有重要的历史价值，也是一首杰出的叙事兼抒情的名诗。于茅：割取茅草。索綯（táo）：搓绳子。

[8] 茅靡：应变不穷貌；随顺貌。

[9] 出自《诗经·卫风·硕人》，形容女子的手像柔嫩的白茅，指手很白皙。

[10] 出自《诗经·邶风·静女》，是一首男女约会的诗。今人多将"牧"解释为"郊外"或"放牧归来"。

【译文】

孔子说："茅这种东西，虽然长得薄弱然而它的用处却非常重要。"茅形体柔软而挺直，颜色洁白，所以先王用它来垫在祭品下面，也用来过滤酒。

《易经》说："像在祭品下垫上白茅草那样小心翼翼，不会有什么过错。象辞说：'在祭品下垫上白茅草，表示柔顺谦恭，甘居下位。'"巽，是柔顺，它的颜色是白色，而又在下面，借用白茅草的形象。《礼记》说："用白茅草过滤，是祭祀用的清酒。"茅，就是明之意。所以"用白茅草过滤的酒"叫作"祭祀用的清酒"。《司尊彝》曰说"郁鬯酿的酒用于祭祀或待宾，醴酒用来祭祀要用白茅草过滤，盎齐用来祭祀不能混浊，必须加水过滤澄清。"缩酌用茅，过滤后祭祀；涚酌用水，澄清后祭祀。郁齐酒不必过滤，就可以献于祭祀；醴齐，不用澄清，只要过滤即可；盎齐不用加工，澄清即可。㡛氏用过滤的水洗丝线。《礼记》说："祭祀用的水澄清盎齐，贵在它的新。"所以盎齐用水澄清。又说："醆酒用清酒澄清，汁献用醆酒澄清。"汁献，就是郁齐酒；醆酒，就是醴齐酒。醴齐用清酒澄清，现在所说"醴齐不用澄清，用白茅草过滤即可"，说的是不以清水过滤。《易经》说："拔起茅草，植物的根相互牵连。"茅这种东西，将它连根拔起则会牵连其他植物的根部，此象表征君子的德性可以感化很多人。《管子》说："农忙时的穿戴，头戴蒲茅斗笠，身穿袯襫蓑衣。"蒲茅，用来作簦笠。尊贵的人用草作衣服，台作斗笠，卑下的人就用蒲茅。《诗经》说："白天要去割茅草，夜里赶着搓绳索。"意思是人们的力量白天不足以割茅草，而夜以继日，所以说缫丝的工作刚刚停止则织麻的工作又马上开始。田野的工作刚做完而官府的工作又派来。秋天储存蔬菜，来渡过没有粮食的冬天，夜里搓绳索，来弥补时间不够用的白天。《列子》说："因为随顺而随波逐流"，是说它转徙无定所到了如此地步。茅靡，也写作"弟靡"。"弟"的读音和"稊"一样。稊，是茅刚刚生长的时候。《诗经》说："女子的手像柔嫩的白茅。"荑、稊，是一种东西。又说："郊野采荑送给我，荑草美好又珍异。"荑生长在野外，讽刺卫国君没有道义，他的夫人没有德行。《相经》说："筋骨无法束缚形体，血液没有花的红色，手没有春天的荑那样柔嫩，头发像冬天的蓬草那样憔悴，是下等的形态。"

苓

《尔雅》曰："蘦[1]大苦。"今之甘草是也。《本草》[2]云："一名国老，解百药毒。安和七十二种石，一千二百种草，故号国老之名。国老者，宾师[3]之称。"盖药有一君、二臣、三佐、四使[4]，苓者，又其宾师也。故药罕不用者，虽非其君而君实宗焉。蔓生，叶状似荷，少黄，茎赤有节，节间有枝相当，喜生下隰，《诗》曰"隰有苓"是也。《晋风》曰："采苓采苓，首阳之巅。""采苦采苦，首阳之下。""采葑采葑，首阳之东。"[5]苓，甘者；苦，苦者。言谗人无所不至，其害人也，必因其似而谮焉。"采苓"则因人之所甘而谮之之况也，"采苦"则因人之所苦而谮之之况也。葑则有时而甘，亦有时焉而苦，"采葑"则又因人之所甘、所苦而并谮之之况也。一章曰："人之为言，苟亦无信。舍旃舍旃，苟亦无然。人之为言，胡得焉？"二章曰"苟亦无与"，三章曰"苟亦无从"者[6]，此言献公好听谗，而主谗者之词也。盖苓生于隰，葑生于圃，则首阳之巅不必有苓，其下也不必有苦，其东也不必有葑，则理可以无信矣，然而献公乃以谓之人也。为此首阳"采苓""采苦""采葑"之言，"苟亦无信"，令我舍此，"采苓""采苦""采葑"之人，"苟亦无然""无与""无从"，则人之为此言也，安从而得之哉！凡此，则以好听故也，故《序》曰："好听谗焉。"

【注释】

[1] 蘦：《五雅本》作"靁"。

[2]《本草》：指《神农本草经》，又称《本草经》或《本经》，中医四大经典著作之一，作为现存最早的中药学著作约起源于神农氏，代代口耳相传，于东汉时期集结整理成书，成书非一时，作者亦非一人，秦汉时期众多医学家搜集、总结、整理当时药物学经验成果的专著，是对中国中医药的第一次系统总结。其中规定的大部分中药学理论和配伍规则以及提出的"七情和合"原则在几千年的用药实践中发挥了巨大作用，是中医药药物学理论发展的源头。

[3] 宾师：古指不居官职而受到君主尊重的人。旧说刺晋献公。

[4] 旧说药用一君、二臣、三佐、四使之说，其意以谓药虽众，主病者专在一物，其他则节级相为用，大略相统制，如此为宜，不必尽然。

[5] 出自《诗经·唐风·采苓》，是一首劝人不要听信谗言的诗。首阳，山名，在今山西省永济县南，亦名雷首山，与伯夷、叔齐的饿隐处同名而异地。

[6] 诗分三章，每章以托物起兴的表现手法开篇，都是用“先言他物”的手法以引起下文的。诗人用苓、苦、葑以起兴，从而表达自己“人之为（伪）言”“苟亦无信”“苟亦无与”“苟亦无从”的理念。“无信”，是强调伪言内容的虚假；“无与”，是强调伪言蛊惑的不可置理；“无从”，是强调伪言的教唆不可信从。语意层层递进，从而强调伪言之伪。接着诗人又用“舍旃舍旃”这个叠句，反覆叮咛，进一步申述伪言全不可靠。

【译文】

《尔雅》说：“蘦非常苦。”就是现在的甘草。《本草经》说：“一名国老，一种可以解百药的毒。能中和七十二种石，一千二百种草，所以有国老之名。国老，是对宾师的称呼。”原来药有一君、二臣、三佐、四使的叫法，苓，是其中的宾师。所以因药少不用药的人，虽然不是君王也受到君王的尊重。苓呈蔓状生长，叶子的形状像荷，初长时黄色，茎红而有节，其中生出枝叶，喜生长在地下，《诗经》说“地上有茯苓”。《晋风》说：“攀山越岭采茯苓啊采茯苓，那苦人儿伫立在首阳山顶。”“攀山越岭采苦菜啊采苦菜，那苦人儿寻到首阳山下来。”“攀山越岭采芜菁啊采芜菁，那苦人儿转到首阳山之东。”茯苓是甜的；苦菜是苦的。谗人无所不至，他们总是因为相似的原因而害人。“采苓”则是因为嫉妒别人生活美好而进谗言的情况，“采苦”则因为别人生活困苦而进谗言的情况。葑则是有时美好，有时困苦，“采葑”则是因为别人无论美好还是困苦都进谗言的情况。第一章说：“无聊小人制造着她的闲话，不要信啊没有一句是真情。干脆抛弃它们吧抛弃它们，切莫信以为真清者自然清。那些造谣生事的长舌妇们，最终还是竹篮打水一场空！”第二章说“你不要自乱阵脚参与进来”，第三章说“最好堵上自己耳朵不要听”，这是以因为献公好听谗言，而被主上提防的人说的话。苓长在地上，葑长在园圃，则首阳山顶不必生有茯苓，首阳山下也不必生有苦菜，首阳山之东也不必生有葑，则道理都不可信了，然而献公用此来说人。为此首阳“采苓”“采苦”“采葑”的言论，“没有一句是真话”，令我舍此，“采苓”“采苦”“采葑”的人，“不是真话”“不要参与”“不要跟随”，那么这样说话的人，怎么会实现自己的目的呢！凡此种种，则是因为好听信谗言的缘故，所以《序》说：“总是听信谗言。”

莫

河汾之间谓之“莫”。茎大如箸，赤节，叶厚而长似柳，有毛刺，味酢[1]，始生可以为羹。今人蚕缫，以取茧绪。其子如楮实而红，冀人谓之“干绛[2]”，盖以此也。今吴越之俗呼为“茂子”。《汾沮洳》[3]之诗一章曰“言采其莫”，二章曰“言采其桑”，言其君俭以能勤，始于侵缫事而采莫，终于侵蚕事而采桑也。

【注释】

[1] 酢（zuò）：酸味。

[2] 绛：本义为大红色，《说文》：“绛，大赤也。”《释名》：“绛，工也，然之难得色，以得色为工”，大红难染，染成者即为巧工。亦有绛草，植物，也称紫草，可做染料，《尔雅》：“绛，绛草，出临贺郡，可以染食。”

[3] 出自《诗经·魏风·汾沮洳》，全诗三章，每章六句。为先秦时代魏地汉族民歌。这是一首劳动人民自我赞美的歌谣。一章写采莫者之美无可度量，二章写采桑者之美象花朵一样，三章写采荬者之美似美玉一般。

【译文】

长在河汾之间的植物叫作“莫”。根茎的大小大像筷子，红色枝节，叶子长得像柳，厚而长，上有毛刺，味道酸，刚开始生长的时候可以作羹。现在人们养蚕缫丝，取用蚕茧。它的果实像楮的果实，呈红色，冀人叫它“干绛”，大概就是这个缘故。现在吴越地方的俗名称作“茂子”。《汾沮洳》诗中第一章说“有个小伙子采水面野菜忙”，第二章说“有个小伙子采撷桑叶正忙”，说的是它的君主节俭而勤劳，始于缫丝的工作而去采莫，终于蚕桑的工作而去采桑。

兰

兰，香草也，而文“阑、艸为兰”。兰，阑，不祥，故古者为防刈之也。一名蕳，“有蒲与蕳”，盖兰以阑之，蕳以间之，其义一也。传曰：“德芬芳者佩兰。”[1]古之佩者各象其德，故德芬芳者佩兰，《楚辞》所谓“纫秋兰以为佩”是也。又曰：“遗余佩兮澧浦。”今鼎澧之间生兰。《荀子》曰：“兰茝、槀本，渐于蜜醴，一佩易之。”[2]又曰：“其渐之滫，君子不近，庶人不服。”[3]此言善恶在所与游而已，故交不可以不择也。《易》曰：“同心之言，其臭如兰。”[4]阴为臭腐，而《同人》[5]之五阳也，故有兰之象。《草木疏》云“兰为王者香草，其茎叶皆似泽兰，广而长节，节中赤，高四五尺，藏之书中辟鱼”，故古有“兰省芸阁”。芸亦辟蠹[6]。《淮南子》曰：“芸草可以死复生。”[7]旧说青苔至秋而紫，紫兰至秋而红。《诗》曰：“溱与洧，方涣涣兮。士与女，方秉蕳兮。”[8]言郑人会于溱、洧[9]两水之上，秉蕳以自祓除，其风俗之旧也。及其甚也，淫风大行，过时而不反，来者日益以众，故二章曰：“溱与洧，浏其清矣；士与女，殷其盈矣。”即《序》所谓莫之能救者也。《十道志》[10]曰：“郑俗以三月合于溱、洧之上，以自祓除。”《淮南子》曰：“男子树兰，美而不芳。”说者以为兰，女类也，故男子树之不芳。夫草木之性，兰宜女子树之，而灵麻[11]乃欲夫妇对种，则《周官 · 内宰》：“上春，诏王后帅六宫之人而生穜稑之种，而献之于王。”取其传类蕃孳之祥，有以也。

【注释】

[1] 兰：自古为著名的香草，佩在身上可避邪气，而且只有品德高尚者才有资格佩带。

[2] 出自《荀子 · 大略》，兰茝，白芷与兰草的合名，通常泛指具有香气的草本植物。槀本，香草。茎叶有细毛，叶呈羽状，夏开白花。根可入药。蜜醴，

甜酒。

[3] 出自《荀子·劝学》，强调环境对人发展的重要作用。

[4] 出自《易·系辞上》，原文为："二人同心，其利断金；同心之言，其臭如兰。"臭，通"嗅"。指两人心意相同，行动一致的力量犹如利刃可以截断金属；在语言上谈的来，说出话来像兰草那样芬芳、高雅。这句话讲的是朋友交情深厚，强调了团结的重要性。

[5] 指《易经》第十三卦《同人》。

[6] 古人藏书辟蠹用芸。芸，香草也。

[7] 段玉裁注："淮南王，刘安也。'可以死复生'，谓可以使死者复生。盖出《万毕术》《鸿宝》等书，今失其传矣。"

[8] 出自《诗经·郑风·溱洧》，是描写郑国三月上巳节青年男女在溱河洧河案旁游春的诗。

[9] 溱、洧：河名。

[10]《十道志》：唐代地理书，作者不祥。

[11] 俗名芝麻，相传汉时由西域传入，故又名胡麻。

【译文】

兰，是香草，字形上"阑假艸加就是兰"。兰，阑，是不祥的东西，所以古代不会收割。一名叫蕳，"有蒲与蕳"，兰的字形中是阑，蕳的字形中是间，它们的意义是相同的。传言说："品德高尚者的人佩带兰。"古代用来佩戴的植物都象征着它的德行，所以品德高尚者的人佩带兰，《楚辞》所说的"佩戴秋日的兰草"就是这样。又说："把我的配饰留在澧浦。"现在鼎澧之间生长兰草。《荀子》说："兰茝、槀本，可以用来做蜜醴，也可以用来佩戴。"又说："兰槐的根叫香艾，一但浸入臭水里，君子下人都会避之不及。"这说的是善恶在于身边交往的人，所以与人交往不可以没有选择。《易经》说："在语言上谈的来，说出话来像兰草那样芬芳、高雅。"阴为臭腐，而《同人》卦有五阳，所以有兰的卦象。《草木疏》说："兰是王者用的香草，它的茎叶都长得像泽兰，宽而长，枝节中是红色，高有四五尺，放在书页中可以防虫蠹"，所以古代有"兰省芸阁"。芸也可以放在藏书中防虫蠹。

《淮南子》说："芸草可以死而复生。"旧时说青苔到了秋天就变成紫色，紫兰到秋天变成红色。《诗经》说："溱水洧水向东方，三月春水正上涨。小伙姑娘来春游，手握兰草求吉祥"，这说的是郑人在溱、洧两条河上聚会，手持兰草来祛除不祥，这是他们的传统。它发展到极致，淫风盛行，很久都不返回，来这里的人与日俱增，所以第二章说："溱水洧水向东方，三月春水多清凉。小伙姑娘来春游，熙熙攘攘满河傍。"就是《序》所说的无可救药的样子。《十道志》说："郑国的风俗是三月时节溱、洧水上聚会，来拔除不祥。"《淮南子》说："男子种植兰草，美好却无芬芳。"作者认为兰草是女性的植物种类，所以男子种植则没有芬芳。根据草木的性质来说，兰草应该是女子种植，而芝麻则是夫妇一起种植，《周官·内宰》记载："初春时节，下令王后带领六宫之人种植，献给君王。"是取这种植物繁殖众多的吉祥之意。

郁

郁之为草，若兰，十叶为贯，百二十贯为筑，煮以合鬯，所以灌也。《礼》曰："周人尚臭，灌用鬯臭，郁合鬯；臭，阴达于渊泉。灌以圭璋，用玉气也。"[1]一曰郁、鬯百草之华，远方郁人所贡，芳草合酿之，以降神。郁，今郁林郡也。按：《礼》以鬯草生庭为瑞，则郁本远方所贡，理或然也。《说文》云："鬯以秬酿郁艸，芬芳攸服，以降神也。"从※、凵[2]，盛匕以扱之，《易》曰："不丧匕鬯[3]。"即此是也。鬯，冲气也，盖※从乂而小者，四行恃此天五以成。天一者，元气也；天五者，冲气也。旧说芬芳条畅，故谓之"鬯"。《易》曰："美在其中，而畅于四支、发于事业——美之至也。"故《礼》"以郁合鬯"。以郁合鬯，则言郁于中，故鬯于外也。《记》曰："鬯臼以椈，杵以梧，匕以桑。"[4]盖椈臼、梧杵，所以捣郁，而桑匕者所以扱之。先儒乃以为桑匕以载牲体，误矣。《本草》云："其香十二叶，为百草之英，二月、三月有华，状如红蓝，四、五月之间采华即香。"《司尊彝》曰："春祠、夏禴，祼用鸡彝、鸟彝，皆有舟；其朝践用两献尊，其再献用两象尊，皆有罍，诸臣之所昨[5]也。"[6]按：尊皆有罍，犹彝皆有舟云尔，非系诸臣之所昨言之也。郑氏谓诸臣献者酌罍以自酢，不敢与王之神灵共尊，误矣。罍，以盛酒者也，尊取诸罍，爵取诸尊，故曰："缾之罄矣，维罍之耻。"[7]《记》曰："君西酌牺象，夫人东酌罍尊。"罍尊受酒，以共牺象，然则六彝、六尊，诸臣亦于此昨焉尔。言诸臣，则王与后可知。盖祭之日，灌用郁鬯，王酌鸡彝以献尸，后酌鸟彝以亚献，诸臣之献则又因后尊于后，夫是之谓"三献"。而尸以此酢王，以此酢后，亦以此酢诸臣，故曰"诸臣之所酢也"。《坊记》[8]曰："尸饮三，众宾饮一，示民有上下也。"其谓是欤？其朝践三献，亦如之。传曰："宗庙之礼九献。"盖言此也。先儒以为酳[9]宾、客酌、涚齐献尸以备卒食三献，是为九献，误矣。盖酳尸之献，主[10]以酳尸，非献之正也。

【注释】

[1]《礼记·郊特牲》，原文为："周人尚臭。灌用鬯臭，郁合鬯，臭阴达于渊泉。灌以圭璋，用玉气也。既灌，然后迎牲，致阴气也。"此句讲的是祭祀神的事。"臭"指香气，周人降神以香气为主，所以献神之前先灌鬯酒，用香气浓郁的郁香草调和鬯酒，香气就能随着灌地通达于黄泉。灌鬯用的勺以圭璋为柄，是为了发挥玉的润洁之气。

[2] 从※凵：《五雅本》作"从※从凵"。

[3] 王弼注："匕，所以载鼎实；鬯，香酒。奉宗庙之盛也。"后因代指宗庙祭祀。

[4] 出自《礼记·杂记上》挶（jú局）：柏木。批（bǐ匕）：通"匕"。祭祀时用以捞起牲体的大木勺。丧礼用桑木，吉礼用棘木。

[5] 见《周礼·司尊彝》，原文为："司尊彝：掌六尊、六彝之位，诏其酌，辨其用与其实。春祠、夏禴，祼用鸡彝、鸟彝，皆有舟。其朝践用两献尊，其再献用两象尊，皆有罍。诸臣之所昨也，秋尝、冬烝，祼用斝彝、黄彝，皆有舟。其朝献用两着尊，其馈献用两壶尊，皆有罍，诸臣之所昨也。"

[6] 春祠：春季的祭祀。古代宗庙四时祭之一。夏禴，谓天子诸侯夏祭。鸡彝，亦作"鸡夷"。刻画有鸡形图饰的酒尊。古代祭器之一。鸟彝，刻有凤鸟形图案的祭器。舟，李孝定先生曾经指出，"皆有舟"当作"皆有凡"，谓"凡"字"契文象承盘之形""凡与舟异物而二者古文仅毫厘之别，后世多相混，进而凡亦舟矣。"朝

践，是古代祭礼仪节之一，孙诒让《正义》谓朝践为荐腥后之献。献尊，即牺尊。祭祀用的一种酒器。罍（léi）：古代一种盛酒的容器。

[7] 出自《诗经·小雅·蓼莪》，是一首苦于服役悼念父母的诗。

[8] 指《礼记·坊记》

[9] 酳（yìn）：食毕以酒漱口，古代的一种礼节。

[10] 主：原作“王”，据《珍本》改。

【译文】

郁是一种草，像兰，十叶为一贯，一百二十贯捣碎，烹煮做成合鬯，用来斟酒浇地降神。《礼记》说：“周人降神以香气为主，所以献神之前先灌鬯酒，用香气浓郁的郁香草调和鬯酒，香气就能随着灌地通达于黄泉。灌鬯用的勺以圭璋为柄，是为了发挥玉的润洁之气。”说郁、鬯是百草的精华，由远方的郁人进贡，芳草相合而酿造，用来降神。郁，就是当今的郁林郡。按：《礼》以鬯草在庭院中生长为祥瑞，然而郁本来是远方所进贡的，或许是这个道理。《说文》里解释说：“鬯以秬酿郁艸，芬芳攸服，以降神也。”字形从※、凵，盛匕以扱之，《易经》说：“储存地点要划片分解，将黄谷完好的保存在仓库里面，以便能够通达地向四方供给，开仓赈民的工作是最美好的”。所以《礼记》说“郁与鬯相合”。以郁与鬯相合，则郁在其中，而鬯在外侧。《礼记》说：“捣碎鬯用柏木，丧礼用桑木，吉礼用棘木。”桷木作臼、梧木作杵，所以用来捣碎郁，而桑匕用来治丧礼。先儒有以为桑匕是用来捞起牲体的，这是错误的。《本草》说：“它的花有十二片叶子，是百草中突出的一种，二月、三月有花朵开放，形状像红色的蓝，四、五月之间采花就是香的。”《司尊彝》说：“春祠、夏禴，祼礼用刻画有鸡形图饰的酒尊和刻有凤鸟形图案的祭器，都有舟；第一次献礼用两献尊，第二次用两象尊，都有罍，是各位臣子祭祀的地方。按：尊都有罍，就像彝都有舟一样，不是诸位臣子祭祀的地方。郑氏说来供奉的诸臣用罍饮酒来祭祀，不敢和王的神灵用一样的杯子，这是错误的。罍，是用来盛酒的，尊由罍演化来，爵由尊演化来，所以说：“汲水瓶儿空了底，装水坛子真羞耻。”《礼记》说：“君王在西面用牺象饮酒，夫人在东面用罍尊饮酒。”罍尊倒上酒，共同牺象，然而祭祀有六彝、六尊，诸臣也在这里祭祀。说诸臣，则王与后就可以知道了。祭祀的那天，用郁鬯浇灌，王用用刻画有鸡形图饰的酒尊饮酒来献给代表死者受祭拜的人，后用刻有凤鸟形图案的祭器跟随在王的身后供献，诸臣的供献又在王后之后，这就叫作“三献”。而受祭拜的人以此回敬王，以此回敬后，也以此回敬诸臣，所以叫“诸臣收到的回敬”。《坊记》说：“受祭拜的人饮酒三次，祭拜的人饮酒一次，告诉人民有上下之别。”说的是这样吗？他们的第一次祭祀，也像这样。传记载：“宗庙之礼九次供献。”大概就是说这个。先儒认为酳宾、客酳、涚齐献给受祭拜的人就是三献，这就是九献，这是错误的。食毕以酒漱口的供奉，是王对于受祭者的活人的献礼，不是献礼中正式的部分。

鬯

鬯，草名，先郑、小毛所谓：“鬯，香草也，筑而煮之为鬯，因谓之鬯。”传曰：“鬯草生庭。”又曰：“德至于地，则蓂荚[1]起，秬鬯[2]出。”知鬯为草矣。《记》曰：“郁合鬯，萧合黍稷。”此明筑煮停于祭前，及灌，然后合而成之，《周官》所谓“郁人掌祼器，和郁鬯以实彝而陈之。”[3]盖秬者，百谷之华；鬯者，百草之英，故先王煮以合鬯。传曰：“筑、煮合而郁之曰鬯。”盖合而郁之，然后芬芳调鬯。《易》曰：“美在其中，而畅于四支，发于事业——美之至也。”

【注释】

[1] 蓂荚：古代传说中的瑞草，又名“历荚”。

[2] 秬鬯：古代以黑黍和郁金香草酿造的酒，用于祭祀降神及赏赐有功的诸侯。秬，黑黍。

[3] 见《周礼·郁人》，原文为：郁人：掌祼器。凡祭祀、宾客之祼事，和郁鬯以实彝而陈之。

【译文】

鬯，是草的名字，先郑、小毛所说："鬯，是香草，捣碎烹煮变成鬯，因此叫它作鬯。"传记载："鬯草在庭院中生长。"又说："德行到达地面，则蓂荚和秬鬯便生长出来。"从中可以知道鬯是草。《记》说："郁与鬯相合，萧与黍稷相合。"这里说明将香草捣碎烹煮放在祭祀的地方，等到斟酒浇地降神时，再相合而成。《周官》所说的"郁人掌管行祼礼的器具，调和郁鬯盛在彝中而加以陈设。"秬，是百谷中的精华；鬯，是百草中最突出的，所以先王烹煮鬯。传记载："捣碎烹煮使它有香气叫作鬯。"将它们混合散发香气，然后调和成鬯。《易经》说："美德存于心中，畅通地体现于言行，表现于事业，这是美的最高境界了。"

蒲

蒲，水草也，似莞而褊，有脊，生于水厓，柔滑而温，可以为席，故《礼》："男执蒲璧。"[1]言有安人之道也。《诗》曰："扬之水，不流束蒲。"[2]言激扬之水宜能浮泛，而蒲又轻扬善泛，今反不流如此，则以水力更微而不胜故也。《列子》曰："虚则梦扬，实则梦溺。"扬，溺之反也。说者以为上章言薪言楚，则蒲亦木名，不宜为草，误矣。夫刍亦草也，而《绸缪》之诗乃曰"束薪""束刍""束楚"，则岂以言木故妨草哉?《鱼藻》曰："鱼在在藻，依于其蒲。王在在镐，有那其居。"[3]盖鱼，游者也，据于藻，依于蒲；乐于藻，安于蒲，故王者俯身以顺万物。而鱼之所乐，王亦乐焉；鱼之所安，王亦安焉。《笔谈》[4]云："或曰：'《礼图》[5]尊彝皆木为之，未闻用铜者。'此亦未可质，如今人得古铜尊者极多，安得言无? 如《礼图》瓮以瓦为之，《左传》有瑶瓮；律以竹为之，晋时舜祠下乃发得玉律。此亦无常法，如蒲谷璧，《礼图》悉作草稼之象，今人发古冢得蒲璧，乃刻文蓬蓬如蒲花敷时，谷璧如粟粒尔。则《礼图》亦未可为据。"

【注释】

[1] 蒲璧：无规定尺寸的蒲纹璧。

[2] 出自《诗经·王风·扬之水》，是一首戍卒思妇的诗。

[3] 是赞美周王在镐宴饮欢乐的诗。

[4] 指《梦溪笔谈》，北宋科学家、政治家沈括（1031—1095）撰，是一部涉及古代中国自然科学、工艺技术及社会历史现象的综合性笔记体著作。该书在国际亦受重视，英国科学史家李约瑟评价为中国科学史上的里程碑。

[5]《礼图》，或题《三礼图集注》，二十卷，是宋代著名学者聂崇义参互考订多种古代《三礼图》所纂辑。其书有图，有解说（集注）。凡图三百八十余幅，原文文字约十余万言。书中所绘图象虽“未必尽如古昔”，但援据经典，考释器象，具有重要的参考价值。

【译文】

蒲，是水草，长得像莞而扁小，有叶脊，在水边生长，触感柔滑温润，可以制作席子，所以《礼记》说：“男子手执蒲纹璧。”说它有安抚人的质地。《诗经》说：“平缓流动的水啊，也流不动成捆的柳枝。”激扬的水能使物沉浮，而蒲又轻扬善泛，现在反而像这样不能流动，是因为水的力量更弱小而不能胜过蒲的力量的缘故。《列子》说：“虚则梦扬，实则梦溺。”扬，是溺的反义词。作者认为上一章说的是薪和楚，则蒲也是木头的名字，不是草，这是错误的。刍也是草，而《绸缪》一诗说“束薪”“束刍”“束楚”，它岂不是在说木却模仿草吗？《鱼藻》说：“鱼在哪儿在水藻，贴着蒲草多安详。王在哪儿在京镐，所居安乐好地方”。鱼是游动的，安身于藻，依附于蒲；享乐于藻，安居于蒲，所以王者俯下身子来顺应万物。而能够让鱼感到快乐的东西，王也会感到快乐；而能够让鱼感到安详的东西，王也会感到安详。《笔谈》说：“有人说：‘《礼图》中的尊彝都是木头做的，未听说过用铜制作的。’这也不可相信。如今人们得到古代铜尊的极多，怎么能说没有呢？如《礼图》中的瓮用瓦制作，《左传》中记载有瑶瓮；律用竹制作，晋代时舜祠中发掘出玉律管。这也是没有寻常方法可言的，比如蒲谷璧，《礼图》都制作成草稼的形象，今人发掘古墓得到蒲纹璧，所刻纹饰蓬蓬松松像蒲花开放的时候，谷璧的纹饰粟粒。那么《礼图》也不能作为明确的依据。”

葛

葛性柔韧[1]，蔓生可衣，女事之烦辱者，故《葛覃》[2]引以为赋。盖知稼穑之艰难，则可以为王矣；知女功之勤劳，则可以为王后矣。故《序》以为"《葛覃》，后妃之本也"。夫礼后织玄紞，今乃亲葛事如此者，盖王后亲蚕，以劝女功之正事；亲葛，以劝女功之余事。丝麻者，本事也；蕡[3]葛者，余事也。《诗》曰："旄丘之葛兮，何诞之节兮。"[4]言诸侯以国相连属，忧患相及，如葛之蔓延相连及也。今生阔节，则于忧患相及缓矣，故曰"何诞之节兮"也。"何"者，以所不知为问。《兵法》曰："其节短，故此以诞节[5]讥切卫伯。"又曰："彼采葛兮，一日不见，如三月兮。"[6]葛所以为絺绤，言事虽小，一日不见于君，忧及于谗矣。又曰："绵绵葛藟，在河之浒。"[7]河浒为水所荡，危地也，然润泽葛藟而生之，则亦所以自固。今王弃其九族，则曾是之不如也。瓜葛皆延蔓相及，故属之，绵远者取譬瓜葛。又曰："葛生蒙楚，蔹蔓于野。"[8]言葛生高而蒙楚，蔹生卑，蔓于野，各系所遇，犹之妇人外成于夫，荣悴随焉，所以一心乎君子。语曰："嫁鸡与之飞，嫁狗与之走。"此之谓也。《左传》曰："葛藟犹能庇其本根。"[9]

【注释】

[1] 韧：《五雅本》作"仞"。

[2]《诗经 · 国风 · 周南》。描绘一个女子做完家务，向家长禀报，并准备回娘家看望父母（归省）。

[3] 蕡：《五雅本》作"蘋"。

[4]《旄丘》一诗的主旨，历来歧见颇多。《毛诗序》及郑笺等以为是黎臣责卫之作，方玉润《诗经原始》认为此篇与《式微》均是黎臣劝君归国之作，牟应震《毛诗质疑》、高亨《诗经今注》等据《左传》所载史事以为是卫臣或黎臣责晋之作，而魏源《诗序集义》一仍三家诗说，认为是黎庄夫人所作，余冠英《诗经选译》认为本篇是弃妇诗，袁梅《诗经译注》认为是女子思念爱人之作，邓荃《诗经国风译注》、蓝菊荪《诗经国风今译》却认为是兵士登高怀乡之作。

[5] 诞节：放纵不拘的行为。

[6] 出自《诗经 · 王风 · 采葛》，是一首思念情人的诗。

[7] 出自《诗经 · 王风 · 葛藟》，是流亡他乡者求助不得的怨诗。

[8] 出自《诗经 · 唐风 · 葛生》，是妻子悼念丈夫的诗。

[9]《左传 · 文公七年》："葛藟犹能庇其本根，故君子以为比。"杨伯峻注："葛藟为一物……亦单名藟，亦名千岁藟、虆芜、蓷虆、苣瓜、巨荒，属葡萄科，为自生之蔓性植物。"

【译文】

葛的性质柔韧，长出的藤蔓可以做衣服，代表女子繁琐的工作，所以《葛覃》一篇引用吟咏。如果知晓耕种的艰难，就可以做君王，知晓女红的勤劳，就可以做王后了。所以《序》认为"《葛覃》，是后妃的本份"。王后为了祭祀礼亲自织玄紞，现在又亲自采葛。王后亲自作桑蚕之事，来劝诫女红；亲近葛，来劝诫女子本分之外的工作。亲近丝麻，劝诫女子本来的工作；蒉葛，是剩余的事情。《诗经》说："旄丘上的葛藤啊，为何蔓延那么长"。说的是诸侯国境相连，忧患靠近，如同葛的藤蔓蔓延相连。现在长出阔大的枝节，对于忧患来说便可以缓和了，所以说"为何蔓延那么长"。"何"，以自己不知道的问题来发问。《兵法》说："它的枝节很短，所以用放纵不羁的行为来讥切卫伯。"又说："那个采葛的姑娘，一天没有见到她，好像隔了三月啊！"葛用来做粗布和细布，说的是事情虽然很小，但一日不被君王明白，则忧心被谗言所害。又说："葛藤缠绕绵绵长，在那大河河湾旁。"河浒被水激荡，是危险的地方，然而滋润了葛藟的生长，也能固定住自身。现在君王抛弃了他的九族，竟然还不如瓜葛。瓜葛的藤蔓都绵延相连，所以是同类绵远的比喻取自于瓜葛。又说："葛藤覆盖了一丛丛的黄荆，野葡萄蔓延在荒凉的坟茔。"这是说葛藤很高，覆盖了一丛丛的黄荆，野葡萄蔓延在荒凉的坟茔，物各有所遇，犹如妇人嫁给了丈夫，无论是幸福还是痛苦，都要与夫相随与共，心里只有丈夫。俗语说："嫁鸡随鸡，嫁狗随狗"说的就是这个道理。《左传》说："葛尚且能保护自己的根本。"

谖 草

草之可以忘忧者，故曰“谖草”。谖，忘也。《诗》曰：“焉得谖草，言树之背。”[1]言以忧思不能自遣，故欲以此华树之背也。《董子》[2]曰：“欲忘人之忧，则赠之以丹棘。”丹棘，一名“忘忧”。“欲蠲人之忿，则赠之以青堂。”青堂，一名“合欢”，《养生论》[3]以为：“合欢蠲忿[4]，萱草忘忧。”即此是也。亦或谓之“鹿葱”，盖鹿食此草，故以名云。《壶子》[5]所谓“鹿性警烈，多别良草，常食九物。”饵药之人不可食鹿，以鹿常食解毒之草，是故能制散诸药。《内则》辨物之不可食者一曰“鹿胃”，胃其受食之府也，则尤不可食矣。九草者，葛叶华、鹿葱、鹿药、白蒿、水芹、甘草、齐头、蒿山苍耳、荠苨是也。《本草》亦曰：“萱草一名鹿葱，华名宜男。”《风土记》[6]云：“怀妊妇人佩其[7]华，生男也。”

【注释】

[1] 出自《诗经 · 卫风 · 伯兮》，是写一位妻子对从军丈夫的相思。

[2]《汉书 · 艺文志》载有《董子》一书，属儒家类，当时所记为“一篇”，注：“名无心，难墨子。”宋晁公武著《郡斋读书志》曰：“董子一卷，右周董无心撰，皇朝吴秘著。无心在战国时，著书辟墨子。”今已散佚。徐华认为上博简《鬼神之明》疑为《董子》佚文。

[3]《养生论》：三国 · 嵇康作。本文是我国古代养生论著中较早的名篇。本文论述了养生的必要性与重要性，主张形神共养，尤重养神；提出养生应见微知著，防微杜渐，以防患于未然；要求养生须持之以恒，通达明理，并提出了一些具体养生途径。文章论述透彻，富有文采。现存《嵇中散集》《昭明文选》等书中。

[4] 蠲忿（juān fèn）：消除忿怒。

[5] 壶丘子：名林。战国郑人，列子之师。“壶子看相”的故事在《列子》《庄子》的书中均有介绍。著有《壶子》一书。

[6]《风土记》由西晋周处所编。此周处即是“周处除三害”的周处。此书是记述地方风俗的名著，是迄今为止我国较早记述地方习俗和风土民情的著作，此书

对于端午、七夕、重阳等等民俗节日，都有重要记叙。

[7] 其：《珍本》无。

【译文】

可以使人忘记忧愁的草，所以叫作“谖草”。谖，是忘记的意思。《诗经》说：“哪儿去找忘忧草？种它就在屋北面。”说的是不能排遣自己的忧思，所以想要屋子的背面长出忘忧草。《董子》说：“想要让人忘记忧愁，就送给他丹棘。”丹棘，一名叫“忘忧”。“想要消除人的忿怒，就送给他青堂。”青堂，一名叫“合欢”，《养生论》认为：“合欢能使人消除忿怒，萱草能使人忘记忧愁。”就是这样。也有人叫“鹿葱”，因为鹿食用这种草，所以叫这个名字。《壶子》中说：“鹿肉的性质瞥烈，和良草多有区别，常食九种植物。”吃药的人不可以吃鹿肉，因为鹿常吃能解毒的草药，所以能制衡各种药。《内则》分辨不可食用的食物时提到一种叫“鹿胃”的食物，胃是鹿进食消化的地方，就更加不能食用了。九种草分别是葛叶华、鹿葱、鹿药、白蒿、水芹、甘草、齐头、蒿山苍耳和荠苨。《本草》也说：“萱草一名叫鹿葱，花的名字叫宜男。”《风土记》说：“怀孕的妇人佩戴它的花朵，能生出男孩。”

刍

刍象草包束之形，故《诗》以况男女婚姻之相缠固[1]。盖薪，斧而析之，其束之宜也；束刍虽不析，然其体散乱，不可以不束也；束楚则虽不束可也，然犹将束之也。夫薪也、刍也、楚也，犹将束之也，可以人而不如乎？薪曰“三星在天”，刍曰“在隅”，楚曰“在户”。在天据面言之，在隅据地言之，在户则又据乎人矣，互相备也。《白驹》[2]之卒章曰：“生刍一束，其人如玉。”又言：“君子之道，贫贱不能移。”如此，《西京杂记》[3]曰：“夫人无幽显，道在则为尊。虽生刍之贱也，不能脱落君子，故赠君生刍一束，诗人所谓‘生刍一束，其人如玉’也。五丝为䌰，倍䌰为升，倍升为緎，倍緎为纪，倍纪为緵，倍緵为襚[4]，此自少之多，从微至着也。士之立功勲、效名节，亦复如之，勿以小善不足修而不为也。故赠君素丝一繸。”

【注释】

[1] 指《诗经·唐风·绸缪》是一首祝贺新婚的诗。

[2]《白驹》抒写思念贤者到来的思想感情。

[3]《西京杂记》：汉代刘歆著，东晋葛洪辑抄。是一部历史笔记小说集。“西京”即长安。

[4] 丝二十缕为緎，古代布帛在二尺二寸的幅度内含经线八十根为一緵。

【译文】

刍的形状像一束草，所以《诗经》用来比喻男女婚姻互相纠缠。木柴用斧子劈开而有条理，适宜捆起来；捆起的刍草虽然没有条理，然而它的形状非常散乱，不可以不捆起来；一捆荆柴木可以不用捆起来，但是犹如将要捆起来。那么柴火、刍草、荆柴木，就像将要捆起来，难道人还不如它们吗？薪说“天上三星亮晶晶”，刍说“东南三星”，楚说“天边三星”。天上三星是根据天来说，东南三星是根据地来说，天边三星是根据人来说，《白驹》的最后一章说：“鲜草一束，那人美如玉。”又说：“君子之道，即使身处贫贱也不能动摇。”正是如此，《西京杂记》说：“人名气不大不要紧，只要有了‘道’就能受人尊崇。虽然一束青草很廉价，但不能忘记高尚的品德。所以送你青草一束，是取诗经里‘鲜草一束，那人美如玉’的意义。至于白丝，五条丝是一纟聂，一倍的纟聂是一升，一倍的升是一緎，一倍的緎是一纪，一倍的纪是一緵，一倍的緵是一繸。我的用意是积德立功，都是如此，要从少渐渐增多的。不要因为行善的是小事就不去修行，所以送给您一繸白丝。”

白　华

《尔雅》曰：“白华，野菅[1]。”传曰：“已沤为菅，未沾人功，故谓之野菅。”菅，茅属也，而其华白，故一曰“白华”。《诗序》[2]曰：“白华，孝子之洁白也。南陔[3]，孝子相戒以养也。”陔，戒也，故曰“相戒以养”。《诗》曰：“白华菅兮，白茅束兮。”[4]言夫妇之微以仁相和柔，以义相缠，固本如此，今以之子之远于道，故“俾我独兮”也。又曰：“英英白云，露彼菅茅。”言夫妇之微，为上所覆露本如此，今以遇“天步艰难”，故“之子不犹”也。传曰：“露亦有云，言天地之气无微不着，无不覆养。”此言是也。夫白华不菅则脆薄，白茅不束则散乱，故《诗》以譬夫妇。菅兮，与沤麻、沤纻、沤菅[5]同义矣；束兮，与束薪、束刍、束楚同义矣。逸诗曰：“虽有姬姜，无弃憔悴。虽有丝枲，无弃菅蒯。”菅蒯[6]，犹所谓“糟糠”也。

【注释】

[1] 菅（jiān）：年生草本植物，多生于山坡草地。很坚韧，可做炊帚、刷子等。杆、叶可作造纸原料。

[2] 对各诗的解说文，又称《毛诗序》，分小序、大序两种。小序解说各诗主题，列在各诗之首，篇幅均较短。

[3]《南陔》：《诗·小雅》篇名。六笙诗之一，有目无诗。《南陔》《白华》《华黍》为前三篇，是燕飨之乐。后用为奉养和孝敬双亲的典实。

[4] 出自《诗经·小雅·白华》，弃妇的哀怨。一说周幽王申后自伤被黜。

[5] 出自《诗经·国风·陈风》。描写男子对叔姬的爱慕，抒发了两人情投意合的如悦。诗以浸泡麻起兴，不仅写明情感发生的地点，也暗示了情感在交流中的加深，麻可泡软，正意味情意的深厚，而根本的还在于两人可以相“晤”，有情感的相互对话的基础。沤，《说文》：“沤，久渍也。”这里用为长时间地浸泡之意。

[6] 菅蒯：可以编绳的一类茅草。比喻微贱人物。

【译文】

《尔雅》说：“白华，是野生的菅。”传记载：“长时间浸泡成为菅，跟人的作用无关。所以叫作野菅。”菅，是茅类的植物，而它的花朵是白色，所以也叫“白华”。《诗序》说：“白华，是孝子洁白的颜色。《诗经》中的《南陔》一篇，说的是孝子奉养和孝敬双亲。”陔，是戒的意思，所以说“相戒以养”。《诗经》说：“芬芳菅草开白花，白茅束好送给他”，这说的是夫妇之间要有仁义，温柔地对待彼此，本来的意思是这样的。现在的人无法践行这个道理，所以“使我孤独守空房”。又说：“浓浓云雾空中飘，沾湿菅草和丝茅。”说的是夫妇之间，就像上天覆盖的露水，本来就是这样，现在因为遇到“我的命运多艰难”，所以说“他还不如云露好”。传记载：“露也有云，说的是天地之气无微不至，没有不被覆盖养育的东西。”这话说的正确。白华不长成菅则脆薄，白茅不扎成束则散乱，所以《诗经》用来比喻夫妇。菅，和浸泡麻、浸泡纻、浸泡菅意义相同；束，和束好薪、束好刍、束好楚意义相同。逸诗说：“虽然有姬姜这样的美人，也不要丢弃憔悴的旧人。虽然有丝与麻这些比较高级的织料，也不要丢弃菅蒯之类的低级材料。”菅蒯，就是所说的“糟糠”。

芍 药

《韩诗》曰：“芍药，离草也。”《诗》曰：“伊其相谑，赠之以勺药。”[1]牛亨问曰：“将离，相赠以芍药者，何也?”董子荅曰：“芍药，一名可离，将别，故赠之。亦犹相招赠之以文无。故文无一名当归。”[2]芍荣于仲春，华于孟夏，传曰“惊蛰之节后二十有五日，芍药荣”是也。华有至千叶者，俗呼“小牡丹”。今群芳中牡丹品第一，芍药第二，故世谓牡丹为华王，芍药为华相，又或以为华王之副也。《花释名》曰：“牡丹之名，或以姓，或以州，或以色，或以地，或旌其所异者而志之。姚黄、牛黄、左华、魏华，以姓著；青州、丹州、延州红，以州著；细叶、麤叶寿安、潜溪绯，以地著；一擫红、鹤翎红、朱砂红、甘草黄，以色著；献来红、九蘂真珠红、鹿胎红、倒晕檀心、莲华萼、一百五、叶底紫，皆志其异者。姚黄著，千叶，黄华，出于民姚氏家。此华之出，于今未十年，姚氏居白司马坂，其地属河阳，然花不传河阳，传洛阳，洛阳亦不甚多，一岁不遇数朵。牛黄亦千叶，出于民牛氏家，比姚黄差小。真宗祀汾阴还，过洛阳，留燕淑景亭，牛氏献此花。魏华者千叶，肉红，花出于魏相仁溥家。始樵者于寿安山中见之，断以卖魏氏池馆，甚大。传者云此花初出时，人有欲阅者，人十数钱乃得登舟渡池至华所，魏氏日收十数缗[3]。其后破亡，鬻其园宅，今普明寺后林池乃其地，僧耕之，以植桑枣。花传民家甚多，人有数其叶者，云至七百叶，钱思公尝曰：“人谓牡丹花王，今姚黄真为王，而魏乃后也。’鞓红者，单叶，深红，花出青州，亦曰‘青红’，故张仆射齐贤有第西京某坊，自青州以馲驼驮其种，遂传洛阳中。其色类腰带，故谓之‘鞓红’。献来红者花大多叶，浅红花。张仆射罢相居洛阳，人有献此花者，因名曰‘献来红’。添色红者多叶，花始开而白，经日渐红，至其落，乃类深红，此造化之尤巧者。鹤翎红者多叶，花其末白而本肉红，如鸿鹄羽毛。细叶、麤叶寿安者皆千叶，肉红，花出寿安县锦屏山，细叶者尤佳。倒晕檀心者叶红，凡华近萼色深，至其末渐浅。此花自外深色，近萼反浅白，而深檀点其心，此尤可爱。一擫红者多叶，浅红花，叶杪深红一点，如人以十指擫之。九蘂真珠红者千叶，红花，叶上有一白点如珠，密其叶、蹙其蘂，为九丛。一百五者多叶，白花，洛花以谷雨为开候，而此花常至一百五日开。丹州、延州花皆千叶红花，不知其至洛之因。莲华萼者多叶，红花，青趺三重，如莲花萼。左花，千叶，紫花，出民左氏家，叶密而齐如截，亦谓之‘平头紫’。朱砂红多叶，红花，不知所出。有民闻氏子者善接花以为生，买地于崇真寺前，治花圃有此。洛阳豪家尚未有，故其名未甚著。花叶甚鲜，向日视之如猩血。叶底紫，千叶，紫花，其色如墨，亦谓之‘墨紫’，花在丛中旁心生一大枝，引叶覆其上，其开也比他华可延十日之久。噫！造物者亦惜之耶？此花之出，比他最远。传云唐中宗有宦官为观军容使者，花出其家，亦谓之‘军容紫’，岁久失其姓氏矣。玉板白者单叶，长如拍板之状，色如玉，深檀心。洛阳人家有，亦少，予尝从思公至福严院见之，问寺僧而得其名，后未见也。潜溪绯花、叶绯，花出于潛溪寺，寺在龙门山后，本唐相李藩别墅，今寺中已无此花，而人家或有之。本是紫花，忽于丛中特出绯者，不过一两朵，明年移在他枝，洛人谓之‘转枝花’。故其接头尤难得。鹿胎华多叶，紫花，有白点如鹿胎之纹，故苏相禹珪宅今有之。初姚黄未出时，牛黄为第一；牛黄未出时，魏花为第一；魏花未出时，左花为第一；左花之前惟有苏家红、贺家红、林家红之类，皆单叶花，当时为第一；多叶花出，后花黜矣，今人不复种也。牡丹初不载文字，惟以药载《本草》，然于花中不为高第，大抵丹延已西及褒斜道中尤多，与荆棘无异，土中皆取以为薪。自则天已后，洛阳牡丹始盛，然未闻有以名者，如沈、宋、元、白之流，皆善咏花，当时有一华之异者，彼必形于篇什，而寂无传焉。惟刘梦得有咏鱼朝恩宅牡丹诗，但云'一丛千朵'而已，亦不云其美且异也。谢灵运言永嘉竹间水际多牡丹。今越花不及洛阳甚远，是洛花自古未有若今之盛也。"[4]

【注释】

[1]《诗 · 郑风 · 溱洧》。溱和洧是两条河的名称，诗中写青年男女到河边春游，相互谈笑并赠送香草表达爱慕的情景。

[2] 出自崔豹《古今注》。

[3] 缗（mín）：古代穿铜钱用的绳子。

[4] 出自欧阳修《洛阳牡丹记》，是记凡三篇。一曰花品，叙所列凡二十四种。二曰花释名，述花名之所自来。三曰风俗记，首略叙游宴及贡花，馀皆接植栽灌之事。

【译文】

《韩诗》说："芍药，是代表离别的草木。"《诗经》说："相互戏谑喜洋洋，赠朵芍药毋相忘。"牛亨问："将要别离，以芍药相赠，这是为什么呢？"董子答说："芍药，一名叫可离，将要别离，所以相互赠送。也会互相招手赠送文无。所以文无一名叫当归。"芍生长于仲春，孟夏开花，传记载"惊蛰的二十五天后，芍药生长茂盛"。花有长到一千花瓣的，俗称"小牡丹"。现在群芳之中牡丹是第一，芍药第二，所以世人称牡丹为花王，芍药为花相，又或者说是花王之副的位置。《花释名》说："牡丹花的命名，或用姓氏，或用州县，或用地区，或用颜色，或显示其作为标志的某种特色。姚黄、牛黄、左花、魏花，是以培植者的姓氏著名；青州、丹州、延州红，是以所产州县著名；细叶、粗叶寿安、潜溪绯，是以产地著名；一捻红、鹤翎红、朱砂红、玉板白、多叶紫、甘草黄，是以颜色著名；献来红、添色红、九蕊真珠、鹿胎花、倒晕檀心、莲花萼、一百五、叶底紫，都是标志其某种特色。叫作"姚黄"的，特点是千叶黄花，出于民间姚氏之家。这种牡丹问世，到今天不到十年。姚氏住在白司马坡，那地方属河阳地区，但这种花不在河阳流传，却在洛阳流传。洛阳流传的也不多，一年不过几朵而已。牛黄亦千叶，出于民牛氏家，比姚黄差小。魏家的花，是千叶肉红花，出于当过宰相的魏仁溥家。起初是樵夫在寿安山中发现这种牡丹花，后砍下来卖给魏家。魏家池塘馆阁甚大，据说这种牡丹初面世时，有想去看一眼的，每人得交十数钱，才让登舟渡池到养花的地方去看，魏家每天可收到上万钱。后来魏家破亡，卖掉了那个园子。现在普明寺后的林木池塘就是魏家养花的地方。寺僧在那里耕作，来植桑种麦。这种牡丹流传到老百姓家的很不少。有数过花瓣的，说一朵多到七百叶。钱思公曾说："人们说牡丹是花中之王，现在千叶姚黄真可以算作'王'了，而魏花是'后'。"鞓红的花是单叶，深红色，花出自青州，也叫"青红"，所以张仆射齐贤在西京某坊有府邸，用馲驼从青州驮花种，才传到洛阳。它的颜色像腰带，所以叫作"鞓红"。献来红这种花很大，多叶，是浅红色的花朵。张仆射罢相后居住在洛阳，有献这种花的人，所以名字叫作"献来红"。添色红花多叶，花开的时候先是白色，渐渐变红，等到花落，才像深红，这是自然造化精巧的地方。鹤翎红这种花多叶，花的末尾是白色而本身是肉红，像鸿鹄的羽毛。细叶、麤叶寿安都是千叶，肉红色，花出自寿安县锦屏山，细叶的最好。倒晕檀心的叶是红色，一般的花越靠近萼颜色越深，到末尾渐渐变浅。这种花外层是深色，靠近萼反而是浅白色，而中心是深檀色，这是最可爱的地方。一擫红多叶，浅红色花朵，叶中有一点深红，像人用十指擫过。九蘂真珠红有千叶，红花，叶上有一个像珍珠的白点，它的叶密、花蘂蹙，有九丛。一百五多叶，白花，洛阳的花以谷雨这个节气为开花的气候，而这种花到一百五天才开。丹州、延州的花都是千叶红花，不知道为什么会传到洛阳。莲花萼多叶，红花，有三重青色，像莲花萼。左华，千叶，紫花，出自左氏，叶很密而整齐，像截断的样子，也叫作"平头紫"。朱砂红多叶，红花，不知道它的出处。闻氏子善于嫁接花并以此为生，在崇真寺前买地，打理一座花圃。洛阳豪家还未曾有，所以它的名字并不是很著名。它的花叶非常鲜明，对着太阳看就像猩红的血。叶底紫，千叶，紫花，它的色像墨，也叫作"墨紫"，花在丛中从旁生出一支，让它的叶覆盖在上面，它的花期也可以比其他的花久十日之多。啊！造物者也怜惜它吗？这种花的出现，是最久远的。传说唐中宗有一个专门观察军容的宦官使者，这种花出自他们家，也叫“军容紫”，年岁久远姓氏已经失传。玉板白单叶，细长像拍板的样子，颜色像玉，中心深檀色。洛阳人家有的也很少，我曾经跟从思公到福严院见到过，问寺里地僧人才知道名字，后来再没有见到过。潜溪绯华、叶绯，出自于潜溪寺，寺在龙门山后，本来是唐朝宰相李藩的别墅，现在寺中已经没有这种花，而人们家中或许还有。本是紫色花朵，忽然从中出现特别红的，不过一两朵，明年嫁接到其他枝上，洛阳人叫作“转枝花”。所以它的嫁接尤其难得。鹿胎华多叶，紫花，有像鹿胎纹路的白点，所以苏相禹珪的宅子现在还有。最初姚黄没有出现时，牛黄为第一；牛黄未出现时，魏花为第一；魏花未出现时，左花为第一；左花之前只有苏家红、贺家红、林家红之类，都是单叶花，当时是第一；多叶花出现后，就渐渐废黜楼，现在的人不再种植了。牡丹花最早不见于文字记载，只作为药记载在《神农本草经》上，但在花里面没有很高地位，与荆棘没大差别，当地人砍来当柴禾用。自唐代武则天以后，洛阳牡丹开始兴盛，但还没有凭特殊名目著称的。唐代如沈佺期、宋之问、元缜、白居易等人都善于吟咏花草，推想如有像今天这种独具特色的牡丹，那么他们一定会在诗作中予以表现，可是他们并没有这类诗作流传。只刘梦得有《咏鱼朝恩宅牡丹》一诗，但也只写“一丛千万朵”而已，也没有写出什么美而且特异的地方。谢灵运说永嘉竹林中、水流边牡丹很多，但现在看到南方的牡丹比洛阳的差得很远，这足以说明洛阳牡丹自古以来没有像现在这般兴盛过。

埤雅·卷十九

释天：天、雨、云、雪、雹、风

天

传曰："尊而君之，则称皇天。"周道至于《泂酌》[1]，于是为至，故称"皇天"。皇天，言乎其道也。《书》曰："皇天眷命[2]，奄有四海，为天下君。"言尧道格[3]于皇天，故"皇天眷命"也。又曰："在昔，成、汤既受命，时则有若伊尹，格于皇天。在大戊，时则有若伊陟、臣扈，格于上帝；巫咸乂[4]王家。"[5]伊尹以道佐人主者，故曰："格于皇天"。伊陟、臣扈、巫咸递降伊尹一等，故伊陟、臣扈曰"格于上帝"，巫咸曰"乂王家"而已。上帝，亦曰"五帝"。五帝，五精之君也，《周官·大宰》正言"祀五帝"者，盖其德以享先王则为有余，以祀大神则为不足，故于祀大神示，享先王曰"亦如之"也。盖能乂王家，则可以享先王矣，不能格于皇天，则不足以正祀昊天。昊天者，大神也。五帝，则继昊天者也。夏曰"昊天"，则帝与万物相见之时，故《礼》于天祀皆主言"昊天"而已。《大司冦》[6]曰："若禋祀[7]五帝，则戒之日，莅誓百官。"《大宰》称祀不言"禋"者，精意以享曰"禋"，大宰所以佐王事上帝大矣，主以道揆，无所事意故也。然则《士师》[8]乃言"祀五帝"则沃尸[9]，又不言"禋"，则精意以享，非士师所及故也。《大宰》不言"禋"，过禋之言也；《士师》不言"禋"，非过禋之言也，不及禋之言也。夫言岂一端而已，亦各有所当也。《尔雅》曰："春为苍天，夏为昊天，秋为旻天，冬为上天。"于春言其色，于夏言其气，于秋言其情，于冬言其位，相备也。传曰：“苍天以体言之。”元气广大，则称“昊天”；仁覆闵下，则称“旻天”；自上降监，则称“上天”；据远视之苍苍然，则称“苍天”。春为苍天，则于夏为皞，于冬为玄矣。《庄子》曰：“玄天弗成。”又曰：“有而为其易耶？易之者，皞天不宜。”玄天者，言乎其道也；皞天者，言乎其德也。又曰：“天之苍苍，其正色耶？远而无所至极耶？”故《诗》于高达难诉，每称“苍天”，《黍离》[10]曰：“悠悠苍天，此何人哉？”《巷伯》[11]曰：“苍天苍天，视彼骄人，矜此劳人。”《黄鸟》[12]曰：“彼苍者天，歼我良人。”是也。《尔雅》曰：“穹苍，苍天也。”穹言形，苍言色也。《桑柔》[13]之诗初曰：“倬彼昊天，宁不我矜。”言昊大则犹望之，以其明也。次曰：“靡有旅力[14]，以念穹苍。”言方是时，厉王无道甚矣，天下大乱，小人知念土宇而君子反无旅力以念穹苍也。昊天者，大以明，与玄天反。《诗》曰：“浩浩昊天，不骏其德。”[15]盖冬曰上天，上天则宜玄其德矣；夏曰昊天，昊天则宜骏其德矣。今曰“浩浩昊天，不骏其德”，则失其所以为天矣。《书》曰：“钦若昊天，历象日月星辰。”正言昊天，则主气言之故也。《庄子》曰：“伏戏[16]得之，以袭气母。”伏戏得之，以袭气母，故于昊为大。《月令》曰：“其帝，大皞是也。”《礼》曰：“秋之为言，愁也。”方是时，万物凋落而愁矣，天是以闵焉。《诗序》曰：“旻，闵也。”幽王之诗始曰“昊天疾威”，后曰“旻天疾威”，“昊天疾威”尚非所宜，“旻天疾威”，则尤非所宜矣。《书》曰：“号泣于旻天。”正言旻天，则望之以其闵也。《礼》曰：“旻天不吊。”意亦是也。传曰：“上天言时无事在上，临下而已。”《诗》曰：“明明上天，照临下土。”盖悠悠，苍天貌；明明，昊天貌；高高，上天貌。苍天悠悠，而《巧言》[17]曰：“悠悠昊天”；昊天明明，而《小明》[18]曰“明明上天”，则皆失其所宜，非所以为天矣。盖周之兴也，燕及皇天；及其乱也，非特万物失其性，虽天，犹失其所宜矣。故昊天之德不骏[19]，而上天之道不玄[20]也。昊天者，大而明也，大所以临下，明所以照下，至冬，则其于命也，复矣，故天玄而上，地黄而下也。天玄而上，地黄而下，则照临有所不至矣，故是诗名篇曰《小明》，而言其照临以上天也。

【注释】

[1]《洞酌》出自《诗经·大雅·生民之什》中的“洞酌”篇，是一首歌颂统治者爱护人民，能得民心的诗歌。

[2] 眷命：亦作“睠命”。垂爱并赋予重任。

[3] 格：感通。

[4] 乂（yì）：治理。

[5] 伊尹：商朝初年丞相，辅助商汤灭夏朝。大戊，即太戊，甲骨文作大戊，子姓，名伷，商朝第九任君主。伊陟，伊尹之子，商王太戊大臣，辅佐朝政得力。臣扈，太戊时执政大臣，与伊陡等共同辅佐大戊治理国家。巫咸，商代太戊帝之国师，用筮占卜的创始者，是一个著名的占星家，治王家有成，作《咸乂》。

[6] 即《周礼·秋官·司寇第五》

[7] 禋祀（yīn sì）：古代祭天的一种礼仪。先燔柴升烟再加牲体或玉帛于柴上焚烧。意为让天帝嗅味以享祭。

[8] 即《周礼·秋官·士师》。

[9] 疑为沃汁。原注因有及王盥洎镬水句，故云增其沃汁。正释洎字也。谨增入及王盥洎镬水六字。

[10] 出自《诗经·国风·王风》中的“黍离”篇，

[11] 出自《诗经·小雅·节南山之什》中的“巷伯”篇。

[12] 出自《诗经·国风·秦风》中的“黄鸟”篇。

[13] 出自《诗经·大雅·荡之什》中的“桑柔”篇。

[14] 旅力，意为体力。

[15] 出自《诗经·小雅·节南山之什》中的“雨无正”篇。

[16] 古代传说中的三皇之一。风姓。相传其始画八卦，又教民渔猎，取牺牲以供庖厨，因称庖牺。亦作“伏羲”“伏牺”。

[17] 出自《诗经·小雅·节南山之什》的“巧言”篇。

[18] 出自《诗经·小雅·谷风之神》的“小明”篇。

[19] 骏：长，美。

[20] 玄：神妙难捉摸，深奥。

【译文】

《传》说："尊而君之，则称皇天。"周代的道在《泂酌》篇中可见，能够表达其意，所以叫作"皇天"。皇天，便是说它的"道"。《尚书》说："皇天眷命，奄有四海，为天下君。"说尧的贤德感动了皇天，所以"皇天命他成为统治者"。又说："在昔，成、汤既受命，时则有若伊尹，格于皇天。在大戊，时则有若伊陟、臣扈，格于上帝；巫咸乂王家。"伊尹用自己的品行辅佐君王，所以说："感动了皇天"。伊陟、臣扈、巫咸顺次比伊尹低一等，所以伊陟、臣扈叫作"感动了上帝"，巫咸只是"乂王家"而已。上帝，也叫"五帝"。五帝，是五种精华的君王，《周官 · 大宰》正文中说的"祀五帝"，大概他的德行配飨先王则为有余，配飨大神则为不足，所以在祭祀中标记作大神，配飨先王"大约差不多"。大概能乂王家，就可以配飨先王，不能感动皇天，就不足以正式祭祀昊天。昊天是大神。五帝是继承昊天之位的人。夏说"昊天"，就是帝与万物相见的时候，所以《礼记》在天祀相关内容都主要说"昊天"。《大司寇》说："若禋祀五帝，则戒之日，莅誓百官。"《大宰》说祭祀不说"禋"，精心之意的配飨叫作"禋"，大宰辅佐王事，祭祀上帝是重要的事，主要用"道"来衡量，不是什么事情的意义的原因。然而《士师》说"祀五帝"则沃尸，又不说"禋"，那么就是精心准备的配飨，不是士师所能达到的原因。《大宰》不说"禋"，是超过了禋；《士师》不说"禋"，不是超过了禋，是不足说禋。一种说法不会只有一种来源，也是有各种来源。《尔雅》说："春为苍天，夏为昊天，秋为旻天，冬为上天。"对于春季说它的颜色，对于夏季说它的气象，对于秋季说它的情感，对于冬季说它的位置，各种缘由都具备。《传》说："苍天以体言之。"元气广大，就叫"昊天"；仁闵泽被世间，就叫"旻天"；从天上降下监察，就叫"上天"；远看是苍苍的颜色，就叫"苍天"。春季天色为苍，夏季为皞，冬季为玄。《庄子》说："玄天弗成。"又说："有而为其易耶？易之者，皞天不宜。"玄天说的是道；皞天说的是德。又说："天之苍苍，其正色耶？远而无所至极耶？"所以《诗经》对于难以到达的高远之处，都称作"苍天"，《黍离》说："悠悠苍天，此何人哉？"《巷伯》说："苍天苍天，视彼骄人，矜此劳人。"《黄鸟》说："彼苍者天，歼我良人。"都是这样的。《尔雅》说："穹苍，苍天也。”穹说的是形，苍说的是色。《桑柔》诗开头写到：“倬彼昊天，宁不我矜。”说到昊天就像抬头仰望看见，因为它的明亮。下一段说：“靡有旅力，以念穹苍。”说的是当时，周厉王非常昏庸无道，天下大乱，小人知道顾念乡土居宅，而君子反而没有力量挂念苍穹。昊天是大和明，与玄天相反。《诗经》说：“浩瀚无际的长天上苍，从不肯普照你的恩惠之光。”大概冬季叫作上天，上天则比较适合玄其德；夏季叫作昊天，昊天适合骏其德。今说“浩浩昊天，不骏其德”，便丧失了它作为天的意义。《尚书》说：“钦若昊天，历象日月星辰。”正说昊天，则主要说“气”的原因。《庄子》说：“伏戏得之，以袭气母。”伏戏得之，以袭气母，所以对于昊是大。《月令》说：“其帝，大皞是也。”《礼》说：“秋之为言，愁也。”当时，万物凋落而愁惨，天也怜悯。《诗序》说：“旻，闵也。”幽王的诗一开始说“昊天疾威”，后说“旻天疾威”，“昊天疾威”尚且不是最适合的，“旻天疾威”，便是非常不合适的。《书》说：“号泣于旻天。”正说旻天，望它因为它的怜悯。《礼记》说：“旻天不吊。”也是这个意思。《传》说：“上天言时无事在上，临下而已。”《诗》说：“高高在上那朗朗青天，照耀大地又俯察人间。”大概悠悠是苍天貌；明明是昊天貌；高高是上天貌。苍天悠悠，所以《巧言》说：“悠悠昊天”；昊天明明，所以《小明》说“明明上天”，则都失去了它们的适宜，不是天之道。大概周的兴盛，影响自皇天；到它动乱之时，不只是万物失去它们的性，虽然是天，也失去了它所适宜的。所以昊天之德不长久，上天之道也不深奥。昊天是大和明，大所以临下界，明所以照下界，到了冬季，这就是天命，继续重复，所以天玄在上，地黄在下。天玄在上，地黄在下，照临有不到达的地方，所以《诗》有以此命名的篇叫《小明》，来说上天的临照。

雨

《说文》曰：“水从云下也。”天地之气，怒而为风，和而为雨，故凡《易》称雨者，皆和之象。《诗》曰：“有渰萋萋，兴雨祁祁。”[1]渰，阴云也，亦或作“唵”。渰，水气之云也。传曰：“雨、云，水气。萋萋，盛貌；祁祁，徐貌。”盖云欲盛，盛则雨足；雨欲徐，徐则入土。且亦云气不待族而雨者，非阴阳之和也。故《诗》“云”以“萋萋”，“雨”以“祁祁”为善。《诗》曰：“灵雨既零，命彼倌人，星言夙驾，说于桑田。”[2]《瑞应图》[3]曰：“灵雨，瑞雨也，降而应物，谓之灵雨。星，晴也。言夜而雨，夙而星见，于是督劝农桑，此传所谓务材训农者也。”《盐铁论》曰：“周公之时，雨不破块，风不鸣条，雨则必以夜。”夜者，正雨之时。《诗》曰：“我来自东，零雨其濛。”[4]濛善沾濡[5]，又喜阴结，不解羁旅[6]之愁，于是为甚，故《诗》以言其情也。《雨无正》曰：“雨，自上下者也。众多如雨，而非所以为政也。”[7]政者，正也，夫文一止为正，众多如雨，则无正矣。《诗》曰：“月离于毕，俾滂沱矣。”[8]又曰：“益之以霡霂。”[9]滂沱，大雨也，小雨谓之“霡霂”。《释名》曰：“言才霂沥沾渍，如人之沐，唯及其上支而已，根不濡也。盖霡膏润，入土如人之脉，故曰霡也。”《说文》曰：“秋穜厚薶，故谓之麦。”然则霂言其上，霡言其下矣。《诗》曰：“芃芃黍苗，阴雨膏之。”方黍之苗也，暑雨暴息，无阴云以覆之，日随蒸焉，则苗槁矣，将以润之，乃所以害之也。故诗正以阴雨为善。今俗五月谓之“分龙雨”，曰隔辙，言夏雨多暴至，龙各有分域，雨旸往往隔一辙而异也。《易》曰：“密云不雨，自我西郊。”言《小畜》，畜也，升气，又自乎西，故能为密云而已。传曰：“疾雨曰骤雨，徐雨曰零雨，雨久曰苦雨，又曰愁霖。雨晴曰霁，雨而昼晴曰启，雨水曰潦，时雨曰澍。”

【注释】

[1] 出自《诗经 · 小雅 · 甫田之什》的“大田”篇。有渰，亦作“有弇”。浓云密布貌，一说雨神。渰：通“淹”。渰：音 yǎn。

[2] 出自《诗经 · 国风 · 鄘风》中的“定之方中”篇。

[3]《瑞应图》：疑为《孙氏瑞应图》南朝梁孙柔之撰，三卷。《隋书 · 经籍志》著录，已佚。清马国翰《玉函山房辑佚书》有辑录。书中记动植器用，祯祥瑞应。

[4] 出自《诗经 · 国风 · 豳风》中的“东山”篇。

[5] 沾濡：意为浸湿。

[6] 羁旅（jī lǚ）：指客居异乡的人。

[7]《雨无正》出自《诗经 · 小雅 · 节南山之什》中的“雨无正”篇。此处所

引出自《毛诗序》。

[8] 出自《诗经·小雅·鱼藻之什》中的“渐渐之石”篇。

[9] 出自《诗经·小雅·谷风之什》中的“信南山”篇。霡霂：音 mài mù。

【译文】

《说文》说：“水从云下。”天地之气，怒形成风，和形成雨，所以《易经》上说下雨的，都是和谐的象征。《诗经》说：“有渰萋萋，兴雨祁祁。”渰，是阴云的意思，也有人写“弇”。渰，是水汽组成的云。《传》说：“雨、云，水气。萋萋，盛貌；祁祁，徐貌。”这是云很多，云多则雨多；雨慢慢地下，慢慢进入土里。而且也说云气不聚集太多而下雨的，不是阴阳调和了。所以《诗经》“云”以“萋萋”，“雨”以“祁祁”为好。《诗经》说：“灵雨既零，命令他们倌人，晚上说早上驾车，去往桑田。”《瑞应图》说：“灵雨是祥瑞的雨，降下便应到物上，叫作灵雨。星，是晴。说晚上就下起了雨，早而星出现，所以督劝农桑，这是用于努力生产，教导农耕的人了。”《盐铁论》说：“周公之时，雨不破块，风不鸣条，雨则必以夜。”夜是下雨的时候。《诗经》说：“如今我从东山回，满天小雨雾蒙蒙。”细雨蒙蒙好沾湿土地，又喜阴结，不懂外流离的愁苦，非常明显，所以《诗经》用来写情感。《雨无正》说：“雨，自上下者也。众多如雨，而非所以为政也。”政就是正，一为正，众多像雨一样，就不是正了。《诗经》说：“月亮靠近天毕星，大雨滂沱汇成河。”又说：“益之以霡霂。”滂沱，是大雨，小雨叫作“霡霂”。《释名》说：“霡（小雨）淋沥滋润事物在刚开始时，如同人淋雨一样，身体上面沾湿了，下面还没有沾湿。霡（小雨）具有如膏滋润的缓浸之性，落入地上浸润土壤如同人的血脉，所以称之为霡。”《说文》说：“秋穜厚薶，故谓之麦。”霂说的是上，霡说的是下。《诗经》说：“那时节黍苗青青多么繁茂！滋润它们的自有雨顺风调。”当黍的禾苗啊，夏雨突然停止，没有阴云以覆盖的，每天随着蒸，禾苗枯萎了，要用滋润的，这是害了禾苗。所以《诗经》以阴雨为好。现在习俗五月称之为“分龙雨”，说隔路，夏天雨水多突然而至，龙各有不同的区域，雨天和晴天往往隔着一路便不同。《易经》说：“密云不雨，自我西郊。”说《小畜》，畜是升气，又从西方，所以能为密云而已。《传》说："疾雨叫作骤雨，徐雨叫作零雨，雨久叫作苦雨，又叫愁霖。雨晴叫霁，雨而昼晴叫启，雨水叫潦，时雨叫澍。"

云

古文云字作"云"，象云回转之形，其上从二。二者，天中之阴也。天中之阴应之于上，故地中之阳升而为云。盖阴阳之气自下而上，阻于一，则为丂；应于二，则为亏；应于二而盘薄，则为云。云，旋也，亏者象其气之舒。亏，《庄子》曰："于亏以盖众。"[1]义盖取此。古文云字又有云气盘薄之形，与"乃"字相类者。"乃"字，《说文》以为象气出之难，气自下而上，至上而不得达，所以为气出之难也。《春秋传》以为"乃者，难[2]辞"，其以此乎？今云又为"云为"之"云"，云有应而言也。《易》曰："变化云为，吉事有祥；象事知器，占事知来。"[3]"变化云为"圣人之事也，故能常与吉会而"占事知来，象事知器"。云如雲，为象母猴，制字之意，皆以天事言之。故《易》，君子谓之"言行"，圣人谓之"云为"。《诗》曰："洽比其邻，婚姻孔云。"传曰："云，旋也。言幽王之时，小人有酒食以洽比其邻里，周旋其婚姻。"云象周旋盘薄之形，故云旋也，此以形训。《诗》曰："荟兮蔚兮，南山朝隮[4]。婉兮娈兮，季女斯饥。"言小人在上，膏泽不下于民，则柔良于是失职。荟，会也；蔚，鬱也。阴阳鬱而成云，蒸而成雨；会而成云，散而成雨。传曰："阴凝上结，则合而成云；阳散下流，则降而为雨。"地气上为云，阴中之阳也；天气下为雨，阳中之阴也。雨出地气，云出天气，故阳上薄阴，阴能固之，然后蒸而为雨。雨者，阴阳之和也。然而朝云喜旸，暮云喜雨，故《诗》言"荟蔚[5]"；不雨之云，又言"朝隮"也。赋曰："朝为行云，暮为行雨。"传曰："日将旦，清风发，群阴伏。"则朝者，阴散之时，非所以为雨矣。《淮南子》曰："山云草莽，水云鱼鳞，旱云烟火，涔云[6]波水。"《诗》曰："荟兮蔚兮，南山朝隮。"则山云草莽，于此见矣。《论衡》曰："大山雨天下，小山雨一国。"南山，曹之南山，则雨一国之山也，故《诗》主以言之。晋《天文志》曰："韩云如布，赵云如牛，楚云如日，宋云如车，鲁云如马，卫云如犬。"[7]云者，气也，地气异矣，故云之成象亦以不同，则山云草莽，水云鱼鳞，理或然也。《左传》以为分至启闭，必书云物，盖吉凶之兆有在于云者，故先王占焉。传曰：“青为虫，白为兵，赤为旱，黑为水，黄为丰年。此五云，吉凶之祲也。”《庄子》曰：“乘云气，御飞龙，而游乎六合之外。”神人者乘虚不坠，触实不碍，故能狎虎兕，贯金石，乘云雾而浮游如此。《诗》曰：“上天同云，雨雪雰雰。”冬曰上天，夏则天降而下，冬则天升而上，燠则云旸而异，寒则云阴而同故也。《董子》[8]曰：“太平之世，风不鸣条，开甲散萌而已矣；雨不破块，润叶津茎而已矣；雾不塞望，浸淫被洎而已矣；雪不封树，凌殄毒害而已矣。”云五色而为庆，三色而成矞。或曰：“二色曰矞，外赤内青，谓之矞云。”《太玄》[9]曰：“紫蜺矞云朋围日，其疾不割。”“紫蜺矞云朋围日”，君子、小人并进之象也；君子、小人并进，此其疾者所以不割也。测曰：“紫蜺、矞云，不知刊也。”言紫蜺矞云并进，则以紫蜺不刊故也。紫蜺以象小人，矞云以象君子。

【注释】

[1] 出自《周易·天地》。

[2] 难：气出之难。清段玉裁《说文解字注》释曰：“象气之出难也。气出不直遂。”

[3] 出自《周易·系辞下》。云为：言行。此句大意为：万事万物的变化与作为，吉祥的事情必然有祥瑞的征兆，观察所象征的事物可以知道器物制作的方法，通过占卜事物的吉凶可以知道未来的发展趋向。

[4] 朝隮（zhāo jī）：指早晨的云霞。

[5] 荟蔚（huì wèi）：云雾弥漫貌。

[6] 涔（cén）云：含雨的浓云。

[7] 不同的地域地势有所不同，气流因地势的不同而形成的形状，即有所谓的“韩云如布，赵云如牛”等。

[8] 见“刍”条注［2］。

[9] 见“蠏”条注［7］。

【译文】

古云字作“云”，象是云回转的形状，其上从二。二者，天空中的阴啊。天空中的阴气的感应在上，所以地下的阳气上升而为云。这是阴阳之气从下而上，受阻于一，就是丂；应在二，则为亏；应在二而盘桓，就是云。云，是旋转的，亏者气象为舒。亏，《庄子》说：“于亏以盖众。”涵义大概是取自这里。古语里云字又有云雾盘踞的形状，与“乃”字相似的。“乃”字，《说文》认为象云气出现的困难，气从下而上，到上却达不到，所以认为气出困难。《春秋传》认为“乃者，难辞”，是出自这里吗？今天所说的云也作“云为”里的“云”，是有响应才说的。《易经》说：“变化云为，吉事有祥；象事知器，占事知来。”“变化云为”是圣人的事，所以能经常与吉象遇见，并且“占事知来，象事知器”。说云字象形为母猴，制字的意思，都是用天象来说的。所以《易经》中，君子称“言行”，圣人称“云为”。《诗经》说：“四邻五党多融洽，姻亲裙带联结广。”《传》说：“云，旋也。言幽王之时，小人有酒食以洽比其邻里，周旋其婚姻。”云象旋转盘薄的形状，所以说云是旋转的，是用其形状作为训。《诗经》说：“云蒸雾罩浓又密，南山早晨云雾多。美丽俊俏真可爱，少女忍饥又挨饿。”说小人在位当政，膏泽无法施与百姓，便是柔良品性的失职。荟，就是会；蔚，就是鬱。阴阳之气兴起而成云，蒸腾而成雨；会聚而成云，离散而成雨。《传》说：“阴凝上结，则合而成云；阳散下流，则降而为雨。”地气向上成为云，是阴中的阳；天气向下成为雨，是阳中的阴。雨出自地气，云出自天气，所以阳向上靠近阴，阴能稳固它，然后蒸腾成为雨。雨是阴阳相和的产物。然而早上的云喜欢晴朗，傍晚的云喜欢成雨，所以《诗经》说“荟蔚”；不下雨的云，又叫“朝隮”。赋说：“朝为行云，暮为行雨。”《传》说：“日将旦，清风发，群阴伏。”所以早上阴气消散的时候，不是要下雨。《淮南子》说：“山云草莽，水云鱼鳞，旱云烟火，涔云波水。”《诗经》说：“云蒸雾罩浓又密，南山早晨云雾多。”于是山云草莽是从这里见到的。《论衡》说：“大山雨天下，小山雨一国。”南山是曹国的南山，是为一国带来降雨的山，所以《诗经》主要说了它。晋代《天文志》说：“韩云如布，赵云如牛，楚云如日，宋云如车，鲁云如马，卫云如犬。”云是由气组成，因为地气不同，所以云的成象也有所不同，于是山间形成的云状若草莽，水上形成的云状若鱼鳞，也许是这个原因。《左传》认为分至开、关，一定会写到云，大概吉凶之兆有关于云，所以先王进行占卜。《传》说："青为虫，白为兵，赤为旱，黑为水，黄为丰年。此五云，吉凶之祲也。"《庄子》说："乘云气，御飞龙，而游乎六合之外。"神人乘虚空却不坠落，碰到实物不会形成障碍，所以能戏弄老虎犀牛，贯穿金石，乘云雾这样飘浮游行。《诗经》说："上天同云，雨雪雰雰。"冬季的天叫作上天，夏季天沉降向下，冬季天向上升，炎热时天晴不同，寒冷时阴云密布相同的原因。《董子》说："国家安定祥和之时，风吹拂树枝会没有响声，只是种子破壳萌发彰显勃勃生机而已；雨水滴落不会砸坏土块，只是滋养润泽植物的茎叶而已；雾不会睹塞人们放眼于外的景象，只是雨水形成的蒸汽还未散去而已；雪不会覆封树的枝叶，只是为了消灭树中的恶虫毒害而已。"云五种颜色便为庆，三种色就成为矞。有的人说："二色曰矞，外赤内青，谓之矞云。"《太玄》说："紫蜺矞云朋围日，其疾不割。""紫蜺矞云朋围日"，是君子、小人共存之象；君子、小人共存，这是国家腐败、祸乱之顽疾所以不除的原因。测说："紫蜺、矞云，不知如何分辨。"这是说紫蜺与矞云朵合在一起，这是紫蜺无法被分辨出来加以剔除的原因。紫蜺用来象征小人，矞云用来象征君子。

雪

《说文》曰："凝雨说物者，从彗。"盖雪，雨之可扫者也，亦能净坋秽若彗，所谓以黍雪桃者，以净为义。《诗》曰："雨雪瀌瀌，见晛曰消。雨雪浮浮，见晛曰流。"言君子体道在上，而小人之类易消如此。晛，日气也。《纂要》[1]曰："日光曰景，日影曰晷，日气曰晛，日初出曰明，日昕曰晞，日温曰煦，在午曰亭午，在未曰昳，日晚曰旰，日将暮曰薄暮。"《诗》曰："上天同云，雨雪雰雰。益之以霡霂，既优既渥，既沾既足。"[2]雰雰，盛也。三农之事，雪则欲盛而遍也，雨则欲微而润也。盖丰年之冬，必有积雪，而其春必有小雨，故是诗雨言小，雪言盛也。雪则欲其盛矣，然又欲其泽浸之甚周[3]也，故继之曰"既优既渥"；雨则欲其微矣，然又欲其膏润之仅足也，故继之曰“既沾既足”。盖骤雨不如久雪之入土深，且无泛溺[4]，又可以覆阳于根著。《氾胜之书》曰：“雪者，五谷之精，取汁以渍原蚕[5]之沙，和谷种之，奈旱。”今雪寒甚则为粒，浅则成华，华谓之“霙”[6]。《韩诗外传》[7]云：“雪华曰霙。凡草木，华多五出，雪华独六出”是也。《诗》曰：“如彼雨雪，先集维霰。”[8]言雪之所加物有死者，霰其先至者也；霰至，则危亡之兆见矣。霜、霰，阴刚之微也，霜集而后坚冰至，霰集而后雪至，故《诗》《易》以为始乱之象。《尔雅》曰：“雨霓为霄雪。”霓从晛省，霄从消省，《诗》曰：“见晛曰消。”盖雪以微温薄之，故散而成霓，郭璞所谓“冰雪杂下，谓之消雪”是也。《说文》曰：“霰，稷雪也。”闽俗谓之“米雪”，言其霰粒如米，所谓“稷雪”，义盖如此。今名“涩雪”，亦曰“湿雪”，然腊雪握之辄聚，立春以后不复可抟，略如霄雪，亦以微温薄之故也。里语以为春雪不能蠲压瘴疠[9]，其以此乎？《夏小正》曰：“农及雪泽。”言雪泽之无高下也。

【注释】

[1]《纂要》一般指《四时纂要》，唐末韩鄂撰。但唐初徐坚《初学记》曾引用此句，可见此《纂要》并非韩鄂所撰《四时纂要》。

[2] 出自《诗经 · 小雅 · 谷风之什》中的“信南山”篇，是一首描写周王祭祖祈福的乐歌。文中所引句大意为“冬日的阴云密布天上，那雪花坠落纷纷扬扬。再加上细雨溟溟濛濛，那水分如此丰沛足量，滋润大地并沾溉四方，让我们庄稼蓬勃生长。”

[3] 周：稠密，紧密。

[4] 泛溺：指雨水太多，以致（作物）浸泡。

[5] 原蚕：原，再、又。原蚕指一年中多次所育之蚕。

[6] 霙（yìng）：古书上指雪花，是固态降水的一种，由雪花落下时融化再凝固所形成。

[7] 见“蠒”条注 [2]。

[8] 出自《诗经 · 小雅 · 甫田之什》的“頍弁”篇，此句大意为“如同雪花飘眼前，冰珠阵阵坠满天。”后文“物有死者”是针对下句“死丧无日，无几相见”

而说的。

[9] 瘴疠（zhàng lì）：感受瘴气而生的疾病。亦泛指恶性疟疾等病。抟（tuán）：从手，专声。把东西捏聚成团。

【译文】

《说文》说："凝雨说物者，从彗。"这大概是说雪，是可以扫的雨，也能净坋污秽像彗星，被称作黍雪桃的，以净为涵义。《诗经》说："雪花落下满天飘，一见阳光全融销。雪花落下飘悠悠，一见阳光化水流。"说君子体悟天道在上，而小人的行径容易被消解。晛，是日气。《纂要》说："日光曰景，日影曰晷，日气曰晛，日初出曰明，日昕曰晞，日温曰煦，在午曰亭午，在未曰昳，日晚曰旰，日将暮曰薄暮。"《诗经》说："上天同云，雨雪雰雰。益之以霡霂，既优既渥，既沾既足。"雰雰，是繁盛的意思。三农相关的事，雪如果兴盛就会遍及田野，降雨则会微小而湿润。大概丰年的冬季，一定有积雪，并且春季一定有小雨，所以诗里雨称作"小"，雪称作"盛"。雪将要盛，但又想要渐渐稠密，所以继之说"既优既渥"；雨想要较为微小，然而又想要它的膏润仅仅足够，所以继之说"既沾既足"。大概急骤降雨不如长久降雪入土深，并且不会因水多而致作物浸泡，又可以覆盖植物根茎不被烈日暴晒。《汜胜之书》说："雪，是五谷生长所需要的精华，取它的汁液与原蚕的干燥粪便，和谷种混合一起，这样谷种下种以后长成的谷苗会更耐旱。"今天雪非常寒冷就为粒状，寒意较浅则成为雪花状，雪花叫作"霙"。《韩诗外传》说："雪华曰霙。凡草木，花多五出，雪花独六出"就是说的这个。《诗经》说："如彼雨雪，先集维霰。"雪降所覆，会有死物出现，一般这种情况发生时，霰会先到；霰到，那么危亡之兆就出现了。霜、霰，都是阴刚的微小形态，霜聚集之后坚冰便到，霰聚集之后雪便到，所以《诗》《易》认为这是开始动乱的征象。《尔雅》说："雨霓为霄雪。"霓从阳光中消失，霄从雪中消失，《诗经》说："见晛曰消。"大概雪凭借轻微的热量便可消融，所以散作霓，就是郭璞所说的"冰雪杂下，谓之消雪"。《说文》说："霰，就是稷雪。"闽地俗语所说的"米雪"，说霰粒如米，所说的"稷雪"，意思大概也像这样。今天有名字叫作"涩雪"，也叫"湿雪"，然而腊月的雪用手能够握聚起来，立春之后不再能够握聚，有点像霄雪，也是因为微薄的温热便可融化的原因。里语认为春雪不能不能压制因瘴气而生的疾病，是因为这个原因吗？《夏小正》说："农及雪泽。"这是说雪和水对农田的润泽没有高下之分。

雹

阳散阴为霰[1]，阴包阳为雹，《曾子》[2]曰："阳之专气为雹，阴之专气为霰"是也。申丰以为古者藏冰，固阴冱寒而无雹。盖阳亡所泄，雹之所以生也。雹形今似半珠，其粒皆三出，盖雪六出而成华，雹三出而成实，此阴阳之辨也。雪，霜之类；雹，冰之类。《造化权舆》[3]曰："雹者，雨之冰也。"又曰："东方之气，雷；南方之气，电；西方之气，虹蜺；北方之气，云、雨、雹、霰、雪。"传曰："木再花，夏有雹。"岂以阳始无所泄，及其晚出也，故木至再华而夏有雹欤？

【注释】

[1] 霰：又称雪丸或软雹，有雪状结构的冰相粒子组成的固态降水。

[2]《曾子》：为曾子及其弟子所作。曾子，名参，字子舆，春秋末期鲁国南武城（今山东平邑）人。《曾子》一书自秦代以来已亡失了，但《曾子》中的著作言论散见于《说苑》《列子传》《搜神论》《韩非子》《晏子》《史记》《新语》《中论》《颜氏家训》等书中，后人对它们加以整理、校刊。我们今天读到的是崇川冯云鹓校刊本，冯云鹓校刊的《曾子》共八卷。

[3] 见"蠏"条注［10］。

【译文】

阳气散去阴气凝滞成为霰，阴气包裹阳气聚集成为雹。《曾子》中说："阳之专气为雹，阴之专气为霰"就是这个意思。申丰以为古人藏冰，所以阴气冻塞寒气没有形成冰雹。到阳气没有泄露，雹就从这里形成。雹现在的形状像半个珠子，每一个小粒都有三层；雪粒形成有六个棱，雹形成有三个棱，这就是阴阳变化。雪，是属于霜一类；雹，是属于冰一类。《造化权舆》中曾说：："雹者，雨之冰也。"又说："东方之气，雷；南方之气，电；西方之气，虹蜺；北方之气，云、雨、雹、霰、雪。"《传》说："树木再次茂盛，夏天会有冰雹。"难道不是阳气一开始就没有泄露，只是等到它晚一点出现吗？所以树木再次开花而夏天有冰雹吗？

风

天地之气，嘘而成云，噫而成风。云阳，而出于阴；风阴，而出于阳。《尔雅》曰："南风谓之凯风，东风谓之谷风，北风谓之凉风，西风谓之泰风。"凯风言其情，谷风言其自，凉风言其德，泰风言其交。《诗》曰："大风有隧，有空大谷。"言大谷者，大风之自也，故曰："谷风言其自。"《易》曰："巽为风。"巽，东南也，今风更生于西，则与兑之气交矣，故曰："泰风言其交。"谷风，风之厚者；凉风，薄也。故《谷风》以刺俗薄朋友，夫妇离绝。《诗》曰："习习谷风，以阴以雨。"[1]又曰："习习谷风，维山崔嵬，无草不死，无木不萎。"[2]言谷风之于天，不能皆雨也，亦或以阴；其于地也，又不能皆生也，亦有萎死者。然则人事岂可以责其全哉！又曰："凯风自南，吹彼棘心。"[3]凯，乐也，忧释而为乐，怒释而为凯，南风谓之凯风，则天地之怒气于是释焉故也。《诗》曰："北风其凉，雨雪其雱。""北风其喈，雨雪其霏"[4]，"风"以譬威，"雪"以譬虐；"雱"盖言聚，"霏"盖言散。"凉"者，其刻也；"喈"者，其和也。自今观之，雪势布散，无所不加，其意或未艾也，则风候更和，故是诗风以其"喈"、雪以其"霏"为后。喈喈，声和也，气和则声和矣。《诗》曰："终风且暴。""终风且霾。"卒曰："曀曀其阴。""虺虺其靁。"[5]日出而风为暴，风而雨土为霾，阴而风为曀。霾，下也；曀，上也。此言州吁之暴逮于上下，如风暴矣。又增以霾，如风霾矣；又增以曀，如风曀矣；又增以雷，明有加也。传曰："积风成雷。"其此之谓乎？《尔雅》曰："焚轮谓之颓，扶摇谓之猋。"郭璞以为："颓，暴风从上下也；猋，暴风从下上也。"按：《诗》传云："颓风之焚轮者，风薄相扶而上也。"则与璞之意异矣。盖风之锐而上者为"猋"[6]，风之旋而上者为“颓”[7]《庄子》曰：“抟扶摇羊角而上者九万里。”“扶摇”，即“猋”是也；“羊角”，即“颓”是也。今羊角转旋而上，如焰焚轮之象也。《谷风》一章曰：“维风及雨。”二章曰：“维风及颓。”雨者，朋友相与致其道，以下达之况也；颓者，朋友相与致其道，以上达之况也。《蓼莪》初曰：“南山烈烈，飘风发发。”卒曰：“南山律律，飘风弗弗。”回风谓之飘风，《荀子》所谓“轻利僄遫[8]，卒如飘风”者也。发发，暴也；弗弗，乱也；烈烈，以言幽王不惠；律律，以言幽王不平。《诗》曰：“匪风发兮，匪车偈兮。”说曰：“‘匪风发兮’，是非有道之风也，发发者；‘匪车偈兮’，是非有道之车也，偈偈者。”风生于火，故物或以风化，亦或以火。西方之盐，以风化也；东方之盐，以火化也。《易》曰：“风自火。”出家人取其化自内出之象。《诗序》曰：“《关雎》，风之始也，所以风天下而正夫妇也。”水生雨，雨更以成水；火生风，风更以成火。《尔雅》曰：“风与火为庉[9]。”以此故也。《风经》[10]曰：“调畅祥和，天之喜气也；折杨奔厉，天之怒气也。风者，气也，得怒之气则暴，得喜之气则和，得金之气则凉，得木之气则温，得火之气则炎，得水之气则烈。”《列子》曰：“当春而叩商弦，以召南吕，凉风忽至，草木成实；及秋而叩角弦，以激夹钟，温风徐回，草木发荣。命宫而总四弦，则景风翔，庆云浮，甘露降，醴泉涌。”[11]《尔雅》曰：“四时和为通正，谓之景风。”景风者，天地中和之气也。《淮南子》曰：“东风至而酒湛溢。”《造化权舆》以为：“东方之气，风也，故冻非东风不能解；湛非东风不能溢。”《风俗通》[12]曰：“猛风曰飈，凉风曰浏，防风曰飉，小风曰飕。”

【注释】

[1] 出自《诗经 · 国风 · 邶风》中的“谷风”篇，此句大意为“和煦东风轻轻吹，阴云到来雨凄凄。”

[2] 出自《诗经 · 小雅 · 谷风之什》中的“谷风”篇，此句大意为“谷口呼呼风不停，刮过巍巍高山岭。刮得百草全枯死，刮得树木都凋零。”

[3] 出自《诗经 · 国风 · 邶风》中的“凯风”篇，此句大意为“和风吹自南方来，吹拂枣树长成柴。”

[4] 出自《诗经 · 国风 · 邶风》中的“北风”篇，前句大意为“飕飕北风周身

凉，漫天雨雪纷纷扬。”后句大意为“北风喈喈来势猛，纷飞雨雪漫天飘。”

[5] 出自《诗经 · 国风 · 邶风》中的“终风”篇，“卒曰……”大意为“天色阴沉黯无光，雷声轰隆开始响。”

[6] 猋（biāo）：会意字，从三“犬”。本意为犬跑的样子。引申泛指奔跑，又可以表示暴风、旋风，此义后作“飙”。

[7] 颓：即暴风。

[8] 僄（piào）：轻；遬（chì）：张，开。

[9] 庉（dùn）：火燃得很旺的样子。

[10]《风经》：指《黄帝风经》。

[11] 商弦：弹奏商调的丝弦，即七弦琴的第二弦。角弦：发角音的琴弦。

[12]《风俗通》：见“瓠”条注 [10]。

【译文】

天地间的气，嘘成为云，噫成为风。云为阳，所以出于阴；风为阴，所以出于阳。《尔雅》说：“南风谓之凯风，东风谓之谷风，北风谓之凉风，西风谓之泰风。”凯风说的是情感，谷风说的是来处，凉风说的是德，泰风说的是交。《诗经》说：“大风疾吹呼呼响，长长山谷真空旷。”说大谷是大风的来处，所以说：“谷风说的是来处。”《易经》说：“巽为风。”巽为东南，今天风生于西方，与兑之气相交融，所以说：“泰风言其交。”谷风是厚重的风；凉风，是单薄的风。所以《谷风》用来讽刺俗薄的朋友，离绝的夫妇。《诗经》说：“习习谷风，以阴以雨。”又说：“习习谷风，维山崔嵬，无草不死，无木不萎。”说谷风对于天，不能全都降雨，也可能是阴天；它对于地，不能全部带来生机，也有枯萎而死的。但是人事的问题怎么能全都责怪风呢！又说：“凯风自南，吹彼棘心。”凯，是乐，忧时释为乐，怒时释为凯，南风被叫作凯风，是天地间的怒气得以释放的缘故。《诗经》说：“北风其凉，雨雪其雱。”“北风其喈，雨雪其霏”，“风”用来譬喻威，“雪”用来譬喻虐；“雱”大概说的是聚集，“霏”大概说的是离散。“凉”是刻；“喈”是和。今天看来，降雪之势的聚集和离散，没有不加的，它的意义也许没有停止，于是风侯更加和谐，所以风用“喈”、雪用“霏”缀于其后。喈喈，是声音相和，气和于是声便和。《诗经》说："终风且暴。""终风且霾。"最后说："曀曀其阴。""虺虺其靁。"太阳升起的时候，风是暴，风与雨、土相和为霾，阴天的时候风是阴暗。霾在下；阴在上。这是说州吁的暴政自上而下，像风暴一样。又加上霾，像风霾；又加上阴暗，像风曀；又加上雷，增加了明亮。《传》说："积风成雷。"其此之谓乎？《尔雅》说："焚轮谓之颓，扶摇谓之猋。"郭璞认为："颓，暴风从上往下；猋，暴风从下往上。"按：《诗》传说："颓风之焚轮者，风薄相扶而上也。"就与郭璞所说的意思不同。大概风锐利向上的叫作"猋"，风盘旋向上的叫作"颓"。《庄子》说："抟扶摇羊角而上者九万里。""扶摇"就是"猋"；"羊角"就是"颓"。如今羊角转旋而上，像火焰焚烧轮的样子。《谷风》第一章说："维风及雨。"第二章说："维风及颓。"雨是朋友相互得到道，是下等的得道的表现；颓是朋友相互得到道，是上等的得道的表现。《蓼莪》开头说："南山烈烈，飘风发发。"最后说："南山律律，飘风弗弗。"回旋的风叫作飘风，《荀子》所说的"轻利僄遬，卒如飘风"。"发发"和"弗弗"都是暴乱；烈烈，来说周幽王不贤明；律律，来说幽王不公正。《诗经》说："匪风发兮，匪车偈兮。"《说文》里写到："'匪风发兮'，是非有道之风也，发发者；'匪车偈兮'，是非有道之车也，偈偈者。"风从火中生，所以物要么被风化，要么被火化。西方的盐用风化出；东方的盐用火化出。《易经》说："风自火。"出家人取它由内而化出的意象。《诗序》说："《关雎》，是《风》的开篇，所以它用来影响天下风气并且成为夫妇的典范。"水生成雨，雨更能够成水；火生出风，风更能够成火。《尔雅》说："风与火为庉。"就是这个原因。《风经》说："调畅祥和的风是天之喜气；折杨奔厉的风是天之怒气。风其实就是由气的运行而形成的流动，得怒之气则为暴风；得喜之气则为和风，得金之气则为凉风，得木之气则为湿风，得火之气则为热风，得水之气则为烈风。"《列子》说："正当春天时，他拨动了与秋天相应的金音商弦，弹奏出代表金秋八月的南吕乐律，突然刮来了一阵凉风，草木结出了果实；到了秋天，他拨动了与春天相应的木音角弦，弹奏出代表初春二月的夹钟乐律，柔和的琴声一起，温暖的风徐徐回旋，草木莱发吐露芬芳。换用宫调总括四弦，顿时祥和之风徐徐回翔，吉祥的彩云浮荡，甘甜的雨露从天而降，清美的泉水自地流淌。"《尔雅》说："四时和顺通正的气称之为景风。”景风是天地中和之气所形成的。《淮南子》说：“东风吹来，美酒漫溢飘香。”《造化权舆》认为：“东方的阳气流动形成一种暖风，冰冻不是东风则不能融化；清湛不是东风则不能溢加。”《风俗通》说：“猛风叫作飂，凉风叫作浏，防风叫作飈，小风叫作飕。”

埤雅·卷二十

释天：雷、电、月、星、斗、汉、虹

雷

《说文》曰："阴阳薄动，靁雨生物者也。从雨，畾象回转之形。"今俗曰"回雷"。回雷，雷也。震雷谓之"劈历"，震，言所以振物也。其缓者，霆。《说文》曰："雷之余声铃铃，所以挺出万物也。"先儒或以"霆"为"疾雷"，盖《尔雅》"疾雷谓之霆霓"，先儒岂读此故误欤？亦或谓之"电"者，"霆"亦非"电"也，盖音"庭"则为雷，音"蜓"则为电。《淮南子》曰："阴阳相薄，感而为雷，激而为霆。"[1]又曰："疾雷不及塞耳，疾霆不暇掩目。"皆宜音"电"。古文"雷"字下从四田二回，自子至夘，积四阳而复，雷乃发声，此其所以从四田也；阴阳回薄，此其所以从二回也。《月令》"先雷三日，奋木铎以令兆民"[2]戒其容止者，盖迅雷风烈必变，所以畏天威也。小民不畏天威，懈慢亵黩，或至夫妇交构[3]，故君子制法，先雷使之戒慎，《玄女房中经》[4]曰："雷电之子，必病癫狂。"故曰："有不戒其容止者，生子不备也。"《诗》曰："蕴隆虫虫。"[5]言蕴蕴而暑，隆隆而雷，虫虫而热也。说者以为隆隆而雷，非雨雷也，雷声尚殷殷然。《易》曰："雷雨之动，满盈。"殷殷，满盈之声也。《诗》曰："殷其雷，在南山之阳。""在南山之侧。""在南山之下。"[6]"侧"言亦在其阴与左右也，"下"又言或在其下。雷风，号令之况也。语曰："雷高弗雨。"雷在南山之下，则雨矣，故《诗》以况君明而令善。《法言》[7]："鼓舞万物者，雷风乎？鼓舞万民者，

号令乎?”雷不一，风不再。不一者，号也；不再者，令也。传曰：“雷不盖酱，令人腹中雷鸣。”今月上下如弦之时，触酱辄坏，里俗忌之，物之相感，有如此者，盖不可得而推也。传曰：“雷二月出地，百八十三日，雷出则万物出；八月入地，百八十三日，雷入则万物入。入则除害，出则兴利。”《礼》曰：“毋雷同。”[8]雷震百里，谓之“一同”。先王建国，取法于雷。雷者，阴中之阳也。传曰：“罍大一石，刻为云雷之形。”盖无云而雷，异也，故罍并画云雷象，施不穷。由此观之，画缋之事，土以黄，火以圜[9]，山以章，水以龙，略可知矣。《韩诗》以为：“罍饰，天子以玉，诸侯、大夫以金，士以梓。”《诗》曰：“我姑酌彼金罍。”[10]此主大夫言之也。《易》曰：“风雷，益。”[11]又曰：“雷风，恒。”[12]盖曰“风雷，益”，则言风积而成雷，故曰“益”也。《物理论》[13]曰：“积风成雷，若夫雷以动之，风以散之，则恒而已矣。”《鹖冠子》[14]曰：“一叶蔽明，不见大山；两豆塞耳，不闻雷霆。”夫雷霆之震，亦大矣，今徒两豆，足以窒之，又况障之有大于此者乎?

【注释】

[1] 出自《淮南子·天文训》，原文为：“阴阳相薄，感而为雷，激而为霆，乱而为雾。”这句话大概是说：阴气和阳气相迫近，感触而变成雷，接触剧烈的为霆，杂乱混合的便成为雾。

[2] 见《月令·仲春》，原文为：先雷三日，奋木铎以令兆民，曰：雷将发声，有不戒其容止者，生子不备，必有凶灾。木铎，以木为舌的大铃，铜质。古代宣布政教法令时，巡行振鸣以引起众人注意。

[3] 構：《五雅本》作“搆”。

[4] 不分卷。唐·孙思邈（号孙真人、大白山处士）原著。清乾隆五十九年(1794)程永培（字瘦樵）将其辑入《程刻秘传医书四种》，书中仅载王相日每季一日及月宿日每月十天为房中求子之日，内容同《千金要方》。现存清刻本，藏于中国医学研究院图书馆。

[5] 出自《诗经·大雅·云汉》，是周宣王向上天求雨的祷词。全诗八章，每章十句，通过比较详尽的叙写，具体深入地反映了西周末期那场大旱的严重，抒写了周宣王为旱灾难解而愁苦的心情。蕴隆：谓暑气郁积而隆盛。虫虫：热气熏蒸的

样子。

[6] 出自《诗 · 召南 · 殷其雷》，此诗以重章复叠的形式唱出了妻子对丈夫的思念之情，在反覆咏唱中加深了情感的表达。每章均以雷起兴，却变易雷响的地点，不仅写出了雷声飘忽不定的特点，而且还引出对丈夫行踪无定的漂泊生活的挂念。

[7] 见“龙”条注 [6]。

[8]《礼记 · 曲礼上》：“毋剿说，毋雷同。”郑玄注：“雷之发生，物无不同时应者，人之言当各由己，不当然也。”

[9] 圜：《五雅本》作“圍”。

[10] 出自《诗经 · 周南 · 卷耳》，是一首妇女思念她远行丈夫的诗。

[11] 象曰：风雷，益。君子以见善则迁，有过则改。风烈则雷迅，雷激则风怒，两相助益。益，增益、助益。君子迁善当如风之速，改过当如雷之猛。雷与风有交相助益之势。

[12] 象曰：雷风，恒。君子以立不易方。雷动风应。恒，常久。雷和风往往同时兴起，风雷相荡，此自然现象常恒久不变。君子立身行事，要有一定的方向，并要坚持恒久不变方能成功。

[13]《物理论》：杨泉著。杨泉，西晋时期哲学家，道家崇有派代表人物。此书继承先秦两汉道家扬雄、王充、张衡的唯物主义传统，讲宇宙发生论。

[14]《鹖冠子》：道家著作，传为战国时期楚国隐士鹖冠子所作。其说大抵本于黄老而杂以刑名。原著不分篇，后世因内容而分篇，最终定为十九篇。

【译文】

《说文》说：“阴阳薄动，靁雨生物者也。从雨，畾象回转之形。”今天俗称“回雷”。回雷就是雷。震雷叫作“劈历”，震，是说使物振动。它较缓和的叫作霆。《说文》说：“雷之余声铃铃，所以挺出万物也。”先前的儒者也许认为“霆”是“疾雷”，大概是《尔雅》里的“疾雷谓之霆霓”，先儒是看到了这个才误解的吗？也有的叫作“电”，“霆”也不是“电”，大概发音为“庭”就是雷，发音为“蜓”就是电。《淮南子》说：“阴阳相薄，感而为雷，激而为霆。”又说：“疾雷不及塞耳，疾霆不暇掩目。”雷都应该发音为

"电"。古文"雷"字下面从四田、二回，自子时至卯时，积累四轮阳气，雷才发出声音，这是它从四田的原因；阴阳回旋，这是它从二回的原因。《月令》"先雷三日，奋木铎以令兆民"规劝自己的形容举止，大概迅速的雷、猛烈的风一定变化，所以畏惧天威。小民不畏惧天威，轻慢懈怠，夫妇交媾，所以君子强调法制，先用雷警戒它。《玄女房中经》说："雷电之子，必病癫狂。"所以说："有不戒其容止者，生子不备也。"《诗》说："蕴隆虫虫。"说蕴蕴便生暑气，隆隆便打雷，虫虫便炎热。说的人认为隆隆而雷，不是将要下雨的雷，雷声尚且是震动的声音。《易经》说："雷雨之动，满盈。"殷殷，是满盈的声音。《诗》说："殷其雷，在南山之阳。""在南山之侧。""在南山之下。""侧"说它在山的北面和左右，"下"又说有时在下。雷风，是号令的样子。《语》说："雷高弗雨。"雷在南山之下，于是降雨，所以《诗》用来比喻君王贤明、政令亲善。《法言》说："鼓舞万物者，雷风乎？鼓舞万民者，号令乎?"雷不一，风不再。不一是号；不再是令。《传》说："雷不盖酱，令人腹中雷鸣。"现在月上下如弦的时候，触酱总是坏，里俗相忌，事物相互感应，有这样的现象，大概是因为不可能得到便推测得出。《传》说："雷二月出地，百八十三日，雷出则万物出；八月入地，百八十三日，雷入则万物入。入则除害，出则兴利。"《礼》说："毋雷同。"雷响震百里，叫作"一同"。先王建国，从雷中取法。雷是阴中的阳。《传》说："罍大一石，刻为云雷之形。"大概没有云便有雷，是很奇异的景象，所以罍一起画了云、雷图案。从这里看，画缋时，土用黄，火用圜，山用章，水用龙，大约可以知道。《韩诗》认为："罍饰，天子以玉，诸侯、大夫以金，士以梓。"《诗》说："我且先斟满金壶酒"这是士大夫说的。《易》说："风雷，益。"又说："雷风，恒。"大概"风雷，益"说的是风聚积成为雷，所以说"益"。《物理论》说："积风成雷，若夫雷以动之，风以散之，则恒而已矣。"《鹖冠子》说："一叶蔽明，不见大山；两豆塞耳，不闻雷霆。"雷霆之震非常宏大，现在只有两豆，足以令人窒息，更何况被阻挡住的远大于此呢？

电

阴阳激耀，与雷同气，发而为光者也。雷从回，电从申，阴阳以回薄而成雷，以申泄而为电故也。或曰：雷出天气，电出地气，故电从坤省，《管子》所谓“天冬，雷；地冬，霆”[1]是也。《记》曰：“地载神气，神气风霆，风霆流形。”[2]言万物以风霆流形，而风霆出于地之神气也。《说卦》曰：“离为电。”电，火属也，盖阴阳暴格，分争激射，有火生焉，其光为电，其声为雷。今铁石相击则生火，烧石投井则起雷，又况天地大炉之所薄动，真火之所激射乎？《易》曰：“雷电噬嗑。”[3]又曰：“雷电皆至，丰。”“雷电噬嗑”，言雷电合而章也。按：《月令》：“雷乃发声，后五日始电。”今旱暵亦或电而不雷，则雷电不必皆合而章也，故《易》雷电合而章，然后为《噬嗑》。然雷电合而章，又不必雷电皆至，若今震雷与电俱赴者，所谓“雷电皆至”者也。故君子以折狱致刑，以象天之至威，非特明罚敕法而已。《诗》曰：“烨烨震电，不宁不令。”[4]言雷电变乱于上，不安故常，且非所以号令万物也。《董子》曰：“太平之时，雷不惊人，号令启发而已矣；电不眩目，宣示光耀而已矣。”[5]

【注释】

[1] 天冬雷：地冬霆，草木夏落而秋荣。这句话是写一些反常现象，冬天打雷，夏天草木凋落，秋天却生机勃勃。

[2]《礼记 · 孔子闲居》：“地载神气，神气风霆，风霆流形，庶物露生，无非教也。”孔颖达疏：“神气，谓神妙之气。”

[3] 噬嗑（shì hé）：卦有雷电之象。该卦由八经卦的“离卦”和“震卦”组成，“离”在上，代表闪电、光明，“震”在下，代表打雷、威猛。前哲观雷电交加、电闪雷鸣之象，以天道推人事，提醒统治者使用刑法要效法雷电的光明与威猛，以震慑和惩治犯罪行为，稳定社会秩序。《象辞》说：《噬磕卦》的卦象是震（雷）下离（火）上，为雷电交击之表象。雷电交击，就像咬合一样；雷有威慑力，电能放光明，古代帝王效法这一现象，明其刑法，正其法令。

[4] 出自《诗经·小雅·十月之交》，为先秦时代华夏族诗歌。全诗八章，每章八句。是周幽王时的一个朝廷小官，因为不满于当政者皇父诸人在其位不谋其政，不管社稷安危，只顾中饱私囊的行为而作的一首政治怨刺诗。

[5] 见“刍”条注 [2]。

【译文】

阴阳之气激荡闪耀，与雷性质相同，而发出光亮。雷从回，电从申，这是阴阳因为回相近而成雷，因为申泄露而成为电的缘故。有的人说：雷是出自天的气，电是出自地的气，因此电从坤省略得来，《管子》所说的“天冬，雷；地冬，霆”就是这样。《记》说：“地载神气，神气风霆，风霆流形。”就是说万物凭借风和雷霆而产生形，而风和雷霆来自于地的神气。《说卦》说：“离为电。”电，火属性，大概阴阳爆发，相互影响爆炸，从而产生了火，它的光就是电，它的声音就是雷。现在用铁石相互击打就产生火，烧石头扔到井里面就产生雷，更何况天地这个大熔炉时刻运转，火焰时时爆发呢？《易》说：“雷电噬嗑。”又说：“雷电皆至，丰。”“雷电噬嗑”，是说雷电合而符合自然规律。按：《月令》：“雷乃发声，后五日始电。”现在干旱的时候也有光闪电而不打雷的情况，这就说明雷电不一定都会相合，因此《易经》说雷电相合才符合自然规律，然后成为《噬嗑》。然而雷电相合，又不一定非要雷电同时出现，像现在这样打雷闪电同时出现的，就是所说的“雷电皆至”。因此君子因为冤案而受刑，以象征天的最高权威，而不仅仅是明确赏罚的法律而已。《诗经》说：“烨烨震电，不宁不令。”就是说雷电在天上产生变化，不按照传统，因此无法号令万物。《董子》说：“世道太平的时候，雷不会惊吓人，只不过是气在天之号令下发动而已；闪电不会令人目眩，只是宣示它耀眼的光亮而已。”

月

《说文》曰：“太阴之精，象形。”内象蟾桂之形，故夕从月半见，而林罕以为象其未有蟾桂之状也。《释名》曰：“月，阙也。”言满则复缺也。朔，月初之名也。朔，苏也，月死复苏生也。晦，月终之名也。晦，灰也，火死为灰，月光尽似之也。《礼》曰："大明生于东，月生于西。"[1]朔而月出西方，夕见。夕，莫也。故王者旦见曰朝，暮见曰夕，义取诸此。所谓朝、夕，放于日、月者也。至望，然后出于东方，夜见。《尚书大传》[2]以为："晦而月见西方，谓之朓；朝而月见东方，谓之朒。"[3]盖言异也。《诗》曰："东方之日兮，彼姝者子，在我室兮。在我室兮，履我即兮。东方之月兮，彼姝者子，在我闼兮。在我闼兮，履我发兮。"[4]履，礼也。日月之盛，皆在东方，故《诗》举以刺襄，而言男女淫奔，不能以礼化也。君无失道，如东方之日，以礼即我，故"彼姝者子，在我室兮"也。臣无失道，如东方之月，以礼发我，故"彼姝者子，在我闼兮"也。《诗》曰："如月之恒，如日之升。"[5]恒，恒上弦也。"升"言有隆而无降，"恒"言有盈而无亏也。《书》曰："哉生明。"又曰："哉生魄。"[6]说者以为朔后月明生而魄死，望后月明死而魄生，故《书》以朏、望、生明、生魄纪月，甲子纪日也。[7]扬子曰："月未望则载魄于西，既望，则终魄于东，其遡于日乎？"[8]此言士之或贵或贱，或肆或拘，在其上与之如何而已。《风俗通》曰："吴牛望月而喘。"[9]言使之苦于日，是故见月而喘。盖伤禽惊于虚弦，疲牛望月而喘，物之惮怯，见似而惊，有如此者！《屈子》曰："惩于羹者吹齑。"[10]此之谓也。旧说积阳之气生火，火气之精为日；积阴之气生水，水气之精为月。故阳燧取火于日，方诸取水于月。[11]《易》曰："离为日，坎为月。"其以此乎？

【注释】

[1]《礼》曰："大明生于东，月生于西，此阴阳之分，夫妇之位也。""大明"指日。

[2]《尚书大传》是对《尚书》的解释性著作，作者和成书时间均无法完全确定。目前只有后人辑本传世，以皮锡瑞本最佳。

[3] 朓：音 tiǎo；朒：音 nǜ。晦是每个月的最后一天，朔是初一。朓、朒二字表明了月相与夏历月的出入问题。这就是平朔造成的问题，使用定朔，永远确定"合朔"日为初一，自然就不会有这个问题了。

[4] 出自《诗经 · 齐风 · 东方之日》，此诗《毛诗序》以为意在"刺衰"，说：

“君臣失道，男女淫奔，不能以礼化也。”朱谋玮《诗故》以为意在“刺淫”，说：“旦而彼姝人室，日夕乃出，盖大夫妻出朝，而其君以无礼加之耳。”牟庭《诗切》以为意在“刺不亲迎”，说：“刺不亲迎者，言有美女光艳照人，不知何自而来，如东方初出之日也。”虽然见解不同，但大都承认诗的基本内容是关于男女情事的。

[5] 出自《诗经·小雅·天保》：“如月之恒，如日之升，如南山之寿。”“如月之恒”是像上弦月亮逐渐圆满，再加上“如日之升”像太阳刚刚升起，常用来比喻正处在兴盛时期，也比喻有强大的生命力和广阔的发展前途。今天此语常见于用来祝颂人，如用来祝颂人，则是祝人的事业有发展。

[6] 哉：始也。魄，月之质也，朔后魄死明生，曰哉生明。望后明死魄生，曰哉生魄。

[7] 朏：音 fěi，又读 pèi，新月开始生明，亦用为阴历每月初三日的代称。望，月圆，农历每月十五日前后。生魄，指月未盛明时所发的光。生明，指农历每月初三日或二日。此时月亮开始有光。

[8] 出自扬雄《法言》。

[9]《风俗通》见“瓠”条注 [10]。吴牛：指产于江淮间的水牛。吴地水牛见月疑是日，因惧怕酷热而不断喘气。比喻因疑心而害怕。

[10] 出自《九章·惜诵》“惩于羹而吹齑兮，何不变此志也”。意为：喝热羹时被烫过的人，心怀戒心，见了冷菜肉食也要吹一下。比喻鉴于以往的教训，遇事过于小心。虀（jī），通“齑”，作调味用的姜、蒜、葱、韭等菜的碎末。

[11] 出自王充《论衡》，关于“阳燧”的材质，学术界说法不一，一种认为“阳燧”是玻璃透镜，另一种认为是铜凹面镜。方诸，古代在月下承露取水的器具。

【译文】

《说文》说：“太阴之精，象形。”内象癞桂的形状，所以夕字从月但是只出现半个，而林罕认为这是象月没有蟾桂的状态。《释名》说：“月，阙也。”说它满则又缺了。朔，月初的名字。朔，苏，月死亡复苏产生的。晦，就是月底的名字。晦，灰了，火被灰，月光尽似。《礼记》说：“大明生于东，月生于西。”朔日月出西方，夕见。夕，莫也。所以王者早晨看到说朝，晚上见说夕，义取于此。所谓早晨、晚上，就是太阳、月亮运动变化而形成的。到望之时，然后月从东方升起，晚上出现。《尚书大传》认为："晦而月见西方，谓之朓；朝而月见东方，谓之朒。"大概是说法的不同。《诗经》说："东方之日兮，彼姝者子，在我室兮。在我室兮，履我即兮。东方之月兮，彼姝者子，在我闼兮。在我闼兮，履我发兮。"履是礼。日月的兴盛，都在东方，所以《诗》举例子来讽刺襄，说男女淫乱，不能用礼感化。君王不失其道，就像东方之日，用礼来类比自身，所以说"彼姝者子，在我室兮"。臣不失其道，就像东方之月，用礼来省发自身，所以说"彼姝者子，在我闼兮"。《诗经》说："如月之恒，如日之升。"恒，始终是上弦月。"升"说的是有隆而无降，"恒"说的是有盈而无亏。《尚书》说："哉生明。"又说："哉生魄。"说的人认为朔日后月明生而魄死，望日后月明死而魄生，所以《尚书》用朏、望、生明、生魄来记录月相，用甲子来记录日相。扬子说："月未望则载魄于西，既望，则终魄于东，其遡于日乎？"这句话说士也许贵也许贱，也许放肆也许拘束，所行所为怎样而已。《风俗通》说："吴牛望月而喘。"说它白天在太阳下辛苦，所以见到月就会喘。大概受伤的禽会因为虚拉的弦而受惊，疲惫的牛见到月会喘，动物的忌惮胆怯，见到相似之物就会受惊，甚至像伤禽、疲牛这样！《屈子》说："惩于羹者吹齏。"说的就是这个。旧时说法阳气积累生火，火气的精华为日；阴气积累生水，水气的精华为月。所以阳燧通过太阳取火，方诸通过月亮取水。《易经》说："离为日，坎为月。"是因为这个吗？

星

《三五历》[1]曰："星者，元气之英。"盖积气之中有光耀者也。星，精也；月，魄也；云，魂也。《释名》曰："祭雨曰升，祭星曰布。""升"取其气之升也，"布"取其象之布也。《书》曰："卿士惟月，庶民惟星。"[2]言卿士之征，月是也；庶民之征，星是也。月之好恶，从星而已，故月之从星，则以风雨。《诗》曰："月离于毕，俾滂沱矣。"[3]此之谓也。盖役久病于外，则天下幸乱，卿士下比于民，莫肯念难，适能使难滋大而已，故是诗刺之。《诗》曰："嘒彼小星，三五在东。"[4]小星，众无名者，三心五噣，四时更见。日月，夫妇之象也，则大星以况侄娣，而小星当贱妾矣。盖诸侯一娶九女，侄娣与媵而八，故《诗》正以“三五”况之。三心以春见于东方，最先见者；五噣以冬见于东方，最后见者。贱妾之进御于君也，犹之小星，随此“三五”先后更见于天[5]。不见陵掩，则以夫人之惠下逮故也。然进御之法，侄娣两两当夕，故《诗》又以参、昴况之。参、昴，二星也，而又皆西方之星，其在于东，则以夕并见，小星随焉。夫月也，大星也，小星也，各以其分夜见于天，则夫人惠及贱妾，岂特人事而已哉！《礼运》曰：“天秉阳，垂日星；地秉阴，窍于山川。”[6]垂，阳之象也；窍，阴之象也。《尧典》：“春曰日中星鸟；夏曰日永星火；秋曰宵中星虚；冬曰日短星昴。”[7]或言星鸟，或言星火，或言星虚，或言星昴，相备也。盖圣人南面视，四星之中，言“星鸟”则以见四星之形也，言“星火”则以见四星之次也。先儒以为四方七宿各成一形，东方成龙，西方成虎，前成鸟形，后成龟形，所谓“在天成象，在地成形”[8]是也。传曰：“龟与蛇交。谓之玄武。”则玄武七宿，宜具龟蛇之形，不得独成龟形而已。以今垂象考之，虚、危以前象蛇，室、壁象龟。梓慎所谓：“宋郑其饥乎！”[9]今蛇乘龙是也。蛇，盖虚、危之星。《考工记》[10]曰：“龙旗九斿，以象大火也；鸟旟七斿，以象鹑火也；熊旗六斿，以象伐也；龟蛇四斿，以象营室也。”[11]四斿变言龟蛇，亦以玄朔。道之所在，龟蛇相成，异乎三方，不可谓之“龟旐”故也。《尔雅》曰：“天根，氐也。”盖“氐”一名“本”，亢亦或谓之“天根”。《周语》曰：“辰角见而雨毕，天根见而水涸。”[12]本见而草木节解，驷见而陨霜，火见而清风戒寒。天根，亢也；本，氐[13]也；驷，房也；火，心也。《尔雅》曰：“营室谓之定。”传曰：“营室之中，土功其始。”[14]说者以为定昏见而中，然后可以营制宫室，故谓之“营室”，《诗》曰“定之方中，作于楚宫。揆之以日，作于楚室”[15]是也。传曰：“度日出日入，以知东西。南视定，北准极，以正南北。”则谓之“营室”，又非特取其时而已。《礼运》曰：“日星以为纪，故事可列也。”盖传以为“龙见而雩水，昏正而栽”。若此之类，所谓以“日星为纪”者也。

【注释】

[1]《三五历记》又作《三五历》《三五历纪》，为三国时代吴国人徐整所著，内容皆论三皇已来之事，为最早完整记载盘古开天传说的一部著作，此书已佚，仅部分段落存于后来的类书如《太平御览》《艺文类聚》之中。

[2] 出自《尚书·洪范》，“曰王省惟岁，卿士惟月，师尹惟日。岁月日时无易，百谷用成，乂用民，俊民用章，家用平康。日月岁时既易，百谷用不成，乂用昏不明，俊民用微，家用不宁。庶民惟星，星有好风，星有好雨。”

[3]《诗经·小雅·渐渐之石》描写征人从军路上的情景，山高路远，军情紧急，无有闲暇，表达了从军劳苦的慨叹。诗从路途景物写起，只写出山高路远，大雨滂沱的景象，以自然景物的艰苦叙写从军的艰苦，反复咏叹“不皇”无暇，也写出了心中的哀怨。月离于毕：天象。月儿投入毕星，有雨的征兆。滂沱：大雨貌。

[4] 出自《诗经·召南·小星》是一首小官吏出差赶路，怨恨自己不幸的诗。

[5] 噣（zhuó）：星名，柳宿的别称，传说中的东方七宿之一。《小星》将“三星”与“五星”连称，并呼为“三五”。林甸甸梳理了历代学者对“三五”的各种说法。毛传释其为“三心五噣”，即三星为心宿，五星为柳宿，郑、孔从此说。然而如笺所云，“心在东方，三月时也；噣在东方，正月时也”，心、柳二宿不可能同时见于东方，何言“三五在东”呢？郑玄的解释是，正因为三星与五星并非出现于同一季节，所以此句就是对终年星象的一个概括。毛诗以《小星》为美夫人德行之诗作，从而指出“小星”非谓“三五”，而是指代伴随着三心五噣这样的大星宿，出现于夜空中的无名之星。在此基础上，再进一步以“三五”喻贤夫人，以“小星”谓群妾，在阐释上也能自圆其说。然而从诗篇的语法结构来看，“嘒彼小星”语气未断，下句又另说“三五”，诗义不畅；且上句“三五在东”综括全岁，下句“维参与昴”又专咏冬季星象，这与诗歌的复沓结构殊不相称，毛、郑之说恐不成立。朱熹《诗集传》直言“三五，言其稀”，认为“三五”非指特定星象，而是对星辰疏渺之景的写照，吟咏的应该是初昏或将旦时的天象。

[6] 大意为：天秉阳气而生，垂挂日月，地秉阴气而生，通泽山川。

[7] 出自《尚书·尧典》，“昴”“鸟”“火”“虚”即为东南西北四宫中的四个主星。春分南方鸟中，夏至东方火中，秋分北方虚中，冬至西方昴中。语言学家王力先生认为，这意味着时人已经掌握了“二分”和“二至”，其中的日中、宵中即

指春分、秋分，日永、日短即夏至、冬至。

[8]《周易》："在天成象，在地成形，变化见矣。"就是说人们只要知道了天上日月星辰运转的法则，懂得了地上山川草木成形和变化的原理。那么对于过去未来的情形就自然而然的知道了。

[9] 见《左传·襄公二十八年》，原文为：梓慎曰……今兹宋郑其饥呼！岁在星纪而淫于玄枵。

[10] 见"熊"条注 [4]。

[11] 斿（yóu）：指古代旌旗上的丝织垂饰。旟（yú）：意思是画着鸟的旗帜。

[12] 出自《国语》，原文为：夫辰角见而雨毕，天根见而水涸，本见而草木节解，驷见而陨霜，火见而清风戒寒。辰角：即角宿，二十八宿之一，于夏历九月初寒节的早晨出现在东方的天空。天根，氐宿星别名天根。二十八宿之一，属天秤座。寒露后五日，早晨现天根。驷、火：皆为二十八宿中的星名，诸星宿随着节气的变化而依次在拂晓的天空东方显现。戒寒：告诫人们准备御寒。

[13] 氐（dǐ）：属于二十八宿的氐宿，意为"天的根"。它位于现代星座划分的天秤座，含有 4 颗恒星。

[14] 营室：星名，又名室星，农历十月的黄昏出现于南方的正中。土功：土木建筑工程。

[15] 出自《诗经·鄘风·定之方中》这篇风诗意在歌功颂德，称颂的对象则是卫文公。定：定星，又叫营室星。十月之交，定星昏中而正，宜定方位，造宫室。于：古声与为通，作为之意。楚：楚丘，地名，在今河南滑县东、濮阳西。揆（音葵）：测度。日：日影。

【译文】

《三五历》说："星者，元气之英。"大概是积累的气里有光辉闪耀之物。星为精；月为魄；云为魂。《释名》说："祭雨曰升，祭星曰布。""升"取气流上升的意思，"布"取星象排布的意思。《尚书》说："卿士惟月，庶民惟星。说卿士的征兆，月亮是正确的；百姓的征兆，星是正确的。月的好恶，从星而已，所以月亮顺从星星，就以风雨。《诗经》里"月亮靠近天毕星，大雨滂沱汇成河"说的就是这个。士兵长久在外征战劳累而生病，然则天下遭乱，卿士官员却庇护坏人，不顾念士兵的困难，只是反而使困难变得更大而已。所以以这首诗来讽刺这件事。《诗》说："嘒彼小星，三五在东。"小星，是众多无名的星宿，三在心、五在噣，四季的夜晚都能见到。日月是夫妇的象征，那么大星便比拟侄娣，小星比拟贱妾。大概是诸侯一次娶九位女子，其中有八个是侄娣和媵妾，所以《诗》用"三五"来形容。三心春季在东方能看见，是最早能被看见的；五噣冬季出现在东方，是最后能被看见的。贱妾服侍于君子身侧，就像小星，随着这些"三五"之星先后出现在天空。不见陵掩，则是夫人对下宽惠的缘故。然进御之法，侄娣两两当夕，所以《诗》又用参、昴来比喻。参、昴，是两颗星，都是西方之星，它们在东方可以晚上被一起看见，小星在旁边跟随。月、大星、小星，各自分别在夜间不同时段出现在天空，那么夫人对身份卑贱的妾善良，哪里仅仅是人事呢！《礼运》说："天秉阳，垂日星；地秉阴，窍于山川。"垂是阳的象，窍是阴的象。《尧典》："春曰日中星鸟；夏曰日永星火；秋曰宵中星虚；冬曰日短星昴。"有的说星鸟，有的说星火，有的说星虚，有的说星昴，全部具备。大概圣人向南望，四星之中，"星鸟"能够见到四星的形，"星火"能够见到四星的位置排序。先儒认为四方七宿各自形成一个形状，东方成龙，西方成虎，前成鸟形，后成龟形，就是所说的"在天成象，在地成形"。《传》说："龟与蛇交。谓之玄武。"那么玄武七宿，应该有龟和蛇的形状，不是只成龟形而已。用今天的星象研究进行考证，虚、危之前星象为蛇，室、壁星象为龟。梓慎所说的："宋郑其饥乎!"今天所说的蛇乘龙。蛇，大概是虚、危之星。《考工记》说："龙旗九斿，用来象征大火；鸟旟七斿，用来象征鹑火；熊旗六斿，用来象征伐；龟蛇四斿，用来象征营室。"四斿变说龟蛇脖，也因为玄月。道之所在，龟蛇相形成，不同于三方，不可以称之为"龟旐"原因。《尔雅》说："天根，氐也。"大概"氐"一个名字叫作"本"，亢可能也叫作"天根"。《周语》说："辰角见而雨毕，天根见而水涸。"本出见则草木凋落，驷出见则霜降，火出见则清风中寒意减少。天根是亢宿，本是氐宿，驷是房宿；火是心宿。《尔雅》说："营室谓之定。"《传》说："营室之中，土功其始。"说的人认为定昏见而中正，然后可以营建宫室，所以叫"营室"，就是《诗经》说的"定星十月照空中，楚丘动土筑新宫。度量日影测方向，楚丘造房正开工。”《传》说：“度日出日入，以知东西。南视定，北准极，以正南北。”所以叫作“营室”，并不是特意取那个时候。《礼运》说：“日星以为纪，故事可列也。”民间有传说认为“龙见而雩水，昏正而栽”。诸如此类，被叫作“日星为纪”。

斗

斗有环域，北斗七星辅一星，一至四为魁，五至七为杓，所以运量万物[1]，《庄子》所谓“维斗得之，终古不忒”[2]者也。《太玄》曰：“斗一北而万物虚，斗一南而万物盈。”言万物丰于纁夏，耗于玄冬，随斗转徙而已。《鹖冠子》曰：“斗运于上，事立于下。斗指一方，四塞[3]俱成。”此之谓也。《易》曰：“丰其蔀，日中见斗。”[4]又曰：“丰其沛，日中见沬。”[5]“沬”盖星之微者。薛云“辅星”，理或然也。孔子曰：“丰其蔀，位不当也；日中见斗，幽不明也。”然则“日中见斗”，尚非所宜；“日中见沬”，尤非所宜矣。盖三应上，非所宜应而应焉；非所宜应而应焉，此昏所以更甚于四也。按：丰离下震上，离为日，震二阴一阳，二阴象魁，一阳柄也，故曰“日中见斗”。《诗》曰：“曾孙维主，酒醴维醹。酌以大斗，以祈黄耇。”[6]罍取象于雷，斗取象于斗。《周官》王燕，则膳夫为献主，臣莫敢与君亢礼[7]，今此“曾孙维主”，更以大斗酌之，则以尊事黄耇，非礼之正也。非礼之正，则亦所以为厚也，《郊特牲》曰：“郊之祭也，大报天而主日。”主日，则明王者不敢主天，与燕主膳夫同义。

【注释】

[1] 七星即由天枢星从壬位而起，为冬至一阳复始之气。北斗七星，自五至七为杓，一至四为魁，维系八方，运一岁之荣枯，故斗杓指寅天下皆春。

[2] 维斗即北斗星。

[3] 四塞：《五雅本》作“四方”。

[4]“蔀”者菩草，席草也，可以织席，可以盖屋。“日中见斗”，并非“日食见斗”，乃太阳与北斗相见，即“日斗同宫”之时。

[5] 沛：为江河之水，水之大者，沛然下雨则河水暴涨，丰其沛也。“日中见沬”者，沬为洒面小雨点，震雷雨立至先兆，常于日中见之。“丰其沛，日中见沬”的意思是：“使民众的力量显现出来，正如在中午时分可以看见天上弱小的群星一样。”

[6]《诗经·大雅·行苇》歌颂周先代睦亲敬老，仁及草木。曾孙：戴震《诗学女为》：“古者适（dí）孙则曰曾孙。《(尚）书》曰‘有道曾孙’、《考工记》曰‘曾孙诸侯’是也。此燕族人故称曾孙，明祖之适孙以与同祖之人燕（yàn）于此也。”此指宴会的主人。醴（lǐ）：甜酒。醹（rú）：酒味醇厚。斗：古酒器。黄耇（gǒu）：年高长寿。

[7]《礼记·燕义》：“设宾主，饮酒之礼也；使宰夫为献主，臣莫敢与君亢礼也。”抗礼，谓以对等的礼节相待。

【译文】

北斗七星是有环行区域的，北斗七星辅助一颗北极星，一至四是勺子，五至七是勺子柄，因此可以运量万物，《庄子》所说的“北斗星得到天道，用它保障终古不变的运行轨道”就是这样。《太玄》说：“北斗星的斗柄指向北，则万物生气开始敛藏而日渐内虚；北斗星的斗柄指向南，则万物生气开始展发而日渐丰盈。”就是说万物在盛夏生长，在寒冬休眠，跟随着北斗星的转动而运动。《鹖冠子》说：“北斗星在天上运行，人间之象在地上显现。斗柄指向一方，则四方皆能有所指定。”其所言也是这个。《易经》说：“丰其蔀，日中见斗。”又有人说：“丰其沛，日中见沬。”“沬”大概就是小星星。薛说“辅星”，可能就是这个道理。孔子说：“丰其蔀，位不当也；日中见斗，幽不明也。”然而“日中见斗”，还不是最合适的；“日中见沬”，更不合适了。大概是因为三应上，应的不合适；应的不合适呢，这三颗就比其他四颗更暗淡。按：丰卦离下震上，离是太阳，震二阴一阳，二阴是魁星的象，一阳就是勺子柄的象，因此说“日中见斗”。《诗经》说：“曾孙维主，酒醴维醹。酌以大斗，以祈黄耇。”罍取象于雷，斗取象于北斗星。《周官》王燕，那么厨师就献给主公，臣子不敢用君主的礼节，现在“曾孙维主”，更是用大斗来喝酒，就是用来尊奉黄耇，就不是正规礼仪。不是正规礼仪，那么就过分了，《郊特牲》说："郊之祭也，大报天而主日。"主太阳，那么明白君王尊严的就不敢自称主天，这就和与燕主膳夫一个意思了。

汉

万物之精，上为列星；河精，上为天汉。《诗》曰："倬彼云汉，昭回于天。"[1]言水气之在天，为云；水象之在天，为汉。今皆倬然昭明，回转于上，则非雨之候也。又曰："瞻卬昊天，有嘒其星。"言旱久而繁星备见，繁星备见，则尤非雨之候也，且其正言"昊天"，则夏之时也。以今观之，炎夏旱暵而热，则小星森布如棋。星，阳之精也，阳盛而亢，则星稠于上，其理然也。《诗》曰："维天有汉，监亦有光。"[2]言有光而无所明也，盖况幽王无监察之实矣。又曰："跂彼织女，终日七襄。虽则七襄，不成报章。睆彼牵牛，不以服箱。东有启明，西有长庚。"[3]"织女"则以况其内，"牵牛"则以况其外。"跂彼织女，不成报章"，言有织之名与象而已，无成女[4]事衣被之实也。"睆彼牵牛，不以服箱"，言有牵之名与象而已，无成男事转输之实也。"启明"则以况其左，"长庚"则以况其右，言王左右或当养人以启导王德，或当养人以赓续王事，今皆有名位而已，无其实也。又曰："有捄天毕，载施之行。"[5]"天毕"又以况王也。毕者，所以助载鼎实，则"天汉"言幽王哲不足以照察，"天毕"言幽王惠不足以化养，亦皆有名位而已，无其实也。星皆在天，而天汉、天毕独言天，则以况王故也。又曰："维南有箕，不可以簸扬。维北有斗，不可以挹酒浆。维南有箕，载翕其舌。维北有斗，西柄之揭。"[6]斗，南斗也。圣人南面视，四星之中，箕在南，则斗在北矣。箕则以况其前，斗则以况其后。"不可以簸扬"，言有箕之名而已，于养人，无簸扬之实也。"不可以挹酒浆"，言有斗之名而已，于养人，无挹注之实也。箕之用在舌，言"翕"，则其形反矣；斗之用在柄，言"揭"，则其形覆矣。此又言箕、斗之将落而其象变也。盖二十八宿者，经星舍于天而不动者也，至于向晨，则天牵之而西没，故此于斗言"西柄之揭"。是诗于织女言"不成报章"，则非不以也，不成而已矣；牵牛言"不以服箱"，则非不可也，不以而已矣。于织女言"跂"，犹有织之象也；于牵牛言"睆"，犹有牵之象也。至于箕斗，言“不可以簸扬”“不可以挹酒浆”，其舌则言“翕”，其柄则言“揭”，以明幽王内外、左右、前后之臣，其恶皆有加而无已也。“监亦有光”，犹有光也；“载施之行”，则言天毕虚设于上，具位而已矣。夫幽王之君臣，皆有名位而无照察、化养、衣被、转输、启导、赓续、簸扬、挹注、育人之实，此东国之所以困于役而伤于财也，故其卒篇所陈如此。《夏小正》曰：“汉按户。”汉按户，言正南北也。

【注释】

[1] 出自《诗经 · 大雅 · 云汉》。为先秦时代的汉族诗歌。全诗八章，每章十句。这是一首禳灾诗。周宣王时，连年旱灾，周宣王作此诗求神祈雨，抒写为旱灾愁苦的心情。倬（zhuó）：大。云汉：银河。昭：光。回：转。

[2] 出自《诗经 · 小雅 · 大东》，这首是东方诸侯国的臣民怨恨西周王室赋税和劳役繁重的诗，反映了西周王朝与诸侯国臣民之间的矛盾。旧说此诗为谭大夫所作，近人也有认为是被征服的东方殷人、奄人所作。这些说法都无确证。

[3] 跂（qí）：同“歧”，分叉状。织女：三星组成的星座名，呈三角形，位于银河北侧。七襄：七次移易位置。古人一天分十二时辰，白日分卯时至酉时共七个时辰，织女星座每一个时辰移动一次。报章：报，复，指织机的梭子引线往复织作；章，经纬纹理。不成报章，即织不成布帛。睆（huǎn）：明亮貌。牵牛：三颗星组成的星座名，又名河鼓星，俗名牛郎星，在银河南侧。服箱：驾车运载。服，负载；箱，车斗。启明、长庚：金星（又名太白星）晨在东方，叫启明，夕在西方，叫长庚。

[4] 女：《五雅本》为“无”。

[5] 天毕：毕星，八星组成的星座，状如捕兔的毕网，网小而柄长，手持之捕兔。施：张。

[6] 箕：俗称簸箕星，四星联成的星座，形如簸箕，距离较远的两星之间是箕口。斗：南斗星座，位置在箕星之北。挹：舀。翕：吸引。翕其舌，吸着舌头。箕星底狭口大，好像向内吸舌若吞噬之状。西柄之揭：南斗星座呈斗形有柄，天体运行，其柄常在西方。揭，举起。这句形容西方执柄举向东方。

【译文】

万物的精华，向上对应众星宿；河的精华，向上对应为天汉。《诗经》说："看那银河多么高远，白光闪亮回旋在天。"说水气在天成为云，水的形象在天上成为汉。现在云汉都倬然昭明，气在天上回环往复地运转，那并不是雨的征候。又说："瞻卬昊天，有嘒其星。"说干旱久了繁星就都会出现，繁星全部出现，更不是降雨的征兆，它代表的是"昊天"，是夏季的时令。今天来看，炎夏干旱炎热，天上便小星森罗排布。星是阳的精华，阳气过盛就会亢，于是星便稠密分布，就是这个道理。《诗经》说："仰望那高天上灿烂的银河（天汉），如同明镜似的熠熠闪毫光。"说有光而不明亮，大概是比喻幽王不进行监察的事实。又说："跂彼织女，终日七襄。虽则七襄，不成报章。睆彼牵牛，不以服箱。东有启明，西有长庚。""织女"用来比喻内，"牵牛"用来比喻外。"跂彼织女，不成报章"，说有织这个名字与星象，没有这个故事的真实原型。"睆彼牵牛，不以服箱"，说有牵这个名字和星象，没有这个故事的事实原型。"启明"用来形容左，"长庚"用来形容右，说大王左右的人也许会养人以启发引导王德，也许要养人以继续做王的事，今天都是只有名位而已，没有真实原型。又说："有捄天毕，载施之行。""天毕"是用来比拟王的。毕，是为了帮助承载，那么"天汉"说幽王的德行不足以洞察，"天毕"说幽王的德行不足以化养，也都有名声地位而已，没有真实的。星星都在天空，而用天河、天汉来谈论天，是因为用它们来比拟幽王德性不足的缘故。又说："维南有箕，不可以簸扬。维北有斗，不可以挹酒浆。维南有箕，载翕其舌。维北有斗，西柄之揭。"斗是南斗星。圣人向南面望，四星里，箕在南边，斗就在北边。箕用来比拟前，斗用来比拟后。"不可以簸扬"，说它有箕的名字，用来养人，没有簸扬的真实意义。"不可以挹酒浆"，说有斗的名字，用来养人，没有挹注的真实意义。箕的关键在于舌，叫作"翕"，它的样子是相反的；斗的关键是在于柄，叫作"揭"，它的形状是覆。这又说箕、斗将要落下，星象发生变化。二十八宿，是经过星舍在天空中位置固定不动的来确定的，至于向晨，天的运转方向牵引在西边落下，所以对于斗来说是"西柄之揭"。有诗对于织女写到"不成报章"，不是没有，是没有实现；牵牛说"不以服箱"，不是不可，是不用。对于织女说

“跂”，仍然有“织”的样子；对于牵牛说“睆”，仍然有“牵”的样子。至于箕斗，说“不可以簸扬”“不可以挹酒浆”，它的舌叫作“翕”，它的柄叫作“揭”，用来形容幽王内外、左右、前后的大臣，都是徒有虚名而无其实。“监亦有光”，是感觉似乎有光；“载施之行”，是说完天之后虚设在它之上，是具体的位置。周幽王的君臣，都是只有名位但没有照察、化养、衣被、转输、启导、赓续、簸扬、挹注、育人的实际，这是东方之国困于役、伤于财的原因，所以它的最终篇这样陈述。《夏小正》说：“汉按户。”汉按户，说的是正南、正北的方向。

虹

雄曰“虹”，雌曰“霓”。旧说虹常双见，鲜盛者雄，其闇者雌也。一曰赤白色谓之“虹”，青白色谓之“霓”。故虹，红也。《说文》解“霓”以为“屈虹，青赤，亦或白色，阴气也。”今俗谓“虹”为“虹［音绛］”。虹，绛也。一名䗖蝀。《尔雅》曰：“䗖蝀谓之雩。”䗖蝀，虹也。蜺为挈贰，贰盖言二，《淮南子》曰“天二气则成虹”[1]是也。虹，淫气也，故又借为“实虹小子”[2]之虹。虹，溃也。《诗》曰：“䗖蝀在东，莫之敢指。”[3]说者以为夫妇过礼，则虹气盛，讳之，莫之敢指。《文子》[4]曰：“至治之世，虹霓不见。”则夫妇过礼，虹气为盛，理或然也。盖地气还矣，天气不复，于是成虹。虹，天之淫气也。夫水气之在天，成虹，又天之淫气尔，尚且恶之如此，而况于人乎！所以痛止夫奔也，故曰“䗖蝀止奔”也。传曰：“里名胜母，曾子不入；邑号朝歌，墨子回车。”[5]有是哉！升云言朝，则以况淫奔之始；䗖蝀言晚，则以况其终，终则言不复雨矣。雨者，和之象也。先儒以为云薄漏日，日照雨滴则虹生。今以水噀[6]日，自侧视之，则晕为虹蜺。然则虹虽天地淫气，不晕于日，不成也。故今雨气成虹，朝阳射之则在西，夕阳射之则在东。[7]《月令·季春》曰：“虹始见。”蔡邕[8]以为虹常依阴云而出，于日冲，无云不见，大阴亦不见，常以日西见东方，故《诗》云“䗖蝀在东”。蝀之文从东，以此故也。蜺则常依蒙浊，见于日旁。白而直者曰“白虹”。凡见日旁者，四时常有之，唯雄虹起是月，至孟冬乃藏。世传虹能入溪涧饮水，信然！尝有见夕虹下涧中饮者，虹两头皆垂涧中，使人过涧，隔虹对立，相去数丈之间，如隔绡縠。自西望东则见，立涧之东西望，则为日光所烁。

【注释】

[1]“天二气则成虹，地二气则泄藏，人二气则生病”这里的二气就是阴、阳二气。“阳气起于东北，尽于西南；阴气起于西南，尽于东北”。因而，关于相争的二气，在《淮南子》中有时指正气和邪气，有时指阳气和阴气，至于阴阳二气与正邪二气有无区别，《淮南子》则没有过多阐述。

[2] 出自《诗经·大雅·抑》，是周王朝一位老臣劝告、讽刺周王的诗。虹，溃乱。小子，指年轻的周王。

[3]《诗经·墉风·蝃蝀》是一首对某个私奔女子的讽刺诗。作诗者的意图是想通过反面说教，以规范当时的礼仪制度。蝃蝀：彩虹，又称美人虹。

[4] 先秦时的道家书，后来唐代时成为道教的经典之一。《汉书·艺文志》道家类著录《文子》九篇，班固在其条文下只注明：“老子弟子，与孔子同时，而称周平王问，似依托者也。”没有名字籍贯。唐天宝元年唐玄宗诏封文子为“通玄真人”，诏改《文子》为《通玄真经》，与《老子》《庄子》《列子》并列为道教四部经典。

[5] 有个里闾，名叫胜母，曾子就不肯进入；有个乡邑名叫朝歌，墨子驾车到那里，就掉头绕开这座城。原因是，曾子是极孝的孝子，胜母的意思是胜过母亲，或果对母亲有厌胜，不吉利，曾子从孝道的角度，接受不了这样的名称，所以不进去。墨子的主张是非乐，反对过度的音乐的，有个地名叫朝歌，这个地名可以理解为满朝的人都在歌舞，也可以理解为大早晨就歌舞，和墨子的主张相违，所以墨子很反感，宁肯绕道也不经过这个城。这句原话的意思是讲，名实相符的。名对实有一定的影响。

[6] 噀（xùn）：喷水。

[7] 现代大气科学认为，虹是光线以一定角度照在水滴上所发生的折射、分光、内反射和再折射等造成的大气光象，光线照射到雨滴后，在雨滴内会发生折射，各种颜色的光发生偏离、其中紫色光的折射程度最大，红色光的折射最小，其

它各色光则介乎于两者之间，折射光线经雨滴的后缘内反射后，再经过雨滴和大气折射到我们的眼里，由于空气悬浮的雨滴很多，所以当我们仰望天空时，同一弧线上的雨滴所折射出的不同颜色的光线角度相同，于是我们就看到了内紫外红的彩色光带，即彩虹。彩虹大多出现在太阳的相对的方向。从陆佃对虹的解释来看，一定程度上超出了传统“淫气成虹”的迷信认识，而是从水汽与日光的相互关系来理解，基本符合现代科学的认识，这是非常难能可贵的。

[8] 蔡邕（133—192）：字伯喈，陈留圉（今河南省开封市陈留镇）人，东汉文学家、书法家。

【译文】

雄叫作“虹”，雌叫作“霓”。旧时说法虹经常见到两条，颜色鲜艳的是雄，较暗淡的是雌。一种说法是赤白色叫作“虹”，青白色叫作“霓”。所以虹即红。《说文》解释“霓”为“屈虹，青赤，亦或白色，阴气也。”今天俗称“虹”为“虹［音绛］”。虹就是绛。一个名字叫蝃蝀。《尔雅》说：“蝃蝀谓之雩。”蝃蝀就是虹。蜺是挈贰，贰大概就是“二”，就是《淮南子》说的“天二气则成虹”。虹是淫气，所以借用自“实虹小子”中的“虹”。虹就是溃。《诗经》说：“蝃蝀在东，莫之敢指。”说的人认为夫妇过于讲求礼，虹气便盛，这是忌讳，没人敢用手来指。《文子》说：“至治之世，虹霓不见。”如果夫妇之间违背礼法，虹气旺盛，则是正确的。大概地气回返，天气未至，所以生成虹。虹是天的淫气。水气在天成为虹，又遇到天的淫气，尚且成为这种糟糕的结果，更何况是人呢！所以这一篇诗强烈的谴责想要阻止私奔的女子，所以叫作“蝃蝀止奔”。民间有传说：“里名胜母，曾子不入；邑号朝歌，墨子回车。”也是这样。升云说早上，就是用来形容你私奔的开始；彩虹说晚上，用来形容结束，最后就说不再下雨了。雨是和平的象征。先儒认为薄云使日光漏下来，日照雨滴，彩虹产生。现在用水向天空喷射，从侧面看就可以看见晕为彩虹。然而，彩虹虽然是天地淫乱之气，不受日光照射的晕染，也不能形成。所以现在雨气形成彩虹，朝阳照射就形成在西，夕阳射就形成在东。《月令 · 季春》说：“虹始见。”蔡邕认为虹常常依傍阴云出现，在晴天日光照射时出现，无云便不见，阴天也不见，经常在日落至西方时在东方出现，所以《诗经》说“蝃蝀在东”。彩虹从东方生出，就是这个原因。霓则常常依傍阴浊雾气，出现在太阳周围。白且直的叫作“白虹”。出现在太阳旁边，四季常有，只有雄虹起自是月，到了孟冬便消失不见。世间传说虹能进入溪涧饮水，值得相信！曾经有人见到傍晚时分虹进入涧中饮水，两头都垂在涧中，这时人从涧中走过，隔着虹相对而立，距离数丈，如同隔着彩绸。自西向东望就能看见，站在涧的东边向西望，会被日光耀目。

参 考 文 献

[1] 王秀梅译注：《诗经》，中华书局 2015 年版。

[2] 王敏红点校：《埤雅》，浙江大学出版社 2008 年版。

[3] 安小兰译注：《荀子》，中华书局 2016 年版。

[4] 孙海通译注：《庄子》，中华书局 2015 年版。

[5] 劳思光著、黄慧英编：《大学中庸译注新编》，香港中文大学出版社 2001 年版。

[6] 杨天宇撰：《礼记译注》，上海古籍出版社 2004 年版。

[7] 杨天宇撰：《周礼译注》，上海古籍出版社 2004 年版。

[8] 杨伯俊译注：《论语译注》，中华书局 2018 年版。

[9] 杨伯俊译注：《孟子译注》，中华书局 2016 年版。

[10] 金良年、胡小静：《梦溪笔谈全译》，上海古籍出版社 2013 年版。

[11] 姜亮大等：《先秦诗鉴赏词典》，上海辞书出版社 1998 年版。

[12] 耿振东译注：《管子译注》，上海三联书店 2016 年版。

[13] 郭彧译注：《周易》，中华书局 2014 年版。

[14] 景中译注：《列子》，中华书局 2012 年版。

[15] 程俊英、蒋见元：《诗经注析》，中华书局 2019 年版。

[16]（宋）朱熹撰：《四书章句集注》，中华书局 2019 年版。

责任编辑：宫　共
封面设计：徐　晖

图书在版编目（CIP）数据

《埤雅》译注/李涛 译注. —北京：人民出版社，2019.12（2022.1 重印）
ISBN 978-7-01-021749-9

Ⅰ. ①埤…　Ⅱ. ①李…　Ⅲ. ①训诂　Ⅳ. ①H13

中国版本图书馆 CIP 数据核字（2019）第 292307 号

《埤雅》译注
PIYA YIZHU

李　涛　译注

人民出版社 出版发行
（100706　北京市东城区隆福寺街 99 号）

北京兴星伟业印刷有限公司印刷　新华书店经销

2019 年 12 月第 1 版　2022 年 1 月第 2 次印刷
开本：710 毫米×1000 毫米 1/16　印张：35. 25　字数：556 千字

ISBN 978-7-01-021749-9　定价：95.00 元

邮购地址 100706　北京市东城区隆福寺街 99 号
人民东方图书销售中心　电话（010）65250042　65289539